U0847086

無錫文庫

第二輯

無錫年鑒（一）

鳳凰出版傳媒集團
鳳凰出版社

ISBN 978-7-5506-0801-6

圖書在版編目（CIP）數據

無錫年鑒 / 無錫縣政府無錫市政籌備處主編. -- 南京 : 鳳凰出版社, 2011.8
（無錫文庫. 第2輯）
ISBN 978-7-5506-0801-6

Ⅰ. ①無… Ⅱ. ①無… Ⅲ. ①無錫市－民國－年鑒
Ⅳ. ①Z525.33

中國版本圖書館CIP數據核字(2011)第173457號

責任編輯 王 劍
裝幀設計 姜 嵩
出版發行 鳳凰出版傳媒集團
鳳凰出版社(原江蘇古籍出版社)
南京市中央路165號 郵編 210009
發行部電話 025—83223462
集團網址 鳳凰出版傳媒網 http://www.ppm.cn
印 刷 無錫市證券印刷有限公司
無錫市揚名高新技術産業園B區75號 郵編 214024
開 本 889×1194毫米 1/16
印 張 65
版 次 2011年8月第1版 2011年8月第1次印刷
標準書號 ISBN 978-7-5506-0801-6
定 價 850.00圓(全二册)
(本書凡印裝錯誤可向承印廠調换,電話:0510—85435666)

無錫文庫工作委員會

顧問　楊衛澤　毛小平　周和平　譚　躍

主任　王立人

副主任　曹佳中　陳海燕　吴小平

委員　方標軍　須　儉　陳堯明　尤文科
何承志　蔡文煜　葉建興　施　展
嚴克勤　劉　川　雷群虎　李祖坤
瞿　敬　華瑞興　周興安　姜小青

無錫文庫編輯委員會

總序

七千年文明史，三千年建城史，江南名城無錫，襟長江依太湖，自古以來就是魚米之鄉，禮儀之邦。無錫文化自泰伯南奔以來，騰蛟起鳳，尚德崇文，在數千年的傳承發展中，教化常持，經世務實，人杰輩出，大家林立，文藻絢麗，錯彩鏤金。舍南舍北皆春水，欲與湖山作主人，數千年的人文傳統，賦予了風光秀美的無錫以獨特的文化魅力，鑄就了城市剛柔相濟、秀逸清麗的的文化品格。

無錫是中國吴文化的發源地。早在商代晚期，周太王古公亶父的長子泰伯三讓王位，携其弟仲雍奔吴，定居無錫梅里，建『勾吴國』，『端委以治周禮』，施以禮儀教化；興修水利，授以農桑，不數年而『民人殷富』。泰伯帶來的中原文化與無錫本地土著文明相結合，吴文化以及作爲其重要組成部分的無錫文化就此發端。晋室南渡，北方人群大量南遷，帶來了中原的文化技術，促進了無錫農業、水利、手工業和商業的發展，中原文明再度與吴文化進行融合互滲。在本土文化與异地文化的碰撞和交融中，不斷推動着無錫這座城市的文明進步。

無錫歷史文化『追歷七千餘載歲月滌蕩，遂經四大轉折而成其廣大深厚：泰伯西來，吴文化成焉；永嘉南渡，江左文脉振焉；宋室波遷，江南文風始焉；歐風東漸，錫邑占風氣之先，民族工商文化始焉。數百代鄉彦賢達智慧與創造累積，文獻足徵，無慮百千』（《錫山先哲叢刊》重版弁言）。無錫文化以兼容并蓄多樣化的形態不斷發展。

崇文尚教，以教促文。北宋嘉祐三年（一〇五八），無錫始設縣學；北宋政和元年（一一一一），理學傳人楊時在無錫創建東林書院，此後無錫出現了喻樗、尤袤、李祥、蔣重珍等一批知名的教育家。至明代，顧憲成、高攀龍等在東林書院講學，此後又有許多書院相繼而起。古代無錫對教育的重視，促進了『崇文』和『尚教』的風氣，也造就了大量的人才。自隋朝開創科舉取士到清末廢除科舉，無錫共出了五名狀元、三名榜眼、六名探花和三名傳臚，并有五百四十名進士，一千二百多名舉人；『一榜九進士』、『六科三解元』，自古傳爲佳話。近代以來，經濟的繁榮進一步帶動了教育的興盛。無錫籍國學大師錢穆曾説：『晚清以下，群呼教育救國，無錫一縣最先起。』此後無錫的實業家紛紛出資興辦文化教育事業。教育的繁興，在極大程度上促進了無錫的文化發展，出現了空前的文化人才崛起的高峰。

文脉綿延，後出轉强。歷來『文化』的概念有廣義和狹義之分，這裏的『文脉』之『文』，用的是狹義的概念，即指經史、文學、藝術等人類所創造的精神財富的總和。在無錫的歷史文化傳統中，自古及今，悠悠文脉，如瓜瓞之綿綿。必須指出的是，從文化發生學的角度來看，早期中華文化的中心是在黄河流域的中原地區，無錫在宋元以前，雖有像顧愷之、李紳、尤袤、蔣捷、倪瓚等一批人文英才，但在整體上，無錫的文氣是自明清以迄近現代達到巔峰。在整個江南地區文教昌明和無錫經濟繁盛、教育勃興的大背景下，無錫地區在經史、文學、繪畫、音樂等諸多領域中，建樹卓越，俊才雲蒸，真正呈現出『人文之盛，冠於南國；碩彦輩出，著述繁富』的局面。

求實務本、重工崇商。無錫自古爲江南富庶之地、魚米之鄉。明代東林講學者將士商并列爲『本行』，講求經世致用；近代早期維新的思想家、實踐家薛福成提出『黜浮靡，崇實學』，大力倡揚『工商爲先，耕戰植其基，工商擴其用』的觀念，這些都成了近代以來無錫人求實務本、重工崇商的重要的思想根源；兼以明清時期，封建自然經濟解體，資本主義開始萌芽，無錫經濟日趨繁盛。鴉片戰爭以後，上海開埠，由於商品經濟的發展和商業資本積累的增加，逐步形成了一個以上海爲中心的，北接江陰、靖江，西連蘇州、無錫、常州的經濟區域。有布、米、絲、錢『四大碼頭』的無錫，被譽爲『小上海』。到了十九世紀末、二十世紀初，無錫許多有識之士積極引進西方生産技術，大力興辦工廠，形成了近代六大資本系統，無錫成了近代中國民族工商業的發祥地和蘇南經濟中心。經濟的繁盛，不僅爲無錫文化的不斷發展提供了堅實的物質基礎，而且也形成了無錫文化的主流形態之一的，具有鮮明特色和豐富内涵的『工商文化』。

文化源長，文獻宏大。在歷史上，無錫有過兩次較大規模的文化整理。一八九九年，《常州先哲遺書》是包涵無錫在内的第一次區域性文化整理集成。一九二二年，《錫山先哲叢刊》是無錫真正意義上從城市角度進行的一次文化整理。當時，國家積貧積弱，社會動蕩離亂，身處亂世的有識之士高擎文化的旗幟，以縱覽千古的魄力和毅力致力於城市文化傳統的繼承與弘揚，爲無錫地方人文教育提供了文化楷模，對增强無錫崇文興教氛圍發揮了重要的作用，爲無錫躋身江南名城提供了文化動力，其意義至今爲後人感念。

滄桑巨變，天上人間。經過近一個世紀的奮鬥探索，特别是改革開放三十多年來的迅猛發展，中華民族强勢崛起。國運昌隆，盛世修典。中共無錫市委、市政府高度重視地方傳統文化的整理弘揚工作。自二〇〇七年提出『建設文明無錫，打造文化名城』以來，無錫全面深入開展歷史文化遺產的挖掘、清理、保護和修復工作，傳承弘揚優秀傳統文化，彰顯城市人文歷史底蘊，掀起歷史文化名城建設新高潮。此後，市委、市政府在《無錫市文化大發展大繁榮行動綱要》中明確要求全面整理出版地方歷史文獻，市委、市政府在《關於深化文化體制改革加快文化强市建設的決定》中再次明確要求編纂《無錫文庫》，正式啓動迄今爲止無錫地區規模最大、綜合性鄉邦文獻集成的修編工作。爲確保《無錫文庫》的編纂工作順利進行，市委、市政府專門成立了『無錫文庫工作委員會』，由市委宣傳部牽頭，設立了『無錫文庫編輯委員會』，計劃用三年時間完成編纂出版工作。《無錫文庫》的編纂，將以嶄新的學術角度和現代學科框架對城市歷史文化進行全面梳理和弘揚，站在時代的高度，充分展示城市深厚的歷史底蘊，彰顯先賢哲人的智慧創造，解讀無錫文化的獨特個性，提煉升華無錫的人文精神，光前裕後，古爲今用，以文化人，由人化文，以史爲鑒，開啓未來。

《無錫文庫》的編纂出版必將發揮重要的文化功能：首先是搶救文獻。無錫自古即有豐富的地方文獻，無論經史子集，都有重要著作流傳於世。然而無錫近代歷經戰亂，一些重要典籍已毁佚，僅有書名存留；還有一些珍貴的明清地方史籍，也以孤本存世，處於若存若亡之間。由於各種原因，一些代表無錫文化的典籍保存於國内外各大圖書館中，在無錫不易見到。從清末到民國期間，在文化上有不少重要成果，而這部分書籍因長期被忽視而處於毁佚的邊緣。《無錫文庫》的編纂就是爲了搶救文獻，保存文脉。其次是古籍整理。無錫先賢留下的載籍很多，但現存書籍，版本雜亂，良莠不齊，整體而言没有經過系統編排梳理，使用不便。《無錫文庫》的編纂，就是從版本目録學的角度加以梳理，每書皆撰提要，鈎玄指要，便於閲讀使用。第三是服務大衆。《無錫文庫》所收皆爲地方古史遺文，是研究無錫歷史沿革和文化傳承的必讀書目。《無錫文庫》的編纂出版，使這些書籍的使用更加便捷和廣泛，對無錫的文化建設、城市規劃、古迹保護、名勝開發都具有很高的學術價值和實用價值。

歷史唯物主義觀是《無錫文庫》編纂出版工作的重要指導思想。《無錫文庫》是一部具有社會主義新時代特點的典籍集成，編纂理念和選編觀念更加科學，注重學術性、實用性和經典性相結合，并且儘量收入古籍版本研究的新成果，廣泛收集流散在國内外的珍貴典籍。編纂工作中，始終堅持『尊重歷史、尊重科學、尊重規律、尊重專家』的原則，堅持『雙百』方針，對傳統文化中重要的不同學派、不同觀點的資料兼收并蓄，力求客觀、完整和全面。當然，《無錫文庫》不可能包羅萬象，而以文史哲爲主要内容，兼顧其他類别著述，整體呈現出無錫歷史文化的發展脉絡。强化編纂工作的學術規範，提倡實事求是的良好學風，對文庫的整體規模、體例框架、所收書目、版式裝幀等進行反復論證，反復比較，多方聽取意見，慎之又慎，力争使《無錫文庫》成爲一部真正代表無錫文化的綜合性鄉邦文獻集成。

編纂出版《無錫文庫》的盛舉，得到了海内外衆多著名的文史專家、學者教授的熱烈響應。許倬雲、馮其庸、楊天石、李文海、徐中玉、馮遠、胡福明等無錫籍文化名人和劉玉才、程章燦、江慶柏、張廷銀、金良年等專家學者應邀擔任《無錫文庫》的學術顧問，他們扎實的學術功底、嚴謹的治學風範、卓越的學術見識，爲《無錫文庫》提供了有力的支撑。

千年吳地文明，百年工商繁華，賦予無錫人聰慧和靈秀，創造了具有獨特品質的城市文化和城市精神。當我們手捧先哲留下的珍貴文化遺産，不僅滿懷感恩、敬畏之心，更涌動着不負前賢、勵志圖新的激情，去努力創造城市文化嶄新的輝煌，讓無錫文化大發展大繁榮的春天更加姹紫嫣紅、繽紛燦爛！

無錫文庫編輯委員會

二〇一一年一月

凡例

一、《文庫》所收爲無錫籍作家的著述和與無錫相關的歷代文獻，分爲《官修舊志》、《地方史料專著》、《年譜家乘》、《無錫文存》和《近現代名家名著存目》五輯。

二、無錫地域範圍以現行行政轄區爲準。《文庫》立足無錫市區，兼顧江陰、宜興，適當選收江陰、宜興具有代表性的著作。

三、《文庫》所收著作，以史料價值高、使用價值大爲原則，適當兼顧其版本價值。

四、《文庫》主要采用影印方式出版，《近現代名家名著存目》收入作家小傳和主要著述目録。

五、《文庫》所收著作，其編纂年代下限爲一九四九年；《近現代名家名著存目》則不受此限。

六、《文庫》所收著作，原書如有蠹損、殘缺、漫漶不清處，原則上以相同版本予以換頁、補頁，使全書清晰、整齊。

七、《文庫》對所收每種圖書，均撰寫提要，置於每種書扉頁之背面；每册均新編頁碼，自爲起訖。

八、《文庫》編制書名索引和著者索引，以方便讀者使用。

第二輯編輯説明

本輯爲《無錫文庫》之第二輯《地方史料專著》。這些書籍皆爲個人著作，它們是官修方志之外最重要的地方史料，是對地方歷史更爲精細的記録和闡述。其中保存了官志中看不到的材料，所以也是官志極其重要的補充。無錫自古以來人文薈萃，所以歷史上存留下來的地方史料專著也非常豐富。明清以來這些著述得到了長足的發展。作爲方志體裁的史書，這些著作所述史事已細化到一個鄉村，一座寺廟，一幢宅第，一座園林，一所學府，一項工程，一個專題等，從而爲後人保存了大量第一手的史料。進入民國後，隨着社會的發展，在政治、經濟、文化、教育等方面，出現了許多專門的出版物，這些具有時代特色的文獻，爲我們保存了民國時期原生態的歷史材料。從這些文獻中可以看到當時無錫向現代都市邁進的步伐。第二輯所收書籍，不少都是孤本，彌足珍貴。特別是一些藏於外地圖書館的珍貴書籍，這次也盡了最大的努力加以搜集。由於歷史的原因，一些地方史籍已失傳，僅有書名存留，不無遺珠之憾。一些民國書籍也偶有缺葉。敬請讀者見諒。從另一個角度而言，也更説明了這次文庫編纂的必要。

目録

無錫年鑒（一）

無錫縣政府無錫市政籌備處　主編

《無錫年鑒》，無錫縣政府無錫市政籌備處主編，各機關團體參與編輯，無錫縣縣長兼無錫市政籌備委員會主任孫祖基作序，并親自參與撰稿。上海華豐印刷鑄字所印刷，十六開鉛印本，一九三〇年四月出版。

封面書名爲《無錫年鑒第一回》。书前有『序』一頁、『簡例』一頁、『總目』二頁、『分類細目』十六頁，題詞手迹三十一件、祝賀短文一篇。全書分『地理』、『人口』、『黨務』、『政治』、『司法』、『警衛』、『財務』、『交通』、『建設』、『農業』、『工業』、『商業』、『教育』、『衛生』、『公用』、『公益』、『宗教』，共十七章。正文八百三十二頁，分上下兩欄排印，每欄十九行，行二十五字；并載有二十六張插頁和彩色圖表，書頁空白處刊印少量廣告。書中收録了民國以來無錫地方政治、經濟、教育、文化和城市、社會發展等方面的相關資料，統計精詳，圖文並茂。書中詳細記載了第一次國共合作時期，共産黨員爲推動無錫工農運動和國民黨組織的建立、發展所做的大量工作，以及二十世紀二十年代無錫社會治安、農田水利、市政建設、城市管理等方面的地方法規和相關資料。這部年鑒被認爲是民國以來第一部『縣級年鑒』，受到社會各界的廣泛關注。蔡元培、馬寅初、孫科、宋子文、張群、潘公展、蔣夢麟、榮宗敬、榮德生、唐文治、錢孫卿、高陽等三十多位各界知名人士題詞祝賀。蔡元培的題詞爲『歲計有餘』，馬寅初的題詞爲『市政嚆矢』，孫科的題詞爲『納民正軌』，張群的題詞爲『企業指南』，榮宗敬的題詞爲『與年俱進』，潘公展的題詞則稱：『無錫向有「小上海」之譽，三十年來工商發達，爲江南各内地冠，交通及公用事業之設備日益進步，市政籌備處近來且有《年鑒》之輯，開風氣之先，上海視之，當有愧色矣。』這部《年鑒》不僅在當時，而且至今仍然對民國時期無錫地方史，乃至整個近代中國社會史、城市史、民族工商業發展史的研究，具有重要史料價值。

本書有部分圖表，或爲彩色，或爲插頁。爲裝訂方便，凡是彩色圖表及插頁，均標注序號，並移至本册之末；同時在原位置留一白頁，標明原處有何圖表及轉移後的位置。

（陳文源）

簡例

一、本年鑑共分十七編（一）地理（二）人口（三）黨務（四）政治（五）司法（六）警衛（七）財務（八）交通（九）建設（十）農業（十一）工業（十二）商業（十三）教育（十四）衛生（十五）公用（十六）公益（十七）宗教

一、本年鑑資料半由無錫各機關團體供給半係參攷各方面之報告册籍及實際調查之材料

一、本書紀載大都爲民國十八年以迄十九年二月以前之情形惟因無錫向無年鑑故涉及已往之歷史者亦略記沿革以資考查

一、錫邑建設伊始公家限於財力時間未遑逐一實施惟已定之建設計劃均爲此後地方興革之南針故亦擇要編入以資印證

一、本書自發起至編竣前後僅六十餘日倉卒成書掛漏舛誤在所不免倘希讀者有以諒之

無錫年鑑總目錄

無錫年鑑分類目錄

民刑訴法

監獄

警衛

警衛機關之沿革

警衛機關組織訓練及行政概況

財務

縣財政

市財政

教育

教育行政

教育經費

學校教育

歲計有餘

蔡元培

無錫年鑑題詞

錫山之麓　惠泉之曲

輪軌交通　工商角逐

發達過程　置郵比速

鑒往知来　燦然在目

王寵惠

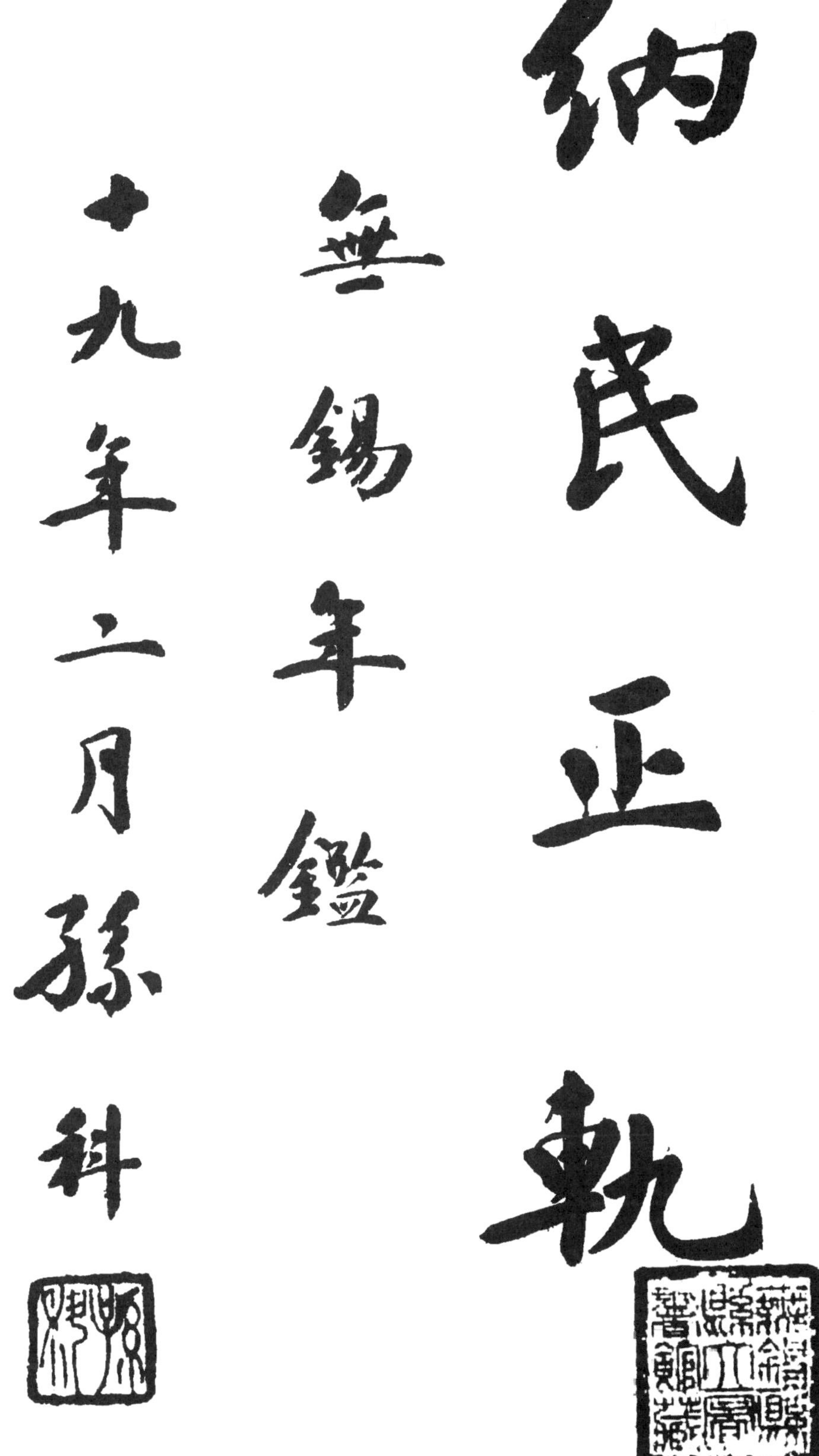
納民正軌
無錫年鑑
十九年二月孫科

無錫年鑑叢刊題詞

敦政優優

宋子文題

年鑑一書以統計也政治綱要者原於是雖一縣之小得之則治矧無錫爲民物殷阜文化開發之地覘民治者咸取資焉編刊年鑑褎然鉅觀豈他物所比耶余用是樂其成而敘書之

王伯羣

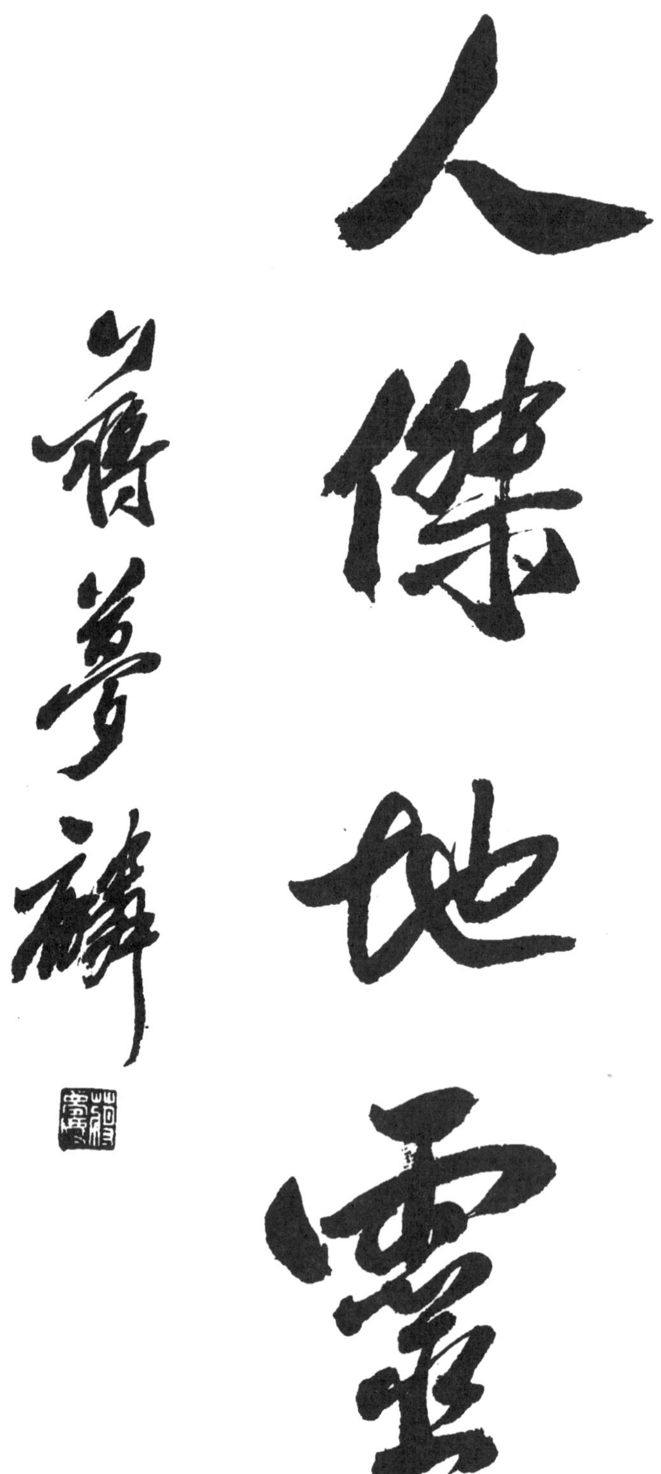
人傑地靈
山壽夢麟

無錫年鑑題詞

東南文化無錫居首富庶之鄉人才之藪

文明競進成績斐然孰爲之後孰爲之先

年鑑告成實滙其總若網在綱如衣在領

前事不忘後事之師來日方長永鑒在茲

趙戴文敬題

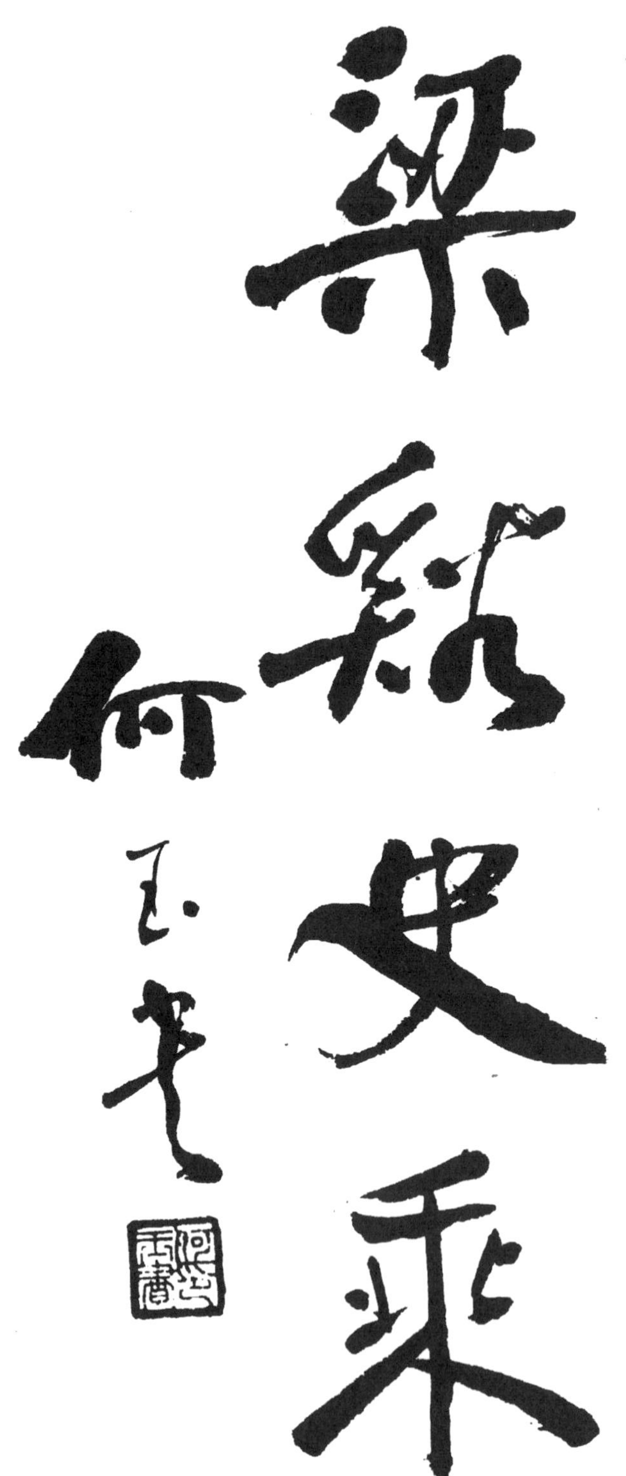
梁谿史乘
何玉書

錫往知來

胡樸安

樸安

無錫年鑑
繆斌
繆斌之印

無錫年鑑

企業指南

張羣敬題

馬寅初題

一

目了然
楼桐孫敬題

無錫年鑑

朗若列眉

蔣華德敬題

江蘇名邑首推無錫南通南通以張氏一人之精力憑藉功名不能得民衆之助力是以人存則政舉人亡則政息無錫既處京滬之交地勢面山瞰湖綰轂東南工商殷阜而人文蔚起實爲發達之原素錫之人物遠者不必數如明東林大儒高忠憲顧涇陽理學風節卓然千古人師洎清而學術奮興則顧景范著讀史方輿紀要秦文恭輯五禮通考其偉大精博與亭林梨洲相頡頏海事棣通而庸盦薛氏以曾門文學持節使英法義比揚聲國際數清代外交家與曾劼剛郭筠仙鼎足而三最近殫心教育有侯保三顧述之號堅苦卓絕錫人士女畢國內外師範專科大學業出任教務遍於中國遠至新加坡爪華斐列濱蓋數千人可謂盛矣錫人近以實業雄視東南榮氏昆季爲之巨擘其所闢梅園風景超曠四方賢士無不來遊而黨國偉人吳稚暉先生功成不居睥睨一世其高風亮節幾於羊裘大澤之翁此蓋錫人之榮光也以其邑之先進有特殊之精神而後其物質乃有特殊之進化蓋精神者貫乎物質之中而爲物質之原素者也孫君道始籌備無錫市政有日與其僚寀輯成年鑑一書索余爲題詞余謂欲觀錫市物質之進化者乎是書足矣欲知其進化之源泉區區一孔之見亦庶幾或有當乎

民國十九年一月陸權識於蘇州市政府

百政具舉

十九年春來錫觀梅得與縣長孫君暢談並觀市政建設大有政通人和不僅為一省之模範縣也非執政舉賢大才焉克臻此率書四字題年鑑藉志欽仰

方覺慧題

無錫向有小上海之譽三十年
來工商發達為江南各內地冠
交通及公用事業之設備日益
進步市政籌備處近且有年
鑑之輯開風氣之先上海視之當
自愧色矣因題數語以祝
無錫年鑑

潘公展敬題

功同史乘益比志書包羅廣有翔實不虞新政勃興舊俗消除龍山生色引領望之

顧樹森

吾邑市政籌備處集合各團體輯年鑑一書以歲時之實錄為作新之階梯引綴工商觀摩政俗輔助社會之需要挨揚民族之精神觥觥鉅編冀壹歲紀政要爰識簡端以誌其盛

唐文治敬題

無錫年鑑是統計之權與是修史之文資料重要機關得此可以定施政之方針公私社會得此可以作改良之規劃歲有比較為用丕宏統諸例之是無錫從古未有之刊物為進步計是無錫每年必備之寶書

七十四叟裘可桴敬題

十九、十、二十、

與年俱進

榮宗錦

榮宗錦印

積極要急進消極要
退化衣食住須自謀

榮宗銓

湖山洵美禮教風敦此邦
於古文化策源洎夫近今工
商發展人事演進宜垂
邦典社會之鏡政教之淵
雒京紙貴人手一編

無錫年鑑出版

俞復敬題

文物精華

楊壽楣敬題

潮往知来

蔡壿題

無錫年鑑出版

政情民俗

殫見洽聞

秦毓鎏敬題

促進文化

高陽

與鑑於水
寧鑑於人
錢基厚

蘇政先鋒

劉平江

劉平江

民國十一年度江蘇省有政治年鑑之輯矣，適孫縣長輯無錫年鑑，可謂一縣年鑑之嚆矢，亦各縣政治所資為借鏡也。

唐奇敬題

序

拿破崙有言。無統計者則無政績。余嘗考東西各國政書。體例謹嚴。綱目簡張。圖表詳密。資料豐富。試一披覽。瞭如指掌。集三百六十日之政績。編爲紀年之書。蒐萬百千種之實錄。納諸藍皮之册。執簡而馭繁。文獻足徵諸往昔。扼要以策治。典謨克垂於來茲。列强之所以政治修明。化臻上理者。有由來矣。民國十八年春。余奉檄忝長梓鄉。稽察吏治。雖民風習尙。童年習知。然施政利弊。深費鑽求。縱有子文其人。示我周行。苦無統計之書。堪資借鏡。因法歐美制度。於縣市月刊之外。幷約各機關團體。共輯年鑑一書。兩月之間。已彙集成帙。惟事屬草創。闕略殊多。既不足表彰地方之文獻。更何敢媲美歐美之政書。是編之設。亦聊以導其先河。藉供觀摩於萬一云爾。

中華民國十九年三月無錫縣縣長兼市政籌備處主任孫祖基謹序

無錫

新甡和帽鞋莊

無錫通運路

中市便是

應時嗶嘰貢呢鐵
機花緞南京貢緞
時新靴鞋各式呢
絨男女暖鞋緞帽
絨帽各種皮鞋一
應俱全如蒙
惠臨毋任歡迎

定價劃一
童叟無欺

新從南洋襪廠回來的夫婦一夕談

我裏今天早上，到了南洋襪廠；一切應用物件，樣樣都辦停當。南洋襪廠著名，久已全國風行；自運華洋各貨，更是價美價廉。戎鎰昌的皮箱，也歸該號經理，辦貨走到南洋，的確稱心如意！

無錫通運路南洋襪廠經售蘇州戎鎰昌皮製品

華豐印刷鑄字所

營業要目

承印　中西書籍雜誌
發售　各號花邊鉛字
精製　各種中西銅模
兼辦　大小印書機器

承蒙賜顧無不竭誠歡迎
備有各種樣本函索即寄

發行所
上海浙江路三四一號
（即偷鷄橋北京路口）
電話一五三五八號

總廠
滬西林肯路一百號
電話二九五四七號

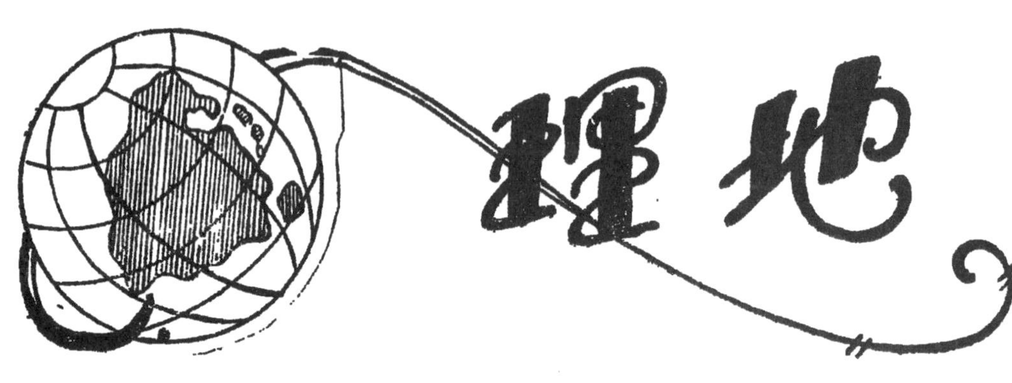

（一）無錫地理沿革略史

無錫、古荊蠻地。三代以前。隸揚州。殷爲勾吳國。泰伯居焉。周封泰伯仲雍之後。周章爲吳國君。遂爲吳。國。迨至東周。越幷吳。遂爲越地。其後楚又幷越。爲春申君城。秦置會稽郡。漢初。置無錫縣以邑境錫山草石採掘已盡故名。初爲楚王韓信封地。後爲吳郡治。文帝時。復秦之舊。幷爲會稽郡治。武帝封多軍爲無錫侯。爲侯國封土。征和四年。國除。復爲無錫縣。新莽易名有錫縣。後漢光武仍復舊稱。明帝時爲無錫侯國。三國時爲吳國地。省無錫縣。分無錫以西。置毘陵典農校尉。晉武帝復置無錫縣、隸毘陵郡。後改郡名爲晉陵。宋仍之。添置杍秋縣于無錫。至文帝時、移南徐州于江南。晉陵郡改屬焉。而北沛郡竹邑縣。併入杍秋縣。齊省杍秋縣。梁陳皆因之。隨省南徐州。改晉陵郡。爲常州、無錫縣屬焉。煬帝又改常州爲毘陵郡。唐初復常州舊縣。玄宗改爲晉陵郡。隸江南東道。肅宗復改爲常州。屬浙江西道。宋仍之。屬兩浙路之浙西路。元至元初。隸江淮行中書省。後常州升爲路。隸江浙行中書省、而無錫縣亦于成宗元貞間。升爲無錫州。明初仍之。改常州路爲長春府、又改常州府。隸江南省。洪武二年。降爲無錫縣。神宗改常州府爲嘗州府。滿清入關、府治復爲常州。無錫縣屬焉。清雍正四年。分無錫東境。置金匱縣。太平軍興。省金匱縣。天國敗亡。邑境仍依舊分金匱無錫二縣。民國紀元。省金匱縣。廢常州府。而直屬于江蘇省蘇常道。國民革命軍底定江南。廢道制。而無錫縣直隸于江蘇省。民國十八年。江蘇省政府議決無錫籌備建市。市縣區域之劃分。現正在規劃中、縣治仍滿清無錫金匱兩縣疆域之舊。在武進縣東南九十里。東西百二十里。南北百一十里。此其大概也。

（二）無錫縣之位置

無錫位於江蘇省之南部、京滬之中樞。南臨太湖、風景優美。全邑東西相距約一百二十餘里、南北相距約一百十餘里。面積約三千六百五十方里。其四境分界及距城里數如左。

東　王莊常熟界七十里

西　閘橋武進界五十里

南　烏山吳縣界七十七里

北　馬鎮江陰界三十三里

東北　嶺村江陰界七十四里

東南　烏角溪吳縣界四十三里

西南　新塘武進界五十一里

西北　五牧武進界五十里

(三)無錫縣疆域經緯度數表

名稱		度數
經緯度城廂	極東	偏東 4° 6'55"
	極西	偏東 3°34'36"
	極南	31°20'38"
	極北	31°44'31"
	經度	偏東 3°50'46"
	緯度	31°33'23"
世界經度		120°19'12"
備註		經度爲中國經度以北平爲起點

(七)無錫全境之山脈河流及湖泊

(一)山脈　無錫山脈以錫山爲主峯。其脈自南嶺山脈之浙江天目山渡湖而來。自閶江入境。蜿蜒起伏於邑之西南境。有惠山、青山、璨山、章山、墨潭山、嶂嶙山、舜山、橫山、管社山、唐山、夏陰山、石步山、西顧山、鷄籠山、華藏山、韓灣山、歸山、大雷山、盤塢山、胥山、安陽山、獨山、三山、充山、許舍山、南橫山、五浪山、軍嶂山、吳塘山等峯。其散布於邑之四境者。有西高山、堠山、膠山、嵩山、皇山、芙蓉山、夾山、斗山、顧山、等峯。

(二)河流　邑中河流。以運河爲主。自武進縣界。經橫林東南行入邑境。分而南爲西沙港。爲志公港。分而北爲北大河。又東經五牧。分而北爲柳堰橋河。又東南行。分而北爲石漕。分而南爲花渡港。又東南經洛社。石塘灣。分而北爲蠡口橋河。又東南經潘葑。分而北爲

四 無錫縣十八年溫度昇降表

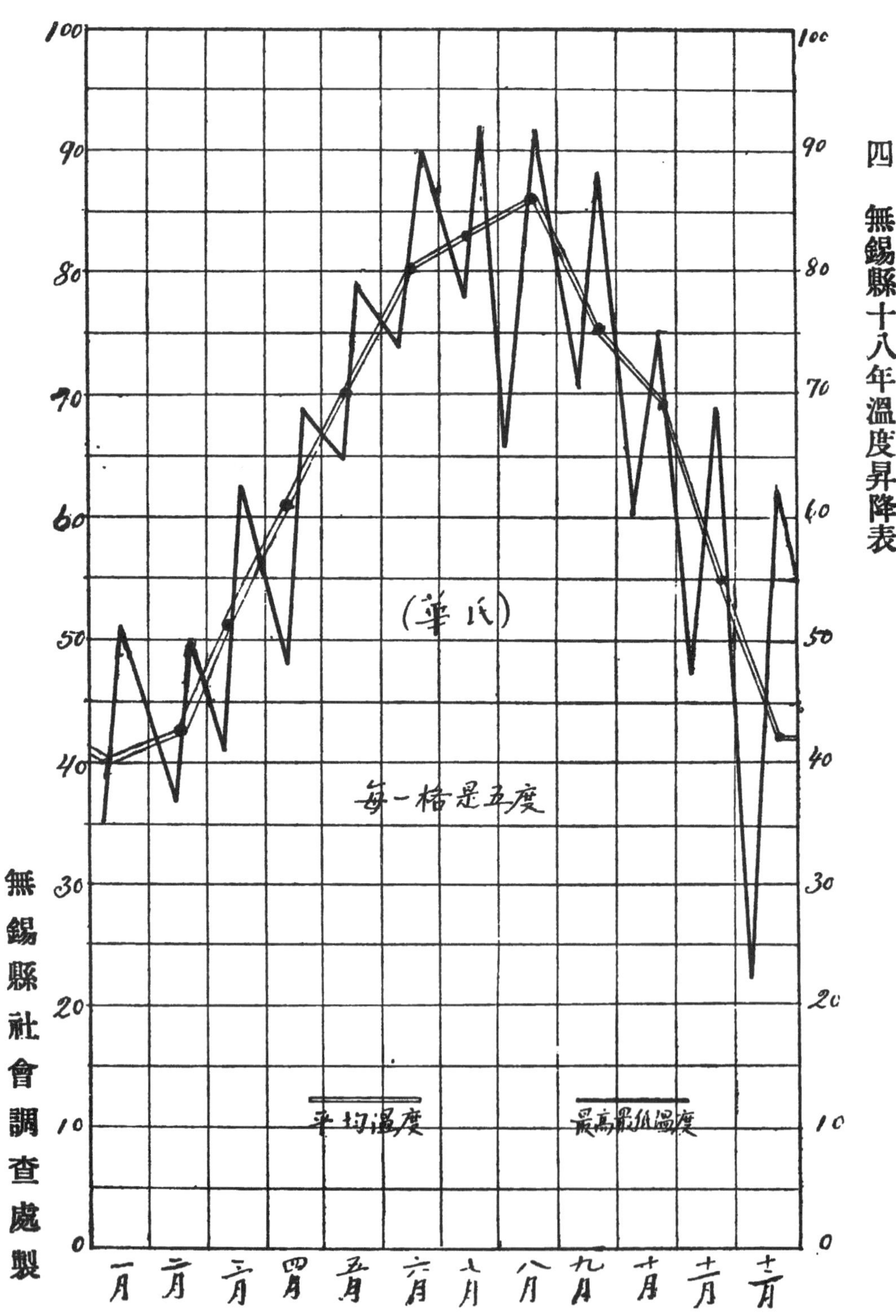

無錫縣社會調查處製

五　無錫縣十八年度降雨量統計表

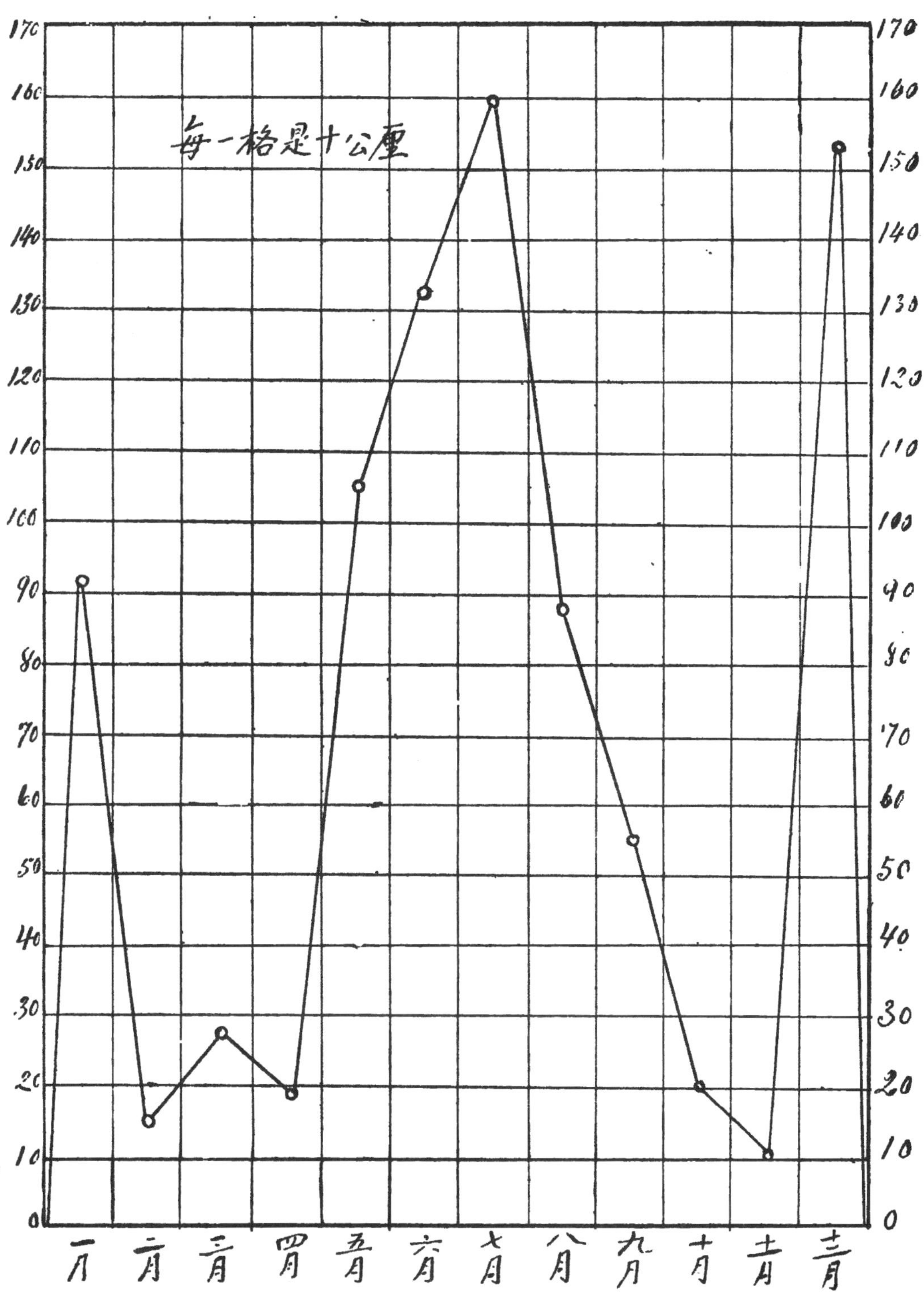

六 無錫縣十八年降雨時間數統計表

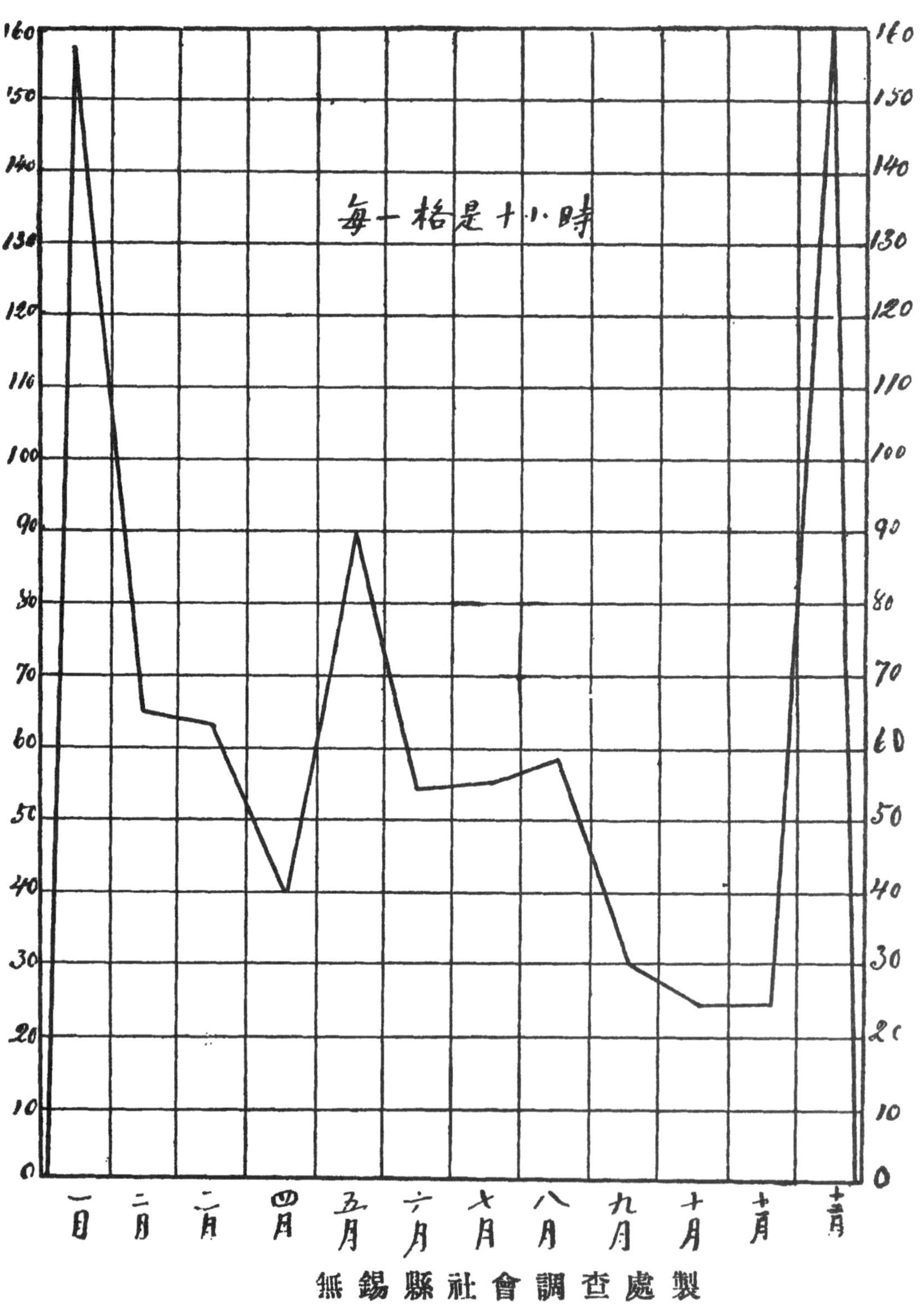

高橋河。分而西爲小雙河。爲雙河、爲新開河。又東南行至黃埠墩。分而西爲寺塘涇。又東行。分而北爲三里橋河。分而西南一繞缸尖。一過長安橋。爲環城河。爲梁溪。又東過蓮蓉橋。分而南出黃泥橋。入環城河。分而北爲轉水河。又繞而南。過亭子橋至羊腰灣。分而東爲冷瀆、又西南爲南門塘。環城河合流自北來會。分而西爲談渡河。爲九里涇。又東南行。分而西爲河港。分而東爲泰伯瀆。又東南行。分而東爲王莊港。分而西爲曾王涇。爲謝家河。又東南行。分而西爲麵杖港。分而東爲周涇。又東南行。分而東爲宅基浜。分而西爲新安溪。又東南經新安。分而西爲徐陶涇。又東南行。分而東爲堅瀆。又東南過望亭豐樂橋。分而東爲蠡河。分而西爲沙墩港。又東行入吳縣界。凡經行九十里。

(三)湖泊　本邑著名湖泊爲五里湖。在邑之西南境。周三十餘里。風景頗佳。其外有與吳縣分界之鵝湖。與常熟分界之苑山蕩。均爲諸水之匯。與本邑水利極有關係者也。

(八)無錫名勝古蹟誌

無錫山峯巍峨。湖水清漣。風景秀甲東南。泰伯端委。江南文明。於以發祥。嗣後代有聞人高士。或避地隱居。或生長於斯。遺跡彪炳。在在有之。近年邑內高士。濒山精湖。布置園林者亦甚多。苟欲一一加以詳敘。實非倉猝間所能集事。茲取其聲名較著規模稍鉅者敘誌於後。

甲　名勝

一、惠山寺　在縣城西五里之惠山鎮。係劉宋司徒長史湛茂之別業歷山草堂。後改建。惠山寺初名華山精舍。故山門額古華山門。舊基自古華山門至山麓。今山門內兩旁盡爲私祠及居民侵佔。中部爲忠烈祠佔用。所嶄然獨存者。僅古華山門及不二法門而已。

二、忠烈祠　清時洪楊事平。李鴻章奏請割惠山寺大雄寶殿以後。至大悲閣止。旁及竹鑪山房。改建淮軍昭忠祠。以祀死難者。改革後。有議將祠廢歸公用者。不果。民國十七年。始改今名。祀有功黨國之人士。亭堂爲白雲堂舊址。風景幽勝。大足供人觴詠也。

三、竹鑪山房　在忠烈祠右。二泉亭上。明洪武間。湖州竹工爲僧性海編竹爲鑪。規制精密。一時名流唱和之詩極多。今所有之房屋爲洪楊後改建。王紱畫竹及名人題詠嵌壁間。

四、聽松石牀　在忠烈祠門內。金蓮池上。長約六尺。闊厚半之。篆刻聽松二字。相傳爲唐李冰陽所書。唐皮日休詩所謂松子聲聲打石牀。即指此。旁有宋政和間張囘仲題字十行。其平面有嘉熙三年趙希衮題字三行。清道光十五年。知縣會承築亭覆之。

五、雲起樓　在竹鑪山房右。忠烈祠後。危樓一角。聳出山麓。隔絕塵囂。樓上四面開窗。樓下假山曲折。風景幽絕。巴江廖綸有聯曰。「一勝兩邑之歡。千村稻熟。據一山之勝。四照花開。」

六、第二泉　在竹罏山房前。唐陸羽定天下水品二十種。以惠山石泉水為第二。故又名陸子泉。又張又新記水品。其說與羽不同。惠泉則仍居第二。第二泉伏涌潛洩。略無形聲。池二。圓為上池。方為下池。兩池中隔尺許。有穴相通。撓之則俱動。而下池之味。遠不逮上池。汲泉者瓶罌負擔。不舍晝夜。皆上池獨給之也。

七、黃公澗　在二泉亭右。惠山與錫山之間。亦名春申澗。其初祠春申君於此。春秋間山水漲時。其流湍急。衝決而下。如瀑布。如晶簾。澎湃之聲。如萬馬奔騰。游人均搴裳跣足。涉其間以為樂。山峯有大石。鐫臥雲二字。徑尺許。邵文莊寶所書也。

八、忍草菴　由春申澗循新闢小石道越坡而南。約半里許。抵章家隖。忍草菴在焉。菴建於明萬歷間。菴旁有貫華閣。清初顧貞觀陳維崧姜宸英嚴繩孫輩結詩社於此。今所存者。楊味雲所重修也。

九、點易臺　在邵祠後。明邵寶築二泉書院舊址也。荒烟蔓草。亂石數堆。無復當時勝景。惟臺石尚存。撥茅可尋耳。臺之下有滴露泉瘞卷邱。臺之上為海天石屋。屋中有石刻五賢遺像。餘如望湖巖等十五景。俱已不復存矣。

十、石浪菴　在錫山巔。龍光寺之西南。門向西南。闢山半。巨石聳峙。如層波疊浪。故以名菴。登衖遠眺。湖山在望。清幽入畫。遊惠麓者。不可不一登臨也。

十一、寄暢園　為秦氏之舊園墅。又稱秦園。園初名鳳谷行窩。後稱寄暢。姜西溟有記曰。「古木輪囷離奇。計數十百章。長松偃蓋作虬龍攫拏勢。有泉從惠山淙淙瀄瀄。注為清渠。日夜流不涸。小水澄泓。分為細澗。並涓潔可愛。大池一望浩淼。上為飛梁。蜿蜒曲折。朱闌畫栭。下映綠波。綠堤行。草樹蒙茸。至山窮水盡處。忽折而別開一徑。獄物儼然。至於峯巒之奇拔。巖洞之深靚。林樾之葱倩。花竹之秀媚。廳堂之華敞。樓榭之疎峙。杖履所之。無乎不具。」當時勝概。可以想見。清高宗南巡。數駐蹕於此。題詠極多。洪楊之役。亭榭全毀。民國以還。秦氏後裔。稍稍修葺。然而桃柳凋殘。美石欹側。非復當時大觀矣。

十二、白雲洞　在惠山麓望公塢。洞為天生小石龕。龕中供奉呂祖像。洞外怪石林立。惠麓之勝地也。

十三、石門　石門在白雲洞後。峭壁懸崖。孤絕奇險。巨石翼峙。中虛一明隙。邵寶摩崖所書之石門二字。及清廖綸之疊峯樓雲等字皆在焉。石罅中常流微水。明俞憲有詩曰。「地脈逢溪斷。雙門據險開。朝昏常不掩。疑有玉人來。」

十四、惠山公園　在惠山鎮河塘右岸。舊李鶴章祠也。民元收歸公有。循發還北伐成功。又收為公。先辦警察教練所。民國十八年。應地方需要。改建惠山公園。規模壯麗。頗足供人游覽也。

十五、龍光塔　在錫山巔龍光寺內。爲明時創建。初可以梯而登。後因年久失修。漸致不能涉足。頃又經修葺。可以拾級而上矣。

十六、太湖　太湖廣三萬六千頃。跨江浙二省之交。湖中島嶼點點。著名者有七十二峯。近有楊君翰西在湖濱黿頭渚。闢一植果試驗場。場中建有亭榭。黿頭渚當太湖出口之處。每值南風。波濤澎湃。奇石壁立。氣象萬千。有前無錫知縣巴江廖綸書橫雲及包孕吳越窠擘大字。現楊翰西在渚上建有燈塔。橫雲小築、涵虛、在山亭等。楊氏植菓試驗場旁。有廣福寺陶朱閣等。

十七、五里湖　五里湖一名漆湖。一名小五湖。跨揚名開化二鄉。北通梁溪。南通長廣溪。西通太湖。湖中水甚清澈。光明如鏡。湖週向多名勝。惜俱荒廢。民國十六年。王君堯臣禹卿昆季在湖北青祁菴地方。建一蠡園。瀕湖築提。中闢蓮塘。塘旁亭臺花石。布置極宜。茲繼起者尙有人。異日布置完全。會見西子湖盛名。未能獨擅也。

十八、梅園　在榮巷鎭西約五里。民國元年。由榮君德生就清初徐殿一進士桃園遺址改建。園廣百數十畝。園外短牆繚繞。園內廣植梅花。勒石於門。題曰梅園。園內勝景。有天星臺香雪海。誦豳堂。荷軒。留月村。招鶴亭等。登小羅浮。可望太湖。爲園中最勝處。園東北有太湖飯店。陳設雅潔。專供遊人餐宿。

十九、華藏寺　址富安鄉。距梅園約十里。宋紹興間。太師張俊敕葬於此。因建寺墓左。以奉歲記。寺背山面湖。風景絕佳。每年四月八日浴佛節。遊人極衆。

二十、管社山　在梅園西南約三里。面湖屹立。風景殊勝。下有項王廟。或云本夏王廟。廟左爲萬頃堂。由邑人楊君翰西等集資就湖神廟舊址改建。東北百數十武。卽楊園舊址。園今荒廢。僅由其後裔就遺址建屋三楹。供奉歲時享祀而已。

二十一、雪浪山　址開化鄉長廣溪畔。離城約三十里。山麓橫山菴。爲宋蔣一梅先生故居。菴後巨楓二株。大可四圍。爲宋人手植。歷石級而上。經半山亭。狀元橋。至雪浪菴。菴內蔣子閣。蔣一梅先生讀書處也。登閣而望太湖。烟波浩渺。地方士人。每假以爲觴詠之所焉。

二十二、城中公園　在城中公園路。滿清光緒三十一年。就洞虛宮之荒基建設。民國成立。可漸開拓。茲全園共占地三十餘畝。甎石爲路。綠草爲場。多壽樓。蘭移。池上草堂。六角、八角等亭。俱可供人遊息。園左白水蕩。面積極度。夏日品茗蕩畔。殊涼爽可人意也。

二十三、崇安寺　在邑城中心。晉哀帝興甯二年建。或云爲王右軍故宅。滿清光緒中。劃寺之一部歸公有。改無量殿爲學校及勸學所。以金剛殿招學人設商店。於山門內之兩旁隙地架屋。設商肆。改革後。又就金剛殿後闢菜市場。今僅存者。惟山門。大雄寶殿。中隱院。萬松院。南院。北院而已。

二十四、黃埠墩　在運河中流寺塘涇口。原名小金山。相傳爲吳王夫差濟芙蓉湖樓船鼓吹游讌之所。清高宗南巡。累駐蹕於此。墩圓而小。風帆左右。帶以垂楊。中楹爲佛殿。周廊四匝。頗爲幽雅。民國十年。燬於火。十五年。由邑人唐保謙重修。已復舊觀矣。

二十五、太保墩　在邑之西門外。運河北來。至是分流而入梁溪。舊爲太保秦端敏公居第。故名。後改建水仙廟。清初又改劉侯廟。茲方議建設爲西區公園也。

二十六、仙蠡墩　一名仙女墩。在西門外開原鄉。俗傳范蠡載西施所泊處也。

二十七、專設諸塔　在邑城中大妻巷。瓦屋三楹。內有磚塔。供專設諸位。相傳其下即瘞其尸者也。

二十八、金匱山　在城中大河上。縣志載「高踰三仞。周三十丈。隆然中峙。四望道里適均。土中石玲瓏黑白。亞於昆山。元以後取石殆盡。而土亦耗減。塊若覆釜。明永樂中。知縣盧克敏除瓦礫。加善土而築之。綴以太湖石。」今爲秦氏產。荒基一方。植桑數百株而已。

二十九、東林書院　在城東蘇家衖口。亦名龜山書院。宋楊文靖時講學於此。後即其地爲書院。元廢爲僧居。明顧憲成昆季復構爲書院。憲成歿。高攀龍主其事。黨禍作。毀。崇禎初。修復。滿清咸豐同治光緒間數修葺。清末改爲東林學堂。即今縣立第二小學校是也。

三十、高子止水　在城南隅水缺巷。明高忠憲攀龍第後池也。忠憲被逮。不辱。自沈于此。以死。後地歸他姓。滿清康熙初。忠憲從子世泰贖還。置祠其上。今祠已毀。據聞其後裔方籌擬修復也。

三十一、吳橋　在通惠路中。橫跨運河之上。黃埠墩臨其下。民國五年。皖商吳子敬捐助鉅資。由上海求新廠所承建也。

三十二、克保橋　在東門內熙春街。明邑令王其勤斬子處也。

三十三、妙光塔　在南門外南禪寺內。宋雍熙中建。現方由榮君德生損資修理。完竣。暇日登臨。全城在望矣。

三十四、梁溪　即梁清溪。又名西溪。元志。「梁溪繞惠山西南三十里。」吳地記「梁大同間重濬。故名。」或言「梁鴻曾居此。」自西門經仙蠡墩。出大渲口。而入太湖。兩岸魚塘。垂柳茂盛。溪中水流清澈如鏡。凡雇舟遊太湖及五里湖者。必由之路也。

三十五、清閟閣　在懷上市長大廈西。神叢話云。「清閟閣制如方塔。僅三層耳。高比明州之望海。方廣倍之。啓窗四眺。遙帆遠浦。盡在睫前。而雲霞變幻。彈指萬狀。窗外巉岩怪石。皆太湖靈璧之奇。碧梧高柳。蔥蘢烟翠。涼陰滿苔。風枝搖曳。有若浪紋。」今閣址已全變爲桑園。僅鄉人指草塘互述。此爲洗硯池。此爲洗碗池而已。閣旁祇陀寺。泰伯梅里志載有梧岡。瑪瑙軒。瑪瑙街。等名勝。今寺院雖依舊。而名勝俱不可求矣。

三十六碧山吟社　在春申澗上。明景泰末秦旭闢之爲觴詠之所。會者十八人。見隱逸傳。號十老社。中有十老堂。濯纓亭。排鶴亭。涵碧池。芙蓉徑。古木陂。沈周爲之圖。越六十年。旭曾孫瀞修之。因與顧可久王洵華察王璞賦詩。其中今諸勝蹟俱廢。僅惠山小學校內有涵碧池及碧山吟社石刻。涵碧池左旁有龍縫泉。右旁有秦岐農撰記砌壁間。

三十七金娥墩　墩廣十餘畝。在泰伯市大牆門鎮東北金娥村之後。南唐後主李煜妃墓也。娥能詞翰。進忠言。煜甚寵之。年二十一從煜東會吳越王。道死。因葬於此。

三十八皇山　今名鴻山。吳地記云「泰伯宅東九里有皇山。高十丈。或云漢隱逸梁鴻居此。故名。山之西麓爲泰伯墓。東有鐵山寺。(今名鴻山禪寺)相傳爲梁鴻故居。又有梁鴻井。元處士華棲碧曾闢園於此。浚而甃之。作亭於上。後改名爲華子泉。明天啓中東林諸子避黨禍。嘗來此講學。」

三十九泰伯墓　在皇山西嶺南。徐記「泰伯宅(即今梅村)東九里有皇山。爲泰伯所葬地。代有聞人修築立表」。清乾隆二年。給帑修葺。邑令王允謙更建享堂墓門。嘉慶二十二年。邑令齊彥槐。里人華瑞清重建享堂墓門。築石圍牆。又得實存墓地十八畝許。墓外隙地十畝許。即今之泰伯墓也。

四十泰伯廟　一名至德寺。俗稱讓王廟。在梅村泰伯鎮上。前有石坊。上鐫至德名邦。殿像巍峨。民世修敬焉。一說泰伯廟即泰伯故宅。泰伯廟週數十里。俱屬故梅里鄉。東南文化發祥之地也。

(九)無錫縣各自治區域面積一覽表

區別	原名	面積 方里	面積 田額	與全縣面積之比較
第一區	無錫市	九二•三	三二,三七一畝	二•五三%
第二區	景雲市	二二一•七	八六,二八三畝	六•〇七%
第三區	揚名鄉	一五五•一	五三,一四五畝	四•二五%
第四區	開原鄉	二〇二•五	五〇,六六四畝	五•五五%

二				
第五區	天上市	一九八・九	六六，七九八畝	五・四五%
二				
第六區	天下市	二二九・一	六五，七一八畝	六・二八%
三				
第七區	懷上市	二三〇・〇	一〇四，三三四畝	六・三二%
四				
第八區	懷下市	二六四・六	七三，七九八畝	七・二五%
四				
第九區	北上鄉	一四五・三	五四，一二九畝	三・九八%
一				
第十區	北下鄉	一三八・五	四三，五九〇畝	三・七九%
五				
第十一區	南延市	二一四・〇	八三，一三六畝	五・八六%
五				
第十二區	泰伯市	三〇九・四	一一四，九八七畝	八・四八%
八				
第十三區	新安鄉	一八九・四	七一，七〇〇畝	五・一七%
八				
第十四區	開化鄉	二四〇・八	六三，二七九畝	六・六〇%
六				
第十五區	青城市	二七二・二	八三，九一九畝	七・四六%
十				
第十六區	萬安市	二八五・四	九七，九四三畝	七・八二%
九				
第十七區	富安鄉	二六〇・八	一一二，四九六畝	七・一四%

（十）無錫縣各自治區域之位置

區別	原名	位置 東	南	西	北
第一區	無錫市	景雲市	揚名鄉	開原鄉	天下市

（十一）無錫縣各區土地最高及最低價格表

第二區	景雲市	泰伯市	新安鄉	無錫市	天下市
第三區	揚名鄉	新安鄉	開化鄉	五里湖	無錫市
第四區	開原鄉	無錫市	太湖	富安鄉	萬安市
第五區	天上市	天下市	天下市	萬安市青城市	江陰縣
第六區	天下市	懷上市	景雲市	萬安市天上市	江陰縣
第七區	懷上市	常熟縣	懷下市	天下市	江陰縣
第八區	懷下市	常熟縣	北上鄉北下鄉	天下市景雲市	懷上市
第九區	北上鄉	常熟縣	南延市	北下鄉	懷下市
第十區	北下鄉	北上鄉	泰伯市	景雲市	懷下市
第十一區	南延市	吳縣	泰伯市	北下鄉	北上鄉
第十二區	泰伯市	吳縣	吳縣	新安鄉	北下鄉
第十三區	新安鄉	景雲市泰伯市	太湖	開化鄉	揚名鄉
第十四區	開化鄉	新安鄉	太湖	太湖	五里湖揚名鄉
第十五區	青城市	天上市	萬安市	武進縣	江陰縣
第十六區	萬安市	天上市	開原鄉富安鄉	武進縣	青城市
第十七區	富安鄉	開原鄉	太湖	武進縣	萬安市

區別	市鄉	最高畝價	最低畝價	備考
第一區	無錫市	二○,○○○元	二○○元	
第二區	景雲市	五○○元	八○元	
第三區	揚名鄉	三○○元	一五○元	
第四區	開原鄉	五○○元	一○○元	
第五區	天上市	三○○元	一○○元	
第六區	天下市	三○○元	一○○元	
第七區	懷上市	三○○元	五○元	
第八區	懷下市	一○○元	四○元	
第九區	北上鄉	一五○元	五○元	
第十區	北下鄉	一五○元	八○元	
第十一區	南延市	二○○元	一○○元	
第十二區	泰伯市	二○○元	一二○元	
第十三區	新安鄉	二○○元	一○○元	
第十四區	開化鄉	三○○元	一二○元	
第十五區	青城市	一五○元	八○元	
第十六區	萬安市	二○○元	一○○元	
第十七區	富安鄉	一○○元	四○元	

（十二）無錫縣田地價格收益表

類別／田畝別	近三年田價時值每畝若干 十五年	十六年	十七年	近三年純收益每畝若干 十五年	十六年	十七年
上田	一百四十元	一百二十元	一百元	七元	六元	五元
中田	一百一十元	一百元	八十元	六元	五元	四元
下田	八十元	八十元	六十元	四元	四元	三元
蘆田	四十元	三十元	二十元	三元	二元	一元
地						
蕩	四十元	三十元	二十元	三元	二元	一元
山	四十元	三十元	二十元	三元	二元	一元

（說明）查無錫田畝科則高低不等。向以折成平田科征銀征。高田每畝折成平田七分九厘四毛八絲。低田每畝折成平田七分四厘一毛。灘蕩每畝折成平田三分八厘八毫二絲。山埄墩每畝折成平田一分二毛五絲。

大前門香烟
CHIENMEN
CIGARETTES
以此款客 無客不歡
MC-83

人口

邑之全境人口數近百萬。茲將屬於人口項者。分別列表如次。

（一）全縣戶口總數表

區公所及市鄉名	戶數	人數	區公所及市鄉名	戶數	人數
第一區（無錫市）	三二•八七三	一七一•一二四	第二區（景雲市）	一二•五七三	七〇•二二七
第三區（揚名鄉）	九•八〇七	四八•四四五	第四區（開原鄉）	七•〇四三	三六•五一〇
第五區（天上市）	一一•九〇九	五五•四四八	第六區（天下市）	一〇•四六二	五〇•八八四
第七區（懷上市）	一三•三一四	五七•五八三	第八區（懷下市）	九•八一一	四二•四三八
第九區（北上鄉）	五•五二六	二四•一〇三	第十區（北下鄉）	六•〇〇一	二七•五五二
第十一區（南延市）	九•三八八	四二•六二一	第十二區（泰伯市）	一一•七七八	五四•四〇四
第十三區（新安鄉）	七•九〇〇	三八•四二九	第十四區（開化鄉）	九•八九二	四四•一五八
第十五區（青城市）	一三•五二〇	六四•四〇一	第十六區（萬安市）	一四•〇七三	六九•〇八三

第十七區(富安鄉)	八·八一二	四三·九六五
全縣共計	一九四·六八二	九四一·三七五

(二)人口性別年別表

性別	人數		性別	人數	
男		四九五·八六三人	女		四四五·五一二人
未成年者(童)	十份之一·七三	一六二·六九六人	已成年者(壯)	十份之四·九六	四六七·一一一人
五十歲以上者(老)	十份之三·三二	三一一·五六八人			

(三)主要市鎮戶數及人口數等級表

戶數	人口	地名	戶數	人口	地名
七五〇戶以上	五·〇〇〇人以上	蕩口 張涇橋	七〇〇戶以上	四·五〇〇人以上	玉祁
六五〇戶以上	四·〇〇〇人以上	安鎮 八士橋 洛社 堰橋	六〇〇戶以上	三·〇〇〇人以上	南方泉 胡棣 石塘灣
四五〇戶以上	二·五〇〇人以上	周新鎮	三五〇戶以上	二·〇〇〇人以上	榮巷 甘露
二五〇戶以上	二·〇〇〇人以上	南橋 東亭 查家橋			

(四)旅外邑人數調查表

類別	人數	類別	人數
外國	一二〇人	外省	六·五九七人
外縣	三二·〇八三人	合計	二八·八〇〇人

（五）在錫外國僑民人數表

國名	男	女	共計人數
美國	十四人	二十人	三十四人

（六）全數人口職業別統計表

黨	三〇人	政	五七一人	軍警	一•七二九人
農	四〇〇•〇〇〇人	工	一〇〇•〇〇〇人	商	二一四•六〇九人
學	一•五四六人	共計	七一八•四八五人	全縣無業人數	一九一•〇三六人

（七）全縣有業無業人數統計表

有業	七一八•四八五人	無業	一九一•〇三六人
旅外	二八•八〇〇人	廢疾	二•九四六人
其他	一〇八人	共計	九四一•三七五人

圖表一：此處原爲《無錫各區人口密度比較圖》，見書後。

無錫黨務概況

（徐赤子述）

無錫革命思想開發甚早。光緒二十八年至三十二年。總理組織同盟會時。邑人秦毓鎏等即首先加入。在錫努力活動。彼時人民思想雖極頑舊。然經諸先進同志之努力工作。或事奔走。或事宣傳。設立報館。鼓吹革命。影響甚大。及遜清宣統三年。各地起義。殉難同志接踵相繼。無錫亦舉義響應。著成吾邑永遠不可磨滅的光榮革命歷史。民國元年。本邑開始有黨部之組織。惜彼時本黨尚乏健全的中心領導機關。是以常遭困難。其後袁世凱竊取民國。對於黨人摧殘已極。無錫在袁氏惡勢力之統治下。經過種種壓迫。黨的組織。乃完全消滅。此後十年間。無錫之革命狀況。祗遺留些微革命精神於民間。而黨的組織與力量。則蕩然無存矣。至民國十三年。本黨改組後。無錫猶在軍閥統治之下。黨的活動。復入於秘密時期。社會黑暗。日甚一日。軍閥爪牙之荼毒。貪官污吏之搜括。土豪劣紳之橫行。加以教育之畸形。民智之閉錮。政治腐敗。盜賊充斥。遂使無錫人民。沉淪於水深火熱之中。同時邑中青年繆斌、王啓周、孫祖基、許廣圻等均已加入本黨。在滬努力工作。因鑒於無錫社會情形之黑暗。乃慨然回錫。集合同志。組織錫社。以奮大無畏精神。向一切惡勢力進攻為宗旨。復創辦刊物。宣傳黨義。辦理平民教育。訓練民衆。一年以來。社員日增。力量日充。成效亦漸著。中間雖疊經貪污土劣之壓迫與中傷。然卒賴社員之輾轉苦鬥。不稍退讓。未為惡勢力所傾覆。其時江蘇省黨部已正式成立。即由葉委員楚傖委派孫祖基安劍平許廣圻王啓周等四人來錫籌備成立縣黨部。即假王啓周宅為開會地點。尋又被人密告。邑當局對于孫等將有不利。遂中止。其後又由高大成、吳辟、秦翔千、鄧實孚、鄒廣恆、薛織孫等分頭徵求同志。辦理登記。至十五年七月四日。成立無錫縣黨部。同年十一月二十八日。成立無錫市黨部。迨十六年三月二十一日。北伐軍抵錫。而青天白日滿地紅之旗幟。乃高懸於全邑。惟中間又經共產黨之操縱與把持。致造成種種恐怖。賴多數忠實同志之努力。對於淸黨工作。不惜流血以完成之。共產黨徒因鑒於東南之不能立足。乃鼠竄武漢。釀成甯漢分裂之局面。時江蘇省黨部特別委員會成立。無錫縣市黨部。亦由省方派員組織縣市特別委員會。重行舉辦黨員登記。組織各區分黨部。方將完成。而甯漢合作。黨權又復落於西山會議派之手。中央成立特別委員會。各省縣市委派臨時執監委員。重行改組。幸不久蔣總司令出山。舉行中央全體執監會。一切糾紛。隨之解決。無錫黨務。亦遂於中央指導之下。成立縣黨務指導委員會。凡經七閱月之整理。乃舉行全縣代表大會。成立縣執監委員會。本年一月。又奉省令。以組織不健全。停止活動。改組整理委員會。茲將各個時代之黨務情形。分別記載如下。

一　祕密時代

無錫於祕密時代之黨務活動。已略如上述。自孫祖基等離錫後。江蘇省黨部又派劉重明、會華喬、心全等三人來錫。指導組織區分黨部。時無錫同志中之主持黨務者。為高大成、衞質文、吳祥、秦翔千、談佩言、鄧實孚、陳明綸、金禹範、陳志方等。總辦公處則設於南門希道院。而南市橋巷、沈巢巷、嚴寓等處。則均為臨時活動機關。復因無錫軍閥爪牙。對於黨人之活動。防範綦嚴。故凡與省黨部來往文件。均於封面書吳錫甫先生收。以避耳目。至十五年七月四日。始行成立縣黨部。執監委員之姓名及職務之分配如下。

職務	姓名
常務委員	高大成
組織部長	陳明綸
宣傳部長	吳　祥
農民部長	徐夢影
工人部長	俞伯揆
商民部長	秦翔千
婦女部長	王亞生
青年部長	周亞魂
調查部長	高大成兼
候補執委	過雪琴
監察委員	嚴蔚蒼　衞質文
候補監委	談佩言

當時全邑黨員在四百人以上。區分部之已成立者十四個。區黨部之已成立者三個。未成立者二個。列表如下。

區黨部	區域	區分部數	成立日期
第一區黨部	無錫市	四	十五年五月
第二區黨部	青城市	三	十五年六月
第三區黨部	開原鄉	三	十五年六月

第四區黨部　天上市　三　未成立

第五區黨部　南延市　　未成立

其後因原有第一區黨部（無錫市）地域廣闊。黨員衆多。爲求黨務之平均發展計由鄒廣恆等呈准省黨部設立無錫市黨部。當於十五年十一月二十八日舉行全市黨員大會。選舉市執監委員。省黨部所派指導員爲夏霖、唐瑞麟。茲錄市執監委員之姓名及其工作之分配於下。

常務委員　鄒廣恆

組織部長　鄧實孚

宣傳部長　陳明勝

工人部長　俞伯揆

商民部長　秦翔千

婦女部長　張鉦

調查部長　朱叙章

候補執委　朱六才　吳倜臣

監察委員　衛質文

其時我國民革命軍已由粵、而湘、而鄂、而贛、東路軍亦已入閩窺浙。盤踞於蘇省之軍閥孫傳芳已呈路末途窮之勢。無錫縣黨務之工作。乃益復努力。曾於十五年六月二十一日及十月二十四日兩次召集各區黨分部活動份子聯席會議。討論加緊宣傳辦法。復組織行動委員會。以謀響應革命軍。掘斷鐵路。以驚軍閥軍心。散發傳單。以醒民衆迷夢。不辭勞瘁。不顧性命。祇求主義之實現。而望眼欲穿之國民革命軍。卒於十六年三月二十一日抵錫。吾錫黨務之活動。亦遂由祕密而入於公開。

二　初公開時代

十六年三月二十一日。爲無錫革命史上最足紀念之一日。蓋是日清晨。吾錫黨部已得直魯軍西退。江陰北伐軍由常來錫之消息。當將預先準備之黨國旗。分發各機關高懸。復於公園內籌開市民大會。全邑民衆乍見青天白日滿地紅之鮮明旗幟。高懸全城。莫不驚喜欲狂。羣集公園。九時許開會。由縣黨部高大成、市黨部鄒廣恆、總工會張中元等三人爲主席團。高大成報告北伐軍之勝利消息。散會後。由總指揮秦起領導羣衆出發游行。至皋橋歡迎北伐軍入城。復於無錫飯店設立縣市黨部聯合招待處。至二十五日縣黨部始遷入四鄉公所。市黨部遷入市公所。公開徵求黨員。紛紛組織區黨部區分部。時縣黨部已有黨員七千餘人。區黨部十六個。區分部八十餘個。市黨部有黨員五千餘人。區黨部七個。區分部五十餘個。列表如下。

縣屬各區黨部調查表

區黨部	執行委員	區域	分部數
第一區黨部	唐秉銓 薛南卿 薛譚 孫劍飛 劉麟書	青城市	五
第二區黨部	李菊青 蔣漢士 陳小文 徐才昌 夏箕川	開原鄉	六
第三區黨部	蔣嘉猷 胡永良 錢基成 高鳴勳 鐘秀	天上市	八
第四區黨部	張民 劉錦標 吳中一 秦柳芳 朱夢蓮	萬安市	五
第五區黨部	錢君勛 馮俊彥 錢重慶 楊世明 薛振遠	富安鄉	三
第六區黨部	華似穀 袁明光 尤秉三 鄭家驥 華伯彥	南延市	七
第七區黨部	黃培之 過學綸 過誠之 過寶意 李冠羣	天下市	四
第八區黨部	嚴同生 胡念倩 蔣翼 吳壽彭 嚴定邦	懷上市	四
第九區黨部	汪天涯 李郁華 鄧左弼 司馬良 周郁	懷下市	四
第十區黨部	陸士銘 陸克 鮑映奎 孫心耕 薛幼安		五
第十一區黨部	袁緝之 嚴士楧 何九如 嚴榮生 許錫年	揚名鄉	五
第十二區黨部	周光中 欽希賢 孟雲 揚鏡清	景云市	三
第十三區黨部			
第十四區黨部	鄒民樂 鄒煥祥 楊召伯 鄒心岳 鄒道平	泰伯市	五
第十五區黨部	華昌時 糜伯和 錢允中 錢寶年 秦承業	新安鄉	五
第十六區黨部	未組織成立		

市屬各區黨部調查表

區黨部	執行委員	地域	分部數
第一區黨部	章拯 陳錦雲 季蕊農 鄒承麟	城中	八
第二區黨部	孫夢雷 石民傭 顧毓琭	城南	十八
第三區黨部	李炘延 王惠農 魏鳴文 項蘭初 曹維治	城西	五
第四區黨部	劉麗泉 汪象生 李平初	城東	四
第五區黨部	楊祖鈺 王亮初 楊重遠 孫石生	城北	十一
第六區黨部	楊筍腴 張兆鏞 楊肇卿	新北區	七
第七區黨部	黃景憲 李蔭裳 許文英 華桐候	廣勤區	五

自表面觀之。黨員數及區分黨部數如此激增。黨務之進展。頗足驚人。而實際則險象環生。爆裂之因已預伏矣。蓋吾錫黨部。俱由蘇省著名共產份子戴盆天。夏霖等指導組織而成。故黨務爲共黨所操縱。時局公開以後。縣市黨部及各區分黨部都有共產份子潛伏其中。而尤以總工會爲共產黨操縱一切之大本營。自北伐軍抵錫後。總工會卽令全邑工人同盟總罷工。並組織武裝糾察隊。其組織爲

凡工會會員在一千人以上者得成立三分隊。每隊十人。三分隊成一支隊。三支隊成一中隊。四中隊成一大隊。其武器除槍械外。斧頭鐵棍均有之。勞方向資方之要求稍一不遂。即以武裝糾察隊爲之恫嚇。復組織經濟鬥爭委員會。專事煽動各業工人向資方要求種種條件。並於會門上高標全世界無產階級聯合起來之紅布標語。使人觸目驚心。於是社會頓陷於恐怖之境。共黨復利用市政局市黨部中各委員不洽衆望。乘四月四日舉行反英討奉大會之機會。竟率衆用暴力將市政局市黨部搗毀。事後並擬請省黨部侯紹裘。戴盈天等來錫爲之張目。幸侯戴適在甯被捕。計不得逞。旋中央明令清黨。在錫同志乃於四月十四日深夜得駐錫十四軍軍部之協助。攻入總工會。肉搏數小時。總工會委員長秦起死於是役。其餘黨徒。或被執。或遠遁。無錫黨務乃入於清黨時代。

三　清黨時代

自共產黨人之大本營總工會解散後。共黨雖暫時匿迹。然無錫同志深覺清黨工作之不能停止。因於四月二十五日縣市黨部舉行聯席會議之際。議決組織清黨委員會。繼續清黨。以固黨基。當即推定委員人選。正式成立。茲錄清黨委員姓名及其工作之分配如下。

文書股　衞質文　徐赤子　顧鴻志　孫筱寅

審查股　施織孫　吳　祥　張彥文　任湘蓀　王　鈞

調查股　孫仲達　鄧廣恆　楊祖鈺　孫靜安　張蘊華　李慕貞　朱六才　過持志　俞漢愷　錢重慶

組織股　施織孫　施錫其　吳　祥

清黨委員會設立於縣圖書館內。各委員分股辦事。審查黨員登記表格。調查各市鄉以前共黨活動情形。頗見努力。時共黨之大本營雖去。而其份子尙有遺留於四鄉者。經此雷厲風行之清黨工作。已不復容其有活動之餘地。無錫黨務之得轉危爲安。與有賴焉。時江蘇省清黨委員會已成立。卽委派孫祖基、張銘嚴、桐孫、高維立、陳幽芝等五人爲無錫縣清黨委員。顧縣市特別委員會不久卽告成立。清黨工作。於以結束。

四　特別委員會時代

縣特別委員會成立於十六年七月十四日。委員之姓名及工作之分配如下。

常務委員　孫靜安

組織部長　周光中

宣傳部長　屠克强

工商部長　孫靜安兼

農人部長　楊心農

婦女部長　楊玉英

青年部長　楊玉英兼

特派員　李介卿（發表後卽因案撤職）

其後常務委員孫靜安辭職，省特委會派孫祖宏、張應鎬二人爲無錫縣特委。當由縣特委會推孫祖宏爲常務委員兼工商部長。張應鎬爲青年部長。

市特別委員會成立於七月十九日。委員之姓名及工作之分配如下。

常務委員　衞質文

組織部長　華立

宣傳部長　孫新吾

商人部長　施織孫

工人部長　孫士炬

青年部長　徐赤子

婦女部長　陳幽芝

省特派員　高維立

其後組織部長華立辭職。省特委會派沈全嵛爲無錫市特委。當由市特委會推沈全嵛繼任組織部長。

當時縣市特別委員會之最大工作。厥爲登記黨員與組織各區分黨部。縣特別委員會先行委派各市鄉區黨部改組委員。玆錄如下。

景雲市　袁鳳起　朱魯新　楊應鰲

懷下市　蔣柏森　宋泳生　嚴桐生

天下市　蔣翼　過賢樹　辛梅根

南延市　華茂萱　陳枕白　濮源深

泰伯市　鄒民樂　楊召伯　鄒惕安

新安鄉　華昌時　朱正心　王士毅

天上市　蔣嘉猷　尤華照　楊元吉

富安鄉　張模　王璐　錢寶鈞

開原鄉　殷光新　蔣曾耀　馬裕泉

楊名鄉　惠國南　虞培本　周景賢

開化鄉　張士銳　宋襄卿　張伯蕃

懷下市　安錫文　司馬松　周郁

萬安市　張其源

北下鄉　華雁彤

北上市　安鍾秀

市特別委員會於組織工作尤見努力。在八月二十日以前。各區黨部已一律組織完成。表列如下。

區黨部	執監委員	地域	分部數

第一區黨部	薛臻聆 諸祖蔭 施錫其	城內	四
第二區黨部	王志明 章極 高醒亞	老北門外	七
第三區黨部	張仰蘇 秦均 毛埜	新北門外	四
第四區黨部	廉駿生 嚴澧芳 朱綬章	南門外	五
第五區黨部	陳念祖 萬步皐 過冠生	西門外	三

當時市特別委員會之重要工作甚多。足爲紀述者。如開辦小學教師暑期黨義訓練所。繆斌、王啓周、衛質文、施織孫、徐赤子、高維立等。俱屬講師。青年部長徐赤子。婦女部長陳幽芝。組織婦女青年運動委員會。對於婦女青年團體之組織與指導。不遺餘力。更利用暑假。設立婦女青年革命工作團。努力宣傳。時縣特別委員會自孫祖宏任常務委員後。亦力謀黨務之進展。並與市特委會取得聯絡。每星期舉行縣市特委聯席會議一次。以厚團結力量。並聯合辦理中山日報。以宣揚黨義。不料在此縣市黨務順利推進之際。乃忽發生意外之阻礙。八月二十六日孫傳芳謀偷渡龍潭。進犯首都。滬寧路入於軍事區域。交通因之中斷。而無錫縣市特委會與江蘇省特委會。亦遂失去聯絡。當時最感困難者。厥爲經費無着。迨京滬交通恢復後。市特委衛質文、沈全崙、赴寧就軍委會職務。孫士炬、陳幽芝、亦離錫他往。縣特委周光中。與市特委孫新吾。且早經省特委會撤職。因委員之不健全。與經費之無着落。力量亦逐銳減。然而剩餘之縣市特別委員。在此艱苦之環境中。尙能奮其餘力。對於國慶紀念。討唐運動。總理誕辰等盛大集會。均能熱烈舉行。實爲難能可貴。迄於十一月二十八日。乃有無錫縣臨時執監委員會成立。

五　臨時執監委員會時代

蔣總司令下野以後。寧漢合作成功。中央特別委員會成立。改組各省縣市黨部爲臨時執監委員會。無錫縣臨時執監委員會亦於是年十一月二十八日成立。委員之姓名及工作之分配如下。

常務委員	陳劍鳴
組織部長	張錫昌
宣傳部長	錢重慶
農工商部長	楊祖鈺
婦女青年部長	徐芝雲
臨時監察委員	王崑崙

其後王崑崙因事未能來錫。由省臨委會改委無錫縣長俞復爲無錫縣臨時監察委員。臨委會之第一步工作。卽爲改組各區黨部。茲錄其成立者如下。

區黨部	執監委員	區域	成立日期
第一區黨部	吳天池 蔣謙 殷克新 王之江	開原鄉	一月十日

區黨部	委員	地點	日期
第二區黨部	華以毅 華秉才 董憲文 王秉鈞	南延市	一月十五日
第三區黨部	章士祥 楊世明 嚴伯番 錢文采	富安鄉	一月十七日
第四區黨部	嚴澧芳 過冠生 華一飛 朱綬章	城內	一月二十日
第五區黨部	楊楞 陸仁壽 施錫其 王範我	城內	一月二十六日
第六區黨部	樂鵬民 沈近昌 鄒玉振 周景賢	揚名鄉	一月二十九日
第七區黨部	辛曾輝 蔣翼 過賀彬 楊性初	天下市	一月廿六日
第八區黨部	宋泳生 蔡柏生 朱坤壽 顧勤安	懷上市	一月卅日
第九區黨部	楊文炳 陳鑑方 朱世熹 蔣文彬	景雲市	一月卅一日

至十七年一月。中央執行委員會恢復。即派葉秀峯、李壽雍、祁錫勇三人為江蘇省黨部委員。是月十九日。中央組織部電令各縣市臨時執監委員會停止工作。着原有之特別委員會維持現狀。聽候改組。乃無錫臨委會奉令後。仍繼續其組織各區黨部工作。特委會奉令前往接收。亦嚴予拒絕。特委會乃另設辦公處所。於是無錫乃有兩個縣黨部。如此相持。直至十七年三月十七日江蘇省黨務指導委員會成立。當於第三次會議議決。無錫特委會臨委會一律停止活動。委派徐赤子為無錫縣黨部保管員。四月二十九日。兩會分別由徐赤子接收保管。於是糾紛終止。而無錫黨務復入於靜止之狀態中。

六　黨務指導委員會時代

十七年七月二日。無錫縣黨務指導委員會正式成立。委員會之姓名及工作分配如下。

常務委員	傅伯亮　潘國俊
組織部長	周鳳鏡
宣傳部長	仲　哲
訓練部長	鈕長鑄
民訓會常委	何績友
民訓會委員	姚鴻治

鈕長鑄未就職。省指委會改調崇明縣指委蕭家珍來錫未果。又調江陰縣指委繆玉琤來錫仍未果。最後於八月二十日調青浦縣指委繆鈺來錫。乃繼任為訓練部長。其後宣傳部長仲哲因案撤職。常務委員潘國俊奉令調往嘉定。傅伯亮奉令調往吳縣。省指委會乃另派史濮清。王珏。劉行之三人來錫。於是各委員工作又重行分配如下。

常務委員	史濮清　劉行之
組織部長	周鳳鏡
宣傳部長	姚鴻治

訓練部長　繆鉦

民訓會常委　王珏

委員　何續友

指委會成立後。其最重要工作為舉辦黨員登記。此項工作。開始於七月十六日至八月六日完畢。總計登記合格之黨員共四百十四人。於是乃劃分全縣為六個區黨部。着手組織。至十八年一月。各區黨分部一律組織完成。一月五日。假商民協會舉行盛大之各區執監委員宣誓就職典禮。同月十八日舉行第一次全縣代表大會。選出縣執監委員候選人。同時指委會之工作乃告完成。茲將組織完成之各區分黨部列表如下。

各區黨部一覽表

區黨部	執監委員	區域	分部數	成立日期
第一區黨部	徐用栂　稽字經　周鑫鑌　周鳳甸(監)　楊達時　朱墨蘭	無錫市城南　景云市　北上鄉	五個	十二月卅日
第二區黨部	徐亦子　楊重遠　莫善樂　陸仁壽(監)　王志明　蘇渭賓	無錫市城北　天上市　天下市	五個	十二月卅日
第三區黨部	陳炎公　胡念倩(監)　蔣柏森　陳君璞	懷上市　懷下市	三個	十二月卅日
第四區黨部	華以穀　錢晉柏(監)　楊召伯　錢起霞	南延市　泰伯市	三個	十二月卅日
第五區黨部	強化民　錢君釗　榮文光　薛南卿　孫中權	青城市　萬安市　富安鄉	三個	十二月卅日
第六區黨部	錢允中　袁玉祥　倪鐵如　汪復初　徐涵清	開原鄉　揚名鄉　開化鄉　新安鄉	三個	十二月卅日

無錫縣各區分部一覽表

區別	執行委員			候補執行委員		成立日期	區域	黨員數
	常務	組訓	宣傳					
第一區第一分部	嚴保滋	沈濟之	陳定九	徐君毅	顧堅	八月五日	大婁巷以南穿城河以北	二十二人

區黨部	分部							日期	地點	人數
第一區黨部	第二分部	季璞	沈振家	糜子輝	嵇亞屏	葛承訓		八月五日	東西大街穿城河以北	二十八人
	第三分部	王頡輝	王克武	陳鳴濟	何九如	周松石		八月六日	南門外	二十三人
	第四分部	浦永賓	浦瀞人	繆學洵	浦燮寒	浦悠		八月四日	景雲市北上鄉	十九人
	第五分部	徐芝雲	胡鳴虎	鄭翔德					西門外	
第二區黨部	第一分部	許卓人	嚴仰斗	薛伯華	沈維棟	張和		八月六日	大婁巷以東西大街以北	二十六人
	第二分部	姚心垂	趙達	嚴穀蓀	范昱			八月六日	東西大街以北穿城河以西	二十六人
	第三分部	鄒廷樑	馬廷棟	張祖藩	毛基	華同一		八月七日	北門外	二十三人
	第四分部	華梅軒	胡仲芳	胡惠卿	尤冠華	高鴻勳		八月十一日	天上市	十八人
	第五分部	尤文化	孟志賢	尤潤之	楊昌學	孟邦傑		八月五日	天下市	七人
第三區黨部	第一分部	程啓楣	金幽橋	顧勤庵	陳君璞	顧遇庵		八月一日	懷上市	二十一人
	第二分部	胡吾千	曾竹美	安玉章	安汝舟	安季英		八月二日	懷下市	十二人
	第三分部	趙叙昶	馮希唐	姚心葵	包國祥	姚璞如		八月三日		
第四區黨部	第一分部	王秉彴	華超	華崇良	顧福奎	沈秉章		八月一日	南延市泰伯市	十三人
	第二分部	徐受申	楊震生	錢濂生	錢定三	錢晉柏		八月二日	丙寅俱樂部	十四人
	第三分部	沈杰	朱翹初	伍幼良	楊紹源	鄒佐達		八月三日	泰伯市	十一人
第五區黨部	第一分部	薛振遠	謝宗元	汪播生	錢荷慶	許秉鈞		八月一日	青城市	十八人
	第二分部	薛世剛	張承堡	楊兆貴	陳自民	唐季祥		八月二日	萬安市	十五人

部	第三分部	薛萃章	薛養中	劉玉全	王淇	薛廣遠	八月三日	富安鄉	三十四人
第六區黨部	第一分部	倪復初	宋子玉	陳易新	范濟時	秦承業	九月一日	開化鄉	二十四人
	第二分部	蔣秉之	周學賢	尤光照	郁文		八月五日	揚名鄉	十二人
	第三分部	章維康	殷鑑清	陳亞愁	錢企文	吳邦傑	八月六日	開原鄉新安鄉	十三人
第一直屬區分部		劉覺民						民衆教育院	

七　執監委員會時代

無錫縣執監委員候選人自經第一次全縣代表大會選出後。又經省指委會圈定史漢淸等七人爲縣執行委員。胡念倩等三人爲候補縣執行委員。胡桐蓀等三人爲縣監察委員。陳炎公爲候補縣監察委員。全體執監委員在縣黨部舉行宣誓就職典禮。無錫黨部經過二年之整理改組。至是乃告完成。委員之姓名及工作之分配如下。

縣執委會常務委員　史漢淸
組織部長　周鳳鏡
宣傳部長　孫君修
訓練部長　張杰蓀
民訓會常委　姚鴻治
民訓會委員　胡彬
民訓會委員　劉行之
縣監委會常務委員　胡桐蓀
委員　張錫昌
委員　錢允中
候補委員　陳炎公

縣執監委員會成立後。頗能努力於宣傳訓練工作。至七月中又發生一重大事故。即各區分黨部一致聯合驅逐史漢淸是也。方各區黨分部之聯合驅逐史漢淸。縣執委周鳳鏡適走東北辦理黨務。旋周委員奉省執委會命令回錫工作。同時縣執委劉行之因黨籍不明而經省方撤職。於是各委員之工作重行分配如下。

常務委員　周鳳鏡
組織部長　張杰蓀
宣傳部長　孫君修

訓練部長　胡　彬

民訓會常委　姚鴻治

十一月間宣傳部長孫君修因賭遭縣政府之逮捕。復因身懷反動印刷品一紙。由駐錫團部電呈總司令部解京訊問。省執委會議決將孫撤職。並命候補執委胡念倩遞補。於是各執委之工作。又重行分配如下。

常務委員　周鳳鏡

組部部長　胡念倩

宣傳部長　胡　彬

訓練部長　張杰蓀

民訓會常委　姚鴻治

是年十二月。省執委會奉中央命令解散。另委葉秀峯、張道藩、朱堅白、吳保豐、武葆岑、張淵揚、鄒錫勇等七人爲江蘇省黨務整理委員。本邑縣黨部奉令停止工作。省派周鳳鏡爲保管員。至三月中、正式委派周鳳鏡、張恨天、季璞、李惕平、胡念倩爲整理委員。是月十一日縣黨部重行開始工作。各委工作分配如下。

常務委員周鳳鏡、組織部長季璞、宣傳部長李惕平、工練部長胡念倩、民訓會常委張恨夫、

歷屆全縣代表大會

一 第一次全縣代表大會紀

時間　民國十八年一月十八日至二十日

代表　沈濟之　周鳳甸　胡桐蓀　呂式橋　莫善樂　張杰蓀
徐赤子　胡　彬　龐翼蒼　陳炎公　蔣柏森　楊昌學
華　超　錢濂生　楊召柏　薛振遠　鄭少鴻　榮文光
強化民　錢允中　郁　文　張子勤

指導員　江蘇省黨務指導委員滕固

主席團　徐赤子　史漢清　莫善樂　周鳳鏡　周鳳甸

宣言起草委員　徐赤子　莫善樂　史漢清

提案審查委員　陳炎公　周鳳鏡　莫善樂

候選執行委員當選人　史漢清　徐赤子　周鳳鏡　楊召伯
胡　彬　何續友　鄭武旌　姚鴻治　孫君修　陸士銘
張　銘　劉行之　張子勤　繆　鈺　張杰蓀　胡念倩
強化民　榮文光　馮君毅　沈濟之　華似穀

候選監察委員當選人　胡桐蓀　張錫昌　莫善樂　陳炎公
楊昌學　蘇渭賓　薛萃章　錢君敷　錢允中

省代表當選人　周鳳鏡　姚鴻治　史漢清

國代表初選當選人　張錫昌　蘇渭賓

重要議決案　(一)決議呈請省指委會轉呈中央並電請全國

致主張取消政治分會(二)決議建議省代表大會實行兵工政策促其實現(三)決議呈請省指委會轉呈中央恢復民衆運動及指定民運經費以鞏黨基(四)決議推縣代表莫善樂沈濟之張杰孫及縣指委周鳳鏡代表縣代表大會赴縣政府接洽清查十六十七兩年度國民革命軍忠烈祠祭田收入及支出辦法(五)決議建議並代表大會促進强迫教育(六)決議咨請縣政府將現任各市鄉行政局長姓名履歷交縣黨部審查(七)決議建議省代表大會轉呈中央切實執行土豪劣紳懲治條例及黨員保障條例(八)建議省代表大會增加區分黨部經費

二　第二次全縣代表大會紀

時間　民國十八年九月二十三日至二十五日

代表　沈濟之　楊達時　王韻輝　徐芝雲　莫善樂　姚心垂
徐赤子　楊重遠　毛君白　尤文化　程啓楣　陳炎公
蔣柏森　華　超　錢荷慶　孫中一　薛養中　倪鐵如
張子勤　劉覺民　黃振中　周鳳鏡　姚鴻治　孫君修
胡　彬　張杰孫　胡桐孫　錢允中

指導員　江蘇省候補執行委員周厚鈞

主席團　周鳳鏡　徐赤子　姚鴻治　錢荷慶　張杰孫

宣言起草委員　徐赤子　楊重遠　周鳳鏡

提案審查委員　周鳳鏡　姚心垂　劉覺民　莫善樂　蔣柏森

重要議決案　(一)決議組織國民導報報務委員會交縣執委會辦理之(二)決議呈請省黨部轉呈中央永遠開除史澳清黨籍(三)決議呈請省黨部轉呈中央嚴厲執行頒佈連坐法以防共產黨改組派國家主義派及本黨投機腐化份子之活動(四)決議函縣政府令各區公所會同各區黨部並地方公正人士清查各區公款公產組織保管委員會保管並規定動用原則(五)決議函縣政府(1)確實執行米價不得超過十二元五角並禁止奸商私運出口(2)從速召集各機關團體組織米糧調劑委員會重行訂定米糧價格並由該會詳細考查本縣米糧出產額以定米價

民衆運動概況

無錫各民衆團體。均正式成立於十六年三月時局初公開以後。在祕密時代。惟總工會與農民協會有雛形之組織。各團體在正式成立之初。頗有蓬蓬勃勃之氣象。力量與聲勢。均極浩大。惜總工會爲共黨秦起、張中元所操縱。農民協會爲共黨嚴樸、杭果人所利用。學生聯合會則入於共黨章子久之手。婦協商協亦均有捲入旋渦之傾向。於是造成種種恐怖。而社會秩序。亦幾爲之破壞無遺。迨四月十四日清黨以後。各民衆團體乃始於共黨手中奪回。分別改組。得於本黨指導之下。爲求謀社會幸福而努力。此後直至十七年一月。中央全體會議決定民衆運動暫行停止。重行整理。無錫各民衆團體乃俱入於靜止之狀態中。是年七月。始由江蘇省黨務整理委員會委派本邑總工會整理委員。十八年十一月。同時委派本邑商民協會、農民協會、婦女協會、青年聯合會整理委員。茲將各民衆團體之過去及現在情形分紀於下。

一　總工會紀要

（劉啓迪述）

(甲)祕密時代　工人在祕密時期。並無特殊活動。組織意識較他埠稍遲。其原因(一)在軍閥時代壓迫力甚强。非若上海、天津、漢口等處從事宣傳工作者可藉租界藏匿。(二)生產資本非操於外人之手。勞資感情尙不惡劣。同時本黨同志亦多忽之。故直至革軍克復武漢後始稍活動。但其領導權操於共黨之手。主持者爲茂新麵粉廠職員秦起及江蘇中學校長嚴樸。其活動方式。僅散佈傳單貼標語及祕密聯絡而已。其活動費用。皆由共產黨接濟。革命軍克復上海時。本邑工人聯盟罷工之舉。與上海工人呼應。影響社會。其勢甚大。雖無大破壞工作。但已寒軍閥之膽。奪軍閥之魂矣。

(乙)共黨把持時代　十六年三月。革命軍克復本邑。秦等遂公開活動。設總工會於大雄寶殿。秦任委員長。嚴任總職。張鵬任祕書。王至昌任組織。內部工作人員多至四十名。其姓名不詳。時共黨毒燄甚熾。勞資糾紛層出不窮。資產階級類多逃匿滬瀆。工會對資本家手段非直接行動。即以命令式行之。會中工作人員均備槍枝並組織糾察隊。橫行無忌。社會秩序爲之大紊。工商業均陷停頓狀態。彼其麻醉之工友時挾過分要求。資方亦不得不忍痛接受。未幾國共分裂。秦於十六年四月爲駐軍賴世璜部所捕殺而沉其屍於河。並捕殺共黨多人。煊赫一時之共禍。遂告消滅。

(丙)工聯會時代　清共後。主持者爲楊祖鉦。楊任商團第二支隊監察。與米商甚接近。總工會解散後。商人乃舉楊主持。遷會址於城中八兒巷。(今地)成立無錫工界聯合總會。內分總務、文書、交際、調查、組織等部。計委員十一人。工作人員約三十餘。委員係由各業工人代表大會選出。正委員長馮琴泉。副委員長葉桐侯。楊任總務。全會會務歸其主持。其工作大概分述如下。

(一)組織下級工會　共黨把持時代。下級工會多無組織。工聯合成立後。即開始組織。會員總數號稱十萬。產業工人。以廠爲單位。職業工人多半聯合組織。以分會爲單位。每會委員人數多至十一人少至五人均採委員長制。

(二)協定勞資條約　各業工會成立後相繼要求與資方協議改善待遇條件其時由工聯會準照工人生活狀況訂定勞資條約以資解決勞資間之糾紛。

(三)釐定會費　總工會經費每月約需二千餘元悉取之於各業工人月費會員每月每人繳費二三角不等會費之支配分三級制卽總工會三分之一聯合工會三分之一分工會三分之一。

(四)勞工福利之設施　工聯會成立未久卽向絲紗兩廠各資方交涉經費附設勞工醫院一所於總工會勞工小學五所於工廠之繁盛處並創辦工商日報設立工人便宜粥店建築工運橋等。

(丁)停止活動時代　工聯會於十七年六月停頓其時工聯會因分子復雜各方攻擊甚烈適縣黨務指委傅伯亮在公園爲流氓所毆傳疑楊祖鈺所唆使楊斷被捕會務卽陷於頓停狀態。總工聯會成立後對於會務之措置告一段落。

(戊)整理委員會時代　整委會成立於十七年八月其間因糾紛之迭起整委之迭更工作方面殊難作一貫之敘述茲爲簡略起見分爲三期(一)內部糾紛時期(二)改組派專橫時期(三)最近時期(卽現狀)茲先敘述一二兩時期。

(一)整委之更換　初任委員爲毛祖鈞、馮琴泉、惠紀之、柳醒吾、謝青白、陳祥春、王民峯等七人。

(二)職務之分配　常委馮琴泉、王民峯、毛祖鈞、登記科主任謝青白、指導科主任惠紀之、總務科主任柳醒吾。

(三)經費狀況　經費來源前已述及整委會成立之初每月預算爲二千元半由絲廠方面繳納紗廠方面每月繳七百元次多者爲襪業工會一百餘元儲棧業工會每月一百元其他均在一百元以下統計每月所入計二千餘元。另納絲紗廠資方各津貼數百元迨絲廠職工聯合會糾紛發生收入減去太半工作人員欠薪至四月之多。

(四)工作情形　(一)舉行總登記分全縣各業工人爲四期。第一期絲廠業第二期紡織業第三期各業第四期停頓。(二)改組各業工會(三)處理勞資糾紛(四)成立勞醫勞校管理委員會。

(五)糾紛之分析　最初各整委意見不合發生互控多半立於個人利害之立場動以下級工會爲工具致勞與勞之糾紛層出不已非甲委勾結其爪牙圖擴張其個人勢力。卽乙委貪圖私利予人以攻擊之點尤以在劉廣鈞豐華明等專橫時代。爲會費問題而停止絲廠職工聯合會之選舉。致引起數月不解之糾紛。又受改組派之嗾使。而造成麵粉工人之罷工。致整理工作。難於完成。工運本旨。根本違背。言之誠足痛心。

(六)維持委員會之產生 自十八年夏間麵粉工潮發生後。劉廣釗、豐華明等相繼去錫。工作人員逐漸星散。致會務一時陷於停頓狀態。未幾乃有維持委員會之產生。成立一月。即奉令撤銷。

(己)工整會之現狀 維委會撤銷後。省黨部續委張恨天、劉啓迪、華念祖、陳祥春爲整理委員。於十八年八月二十日開始工作，職務分配。常委張恨天。指導科正主任華念祖。副主任陳祥春。登記科正主任劉公達。副主任前爲陳忠現爲顧翼蒼。常務室幹事三人。助理幹事二人。錄事六人。指導科幹事四人。助理幹事五人。登記科幹事四人。助理幹事五人。其組織系統如左。

整理委員會

醫院勞工學校管理委員會

常務委員

指導科　總務科　登記科

正副主任　正副主任　正副主任

文書幹事　指導幹事　宣傳幹事　調查幹事　文書幹事　事務幹事　文書幹事　登記幹事　攷查幹事

助理　助理　助理　助理　助理　助事　助理　助理　助理

錄事　錄事　錄事　錄事　錄事　錄事

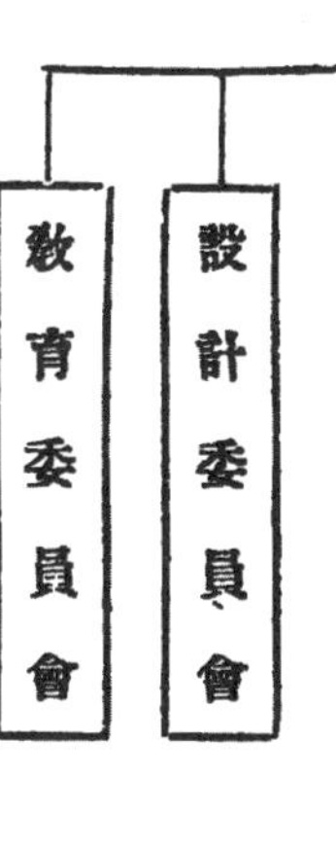

各業工會之概況

現在無錫各業工會屬於產業組織者。有絲廠業、紡織業、機爐廠司工會、油廠業、麵粉業、碾米業、印刷業。屬於職業組織者計廿有八。各組織系統及概況如左表。

（一）各業工會組織系統表

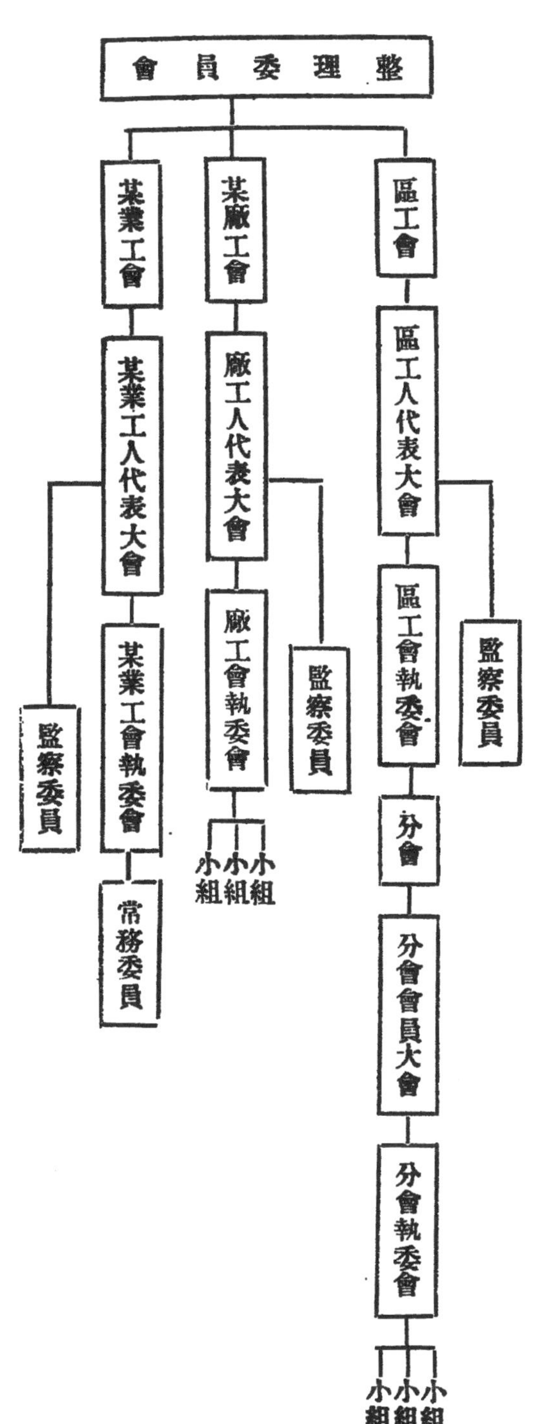

(二)各業工會概況表

名稱	執監委員人數	會員數目	分會數目	常務委員	成立年月	備考
絲廠業職工聯合會	執九 監五 候執五 候監二	二八・七九〇	四六	陶申生 葉巧雲 華念祖	十八年十月	
紡織聯合工會	執七 監三 候執三 候監二	一一・〇〇〇	六	馮琴泉	十六年五月	
機爐廠司工會	執四 監一 候執二 候監一	一・〇九七		謝斌 劉兆秀 顧成友	十七年九月	
石作業工會	執五 監二 候執二 候監二	二六〇		盧玉金	十六年八月	
香業職工會	執五 監一 候監一	二五〇		石重勳	十七年三月	
郵務工會	執七 監三 候執二 候監一	六二		王仁杰	十八年十月	
藥業職工會	執七 監三 候執二 候監二	二六二		馮德祖	十六年六月	已劃歸商整會
開化鄉成衣業區工會	執五 監二 候執二 候監一	一九〇		朱福祥	十八年三月	
機業工會	執七 監三 候執一	二・三〇〇		閆子臣	十六年五月	
電汽業工會	執五 監一 候執二 候監一	一一二		穆葆蓀	十七年二月	
荳芽業工會	執五 監一 候執三 候監一	八八		龔寶慶	十八年九月	
漆作業工會	執三 監一 候執一 候監一	一六二		過金發	十八年三月	
油廠職工會	執五 監二 候執二 候監一	四五〇		方鈞	十六年五月	
金銀業工會	執五 監二 候執一 候監一	一四〇		范雲林	十七年四月	
營造業工會	執七 監五 候執三 候監三	一・九五〇		郞翼三	十八年九月	

糧斛扛重業工會	執七 監三 候執二 候監二	二〇〇		張文達		
儲棧業工會	執五 監三 候執二 候監二	一•三〇〇		王東林	十六年四月	
柏燭業職工會	執五 監一 候執二 候監一	二二〇		蔣杏生	十七年十二月	已劃歸商整會
人力車夫工會	執五 監三 候執二 候監二	一•四七〇		范玉祥	十八年八月	
金山石作工會	執六 監一 候執二 候監一	一五〇		楊揆鈞	十八年八月	
縫包業工會	執五 監二	六四		楊慶生	十七年三月	
鞋業職工會	執五 監一 候執二 候監一	二四〇		馮可鈞	十八年十月	
車站碼頭裝卸工會		三〇〇				
估衣業職工會	執五 監一 候執一 候監一	二一〇		胡麗泉	十六年四月	已劃歸商整會
成衣業工會						
碾米業工會	執三 監二 候執一 候監一	四一〇		王嘉禾	十八年五月	
南貨業工會	執三 監一 候執二 候監一	六五		張萃伯	十八年十二月	
攝影業職工會		四七				已劃歸商整會
印刷業工會						
銅鐵機器翻砂工會	執五 監三 候執二 候監一	三七九				
蔴業職工會	執五 監一 候執一 候監一	九六				已劃歸商整會
典業職工會	執五 監一 候執一 候監一	三八一		朱慕豪	十六年四月	已劃歸商整會

麪粉業工會	執五 監三 候執二 候監二	五七四	四	孫虎臣	十六年五月	
肥絲業工會	(整理期間)					整理期間

勞工醫院之概況

(a)內部組織　設院長一人。綜理全院一切事務。其下設醫務、事務兩部。各設主任一人。醫務部設內外、耳鼻喉眼、皮膚花柳各科及掛號、手術、藥劑、太平各室。事務部設文牘、會計、庶務三股。共用醫生職員十餘人。看護七八人。其組織系統如左圖。

- 院長
  - 醫務部
    - 內科——附耳鼻喉眼科
    - 外科——附皮膚花柳科
    - 掛號室
    - 手術室
    - 藥劑室
    - 太平室
  - 事務部
    - 文牘股
    - 會計股
    - 庶務股

(b)經費來源及分配　每月除由工整會撥給洋八百元外。另有號金、處置、注射瓶費、暨特別、普通兩病室收入月約二百餘元。夏秋兩季並額外增加一百元至三百元不定。分配成數。薪水及伙食約佔百分之六十弱。藥品材料約佔百分之卅強。雜支及辦公等費約佔百分之十。

(c)性質及就診手續　總工會負監督管理之責。目的在改良工廠衛生設備。保持工友健康。治療工友疾病。預防傳染疫癘。而予貧困工友以治病之機會。凡為工會會員持有各該工會發信之就診券。無論住院與否。一概免費。膳食依其生活狀況酌收。出診酌給舟車費。非工友就診者。僅收號金藥本不取。出診者格外從廉。

(d)病房數及設備　特別男病室計九間。每間內設床一張。椅子二張。檯子一張。特別女病室計五間。其設備與男病室同。普通男病室一大間。內設床二十餘張。女病室一大間。內設床十餘張。光線及空氣均甚適宜。

(e)施診時間　每日上午九時至十二時。下午二時至五時。星期日均有值日醫生。急症隨治。每逢星期三六至監獄看守所、看守分所三處。施診一次。

(f)十七年度就診人數　計絲廠業男女工人共一千六百餘。紗廠業男工四百五十人。女工二百餘。機器工人三百餘。成衣工人二百五十人。其他各業暨軍、政、警各界統計八千有餘。

(g)十八年度就診人數　絲廠業男女工人計三千五百七十二。紗廠業男女工人計一千四百四十七。機器業計一千〇九十。其他各業暨軍、政、警各界統計一萬四千一百八十二人。

勞工學校之概況

(a)歷史沿革　前工聯總會於民國十六年五月間召集各業工會代表集議。推定負責籌備人員。覓定校址。確定經費。同年八月。一、二、三、四、五各校。先後成立。其始工友對之漠然。故雖免費招生。就學者尚屬無幾。嗣經一再宣傳。學生來數始日漸增加。現已有不敷容納之象。工整會鑒於擴充之急不容緩。特聘定教委五人。成立教育委員會。專事籌劃。將來當有一番改進也。

(b)各校教室及教員數　一校教室二。級任教員一。科任教員一、二校教室三。級任教員三。科任教員二。三校教室二。級任教員二。科任教員二。四校教室二。級任教員二。科任教員一。五校教室一。級任教員一。

(c)經費　以月計。一校七十元。二校一百五十元。三校八十九元。四校八十九元。五校五十九元。統計四百五十七元。分配薪金以教授時間計。每千分二十元。外校長津貼費五元。級任三元。統計薪金佔全數百分之八十弱。雜費及役費等佔百分之二十強。

(d)各校學生統計　一校男生九十五。女生十三。二校男女生共二百十二。三校男生一百卅人。女生九。四校男生一百二十一。女生十七。五校男生四十五。女生十一。總計男女生六百五十四名。

(e)校址及校長　一校城內萬松院寺廟五間。校長胡季高。十八年八月任事。二校周山濱裕泰繭行共十五間。每月租金十元。校長蘇渭濱。十六年八月任事。三校南門外張元庵寺廟六間。校長王獨醒。十六年八月任事。四校西門西新橋下民房十六間。每月租金十元。校長徐芝雲。十七年八月任事。五校黃埠墩繭業公所共五間。校長余振初。十八年一月任事。

無錫各絲廠女工籍貫統計表

籍貫	人數	百分比
鎮江	四七六	二・四五六七%
無錫	一五・三四五	七九・一八五〇%
武進	一六六	・八五六六%
淮陰	九	・〇四六四%
崑山	三	・〇一五四%
銅山	三	・〇一五四%
松江	一	・〇〇五一%

籍貫	人數	百分比
海門	一	·〇〇五一%
常熟	三〇	·一五四八%
江都	八二	·四二三一%
六合	一	·〇〇五一%
宿遷	一	·〇〇五一%
江北	一·四三六	七·四一%
泰縣	二一	·一〇八三%
吳縣	一四一	·七二七六%
鹽城	一·一一三	五·七四三三%
泰興	四	·〇二〇六%
阜甯	一八	·〇九二九%
高郵	五	·〇二五八%
靖江	二〇	·一〇三二%
溧陽	一一	·〇五六八%
江陰	一一二	·五七七九%
泗陽	一	·〇〇五一%
太倉	二	·〇一〇三%
寶應	六	·〇三〇九%
興化	二七	·一三九二%
南通	八	·〇四一二%
宜興	一八	·〇九二八%
丹陽	一〇	·〇五一六%
嘉定	二	·〇一〇三%
東台	一	·〇〇五一%
上海	六四	·三三〇二%
江甯	二三	·一一八七%
東海	八	·〇四一二%
湖北	二	·〇一〇三%
西康	一	·〇〇五一%
浙江	九六	·四九五四%
湖南	三	·〇一五四%
河北	三	·〇一五四%
安徽	二五	·一二九%
山東	七八	·四〇二四%
陝西	一	·〇〇五一%
青海	一	·〇〇五一%

計女工一萬九千三百七十九人

無錫各絲廠女工年齡統計表

年齡	人數	百分比
十四歲	二八八	一•四八六一%
十五歲	一八一	•九三四%
十六歲	三•四九一	一八•〇一四三%
十七歲	一•二九八	六•六九七九%
十八歲	一•五五二	八•〇〇八六%
十九歲	一•一二三	五•八四六五%
二十歲	一•一八七	六•一二五一%
二十一歲	六九六	三•五九一五%
二十二歲	六八三	三•五一四四%
二十三歲	六八三	三•五一四四%
二十四歲	六五六	三•三八五一%
二十五歲	六七九	三•五〇三八%
二十六歲	六七四	三•四七七九%
二十七歲	三九五	二•〇三八三%
二十八歲	六二九	三•二四五七%
二十九歲	四七二	二•四三五六%
三十歲	八八〇	四•五四〇九%
三十一歲	三六九	一•九〇四一%
三十二歲	四六三	二•三八九二%
三十三歲	一九五	一•〇〇六二%
三十四歲	二七八	一•四三四五%
三十五歲	三四二	一•七六四八%
三十六歲	三一六	一•六三〇六%
三十七歲	一七〇	•八七七二%
三十八歲	二六四	一•三六二三%
三十九歲	一五四	•七九四六%
四十歲	三七八	一•九五〇五%
四十一歲	一〇四	•五三六六%
四十二歲	一一九	•六一四一%
四十三歲	六八	•三五〇九%
四十四歲	六二	•三一九九%
四十五歲	一二八	•六六〇五%
四十六歲	七一	•三六六四%
四十七歲	四一	•二一一六%
四十八歲	五〇	•二五八%
四十九歲	三一	•一五九九%
五十歲	九四	•四八五%

五十一歲	二二	•一一三五%
五十二歲	一七	•〇八七七%
五十三歲	一二	•〇六一九%
五十四歲	四	•〇二〇六%
五十五歲	一六	•〇八二四%
五十六歲	五	•〇二五八%
五十七歲	四	•〇二〇六%
五十八歲	七	•〇三六一%
五十九歲	五	•〇二五八%
六十歲	一九	•〇九八一%

計女工一萬九千三百七十九人

無錫各絲廠職員籍貫統計表

籍貫	人數	百分比
無錫	一•〇五一	六三•二七五六%
吳縣	七三	四•三九四九%
鎮江	六六	三•九七三五%
常熟	一〇	•六〇二%
上海	二一	一•二六四三%
江陰	七八	四•六九六%
武進	六七	四•〇三三七%
吳江	六	三•三六一二%
嘉定	一	•〇六〇二%
江都	六	•三六一二%
丹陽	六	•三六一二%
銅山	一	•〇六〇二%
太倉	一	•〇六〇二%
宜興	三	•一八〇六%
溧陽	一二	•七二二四%
金壇	一二	•七二二四%
江寧	二	•一二〇四%
靖江	一	•〇六〇二%
高郵	一	•〇六〇二%
泰縣	一	•〇六〇二%
湖南	二	•一二〇四%
河南	二	•一二〇四%
江西	六	•三六一二%
四川	一	•〇六〇二%
安徽	一三	•七八二六%

浙江	二一八	一三・一二四六%

計一・六六一八人

無錫各絲廠職員年齡統計表

年齡	人數	百分比
十六歲	七三	四・三九五%
十七歲	八九	五・三五八三%
十八歲	一二五	七・五二五六%
十九歲	一三一	七・八八六九%
二十歲	一三三	八・〇〇七三%
二十一歲	九二	五・五一四五%
二十二歲	九九	五・九三六二%
二十三歲	六九	四・一五四一%
二十四歲	七三	四・三九五%
二十五歲	九二	五・五一四五%
二十六歲	六五	三・九二三三%
二十七歲	四二	二・五二八六%
二十八歲	五五	三・三四八七%
二十九歲	四一	二・四六八四%
三十歲	六一	三・六七二五%
三十一歲	三六	二・一六七四%
三十二歲	三四	二・〇四〇九%
三十三歲	二九	一・七四六九%
三十四歲	三五	二・一〇七二%
三十五歲	二七	一・六二五%
三十六歲	二一	一・二六四三%
三十七歲	二〇	一・二〇四一%
三十八歲	二〇	一・二〇四一%
三十九歲	一九	一・一七四〇%
四十歲	二四	一・四四四九%
四十一歲	一三	・七八二七%
四十二歲	一四	・八四二九%
四十三歲	九	・五四一九%
四十四歲	一三	・七八二七%
四十五歲	一五	・九〇三一%
四十六歲	九	・五四一九%
四十七歲	三	・一八〇七%
四十八歲	一二	・七二二五%
四十九歲	一〇	・六〇二一%

五十歲	一五	•九〇三一%
五十一歲	七	•四二一三%
五十二歲	一	•〇六〇二%
五十三歲	六	•三六一三%
五十四歲	五	•三〇一一%
五十五歲	六	•三六一三%
五十六歲	七	•四二一三%
五十七歲	一	•〇六〇二%
五十八歲	三	•一八〇七%
五十九歲	〇	
六十歲	七	•四二一三%

計一•六六一八

二 商民協會紀要

草創時期

無錫商民協會成立于十六年三月二十七日。執行委員會執行委員爲錢基厚、陳作霖、蔡有容等共六十六業分會。會員一千六百另五人。嗣於十七年四月一日開第一屆代表大會。到各業代表一百八十餘人。選舉第二屆執行委員。當選執行委員爲錢基厚、陳湛如、沈錫君等。分會及會員數量仍舊。惟按該會組織之法規系統恆欠依據。會員則盡屬大業商人。中小商人次之。店員及攤販則罕有。工作則龐雜繁瑣。殊無整個計劃。考其實與商會不啻二位一體。旋因清共。中央明令停止民運。該會遂停止活動矣。

整理時期

商民協會停止活動後。迄至十八年十月。江蘇省商民協會整理會委任賈旭東、桂沃臣、姚心垂、劉藩、孫書發爲無錫縣商民協會整理委員。於十一月一日正式成立。即日開始工作。辦理登記。會址假商會內。並於第一次會議推定桂沃臣爲總務科常務。姚心垂、賈旭東爲指導正副主任。孫書發、劉藩爲登記科正副主任。兩月以來。舉行會議十餘次。並發登記宣言。促各商民從速登記。嚴密組織。茲將已登記者列表如下。

各業登記表(十八年十二月調製)

業別	會員人數	登記日期
熱水(商人)	一〇五	十八年十一月
南貨(店員)	三一四	十八年十一月
帽鞋(商人)	三〇	十八年十一月
白鐵(商人)	七八	十八年十二月
茶園(商人)	四八〇	十八年十二月
攤販	三五	十九年一月

厚橋鎮分會（商人）　四〇　十八年十二月

尚有屏水、漆作、成衣、典業、藥業、蔴業、錫影、金銀、估衣、柏燭等十七業。正在舉行登記。

三　農民協會紀要

民國十五年十月江蘇省黨部委派邑人杭果人來錫。負責辦理農民運動。至十六年三月時局公開以後。始積極組織各市鄉農民協會分會。惟當時各項民運。均爲共黨所操縱。農民協會更爲抗租暴動之大本營。四月十四日淸黨以後。杭等遁避無踪。農協遂於無形中解散。是月二十八日。省農民協會籌備處委派顧元伯、鮑耀西、安雲五、胡正霞、顧震吉等五人爲無錫縣農民協會籌備員。顧等奉委後。卽先行委派各市鄉分會籌備員名單如下。

無錫市	侯繼昌	陶原穀	孫宗枚	陳祖康	殷寶華
天上市	陸子容	胡　驥	王歷農	楊昌齡	胡如保
天下市	過錫川	陸保濟	顧青虹	華永千	俞杏裁
開化鄉	陸小槎	王干城	王復初	朱光照	薛馥培
懷上市	王勝籌	嚴桐生	顧凌雲	吳壽愷	虞濟元
青城市	陳劍寒	管化平	劉振漢	毛鳳文	尤　鎔
新安鄉	周熙文	惠樹敏	錢允中	華昌時	秦承模
開原鄉	朱雲泉	儲雲伯	蔣仲良	趙樂愷	丁錫培
楊名鄉	郁映森	許錫彥	丁逸淸	鮑錫昌	鄒雲翔
景云市	楊心石	欽濟臣	吳祖德	吳惠豐	蔣文炳
富安鄉	賈仲偉	錢輿耕	王家棟	胡愉甫	嚴濟寬
南延市	滕元伯	華繼升	周潤生	陳友竹	黃觀瀾
北上鄉	胡吾千	胡學良	安季英	談炳嘉	華世胄
北下鄉	許九如	周步雲	許濟如	蔡文偉	徐述祖
懷下市	安錫文	諸頻東	支雪軒	華友晉	程永年
萬安市	孫克明	孫寅賓	張敬忱	陸士奎	唐叔輝
泰伯市	鄒景衡	吳玉義	鄒道平	黃志由	强學曾

縣籌備委員本定於五月八日舉行各區籌備員聯席會議。詎於是日奉到省農協籌備處命令。謂總政治部聯席會議議決農民運動暫行停止。於是無錫縣農協復入於靜止狀態中。迨七月一日。省農民協會委任鮑映奎、鄒景衡、楊仁溥等三人爲無錫縣農民協會籌備委員。組織籌備委員會。並推定鄒景衡爲常務委員。仍照舊委各區籌備員組織各區分會。惟以經費支絀。終未能順利進行。十七年一月。奉令停止活動。至十八年十一月。始由江蘇省執行委員會委派李璞、錢荷慶、周鑫鎮等三人爲整理委員。現正進行一切。

四　婦女協會紀要

無錫婦女運動團體。初名婦女解放協會。成立於十六年三月。時局公開以後。主持者爲孫景條、張鉦等數人。迨清黨以後。孫等均辭職離錫。至四月二十四日。駐錫十四軍政治部派楊席儒指導改組。因之無錫婦女解放協會。由楊玉英孫寶球等主持。並選舉楊玉英等七人爲執行委員。如下。

常務委員　楊玉英
宣傳委員　施曉霞
教育委員　陳幽芝
調査委員　稽良英
交際委員　王如珏
編輯委員　顧靜英
組織委員　華冠英

至六月十九日。重行召集全體委員大會。正式改組爲無錫婦女協會。並改選執行委員。其姓名及職務之分配如下、

常務委員　楊玉英　徐芝雲
組織委員　沈定瑛　華冠英
宣傳委員　秦邦範　陶菊友
調査委員　稽良瑛　許靜華
教育委員　王文化　徐德音
編輯委員　周文華　華效麗
交際委員　陳幽漆　趙　芝

當時該會頗努力於婦女解放運動。而尤注意於婦孺救濟事業。常務委員楊玉英並赴蘇滬一帶考察婦孺救濟院之設立。回邑後即着手積極籌備。黨政各機關亦盡力相助。以期早觀厥成。惟至十七年一月。亦奉到停止活動之命令。於是熱烈之籌備。於焉擱置。直至十八年十一月。始由省執委會委派徐德音、張和等三人爲無錫縣婦女協會整理委員。現正進行一切。

五　青年團體整理委員會紀要

無錫青年團體整理委員會、原爲無錫學生聯合會、主持者爲巢箴等。由上海學聯學代表金禹範指導組織。起初工作甚形緊張、後因種種原因、工作以致停登。迄去年十月、江蘇省青年團體整理委員會委任蔡亞屏、胡培德、劉陣、李清、宋文光等爲無錫青整會委員、於十一月三日開始工作。辦理登記。會址在八兒巷。現該會正在調査已往學生的活動及現在的組織情形、以便整理一切。該會各委工作分配如下、

常　務　蔡亞屏
登　記　宋文光
指　導　李　清

縣行政

（一）縣行政組織及統系

錫邑在前清時本設無錫金匱兩縣。民國成立。將金匱縣合併。即就金匱縣署址設民政署。繼改稱縣知事公署。十六年革命軍底定江南。始改稱縣政府。以前縣政府之組織。遵照民政廳令頒之組織條例。設立民治。財政。總務三科。後續奉通令。按照縣政府辦事通則。改組爲一二三科。第一科掌理公安、保衛、土地、戶籍、衛生、救濟、風俗、典禮、宗教、地方自治、社會事業、著作出版、保存古物及不屬於各科事項。第二科掌理教育、農鑛、工商、交通、土木、森林、水利各事項。第三科辦理會計、庶務、統計、收發文件、典守印信、保管公物、編存擋卷各事項。迄十八年十月。國民政府重頒縣組織法。同年十二月。本邑遵令改組。縣長下設秘書及一二兩科。分理政務。此外公安局於民國十六年四月本黨公開時。就無錫縣警察所改組成立。建設局於同年十月組織成立。財務局於十七年十月組織成立。與教育局、蠶桑場同隸縣政府管轄。分掌公安、建設、財務、教育及蠶桑諸務。又全縣共劃分爲十七區。區設區長。各區公所均於十八年八月間成立。區以下設鎮鄉公所。全縣共五百五十六鎮鄉。亦統於十九年一月以前成立。茲將縣政府及各局組織分別列表於后。

無錫縣各機關統系表

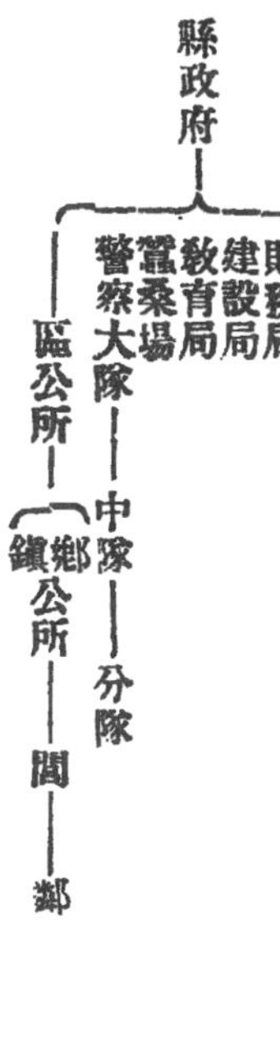

無錫縣政府組織系統表

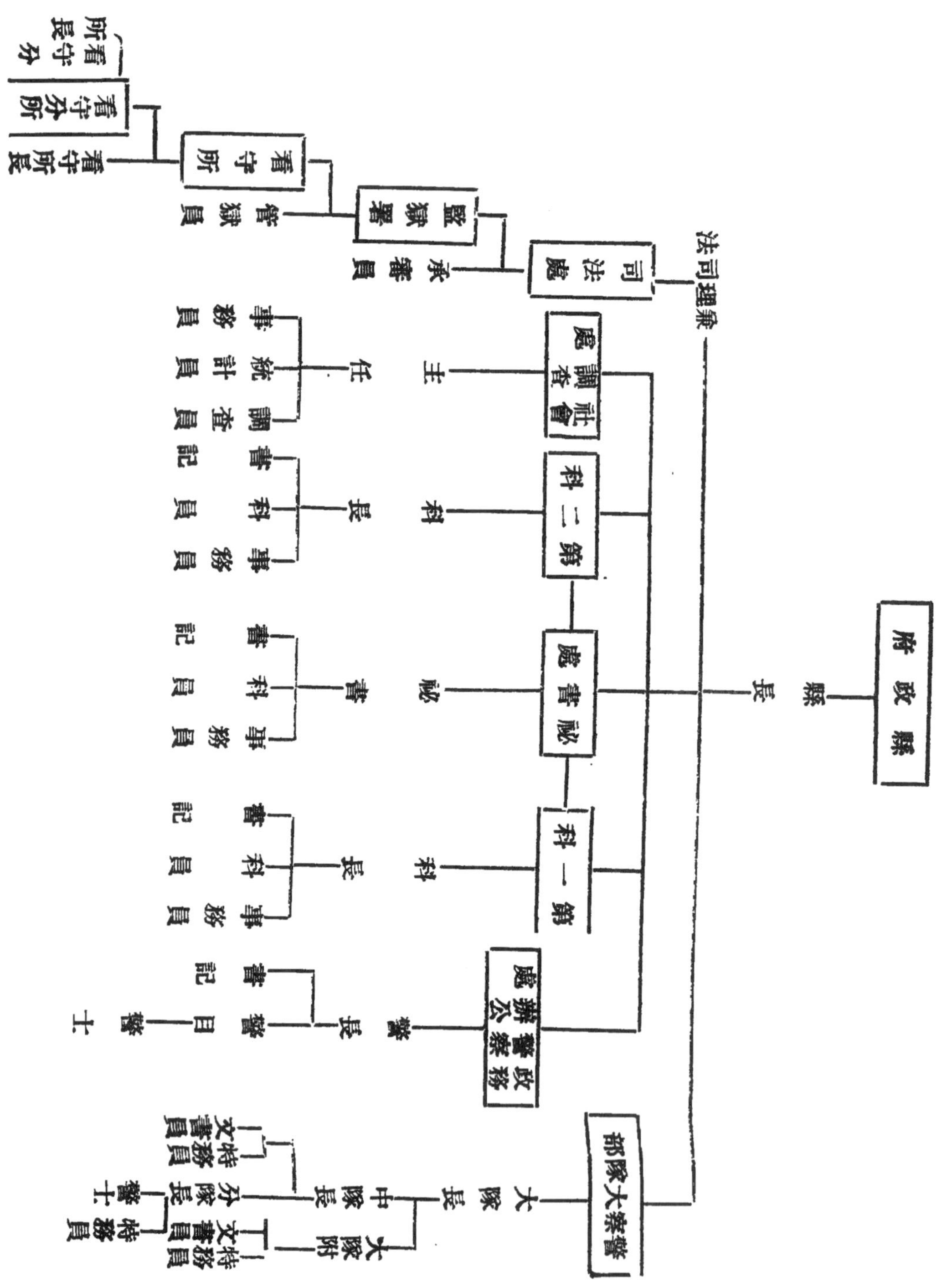

縣政府
縣長
兼理司法
司法處
承審員
監獄署
管獄員
看守所
看守所長
看守分所
看守分所長
社會調查處
主任
調查員
統計員
事務員
第二科
科長
科員
書記
事務員
秘書處
秘書
書記
科員
事務員
第一科
科長
科員
書記
事務員
警長
書記
警目
警士
警察大隊部
大隊長
大隊附
中隊長
分隊長
文書員
特務員
警士

無錫縣公安局組織系統表

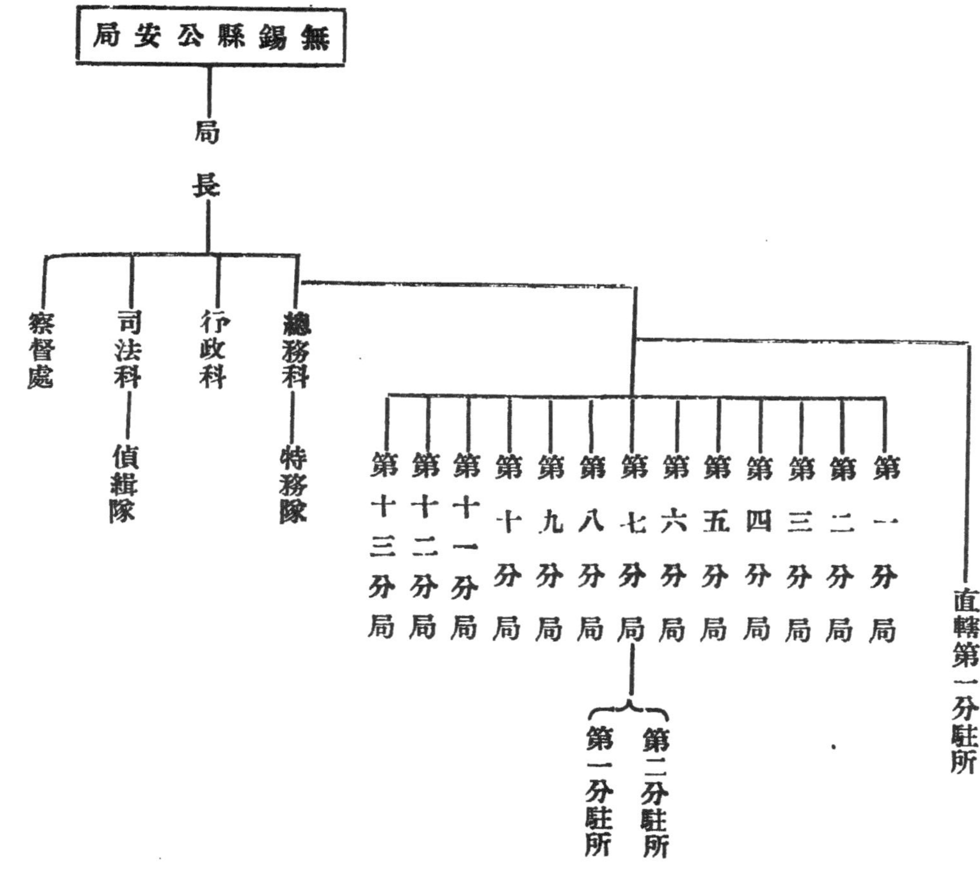

無錫縣財務局組織系統表

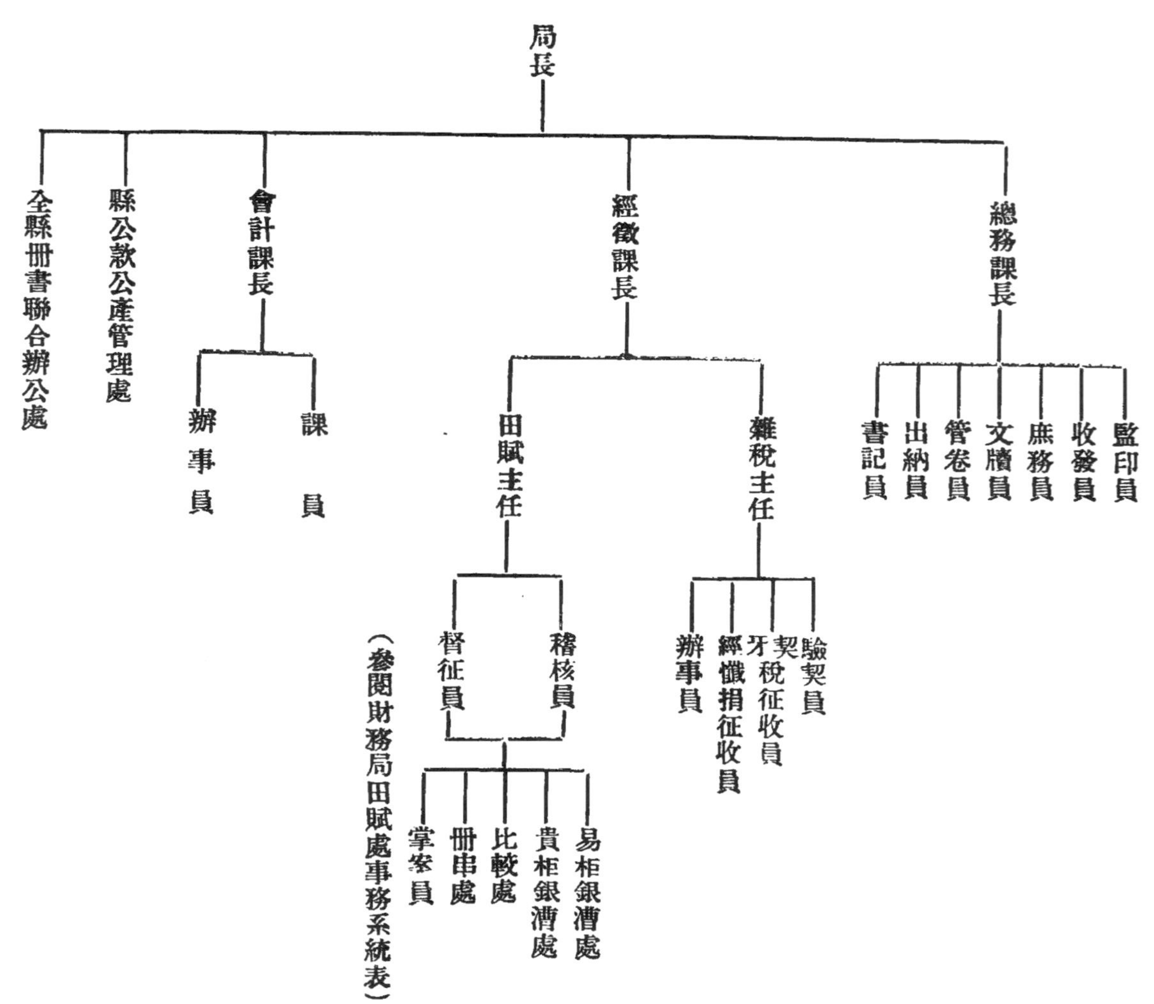

無錫縣建設局組織系統表

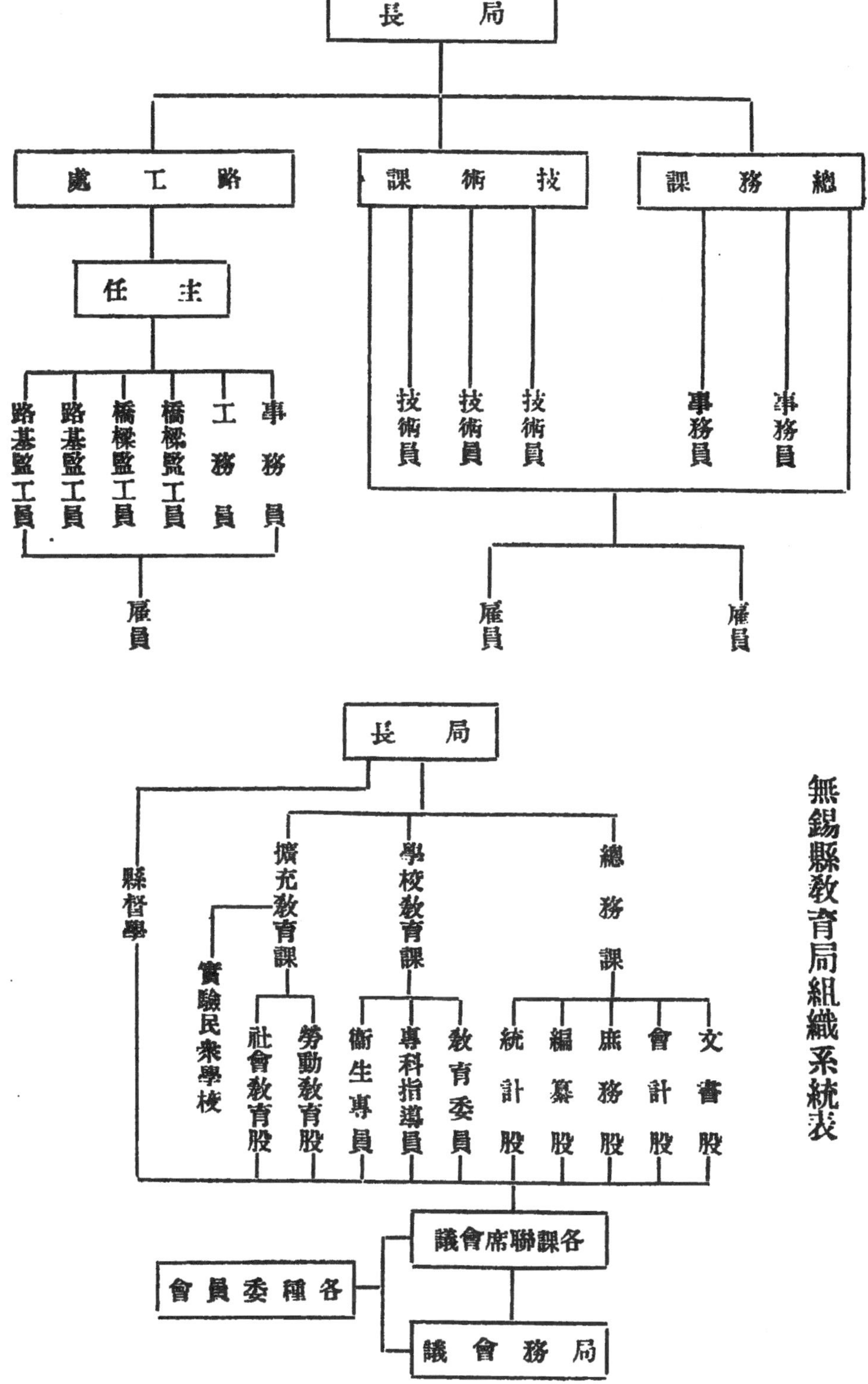

無錫縣教育局組織系統表

(二)無錫縣十八年度施政計劃大綱

錫邑地據滬甯中樞人物輻輳。氣候溫和。濱湖帶河。溪流交錯。農產具水稻蠶桑之利。工商握製造運銷之樞。天時地利。兼擅其美。最近三十年來。社會尤有突飛孟晉之象。遠近瞻矚。一致嘆美。惟政治設施。似尚多缺感。祖基忝綰邑政。三月於茲。以爲政治必須領導社會。積極圖新。始能達革命建設之旨。副百萬民衆之望。而已往數月。均在整理期間。愧少建樹。茲當年度交替。凡百更始。追往開來。不能不有一具體之規劃。爰集各局局長。共同擬訂十八年度施政計劃大綱。內容計分地方自治。司法。財務。公安。教育。建設。工商。農林。市政。救濟等若干項。每項均標揭數款。附加說明。業經提付第十一次縣政會議審議通過。嗣後縣政設施。自當本此進行。竊查本邑地方費頗感艱窘。以有限之經費。斷難盡窮之事業。故其間不得不分別緩急先後。至本大綱所列各款。則大抵均爲目前切要之務。亦爲本年度最少限度之建設。祖基等誓必以全力赴之。所冀各方予以充分之協助。俾能一一實現。至本大綱倉猝草就。掛漏之處。當然不免。各界倘有高見惠示。尤所歡迎。孫祖基謹識十八年七月一日。

一・地方自治

1．成立區公所組織鄉鎮閭鄰

十八年度施政。以籌備地方自治爲首要。此次第二次中央全會議決。今後黨政工作。應集中於地方自治一端。良以自治基礎不立。則訓政無由實施。本縣自治區現已擬定劃分爲十七區。區公所設置地點。亦經分別擬定。預計年度開始。各區長均可回縣任職。至經費問題。前經縣政會議議決。請省政府指定加徵二元漕米爲自治經費。一經確定。則籌備工作。卽可積極進行。其步驟如次(一)十八年九月底前成立區公所。(二)十九年二月底前完成下級地方自治組織。

2．注重鄉鎮長訓練

區以下劃分鄉鎮。鄉鎮長負領導民衆之責。必須具有地方自治之知識。方堪勝任。故擬於縣城設鄉鎮長訓練所。分期召集鄉鎮長來所訓練。其訓練辦法當另定之。

3．舉辦第二次戶口調查實行人事登記

前次戶口調查。費時數月之久。而所得結果。並不準確。本年度擬舉辦第二次戶口調查。其辦法應注重宣傳。以兩個月爲籌備期間。籌備就緒。卽定期舉行總動員調查。於數小時內。可將全縣戶口調查完竣。同時並開始辦理人事登記。

4．設實驗自治區

擬於各區區公所成立後。指定某一區爲實驗自治區。試辦下列各事。以爲他區示範。(一)四權訓練。(二)土地登記。(三)義務勞力。

(四)糧食公營。

5.組織地方自治觀摩團

地方自治事業千頭萬緒。允宜互相觀摩。以資促進。本縣擬就辦理地方自治人員中組織觀摩團。分期出發參觀。其人數及地點。視經濟情形再爲酌定。

此外關於自治事務之進行。縣政府當嚴定考成。督飭各區區長辦理。務使本邑最先實現一模範之自治縣。爲全國樹範。

二・司法

1.清理積案

查本邑人民。雖不以好訟稱。但以幅員既廣。農工商各業均甚發達之故。訟事自是殷繁。平均計算。每月案件不下二百餘起。此間本有承審員二人。逐日分配辦案。充其量月可各結案六十起。合計不過一百二十起。應尚積存百餘起之多。日積月累。如不加以清理。紊亂當不堪設想。誠以人民涉訟。原冀解其糾紛。情非得已。乃糾紛未解。而訟累轉增。殊有失司法之本旨。縣政府現已呈請高等法院遴委清理積案委員。期於三個月內將積案清理完竣。

2.編印訴訟須知

民衆缺乏法律知識。一遇訟案發生。往往假手胥吏或地方訟棍。致咸受種種痛苦。茲正在編印訴訟須知。擬遍發各市鄉。俾一班民衆閱之。得以瞭解一切訴訟之程序。不致再受人愚弄。

3.整頓看守所

查本邑看守所羈押犯人不下三百人。地方既甚窄隘。人數又復衆多。遂致穢氣薰蒸。儼同地獄。雖經疏通一次。將共犯數十人解赴蘇州。而其餘人犯尚有待於積案之清理。按看守所之性質。只羈押未決犯。依照審限規定羈押日數。原不致過久。彼進此出。同時羈押之人數。亦不致過多。初不料積案如是之多。茲爲整頓該所計。第一須清理積案。迅予判決。分別罪名有無輕重。予以保釋或送監執行。一面擴充所屋。注重清潔。以資衛生。而重人道。

4.籌建新式監獄

查監獄內之人犯。均係已決犯。多爲長時期之居留。則獄室之構造。固應合乎衛生。尤當注重教育與工作。但建築此項新式監獄。第一須覓相當之空地。佔地大約至少須四十畝。所容人。服約五百人左右。其獄室之構造。以採用獨居爲宜。至工場之設備。尤當按照地方情形。社會需要。及犯人之性情體格。分別支配之。所有建築費用。約需十萬元。由縣政府設法分別籌募。一面呈請高等法院備案。以便興工建築。

此外如訓練吏警。革除積弊。拒絕一切請託。尊重司法獨立。仍當本以前之旨。積極進行。務求徹底。至最重要者。乃在促成縣法院一事。

綠縣長兼理司法。本非善良之制度。其組織之簡陋。與手續之欠缺。無可諱言。而縣長每以行政事務殷繁。當有不遑兼顧之虞。況現在領事裁判權正值提議收回。尤不應留此不完備之司法制度。轉貽外人之口實、加以此間積案之多。尤非早日成立縣法院。不足以專責成。現在各縣分期成立縣法院。案業經本縣提出縣政會議通過。由省政府轉函高等法院查照實施。本縣自當秉提案之初志。於本年度內促其實現。

三・財務

1・編造糧冊

本邑糧冊。均操於區書之手。官廳毫無依據。任憑彼等操縱把持、敲詐剝削。不獨官廳辦事棘手。且有時不得不仰賴彼等鼻息。至人民方面之痛苦。更不言可喻、茲定於本年度內。一方面設法收回區冊。一方面重新編造糧冊。註明業戶姓名住址地積。以便稽考。而杜積弊。

2・嚴辦士劣包攬抗糧之戶

本邑士劣包攬抗糧之戶。雖屬不多。然亦有疲頑性成、積欠銀漕至數年之久者。此風不除。後患曷極。茲擬於本年度內先擇積欠銀漕最鉅最久之戶。不問其身家勢力。破除顏面。一律送縣嚴懲。以儆效尤。而寒士劣之膽。

3・推廣義圖制度

查義圖之制。純為上清國課。下便民生而設。錫邑易字櫃以鄉區多設義圖。每屆啓征。各義圖董事明定期限。通知糧戶。將應完銀漕交義圖代完。掣串存據。是以不及兩月。所有大宗糧戶。均依限掃完。而貴字櫃義圖寥寥。每延挨到續限內外。方有起色。茲為推行盡利起見。擬勸諭全邑各區公正圖董。仿照現有義圖辦法。一律組織。認真辦理。以重國稅。

4・招考糧櫃訓練生

徵收銀漕。必須熟手、然而熟能生弊。勢不得慎之又慎。當此百政革新之日。而各縣糧櫃員生。多仍舊貫。良以缺乏相當人才辦理徵收事項。故若輩得以結黨把持。茲定於本年度招考糧櫃訓練生。聘請精於計學而諳田賦情形者一人或二人。主持教務。定半年或一年畢業。即派充各櫃辦事。按替既已有人。則舊員中有辦事不力者。自可逐漸淘汰。

5・考察本縣經濟狀況衡量民力推行新稅

蘇省自奠都以來。百廢待舉。行政建設。在在需款。自不得不取之於民。故賦稅較前實增倍蓰。即以田賦而論。如帶徵普教畝捐也。築路畝捐也。公安畝捐也。以及地方費也。農民負擔綦重。倘不亟謀救濟。恐民力或有時而窮。本年度擬考察全縣經濟狀況。衡量民力。推行新稅。以圖補救。俾不致有畸輕時重之弊。此外關於整飭內部者數端。約略述之。

甲・修改科目

遵照會計年度。修改科目。以資劃一而便核計。

乙・增加帳冊

關於地方款帳冊。擬增加地方日記帳。收支帳。地方現金庫存表。地方收支對照表等。俾臻完備。

丙・編造檔冊

新舊案卷分別編列。

丁・辦理考績

倣照郵電路局現行考績章程。規定辦法。嚴厲考核。

四・公安

1・擴充公安局警額

查錫邑濱臨太湖。太湖素爲盜匪出沒之區。且自軍閥時代數次戰亂之後。潰兵游勇。所在皆是。而潰散之槍械流落於民間者。當不在少數。且地方交通便利。工商發達。外來之人。尤爲龐雜。加以共匪潛滋。難免不與此輩暗中勾結。以故地方治安。在在堪虞。原有之警力。殊不足以資應付。有亟須擴充之必要。本年度一角二分公安畝捐。業已起徵。以全縣田畝計之。每年可徵收十五萬餘元。較現在警費。幾增至一倍。此項增加經費。除以提高官警之薪餉外。其餘卽以擴充警額。分配於各分局。茲已編定預算。確定計劃。自本年度起實行。

2・添設公安分局

無錫全縣共十七市鄉。（現改分爲十七區）除無錫市已設六分局一分駐所外。僅南延市一分局。二分駐所。揚名鄉兩分局。一派出所。開原鄉一分局。其餘各市鄉。均未設立。而北上鄉。懷上市。泰伯市。天上市等處。共匪潛伏。暗中活動。鄉民受其害者。又皆畏其暴焰。不敢告發。殊失維持地方治安之本旨。現定第一步辦法。先就北上。懷上。泰伯。天上等四市鄉。卽日成立公安分局各一所。警額之多寡。視鄉區之大小。防務之緩急。分別規定。其已設立之各市鄉。原有警額不敷分配者。則酌添分駐所及派出所。其餘未設立之各市鄉。亦視防務之緩急。分別先後。剋期設立。本年度希望務使每區成立公安分局一所。具體計劃。現已擬定。卽待實行。

3・補充公安局槍彈

警額擴充以後。如無精銳之槍械。仍不足以維持地方治安。查現在各分支局所用之槍。僅俄造步槍一百二十二支。套筒毛瑟共十九支。九響老毛瑟共廿八支。林明敦步槍共二十二支。三十年式步槍三支。卅年式馬槍二支。六寸勃郎林共十七支。駁壳槍一支。達蓬式手槍一支。九響粗腿手槍一支。總共步槍一百九十二支。馬槍二支。

手槍二十支。然九响老毛瑟。林明敦。遊蓬式及九响粗腿手槍等。均不適用。即俄造步槍套筒毛瑟等。其中均有年久失修。零件缺少者。除不適用之九响老毛瑟等外。連同修配後及新近由縣政府發下六寸勃郎林槍五十四支。堪用之槍。統計步槍手槍共二百十六支。若以刻下原有之警額。及預定第一期擴充之額共一〇三七名（除大隊騎巡水巡隊外。）平均計約五人共槍一支。以此言之。防衛實力似覺薄弱。現在第一期擬提前添購馬槍三十支。駁壳槍三十支。至第二期預備籌的款兩萬元。完全提作添購槍彈之用。至年久失修缺少另件之槍。則擬檢查後雇工分別修配。至每槍之子彈。至少必備三百發。

4• 擴充警察大隊

警察大隊奉廳令暫時直屬縣長指揮。查本邑警察大隊。係就原有公安隊及警察隊改組。於本年五月間編竣。僅兩個中隊一個分隊及水巡隊騎巡組隊士共三百人。計有步槍一百五十支。駁壳槍七十五支。手提機關槍六架。手槍五支。巡船九艘。馬七匹。以言警力。實屬不敷。現在四鄉伏莽潛滋。盜匪時起。非有充實之武力。實不足以資警備。茲擬定本年度擴充計劃如次。

（一）一大隊分四中隊。

（二）一、二、三中隊步兵每中隊一分隊用駁壳槍。餘二分隊用步槍。

（三）第四中隊為特種兵。以水巡組。騎巡組。追擊砲組編成之。

（四）槍械方面。擬添置步槍一百六十二支。駁壳槍二十三支。追擊砲兩門。

5• 提高官警待遇

現在社會生活程度日高。原定之官薪餉數。殊不足以維持其生活。以故弊竇百出。不易整頓。此為警界日墮之惟一原因。本縣自舉辦公安畝捐後。警察經費已較前增一倍以上。除增加警額外。各官警之薪餉。亦一律提高。較原薪餉增加半數或三分之一。（詳見本年度警察經費預算）自本年度起實行。

6• 注重長警訓練

本年度各長警之待遇既已提高。則訓練方面。亦須格外注意。下列諸事。認為必須實行。

（一）汰弱留强

凡平時劣跡多端。年齡老大。精神萎靡。不堪訓練者。自不能聽其濫竽充數。現在考試警官及甄別警士。已分別實行。經此一度裁汰後。另招年富力强品行端正者抵補。從事嚴格訓練。俾養成整肅健全之警士。

（二）開班補習

在省廳教練所未開辦以前。所有各長警。急須補習其應有之知識、茲已訂定辦法。剋日實行。

(三)定期會操

各分局長警雖經到局補習。然日久其技能必漸生疏。精神必漸懈、弛本年度擬每星期調集城廂各分局之長警到總局會操一次。時間以一小時半爲度。

(四)定期檢閱

自本年度起。每年春秋二季。擬舉行大檢閱一次。除一切學術必須檢閱外。其槍械裝具等之保存得法與否。均須檢閱。藉以考察各分局長。各中隊長辦事之成績。

(五)定期退休

不法長警。固可隨時斥革。然素行端謹。服務勤慎之長警。如不規定退休辦法。則年久之後。亦必暮氣漸生。寖成一種腐敗風氣。現擬呈請主管官廳。頒布長警退休辦法。另行籌集經費。如平時確係潔己奉公、毫無過失者。於退休時酌給贍養金、俾可另謀相當生活。

7. 改善官警生活

警察職務較一般行政人員繁重。平時不休不眠、即星期日亦不能得較安逸之休憩、然人之精神有限、長此勞憊。何能恢復。本年度爲改善警察生活計、擬實行下列諸事。

(一)組織官警俱樂部

在總局中組織各分局長巡官以上總局長以下之俱樂部。各分局組織巡士以上分局長以下之俱樂部。定期聚餐。公暇娛樂。又總局長定期分赴各分局聚餐。詳細辦法另定之。如此上下精神、聯貫一致。感情毫無隔閡、精神上可得無上之愉快。而官警之品性。亦可得正當之修養。

(二)提倡官警會食

考現在各處警食。平時僅飯食同一炊爨。而菜蔬則各自備辦。官長亦向不與各警士會食、此種辦法、殊非善策。蓋其流弊。饕饕者每月飯菜費至有超過月餉之額數者。費用不敷時。勢必暗作種種不法之事。且每至餐時、各警士均自由外出購菜。穿着不整齊之服裝。手攜各種菜蔬、徊徘於繁鬧街市。於風紀上亦有莫大之妨害。本年度擬矯正此弊。通令城廂各分局長規定每人菜食費若干。每晨派警督率伙伕上街採辦。一次同鍋炊爨、公同會食、不准私自出外添菜。分局長以下各職員。一同會食、其菜蔬費按各人薪水之多寡分別派認。如此可養成忍耐勞苦之儉德。且於風紀上亦可得相當之整飭。

8. 實行整飭紀律

關於整飭紀律。茲擬定辦法數項如下。

（一）嚴定獎懲規則

在職人員如確能潔己奉公勤愼職守者。應分別獎勵。其貪污不法以及怠忽職務者。必盡法懲治。決不僅以撤職或革退了事。此在本年度第一步必期實行者

（二）製定考勤手簿

查現在各分局長警。平時服務之勤惰及品行端謹與否。向無精密之考核。僅據個人一言取決。殊難憑信。現擬製一種手簿。各長警每人隨身攜帶一本。同時嚴飭警官及各分局長局員認眞查察。無論事之好壞。均登記其上。以憑考核。

（三）巡迴考察

由公安局隨時派員。或指派各分局職員。不分畛域。指定地段。巡迴考察。遇有不守紀律之長警。可隨時指正。並隨時將所犯之事。紀錄於各該長警之手簿上。

（四）嚴禁長警擅着便服

各長警非指定特別職務。經長警允許穿着便服者。無論因公因私出外。均須穿着制服。以革流弊。

（五）獎勵久任

現在各地警局每一局長更換。其屬下人員亦隨之變更。其流弊所至。不獨前任事業不能繼續。且易啓奔競夤緣之風。故紀律固須整飭。而對於勤愼辦事者。亦須予以一種保障。非有重大過失。不輕易撤換。始能令其安心本職。而警務亦必日有起色。

9．廢除站崗制採用巡守制

查現在之站崗制。殊不完善。此種制度在先進國已成過去。而我國仍沿用不改。殊難索解。民政廳現已公布守望所勤務規則。然細考各分局。則僅將舊有之崗亭改名爲守望所。至一切警備多付缺如。如何劃區巡邏。亦無規定。殊失澈底改進之旨。茲擬由總局另招警士數十名。加以特殊訓練。再擇適當地點。酌設極完備之守望所若干所。將新招之警士發置各守望所。按照規則。實行勤務。如試驗成績優良。然後逐漸推廣。全市一律廢去站崗。僅於車馬往來極繁鬧之地點。酌設交通警察而已。此種改革爲江蘇警政刷新之創舉。未敢決其推行盡利。故先抱强毅精神試驗之。以期逐漸推廣。

10重劃巡邏區域

查現在各分局所定巡邏路綫。區域太大。巡視殊難周密。且無精密考核之方法。無從稽核其勤惰。茲已確定改用巡守制。此種巡邏方法。尤不適用。現擬將各分局之巡邏區域。澈底重行劃定。分班巡邏。嚴督實行民政廳公布之巡邏規則。庶幾巡視周密。宵小當可斂迹。

以上所舉。均爲整頓警務計劃之大概。至於維持社會安寧秩序。認

爲下列諸事最爲切要。當積極施行。

甲・組織衛生稽查隊。辦理檢查清潔及防疫等事宜。

乙・設交通警察。維持水陸船舶車輛交通秩序。並執行取締規則。

丙・取締旅館違章營業。嚴防容留奸宄。

丁・調查水陸埠站往來人數。

戊・取締備工介紹業。以防止販賣人口。

己・取締小押商及舊貨商。以防止贓物流通。

五・教育

1・訓練師資

訓練師資。爲現在最切要之事。蓋教育效率之有無。當以教師能力爲斷。茲分治標治本兩種。

(一)治標

採函授辦法。中央大學義務教育處辦理師資函授部。本縣擬受訓練者預定二百人。是項訓練。於教師生活學校前途。均有利益。實爲提高師資最簡而易行之辦法。

(二)治本

擬設鄉村師範一所。現正籌劃經費。並已勘定校址。預計本年度必可實現。

2・實施民衆教育

教育不限於學校之學生。我國民衆失學者太多。亟宜提倡民衆教育。以資補救。茲於天下市劉潭橋地方。設立農民教育館一所。已籌備就緒。不日可以開幕。此外擬在各市鄉添設

(一)民衆茶社

(二)民衆學校

(三)民衆閱書處

(四)民衆閱報處

以上四種本年度視經濟力量。盡量推廣。以期普遍。

3・試驗鄉村教育

我國鄉村教育。尚在萌芽時代。其設施及教學諸法。尚須試驗以資改良。本縣現指定河埒口。惠山。青墩。大牆門四小學爲試驗鄉村小學。本年度內當積極進行。以其貫澈試驗之旨。

4・切實指導全縣私立學校完成立案手續

本縣私立學校共一百〇八所。已立案者僅二十五校。其餘各校之內容及設備等等。均亟待考查。並須促其照章立案。此項工作。擬於本年度內完成。

5・切實指導並督察全縣學校及社教機關

縣教育局對於全縣教育機關。負有指導及督察之責。嗣後更擬用科學方法。試驗。診斷。調查。統計。全縣教育事業。並舉行各種集會。多

方研究討論教育學術及實際問題。以作爲改進之根據。

6•規定全縣各校訓育標準

訓育標準教育局前已擬定草案分發各校。玆因各校施行之結果。尙須有改訂之必要。特將該項標準。刊印千份分寄各校教職員發表意見。彙寄局中加以增損。以期得一完善之訓育標準。

7•試辦教育消費協作社

協作社爲 總理所提倡本縣各校應用之書籍文具。擬設立消費協作社。直接採辦。廉價發售。以減輕農民子弟之負担。

8•改進固有社會教育機關

現在教育事業。學校教育當與社會教育並重。本縣固有之圖書館。通俗教育館。公共體育場等社會教育機關。均須積極改進。

9•增設公共體育場

查本邑公共體育場祇西門外一處。且場址狹小。不足以應全邑民衆之需要。玆爲促進民衆健康起見。擬每一自治區設公共體育場一所。而無錫市人口繁庶。除原有體育場外。擬另行勘定地點。增闢一大規模之體育場。足供五千人以上運動之用。此項計劃。在本年度內必須積極進行。以期從速實現。

10注重職業教育

本邑工商雖稱發達。而職業教育。頗覺幼稚。雖少數廠主舉辦職員養成所。然工人方面並仍未能沾受教育之惠。本年度擬向各廠廠主及各業公會接洽。提出的款。專充興辦各種職業補習教育之用。同時並籌設職業介紹所。

11提倡各種積極運動增進民衆對於教育之知能

中央黨部規定在訓政時期舉行造林、識字、衞生、築路、合作、保甲、及提倡國貨七大運動。此項運動。當以教育的力量使其普通。以上十項。均爲具體易行之事。期於本年度中一一實現。此外如(一)積極實施三民主義教育。(二)厲行普及教育。(三)全力注意農工婦女及幼稚教育。(四) 寬籌教育經費。繼續實行教育經費公開辦法(五)指導私塾教師。舉行塾師登記。取締不良私塾。(六)增加教師進修機會。獎勵優良教師。(七)改良教師待遇。繼續發給養老金及卹金。(八)辦公科學化。採取效率主義。(九)繼續試辦中心小學制以上各項。均與教育前途至有關係。總期努力做去。促其實現。

六•建設

1•完成錫澄公路南段與築錫宜錫甘兩路

錫澄公路土方涵洞。已於十七年度內完成。其餘橋樑路面。俱應於本年度內一律舖築完畢。本縣境內省道縣道。已由縣建設局擬就。呈奉建設廳核准。共計應築省道七十三里。縣道二百七十四里。擬分年用征工方法興築。本年度因經濟及民力種種關係。先築錫宜錫甘兩線。連錫澄南段在內。共計一百十餘里。約得全部之三分之一。依此速率。三年後全縣省道縣道。俱可築成。征工築路爲省府確定之政策。本縣擬於冬春農隙。從事實行。

2. 督促各區自治機關趕築鄉道。酌予以行政上經濟上技術上之輔助並獎勵人民捐資興築公路

聯絡省縣道之間。須有鄉道網布其間。則脈絡貫通。全縣人民。方能普受公路之利益。市鄉行政局(或區公所)負有興築鄉道之責。但鄉民無知。或有阻撓情事。且地處鄉僻。技術上亦苦無人指導。荒陋之區。籌款亦復不易。故須由縣行政機關隨時督促。並酌量予以各種輔助。一方獎勵人民捐資興築。既可節省公家財力。並提倡人民急公好義之心。一舉而數善備焉。

3. 舉行輪船登記解決航業糾紛取締輪船速率禁止傾倒煤渣折除水上交通障礙物

錫邑溪流交錯。水上交通。最爲便利。故輪船往來。爲數極夥。惟政府方面。向無統計。且同一航綫。往往數公司競爭行駛。中途搶先。不特水浪冲激。摒毀堤岸。抑恐發生撞擅情事。危害旅客生命。至於兜賣船票。攬截乘客。怪狀復不一而足。政府方面。控案累累。長此以往。豈航業前途之福。故本年度擬規訂管理輪船章程。全縣輪船。須一律舉行登記。未登記者。概不准行駛。在同一航綫內有數公司營業者。各規定其開行鐘點及最低最高票價。務使不生衝突。新闢航綫及加開班次。必須經政府允許。方准行駛。倘有違背章程者。即勒令停止其營業。如此則積年糾紛。方可澈底解決。此外煤渣傾入河中。妨害水利。亦予嚴厲取締。其沿河魚簖木排等阻礙交通者。俱勒令折除。以資整理。

4. 擇要開浚河道放寬橋洞取締沿河房屋

河道太綫處。遇旱水小。船舶即不能通行。橋洞太窄者。兩船對駛。亦往往遇險。至市鎮上。房屋大多僭佔官河。河道既窄。則船舶尤易擠斷。凡此種種。均宜設法補救。本年度內擬擇要舉行之。

5. 舉行全縣水利測量訂定分期整頓水道計劃

本縣河流交錯。悉聽其自然。而不加注意。故遇雨則成潦。遇旱則水涸。此皆由於河道淤塞。河流不暢有以致之。故全縣水利測量之舉。不容再緩。測量所以明瞭全縣河流之形勢及現狀。及對於水利交通之需要狀況。按全縣河流。約分爲兩大系。一系洩入太湖。一系流經江陰或常熟縣境。而入長江。苟能將此兩系河流疏浚。則旱潦之災。定可減免。茲擬着手實測者。(一)河流平面。可知河流之灣曲及長度。(二)縱橫斷面。可知河身及水面之坡度。(三)各河水位及流量。可知各河在各時期流量之大小。及水位與流量之關係。此三點測量清楚後。即可據以決定疏浚之計劃。

6•疏浚重要河道改建狹門橋樑

依據上條測量之結果。再視各河道交通關係之重輕及淤塞之程度。即可決定疏濬之次序。惟旱潦固由於河道之淤塞。然橋門狹窄使水流不得暢行。亦爲一大原因。故擬一面從事測量。一面卽將狹門橋樑從事改建。

7•整理農田溝洫解決戽水糾紛

每至農忙戽水之時。糾紛時起。苟不訂定專章。其農民無所適從。糾紛亦不易解決。茲已由縣建設局訂定無錫縣農田溝洫暫行規程。呈奉建設廳核准。嗣後關於處理是項糾紛。自可有所依據矣。

8•籌設四鄉電話

本縣區域及近城工商業較盛之各市鎭。早經由商辦公司。創設電話。惟離城稍遠之區。均付缺如。現在四鄉盜匪充斥。警力不充。呼應不靈。故刼掠焚殺時有所聞。如能裝置電話。消息靈通。則地方如有警耗。得立時報告警區。迅赴事機。卽平時聲氣互通。物價之漲落。政令之傳遞。便利公私。實非淺鮮。現查全縣各市鄉裝置通城電話。約需銀七萬六千餘元。經費由省府規定官民合資。准人民自由認股。苟集有成數。不難見諸事實。現已由縣建設局擬定計劃。本年度內定可舉辦。

9•建築新縣政府

本縣縣政府係舊金匱縣衙署。公安局局所係舊無錫縣衙署。年代湮遠。均已破舊零落。至財務局係縣政府房屋之一部。建設局與敎育局均租賃民房。規模狹隘。不敷辦公。茲擬自本年度起。籌建一大規模之新衙署。縣政府暨所屬各局均在一處。現正計畫圖樣。籌集經費。

10進行拆城築路

無錫城垣高不過四丈。周圍不過十里。故拆除工程。尙屬易施。惟拆城以後。同時卽須築路。倘事前不規劃周詳。妥定經費。則半途停頓。人民反感不便。茲與各方面熟商結果。擬實行分段拆除。第一先拆越城。第二步拆除西門至北門一段城垣。開闢馬路。依次及於東南兩門。至詳細計劃及預算書另行妥定之。

11整理環湖風景

吾邑西南濱臨太湖。風景天然。外邑人士。每屆春秋佳日。來游斯土者絡繹於道。若再加以人工。建築環湖公路。駛行長途汽車。以便行旅。設置休息場所。劃定運動草地。點綴以亭榭。種植以桃柳。築堤蓄水。蒔竹成林。將見引人入勝。自然實至如歸。並不難與西湖抗衡。此項工作當分數年進行。本年度內先定一具體之整理計劃。

12寬籌建設經費

本縣建設費收入。經一年餘之努力。額收不過萬餘元。實際上尙不到此數。以謀全縣建設，杯水車薪。其何能濟。擬於本年度內設法擴充。預期增籌至二十萬元。嗣後每年增加十萬元。則三年之後。可達五十萬元。本縣建設前途。庶有一線曙光乎。

13建設經費統籌統支

建設經費以現狀論。築路則有築路經費。水利則有水利經費。（本縣目下無此項收入） 各別開支。不得通用。然事業有緩急，收入有多寡。其經費有着者。則儘量發展。經費無着者。則擱置不行。每感偏枯之病。遑言平均發達。茲擬就所有建設收入。統籌統支。視事業之需要。訂定適當預算。不以原定用途為限。如此方可酌濟緩急。平均分配。而免局部發展之病。

14輔助各區籌集建設經費

查本邑市鄉建設經費。毫無確定。故四鄉路政水利。往往廢弛不修。本年度擬由縣政府督同建設局及各鄉行政局（或區公所）妥籌建設經費。並於原有收入內。酌定成數。務使收入為永久可靠。則四鄉建設。方可發展。

15四鄉由建設局委派建設指導員

四鄉建設事業。已奉廳令飭仿照教育委員辦法。設置建設指導員。每市鄉一人。稟承縣建設局。辦理各該市鄉建設事宜。

七·市政

1·設立市政籌備處

本邑人口近百萬。環城十餘里。工廠林立，實為一工業區域。倘政治設施完善。不難媲美孟卻斯脫大阪等埠。查歐美日本都市。其市區往往較我國一縣縣境為大。則以無錫情形而論，自有廢縣設市之可能。冀得集中人才。經濟積極辦理建設事業，若謂無錫四鄉仍為農業區域。並非市政範圍。不知歐美各國現正提倡田園都市。無錫鄉區風景幽量。遠近遊人。絡繹不絕。倘果廢縣設市。則境內事業發展。正未可限量。本縣現已擬具意見。呈省核示。至本年度內。擬就無錫市區先設市政籌備處。進行一切市政建設。

2·開闢新市區

本邑城內外。舊有市區。街道狹隘。車馬不通。觀瞻方面。頗覺減色。倘欲限期放寬街道。則人民損失。亦屬不貲。現擬在舊商埠地界開闢新市區。設法使商業集中該區城內一帶。則擬改為住宅區域。

此外關於市政建設方面擬進行下列諸事。

1·添築自流井

飲料之清潔與否。與人民之康健有莫大關係。查無錫市現已築自流井三處。本年度擬勘覺地點。添築三處。其他繁盛市鎮。亦令仿照建築。

2·增設菜場

無錫市除現有菜場三處。及已在建築中之南門菜場外。本年度擬加建二處。

3. 多闢公園

除城內公園擬購地擴充。惠山公園正在鳩工改建外。另覓相當地點。闢公園一二處。並於整理環湖風景時。規劃一大規模之太湖公園。至各鄉鎮亦令陸續闢設。

4. 建築公共演講廳

民衆集會苦無相當之場所。故公共演講廳之建築。誠不可緩。茲擬勘覓城中適中地點。從事建築。由建設局計劃圖樣。

5. 籌建平民住宅

查貧民向住草蓬。不特有礙市容。且易引起火災。茲擬在東西南三門外各建平民住宅一千間。廉價賃租。使一般貧苦人民。亦得享受居住之樂。

6. 設置公墓

查本邑人民對於坟墓。素所重視。有佔地數十畝百畝不等。以一無關緊要之軀殼。佔據大好良田。長此以往。但見坟墓之日多。而生產之日減。民食問題。將大受影響。茲已決定在錫山南麓圈地五十畝。闢爲公墓。此事務於最短期間。促其實現。

7. 建築公廁

城市對於坑廁之設置。素不注意。茅廁林立。舉目皆是。臭氣觸鼻。實與衛生觀瞻。俱有妨礙。非設法取締。並酌量需要情形。設置公廁不可。本年度內擬分期進行。

8. 設公立醫院

本縣公立醫院。尚付闕如。茲擬於夏秋間先開辦時疫醫院。嗣後擴大規模。改爲公立醫院。俾一般貧民。亦得享受醫藥之便利。

9. 編訂門牌及設置街道公路名牌

查城市現有門牌。均係木製。形式既不雅觀。字跡又辨認不清。本年度擬一律改訂搪瓷門牌。同時各街道公路。亦一律設置名牌。

此外如管理車輛。取締違章建築。整理市容等。仍當繼續辦理。茲不復贅。

八．工商

1. 舉行太湖博覽會

錫邑號稱工商發達。惟向少觀摩之益。故製造品外界不易明瞭。誠爲提倡國貨前途之障礙。前此工商部在上海舉行國貨博覽會。此次浙省亦復舉行西湖博覽會。對於獎勵實業。發展生產。關係綦鉅。吾錫太湖風景天然。交通亦復便利。實爲舉行博覽會最適當之地點。本縣現擬呈請省府。主持辦理。期於明春三四月間。即能實現。

2. 辦理商業註冊

商業註冊奉令由縣政府經辦。各項簿冊。均已準備就緒。商號請求隨時可予註冊以資保護。

3•舉辦工廠登記

查本縣工廠近年來迭見增加。已達百數十家。惟開辦閉歇。向不報地方政府。以致政府方面無從稽考。對於各廠內容。更覺茫然。流弊所及。不但工廠方面不能得政府正當之保護。卽政府方面對於治安行政。亦感種種之困難。故本年度擬制定工廠登記條例。呈准省廳施行。凡境內工廠須一律來縣登記。限期辦理完竣。嗣後新設工廠或有變更閉歇等情。亦須報告政府。以憑考查而資保護。

4•編製工資指數及生活費指數

查近年來工潮迭起。十九均與工資問題有關。勞方以不能維持生活爲言。資方亦謂負担過重。力所勿勝。往往相持不决。損失重大。倘能編製工資指數。不但調解之時。可資依據。卽平時政府社會督責綦嚴。不使有工資過低之現象。亦不令工人有過分之要求。自可消弭糾紛於事前。所謂工資指數。卽指工人每月收入之平均數而言。以之與生活費指數相參考。卽可决定工資是否太低。本年度內擬完成此種工作。

5•組織勞工幸福委員會

勞工幸福不必待工人起而要求。宜由政府及雇主方面。先爲之計劃。本年度擬組織一勞工幸福委員會。辦理下列諸事。一、規劃勞工保險。二、促進工廠設備。三、舉辦補習教育。四、提倡消費合作等。

6•調解勞資爭議事件

關於勞資爭議之處理。依法應由地方政府組織調解委員會。從事調解。查本縣工業發達。勞資爭議時有所聞。政府遇有此種事件發生。自當處於社會利益的立場上。秉公調解。

7•設立職業指導所

現社會雇傭間。無適當之介紹機關。致一方感求事之難。他方亦有才難之歎。本年度擬商請職業指導專家。來錫組設職業指導所。除辦理職業介紹外。並舉行各種職業指導演講及談話。政府處於行政的地位上。當予以充分之協助。

8•促成生絲檢驗所

本縣產品。以生絲爲大宗。惟品質高下不一。商標亦有百餘種之多。以致對外貿易。不能制勝。近聞美國有華絲不列入標準之說。長此以往。不但絲業前途。亟亟可危。抑絲價不能提高。農民亦受影響。故本年度擬促各絲廠合設一生絲檢驗所。所有各廠出品。均受檢驗。標明品質。則對外貿易。自能提高信用。

9•設置標準汽笛

查各廠上工放工。均以汽笛爲信號。惟各廠各鳴汽笛。非但聲浪參整。且極不經濟。查每次一廠鳴笛。約費二十元。以五十廠計。卽一千元。每日鳴四次。則所費當逹四千元。倘能於東南西北四工廠區。各設置一標準汽笛。則一次鳴笛。附近工人。卽紛紛入廠。實爲最經濟之辦法。

10 邀請各業談話

查行政機關。向少與民衆接觸。致形成彼此隔閡之病。本年度起。擬輪流邀請工商各業人士來府談話。俾能宣達政府命令。交換意見。

九・農林

1• 巡視鄉區

鄉區農民在昔備受土劣壓迫。年來復遭共黨肆虐。可謂創鉅痛深。而政府方面。每不能瞭解其痛苦所在。迅予解除。故從本年度起。實行巡視鄉區。並召集農民談話。

2• 改良農產品質

擬令蠶桑湯負責辦理下列諸事。（一）續辦蠶業指導所。（二）創設青年競進團。（三）育成及擴廣新品種。（四）展覽農具。（五）開農產物品評大會。

3• 撲滅病害蟲

關於撲滅病害蟲問題。本年年度當進行下列諸事。（一）令各區一律成立除蟲會。爲永久組織。（二）請昆蟲局派員下鄉演講。（三）擬訂除蟲奬懲規則。（四）展覽病害蟲。

4• 擴大造林運動

歐美都市郊野。大都有優美之森林。以供士女宴游。無錫近郊。並無此項風景森林。實爲缺撼。本年度擬在近郊指定相當地點。實行育林。數年之後。當可蔚成巨觀。至現在黃公澗之中山林。尙須加以積極整理。此外擬舉行大規模之造林運動。提倡（一）公路道旁植樹。（二）河邊植樹。（三）荒坟植樹。（四）童山造林。

5• 提倡農業組合

提倡各種農業組合。如（一）信用合作社。（二）運銷合作社。（三）生產合作社。（四）消費合作社。

6• 奬勵種植果樹

查本邑濱湖之區。均宜種植果樹。本年度擬派員廣收果苗。以廉價分給民衆種植。並設辦法奬勵。

十・救濟

1• 統一救濟機關

本邑救濟機關。計有平民習藝所。普濟堂。清節堂。育嬰堂。等多處。去年省令有組織救濟院之舉。則任均以內容複雜。擱置緩辦。惟該項救濟機關。如不統一。對於救濟政策。難期貫澈。前則經縣政會議議決。先行調查所有救濟機關。然後統一組織。並設法擴充此事。擬於本年度內切實辦理。

2. 取締乞丐游民

欲社會組織之健全。必使無一乞丐。無一游民。以無錫而論。街頭巷口。尚見有乞丐之蹤跡。影響所及。妨礙治安。自本年度起。擬嚴厲取締。如發見乞丐及無業流蕩之游民。立卽送入救濟院處置。

3. 嚴禁私娼

公娼雖禁。私娼增加。長此以往。禁娼前途。不但毫無効果。抑且無形獎進。根本計劃。惟有嚴行查禁。如果發現。卽送入救濟院。予以教養擇配。

4. 設立戒烟醫院

戒烟醫院去年奉省令設立。前任尚未舉辦。但爲根本禁烟計。非從速設立不可。擬自本年度起。對於吸食鴉片者。一概責令入院戒絕。

十一．調查統計

1. 組織社會調查處

欲施政適合人民之需要。必須從羣衆活動之各方面。多加考查。故歐美政治機關。對於調查統計。均視爲要政。本縣戶口殷繁。社會複雜。尤有調查之必要。故前經縣政會議議決。組設社會調查處。隸屬於縣政府。現已籌備就緒。開始工作。至該處應行調查之事項。另有詳細計劃。茲不復贅。

2. 編印無錫年鑑

調查統計之結果。擬彙編爲無錫年鑑。使人手此一編。則全縣狀況。瞭若指掌。關於編纂工作。擬聘當地著負聲望之人協助進行。預計年度終。可以出版。

十二．文獻風俗

1. 編修縣志

無錫縣志自光緒初年續修。迄今已四十餘年未修。茲特聘請邑之名彥。組織縣志局。暫以縣立圖書館爲局所。縣志委員業已組織成立。經費亦已確定。開始工作。預定三年內可以編竣。

2. 整理古蹟及古物

無錫自昔爲名勝之地。古物古蹟。散在各處不少。茲擬加以整理。俾該項古蹟古物。有攸久保存之意。無銅駝荊棘之觀。

3. 提倡節儉

儉爲美德。古訓昭然。無錫晚近以來。沿習上海習氣。俗尚奢靡。茲擬提倡節儉。發起組織儉德會。期能轉移社會風氣。

無錫縣財務局成立一年來之工作概況

按無錫縣財務局於十七年十月一日奉省令組織成立。現已一年又一月矣。過去工作。撮舉如后。

(甲)關於文書部分。

(子)收文計一千六百九十件內訓令二百九十八件。指令一百三十四件。公函三百零一件。呈文九百零二件。郵電五十五件。

(丑)發文計四千零七十二件內呈文一百四十九件。指令十一件。批四百零六件。訓令四百五十一件。委令四十二件。公函五百十一件。郵電一百零一件。佈告八十件。印照三百一十七件。追租票二千一百二十件。

(乙)關於征收部分

(子)忙銀　計經征十七年下忙銀全額八成強。又十八年上忙忙銀全額六成弱。又接征十六年上下忙民欠未完銀全數二成弱。又接征十七年上忙民欠未米完全數五成弱。

(丑)漕粮　計經征十七年分冬漕全額九成強。又接征十六年分民欠未完冬漕全額二成弱。

(寅)牙稅　按錫邑牙稅比額為一萬四千八百五十八元。財務局自十七年十月一日成立日起至十七年度終了止。計溢收三成弱。

(卯)契稅　按錫邑契稅比額為三萬八千五百九十五元。財務局自十七年十月一日成立日起至十七年度終了止。計溢收四成強。

(辰)驗契　計自十七年十月一日起至十八年十一月一日停驗日止。計驗大契二千一百二十張。小契九百四十一張。田單一畝以上七千三百五十八張。一畝以下一萬一千三百五十三張。合計田一萬八千七百四十二畝。用驗契紙四千五百八十三張。

(巳)公債　計經募善後短期公債四萬四千元。續捲烟庫券七千八百七十元。關稅庫券三萬二千六百七十元。編遣庫券四萬七千九百二十元。

(丙)關於整理部分

(子)成立十七年度暨十八年度縣地方費預算。

按錫邑縣地方費向無準確預算。以致用款漫無限制。近數年來。東挪西補。拖彼注茲。款目因紊亂不分。虧累亦年年加重。甚至急不暇顧。牽動正款。不獨地方瀕於破產。甚至影響及於經征官吏交代。亦混雜難清。是以言錫邑整理財政。首以地方預算為最關重要。本賴縣長之主持。與地方士紳暨同僚之協助。支出則力從節縮。收入則設法開源。十七年度收支兩數。得以適合。而預算始獲成立。一年以來。未現恐慌。未越常軌。不得謂非縣預算有以範圍之也。

(丑)廢除小票改製現串。

按完粮製串。自係通常辦法。錫邑習慣。往往完糧不給現串。由糧櫃私給完糧小票初僅取其便利。久則流弊潛滋。幾成一積不能返之痼病。故為解除民衆苦痛計。自十七年下忙起。毅然將小票廢除。一律製給現串。以除積弊。

(寅)增加征收員額提高生活待遇。

按廢除小票。改給現串。原有征收人員萬不敷用。其原有薪水亦薄不足以資生活。故為分別改訂如后。

1. 錫銀櫃掌銀員一人。辦事員五人。月支經費一百三十八元六角三分五釐。

2. 錫漕櫃掌漕員一人。辦事員四人。月支經費一百三十八元六角三分五釐。

3. 錫冊串處掌冊員一人。掌串員一人。辦事員二十三人。揭串員二人。月支經費四百三十四元九分五厘。

4. 錫銀漕櫃比較員四人。案員二人。月支經費一百一十三元六角三分五厘。

5. 貴銀櫃掌銀員一人。辦事員七人。月支經費一百三十八元六角。

6. 貴漕櫃掌櫃員一人。辦事員六人。月支經費一百三十八元六角。

7. 貴冊串處掌冊員一人。掌串員一人。辦事員二十三人。揭串員二人。月支經費銀四百三十四元二角。

8. 貴銀漕櫃比較員四人。案員二人。月支經費一百一十三元六角。

(卯)組織冊書辦公處。

按錫邑魚鱗冊。久已散佚。民間升糧過戶。不得不憑藉各區區書之區冊。其中積弊。無可諱言。且散處各區。辦事上尤不便於指揮監督。組織聯合辦公處之意義。是使散漫為整齊。而便於行使監督指揮之職責。

(辰)考驗稅警糧差傳差。

按舊習稅警糧差傳差。為世傳家產。甚至婦女幼童。亦復頂名分利。缺額輒轉買賣。更復視為故常。流弊叢生。實為秕政。故於十八年七月一律甄別改組。革除轉賣頂充各弊。

(巳)改用新式簿記。

按簿記一項。官廳向未注意。不過由一二人組織帳房。管理收支登記混雜之帳冊。以致每於官長卸任後。交代擾亂不清。不能各歸各款。財政廳有鑒於此。於各縣財務局成立後。訓令一列改用新式簿記。然多年舊習。一旦豈易革新。故各局陽本陰違者。實亦不少。無錫財務局自十七年十月份起。即毅然遵令改用新式簿記。經過種種困難。始克勉稱完備。現在登記帳目。一切樣式均照廳頒施行。並自行印刷各種補助帳簿單冊登用登記。凡八閱月、尙能遵守型典。自財務局獨立後財廳重發表冊、自此各帳眉目益清絕無混亂無章之弊。自遵令登記以來。行將五月有餘。對於省縣稅款分晰極清。欲查何款。一覽了然。日日皆可總結。且各歸各款。有條不紊。以視往日之舊式帳目者。誠不可同日語也。

(丁)關於興革部分

(子)抵補預算不敷增征忙漕串捐。

按十七年度縣地方預算收不抵支。計三萬四千七百四十餘元。故呈請就十七年下忙起每串按兩忙一漕串紙。每串收銀二分。以資抵補。經於十七年十二月呈奉財政廳令准照收。

(丑)擴充警察增征一角二分畝捐。

按本省令擴充警額。經於十八年一月會同縣長呈請停止忙漕帶征公安費。改爲按畝征收警費一角二分。以爲擴充警察之用。經奉省政府會議核准。從十八年上忙始啓征。

(寅)停收冬漕附加北伐費。

按冬漕附加北伐捐每石二元。始於民國十六年。以一元五角解省。五角留縣。充教育建設農林內政暨地方預備費之用。十八年九月奉令停收。留縣五角另籌抵補。

(卯)停收追租印照手續費。

按錫邑定章。業主遺失糧單、可以呈請補給印照執業。惟從前收費有至數元之多者。又佃戶欠租。業戶呈追。從前設有追租處。亦復所費不貲。民國以還。經議會各機關士紳議訂印照每張收印刷紙張張本及手續費五角。追租呈收印刷紙張張本及手續費三角。相沿迄今。十八年七月。呈奉財政廳用費改在征收費內支給。對於業戶。一律停收。

(辰)停收忙漕帶征公安費。

按十七年下忙起。銀每兩帶收公安費二角。米每石帶收三角。十八年上忙起。改就田畝征公安費一角二分。故上項亦隨文呈請停收。

(戊)關於接收交代部分

(子)舊案交代。

按錫邑未結交代。計有馮前知事祖培交代算而未結。欠款亦未淸。林前知事節楨交代會算而未造冊結報。楊前知事天驥交代算結欠款未淸。俞前縣長復交代造報奉令駁查。秦前縣長毓鎏交代造報奉令駁查。均於十八年四月起呈奉財政廳派委清理舊案交代專員。逐案清理。

(丑)新案交代。

1. 接收縣政府秦前縣長毓鎏交代。已盤查會算造冊呈核。

2. 接收秦前財政局長毓鎏交代。已盤查會算冊呈核。

3. 接收孔前財務局長憲鏗交代。已盤查會算造冊呈核。

4. 接收孫前財務局長祖基交代。已盤查會算清結。正在造冊結報交代清楚間。

以上係就事較重要者。分晰臚列。其餘事屬恆常。或無關紀載。以及尚在進行期間者。概從闕略。以昭翔實。

無錫縣建設局兩年來之工作概況

民國十六年春。革命軍蒞錫。吾邑卽建有設局之設立。其時主局事者為孫君靖圻。不久改組為科。至是年秋。省府決議各縣一律設置。於是無錫縣建設局復於國慶節後一日組織成立。建設廳委任姚灝新為局長。成立以來。倏逾兩載。茲將兩年以來之經過情形。擇要紀錄於后。

(一)兩年以來之建設經費。　建設事業。經費為先。本邑舊有實業費。每年收入。不及萬金。農蠶經費。去其三四。其餘則為歷任當局挪作政費。建設局甫成立時。行政經費尚無着落。遑言事業乎。經姚局長努力於經費之籌措。歷三四月而常經費始有的款。又歷三四月而留漕建設費三成。始得確定。又經若干時間而有建設特捐築路畝捐等之徵收。其間蓋幾經奔走。幾經接洽。方得有此些微之結果。揆其困難之由。則軍旅頻仍。民生凋敝。為其總因。而局所甫創。社會未能瞭解建設事業之重要。亦為一大原因。自十六年十月起至翌年冬季止。除積極為各項建設事業規劃。及擇要舉辦工程。如閶江口築壩。顯應橋改建外。綜此一年歲月。建設局工作所集中。大半消耗於籌措經費一項。惟如吾錫據京滬中樞。鄉邑資為楷模。待辦事業。奚止十百。區區數萬金建設費。其何能濟。況水利經費。猶無着落。治河經費。尚未舉辦。此後仍舊齎其棉薄。儘力籌措。俾全縣事業得以次第舉辦。模範之稱。庶幾其不墜也歟。

(二)兩年來之路政。　路政為交通之基礎。本局成立後。卽從事於道路之規劃。相度地理。經緯河山。覘鄉鎮商業之盛衰。察農村位置之疏密。訂定全縣路綫網。繪製圖說。復經全省建設行政人員會議。集各縣人士於一堂。參訂路綫。商榷聯接。大致決定後。再呈奉建設廳彙核公布。作為定案。計本縣省道之綫凡二。縣道之綫凡七。總計長度約三百三十九里。因錫澄縣道。聯接江湖兩邑。人士久議舉辦。遂決計首先籌築。於十七年冬。開始測量。製成詳圖。至翌年春。而土方涵洞橋樑路面各項規劃。俱經告竣。當卽編訂預算。呈奉廳縣核准。於四月三日開工。迄今土方涵洞。俱已完成。橋樑正在趕造。大約今年清明時節。當可一律竣工。屆時車水馬龍。儘可馳騁於錫澄道上也。至其他各線。業已奉有征工築路之令。惟全縣同時興工。決非民力所能勝任。擬定先築錫宜錫常（常熟）兩省道。又因蕩口甘露各鎭。僻處東南一隅。與邑城交通、不甚便利。故錫甘一線、亦在首先興築之列。業由本局將以上各線測釘完成。所需涵洞橋樑。亦經次第規劃。並奉縣政會議決定於一月六日舉行開工典禮。以後自可按照省頒辦法。循序進行。至縣道網中。尙須聯以鄉道。方可縱橫貫串。交通四達。已函請各鄉區公所從事規畫。覆候核轉建設廳備案矣。

(三)兩年來之水利。　水利關係農田交通。於建設事業中。實佔最重要地位、本局成立伊始、於經費無可設法中。首築閶江口堤岸。以捍湖水之冲刷。嗣以顯應橋門太狹。束縛太湖水流之出入。卽經從事改建、將橋洞放寬至四十餘尺。俾得暢達。此猶係十七年度之工作、至去年則擬訂本縣整理水道初步計劃。以爲治水工作之標準。復經擬訂農田溝洫暫行規程。呈廳核准公布。以爲整理農田水利之初步。此外擇要在城鄉各處酌濬河道、其中工程較巨。則爲梁溪河之浚治。計自西門河起至大渲口止。由本局向太湖水利委員會借到靖湖機船。以九月五日開工。每日挖泥二三十方不等。迄今時逾數月。作工尙未及半。預計耗金當在萬元以外。此河全體竣工後。則於西門外之水利交通、大有俾益、惟以水利經費。分毫無着。以上所舉工程。或由私家捐助。或由個人籌措。銖積寸累。頗費經營。若論本邑水利之癥結。尤在市鎭房屋之侵佔河面。以及城鄉橋洞之束縛水流。是在一面取締、一面改建、其取締侵佔河面辦法。已列入本局取締鄉區建築暫行規程之中。至建橋樑一節。固有經費之無着。更以橋數之太多。未能一一規劃。次第實現。此則本局所最引爲缺感者也。

(四)兩年來之其他建設事業。　本局成立之初。農蠶事業。亦隸建設範圍。原有縣立農場暨蠶種製造所。撥歸本局管轄。當以蠶種製造。係屬有利事業。不必年糜公家經費。遂將該所停辦。將蠶具等撥交農場。以充實其內容。移其經費。交由農場設立蠶業指導所。以資蠶業常識之普及。幷限制烘繭價目。以蘇鄉民痛苦。至十七年冬。奉令移交縣府第二科辦理。於是本局兼辦農蠶事業。告一段落。此外公共建築電氣事業。原屬本局職掌。前曾計劃建築中山大禮堂。業已製成圖樣。嗣擬建新縣政府。亦經規劃就緒。俱以款絀。尙未實現。至四鄉電話關係交通公安。實爲目前當務之急。本局早經籌擬訂定規劃。所以至今未能實施。蓋以官辦商辦。各有主張。路遠線長。動需巨款。而公司機器未到。亦爲一大原因。現正改訂方法。從事籌款。實現之期。當不在遠也。

(五)兩年來之建設行政。　本局辦理建設事業。亦爲縣地方建設行政機關、兩載以來。在行政方面可得言者。(一)訂定規章。如四鄉建築之取締。鄉區街道之拓寬。農田溝洫之整理。侵佔河道之防止。

均經訂有專則次第施行（二）繭行領換新帖本局從前兼管農叢。故繭行領換新帖即由本局兼辦吾邑繭行數目殊多故領換手續。亦頗覺繁重迄今舊行已換帖者有一百五十一家新行則有三百五十六家併計竈數當在五千乘以上（三）舉辦輪船登記改革以來吾邑航業突飛猛進新舊公司以營業上之競爭於是跌價攬儎。增迷競航控牘累累高可盈尺本局以長此糾紛決非航界之福當即擬訂內河輪船登記規程呈由省部核准其目的在明瞭各公司之內容以解決相互之糾葛而謀正當之保護開辦以來倏已數月。各輪俱已遵令聲請登記當經加以審查其合格者則給以登記證及磁牌未合格者則勒令向交部海關補完手續此辦理輪船登記之大略情形也（四）委定各鄉區建設指導員鄉區為建設事業之底層工作惟以縣區遼闊決非本局少數職員所能兼管故遵照廳令設立各區建設指導員由各區長遴荐委任茲已分別委定容當籌定的款酌給薪津俾得安心辦事（五）調查事項在本局以前兼辦工商時則有工廠商業勞資糾紛等各項調查此外尚有已成道路全縣河流以及汽車電氣堤岸橋樑等各項表格已填就者業經製成統計未填就者正待陸續搜羅此調查工作之大略情形也。以上所述各項俱係犖犖大端此外微小工程日常行政無關重要者不復贅及。

九 無錫縣教育局一年來之大事彙錄

十七年十二月起——十八年十二月止

十二月　「七日」擬定各校教員加薪呈報辦法「十五日」呈准撥原有義教經費「二十日」呈准動用畝捐辦理師範「二十四日」薛局長辭職由陸局長接任「二十六日」擬定社會教育機關填寫工作月報須知「二十七日」擬定普教畝捐民教部分動用須知。

十八年一月　「三日」第一次舉行各課聯席會議「六日」擬訂全縣區立小學校成績報告辦法「十八日」修正優良教師獎金條例「二十日」擬訂各課聯席會議規程「二十五日」陸局長舉行宣誓就職典禮于一小禮堂。

二月　「一日」社會教育機關實行全日開放「十三日」擬訂縣立學校校長會議規程及教育委員會議規程「十六日」呈准農民教育館計劃及預算「二十三日」籌辦各市鄉民衆教育事業成立民衆學校三十五所民衆閱書處三十一所民衆閱報處八十一所「二十五日」擬訂分區經濟稽核委員須知。

三月　「十五日」本局創辦於崇安寺小學之實驗民衆學校行開學式「十七日」第一次召集私立學校校長會議「十八日」指定試驗鄉鄙小學校四所「二十五日」用新頒鈐記。

四月　「八日」陸局長被推爲本省各縣教育局聯合會第五屆首席執行委員。「十四日」中大區地方教育第三分區研究委員會無錫縣分會開成立會。本局被推爲常務委員。「二十六日」舉行縣立學校聯合運動會兩天。「二十八日」舉行第一次民衆運動會。「三十日」本局主任召集舉行中大區民衆業餘運動會。

五月　「三日」省督學尹志仁來錫視察。「十日」陸局長赴日參觀教育。「十二日」籌備農民教育館。「十七日」中大區地方教育研究委會員無錫分會開讀書會。「十九日」派員出席中大區地方教育第三分區研究委員會常會于靖江。「二十日」擬定區校呈繳單據辦法。「廿六日」擬添級預算計劃。「二十八日」擬民衆娛樂改進會審查報告表。

六月　「六日」陸局長由日回局。「八日」擬定縣校成績報告單格式。「十日」擬定十八年度施政大綱。「十二日」修訂區立學校簿記格式。「十四日」擬縣校年度報告大綱。「十七日」擬訂小學教員暑期學校簡章。「十八日」擬各區教育年度報告大綱。「廿三日」擬縣校校長服務簡約。「仝日」呈請動用畝捐推廣義務教育。「廿四日」舉行全縣總視察。「廿八日」擬兒童自治考查辦法。

七月　「四日」修訂區校收支月報格式及經濟審核表格式。「六日」修正中心小學區制條例。「八日」中華職業教育社派員來錫指導畢業生升學及就業。「九日」舉行職業教育討論會。「十日」第一次舉行縣立中小學聯合畢業典禮。「十一日」舉行農民教育館新屋開工典禮。「同日」擬訂筵席捐徵收章程。「十二」擬訂縣立各校各社教機關改用新式簿記格式。「十三日」擬民衆閱書處選書標準及審查電影規則。「十六日」擬定本局工作人員黨義研究會簡章。「廿四日」呈准試行中心小學校區制。

八月　「一日」第二屆小學教員暑期學校開學。「十二日」中大區督教聯合會課程研究組在本局開會。「十四日」擬定添級添校標準。「十七日」呈准征收筵席教育捐。「十八日」小學教員暑期學校休業。「廿一日」第一學區添辦幼稚園。「廿三日」前中央大學傳令嘉獎本邑教育。「廿六日」擬社會教育視察表。「三十日」確定十八年度學期學歷實行添級添校。開始舉行不合格師資函授訓練。

九月　「三日」舉行全縣各校校舍調查。「八日」召集全縣私立學校校長會議。「十日」擬文廟保管辦法。「十六日」修改各區教委收支總報告及各區校領款憑證格式。「廿八日」開始修理孔廟督促私立學校立案。組織本局工作人員黨義研究會。徵集國貨展覽會教育藝術出品。

十月　「四日」擬訂城區各校參加國慶紀念辦法。調查全縣黨義教師。「八日」審定民衆閱書處書目。「十二日」擬民衆閱書處閱報處規程。「十四日」派員參觀民衆教育。「十五日」編製十八年度教育預算草案完竣。「十六日」抄訂全縣中小學藝術成績展覽會小學教具展覽會辦法及中小學黨義演說競賽會簡則。「十七日」舉行十七年度各校畢業生出路調查。「十八日」舉行第四次教育行政會議。「十九日」訂定中心小學區教育實施計劃。「二十日」舉行全縣捐資興學調查。「廿二日」擬試驗鄉村小學試驗規程。「二十七日」擬訂設立私塾暫行規程。塾師登記暫行規程。及塾師試驗暫行規程。

十一月　「三日」進行縣立鄉村師範。「十日」擬訂無錫職業指導所簡章。「十六日」舉行職業指導所談話會。「十七日」編訂無錫全縣小學訓育標準告竣。「二十日」調製十七年度縣教育經費決算。「二十二日」擬訂民衆閱書處應用簿冊。「二十七日」舉行全縣各學校歷年畢業生數調查。

十二月　「五日」經懺捐征收事宜。移交財務局接收。「八日」農民教育館舉行開幕典禮。頒發私校鈐記。舉辦塾師登記。籌備歷史博物館。

無錫縣政府全體工作人員一覽表（十九年二月製）

（一）行政部份

職別	姓名	年齡	籍貫	經歷
縣長	孫祖基	卅一歲	無錫	東吳大學法科畢業曾任江蘇特種刑事法庭審判員江蘇省民政廳第二科科長
秘書	許以松	四十二歲	浙江杭縣	浙江法政專門學校法律本科畢業分鄂任用薦任職歷充浙江東陽縣承審員廣東廣州地方審判廳推事北京提署參事
科員	尤勵	卅三歲	泰縣	復旦大學畢業歷任合肥休寧縣公署第一科長無錫縣公安局行政課長泰縣救濟院院長等職
事務員	祝錫祉	卅五歲	浙江吳興	吳興中學畢業吳興統捐局徵收員
第一科科長	華昌壽	四十五歲	無錫	前清優廩生江蘇南菁高等學堂畢業曾任無錫北下鄉正董教育會長縣公署四科主任實業局局長蠶業協會常務委員縣款產處主計員

職別	姓名	年齡	籍貫	略歷
科員	張鑑	六十三歲	仝上	前清郡廩生無錫師範學校畢業曾任省立第三師範醫學專門私立工商中學等教職員無錫縣民政署課員縣公署及縣政府各科科員縣視學
科員	周駿	四十七歲	仝上	前清增貢生無錫師範學校畢業曾任江蘇督署秘書江西省總司令部書記官彭澤縣公署總務科長
科員	金婉範	二十五歲	仝上	無錫競志女學師範科畢業歷任學校教員
第二科科長	陸超	三十五歲	江蘇太倉	上海法政大學法律系畢業曾任三十三軍第十一師秘書太倉縣公署科長等職
科員	吳厚	四十七歲	浙江吳興	前充浙江吳興織里區自治委員江蘇灌雲縣行政委員
科員	許以槐	十九歲	浙江杭縣	浙江蕙蘭高級中學畢業
科員	李秀麟	二十六歲	浙江吳興	杭州弘道中學畢業滬江大學肄業三年曾任江蘇省黨部幹事
事務員	裴棟堯	五十五歲	江蘇無錫	歷任無錫政府事務員
事務員	戚仲儀	六十歲	江蘇宿遷	前清附生歷任南匯吳江常熟等文牘員
事務員	顧永賡	三十五歲	江蘇無錫	無錫警察教練所畢業前充江蘇水警第二區區部一等巡官
政治警察長	吳正榮	六十歲	仝上	前江蘇水警第二區第三分隊隊長並代理本區大隊長
書記	秦湘	二十七歲	仝上	
書記	孫續生	三十四歲	仝上	
書記	錢組華	二十四歲	江蘇武進	
書記	潘國鏞	二十三歲	江蘇太倉	
書記	周寶三	三十五歲	江蘇無錫	
書記	郁耀庭	二十四歲	仝上	

(二)司法部分

職別	姓名	年齡	籍貫	略歷
承審員	董邦幹	四十六歲	江蘇武進	北京法律學堂畢業歷任丹徒地方檢察廳檢察長代理山東高等檢察廳檢察長
承審員	周子敦	四十三歲	江蘇吳縣	上海神州法政專門學校法科畢業歷充江蘇高等法院書記官南匯吳江等縣承審員
書記主任	吳厚	四十七歲	浙江吳興	前充浙江吳興織里區自治委員江蘇灌雲縣行政委員
書記	丁思誠	二十六歲	江蘇武進	

書記	方式謙	三十六歲	安徽懷遠
書記	張承祖	三十三歲	江蘇武進
書記	鄒秋清	三十四歲	江蘇無錫
書記	韓鑄九	三十三歲	江蘇丹徒
書記	虞慎	二十七歲	江蘇武進
書記	丁容春	三十一歲	江蘇無錫
書記	張緒風	四十九歲	浙江義烏
書記	冷佐良	三十九歲	江蘇丹徒
書記	杭振江	二十六歲	江蘇江都
書記	張世清	十七歲	江蘇江寧
收發員	曹靜哲	二十九歲	安徽宿縣

無錫縣警察隊工作人員一覽表

隊號	職別	姓名	年齡	籍貫	略歷
大隊部	大隊長	黄貞白	二五	江蘇無錫	衡陽講武堂湖南軍官團畢業曾任第五方面軍總指揮部中校科長第一師中校團附新三旅炮兵連連長三十三軍政治部上校代理主任等職
	大隊附	尹景伊	三四	安徽懷遠	吳淞軍官教育團金陵軍官學校畢業歷任排連長三等參謀營附少校團附營長等職
	特務長	强楚材	二五	江蘇無錫	中學畢業無錫商團三十二支隊一分隊長靖江縣政府科員無錫縣政府祕書處科員無錫縣公安局督察員等職
	特務員	朱西藩	三一	無錫	東林書院陳氏中學畢業歷充警衛處一等書記見習官教練員無錫縣公安局司法助理員警察第一中隊文書員第三中隊特務員等職
		談雪齋	二六	浙江武進	警察教練所畢業曾充公安局書記
	文書員	黄照	三七	無錫	錫金師範傳習所畢業歷充江北招撫使署中尉書記無錫總工會整委會登記科文書員
	助理員	沈榮廷	二七	無錫	無錫中學肄業歷充無錫商團公會職員等職

第一中隊	中隊長	馮子謙	三八	直隸天津	近畿陸軍第四師隨營學校畢業吳淞軍官教育團曾充連排長營長少校參謀副官長等職
	特務員	王錫恩	三八	天津	北洋警務學堂畢業曾充連長淞滬警察廳游巡隊長三區署員等職
	文書員	袁子平	三五	安徽壽縣	三十三軍教導團畢業歷充十三師三十九旅司務長新三旅迫擊炮連排長等職
一分隊	分隊長	劉春蘭	三七	山東陽穀	行伍歷充第五師排長無錫縣保安隊長排長分隊長等職
	特務員	范忠勝	三三	山東泰安	行伍歷充無錫保安隊排長公安隊特務員等職
二分隊	分隊長	易定山	四〇	河南南陽	行伍歷充蘇軍排長粵軍連長營長少校副官等職
	特務員	顧瑞雲	二五	無錫	學界歷充三十二軍六十九師特務營排長
三分隊	分隊長	孫一林	二三	安徽壽縣	浙江陸軍技術學校畢業歷充通信隊長軍需副官特務員等職
	特務員	張指南	三一	寶應	警察教練所畢業歷充巡官雇員排長分支局長等職
第二中隊	中隊長	朱振國	二五	無錫	中央軍政治學校畢業曾充國軍警備團教官浙江警備師連長啓東公安局督察長第七軍學員隊隊附等職
	特務員	周漢臣	三八	無錫	南洋第九鎮三十三標正目歷充排長游巡隊隊附公安隊第二中隊特務員等職
	文書員	梁漢英	二四	上海	國軍第一軍軍官團歷充第一軍連排長上海清心中學軍事教練官四十七軍團指導員全國反日會幹事等職
一分隊	分隊長	李嵩	四〇	鎮江	南洋第九鎮炮兵行伍兩江陸憲兵教練所畢業歷充排連長副官隊長游擊隊司令參謀等職
	特務員	沈奎	二五	安徽懷寧	國軍三十三軍第一師學兵連畢業十三師三十九旅機關鎗連排長
二分隊	分隊長	王文藻	二九	浙江建德	浙江陸軍第二師教導團畢業歷充浙江保安隊隊員國軍二十六軍六團二營五連排長杭州警察大隊分隊長等職
	特務員	王傑	三〇	直隸濮陽	天津警務學務畢業歷充安軍第三路五營排長江西警務處警察隊隊長巡官無錫警察所操務教練等職
三分隊	分隊長	孫文元	三七	天津	第三鎮工程營隨營學校肄業歷充司務長排長隊長工場場長游巡隊長第二軍副司令部部軍事委員等職
	特務員	李乃文	三八	江都	江蘇陸軍警察教練所畢業歷充警察差遣隊長視察員司務長無錫公安隊二中一分隊特務員等職

三中一分隊	分隊長	鄭超	三一	浙江永康	浙江陸軍軍官團畢業歷充技術教官排長連長等職
	特務員	方正	二九	宜興	二十六軍軍官團畢業第十九軍見習官二十六軍司書特務排長等職
二分隊	分隊長	姬長寬	二七	安徽壽縣	安武軍教導團畢業新三旅技術教官
	特務員	王化雨	二九	合肥	合肥省立第二中學三十三軍教導團總司令部一旅二團書記機關鎗連特務長排長等職
水巡隊	隊長	吳正榮	六一	無錫	警務歷充江蘇全省水警二區偵探長無錫縣政務警察長
	特務員	王長聲	四一	無錫	錫軍歷充連長副官巡官水巡隊員冬防游巡隊長等職

無錫縣社會調查處工作人員一覽表

職別	姓名	年齡	籍貫	略歷
調查主任	許卓人	三十	江蘇宜興	江蘇省立第四師範學校本科畢業曾任無錫縣教育會執行委員兼常務委員無錫縣立第二小學校長兼統計科主任
調查員	李正明	二七	江蘇無錫	曾任劉河捲煙特稅局副主任前無錫市市政局工商科科員無錫清鄉大隊部副官
調查員	劉沛元	三五	江蘇無錫	前上海神州法政學校肄業前無錫市行政局總務股文牘無錫縣財務局稃征員
調查員	沈濟之		江蘇無錫	上海中國體育學校畢業曾任江陰縣立師範浙江諸暨中學體育主任
事會員	懷克琴	二四	江蘇鎮江	鎮江縣公安局衛生科科員鎮江市婦女解放協會委員

B. 市行政

(一)無錫市政籌備處之沿革及組織

民國初年。自治公所改組爲無錫市董事事務所。簡稱市公所。所址設城中觀前街恆善堂內。有總董一人。副董二人。辦事員十餘人。是爲無錫有市政雛形之始。民國十六年二月。革命軍蒞錫後。改設市政局於公園路尙武祉舊址。是年八月份起。奉令改爲市行政局。歷任局長均由縣長兼任。內設總務。財務。工務三股。民國十八年七月。江蘇省政府委員會第二一四次會議議決。先就市行政局管轄區域設立無錫市政籌備處。以爲無錫地方建立普通市之預備。並經民政廳令委無錫縣長孫祖基兼任市政籌備處主任。是年八月一日。市政籌備處組織成立。茲將籌備處組織內容。略誌於后。

甲·分科

市政籌備處現在之組織計分四科。爲總務科、財政科、工務科、社會科。又設祕書一人、輔助主任辦理日常處務。參事一人、輔助主任掌理關於法令起草審議及市政設計事項。各科職掌。分列如左。

一、總務科職掌。

1. 關書印信之保管事項。
2. 文書之撰擬及收發事項。
3. 編制統計報告市政通告。考核勤務。及其他特定之編譯事項。
4. 庶務交際及其他不屬於他科事項。

二、財政科職掌。

1. 整理市財政事項。
2. 收支市捐稅事項。
3. 公款公產之保管及處理事項。
4. 編造預算決算事項。
5. 經理市公債事項。
6. 土地之登記及報價事項。

三、工務科職掌。

1. 計劃市政建設事項。
2. 街道溝渠。堤岸橋梁。建築及其他土木工程事項。
3. 河道港務。及船政管理事項。
4. 交通、電汽、電話、及其他公用事業之經營取締事項
5. 公私建築之取締事項、

四、社會科職掌。

1. 教育文化風紀事項。
2. 農工商業之調查。統計。獎勵。取締事項、
3. 勞働行政事項。
4. 公益慈善事項。
5. 公共衛生及醫院、菜場、屠宰場、及公共娛樂場所之設置及取締事項。

乙．處務議會

市政籌備處處理重大事務。均提交處務會議審議決定之。處務會議以主任。參事。祕書。暨各科科長組織之。職員遇必要時。經主任之許可。亦得列席處務會議。處務會議討論之事項如次。

1. 關於處內組織細則事項。
2. 關於市單行規則事項。
3. 關於預算決算事項。
4. 關於市產之變更及處分事項。
5. 關於各科間相互關係之事項。
6. 關於建設計劃事項。

7.其他重要事項。

處務會議每星期舉行一次。遇有特別事件。則召集臨時會議。所有報告及議決案件。均載入紀錄。以憑考查。

丙．各種委員會

一、市政討論委員會。

市政討論委員會爲籌備處之諮詢及建議機關。該會設委員十五人至二十一人。均由籌備處主任聘任。委員之資格計分三項。(1)爲對於市政有相當知識經驗者。(2)爲素行公正熟悉本市社會狀況及經濟狀況者。(3)爲辦理本市社會事業著有成効者。該會每月開常會一次。其職權如左。

1.建議本市應行與革事宜。

2.討論市政籌備處主任交議事件。

3.討論市政籌備處諮詢事件。

4.討論市民請願案送市政籌備處參酌辦理。

委員題名

榮德生　唐星海　薛明劍　楊翰西　蔡兼三

江應麟　錢孫卿　蔡有容　高踐四　華少純

陳湛如　陳品三　姚鴻治　周寄湄　華印椿

薛壽萱　胡桐孫　華繹之　程敬堂　許彝定

二、房產估價委員會。

此項委員會爲應業主房主或租戶之請求。估計房產價格。爲抽收房捐之標準而設。委員額定爲五人。由市政籌備處財政科長。工務科長及縣政府公安局縣商會各派代表一人組織之。

三、公園管理委員會。

該委員會係前市行政局時代所組織。現仍繼續存在。該會設委員七人。總理公園內一應事務。其管理事項如左。

1.關於公園內動植物管理事項。

2.關於公園內古蹟及自然風景之保護事項。

3.關於公園內茶室菜館之租賃及遊人交通之取締監督事項。

4.關於公園內之建設事項。

5.關於公園內娛樂及遊戲事項。

委員題名

周寄湄主席　許彝定　華少純　江潭山

聶文杰　沈濟之　龔政璇

四、各項臨時委員會。

市政籌備處關於特殊事項之調查或設計。由主任聘任專家組織臨時委員會。現在設立之臨時委員會計有

1.公立醫院籌備委員會　委員李公威（主席）、唐星海、陳品三、張恨天、王世偉、陳湛如、胡彬。

2.計劃惠山風景委員會　委員吳稚暉、榮德生、王伯秋、孫租基、周寄湄

3.拓寬道路設計委員會　委員江應麟、高踐四、姚滌新、陳子寬、錢孫卿、江祖岷、朱士圭、楊翰西、陳品三、唐星海、錢鍾亮、華少純、周寄湄。

丁·組織系統表

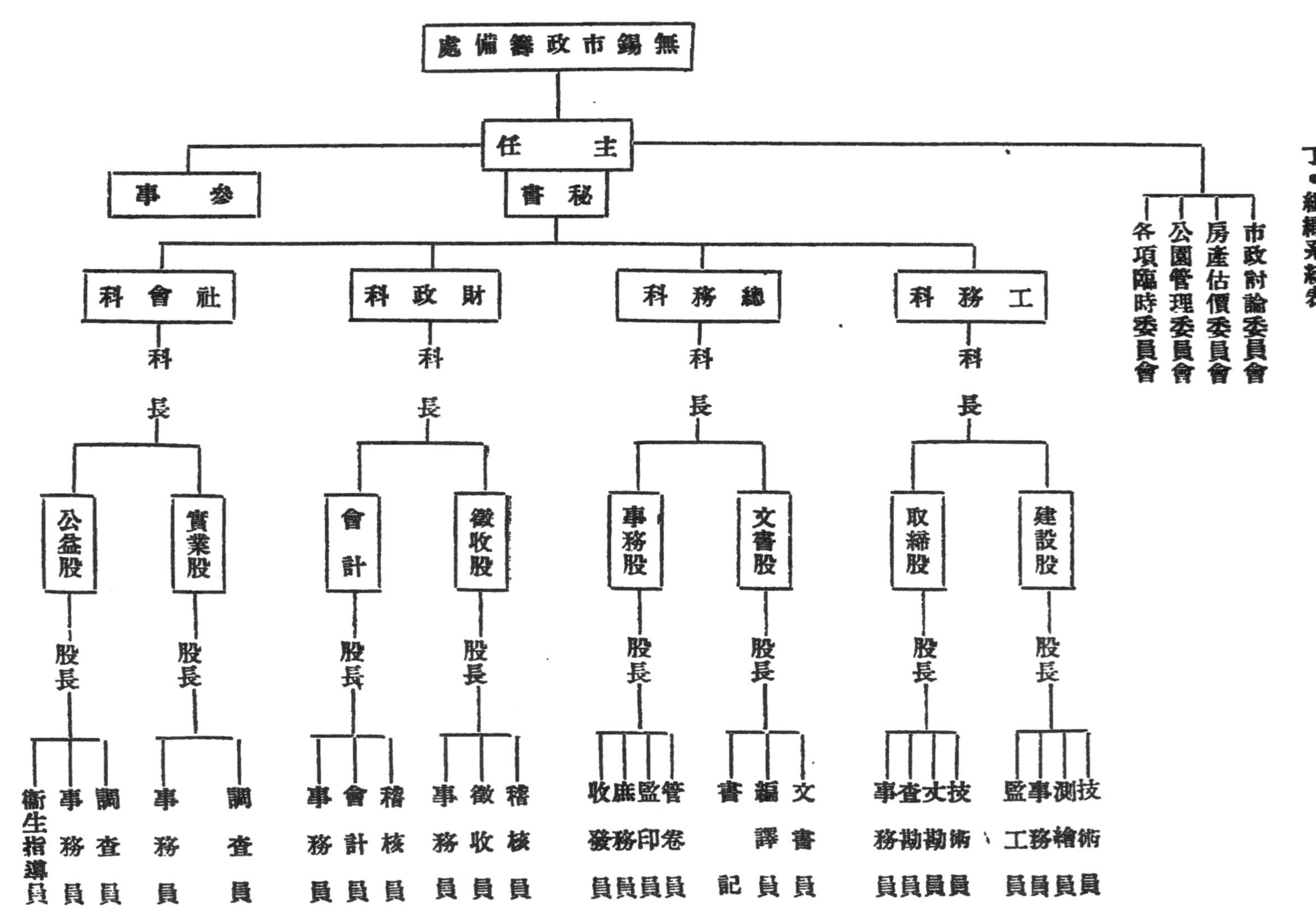
無錫市政籌備處
主任
參事
秘書
社會科
財政科
總務科
工務科
科長
公益股
實業股
會計
徵收股
事務股
文書股
取締股
建設股
股長
衛生指導員
事務員
調查員
事務員
調查員
事務員
會計員
稽核員
事務員
徵收員
稽核員
收發員
庶務員
監印員
管卷員
書記
編譯員
文書員
事務員
查勘員
丈勘員
技術員
監工員
事務員
測繪員
技術員
市政討論委員會
房產估價委員會
公園管理委員會
各項臨時委員會

（二）無錫市政籌備處五個月業務概況

（十八年八月至十二月）

本處自奉省令組織成立迄今。纔及五月。規模草創。條緒萬端。兼以經費不充。設施方面。殊多缺憾。惟在籌備期間。本以完成計劃為先務。其事業之進行。固可審度後先。通盤籌計。總期不曠公帑。毋誤時機而已。茲將五個月來本處各科進行業務狀況。擇要彙列於後。

總務科業務狀況

甲•設施概況

一、確定內部組織　依據省政府頒發本處暫行組織大綱。確定內部組織。分設四科。並訂定組織系統及職員服務規則等。俾分科辦事。各專其職。

二、制定工作計劃大綱　本處成立之始。即由各科分別擬具工作計劃。並彙集成一整個的工作計劃大綱。以為辦事之準則。

三、規定處理文件順序　依照本處組織系統。規定收發擬稿核稿判行等進行順序。以明責任而清手續。

四、整理及佈置辦公房屋　本處係接收前市行政局局所設立。舊有房屋不敷辦公。爰將右首市有樓房一所收回。該屋前租與茶樓及照相館等營業。自收回之後。略加修葺。並佈置一切。舊有局所。指定為工務科財政科辦公處所。右首房屋。指定為主任秘書及總務科社會科辦公處所。

五、建造宿所　本處職員有自遠道來者。不得不供給住所。爰就公園路圖書館旁市有舊屋。改建樓房四幢。為職員寄宿之所。

六、徵集市政書報　市政學說。日新月異。本處籌備市政。自宜博采衆說。以供參攷。用是徵集東西各國市政計劃圖表各種書報。及國內各市政府之出版物。已達二百餘種。特闢市政圖書室以貯之。其圖表之可供展覽者。另闢一市政陳列室。除各國市政計劃圖外。並本處各種計劃及統計圖表等。一併陳列展覽。

七、發行市政刊物　本處籌備期間所定各種計劃法規。及研究材料。有按期彙集公布市民之必要。用特發行月刊一種。顏曰「無錫市政」。業已出版六期。又為宣傳市政起見。發行旬刊一種。顏曰「市政旬刊」。出版四期。分贈市民。現旬刊業已停版。改為不定期刊物。

八、彙印本處各種法規章程　本處成立以來。先後制定各種單行法規章程。達五十餘種。業已粗具規模。並將最初三個月所公布之法規三十六種。彙編為「無錫市政法規第一輯」。業已出版。

乙•計劃方針

一、設定市區　本處成立以來。暫以前無錫市行政區域。為設施市政範圍。查現有區域。祗十六方里。依錫市工商發展之形勢。將來市區勢須擴大。惟區域究應如何劃定。抑或實行改縣爲市。自宜由各科共同計劃。並徵詢市政討論委員會暨市政專家之意見。呈候省政府核定。總之期於正式市政府成立之前。將區域問題先行解決。免致將來啓無謂之糾紛。

二、擬定市政府規制　市政府規制自有市組織法可資依據。惟規模之廣隘。得依地方經濟狀況及需要情形而量爲增縮。本處籌備市政。對於將來市政府之組織。應設科局。及一切章制等。擬預爲擬定。以供省政府之採擇。

三、製定市徽　市徽爲一市之標幟。代表一市之精神。自應鄭重選擇。本處擬登報徵求。廣爲宣傳。並酌給獎金以示鼓勵。

四、舉行市政演講　本處爲提高民衆對於市政之興趣起見。擬延請市政專家來錫舉行通俗演講。現已擬定講題。正在接洽延請中。

五、發行市政叢書小冊子　關於市政之著述。譒譯。演講錄等。擬分別編著叢書。廉價發行。藉以普及市政知識。

財政科業務狀況

甲・設施概況

一、整理市產　無錫市產向無統計案卷可資稽考。爲數若干。不得而知。在前市行政局時代。設市產保管委員會。惟祇有保管之名。而無負責之實。故市產之被佔爲私產者。往往有之。本處成立後。首先接收該項保管委員會。以統一市產管理之權限。而爲着手整理之張本。其次爲市產之調查。凡市產業已出租與市民者。一律重訂租約。編號存查。其無主土地。應歸市有。或市產之被人侵佔者。除由本處派員調查外。准許人民據實報告。抽成充賞。以資獎勵。一面從事市產估價。務使全市公產完全清理。一一估定其價值。而得一正確之統計。再次爲市產之處分。無論房屋基地及券款等。視生息之多寡而酌量處分之。俾各項市產均用於生利最溥之途。以上各點。均已分別實行。

二、整頓捐稅　市之經費。既以捐稅爲大宗。故增加收入。必從整頓捐稅入手。查前市行政局所征各捐。計有店房捐、戲捐、茶捐、菜場捐、廣告稅、騾馬捐、碼頭捐、快船捐、航船捐、渡船捐、汽船捐、汽車捐、場車捐、人力車捐、脚踏車捐等十餘種。惟均依習慣行之。不立章程。漫無稽攷。在孫前局長任內。對於捐稅實行整理。先後訂有茶捐。車輛捐。市房租賃等各種章程。始粗具規模。迨本處成立數月以來。並未增加新捐。惟對於舊有各捐。切實整頓。第一步將舊訂章程重行修改。未定章程一一擬訂。凡本市內有一種捐稅。卽有一種章程。藉資遵守。而免流弊。第二步改良征收方法。訂有征收員服務及懲獎規則。以杜侵蝕。一面調查漏捐。追繳欠戶。務使稅收日裕。涓滴歸公。五月來本處收入日有起色。每月自七千元增至一萬一千元。本始非整頓之效也。

三、改用新式簿記　前市行政局對於出入款項之記載。尚用舊式帳簿。本處爲整理財政起見。改用新式簿記制度。俾一切帳目。有精確之系統。嚴整之方式。實行以來。頗稱便利。

四、編造預算及收支報告　本處所造六個月預算（十八年八月至十九年一月。）已呈奉省政府委員會議通過。計經常收入每月一〇八二二元。支出如之。臨時收入。每月四六〇〇元。支出亦如之。惟臨時收入。擬以舉辦住房及筵席二捐之收入充之。該二捐迄今尚未實行。故無收入可言。至本處每月收支實數。均於次月十五號以前。編列收支報告。登載各報及市政月刊。以示公開。

乙・計劃方針

一、新增合法捐稅　本處捐稅收入。均沿用前市行政局舊捐。並未增加新稅。惟事業既已擴大。勢必設法開源。以謀經費之充裕。本市市民負擔平均每人月祇三分九厘。較之蘇滬各市。相差甚遠。故擬在均平負担與不損民力之範圍內。酌量增加新捐。

二、發行市公債　本市建設事業及各項工程。亟待集款興辦者甚多。爲籌集鉅大經費起見。擬發行建設公債。額定五十萬元。所訂條例及發行細則。俟呈准省府後施行。

三、調查全市土地價格　本市土地價格。擬從事精密調查。以防止土地投機等等之流弊。

四、籌辦不動產登記　土地登記奉令俟省廳規定統一辦法後。通飭施行。現由財政科着手籌備。

工務科業務狀況

甲・設施概況

一、規定道路寬度及拓寬辦法　本市道路寬度。前曾由市行政局一度規定。惟所定寬度過狹。不適於新城市之發展。本處成立後。將各等道路寬度重行規定如下。

（一）特等船	甲等十八公尺	乙等十五公尺
（二）幹　路	甲等十二公尺	乙等九公尺
（三）支　路	甲等六公尺	乙等四公尺
（四）絕　巷	三公尺	
（五）水　衖	二、五公尺	

所有全市街衢巷路。業已分等配列。妥定至拓寬辦法。依照各市通例。凡現有街道。不及規定寬度者。於建築房屋時。須一律照規定寬度退讓。其分期拓寬者。在拓寬綫內。指定日期。令業主一律照規定寬度折讓。

二、訂立建築章程　本處為限制建築預防危險便利交通整飭市容起見。參照各市辦法。訂立建築章程以管理全市建築物之建造及修理事宜。關於丈簽給照及取締警手續。均依照該章程辦理之。

三、測量路線　建築道路。為發展市政之先著。工務科對於分期建設道路。業已擬定具體計劃。先從測定路線入手。計現已測量竣事者。為（一）惠山公園道及支路。（二）崇安寺至西門公園道。（三）西門至大倉口公園道。（四）大倉口接通開原路支線。（五）光復門至西成門環形路。（六）西成門至西水關環形路。（七）吳橋以西沿運河大道。除惠山公園道已動工填築外。其餘當俟呈准後動工。

四、修造工程　五個月來本處工務科比較重要之修造工程。為（一）修砌寶善橋至黃埠墩沿惠山浜街道。（二）拓寬界涇橋弄並鋪築路面。（三）鋪砌南門菜市場四週石片路面（四）鋪砌崇安寺第一菜場路面（五）修理吳橋改鋪橋面（六）修理工運橋（七）建築公園路市樓及寄宿所。（八）建築公園內商店十間。（九）建築公園女廁所等。

五、設計事項　工務科已成各種設計如次。（一）分區計劃。（二）幹路計劃。（三）幹河計劃。（四）公園分布計劃。（五）道路工程計劃。（六）建築環城馬路計劃。（七）取締建築計劃。（八）橋梁計劃。（九）各等道路設計（十）警鐘樓設計。（十一）整理城中公園計劃等。均詳見本處月刊。

六、添放及檢驗車輛　錫市人口達二十萬。與蘇州市相埒。蘇市有人力車二千五百餘輛。而錫市祇一千三百輛。人多車少。確屬不敷應用。爰由本處決議添放營業車輛共四百輛。每輛收照費六十元。悉充築路之用。又舊有營業人力車多數因年久破損時有傾覆之虞。經本處指定日期限令各車一律修理完整。聽候檢驗。現已檢驗竣事矣。

七、設置停車場並規定街車價目　本市各街道車輛。往往四散各處。行路中。殊礙交通。本處特製停車場牌數十塊。分段指定停車地點。凡空車均須停放車場。計現已設置之停車場。共計二十處。又街車價目亦已分站規定以便行旅而免爭執。

八、管理各種車輛　本市之人力車。汽車。腳踏車。及其他雜色車輛。均訂立專章以管理之。

九、其他整理及取締事項　1.取締違章建築。由工務科派員會同警士間日執行。2.取締草蓬。限令業主改建瓦屋。3.取締填築河灘。4.取締跨街招牌。5.整理人行道。6.整理河道。

乙・計劃方針

一、舉辦全市測量　無錫市鄉全圖。前經測繪局製有平面圖。尚稱完備。無如人事更易。地形變遷。以往例今。殊難依據。且於地平高低河流狀況。亦難稽考。此次擬重行測量。關於市政方面需要圖表。完全製備。除地形面積外。平剖面地平河流。均注意及之。全市測量分平剖面測量。水準網測量。及清丈測量三種。惟市區界域未定。測繪經費亦鉅。故進行尚有待耳。

二、繪製全市計劃圖　都市設計。各國均極注重。近頃寧杭各市。亦有計劃圖發表。本市計劃圖。擬請專家設計製成。

三、相度市中心地點建造新行政公署　本邑縣政府。係舊金匱縣衙署。公安局局所。係舊無錫縣衙署。年代湮遠。均已破舊零落。市政籌備處規模狹隘。且僻處城內。將來新區開闢。市中心地點。當移至吳橋通惠路一帶。故行政公署。亦當舍舊建新。茲擬呈准省廳。將縣政府舊址標價出售。另在通惠路建築一規模宏大之行政公署。以壯市容而興觀感。

四、整理通惠路　本市通惠路規模寬宏。且迫近車站。運河為全市交通之樞紐。惟當時倉卒築造。路基低窪。橋面狹窄而隆起。又因年久失修。路面高低不平。目下整理該路。亟應將橋面放寬築平。路基填高。改鋪金山石片。或沙石路面。裝置陰溝。鋪築人行道。此項工程。擬於四個月內完成。

五、展築主要道路　本市主要道路。由工務科分期展築。定每期所費時間為一年。其順序如下。

第一期路工(甲)第一環形路（即環城馬路。）(乙)南北幹路（即直貫城廂之南北馬路。）(丙)公園道（由城廂貫通公園之要道。）(丁)公園支路（由大倉至萬頃堂。）

第二期路工(甲)東西幹路。(乙)公園道及支道。(丙)運輸道。(丁)風景道。

第三期路工(甲)第二環形。(乙)公園道及支道。(丙)運輸道。(丁)風景道。

六、整理惠山風景　惠山附郭名勝。舊時勝跡。志乘斑斑可考。惟年久失修。浸假衰廢。值茲建市之初。亟宜從事整理。現已組織設計委員會。至整理計劃。正在精密討論中。

七、設計各種市建築　工務科擬於最近數月內。設計下列各種市建築。(一)市民博物館。(二)公共演講廳。(三)家候觀測所。(四)市立醫院。(五)國貨市場。(六)平民住所。(七)動植物園。(八)運動場。(九)游泳場。(十)屠宰場。(十一)公墓等。

八、改良溝渠并籌劃全市下水道　本市溝渠設備。向不注意。雨潦之日。汚水泥濘。近頃市民亦漸生覺悟。本處現正在設法改良。擬先從城外馬路一帶入手。一面并規劃下水道。俾全市溝渠。得有系統之整理。

社會科業務狀況

甲・設施概況

一、設立臨時時疫醫院　本年秋季虎疫盛行。由滬埠蔓延及於錫市。本處成立。鑒於疫氛澘澘。爰召集地方慈善團體熱心公益人士。及各機關團體代表各醫師等開會。決定集款設立臨時時疫醫院。勘定東門外延壽司殿爲院址。於八月十九日正式開幕。該院除施打防疫針以防止疫氛流行外。先後施診歷四十三日。診治人數達六千餘。不救者僅十九人。

二、辦理衛生行政　本市衛生事宜。自本處社會科接收辦理後。當時全市劃分爲五個衛生區。以城中爲第一區。北門外爲第二區。南門外爲第三區。西門外爲第四區。東門外爲第五區。每區設衛生指導員一人。督率衛生警士清道夫及清河夫。負責清除街道河渠及處理該區內一切公共衛生事務。衛生指導員係用考試方法錄選。清道夫及清河夫均施嚴格訓練。現本市衛生狀況。較前已有顯著之進步。惟改進廁所。雖已計劃就緒。以格於經費。未能即辦。

三、辦理各項公益事務　社會科五個月來所辦公益事務。舉其重要者如次。

1.編訂門牌　錫市各戶原有木質門牌。前由公安局分般編釘。惟大都朽腐脫落。字體更模糊不堪。爰由本處呈准民政廳一律改釘琺瑯質門牌。以垂永久而便認識。茲已分段編釘完竣矣。

2.化驗各自流井水　本市共有自流井三處。各井水質經社會科送請專家化驗無毒。並通告市民放心飲用。

3.調查米價設法抑平　九十月間本市米價飛漲。事關民食。經社會科調查原因及米糧存數。函請縣政府嚴禁私運屯積。並疏通來源。以平米價。

4.開辦產婆訓練班　本處鑒於舊式產婆毫無學識。執行業務有乖人道。特開辦訓練班。招收年在二十歲以上五十歲以下。助產已滿三年之舊式產婆。授以產科醫學常識。經八星期之訓練。考驗合格後。始准給照營業。其未經訓練者一概取締。以重民命。

5.添設郵筒　本市人口增加。郵筒過少。發信往來。頗不經濟。當經本處會同縣政府函請南京郵務管理局及本邑郵局。從速添設郵筒及信差。以利交通。業由郵務管理局函復照辦矣。

四、辦理各種登記事宜　社會科對於特種營業之管理。如有關衛生及風化者。已次第訂立專章。並飭令登記。以資查攷。現在已辦登記者爲(一)公共娛樂場所。(二)牛乳棚。(三)竹木行等。着手舉辦者爲熱水店登記。及醫院登記等。

五、進行各種調查事務　市政設施。必須調查社會實際情形。始有所依據。本處對於調查統計事項。異常注意。由社會科協同社會調查處辦理之。現在調查業有成績者。如工廠商店。醫院。娛樂場所。社教事業。宗教寺廟。及名勝古蹟等。其餘正在次第進行。

乙、計劃方針

1.完成全市調查　本市社會調查事務。經數個月之努力。已獲有相當之結果。茲値編纂年鑑。關於全市狀况。應作一整個之調查報告。此項工作。擬於最短期內完成之。

2.改進坑廁　改進坑廁業經擬具詳細計劃。(見本處第三期月刊)此項計劃內容。計分建築公廁。改良私廁。及取締私廁三種步驟。並擬分期實行。在第五衛生區內。着手先辦。此外關於處理糞便之方法。擬籌設肥料廠。將市內糞便收歸市營。現正在計劃中。

3.整理并增設公園　本市公園祇城中一處。暨惠山一處。其餘或爲私人園林。或距市廛較遠。普通市民。業餘遊憩之所。尙嫌不足。查城中公園地位適中。每値春夏秋三季。游人踵接。惟園址尙小。每嫌擁擠。現在整理計劃。除在公園內闢兒童游戲場。及民衆娛樂室(如棋社乒乓球等)外。擬將公園範圍擴大。將現在崇安寺。圖書館。民衆教育館。暨本處之址。改爲民衆博物館。均圈爲公園之一部分。此項計劃。正在會同工務科詳密設計中。又城環四週人烟稠密。擬於東南西北四區。各闢公園一所。此外整理惠山。另有設計。

4.設立公墓　公墓之有無。足以占一市之文野。本處迭奉省令。催飭設立。又鑒於實際上之需要。即擬早日勘定地址。設計完成之。占地大約在五十畝至百畝之間。

5.籌設公立醫院　本市私人開設醫院。雖有多處。惟設備簡單。且取費甚昂。一般平民未能享受醫藥之便利。殊爲缺憾。茲擬籌款建立一大規模之公立醫院。業已組織籌備委員會負責進行。

以上所舉爲本處五個月間工作狀况。及計劃之一斑。本處委負建設之重任。但實際上以經費及環境關係。所可以表現者甚尠。同人等惟有懲前毖後。勤加策勉。尙冀省府諸公。時予指導。邦人君子。羣力贊助。俾正式市府得早成立。本處仔肩幸卸。是則同人等日夕翹企不已者也。

（二）無錫市政籌備處工作人員一覽表（十九年二月製）

姓名	年齡	籍貫	職別	經歷
孫祖基	三〇	江蘇無錫	主任	東吳大學法科畢業歷任江蘇省司法廳視察員江蘇省特種刑事法庭審判員江蘇省民政廳第二科科長現任無錫縣縣長兼市政籌備處主任
王伯秋	三九	江蘇	參事	曾留學美國哈佛大學日本早稻田大學得有學士學位曾任江蘇省立法政專門學校教務長民國法政大學教授法政講習所教師江蘇法政大學教務主任兼代校長國立南京高等師範教授國立東南大學政治經濟系主任兼教授國立暨南學校教授南京市政籌備處主任江蘇海州商埠督辦公署參議下關商埠督辦參議南京市政總辦南京特別市政府參事杭州市政府參事蘇州市政府專門委員上海市公約起草委員遊歷日本朝鮮大連旅順等處考察市政
沈維棟	三〇	江蘇嘉定	祕書	北京大學法學士曾任江蘇省民政廳科員無錫縣政府科長等職
江祖岷	四一	江蘇無錫	總務科科長兼事務股股長	兩江師範畢業歷任江蘇實業廳諮議江蘇財政廳祕書無錫市行政局總務股股長
陳鴻藻	四四	江蘇無錫	總務科文書股股長	上海震旦學院畢業歷任震旦學院助教私立無錫中學教員無錫市行政局文牘員
章健	三六	江蘇無錫	總務科科員	民國法政大學別科安徽法政講習所畢業代理浙江昌化縣承審員無錫美術專門學校校務主任兼文學教授
楊蓮輝	三二	江蘇無錫	總務科科員	上海美術專門學院畢業歷任本邑絲繭公會辦事員無錫市行政局管卷員
金禹範	二三	江蘇無錫	編譯員	中國公學大學部法學士曾任上海特別市黨部第四區黨部執行委員
顧克昌	三二	江蘇無錫	總務科事務員	上海基督教青年會畢業上海美與公司會計員太倉捲烟特稅局徵收員
韓濬民	三五	江蘇銅山	總務科事務員	徐州師範畢業歷充福建仙遊縣公署會計主任江蘇省特種刑事法庭書記
施錫生	一九	江蘇無錫	書記員	
陳鴻曦	二四	江蘇無錫	書記員	常州五中畢業曾任上海衛生局調查員
龔煌	二七	江蘇無錫	書記員	金陵軍官學校事務員江蘇省警務處總務科庶務中央軍事政治學校中尉事務員
汪介丞	二二	江蘇無錫	書記員	蘇州英華中學肄業無錫縣公安局警察隊司書縣警察大隊第二中隊文書員
王有聲	三五	江蘇無錫	書記員	師範肄業懷下市行政局書記
聶文杰	二七	江蘇江都	財政科科長兼會計股股長	滬江大學畢業曾任江蘇省民政廳第二科科員前無錫市行政局財務股股長無錫縣政府第三科科長等職

姓名	年齡	籍貫	職務	經歷
金堅池	四一	江蘇吳縣	財政科科員	上海淞滬宅地稅徵收局一等科員十二圩鹽務監收秤放局統計科科員
邱　均	三八	江蘇吳縣	財政科徵收股股長	安徽高等學堂文科畢業歷充丹陽縣學務委員教育局總務科主任縣政府民治科科長公安分局局長粵澳商埠港政局港務科科員
郭興熊	二六	湖　南	財政科科員	上海滬江大學社會科畢業上海濟心中學湖州湖郡女中教員基督教女青年會幹事
周鴻祥	三五	江蘇無錫	財政科事務員	上海三育學校畢業南通公安局督察員無錫市行政局捐務主任
黃孟秀	三〇	江蘇無錫	財政科事務員	初中畢業前任無錫市行政局收捐員
毛鴻遇	三六	江蘇無錫	財政科事務員	無錫屠宰稅征收員無錫市行政局收捐員
鄭德良	四四	江蘇無錫	財政科事務員	無錫商埠局收捐員無錫縣財務局收捐員無錫市行政局辦事員
薛采斌	四六	江蘇無錫	財政科事務員	北京中國大學庶務員無錫市行政局收捐員
顧虎炳	三四	江蘇無錫	財政科事務員	無錫馬可中學肄業無錫工職學校教員無錫市行政局收捐員
曹湘石	三三	江蘇無錫	財政科事務員	蘇州桃塢中學畢業本邑市立小學校長無錫市政籌備處編釘門牌專員
孫祖傑	四五	山東章邱	財政科事務員	山東濟甯稅務公所稽徵員武丹稅務所稽徵員
周漢倫	四〇	江蘇無錫	財政科事務員	無錫縣立師範畢業曾任萬安市富安解小學校校長無錫第一區黨部祕書
喬培琪	三二	江蘇丹徒	財務科事務員	江蘇第九師範肄業丹徒下丹局武游稅務所蘇州六門厘捐局稽徵員會計員
朱士圭	三七	江蘇無錫	工務科科長	日本東京高等工業校建築科畢業奉天省埠局工程師大新建築公司總工程師蘇州工業專門學校建築科教授上海華海建築公司工程師南京工業專門講師廈門堤工處建築師蘇州工務局工程科科長
楊銘林	三三	江蘇高郵	工務科建設股股長	江蘇公立工業專門學校土木科畢業蘇州太湖水利局測量班長順直水利會副技師財政部湖州田局測繪主任廈門堤工處路政股技士蘇州市政府測丈隊主任
劉　煒	二六	江蘇無錫	工務科取締股股長	江蘇公立蘇州工業專門學校建築科畢業上海華海建築公司助理工程師蘇州蘇綸紗廠建築技師蘇州市王務局取締股設計股主任
龔懋珩	三〇	江蘇無錫	工務科技術員	江蘇蘇州工業專門學校畢業上海美華紡織廠總工程師上海琴昌印染公司技師無錫市行政局工務股股長
張再渠	四七	江蘇寶應	工務科技術員	安徽高等學堂畢業湖南湖田局測繪主任無錫水利工程局測繪員無錫市政公所技量員無錫縣建設局技術員
顧毓滔	二五	江蘇無錫	工務科事務員	
陳　英	四一	江蘇無錫	工務科事務員	交通部南洋大學鐵路管理科肄業上海工業專門學校汽車道路科畢業無錫市行政局工務股股員

陳西林	二一	江蘇無錫	工務科事務員	上海光華大學民立中學肄業武進縣黨部無錫縣黨部幹事
朱子恆		江蘇奉賢	工務科事務員	
張鴻年	一九	江蘇吳縣	工務科練習生	上海青年會英文夜學肄業蘇州太平洋建築公司練習生
祝恩鎔	一七	江蘇吳縣	工務科練習生	蘇州純一中學校畢業
劉振聲	一七	江蘇無錫	工務科練習生	無錫縣立初級中學肄業
李[illegible]傑	三五	江蘇無錫	社會科科長	上海聖約翰大學政治學士上海約翰大學中華職業學校社會科學及英文教員江蘇公立商業專門學校總務主任兼教務訓育主任江蘇省區長訓練所事務主任
張之彥	三五	江蘇無錫	社會科公益股股長	南京東南大學教育科畢業浙江三中江蘇二代師教務主任教育教員邳縣立師範學校校長無錫縣督學民衆教育院事務主任
莫善樂	三〇	江蘇無錫	社會科實業股股長	江蘇省第四師範本科畢業無錫縣教育會主席常務委員無錫縣督學無錫縣公安局行政科長無錫市行政局文牘主任
楊翔九	三五	江蘇無錫	社會科科員	上海民立中學肄業無錫屠宰稅所會計主任無錫慶豐紡織公司駐滬辦事處副經理
薛楚材	二五	江蘇無錫	社會科科員	東吳大學肄業江蘇省長區訓練所會計
諸其潛		江蘇無錫	社會科衞生指導員	高中肄業縣女中及南延市泰伯市各校教員
陳鴻濟		江蘇無錫	社會科衞生指導員	江蘇商校畢業開原鄉立第五國民小學教員景雲市江陂小學教員勞工四小校長
高月齋		江蘇無錫	社會科衞生指導員	工商中學教畢業歷任教員
姜成周		江蘇無錫	社會科衞生指導員	

丙　方自治地

（一）無錫地方自治之沿革

錫邑當前清之季。各市鄉有屬董之名稱。其辦公地點。隨人而定。民國建元。無錫金匱兩縣合併。對於地方自治。會由各市鄉召集市鄉議會。核議市鄉內各興革事項。民四廢議會。設市鄉董事。簡稱為鄉董佐。處理其市鄉內之行政事宜。民十六改革後。由縣政府分別委派各市鄉行政籌備員。籌備市鄉自治。迨十七年春。各市鄉行政局先後奉令組織成立。除無錫市行政局規模較巨。局長向由縣長兼任外。其餘各市鄉政行局均設局長一人。分總務財務等股辦事。十八年四月。江蘇省民政廳創設區長訓練所。本縣遵令保送學員赴所學習。其年八月。各實習區長受訓練畢回錫。而本縣已遵照省頒標準。劃分為十七區。至是一律撤銷行政局。成立區公所。越三月。全縣鄉鎮亦一律劃成。計共五百五十六鎮鄉。先後設立鎮鄉公所。同時並舉辦鎮鄉長副訓練。鎮鄉以下。尚有閭鄰之組織。現正在進行編制也。

（二）無錫縣分區調查表

區名	面積	戶口 戶數	戶口 人口	區公所設立地點	交通概況	經濟概況	備考
第一區	九二·三方里	三三·八七三	一七一·二二四	暫設無錫縣政府內	京滬鐵路・汽車路與開原銜接長二十里・通航水道上通鎮常下達蘇申旁通江陰常熟宜興溧陽以及浙江之湖州・郵政總局及第一二分局計三處・電報總局計一處・電話公司計一處附設長途電話上通首都下達上海	居民職業農占百分之十九工占百分之二七商占百分之四一其他占百分之十三・造屋基地每畝價格(甲)二千元(乙)一千元(丙)五百元每畝田價(甲)一百元 (乙) 八十元(丙)六十元收益每畝上等十五元次等十二元・每年收穫米麥兩次麥價八元以上米價十元以上・借貸月息一分至二分・每年耕地產米約一萬五千石左右麥約六千石左右與人口比例每口僅占一升一合・銀行六處銀號錢莊十餘處・紗絲麵粉染織碾米榨油鐵工製鎂肥皂織襪製冰等廠・米麥及花邊繡工泥人・每年輸入與輸出統計米一百二十萬石麥九十五萬三千石荳類三千石黑芝蔴二百石	查各種工廠大都設在本區境內男女工人統計三萬有餘由他縣及各鄉來者有十之六七・區域以內市塲居戶占多數耕種田畝占少數
第二區	三二一·七方里	一三·五七三	七〇·三二七	江陂橋	鐵路由無錫站經無錫旗站至周涇巷・馬路由無錫城人力車可直達江溪橋・郵政江溪橋北坊前	居民職業百分之七十農作百分之十米商百分之十五出外營商・土地買賣價格田面三十元至六十元田底六十元至壹百二十元・農田收穫每年兩次稻麥稻每畝一石至三石	

周涇巷前旺廣勤路均可直達·電話江溪橋可通航船各鎮航船均可直達城區·輪船蕩口輪船行經北坊前江溪橋

餘麥每畝八斗至二石餘·借貸利息七厘至一分半·失業人民百分之十五

第三區　一五五·一方里　九·八〇七　四八·四四五　周新鎮

本區東沿運河西南環五里湖北有梁鳴溪直達無錫中貫馬鑫港橫梁墓涇東通運河河流暢通有汽油船航船通城及蘇滬各埠離城約十餘里周新鎮南橋有電燈電話郵寄代辦所二處西區陸典橋亦設一處區內馬路四達南接開化新安北達無錫

居民職業農占百分之六六工占百分之一四商占百分之一二其他占百分之八地價山地荒地每畝四十元蘆灘每畝三十五元租田每畝五十元自行耕種田每畝一百五十元平均每畝六十元平田每畝產穀漕秤四百斤每百斤值銀約四元小麥每畝收穫八斗值銀四元八角借貸利息最多數週年一分六厘最少數八厘平均週年一分二厘產量與含量不足十分之四區內有絲廠三所肥絲工場四所滯頭廠五所織襪廠一所石灰廠一所窰廠一所農產物除米麥荳外兼植桑樹以供育蠶之用居民之男女工作絲紗兩廠者約三千餘人金融機關有周新鎮南橋夏家邊塘涇橋商店六十餘家故極貧者不多周新鎮南橋有典當二所全區失業人民約二百餘人糧食商品輸入米麥粉兩類約有三萬石

第四區　二〇二·五方里　七·〇四二　三六·五二〇　前橋頭

道路汽車道共三千一百丈合十一里強計幹路一條支路一條人力車道共一萬三千一百丈合七十

本區居民職業農百分之五十二工百分之二十商百分之二十三其他百分之五·各種土地買賣價格及收益上田每畝銀一百六十元中田每畝銀一百元下田每畝銀六十元基地

里強支幹道路二十六條・郵政榮巷三等分局二處徐巷代辦處一處河埒口代辦處一處錢橋鎮代辦處一處藕蕩橋代辦處一處・電話全鄉已裝者計十六處河埒口三處前橋頭一處陸井一處榮巷七處梅園二處錢橋鎮二處

每畝銀五百元除去人工物料淨收益上田每畝二十元中田每畝十二元下田每畝八元・收穫次數及穀類價格每年收稻麥各一次米價每石十元以外麥每石八元左右・借貸利息按月平均一分六厘・耕地產量統計與食糧之比例本鄉每年米產量約六萬一千四百九十石麥產量三萬〇七百石人口食量米每年約四萬九千二百石麥每年約六千一百四十石・重要農產物及製造品米麥蠶桑魚類菜蔬類菓類繅絲廠一家滯頭廠二家・失業人民之統計約佔全區人數百分之一・五

第五區 一九八・九方里 二一・九〇九 五五・四四八 帳橋

郵政代辦處五所電話六處水道則有汽船快船航船尚覺便利

居民職業農占百分之九十工占百分之六商占百分之四地土價格每畝一百二十元至四十元收益上則每畝二十餘元中則每畝約二十元下則每畝約七八元收穫次數及穀類價格高田米麥各一次淺田米一次平均計算每畝收米二石餘麥八斗借貸利率最高二分最低一分二厘耕地產糧約計有贏無虧金融機關並無銀行錢莊僅有典業將物品典質商業以治坊典當京貨南貨爲最物產以米麥䌷繭土布爲大宗製造品有鐵鍋絲線

第六區 三九・一方里 一〇・四六二 四〇・八八四 八士橋

汽車路自梨花莊起至塘頭止正在建築・通航水道凡十餘處・郵政凡四

居民職業農業占百分之九十工業占百分之七商業占百分之三・各種土地買賣價格每畝値銀一百二十元至三四十元收益上則每

處・電話凡二處

第七區	二三〇・〇方里	一三・三二四	五七・五八三	張涇橋	交通全賴河道東通常熟南達蘇滬西至縣城北通江陰各處均有航船汽船往來・郵政有代辦所四處信箱二處・電話祇通至張涇橋

畝得三十元中則每畝得二十元下則每畝得十元・收穫次數每年兩次穀類價格米類值銀十元外麥類荳類値銀七八元・借貸利息最高者二分最低者一分二厘・耕地產量統計與人口食量之比例全年產量溢出百分七十・金融機關狀況區內有典當二所為調劑金融之唯一機關・重要商業之種類(一)典當(二)槽坊(三)南貨(四)京貨(五)米店・重要農產物(一)米穀(二)鮮繭(三)小麥・製造品(一)土布(二)絲線・除農產業外其他各種工業之容人量均約占百分之七

全區居民職業農業占百分之九十工業占百分之六商業占白分之四・田畝價格自種田每畝一百二十元收租田每畝七十元埲蕩田每畝三十元收益每畝二十元・每年收穫分米麥二次每石八元米每石十元外・借貸利息最大月息二分最小月息一分・每年耕地產量麥四萬三千餘石米十二萬四千餘石與人口比例每口占二石九斗餘・全區並無金融機關惟藉典當一處以資調劑・重要商業為繭米麥花邊南貨綢布・重要農產物米麥及繭製造品土布及花邊・全區並無工廠所有土地及花邊均由布莊及公司分發農民製造賴以生活者約計五百餘人・每年輸出統計米四萬餘石麥二萬餘石鮮繭一萬三千餘

第八區 三六四·六方里 九·八二一 四二·四三八 安鎮

交通全係河道東通常熟南達蘇西至縣城北通江陰各處運輸全賴汽船航船·郵政有代辦所三處·電話有一處

担失業人民約占百分之三計一千七百餘人全區居民職業農占百分之八八工占百分之六商占百分之六·田畝價格自種田每畝一百十元收租田每畝六七十元塝蕩田每畝三十餘元收益每畝二十元左右·每年收穫冬米夏麥米每石十元以外麥每石八元左右·借貸利息最高二分最低一分·每年耕地產糧麥四萬担左右米約十二萬二千餘石與人口比較每人口占三石八斗·金融機關祇有典當三處以救濟·重要商業惟繭米麥等各商因共黨不靖市面蕭條·重要農產祇有米麥繭全區並無工廠及公司·

農民製造全●耕種及育蠶失業人民約百分之三計一千二百七十餘人

第九區 一四五·三方里 五·五三六 二四·一〇三 后橋

通航水道現有華新等開駛汽輪往返於厚橋蘇州間當日來回（該輪公司自置即名華新計八匹馬力艙位可容二十餘人）此外有航船兩艘開往蘇州專代商家帶貨間有少數乘客又卯船兩艘賜往無錫昔年專供糧戶完納銀漕及地保上卯之用故稱卯船現亦稍帶貨物間有乘客·郵政全區計有鄉村信櫃三處一設厚橋

居民職業農占百分之五五商占百分之十三工占百分之九其他占百分之七失業者業者約占百分之一六·土地買賣價格每畝最高七八十元最低二三十元收益以近數年平均統計每年每畝可收小麥五斗糙米兩石·收穫每年兩次夏麥冬米價格照上年平均計算小麥每石八元左右糙米每石十元左右·窮鄉僻壤素無金融機關間有鄉民抵押借貸利息最高者每月每元二分最低者每月每元一分·產量共計八萬七千九百五十七石全鄉人口據上年調查有二萬四千一百另三口平均每人全年食量三石六斗需八萬六千七百七十石另與耕地產量相較約餘一千一百八

昔年桑田價格貴於稻田自有機器戽水以來農田水利兩有相益故近年反將桑樹毀去改種稻苗此亦農業上最近之變遷

鎮歸蘇州一等郵局管轄信件包封現交華新公司汽輪遞送另有二處設於盛家橋鎮及東橋鎮以鄉近南延市故信件包封由蕩口郵局遞送似較迅速

十七石大都由各倉廳及農民逐漸輸糶・全區市鎮三處厚橋盛家橋東橋祇有魚肉蔬菜布店南貨之類大都小本經紀並無重要商業惟每年春繭上市開設繭行幾家約有二十餘萬元之交易・重要農產物以米麥爲大宗每年蠶桑利益亦屬農家之副出產品・除農業外絕無各種工廠・以全區人口與產米比較有盈無絀輸出之數均係另戶赴各米行糶去無可統計至商品輸入多係南貨布店向各處購帶另星小件隨買隨銷並無大宗進貨之商家・鄉民大多數務農田事萬分忙碌之際鄉村間人絕無僅有於農隙之時雖有失業工人然隨雇隨歇勢難調查・

第十區　一三八·五方里　六·〇〇一　二七·五五二　東亭鎮

自城過東亭鎮至新塘橋已通車路自東亭以西石橋頭至西倉以東楊家橋約二十里爲東西幹路自梅村至東巷上約九里爲南北幹道水道之大者北有北興塘東南有南興塘中有毛道大河通郵地方爲東亭塘村西倉查家橋等處而電話僅通東亭一處耳

居民之有職業者共計一萬〇四百四十九人內農占百分之五六工占百分之三二商占百分之十僧道占分之一學占百分之十二漁占百一百分醫占百分之十四・每畝平田約價七十元高田五十五元低田四十元灘蕩二十元山峰三十元其收益無論高田平田統扯均有米麥二石以上低田則僅有米一石五斗以上・每年收米麥各一次每石糙米約價十元以上麥八元左右・借貸月息最高者每元二分最低者半之全區耕地約占三萬畝以每畝年產米麥二石五斗計之統共產量有七萬五千石照十七年編查戶男女人數二萬六千五百

第十一區　三四·〇方里　九·三六八　四二·六三　蕩口

南延市交通素恃水道西面雖有通城旱道而行者絕少東南面與吳縣常熟接界亦專恃水道交通至城有華新汽船及航船鑢船等至蘇有招商局小輪至上海有招商局泰東局兩小輪均按日開班

二十五名比例之每人可得食量二石八斗有零加以豆類等產品足敷全區居民所食・金融方面既無銀行又無錢莊有餘之家大都放存城中生息或營各種事業各商號少有吃進存款故較大村鎮竟無千元以上經濟活動之能力重要商店有南貨酒米糧食京廣洋貨藥號槽坊山貨典當及絲廠布廠木行等・重要農產物除米麥及豆類等外以桑葉為大宗至製造品有醬油酒東亭香腐乾十字布花邊剔篦帚掃帚以及開支裏梅村等處所出之木車絲・全區除業農者約計六千人外其他各種工業約容三千二百三十人・糧食商品無甚輸出入・失業人約有六千六百四十八名

居民職業農占百分之七四工占百之九商占百分之八此外占百分之九地價每畝一百十元至五十元收益每畝二十餘元至七八元收穫次數及穀類價格高田米麥各一次低田米一次平均計算每畝收穀四石餘麥八九斗借貸利息最大二分最小一分二厘耕地產糧有餘無虧金融機關商家均由蘇錫匯兌物產以米麥鮮繭為大宗

第十二區　三九·四方里　二·七七八　五四·四〇四　大牆門口

交通全恃水道有汽船快船及航船西面通城雖有旱路往來不及水道之便東南與吳縣常熟交界可

居民職業農占百分之八五工占百分之九商占百分之六地價每畝約值銀一百元至四五十元收益上則每畝約三十元中則每畝約二十元下則每畝約十元收穫每年二次米類值

一五三

至新安鎮乘坐京滬火車有郵政二處

銀十元以外麥類値銀七八元借貸利息最高二分最低一分耕地產權全年有贏無絀金融機關除蘇錫匯畫外以典當爲唯一機關重要商業以典業米業南北雜貨京貨槽坊資本較鉅農業產物以春夏二熟穀麥爲大宗

第十三區　一八九·四方里　七·九〇〇　三八·四二九　華大房莊

自區公所起直達無錫城有馬路一條平坦寬闊車輛及行人均覺便利而東二里之遙有運河一條流域極闊約數十丈往來船隻爲必經之要道河東有京滬鉄道縱貫東西故水陸交通均感稱便焉

本區居民大都以農爲業故農業占百分之六十商業占百分之二十工業占百之十學及其他占百分之十・土地價格平均在二百五十元左右每畝收益約二石左右・田地收穫每年二次穀類每石約計七八元・借貸利息週年一分六厘起息重要農產物爲米麥豆製成品爲草履・

第十四區　二四〇·八方里　九·八九二　四四·一五八　南坊前

馬路貫通全區由南至北直達城中・汽船由全區公民合資創立平川資以免壟斷郵政有郵局代辦所

職業農民佔全區人口九〇七・土地平田買賣價格平均每畝合銀元百二十元平田每畝收益平均約銀六元至七元間・收穫次數稻一次麥一次價格穀米每石十元以外麥每石八元左右・借貸利息約年利一分二厘・耕地產量人口食量=7:10（計本區山佔十分之三）・農產物以米麥桑繭失業爲大宗・人民約佔五分之一

第十五區　二七二·二方里　一三·五二〇　六四·四〇一　鳳皋墩

電話玉祁三處禮社一處前洲一處石幢秦巷一處北七戶一處・郵政代辦處玉祁社前洲石幢秦巷

居民職業農占百分之七三工占百分之八商占百分之十二其餘百分之七・土地買賣價格及收益高鄉田上等平均每畝價一百四十元純收益六元三角六分五厘中等每畝價八

第十六區　二六五·四方里　一四·〇七三　六九·〇八三　洛社鎮

均各一處·鐵道京滬路線徑五枚(十二二圖)約長中里三里許無車站水道玉祁從柳堰岸橋入運河十二里從臯橋入運河約二十餘里禮社從柳堰岸橋入運河約七里從臯橋入運河約三十七里石幢從臯橋入運河約二十里至四河閘約三里北七房與石幢毗連秦巷從蠡口入運河約十里前洲從蠡口入運河約十里至四河閘約二十里雙廟從柳堰岸橋入運河約二里北新橋經陽湖出志公橋入運河約十餘里·輪船內河小輪自玉祁經禮社過洛社至無錫澄錫輪船亦在石幢經過

本區陸有鐵道火車東達上當西達南京水有無錫開往宜興溧陽輪船電燈電話郵政均極完備

十元收益五元六角二分八厘下田價四十元收益三元一角八分二厘蘆蕩價十元收益一元圩鄉田上等平均每畝價一百元收益四元八角六分中等價六十元收益四元一角四分八厘下等價三十元收益一元九角五分二厘蘆蕩價十元收益一元·收穫次數及穀類價格高田米麥各一次低田米一次歷年平均計算每畝米二石麥八斗·借貸利率最高二分最低一分·耕地產量統計與人口食量比例米十萬另千四六百三十二石麥二萬另九百二十六石·每人年食米約一石二斗四升（每人每天作三合五勺計算）全區共需用米八萬一千九百八十三石(人口六四〇四九)·金融機關祇典業三處均以便利貧民典質物品·重要商業有典當繭行絲廠·重要農產物有米小麥桑繭絲製造品無·工業之容人量絲廠一處容納工人五百餘名口·糧食商品全年輸出米麥共四萬餘担絲四百餘担繭一萬七千七百八十五担·失業人民統計共五百八十八人婦女不計

居民職業農占百分之七三工占百分之八商占百分之十三其他占百分之六·本區各種土地買賣每畝約計七十元收益每畝米八斗麥二斗·本區每年收米一次麥一次價格米每石十元以外麥每石八元左右·借貸利息

週年一分五厘本區產米一一四，〇〇〇石麥三四，二〇〇石除人口食去十分之七五餘均運往錫滬等處・金融機關狀況本區各大商店以及富戶存項均與無錫錢業往來重要商業如絲繭米麥以及豆油豆餅綢布洋貨櫓坊雜貨等類重要農產品以米麥豆蠶桑葉為最・本區工業之容人量如絲廠二容人五百五十名油餅廠二容人二百五十名布廠一容人五十名共計八百五十名本區糧食除人口食去每年輸出二八，五〇〇〇石

第十七區　二五〇・八方里　八・八二三　四三・九六五　張舍

鐵路無・汽車路自李家灣西經井亭下至張舍西至陸區橋又自稍塘橋經盛典橋至新瀆橋公路業於上年秋冬兩季分別築成土路計闊一丈餘（營造尺）現可通行人力車自李家灣至張舍一段已由縣建設局定入宜錫宜線內又自姚灣至劉塘橋一段亦已造成・水道自歸原鄉蕩橋河至本區稍塘橋河分為南北二刊溝沿南刊溝西行經張舍北而南至富安橋又折而

居民職業約計農占百分之九手工業及零販商各占百分之四田畝價格平均約計七十元每畝純收益約計九元・夏秋兩季各收穫一次約計稻每担六元以外麥八左右・借貸利率每年計百分之十八・耕地產量大於人口食量約十與五之比但無精確之統計・金融現無機關其狀況甚為竭蹶當年糧米每以無力完納甯假十分之一滯納罰金遲之來年蠶市櫛數實為明證・重要商業（一）收買鮮繭（二）運銷米麥・重要農產物米麥繭但無重要製造品除農桑外其他各種工業多為手工業且都係副業容人量極小無數字上之統計・糧食商品較入者一服用類二豆餅麩皮類三油類四烟酒類五雜物類其輸出者糧食佔總產量之二分之一鮮繭全數輸出悉無數字

北至書舘橋河 均可進直湖港南直湖港 上之統計失業人民佔百分之二

南達閭江口北經東塘橋與北刋溝相交可直達萬安青城兩鄉此係本區河流大要其分支細流不勝枚舉郵政稍塘橋張舍胡埭陸區橋新瀆橋各有郵政代辦所電報無電話議定追假甲子兵災善後費就稍塘橋張舍胡埭陸區橋新瀆橋盛典橋各街市先行裝設但此費僅由縣政俯先後追到銀六百元及抵押品（糧單）現存縣政府尚未完案・航船及輪船各市鎮均可通城航船稍塘橋張舍胡埭陸區橋新瀆橋更有定時開駛城鄉之汽船

（四）無錫縣各區等級一覽表

區名	等級	備考	
		人口數	面積方里數
第一區	甲	一七一，一二四	九二・三方里
第二區	丙	七〇，二二七	二二一・七方里
第三區	丁	四八，四四五	一五五・一方里
第四區	丁	三六，五一〇	二〇二・五方里
第五區	丙	五五，四四八	一九八・九方里
第六區	丙	五〇，八八四	二二九・一方里
第七區	丙	五七，五八三	二三〇・方里

第八區	丁	四二，四三八	二六四•六方里	第十三區	丁	三八，四二九	一八九•四方里
第九區	丁	二四，一〇三	一四五•三方里	第十四區	丁	四四，一五八	二四〇•八方里
第十區	丁	二七，五五二	一三八•五方里	第十五區	丙	六四，四〇一	二七二•二方里
第十一區	丁	四二，六二一	二一•四方里	第十六區	丙	六九，〇八三	二八五•四方里
第十二區	丙	五四，四〇四	三〇九•四方里	第十七區	丁	四三，九六五	二六〇•八方里

（五）無錫縣十七區區公所一覽表 十八年十二月調製

區名	公所地址	區長姓名	組織	經費	資產	事業及施政	備考
第一區	無錫市縣政府內	錢鏞亮	區長下第一、二、三股各一人助理員二人	依照省頒規定月支四百元	無	如戶籍土地公益合作衛生訓練人民等項	
第二區	景雲市江溪橋	朱承洪	區長下助理三人雇員四人	每月三百元	無	清查戶口劃分閭鄰指導民行四權等辦警衛修築道路整理土地提倡合作	
第三區	揚名鄉南橋	張光弟	區長下助理三人雇員一人	年入經常一千元臨時一百元其他四十八元	南橋西街房屋乙處月收租金四元	辦理區自治事項訓練鄉閭鄰長土地登記人事登記整理水旱道路等	暫設周新鎮事業費無着落臨時費又短少
第四區	開原鄉前橋頭	朱鏕	區長下助理二人雇員二人	經費月收經常二百五十元臨時三百五十元其他一百元	本區公所房屋八間柴巷鎮東街市房乙所	土地登記整理治安改善公衆衛生清查戶口改良風俗辦理人事登記修築道路推廣教育訓練運用四權	經費項內每月貼給公安第九分局洋三百五十元
第五區	天上市堰橋鎮	胡仲芳	區長下助理二人雇員三人	年入乙千八百元臨時年入約一百元	無	辦理地方自治訓練閭鄰長舉辦警衛修正水旱道路設立民衆夜校提倡合作	行政費不足事業費無論矣（此註）
第六區	天下市八士橋	蘇渭賓	區長以下助理三人雇員四人	年定一千八百三十元其他四百元（庫券息金）	無	規劃鄉鎮清查戶口清理官荒人登記辦戒煙院訓練鄉閭鄰長等	

第七區	懷上市張涇橋	趙鴻賓	區長以下助理員三人	月定三百元	僅有民國初年舊市公所遞交房屋一所	辦理地方自治如戶籍土地公益交通實業財政衛生合作建設舉辦鄉鎮閭鄰長等	本區於經費一項甚爲竭蹶也
第八區	懷下市安鎮	杜錫楨	區長以下助理二人雇員二人	經常年定三千元臨時一百元	本公所房屋地基約值銀五千元	籌備自治行訓政組織鄉鎮鄰閭施行保甲法開辦人事登記舉辦戶口調查清丈上地舉辦土地登記	
第九區	北上鄉厚橋鎮	蔣執中	區長以下助理二人雇員二人	年定三千元	庫券帶征上實收三千餘元現由地方公正人三人妥爲保管之	一・樹立區境界標二・聘用辦事人員三・劃定鄉鎮界域四・遴選鄰閭長五・籌設訓練所六・實行清查戶口	郵件由蘇州轉經費收支適符
第十區	北下鄉東亭鎮	袁詠裳	區長以下助理二人雇員一人	按月二百五十元	無	籌設公安分局修築道路開濬河道注重公衆衛生調查戶口人事登記嚴禁煙賭等	施政計劃甚多不及備載
第十一區	南延市蕩口鎮	郁映森	區長以下助理三人雇員一人	照省方規定三千元	無	清查戶口人事登記測量土地建築道路橋樑公園保衛衛生水利教育改良風俗整頓市容嚴禁賭煙訓練民衆等等	經費收入不過乙千五百五十四元
第十二區	泰伯市大牆門口	屠克强	區長下設助理員三人	由忙漕附稅及繭捐	無	事業方面辦理警衛修築道路辦理電話設公共廁所施政方面調查戶口測量土地人事登記組織鄰閭及訓練等等	
第十三區	新安鄉華大房莊	朱正心	區長以下助理三人雇員一人	每月二百五十元臨時費有三百元	基地二畝三分一厘租田二十三畝八分	事業自治外施政方面須清查戶口修築道路籌辦警衛訓練民衆運用四權等	
第十四區	開化鄉南方泉	王復初	區長下設助理二人雇員二人	經常費年有一千四百五十元九角二分九厘	善修巷門面十餘間全年收租二百七十九元六角及留猪捐全年一百六十元	事業方面訓練鄉鎮長成立公安分局清查戶口及人事登記施政方面成立戒煙醫院組織息訟會整理道路橋樑河道等	

第十五區	青城市玉祁鎮鳳皐墩	袁士魁	區長一人助理員三人雇員二人	忙漕附稅年約九百另三元繭房捐年約一千七百元庫券息年約七百餘元	本區公所收用之公有樓屋五間可作基本屋產	已辦事業如衛生路燈嚴禁煙賭等施政方面如籌設公安分局民衆娛樂設立戒煙局取締坑廁提倡平民教育築路濬河等等	鳳皐墩又名大墩本所經費不符
第十六區	萬安市洛社鎮	張宗圻	區長下分一二三股	新預算三千六百元	有二五庫券九千餘元	已辦事業有路燈及消防施政省普及民衆教育修路後河葦固醫衛整頓市容改良廁所籌設醫院取締庸醫巫師等等	每月所剩不滿百元實難開支維持
第十七區	富安鄉張舍裏	楊仁溥	區長一人助理員二人雇員二人	忙漕附稅一千四百七十三元繭捐九百元	安院書院田產八十餘畝	築路建橋等施政積極者籌設公安分局裝設全區電話提倡教育訓練人民消極者禁煙賭除迷信糾正習慣取締有碍衛生物	

無錫縣建設局工作人員一覽表 十九年二月製

姓名	職務	年齡	籍貫	履歷
姚滌新	局長兼路工處主任	三六	無錫	交通部南洋大學土木工程學士歷任中學主任教員及工程師等職
黃德純	技術課課長	三二	無錫	南京河海工程專門學校畢業歷任中學教員及太湖水利工程處測繪員
夏寅治	技術員兼路工處技術主任	二八	江陰	國立北洋大學土木工程學士歷任廣東韓江治河處設計主任及潮汕護隄公路處技士
劉名樹	總務課課長	三三	江陰	國立北洋大學肄業歷任中學教員及事務主任
嚴鍾英	市政工程處工務員	二一	無錫	無錫實業學校建築科畢業曾任無錫市行政局建設課課員
朱樹敏	總務課課員	四二	無錫	江蘇法政學堂法官養成所肄業歷任湖南瀘溪龍山湘陰等縣一科三科科長及中學教員
張火焯	路工處事務員	二七	江陰	國立東南大學肄業歷充福建上杭縣一科科長福建第一高等檢察分廳書記官
徐儁烈	路工處監工員	二二	無錫	無錫實業學校建築科畢業曾任浦東中學助教
秦向陶	事務員	二八	無錫	歷任無錫縣政府雜稅主任無錫市行政局捐務主任
姚汝芳	總務課課員	二五	無錫	無錫工商中學畢業

張再渠	路工處工務員	四六	寶應	安徽高等學堂畢業歷任湖南湖田局常熟廣業墾植公司及無錫水利工程局測量員
華友唐	市政工程處事務員	四二	無錫	上海震旦大學畢業歷任無錫實業學校及江陰南菁中學國文教員

無錫縣財務局工作人員一覽表 十九年二月製

姓名	職務	年齡	籍貫	經歷
陳亮東	局長	二五	安徽桐城	歷充江蘇財政廳簿記股主任無錫縣財務局副局長
戴震	總務課長	四六	鎮江	歷充東德灌雲宿遷等縣一二科科長國民政府財政部鹽務署場產科科員
馬繼聲	經徵課長	三五	鎮江	歷充安徽涇縣公署第二科科長揚由關口岸分關主任
包嵩	會計課長	三〇	安徽合肥	財政部考取會計主任無錫縣政府會計主任
郭鈞一	文牘主任	二四	無錫	無錫縣政府科員
陳志青	出納員	四六	武進	江西永修吉安等縣會計無錫縣政府會計
傅見田	出納員	三三	安徽廬江	白石稅厘總局總賬房漢口新洋灰公司金庫管理員
易悔初	庶務員	二五	無錫	無錫縣財務局稽核員
蘇桂林	收發員	四二	鎮江	鎮江內地稅局收稅員鎮江圌濱鄉教局長
姜新猷	會計課員	二七	丹陽	山東省銀行會計課員
吳光斗	會計課員	二三	無錫	無錫實業鐵工廠會計
錢家驎	管卷員	三七	武進	湖南財政廳征權科科員萍礦會計主任
張曉初	書記	二九	無錫	長春中國銀行記賬員
陳家駒	書記	三六	金壇	小學教員
鮑嘉謨	書記	二〇	安徽桐城	桐城縣立高小教職員
朱開覲	田賦主任	二八	上海	寶山縣政府會計金壇縣財務局出納員
吳爾敦	雜稅主任	二三	無錫	南昌豫章銀行營業部副主任
劉擇	督征員	三七	無錫	無錫縣警察所教員
尤鳳丹	稽征員	三七	無錫	無錫市行政局科員

周浩泉	驗契員	二〇	江陰	前在商界辦事
吳文卿	驗契員	三〇	無錫	南京運輸公會文牘

無錫縣公安局工作人員一覽表 十九年二月製

職別	姓名	年歲	籍貫	履歷
局長	黃貞白	二五	無錫	衡陽講武堂湖南軍官團畢業曾任第五方面總指揮部中校科長第一師中校團附新三旅炮兵連連長三十三軍軍政治部土校代主任縣警察大隊長等職
第一科長	程序	三三	浙江仙居	浙江志願兵暨浙江陸軍軍官教育團畢業金陵軍官學校肄業歷充書記司務長排長副官連長團附警察隊分中隊長大隊附等職
第二科長	胡彬	三五	無錫	上海大同學院肄業歷任國民革命軍新編第一師二團團部書記第二十五師五十九團輜重隊軍械股長代理輜重隊長總司令部參謀團電務員無錫縣黨部執行委員兼宣傳部長國民導報社長等職
第三科長	錢堯年	三六	奉賢	江蘇第二師範畢業南京警官講習所畢業省立工業學校教員推任奉賢縣公安局長二十七軍政治部主任公安局分局長
督察長	錢天雄	三三	無錫	江蘇陸軍軍官校畢業歷充排長參謀副官別動隊軍事特派員鐵甲車隊政治部總務科長縣警察大隊部特務長等職
第一科一等科員	張瑋	四三	武進	私立浙江法政專門學校法律科第一班畢業歷充江蘇無錫縣警察所文牘員助理員無錫公安局司法科一等審理員總務行政各科科員等職
第二科一等科員	許建烈	二七	無錫	蘇省第二工業專門學校畢業歷充江蘇全省清鄉公署督察員無錫市政局財政科員無錫縣公安局助理巡官等職
第三科一等科員	鮑惕愚	四一	無錫	寧波法政學堂歷充無錫審判廳主簿江蘇浙江直隸高審判廳書記官等職
第三科一等科員	張平	三三	武進	無錫縣工業學校畢業歷充無錫縣警察所書記無錫縣公安局司法科書記助理員科員等職
第一科二等科員	王鶴齡	三五	無錫	江蘇鐵道學校肄業歷充浙江督軍署書記書記官辦事員北平鹽務大學校文牘員浙江餘杭縣公署政務主任等職
第一科二等科員	陸慕祥	二三	無錫	無錫工商中學校會任書記司書第九區黨部執行委員無錫縣警察隊大隊部

助理員

職別	姓名	年齡	籍貫	履歷
第二科二等科員	顧頌勛	二五	無錫	吳縣東吳中科無錫公益工商中學肄業歷充高郵縣警察所書記二分所書記無錫縣公安局雇員助理員等職
第二科二等科員	曹俠			
第三科二等科員	張濟倫	三五	無錫	惠北高小學校最優等畢業江蘇第一師範肄業歷任萬安寺立第五第十一國民學校教員校長無錫縣公安局雇員助理員等職
督察員	王協中	二二	豐縣	江蘇省警官學校第一期畢業直魯聯軍第一混成旅第一團第二營第五連連長于民國十七年又任國民革命軍陸軍第九軍第六十三團特務連連長等職
督察員	吳緒澄	二四	灌雲	江蘇省警察官學校第一期畢業曾任煙酒公賣局徵收員
督察員	戴炳	二七	阜甯	上海法政大學畢業歷充河南省民政廳出差委員
會計兼監印	黃秋元	二六	無錫	私立工商中學畢業曾任秦巷小學洛社小學新開河小學教員私立養正小學校長五年
庶務兼校對	張志衡	二六	江寧	南京青年會求實學校英文專科卒業鍾英中學畢業歷充蕭縣公署會計員萃文小學教員江甯地方法院代理書記官
收發員	張福元	二二	崑山	淞滬偵探學校第一期畢業曾充南匯縣公安局督察員兼長警訓練所指紋教授員等職
收發員	許寶科	四六	浙江杭縣	歷充公署收發員川沙縣公署收發書記員江蘇第一陸軍監獄一股股員等
第一科雇員	許毓基		無錫	
第二科雇員	秦彥文	二六	宜興	和橋彭城中學畢業宜興周鐵鄉小學教員無錫縣公安局雇員
第三科雇員	龐永棠	三一	無錫	江陰南菁中學畢業曾任浙江高等法院事務員
第三科雇員	孫鍾灝	一八	無錫	無錫縣初中畢業曾任無錫縣公安局總務科書記司法科書記等職
留置所所長	陳珍			
偵緝隊隊長	薛福瑞	三八	無錫	高等小學肄業駐錫警備司令部偵探長無錫水上警察署偵探長武進縣公安偵緝隊長
偵緝隊副隊長	王金標	三六	鹽城	曾任江蘇全省水警區偵探長青浦警察所偵探長無錫縣警察隊特務警長等

職

職別	姓名	年齡	籍貫	略歷
偵緝隊探長	陳銀寶	三五	無錫	高等小學畢業曾任無錫縣警察所偵探隊員
偵緝隊探長	薛壽荃	四六	常熟	常熟警察教練所修業歷充常熟縣司法警長衛隊長無錫警察所偵緝隊員
偵緝隊雇員	王　鵬			
第一分局局長	高　濂	四六	無錫	前清安徽武備學堂安徽陸軍講武堂畢業軍司令部軍械司司長清鄉游擊隊隊長公安局督察員縣政府保安隊隊長等職
第一分局局員	秦　鈞	三六	無錫	巡警講習所畢業警察所巡官公安分局長等職
第二分局局長	孫榮鼎	二七	銅山	內務部警官高等學校正科畢業警官訓練班畢業曾充江蘇全省警務處辦事員銅山縣調查戶口辦事處指導編查員沛縣公安局總務科科長
第二分局局員	謝仁瑞	四〇	武進	蘇省巡官學校畢業巡警教練所教員砲兵連長公安大隊部教練員
第三分局局長	朱念生	三〇	宿遷	黃浦軍官學校學兵連機關鎗研究班畢業曾任國軍第一軍第二師第四團機關鎗連排長連長國民政府軍事委員會護送大隊第二分隊隊附宜興縣公安第三分局長蘇省警察總隊中隊長
第三分局局員	劉清泰	二三	銅山	蘇省警官學校畢業
第四分局局長	李來琴	三五	銅山	內務部警官高等學校正科畢業江蘇省警官訓練班畢業曾任河南全省警務處第三科實習員郾城縣警察所所長銅山縣戶口編查員鎮江縣公安局第一分局長
第四分局局員	羅孝達	二一	邳縣	江蘇水陸公安隊教導團肄業蘇省警官學校畢業曾充小學教員邳縣公安大隊書記員戶口調查辦事處指導編查員無錫縣公安局候差員等職
第五分局局長	周仰釗	三八	浙江諸暨	日本明治大學商科畢業歷任知事警察所所長等職
第五分局局員	徐立元	二七	無錫	上海法科大學肄業歷充一師二團黨代表隊附黨會計股長團副官
第六分局局長	段起山	四〇	鎮江	高等小學校畢業曾任第五師副官緝私督巡隊長游巡隊長公安警察分署署員
第六分局局長	張　濂	三八	武進	浙江杭州赤城公學師範科畢業砂田局測量員小學教員警察教練所教員分駐所巡官公安分局巡官

直轄第一分駐所巡官	虞懷銘	四六	無錫	兩江陸軍警察學校畢業憲兵連長警察分所長縣政府總務科長等職
第七分局局長	惠志勳	四三	無錫	南洋陸軍講武堂畢業江蘇警務傳習所肄業隊官連長營長警察分所長公安分局長
第七分局巡官	黃德賢	二四	泗陽	蘇省警官學校畢業曾任崑山縣第五分局巡官
第七分局第一分駐所巡官	顧　毅	三七	無錫	中學畢業無錫警察講習所畢業小學校長敎員警察敎練所敎員
第七分局第二分駐所巡官	曾鴻勝	四四	貴州遵義	蘇省巡官學堂無錫警察敎練所畢業警察分駐所巡官公安支局局長等職
第八分局局長	盛忠信	三八	南通	南京陸軍講武堂步兵科畢業曾充隊官營長警察所所長大隊長
第八分局巡官	韓維安	二五	沛縣	江蘇省警官學校畢業曾充安徽省總司令部參謀處上尉副官蚌埠戒嚴司令部校稽查官國軍第八師司令部上尉副官
第八分局第一分駐所巡官	孫藹堂	三三	宿遷	隨營學堂畢業無錫警察敎練所畢業曾充排長公安派出巡長等職
第九分局局長	盧志廣	四〇	金壇	南洋陸軍隨營學堂警察敎練所畢業公安分駐所巡官公安支局長公安分局長
第九分局巡官	蔣　平	四〇	金壇	南洋憲兵學堂畢業憲兵隊書記公安支局雇員公安分局局員
第九分局第一分駐所巡官	王維新	三八	浙江嵊縣	浙江高等警監學校畢業歷充浙江紹興警察局科員紹興安昌警察所分所長海寧袁化警所事務員
第十分局局長	王慰祖	三三	吳縣	江蘇警察傳習所卒業警察廳書記收發員市公安局校對員收發員
第十分局巡官	谷　烈	四二	浙江永嘉	巡官講習所肄業曾充巡長保衞團團長
第十一分局局長	王廷書	二四	福建永定	廈門大學畢業歷任第十七軍政治部藝術股長軍官學校訓練處編輯代理訓練科長市政籌備處編譯員等職
第十一分局巡官	張顯元			
第十二分局局長	李磷石	二七	浙江杭縣	淞滬偵探學校畢業歷充浙江永昌警察分所長緝私營副官隊長四十一軍副

職務	姓名	年齡	籍貫	經歷
				官東北先遣軍兵站總務股股員無錫公安局督察員等職
第十二分局巡官	劉桂庭	三六	湖南湘鄉	省警察教練所畢業蘇省會警察傳習所畢業歷充副官巡官保安隊隊長浙江省防軍政治幹事江都縣公安局局員句容公安局督察員等職
第十三分局局長	劉志俊	三八	福建長樂	法政學校畢業歷充警察所長警察大隊第二中三分隊長公安第三分局局長等職
第十三分局巡官	范少章	二四	銅山	南京鍾英中學畢業公安局三等科員

無錫縣教育局工作人員一覽表 十九年二月製

姓名	職務	年齡	籍貫	經歷
陸仁壽	局長	二七	江蘇無錫	師範本科畢業曾任師範附小教員本局總務
宋泳蓀	督學	三一	江蘇無錫	師範本科畢業大學肄業曾任中小教員及教育委員
嚴仰斗	總務課主任	三六	江蘇無錫	中學畢業曾任中小學教員縣教育會常務委員
張錫昌	學校教育課主任	二八	江蘇無錫	師範本科畢業曾任小學教員教育會常務縣督學及縣黨部組織部長
沈顯芝	擴充教育課主任	三〇	江蘇無錫	師範本科畢業曾任小學教員
辛會輝	義務教育專員	三〇	江蘇無錫	師範本科畢業曾任小學教員教育會執委及教育會員
王志明	總務課文書課主任	三六	江蘇無錫	縣師範畢業曾任小學教員本局會計主任統計股主任勸學員
魏君豪	總務課會計股主任	三四	江蘇無錫	體操學校畢業曾任安溪縣政府二科科長兼會計主任
嚴穀蓀	總務課文書股員	三四	江蘇無錫	體育傳習所畢業曾任小學校長教員
范鼎仁	總務課文書股員	二一	江蘇無錫	小學畢業曾任通俗教育館職員
趙谷音	第一學區教育委員	二八	江蘇無錫	師範本科畢業曾任師範附小教員及小學校長
林以仁	第二學區教育委員	二八	江蘇無錫	師範本科畢業曾任小學教員
華洪濤	第三學區教育委員	二二	江蘇無錫	後期師範畢業曾任小學校長
華心梅	第四學區教育委員	二七	江蘇無錫	師範本科畢業曾任小學教員
陸平江	第五學區教育委員	二六	江蘇無錫	中華職業學校畢業曾任小學教員
薛仲達	第六學區教育委員	三〇	江蘇無錫	大學畢業曾任縣師教員

姓名	職務	年齡	籍貫	經歷
樂安平	第七學區教育委員	三三	江蘇無錫	工商專門及師範畢業曾任小學教員
華撫松	第八學區教育委員	三〇	江蘇無錫	師範本科畢業曾任小學教員
孫景浩	經懺捐事務處主任	四〇	江蘇無錫	陸軍學堂畢業曾任軍政界要職
周維新	總務課庶務科股員	三二	江蘇無錫	啓新學校畢業曾任文牘稽查等職
顧子靜	衛生專員	五一	江蘇無錫	理化研究會畢業曾任中小學校醫
范寶康	民衆教育促進團主任	二三	江蘇無錫	民衆教育院肄業
芮麟	民衆教育團員	二一	江蘇無錫	民衆教育院肄業
謝樹屏	民衆教育團員	二四	江蘇無錫	民衆教育院肄業
胡覺清	民衆教育團員	二四	江蘇無錫	胡氏公學畢業曾任小學教員
錢作民	民衆教育團員	二〇	江蘇無錫	初中畢業曾任小學教員

（六）無錫縣十七區公所工作人員一覽表 民國十八年十二月調製

區名	區長	助理員		
第一區公所	錢鍾亮	秦銘光	蔡介壽	
第二區公所	朱承洪	周光中	吳惠風	楊應鰲
第三區公所	張光弟	顧名秩	顧召麟	
第四區公所	朱鏡	殷輅	蔣鼎銘	
第五區公所	胡仲芳	胡驥	胡文卿	
第六區公所	蘇文彬	莊玉山	浦扶九	過仞千
第七區公所	趙鴻賓	王廷奎	楊惕平	龐翼蒼
第八區公所	杜錫楨	陳鳳昌	沈近昌	
第九區公所	蔣執中	浦怡孫	吳祖德	
第十區公所	袁詠裳	華昌熾	張祖蕃	
第十一區公所	郁映森	陸士銑	薛綬臣	錢滌生
第十二區公所	屠克强	鄒民樂	姚宗虎	楊召伯

第十三區公所	朱正心	張正行	郁鎮	乾濟時
第十四區公所	王復初	陸元君	陸瑋	
第十五區公所	袁士魁	管念闓	劉錫和	薛鶴齡
第十六區公所	張宗圻	過振卿	榮文光	賈新之
第十七區公所	楊仁溥	王廷槐	謝宗元	

（七）無錫縣各區公所行政經費總預算表

科目	全年預算數	每月概算數	備考
▲歲入經常門			
第一款各區公所收入行政經費	二一，一五五	一，七六二，九一七	
第一項舊有市鄉行政局經費	一七，三一五	一，四四二，九一七	參觀前報自治經費調查表
第二項前撥黨部之舊有自治經費	三，八四〇	三二〇	本欄就實撥各區黨部經費開列
▲歲出經常門			
第一款各區公所支出行政經費	四二，二四〇	二，六四〇	
第一項俸薪	二八，八〇〇	二，四〇〇	
第一目區長俸給	九，六〇〇	八〇〇	每區區長一人月支五十元十六區計如上數
第二目助理員薪水	一一，五二〇	九六〇	每區二人每人月支三十元
第三目僱員薪水	七，六八〇	六四〇	每區二人每人月支二十元
第二項工食	三，八四〇	三二〇	
第一目區丁工食	三，八四〇	三二〇	每區二人每人月支十元
第三項辦公費	九，六〇〇	八〇〇	
第一目辦公費	九，六〇〇	八〇〇	每區五十元
歲入歲出相抵不敷二萬一千零八十五元			

（說明）全縣十七區除一區公所經費由無錫市政籌備處直接籌撥外十六區公所行政經費遵照民財政廳五九六零號會令於十月五日召集各區長會議審督各區公所需要最低限度決定不分等級每區一律月支二百二十元共計全年總額四萬二千二百

四十元除舊有市鄉行政局經費一萬七千三百十五元悉數撥充及前撥黨部之舊有市鄉自治經費三千八百四十元一律收回外不敷二萬一千零八十五元應請由省庫撥補至關于教育建設公益慈善等事業費容依事實上之需要另呑請撥

（九）無錫縣各區鄉鎮長副姓名表 民國十八年十二月製

區別	鄉鎮別	鄉鎮長	鄉鎮副	備註
第一區	通漢鎮	孫祖烈	程文森	
			蔣漢卿	
			李君宜	
			單崇禮	
			范企彭	
			孫叔康	
			談景青	
			沈召棠	
	中東鎮	姚幹石	萬伯寅	
			繆少卿	
			胡顯明	
			浦大綸	
			李景周	
			邵蘭軒	
	倉埠鎮	許競援	洗漢晉	
			孫定海	
			季雲卿	
			華安康	
			姚永長	
			華文魁	
	通勤鎮	楊衡之	錢維賢	
			朱鑑珊	
			許松章	
			劉粹盦	
			虞拙庵	
			宣重欽	
			鄒錦泉	添周志勛
	通惠鎮	秦伯康	徐文炳	
			程友琴	
			尤鶴雲	
			邵葆楚	
			張志卿	
	西吊橋鎮	程宇明	龔吉甫	
			雷浩卿	
			任遜先	
	迎龍鎮	虞篆賢	李國章	
			程緒卿	
			錢念莪	
			凌再生	
	興隆鎮	溫晉賢	高震叔	
			張巘	

惠山鎮　陳　釗

中區一鎮　陶時冠

中區二鎮　杜樸臣

項仰斯　蓋紫蟾　徐秋衡　周鴻圖　胡培颺　蔣仲宣　高仲賢　吳永達　陳作霖　錢保稚　孫荷生　顧克昌　顧祖瑛　秦執中　顧蘭生　陶伯綬　楊履冰　曹君穆　王月樵　顧衡如　張趾卿　馬竹賢　陸翼生　張懋芳　王爾臣

中區三鎮　顧鴻志

中區四鎮　顧毓澄

中區五鎮　華雁臣

中區六鎮　王志明

秦聲潔　程仲嘉　林叔顯　馬襄卿　裘維琳　陸炳緯　王淇卿　鄧以權　徐堅庭　王廷槐　鄒克如　胡季高　竇慕儀　范雲章　侯敬輿　秦秉衡　秦翔高　袁聲廷　鮑樹安　韓耀堂　高立新　王景暉　唐鳳臺　丁荷生　楊壽梧

唐星海
戈子才
王煥章
王海濤
周梅坡
張星仲
周　駿

中區七鎮　王韻樓

楊潛蓀
陳晉珊
徐朗文
楊景威
陸竹安
朱仲逵
徐漸吉
沈用舟
過如生
胡茲儁

中區八鎮　嚴仰斗

藍仲和
唐經國
徐湘文
秦亮工
吳士楞
丁黼臣
吳玉書
劉九淩

徐建伯
周衡伯

北閘鎮　陳鴻藻

王頌聲
蔡慰農
單念澄
廉建中
王楨卿
馬浩生
楊鳴之

北塘東鎮　趙　燮

周蔭庭
李硯臣
張之彥
張勉之
沈振夏
蔡有定

北塘西鎮　蔡吉暉

過仰蘋
李棟珊
糜俊千
胡惠吉
張朗如
周求一

梨莊鎮　陳品三

季雲初
周致和
張潤伯

惠商鎮　周蘭亭

尤子訓

五河鄉 朱憲文
長街鎮 胡桐蓀
清名鎮 龐安國
黃沌鎮 江祖岷

王依仁
陳金奎
周鳳翔
朱鳳翔
毛錦森
秦柳芳
華耀賓
鄧伯安
吳鴻翔
莊鳳岡
邵琴舫
黃衡岩
莫星伴
唐文煥
黃 圻
陳少雲
史秉章
邵莘樂
華壽昌
王仲翔
陶鑑衡
陳士錦
王叔文
江鍾英
胡子丹

下塘鎮 曹朗西
伯瀆鎮 岳錫光
大窰鄉 邱伯英
熙春鎮 華純安
井亭鎮 孫仰周

江鏡初
江芥甫
龐爾培
周逸清
許綬培
殷養志
童軼羣
劉彥威
陸憲章
朱純如
馮景山
黃仲明
劉洪坤
劉叔良
李季臯
黃伯英
唐蘭庭
曹達甫
周翼庭
王裕懷
朱士榮
華 勉
章榮齋
錢秉彝
汪子香

鎮鄉	鎮鄉長	鎮鄉副
		唐振漢
		馮國樑
		楊仲臯
		尤蕚輝
		楊培峯
		潘錦山
		李丕顯
		吳玉泉
		汪振欽
尤渡鄉	馬順良	吳子和
大橋鎮	繆棟臣	吳少之
		單紹聞
		方孟樓
		許子辰
		石清麟
		陳仲英
		張森如
長安鎮	宣俊侯	鄒頌範
		趙章吉
		蔣東孚
		徐叔豪

小計　三十一鎮　鎮長三十一人　鎮副二百零一人
　　　三　鄉　鄉長三人　鄉副十二人

第二區

鎮鄉	鎮鄉長	鎮鄉副
江溪橋鎮	楊榮棠	王文炳
北方前鎮	倪寶瑩	高光榮
天一鄉	虞正芳	許閏泉
		榮光烈
		謝鳳鑣
		吳金桂
		謝榮泉
		章勝林
		管范季
		楊仲臯
江陂鄉	楊榮奎	林俊卿
		邵德初
		陳鑑芳
		沈裕德
		朱少甫
潮音鄉	胡魯清	許翼初
		魏福宜
		周仁山
		周廷祥
		李雲山
		周鴻昇
		許廷奎
		陳翼清
前旺鄉	朱秀谷	吳炳榮
		張蔚文
		朱承淵
黃巷鄉	周肇昌	黃鶴雲

南徐鄉 朱憲文
黃泥頭鄉 湯志忠
柏木橋鄉 孟養素
九里鄉 蔣士魁
陶典橋鄉 黃國鏞

朱鳳翔 馮耀壘 吳漱芬 陳錦文 朱聚斌 孫洪祥 王文明 湯廣昌 朱廣臣 朱紹歧 毛子文 徐蘭亭 過晉奎 華耕陽 嚴廷華 過志憲 孟養和 蔣正庭 俞甫元 蔣士秀 許根記 毛芸山 張庭華 卞泉根 張玉田

西莊鄉 潘鳳錦
珠璣鄉 周逸亭
墩上鄉 楊秉卿
冷濱鄉 苗仁鏡
堠陽鄉 華厚生
下甸橋鄉 沈慕椿
吳蔣伯瀆鄉 朱永章

任子彥 韓永亮 楊萬鎰 朱士茂 陳元吉 沈寶珩 張盤生 蘇錦昌 楊鑑珊 黃桂榮 華用伯 莫雲亭 吳金元 倪順金 倪任元 范繼善 郭慕元 劉山 陳耀煜 朱景清 陳恆德 沈俊塔 陳鶴鳴 奚薪田 馬伯均 吳憲玉

坊前鄉　倪振亞
欽家里鄉　欽念修
岫雲虹橋鄉　倪嘉猷
鮑廟橋鄉　鮑和齋
搖金鄉　蔡慕穎
周塗壙下鄉　吳竹君
周涇德珠鄉周文斌
白吐橋鄉　周大綱

吳祖德
蔣從道
蔣金發
朱望帆
鄒少厚
倪迷業
章廷英
馮雲泉
欽憲章
尤俊山
戴伯均
鮑光釗
謝雲山
楊愛初
王少甫
過兆禎
華倫祥
嚴禹政
諸少山
汪士奎
晝謨鑣
章萬選
周榮山
貲鴻齋
周功修

西宅華莊鄉　鄒均濟
小章家橋鄉張光磊
小計
二鎮　鎮長二人　鎮副二人
二十七鄉　鄉長二十七人　鄉副一百十人

第三區

南橋鎮　于義庭
新周鎮　何迷侯
夏家鎮　顧積慶
大聖鄉　鮑萬鍔
尙德鄉　張錫瑞
王蔣鄉　蔣紹曾
陳高鄉　陸漢卿

周永彬
周雲章
吳福齋
凌元祥
史逸亭
鄒爵鳴
鄒煥之
孫莘農
張仲篪
查錦芳
陳旭明
楊俊德
周季平
馮秀卿
宣雲伯
王九如
顧培之
吳順法
周殿雲
張粹甫
吳燮根
王梅春
陳瑞賓

		蔣瑞芳
		蔣銘勳
水房鄉	尤子亭	黃少卿
武陵鄉	胡怡卿	蔣秉之
		袁兆元
		馬秀芳
大字鄉	張德和	唐洪範
		袁錦泰
		華根基
許謝鄉	韓文泰	許耀清
運石鄉	袁祖華	厲子培
		薛湧泉
懷仁鄉	錢可介	錢雲九
		張金榮
文德鄉	莊鳳梧	周玉泉
		許鳳竹
塘門鄉	張頌南	顧厚卿
		張丕基
		顧廷芳
		陸秋祥
三寶鄉	王星臺	王晉三
		周蘭齋
蘇平鄉	馮迷章	袁鵬契
		袁玉祥
		邱道章

		邱俠子
渲東鄉	袁榮範	任衡森
		顧士燮
		張俊祥
寶積鄉	周鳳岐	周壽山
		宣錫麟
楊園鄉	顧錫祥	俞淞庭
青祁鄉	王堯臣	虞志卿
		沈景華
		朱達甫
		許耘仙
		胡季卿
盛北鄉	馮旭高	王雲山
		張旭初
蠡東鄉	陸月全	莊契鳴
		史金川
敢字鄉	于德祖	于光春
		張植甫
經城鄉	何仲岡	胡士達
		周和源
		周金奎
望溪鄉	陶耀庭	張秀方
		楊文秀
耕讀鄉	馮傑搴	榮　初
		范贊臣

潔上鄉 陸平階 邵敬齋
潔下鄉 王錫祚 王錫綬
圩田鄉 陳錫周 陳春圃
屠寶善
潘婆鄉 顧盤元 姚根福
錢應生
蘆廂鄉 許仁昌 張笙海
曹王鄉 惠國南 許裕銓
錢旭昇
張涇鄉 華鴻臯 戴達三
楊新鄉 鄒雲翔 王佐良
長旺鄉 許錫彥 吳鈺釗
楊南鄉 邵子良 吳菊亭
蘇子軒

小計 三鎮 三十四鄉 鎮長三人 鄉長卅四人 鎮副七人 鄉副七十一人

第四區 榮巷鎮 榮梅春 榮西城
榮子俊
榮泉鰲
徐葆泉
徐巷鎮 周伯鈞 朱煥卿
徐廷櫟
錢橋鎮 王維一 毛良
許士英
藕塘橋鎮 王紹庭 胡文鏞

仙蠡師 吳祖道 徐伯平
朱錦春
馮浩溪
周張鄉 蔣盤金 張富貴
李錦庭
余巷鄉 謝震卿 王錦昌
王子才
孫蔣鄉 孫盤泰 孫國貞
河埒口東鄉 徐崇良 蘇國祥
青燦鄉 蔣行潔 孫榮昌
河埒口西鄉 蔣惠榮 丁長福
丁巷鄉 趙永錫 丁榮元
錢張鄉 丁錫龍 張金大
張陸鄉 張秋園 陸錫昌
大地鄉 郁梅根 曹學文
大小渲鄉 都汝欽 任子潛
任卓羣
朱祥鄉 朱賓生 陳炳康
鎮山鄉 俞培泰 侯書法
陸和林
西管社鄉 姚燦賡 朱雲生
青韓山鄉 查根培 張樹坤
孔山鄉 賈進法 丁和尚
石埠鄉 邵少棠 秦晉和
嚴家棚鄉 田俊甫 盛近三

蕩河鄉　談祖懋　孫叙安
惠北鄉　周景輝　盛錦裕
李燮元
石門鄉　周煥章　張裕寬
大支鄉　章烈昕　龔成榮
夏廣鄉　龔月溪　顧廣人
張子達
景麗鄉　吳炳泰　厲彥威
東濟鄉　許少慶　徐志義
陸士棟
莫塘橋鄉　薛仲達　俞錫芳
計耀祥
居仕鄉　吳伯麒　足鶴九
溪山鄉　龔斗華　費仲良
龔　揆
水渠鄉　馮孝全　馮雲生
管濱鄉　王子俟　張鑫魁
三塘鄉　沈裕齋　沈錫泉

小計　四鎮　鎮長　四人　鎮副　十八人
　　　卅二鄉　鄉長卅二人　鄉副四十二人

第五區　村前鄉　胡寶三　劉坤泉
胡正霞
胡振千
胡守真
倉橋鄉　朱叔氏　衛振安
朱龍章
朱仲芬
朱安定
劉巷鄉　劉佩忠　周鳳俊
顧贊廷
六堡裏鄉　尤學周　繆雲程
尤禮康
楊巷鄉　陳養泉　欽靖和
陳錫本
陳叔和
欽鳳鶴
陳雲桂
胡家渡鄉　胡景賢　胡福祥
胡紀芳
高田上鄉　胡愛仁　談家駿
胡邦彥
許巷鄉　高樹勇　奚超倫
周家珍
許紫山
麻祁鄉　張仲甫　王世英
許雲鶴
戴圻鄉　高慰初　沈叙林
高寅初
毛巷鄉　顧子安　林耀祖
胡巷鄉　胡慕陶　胡廷榮

長崗鄉	高耀發	高恆裕
		吳湧根
黃巷鄉	黃仲英	戴念春
		李寶初
新塘里鄉	吳壽康	吳漢耀
		吳孟安
觀前頭鄉	唐忠廷	姚錫和
		馮克明
		沈友忠
		唐志達
城塘鄉	嚴雲岐	黃錦珊
		方盤全
		邵榮喜
姑裏邵巷鄉	邵鳳泉	邵文信
姑裏朱巷鄉	尤茂廷	朱耀庭
		陳耀庭
劉家宕鄉	張壽眉	張文同
		蘇紀保
		劉洪根
王家宕鄉	錢永華	林振卿
		錢基成
大胡巷鄉	胡伯安	胡伯賢
松埄裏鄉	薛鳳朝	過仁金
		陳鳳清
旺莊鄉	陸聖容	浦漁仙
牌樓下鄉	許秉鈞	尤省三
橫街上鄉	華逸雲	高順基
		周仁喜
龍塘岸鄉	嚴仲勛	任鴻才
		朱顯庭
		任世昌
		顧文海
瓦屑濱鄉	戈子才	金榮泰
		胡鶴臯
界涇圩鄉	邱夢吉	邱汝霖
		時德良
堰橋鎮	范平伯	胡惠卿
		胡子繼
		華梅軒
		呂漢璋
		胡文卿
		范博載
寺頭鎮	楊祖勳	楊頌珊
		楊鶴甫
		楊幹勳
		楊頌九
張村鎮	唐念奎	陳錫椿
		朱惠亭
		徐伯春
尤家埧鎮	蔣嘉猷	尤冠羣

鎮鄉	鎮長	副鎮長
		尤曜青
		劉念先
		周渭川
陳家橋鎮	顧鳳岡	朱仲齋
		吳一清
		毛永修
長安橋鎮	繆近山	季叔明
		夏菊皋
泰安鎮	胡曾三	莊篤平
		吳念祖
陡門橋鎮	王素鳳	王干城
小計 鎮八 鄉廿九	鎮長八人 鄉長廿九人	鎮副廿五人 鄉副六十六人
第六區		
毛巷鎮	蘇麟祥	蔣廣銓
		嚴仲英
劉潭橋鎮	高士楨	府楚寶
		姚省三
		黃隆義
		尤文化
		林培方
塘頭鎮	楊寬	范金福
東北塘鎮	王浩達	彰心鶴
		顧召麟
八士橋鎮	過學綸	過有土
		過應庚

鎮鄉	鎮長	副鎮長
		過仲丹
長安橋鎮	季範卿	季惠甫
		鄧九皋
巡橋鄉	馬錫如	姚俊三
		許耀茂
岸底鄉	蔣叙昌	鄭根香
		虞洪彥
莊陳鄉	莊玉山	陸元興
		林雲山
		蔡浩正
		王全根
		陳洪甫
南塘頭鄉	任士芳	沈茂德
		周文彩
高長岸鄉	顧國祥	陳雍兆
師古鄉	陸子良	葛瑞豐
		歐根桂
		劉茂紀
朱巷鄉	朱友梅	尤雲秋
		顧餘泉
下旺鄉	袁塘和	于惠棨
嚴埭鄉	孟志賢	張鈺庭
		錢子青
錢鄉	錢江德	高杏根
		王金桂

大馬巷鄉	王戒三	馬子惇 黨茂榮
毛梓橋鄉	顧繩可	過　奎 顧祖基 過鏡清
妙市頭鄉	過玉如	過晉臣 陸景榮 許雲軒
平家渡鄉	潘葉周	平春寶 平金大
寺莊鄉	平梅生	丁金福 劉宗衡
俞杭橋鄉	周鶴卿	沈嘉樂 朱茂坤
南水渠鄉	顧永德	謝梅春
蓉麓鄉	過子厚	楊坤全 李根寶 陳鳳歧
孫巷鄉	孫飛卿	王厚甫 黃根昌
宋巷鄉	宋紹禎	王紀仁 李映昌
胡巷鄉	胡鶴鳴	張菊梅 江惠林 張蕙田
石家濱鄉	華梅章	華圖芳 華雲龍
上舍鄉	華禮堂	陳志和 顧正甫
西園鄉	陸獻庭	陸紀培 錢福太
古莊鄉	王伯周	鄧浩遇 李光裕
西大房鄉	辛仰周	黃培之 辛裁臣 黃鳴九
斗南鄉	廉葆良	姚裕德
斗北鄉	徐執三	陸翼氏 陸時行 華茂學 蔣金寶
東房橋鄉	陸子貞	陸長清 李錫文 陸品如 袁泉根 羅四官
玫麗鄉	蔣歐蓀	費紹馨 吳希麟 浦子儀
小計　六鎮 三十鄉	鎮長六人 鄉長三十人	鎮副十六人 鄉副七十八人

第七區

張涇橋鎮　顧凌雲

陳墅鎮　姚景萊

黃土塘鎮　蔣伯森

東湖塘鎮　吳壽萱

八士橋鎮　過子偉

寨門鎮　嚴重儒

王季雲　顧勤庵　顧耀新　陸志先　周子翔　周守仁　郭益基　姚誦游　姚璞如　孫慰霖　姚心葵　周養才　蔣振夏　徐吉甫　嚴松山　吳如馨　朱彬如　吳梅修　過臣銓　過新三　過念慈　過秉鈞　劉仲軒　嚴進友　徐錦如

王莊鎮　須德懷

張繆舍鄉　周翰臣

五房莊鄉　張雲帆

須東莊鄉　須夔龍

楊家莊鄉　楊作琴

戴巷鄉　戴淦泉

楊樹下鄉　孫季康

徐樹谷　朱葆泉　須德輝　吳　灝　須載濤　周容如　蔣品珍　虞若章　周仲良　虞效良　陳宗順　王勝籌　須仲丹　馮順清　須位和　張瑞炳　任芝庭　戴瑞椿　顧範森　戴蕉屏　蔣春泉　華杏堦　周文耀　浦森淇　婁二寶

讓村鄉　顧惠亭

湯村鄉　顧子堂

東莊鄉　張子良

雙涇橋鄉　周宗蕩

張巷鄉　張長春

滸村鄉　徐燮和

孫小山　吳竹村　惠寶和　浦天林　吳金生　王裕亭　沈文梅　陳熙賢　陳錫侯　宋寶球　孫文忠　孫宏良　王寶慶　李福全　周鑑文　朱根寶　陳聚齋　朱寶林　包俊岐　蔣復根　蔣茂根　夏錦初　徐鳴臯　陳傳臣　華炳奎

單家巷鄉　徐耀文

陳家橋鄉　徐植卿

賣酒巷鄉　孫志成

港下鄉　王英北

鵞湖鄉　沈聚龍

戴店鄉　顧協如

大通橋鄉　陳頌先

徐貢球　單大鈞　陳伯萱　單漢亭　錢士青　徐孟山　山培全　孫志安　陳惠卿　王自省　張藹輝　胡聚新　孫壽山　沈瑞風　丁公羲　王虎文　馮承福　鄧子良　陸子蕩　浦鍾英　顧景中　陳榮根　吳秀璋　孫庭鈺　陳福根

鄉鎮	鄉鎮長	鄉鎮副
三塲橋鄉	趙持九	趙秉輝
		趙克庭
		陸嘉寶
下莊鄉	蔡金生	周其康
		蔡寶坤
嚴家裏鄉	蕭進寶	駱祖林
		唐勝南
		駱寶根
長濱河鄉	王志和	徐錦龍
		王宗益
		周靜山
		陳培千
蕭家塲鄉	須滌塵	須同亭
		王義生
		楊保興
		周魯言
小計 七鎮 廿四鄉	鎮長七人 鄉長廿四人	鎮副卅人 鄉副八十九人

第八區

鄉鎮	鄉鎮長	鄉鎮副
羊尖鎮	陳泰寶	蔡緒伯
		顧俊秀
		陳恩榮
		瞿裕明
		殷紹棠
		顧炳齋
		瞿藕腸
廊下鎮	俞元吉	諸葛才良
		計培鈺
		顧國良
嚴家橋鎮	李聘珍	包維新
		蔣惠繁
		周炳石
		周友德
		朱若汀
		劉維賢
		張洪昌
		程元熙
		程綬卿
安鎮鎮	黃君與	張漱石
		安達初
		汪靜山
		安友梅
		邵芝珊
		王甫平
		安茂椿
		孫茂椿
		張文蓀
		孫仲暉
與塘鎮	范浩英	畢錫華
		包漢俊
		虞耀德

范魯
楊亭鎮　諸季瞻　諸穎東
諸仲芬
高逸卿
陸仲恂
朱錫根
鄧子銑
三房廊下鄉　顧仲芳　顧伯康
旺四鄉　張學儒　錢鳳彥
顧祖德
浦巷鄉　浦杭石　蔡瑞馨
南橋鄉　周元齡　毛鳳麟
陸俊德
蠡橋鄉　戴翊九　馬根生
喬巷鄉　喬魯瞻　周近義
周保滋
喬士敏
柳家橋鄉　柳寬楓　計永賢
尤歧山
柳安小郁
上山鄉　朱淞平　朱景賢
園村鄉　顧仲梅　俞仲彬
嚴屏翰
顧巷鄉　杜耀文　杜耀宗
陸明達

梅里鄉　浦元德　陳懋森
司馬月峯
吳仲容
陸家莊鄉　陸鴻文　王藹如
鴨城橋鄉　朱懋先　朱子亭
錢家莊鄉　闕重光　高坤榮
華純安
長大廈鄉　倪培鶴　陸鳴歧
吳月丹
倪明秀
倪懋安
淡村鄉　李月齊　萬廷祥
倉下鄉　陳韶九　張竹如
沈泰來
席圻鄉　鄧源發　同念祖
王叔平
許耀宣
楊效卿
王效良
陳巷鄉　沈斗南　浦協卿
板橋鄉　徐衡初　顧紹基
潭塘鄉　王永昌　顧石麟
諸殿卿
安友梅
張棣籌

戴馬巷鄉　馬秀臣　馬小根

小洋　六鎮　鎮長六人　鎮副卅九人
　　　廿二鄉　鄉長廿二人　鄉副四十四人

第九區　厚橋鎮　浦維周　王錫堂
浦怡孫
讓橋鎮　陳紹梁　談庭梓
浦文卿
東橋鎮　華楚蘭　華鳴九
華硯雲
厚北鄉　陳　蔚　毛季元
周曉山
塘西鄉　呂雲翔　呂齊初
石寶山鄉　浦南圭　浦逸匡
安吉鄉　浦文錦　浦若舟
浦雲橋
西莊鄉　華錦帆　王振綱
華錫榮
北錢鄉　錢南芬　華秀夫
丁蓬森
陳繼興
東浜鄉　華國梁　尤任庠
顧根全
謝埭鄉　滕植之　滕鶴亭
滕譽之
漁樂鄉　浦再庭　浦鳳標

王淞溪
曹墓鄉　周鶴生　徐子明
浦鶴鳴
安樂鄉　張渭川　金福興
倪俊卿
太東鄉　顧伯偉　錢錫錦
馬根福
太平鄉　繆學洵　馮宗英
馮宗才
芙南鄉　安汝舟　陸俊明
芙蓉鄉　安玉章　陳晉康
安鶴羣
陳錦堂
中安鄉　華煥文　呂子英
盤龍鄉　陳蘭雲　王廷菊
王錦廷
嵩山鄉　許元吉　陸雲周
國安鄉　相明萬　司馬桂森
泰安鄉　費恂如　夏紹宗
氏安鄉　王耀奎　胡鶴雲
鞋山鄉　瞿子明　周文寶

小計　三鎮　鎮長三人　鎮副六人
　　　廿二鄉　鄉長廿二人　鄉副卅七人

第十區　東亭鎮　華應彤　丁紹廣
陳允若

鎮鄉	鎮長/鄉長	副
		華慕先
		程文耀
		張鶴生
		過耀芬
查家橋鎮	錢 慧	周俊昶
		馮孟安
		錢壽康
梅村鎮	陳自强	陳亮卿
		毛省三
		張晉馨
		劉惠卿
西倉鎮	蔡宗元	蔡鴻鈞
		蔡遂初
福莊鄉	胡彥人	胡念萱
		孫勝元
新瀆鄉	余寶綸	陳葆如
		陳翔安
滕昌鄉	陶涵如	陶步青
		薛福堉
		周峻高
壽芝鄉	華贊梅	華仁全
		陳治先
		華鳳儀
三錢鄉	錢慕廉	王有衡
蠡有鄉	周祖歧	周竹亭
		陳金龍
石埭橋鄉	周志航	徐佩歧
		華仲穆
		陸乾初
西園鄉	王元濤	陸仲安
		錢鍾唐
		錢麟珊
東周鄉	周世泰	周步雲
		陳攀先
		朱培根
石城鄉	鄭熙良	王佐庭
陳堰鄉	陳鳳威	陳建樞
		陳子賢
水渠鄉	秦振滄	秦鳳梧
		胡浩文
周祥鄉	珊徐贛	周煜奎
蠡新鄉	蔡倬卿	高裕昌
堰頭鄉	蔡國均	高浩齋
		王鳳祥
		蔡培福
版村鄉	司馬南雲	蔚駿範
		顧望左
小計 四鎮十六鄉	鎮長四人 鄉長十六人	鎮副十五人 鄉副卅四人
第十一區 蕩口鎮	華子唯	華淵如

甘露鎮　章子瞻
鴻聲里鎮　憩伯圭
茅塘橋鎮　王養源

須沛若　華喦平　陳文龍　華覲芹　黄冠蘭　華祝萱　華幼帆　殷貽谷　顧之鵬　朱劍平　華心梅　華祖康　程國琛　薛西翰　錢　南　吳念生　錢平之　鄒少山　錢壓源　朱道南　俞志學　蓋春企　華廷爵　濮源深　黄子卿

南錢鎮　周豹元
廟庵鄉　華德修
甘西鄉　華祖祥
汝上鄉　滕元一
榮灣鄉　華錫卿
湖橋鄉　華亞傑
蔡橋鄉　朱芹賢
城南鄉　薛綬臣
茅莊鄉　朱鼎臣
繆家衖鄉　陳士卿
夏蓮鄉　錢頌嘏

周錫圭　周鏡蓉　周思橋　華鳴初　强堯祖　華耀庠　滕元白　滕鴻溪　華友樵　華大綱　華希文　華勁伯　薛省卿　薛福亭　張芹如　錢振生　薛郜良　朱載岳　朱斌臣　張念萱　陳耀明　錢廷富　錢歆俎　錢逢康　姚玉書

鄉鎮	鄉鎮長	鄉鎮副
		錢劍虹
雙河鄉	曹炳寰	錢仁本
		喻雪香
		錢鳳鳴
		強耕福
馬橋鄉	錢宗藩	錢伯良
		錢庭芝
		錢宗法
		薛明石
小橋頭鄉	華古亭	王錦亭
南巷鄉	華梅溪	黃儀卿
聖祥鄉	程毓才	程季玉
黃家王鄉	黃孝同	黃伯卿
中村鄉	王國章	戴春泉
		華仁美
荻澤鄉	曹念岵	王紹棨
界涇鄉	王燦卿	王惠鑫
		王文瀾
		華心培
蘇舍鄉	張慶臣	吳炳南
		華益庭
福華鄉	周正言	華簫鈞
		楊鳳伯
黃塘鄉	徐省吾	朱燦文
		楊穎伯
		華學達
楊安鄉	唐國楨	周嘉梅
沙涇鄉	朱伯銘	俞鳳麟
張媽鄉	曹湘汀	陸成志
老巷鄉	華孟卿	蔡麒生
張塘鄉	蔡省三	錢春山
		華倬雲
小計　五鎮 廿七鄉	鎮長五人 鄉長廿七人	鎮副二十九人 鄉副五十四人
第十二區　坊橋鎮	張麟閣	鄒選之
		朱炳南
		吳銘竹
		鄒啓濟
后宅鎮	鄒民樂	鄒鍾期
		鄒偉人
		鄒泰來
		鄒世元
大牆門鎮	楊亦超	畢顯郊
		楊載臣
		費鴻泉
		顧春梅
板房鄉	王德生	王　畿
		陶菊香
瞻橋鄉	王衡之	王鈞培
		王春泉

第一回無錫年鑑

馬鐵鄉	張嘉勳	鄒鴻聲 張嘉德
桐橋鄉	鄒志南	董雲標 鄒壽根 鄭嘉富 吳興梅
省口鄉	邵玉平	唐文藻 邵靜妙 許祺榮
向南鄉	周庠	周鈺 錢源
蕩北鄉	周祖蔭	周潤身 趙稷臣 王文英
石家鄉	吳繼祥	沈鴻 張禎祥 鄒鑑清
北莊鄉	鄒心卓	金時中 鄒子潤
曹渡鄉	曹頌美	曹應昌 陳季庭 沈紀生
黃家鄉	華貞三	黃湧泉 華文卿
陸更鄉	陸韻梅	朱冠倫
金娥鄉	鄒壽衡	朱子楨 陸良甫 鄒鳳楣 楊交泰
大許鄉	顧毓麟	顧頌賢 方雲祥
南河鄉	顧若琴	楊燦峯 毛鳳儀 顧挹清
東塔鄉	畢紹裘	方嘯聲 方云藻 沈介倫
唐莊鄉	陸宗游	朱蕙芬 陸鍾英
碩望鄉	黃啓唐	方伯平 黃璞山 方進益 黃康候
竹橋鄉	鄒叔道	朱銘蘭 翁心畬
泗水鄉	畢道南	淩雲聲 淩翔雲
住基鄉	顧瞻岵	方德新 顧鳴鶴
西宅鄉	鄒希魯	鄒蔭栴

廷蔭
鄒　壁
棋杆鄉　鄒建侯　白雲春
鄒文楹
高田鄉　萬國柱　陳光點
謝鳳山
太平鄉　黃菊初　周大魁
謝廷章
觀莊鄉　萬穀人　王友松
王兆先
錢頌章
漊金鄉　呂培清　周士綱
唐啓益
周啓雲
楊繼臣
秦村鄉　何　銘　何宗棠
翁齊賢
何載賢
翁振中
薛店鄉　翁景祜　黃恆初
翁春苑
張蘭春
香涇鄉　張學曾　章志放
華峻丈
趙孟安

福塘鄉　華松濤　華文奎
鄒載峯
周憲庭
泉溪鄉　呂益三　陳履祥
華錦山
荆村鄉　陳嘉謨　呂鶴羣
朱錫範
小計　三鎮　鎮長三人　鎮副十二人
卅三鄉　鄉鄉卅三人　鄉副八十六人
第十三區　華大房鎮　沈明甫　沈厥昌
沈鶴秋
王志揚
新安鎮　鄒逐初　鄒志道
王旭初
太平鄉　范晉紳　朱錦芳
周梅秀
袁文奎
旺安鄉　華昌章　戴叙慶
落霞鄉　謝晉藩　何文奎
張巷鄉　張季青　華錦珊
闕宇鄉　闕伯英　華曉雲
闕汝雲
梢涇鄉　杜少谷　黃永芳
蠡東鄉　沈鴻茂　朱鳳韶
蠡楊維鄉　謝世培　陳鳳翔

鄉名	鄉長	鄉副
蠡西鄉	高維岳	郁文祥
		鄭廣昌
麵杖鄉	吳萬育	吳雲輝
延齡鄉	鄧紫軒	孟叔英
		吳元鳳
		陳萬象
沈瀆鄉	廉孟熙	唐正鏞
		白近智
小溪鄉	張松鶴	張莘耕
		俞仲英
龔巷鄉	龔德安	丁品齊
曹墩鄉	浦瑞珍	李德仁
曹澤鄉	浦啓東	糜子青
鎮東鄉	王士信	張耀庚
		楊紹麓
鎮西鄉	惠　桐	謝逸清
		俞文英
橫涇鄉	翁茂齋	唐秀山
		鄒伯君
柱石鄉	張固生	張仲先
		毛文祥
		戴永清
		馬仰之
南倉鄉	徐子仁	惠鳴時
溪東鄉	王鶴歧	王峻茂
溪西鄉	張鴻法	王寶銤
淨慧鄉	韓達先	府耀庭
		周樸齋
莊橋鄉	陸鴻儒	陸仁甫
同善鄉	袁福堂	袁子範
		趙仲蓮
廟橋鄉	蔣廷福	周鳴鳳
南糜鄉	糜宗廉	徐文榮
		王炳麟
南壤鄉	錢士賓	周子甫
嘉禾鄉	倪蘊甫	錢冠羣
		孟善昌
毛文鄉	錢光照	楊書泉
		張伯倫
石基鄉	錢覺先	錢步盈
		錢雲軒
周潭橋鄉	宋祖德	宋學殷
		宋祖濂
河潭鄉	陸梅坡	陸廷範
席家鄉	林鍾秀	惠錫麟
		張洪仁
模範鄉	翁聯紀	李世瀅
小計　二鎮	鎮長二人	鎮副五人
卅六鄉	鄉長卅六人	鄉副五十八人
第十四區　周潭橋鎮	王復旦	金象賢

吳塘門鎮　陸筱槎
石塘鎮　殷秉之
方橋南鎮　周景華
方橋北鎮　沈雲陞

張仁愷
奚子華
高鳳威
陸允若
吳可徵
芮惕三
周星槎
浦德雲
華良洲
郭鳳鳴
周裕泰
趙湧泉
李耀齋
袁聖寶
曹子和
丁叙昌
浦浩泉
陶志潛
浦望檜
袁祖植
楊渭卿
周冠卿
周仲海
沈瑞洲
王振聲

板橋西鎮　朱蔭章
板橋東鎮　張永康
葛埭橋鎮　董士倫
許舍鎮　陸志超
南方泉鎮　王植三

沈子瑜
邵繩祖
顧蒔青
陸星亮
全志成
朱世仁
朱宮柏
朱永慶
朱迷會
朱國楨
丁元超
顧漢卿
董星元
胡耀泉
曹介福
董耀德
董叔和
許廷良
劉全久
宋情軒
戴羊寶
周源益
陸鳳池
王明卿
陸士良

蕭楊巷鎮 高鴻福
裕村庵鄉 董鳳翰
石巷鄉 王任泉
五雲山鄉 王干城
山裏張巷鄉江孟青
羊祈鄉 時元卿
羊鐵巷鄉 殷鑑青

莊紹光 張少瑜 董佩玉 許耀祖 顧佑生 蕭濟康 董鴻賓 董佑青 陸以信 董亦林 顧佚千 石中和 夏仁林 邵松齡 杭廷樑 顧杏林 孫保琳 葉錦標 孫經畬 薛仲秀 張念祖 沈顯之 許士榮 曹裕昌 王漢章

漆塘鄉 王敏如
路耿下鄉 薛雲淞
橫山鄉 蕭艾臣
後洪鄉 王鳳瑞
中南鄉 張友三
大浮鄉 顧繼臯

張惠德 張錫卿 沈福生 蕭祥生 沈文學 蕭滌如 薛禎祥 杜國標 錢道平 顧鴻沼 鮑少瑜 顧達祖

小計 十八鎮 鎮長十八人 鎮副五十五人
十三鄉 鄉長十三人 鄉副卅三人

第十五區

蓮蓉鎮 華詰人
與隆鄉 周武臣
前州鎮 唐汝文

華家豹 高鴻疇 劉炳奎 華子才 楚錫培 俞乃章 唐汝翼 唐 灼 華 恭 沈雲祥 唐子振

秦巷鎮　秦蕙泉

玉祁鎮　李　汝

禮社鎮　薛景暄

南雙廟鎮　楊維藩

北新橋鎮　管簡棨

唐炳義
華子望
倪志仁
倪瑞章
梁守一
蔣博文
秦鳳生
陳岳峯
唐榮根
章翔鶴
魏鶴賓
蕭增華
丁春軒
華春培
薛紀秋
薛旭輝
薛　淦
薛克勤
薛勤學
薛養中
唐錦文
李湧根
徐鏡清
强渭生
范成美

石溪鄉　杜汝常

高溪鄉　高文明

崇義鄉　華桂芳

蠖溪鄉　朱朝祥

三港鄉　吳昌茂

浮舟鄉　顧秉美

甘科鄉　顧淦泉

七寶鄉　顧鶴山

七寶鄉　陳寶綸

葉溪仁
高胖元
朱鳳翔
朱福基
華占熊
崔繩祖
鄧同康
楊紀棨
季月明
顧鳳儀
顧仁金
余汝梅
余錦學
馮杏芳
孫錦標
馮玉煥
顧研耕
徐杏甫
丁根宜
蔣芳洲
朱濟川
郁秉堅
唐汝常
華雲洲
馮祖綬

蓉湖鄉　俞文廣
道生鄉　季敬德
溪村鄉　孫子香
東村鄉　沈明毅
慕環鄉　吳珏生
拓塘鄉　沈尚志
中西瀾鄉　張元朗

陳維屏　周祥生　俞汝霖　王宗瀚　張庭榮　唐鶴亭　俞行志　戴宗德　孫錫良　戴植先　沈海泉　陳如林　韋祥根　周會平　吳若均　任子良　張如根　沈浩吉　任克明　陸產林　孫春泉　湯又新　丁秉銓　張伯韻　孫鳳來

劉莊鄉　劉錫甫
新橋鄉　糜浚宜
魏家宕鄉　魏永泉
西瀾鄉　顧泰生
齊家社鄉　殷柏森
湖濱鄉　吳承烈
黃泥壩鄉　錢永景
橋西鄉　强梅春
橋東鄉　濮承業
下場頭鄉　張翰生

劉浩根　劉元釗　曹詠春　曹仲選　魏鶴泉　秦肅瀛　張載坤　殷仕俊　殷龍泉　吳贊廷　吳翊廷　吳子廷　吳清根　馮子鑑　彭曜丙　錢國先　周鳳彬　馮湧煥　朱仲倫　陸子良　張宜寶　王仁廷　張松照　馬蓴初　楊泉甫

強榮生
花渡里鄉　沈仁生　葛金喜
北莊鄉　薛　鑑　沈景銓
朱培松
東安鄉　吳志超　張　泉
馬人鑑
朱經甫
小計　七鎮　鎮長　七人　鎮副　三十人
三十鄉　鄉長三十人　鄉副八十三人
第十六區　石塘灣鎮　孫亮初　張其銘
孫浩泉
孫簡齋
張睟華
洛社鎮　劉邦彥　楊兆貴
楊丕章
陳渭泉
馮君毅
張鎮橋鎮　黃　熙　黃昌業
蕩莊鎮　楊福臻　楊祖承
楊墅園鎮　錢念向　錢家楨
錢君石
陡門鄉　徐學泉　錢秀華
惠子卿
李裕和
李宏昌

薛仲謨
戴秀產
區東鄉　倪尙志　蕭友廷
莊文彬
沈金春
孫仲康
新建鄉　陳琴南　許衛道
蔣仁保
唐維慶
陳福生
鄧松林
萬壽鄉　周志先　邵浩榮
孫克長
周子裕
華子輝
張煥文
李秀芳
鄭敏夫
李兆均
王詠舫
迎龍鄉　劉崇甫　劉崇初
劉耀增
梅涇鄉　陳惠霖　顧保和
李時良
蔣尙志

第一回無錫年鑑

社岡鄉　徐紉實
唐佩華　徐理臣　張春芳　王壽泉　孫俊賢　朱培根　吳中岳　朱根寶　淩煥文

果新鄉　孫本堅
唐安福　宋文江　唐禮仁　唐以仁　唐寶鏡　張仲賢　彭國均　毛凌雲　宋克明

鐵[illegible]鄉　宋祖殷

西漳鄉　張浩
邵鳳岐　鄧雲嵩　郁慶祥　秦堯卿　何子均　榮文光　沈曜青

潘葑鄉　孫昌越

榮豐鄉　賈開泰

重仁鄉　張敬忱
戴金生　薛中和　盛雲階　强顯章　葉煥章　計寶成　黃榮聲　王志福　臧學忠

馬塔鄉　周惠鈞
郁南泉　張根伯　沈雲泉　陸錫根　吳崇顯

洛北鄉　張時衣

運陽鄉　張峻灝
張兆康　周洪度　趙子義

南海鄉　趙齊雲
華逸初　楊文秀

北海鄉　陸炳章
柳叙昌　徐永章

印橋鄉　孫樂奎
廉祥斌　嚴保根

馬盤鄉　周禹卿
周宜卿　王盧林

曹東庭
趙榮卿
周顯清
唐平鄉 施之憲 劉根祥
劉泉昌
施康濟
高明鄉 强鵬飛 劉伯逵
丁毓仁
呂國賢
杉橋鄉 吳濟炎 錢震鏞
張志良
楊仲義
張中和
葉萬章
匡橋鄉 匡伯安 錢喜中
錢梅初
匡伯善
楊橋鄉 唐翰香 韓阿福
楊秀法
帝讓鄉 黃啓業 高光倫
丁耀良
黃建業
仁里鄉 秦潮茂 管念周
管耀南
戈靜山

淩岸鄉 朱洪鐘 王爾梅
芬旺鄉 許裕禎 嚴麗卿
葉才林
人和鄉 馮琴泉 徐浩元
馬如驥
姚西園
小計 五鎮三十鄉 鎮長五人鄉長三十人 鎮副十一人鄉副一百十八人
第十七區 胡埭鎮 張承烈 謝曉峯
陳子良
六區鎮 奚文憲 沙振華
虞允泰
新瀆鎮 錢武 錢仲芬
呂酥樓
張舍鎮 章掖 戴維修
黃平康
閶江鄉 吳友卿 吳仲賢
吳景修
沙灘鄉 吳克勤 朱問宜
西溪鄉 姚光照 蔣鶴松
秦清和
龍爪鄉 陳恂懋 馬鳳山
繡衣鄉 王家棟 王文俊
湖山鄉 秦恩榮 侯濬川
花沿鄉 杭炳昌 吳子安

華藏鄉	韓梅亭	蘇仁鏡
		邵紀生
連杆鄉	貝 麟	楊 濂
		陳維勤
		王仲衡
蠡店鄉	張 謨	張月濟
		許明曜
		胡爲平
后莊鄉	王鳳儀	包文輝
澤山鄉	黃仲雲	周郁文
劉塘鄉	邊煥章	邊克明
		邊侬中
青山鄉	倪樂三	丁可成
		袁永法
稍塘鄉	陳煥文	陳 英
		丁旭月
井亭鄉	殷承祖	朱英華
		王鑑淵
福山鄉	馮吉基	強光弼
		殷伯鈞
善慶鄉	邊振	殷振夏
		徐桂生
乾元鄉	張乾木	錢樂山
		薛志篤
		錢德均
與隆鄉	楊志高	呂宗堯
		蔡文彬
石漕鄉	臧潤林	宋荷生
崇仁鄉	俞偉器	虞質成
東南鄉	倪耀良	李金裕
花園鄉	馬子良	俞元成
		楊志大
雲成鄉	臧星北	臧三元
		鍾逸生
河柳鄉	王 惟	姚靜山
		劉紀林
池基鄉	戚寶珍	吳望溪
		胡紀方
楊家鄉	楊契劉	楊歸儒
		楊德昌
鴻橋鄉	許哲章	黃靜山
		薛晉卿
陽莊鄉	朱仲良	俞炳元
百寶鄉	虞士傑	徐雲海
修浦鄉	胡覲光	吳景陽
北費鄉	鄭德明	吳文先
徐成鄉	鄭少鴻	戈蘭生
		鄭默安
小計		
鎮四 鄉卅四	鎮長四人 鄉長卅四人	鎮副八人 鄉副五十七人
總計		
鎮一一〇 鄉四四二	鎮長一一〇人 鄉長四四二人	鎮副四八四人 鄉副一〇七八人

二〇〇

民刑訴訟

一　無錫縣十八年度司法概況

錫邑地近太湖。盜匪素多。民情好訟。司法案件。至爲繁雜。照章設有承審員二人。分治其事。每月結案各數十起。本年夏間。現任孫縣長鑒於歷來積案過多。呈請高法院增委臨時清理積案委員一人。專辦民刑積案。爲期三月。所結案件。亦達二百數起左右。此外關於整頓司法方面。可得而述者。約有二端。

（一）禁止請託案件

查司法案件之審判。關係人民之生命財產。至爲重要。設一不得其平。其影響所及。不僅顛倒曲直且與社會秩序。國家法令。均有妨害。是以審判人員行動之限制。及審判權獨立之保障。均經法律規定甚嚴。不容逾越。致蹈違法之嫌。誠以司法獨立之精神。卽在保持審判權之獨立。欲審判權獨立實現。應避免任何方之干涉。或要求。此固法理。亦事實也。又縣長兼理司法。其權限只對於承審人員辦理案件是否盡職。有指揮監督之權。至於各承審人員對於其承審案件之審判方法。應由各該員自負全責。縣長無干涉其審判權之可能。從前各地方土劣。往往假藉名義。出入公庭。包攬詞訟。並於謁見縣長之時。公然請託案件。以遂其私。此種劣習。幾已相傳成風。孫縣長到任之始。對此極爲痛恨。冀求澈底改革。以維持審判權之獨立。迭次出示佈告。凡有不知自愛。効法土劣行爲來府請託案件者。及假借名義。在外招搖者。法律具在。縣長惟有執法以繩其後。其關於行政或司法方面之改革意見或方法。有所陳述。則仍所歡迎。俾資匡助云云。自經迭此布告之後。邑中請託之風遂戢。

（二）甄別司法警察承發吏

本邑法警承發吏。向無薪餉。全恃非法收入。以資維持。腐敗情形。衆口交訴。孫縣長有鑑於是。遂決意澈底改革。一面籌給薪餉。維持其生活。而嚴禁徇私舞弊。倘有不法行爲。定予按律懲治。一面將舊有法警承發吏加以甄別。汰弱留强。重行編制。俾從根本革新。遂於去年四月十五日會同殷張二承審員。實行甄別吏警。茲略記其經過情形如左。

（訓話） 是日下午三時。孫縣長諭令全體法警承發吏一律齊集縣政府大堂上。聽候考試。警吏均遵諭準時而到。計法警二十四名。承發吏七人。首由孫縣長向各警吏訓話。略謂此次舉行考試。係甄別優劣。錄取眞材。爲改良司法之初步。各警吏錄取與否。在二點鐘以內。即可下條傳知。錄取者每名給工食十元。以後均須勤愼從公。不得徇私作弊。

（甄別情形） 孫縣長訓話後。即會同承審員點傳警吏口試。先爲三巡長。次爲各警吏。其問題爲（一）履歷及任役年數。是否識字。（二）取省公報任揭一頁。指定一行文字。令讀數句。（三）司法警察與警察之區別。（四）訓令與指令之區別。當由各警吏逐項應答。繼即舉行文字考試。題爲『縣政府附近第廿五號門牌有販土機關。』『法警捕獲盜匪。公安局欲將獲盜帶局詢問。應否允許。』『何謂假預審。』『在工運橋下起獲盜贓。』約一小時。即行繳卷。

（揭曉） 錄取之名單於五時許揭曉。法警（及格者）第一班班長孫筠、警士顧浩、徐順、華英、孫仁、第二班班長吳榮生。警士王濤、許祥、杜才麟、李定、第三班班長陳均、警士吳雲集、陳容、杜士生、周泉、（不及格者）李運、華壽根、郭興、盧得發、顧泰、顧榮祥、李玉、秦壽、沈南、（承發吏）（及格者）胡紹基、石燕昌、陳鳴歧、周良驥、吳際周、（不及格者）徐秉鈞、楊斯美、

錄取名單揭曉後。孫縣長即諭令不及格之警吏。將派差之票。諭隨時繳銷。錄取者每人須呈繳照片二張存查。自四月十六日起。即照規定月支薪工。

（警吏編制） 以前法警。本有三排。設巡長一人。每排警士連巡長共有八人。自此次甄別後。改定編制。分爲三班。每班連巡長五人。承發吏原有七人。錄取五人。

二　無錫縣十八年度民事訴訟統計表

種別／名稱	總數 舊	總數 新收	總數 計	已結 判決	已結 駁斥	已結 和解	已結 撤回	已結 計	未結 審理中	未結 執行中	未結 停止	未結 計	備攷 假扣押假處分	備攷 强制執行	備攷 其他事項	備攷 計

事由															
土地糾葛	一六	二九	四五	二二	五	一三	四	五			五		四		四
承繼糾葛	七	一二	一九	一〇	一	二	一三	六			六				
房屋糾葛	一八	三五	五三	二五	五	一六	四六	六		一	七	二			二
婚姻糾葛	一三	二二	三五	一三	二	七	二二	一九		四	二三				
產業糾葛	二〇	二九	四九	二六	四	一〇	四〇	七	二		九	三			三
契約糾葛	五	一三	一七	八	一	三	一二	五			五				
款項糾葛	二四	四九	七三	二八	八	一九	五五	一〇	七	一	一八		七		七
歸宗糾葛	八	一一	一九	八		一	一一	六		一	七				
經界糾葛	一	三	四	一			二	二			二				
樹木糾葛	一	五	六	二		二	四	二			二				
坟墓糾葛	五	一六	二一	九		五	一五	五		一	六			二	二

三　無錫縣十八年度刑事訴訟統計表

罪名	總數			已結					未結			備考		
	舊受	新收	計	判決	駁斥	撤回	其他	計	審理中	停止	計	附帶民訴	其他之事件	計
內亂														
外患														
妨害國交														
瀆職	二	一二	一四	一〇				一〇	四		四		二	二
妨害公務	二	一五	一七	八				八	八	一	九			

妨害選舉													
妨害秩序	四	二一	二五	九	一		一〇	一三	二	一五			
脫逃	一	三	一三	四			四	九		九			
藏匿犯人及湮滅證據	一	二	三	二			二	一		一			
偽證及誣告	一五	三三	四八	五五	五	一	四一	七		七			
公共危險	三	一六	一九	一一		二	一三	六		六			
偽造貨幣	五	二八	三三	二六	一		二七	五	一	六		二	二
偽造度量衡		一	一	一		一	一						
偽造文書印文	二	一七	一九	一〇	二		一三	六		六			
妨害風化	二〇	八二	一〇二	五〇	一一	五	六一	三二	四	三六			
妨害婚姻及家庭	二三	七九	一〇一	五二	一二	一	六五	三五	一	三六			
褻瀆祀典及侵害坟墓屍體	六	一二	一八	九		一	一〇	八		八			
妨害農工商	二	六	八	七	一		八						
鴉片	五	六八二	六八七	六八〇	二		六八二	五		五			
賭博	一	五〇八	五〇九	四九六			四九六	一三		一三			
殺人	三一	四二	七三	三一			三一	三八		三八			
傷害	二八	二〇六	二三四	一九一	八	一	二〇〇	三二	二	三四			
墮胎	一	三	四	二			二	二		二			
遺棄	三	五七	六〇	三一	一五	二	四八	一二	二	一四	三		三

妨害自由	三	六八	七一	三五	三			三八	三		三		
妨害名譽信用	一	四〇	四一	一九	七			二六	一五		一五		
妨害祕密		二	二	一				一	一		一		
竊盜	一二	一〇五	一一七	八八				八八	二九		二九	二	二
搶奪强盜及海盜	三〇	一四〇	一七〇	九一				九一	八九		八九		
侵占	五	八二	八七	四八	五	二	三	五八	四二	七	四九		
詐欺及背信	一〇	一〇六	一一六	八六	六			九二	二四		二四		
恐嚇	三	二六	二九	一九		二		二一	八		八		
贓物	二	八〇	八一	四八				四八	三三		三三		
毀棄損壞	八	一〇〇	一〇八	七八		八		八四	二四		二四	五	五

四　無錫縣十八年度革命案件統計表

類別／月份	已結		未結	
	執行	不起訴	調查	審理
一月	一		一	一
二月				
三月		一		
四月			一	一
五月		一	一	
六月	一	一	一	三
七月	三	一		一
八月			一	一
九月	四	二		
十月	二	四		一

十一月	一	二	二	一
十二月		一	一	

監獄

一 無錫縣監獄十八年度入監出監人數表

類別		性別	人數	類別	性別	人數
上年留監		男女	一九六			
本年內入監	新受徒刑拘役之執行	男女	八七	假釋撤銷	男女	
	緩刑撤銷	男女		停止執行事實消滅	男女	
	受死刑之宣告	男女		罰金易科監禁	男女	
	其他	男女		合計	男女	八七
本年內出監	死刑之執行	男女		刑期執行完畢	男女	七七
	停止刑之執行	男女		假釋	男女	
	判決撤銷	男女		死亡	男女	九
	逃走	男女	一	赦免	男女	
	其他	男女	一	合計	男女	八八
本年末日在監		男女	一九五			
一日平均		男女	一九五			

二　無錫縣監獄十八年度新受徒刑拘役執行人犯罪名類別表

罪名	性別	總數	徒刑 無期徒刑	有期徒刑 十五年以上	十年以上	七年以上	五年以上	三年以上	一年以上	六月以上	二月以上	二月未滿	計	拘役
公共危險	男	二				一		一					二	
	女													
偽造貨幣	男	四							四				四	
	女													
妨害風化	男	一				一							一	
	女													
妨害婚姻及家庭	男	一〇					一	四	五				一〇	
	女													
鴉片	男	五						一	四				五	
	女													
界人	男	六		一	五								六	
	女													
傷害	男	一				一							一	
	女													
妨害自由	男	一							一				一	
	女													
竊盜	男	六						一	五				六	
	女													
搶奪強盜及海盜	男	四六	一		一五	一五	三	一二					四五	
	女													
詐財及背信	男	五				一		二	二				五	
	女													
合計	男	八七	一	一	二〇	一八	四	二一	二一				八七	
	女													

三　無錫縣監獄十八年度新受徒刑拘役執行人犯年齡比較表

年齡	性別	總數	刑名：無期徒刑	有期徒刑：十五年以上	十年以上	七年以上	五年以上	三年以上	一年以上	六月以上	二月以上	二月未滿	計	拘役
十三歲以上	男													
	女													
十六歲以上	男													
	女													
二十歲以上	男	一三			三	三		四	三				一三	
	女													
二十五歲以上	男	二二	一		六	二	一	五	七				二二	
	女													
三十歲以上	男	一一				七		一	三				一一	
	女													
三十五歲以上	男	一九			五	三	二	四	五				一九	
	女													
四十歲以上	男	一七			六	二	一	七	一				一七	
	女													
五十歲以上	男	四				一		一	二				四	
	女													
六十歲以上	男	一		一									一	
	女													
七十歲以上	男													
	女													
八十歲以上	男													
	女													
合計	男	八七	一	一	二〇	一八	四	二二	二一				八七	
	女													

四　無錫縣監獄十八年度犯罪度數表

犯罪度數	性別	總數	職業：農業	工業	商業	牧畜	漁獵	交通	公務	自由	雇傭	無業	未詳	其他

	性別											
初犯	男	八七	二三	一九	一四		四		二	二	七	一七
	女											
累犯同一或同款之罪一次	男											
	女											
累犯同一或同款之罪二次以上	男											
	女											
累犯不同一或不同款之罪一次	男											
	女											
累犯不同一或不同款之罪二次以上	男											
	女											
合計	男	八七	二三	一九	一四		四		二	二	七	一七
	女											
初犯與累犯百分比較數	初犯男											
	初犯女											
	累犯男											
	累犯女											

（備攷）本年度新收徒刑拘役者均係初犯

五 無錫縣監獄十八年度在監疾病死亡人犯年齡比較表

年齡	性別	總數	疾病	死亡：病死	死亡：變死	死亡：死計	合計
十三歲未滿	男						
	女						
十三歲以上	男						
	女						
十六歲以上	男	四	四				四
	女						
二十歲以上	男	九	九				
	女						

年齡	性別					
二十五歲以上	男	七	七			七
	女					
三十歲以上	男	二六	二三	四	四	二六
	女					
三十五歲以上	男	一七	一六	一	一	一七
	女					
四十歲以上	男	四四	四〇	四	四	四四
	女					
五十歲以上	男	三一	三一			三一
	女					
六十歲以上	男	二	二			二
	女					
七十歲以上	男					
	女					
八十歲以上	男					
	女					
合計	男	一四〇	一三一	九	九	一四〇
	女					

六 無錫縣監獄十八年度在監人犯疾病死亡原因表

病名	肺癆		呼吸系病		傷毒	
性別	男	女	男	女	男	女
總數	七六		一		一	
一月 患者	七					
一月 死亡	一					
二月 患者	五					
二月 死亡						
三月 患者	七					
三月 死亡						
四月 患者	七					
四月 死亡						
五月 患者	七				一	
五月 死亡						
六月 患者	六					
六月 死亡						
七月 患者	四					
七月 死亡	一					
八月 患者	六					
八月 死亡						
九月 患者	七		一		一	
九月 死亡						
十月 患者	七					
十月 死亡	一					
十一月 患者	六					
十一月 死亡						
十二月 患者	四					
十二月 死亡						
計 患者	七三		一		二	
計 死亡	三					

病名	性別																		
其他熱症	男	一三	三	二		二	一				一		一		二	一			一二	一
	女																			
下痢及腸炎	男	一七		二			一		一	一	二	一	三	一	三	二			一二	五
	女																			
傷寒	男	一五			二						二				二		四	五	一五	
	女																			
霍亂	男	一四						四	七		三								一四	
	女																			
其他胃腸病	男	二			一											一			二	
	女																			
合計	男	一四〇	一〇	一九	一〇	九	一〇	一〇	三	二	一四	一	一三	一	一五	四	一〇	九	一三	九
	女																			

七　無錫縣監獄十八年度監獄作業表

作業別	性別	作業人數	成品	數
織襪科	男	一〇一	織襪	一〇二四〇打
	女			
縫紉科	男	一三	縫衣	一五七七套
	女			

（備攷）查職監係委託業登明

八　無錫縣監獄十八年度監獄教育調查表

教師人數	被教育人數	每週教育時間	用書種類	能識字人數	能曉文義人數
一	一三二	四小時	白話文	一三二	二八

九　無錫縣監獄十八年度監獄教誨調查表

教誨師人數	被教誨人數	每週教誨時間	用書種類	能聽受人數	能感受人數
一	一六五	三小時	因果格言	一六五	七二

圖表二：此處原爲《無錫縣十八年監獄罪犯籍貫及教育程度統計圖（一）》，見書後。

無錫縣十八年監獄罪犯性別及年齡統計圖（二）

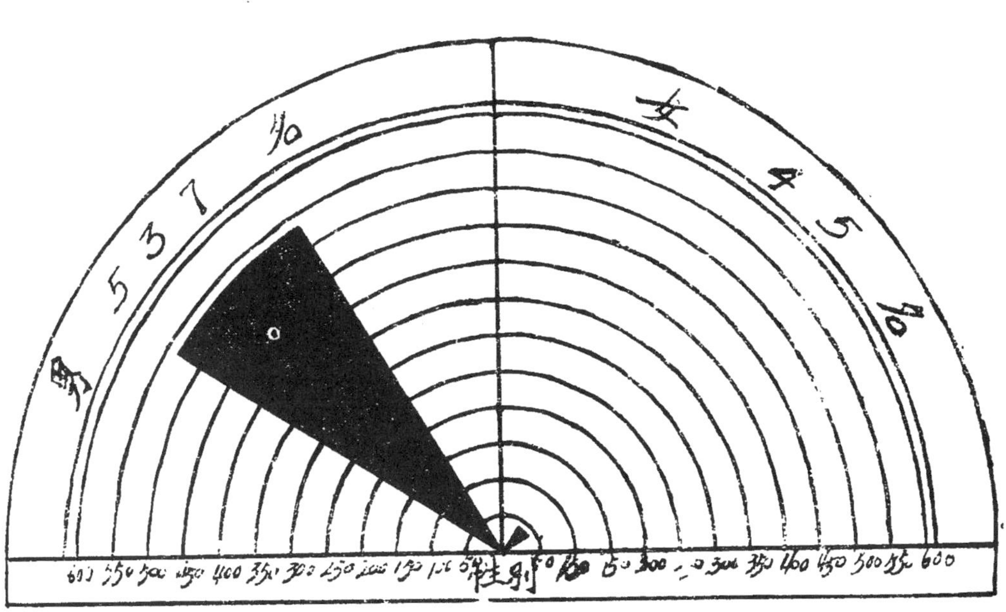

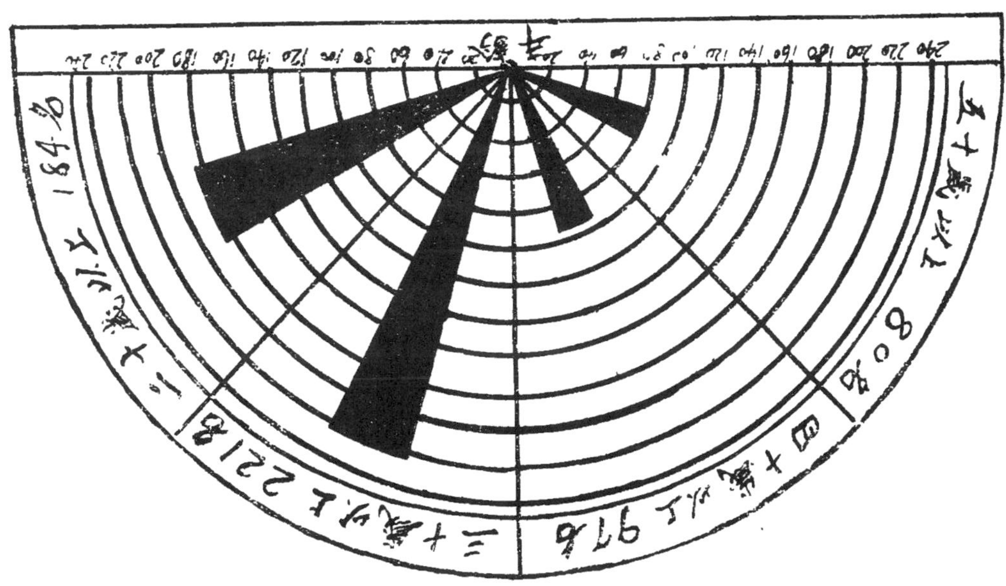

無錫縣十八年監獄罪犯罪名及刑期統計圖

罪名

罪名	人數
脫逃	一名
公共危險	二名
僞造貨幣	六名
僞造文書印文	一名
妨害風化	十一名
妨害婚姻及家庭	二十八名
鴉片	二百五十五名
竊盜	六十名
强盜	一百二十八名
詐財	八名
恐嚇	二名
賭博	二十四名
殺人	十六名
墮胎	二名
侵佔	一名
贜物	二名
毁棄損壞	一名
妨害自由	二名
傷害	二十二名

刑期

拘役 五十九名
一年以下 三百五十七名
三年以下 六十七名
五年以下 二十六名
七年以下 三十二名
十年以下 六十二名
十五年以下 九名
無期 十名

警衛機關之沿革

（一）無錫縣公安局沿革

無錫境內無地勢。攻守皆不相宜。非用武之地也。然陸當南北要衝。湖臨具區之險。濱湖之區。盜匪出沒。時爲民患。歷代以來。皆設兵屯戍。明于駐軍以外。採宋照甯中保甲之意。編民設團保之制。有警則于水道港汊之間。及平陸險要之處。遠近絡繹。首尾相應。守望相助。以爲防禦。于城市商賈薈萃之區。則劃區編號。另設夜夫柵夫。以備夜。故有明一代。倭警屢告。而城邑未嘗殘破者。職是故也。滿清時代。雖立營設汛以守。然無團防預爲之備。太平軍興。得長驅而入。城爲之陷。湖匪乘機屠戮掠刼。生靈塗炭。爲本邑亘古未爲之浩刼。兵燹以後。滿清政府設南塘五汛。北塘五汛。厄守要隘。而民間元氣稍復。亦創辦團防保甲。以圖自衛。光緒年間。四區團防相繼成立。嗣滿清政府試行新政。團防局亦改爲巡警局。而設總局于城中。分設東南西北四區巡警分局。而隸屬焉。辛亥光復。亦仍清制。總局設于眞應道巷。民國二年。改爲無錫警察署。增設無錫市警察第一區與南區第二區。西區第三區。北區第四區。東區第五區。統屬于總局指揮之下。而鄉區蕩口之民團。亦于是時改編爲南延市巡警局。同年。遷總局于無錫縣公署內。而第一區附焉。民國四年。改稱無錫縣警察所。五區署復改爲四分所。而各繫以分駐所。民國十三年。無錫商埠警察署成立于商埠區內。改設二分駐所隸焉。民國十四年。各分所又改爲東西南北中區五區分駐所。民國十六年。國民革命軍克定江南。同年四月。無錫縣警察所改組爲無錫縣公安局。五月。無錫市政局創設無錫市公安局。互爭警權。糾紛叠生。時國民革命軍十四軍駐無錫。召集地方團體民衆開會。議決縣市合併。改爲無錫公安局、以滿清無錫縣署舊址爲局址。組織編制。規模擴大。內部分設總務。警務。司法。衛生四科。祕書。督察。收發三處。保安警察。水上警察。偵緝隊三隊。警政自由處理。不受縣政府監督指揮。實開無錫警政史上之新局面。同年八月。奉令依省頒江蘇省各縣公安局組織條例。縮小範圍。改組爲無錫縣公安局。設總務。行政二課。原有祕書處事宜。併歸總務課辦理。而偵緝科衛生科則併入行政課。二處三隊。則仍舊制。十七年四月。奉令增設司法課。掌偵緝事宜。與總務行政並立爲三課。十八年五月。奉令改編公安隊爲警察大隊。同年六月。警察大隊改歸縣政府直轄。幷奉令于行政課下添設衛生股。設課員助理各一員。專管衛生事宜。各分局每局挑選衛生隊察二名。執行衛生事務。同年七月。實行新編制。改課爲科。仍設三科。一股。一督察處。一偵緝隊。幷召考模範警察二十餘名。組織模範警察隊。旋改爲特務隊。而鄉區各區局亦逐漸增設。該局統轄之下已設者有十三分局焉。

(二)無錫縣警察大隊過去情形紀述

無錫自革命軍到達後。地方上警衛事業。始有公安隊。(實力約一連)縣警察隊。(實力約一排)冬防游巡警。(實力一排)等警伍之設置。藉以鎮壓匪類。保衛治安。其組織不健全。指揮不統一。訓練不嚴格。實力不充足。分子複雜。老弱居其過半。管敎不良。精神因之不振。以致腐氣日深。弊端百出。餉糈虛靡。年計鉅萬。名雖保民。實足害民。其於地方。無裨益也。

原有地方隊伍。既若是之腐敗。地方人民。欲依爲干城。則勢有所不能。明達者。咸以此項隊伍。非亟加組織。嚴予整頓。殊非久遠之計。迨本年春間。孫縣長有鑒於此。力以整頓警務。爲訓政時期之要點。稟承民政廳長。將原有各隊伍。編爲警察大隊。直轄於縣公安局。同時並奉廳令派委方爲舟爲大隊長。以專職責。藉資整頓。本年四月間。奉　令取消公安大隊之名稱。而改爲公安局警察大隊。後將原有公安大隊之第一二兩中隊。改稱警察大隊第一中隊第二中隊。同時並將第二中隊之二三分隊。改編爲第一中隊第二分隊以縣警察隊改編爲第一中隊之第三分隊。又以冬防遊巡隊。改編爲第二中隊之第三分隊。合計二個中隊。(實力約二連)一水巡隊(實力一排)一騎巡組。直屬於警察大隊部指揮訓練之。同月。孫縣長以本縣地位之重要。地方情形之複雜。雖有警察大隊之各部隊伍。猶慮實力不足以之布防邑境。恐尚不能達充分之要求。故于是月中旬。添募長警。編爲第三中隊之第一分隊。而爲第三中隊之基本隊伍。並經縣長責令大隊長方爲舟督仝試隊分隊長程序。嚴密訓練。期成勁旅。五月初旬。大隊長廳令改委黃貞白爲無錫公安局警察大隊長。蒞任後。攷察各部官警。學術幼稚。紀律不佳。且老弱過半。若不徹底整頓。殊慮不足為地方之干城。適仝月奉廳令。各縣警察大隊直轄於 縣政府。黃大隊長以所部係地方軍隊。負保境安民之責。不特各官警應明紀律勤訓練。卽關於人事內務經理各項。時宜非仿照正式軍隊之辦法不為功。於是秉承縣長之意旨。汰弱留強。分別編組。幷組織考試委員會。考驗仝體官佐長警。官佐長警不合要求者。三去其二。以合乎下列條件者補充之。

官長資格

一、曾在國內各省軍官教育機關或學校畢業。並曾充軍官三年以上者。

二、年齡在二十歲以上四十歲以下者。

三、五官完仝。體格強壯。精神充足。而無疾病者。

四、身家清白。品行端方。而無嗜好者。

五、富有軍事學識。和經驗。及了解三民主義。膺服黨的政策。而確有革命精神。能為地方造福。為部屬模範者。

警士資格

一、曾充正式軍隊各兵種士兵。並確受軍隊之相當教育。而能獨斷作戰勇敢有為者。

二、品行端方並能粗通本國文字者。

三、體格強壯。言語清利。年在十八歲以上。三十五歲以下。而無何種暗疾或嗜好者。

（四）確有妥當人承保或舖保者。

自經編練之後。警士精神。較前振作。又經迭次增購軍械。以補充實力，現在隊伍計有三個中隊。及騎巡水巡二組。二分之一警力駐防鄉區。二分之一警力集中城區。以資調遣。統計官警共五百餘員名。

（三）無錫駐訊水警沿革

無錫南濱太湖。北接運河。通於江海。河港浜瀆。布滿四境。水上險要至多。明設水營。徵哨船二十七艘。巡守沿湖一帶。清置留防太湖水師。左營設舢板船二十一號。分卡巡駐。清同治末年。又置裏河水師。淞北營右哨駐金匱。太湖右營右哨駐無錫。每哨各行船四號。以巡哨官塘幹河為專責。而以支河汊港為兼巡。後水師改編無錫金匱遂為飛划水師第四營汛地。民國二年。改為江蘇水警第二專署。十七年。改為水上省公安隊第二區。本部設大板巡船一艘。官兵二十九員。外設五大隊。每隊各設三分隊。五大隊共船一百二十六艘。官兵一千零三十九名。分駐蘇州。無錫。武進。宜興等處。而區本部駐紮無錫。

警衛機關組織訓練及行狀概况

（一）無錫縣公安局總分局編制表

局別 \ 職別	局長	課長	督察長	課員	督察員	巡官	巡長	巡士	伕役	合計
縣公安局	1	3	1	5	4	6	7	34	4	65
直轄第一分駐所						1	3	23	1	28
第一分局	1					1	9	100	8	119
第二分局	1					1	7	52	5	66
第三分局	1					1	6	48	5	61
第四分局	1					1	7	47	4	60
第五分局	1					1	7	78	7	94
第六分局	1					1	6	44	5	57
第七分局	1					3	4	32	3	43
第八分局	1					2	4	32	3	42
第九分局	1					2	5	38	3	49
第十分局	1					1	2	16	1	21
第十一分局	1					1	2	16	1	21
第十二分局	1					1	2	16	1	21
第十三分局	1					1	2	16	1	21
合計	14	3	1	5	4	24	73	592	52	768

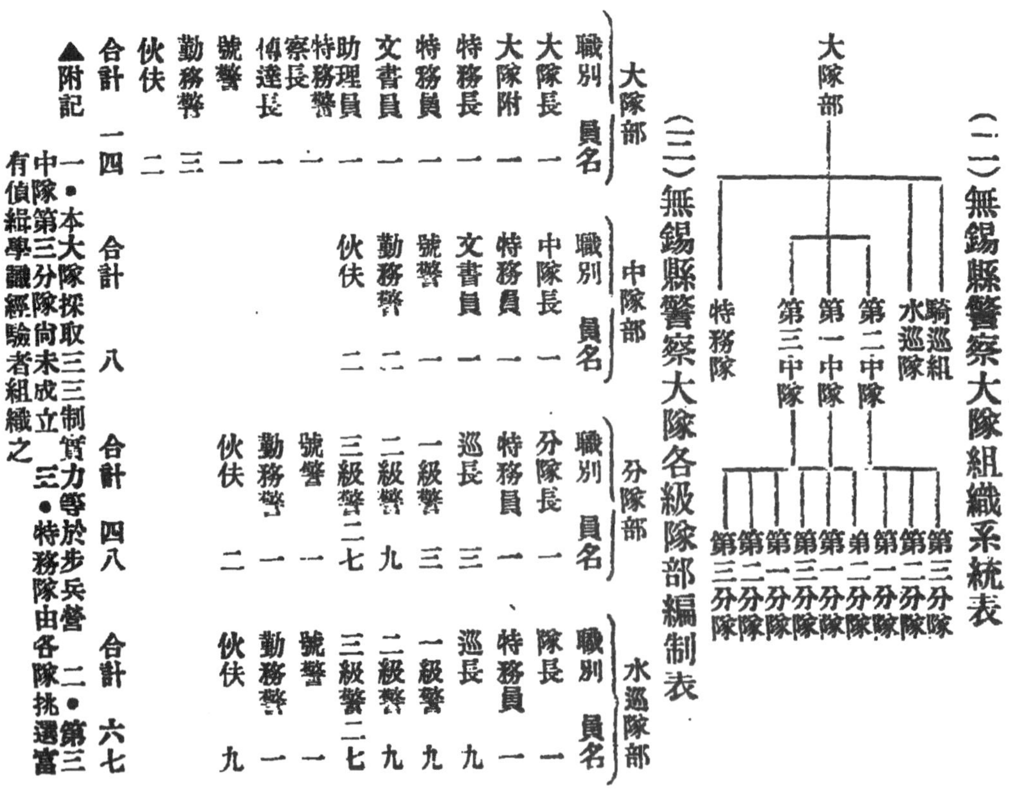

（二）無錫縣警察大隊組織系統表

（三）無錫縣警察大隊各級隊部編制表

大隊部

職別	員名
大隊長	一
大隊附	一
特務長	一
特務員	一
文書員	一
助理員	一
特務警察長	一
傳達長	一
號警	一
勤務警	三
伙伕	二
合計	一四

中隊部

職別	員名
中隊長	一
特務員	一
文書員	一
號警	一
勤務警	二
伙伕	二
合計	八

分隊部

職別	員名
分隊長	一
特務員	一
巡長	三
一級警	三
二級警	九
三級警	二七
號警	一
勤務警	一
伙伕	二
合計	四八

水巡隊部

職別	員名
隊長	一
特務員	一
巡長	九
一級警	九
二級警	九
三級警	二七
號警	一
勤務警	一
伙伕	九
合計	六七

▲附記　一・本大隊採取三三制　實力等於步兵營　二・第三中隊第三分隊尚未成立　三・特務隊由各隊挑選富有偵緝學識經驗者組織之

(四)無錫縣公安局城廂各分支局長警年齡比較表

年齡／人數／局別	十七歲至十八歲	二十歲至二十一歲	廿二歲至二十三歲	廿四歲至二十五歲	二十六歲至二十七歲	廿八歲至二十九歲	三十歲至三十一歲	卅二歲至三十三歲	三十四歲至三十五歲	三十六歲至三十七歲	三十八歲至三十九歲	四十歲至四十一歲	四十二歲至四十三歲	四十四歲至四十五歲	四十六歲至四十七歲	四十八歲至四十九歲	總人數	總歲數	平均數
一分局		3	2	6	9	8	8	10	16	16	8	8	7	2		1	104	3460	33
二分局	1		5	3	5	8	9	6	3	8	4	1		1			54	1660	30
三分局	1	1		9	6	7	2	4	2	4	2	2					40	1168	29
四分局			5	3	3	6	9	10	4	2	3	1	2	2	1		51	1646	32
五分局		2	5	8	9	12	6	13	6	7	11	1					80	2582	32
六分局		3	2	5	6	9	8	7	2	5	6	5		2			60	1771	29
一支局		2	4		4	2	6	1	2	4	3	4			1		33	1045	31
總計	2	11	23	34	42	52	48	51	35	45	37	22	9	7	2	1	422	13333	315
百分	4.7%	2.8%	5.4%	8%	10%	12%	11%	12%	8%	10%	9%	5%	2%	1.6%	47%	42%	100%		

（八）無錫縣公官局甄別官警考試記實

民國十八年六月十三日。無錫縣公安局奉縣政府令遵依同年六月八日頒行第一期改革警政辦法。舉行官警考試。並據縣政府規定考試警官辦法暨甄別警士辦法。轉飭所屬官警依期應試。茲將考試警官辦法須甄別警士辦法開列于左。

1.考試警官辦法

一・考試委員由縣政府一人公安局二人組織之並以公安局長為委員長

二・分組

（一）甲組局員巡官等

（二）乙組巡長

三・課目

甲組　黨義　警察學　常識測驗　口試　操法

乙組　黨義　勤務須知　常識測驗　口試　操法

四・試期

1第一日（六月十四日）上午九時至十二時

黨義　警察學　勤務須知

下午二時至五時

常識測驗　口試

2第二日（六月十五日）上午九時起

操法

五・地點　省立無錫中學禮堂

六・附則　各人自己携帶筆墨試卷由縣政府準備

2.甄別警士辦法

一・甄別警士由縣長公安局長分局長會同辦理

二・甄別日期如左

六月十七日　第一分局

六月十八日　第二分局

六月十九日　第三分局

六月二十日　第四分局

六月二十一日　第五分局

六月二十二日　第六分局

六月二十三日　直轄第一支局

三・甄別時間　每日上午八時至十一時半　下午二時至五時

四・甄別課目

（一）黨義測驗　（二）識字測驗　（三）操法

十二日先由公安局通令各分支局轉飭一體遵照依期先時前往指定地點聽候考試。毋得觀望。並印發辦法。

五、無錫縣警察大隊長警年齡比較表

年歲／人數：五　一〇　一五　二〇　二五　三〇　三五　四〇　四五　五〇　五五　六〇　六五　七〇　七五　八〇　八五　九〇　九五

一五至二〇歲
二一至二五歲
二六至三〇歲
三一至三五歲
三六至四〇歲
四一至四五歲
四六至五〇歲

說明
● 全黑點代表第一中隊
○ 黑圈代表第二中隊
◒ 半黑半白圈代第三中隊三分二暨大隊部水巡隊

六、無錫縣公安局城廂各分支局長警籍貫比較表

籍貫＼人數＼局別	一分局	二分局	三分局	四分局	五分局	六分局	一支局	總計	百分
江蘇	62	24	30	29	51	40	22	258	52%
山東	14	8	4	7	7	9	3	32	12%
安徽	8	2	4	8	14	4	7	47	11%
河南	7	9	1	6	1	2	1	27	6.4%
河北	6	5		1	1	4		17	4%
浙江	2	3	1		3			9	2%
湖南	3	1			1			5	1.2%
湖北		2			1	1		4	.97%
江西	1				1			2	.47%
福建	1							1	.42%
總計	104	54	40	51	80	60	33	422	100%

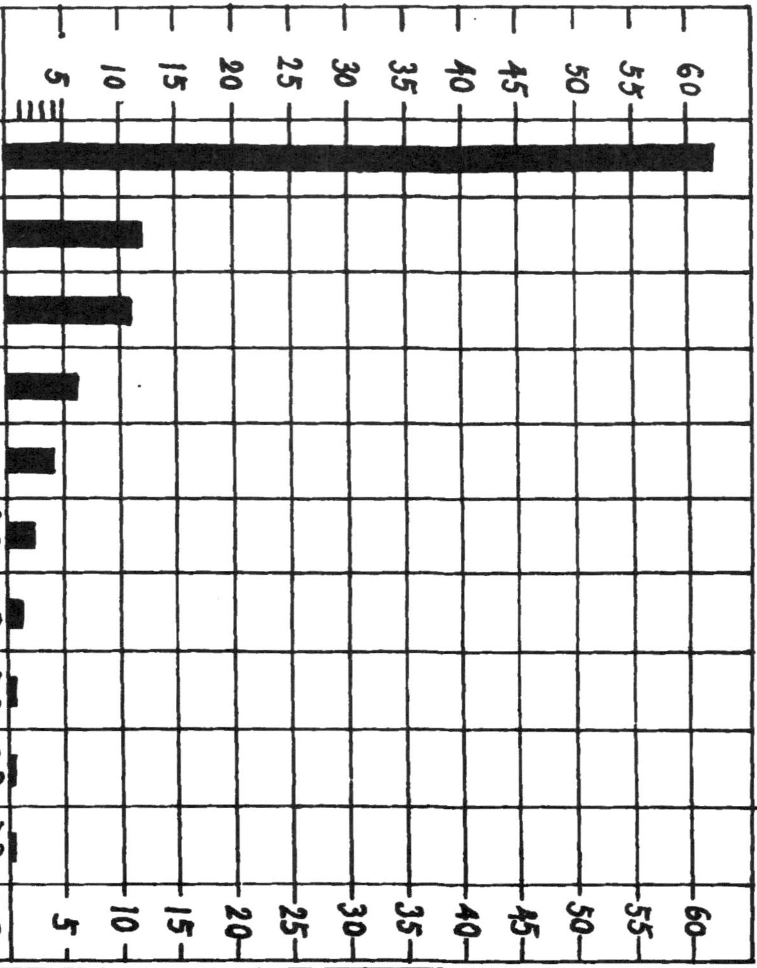

丈、無錫縣警察大隊長警籍貫比較表

籍貫／人數	江蘇省	浙江省	安徽省	山東省	河南省	直隸省	其他省

5　一〇　一五　二〇　二五　三〇　三五　四〇　四五　五〇　五五　六〇　六五　七〇　七五　八〇　八五　九〇　九五

說明
▲ 全黑代表第一中隊人數
△ 黑線代表第二中隊人數
◭ 半黑半白代表第三中隊三分二隨大隊部未進隊

十三日委派考試警官委員會三人

（一）委員長

邱銘九　縣公安局長

（二）委員

許以松　縣政府第二科科員

尤　勵　公安局行政課課長

張　瑋　公安局總務課課員

並派庶務員佈置試場。一面聘任醫士許錫文爲檢查體格專員。

六月十四日上午八時。委員長暨各委員同至省立無錫中學大禮堂按冊點名。

計列與考局員雇員十二名

第一分局員秦鈞雇員孟超

第二分局局員徐竹齋雇員陳建平

第三分局局員孫震雇員劉良廣

第四分局局員顧寶樾雇員王世鴻

第六分局局員張濂雇員沈瑛

直轄第一支局支局長虞樹銘雇員李俊升

計列與考巡長二十九名

局別	等別	姓名	局別	等別	姓名
一	一	徐雲生	三	三	王長慶
一	一	李　鐸	四	二	陸占奎
一	二	金啓南	四	三	張明壽
一	二	吳　權	四	三	朱起寶
一	二	奚遠亮	五	一	汪惠政
一	三	胡文秀	五	一	洪百鈞
一	三	李興武	五	二	許傳鼎
一	三	吳新柯	五	二	袁桂芳
二	一	王文濤	五	三	牟　芬
二	二	王鍾圻	六	一	梁濟民
二	二	張增福	六	二	周玉銘
二	三	曾紀雄	六	三	潘信慶
三	一	荀貢庭	一支局	一	稽保安
三	二	蔡洞庭	一支局	二	朱鍾英
三	二	劉得勝			

未與考警官二名

計開

第五分局局員王任寶　第五分局雇員曹達

未與考巡長八名

計開

局別	等別	姓名	局別	等別	姓名
二	一	管長林	四	三	陳金榮
二	三	李國銘	五	三	李純武
四	一	陳以常	六	二	王寶山
四	二	楊春生	六	三	劉士奎

十四日上午考試警官試題每科選二題爲完卷。

(一)黨義。

(一)何謂三民主義與五權憲法。

(二)治權與政權之區別。

(三)何謂國民革命。

(二)警察學。

(一)按設置警察原有巡邏制及守望兼巡邏制之區別。但應於何等情形採用巡邏制。何等場合採用守望兼巡邏制。試分述之。

(二)警察之任務有幾。試列舉之。

(三)各該員均爲警察長官。對於警士相沿之劣習。試略述之。並應如何改革。各抒所見以對。

考試巡查長試題每科選二題爲完卷。

(一)黨義。

(一)何謂三民主義。

(二)何謂五權憲法。

(二)勤務須知。

一、遇有外國人違犯警章而情節不重者。應如何辦理。

二、遇病者負傷者於途。宜如何對待。若遇傷病甚重片時難救者。應如何處置。

三、遇人家屋內喧嘩狂呼救命。應如何辦理。

十四日下午考試警官試題選作二題爲完卷。

(一)常識測驗。

一、工潮發生時。應如何督率警士在場維持秩序。避免衝突。

二、未經核准之非法集會結社。當督率警士前往解散時。應運用何種手腕。解除一切糾紛。

三、警士於執行職務時。對於所佩手槍之使用保管及防止侵奪各方法。應用何種訓練方爲適當。

(二)口試。

一、設有人報告某處有密售烟土情事。奉令搜捕時。應用何項方法。方可破獲。

二、設有人用香烟賭彩。能否以賭博論。

考試巡長試題選作二題爲完卷。

(一)常識測驗。

一、警士見官長時。必行禮致敬。但至何項場合。可以不必行禮。試列舉之。並述其理由。

二、何謂形跡可疑。並盤問時應用何項方法。

三、對於閒房空屋。應予注意。是何原因。試略述之。

（二）口試共計四個問題。以全數巡長分爲兩組。分別測驗。

一、在車輛擁擠十字街頭。交通阻塞。應如何指揮。

二、如現行犯有逃逸之虞。應如何施以救濟。

三、甲乙兩車夫因爭生意。致相互毆。應如何處理之。

四、如在查檢時發現違禁物品。應如何辦理之。

十五日上午九時改於公安局操場考試術科。

局員雇員考試教練

巡長考試各個教練

所有試卷。由各委員批核分數。分科列表。送由委員長核定後發交彙總結算平均分數。評定乙。由委員長呈送縣長校閱。警官最優等一員。優等七員。中等三員。次等一員。巡長最優等一名。優等五名。中等十五名。次等六名。再次等二名。內有巡長李鐸、吳新、劉德勝、朱鍾英、王文濤等五名。略識文字。不能繕寫。以口試代詞。所有黨義勤務須知。常識試驗三項。按照分數以八折減去計算。警官最優等局員張漨。令以分局長存記。巡長最優等三等巡長曾紀雄一名。令拔一等巡長。其餘者列優等者。分別提升或給予褒獎狀。其有暗疾或品行不端者。分別開除察看。

十七日甄別第一分局警士。上午由委員長至該分局考詢各警士。分黨義測驗識字測驗等項。下午由委員張瑋僧同體格檢查員許錫文赴該分局。自巡長至警士。依次檢查體格。計分身長身重視力聽力胸圍虛盈長度心臟肺臟疾病等項。分別填表。十八日至二十三日分赴第二分局第三分局第四分局第五分局。第六分局直轄第一支局。依次逐日上午由委員長考詢。下午由委員張瑋僧同檢查員許錫文逐一檢查體格填表。一如第一分局辦理。茲將考試結果分別列表如后。

▲無錫縣公安局所屬無錫市各分支局官佐考試各項科目總平均分數及等次表

姓名	局別	職別	學科							術科
			黨義	警察學	常識測驗	口試	總計分數	平均分數	等次	
張漨	第六分局	局員	八〇	九〇	七二	八五	三二七	八一·七五	最優等	甲上
秦鈞	第一分局	局員	七〇	七二	七五	八〇	二九七	四七·二五	優等	丙
顧寶樾	第四分局	局員	八〇	六四	七五	七五	二九四	七三·五〇	優等	甲下
陳建平	第二分局	雇員	八五	六二	六七	七五	二八九	七二·二五	優等	〇

徐竹齋	第二分局	局員	八〇	六六	六〇	八〇	二八六	七一・五〇	優等	乙
孫震	第三分局	局員	六五	六二	八〇	七八	二八五	七一・二五	優等	乙上
孟超	第一分局	雇員	七五	七四	六六	七〇	二八五	七一・二五	優等	〇
劉良賡	第三分局	雇員	六八	六六	八〇	七〇	二八四	七一・〇〇	優等	〇
虞樹銘	直轄第一支局	支局長	六五	六三	七〇	八〇	二七八	六九・五〇	中等	甲上
沈琰	第六分局	雇員	六八	六二	六五	七五	二七〇	六七・五〇	中等	〇
王世鴻	第四分局	雇員	六〇	八〇	六八	六〇	二六八	六七・〇〇	中等	〇
李俊升	直轄第一支局	雇員	六〇	四〇	六二	七五	二三七	五九・二五	次等	〇

▲備註 (一)本表八十五以上為最優等七十五分以上為優等六十分以上為中等五十分以上為次等(一)本表計最優等一員優等七員中等三員次等一員(一)第五分局雇員曹達未與考局員王任寰臨考託故請假有意規避不到。

▲無錫縣公安局所屬無錫市各分支局巡長考試各項科目總平均分數及等次表

姓名	局別	學科						等次	術科
		黨義	勤務須知	常識測驗	口試	總計分數	平均分數		
曾紀雄	第二分局	九五	九〇	八五	九〇	三六一	九〇・二五	最優等	丙
奚遠亮	第一分局	九〇	九五	七〇	八五	三四〇	八五・〇〇	優等	丙
荀賈庭	第三分局	九七	七〇	八〇	八〇	三二七	八一・七五	優等	丙
陸占奎	第四分局	八一	八〇	八〇	八〇	三二一	八〇・二五	優等	丙
吳權	第一分局	七五	八五	七〇	九〇	三二〇	八〇・〇〇	優等	甲
李興武	第一分局	八七	八五	六八	八〇	三二〇	八〇・〇〇	優等	丙
許傳鼎	第五分局	五八	七五	七〇	八〇	三一〇	七七・五〇	中等	甲
袁桂芳	第五分局	八〇	八五	六五	八〇	三一〇	七七・五〇	中等	乙
王長慶	第三分局	九〇	六〇	六八	八〇	三〇三	七五・七五	中等	丙
蔡洞庭	第三分局	八九	六五	六〇	八五	二九九	七四・七五	中等	丙
嵇保定	第一支局	五五	九二	六五	八五	二九七	七四・二五	中等	未到考

無錫縣公安局暨各分支局官佐巡長考試成績比較表

巡長考試成績比較表

局別＼事別＼人數	學科 最優	學科 優等	學科 中等	學科 次等	學科 劣等	總計	術科 未考	術科 丙	術科 乙	術科 甲	局別
一分局		3	3	2		8	1	5	1	1	一分局
二分局	1		1	1	1	4		4			二分局
三分局		1	2	1		4		3	1		三分局
四分局		1	1	1		3		2	1		四分局
五分局			5			5		2	2	1	五分局
六分局			2		1	3			2	1	六分局
一支局			1	1		2	1		1		一支局
總計	1	5	15	6	2	29	2	16	8	3	總計
百分	34%	17%	52%	20%	68%	100%	6.8%	55.4%	27.2%	10.2%	百分

官佐考試成績比較表

職別＼事別＼人數	學科 最優	學科 優等	學科 中等	學科 劣等	總計	術科 免試	術科 丙	術科 乙	術科 甲	職別
支局長			1		1				1	支局長
局員	1	4			5		1	2	2	局員
雇員		3	2	1	6	6				雇員
總計	1	7	3	1	12	6	1	2	3	總計
百分	8.3%	58.3%	25%	8.3%	100%	50%	8.3%	16.6%	25%	百分

十八年六月製

無錫縣公安局城廂各分支局長警體格檢查統計表

體格人數 局別	心肺臟俱健全無疾病者	心肺臟有强弱無疾病者	心肺臟俱健全有沙眼者	心肺臟俱健全有暗疾者	心肺臟有强弱有暗疾者	心肺俱强有沙眼兼暗疾者	心肺臟俱健全有角膜夫者	總計
一分局	95	3	1	4	1			104
二分局	42	2	1	8	1			54
三分局	28		12					40
四分局	29		16	4		1	1	51
五分局	43		32	2		3		80
六分局	43		13	2		1	1	60
一支局	24		8	1				33
總計	304	5	33	21	2	5	2	422
百分	72%	12%	19.6%	5%	.47%	1.2%	.47%	100%

十八年六月製

徐雲生	第一分局	八二	七五	六〇	八〇	二九七	七四·二五	中等	乙
張明壽	第四分局	八五	六〇	六〇	九〇	二九五	七三·七五	中等	丙
汪惠政	第五分局	七〇	八〇	七〇	七五	二九五	七三·七五	中等	乙
周玉鋐	第六分局	五五	四九	七〇	七五	二九四	七三·五〇	中等	乙
潘信慶	第六分局	八八	六〇	六〇	八五	二九三	七三·二五	中等	甲
洪百鈞	第五分局	八〇	六〇	七〇	八〇	二九〇	七二·五〇	中等	丙
張增福	第二分局	七三	七五	六七	七五	二九〇	七二·五〇	中等	丙
李　鐸	第一分局	八八	七二	五六	九〇	二五六	七一·五〇	中等	似有嗜好未考
年　芬	第五分局	七五	七〇	七〇	七〇	二八五	七一·二五	中等	丙
金啓南	第一分局	八〇	七〇	六〇	七〇	二八〇	七〇·〇〇	中等	丙
胡文秀	第一分局	八〇	五五	六〇	八〇	二七五	六八·七五	次等	丙
吳新柯	第一分局	五六	六四	六四	八〇	二六四	六六·〇〇	次等	丙
王文濤	第二分局	四八	六四	六四	八〇	二五八	六四·五〇	次等	丙
朱起寶	第四分局	七〇	四〇	六〇	八〇	二五〇	六二·五〇	次等	乙
朱鍾英	第一支局	四八	六四	六四	七〇	二四八	六二·〇〇	次等	乙
劉德勝	第三分局	四八	五六	五六	八〇	二四〇	六〇·〇〇	次等	乙
王鍾圻	第二分局	五五	四〇	六〇	八〇	二三五	五八·七五	再次等	丙
梁濟民	第六分局	三〇	四〇	六〇	八〇	二一〇	五二·五〇	再次等	乙

▲備註　（一）本表九十分以上爲最優等。八十分以上爲優等。七十分以上爲中等。六十分以上爲次等。五十分以上爲再次等。（一）本表計最優等一名。優等五名。中等十五名。次等六名。再次等二名。（一）本表李鐸吳新柯劉德勝朱鍾英王文濤等五名略識文字不能繕寫。以口試代詢所有黨義勤務須知常識測驗三項分數以八折計算。

（九）無錫縣警察大隊部長警紀律須知

甲　起居定則

一、各隊起床、點名、就餐、操課、勤務交替、息燈、就寢、其時刻通常槪以號音爲準。其起居日課工作時間表。由大隊部按節候分別規定。造表頒發各隊照表確實遵行。以昭劃一。

二、官佐長警。每早須按定時起床。聞點名號音。則各班同時整隊候點夜點名時。與早點名同法整列。

三、患病人員。須由本班巡長通知值日巡長。報告本隊官長。酌核辦理。

四、每日須將各室內外。以及道路等。保持清潔。所有軍械被服及各項物品。須按定式整理。不得擅移他處。

五、凡未經許可之物品。不得持入隊內。並嚴禁將公物私自携帶外出。

六、凡未經長官許可之印刷品。不得購閱。

七、長警如有臨時發生特別事故。必須請假時。宜繕具假條。呈請值日巡長轉呈官長核准後方許離隊。否則不得任意外出。如敢故違者。概照陸軍懲罰令辦理。

八、長警如遇臨時發生疾病。不能出操上課時。事先必須具條請假。不得默而不報。致背軍紀。

九、各隊須備日記簿一本。將各日天氣命令學科術科人事勤務口令別項等。逐一詳記。以備查考。

十、起居日課時間表表式（如附表第十九）

附表第十九

▲無錫縣警察大隊起居日課時間表

上午		下午	
起床	六點	學科	一點至二點
早點名	六點十分	術科	二點半至四點半
早餐	六點半	晚餐	五點
術科	七點至九點	游戲	六點至七點
學科	十點至十一點	點名	八點
午餐	十一點半	就寢	八點半
衛兵交代	十二點	熄燈	九點

（附記）本表隨天時之長短隨時更改

乙、講堂規則

一、每日聞上講堂號音。各長須警携帶課本筆墨等。立時齊集于集合地點。聽候值日巡長指揮。整隊率至講堂。各長警依次入座。不得喧嘩言笑。紊亂秩序。

二、教官蒞場時。由值日巡長發（立正）口令。全體長警宜同時肅立致敬。俟教官登台答禮。值日巡長報告人數後。再由值日巡長下（坐）之口令後。全體仍同時就位端坐。

三、教官教授學科時。全體長警兩目須注視教官。端坐聽講。不得有食物磕睡談笑。或左右他視等事。

四、在教官教授學科時。各長警不得違犯軍風紀。以及私自走離情事。

五、在教官教授學科時。如有疑問。宜即時起立請問。務求明瞭意義。如遇他人起立疑問時。須俟畢後方可肅立繼問。

六、凡未經長官許可之書籍。不得携入講堂。

七、在教官教授課目時。不得啓閱他種課本。

八、講堂內須保持清潔。不得任意唾吐。以重衛生。

九、如遇教官喚名提問時。須即時起立明白答解。

十、在教授時。長警如遇有其他事故。必須外出時。宜即時報告值日巡長。稟請教官核准後。方可出外。

十一、在教授學科時。如遇有階級高于教官之長官蒞場參觀。或查察時。則由教官下（立正）口令。全體同時肅立。以示敬意。就坐時亦聽教官之口令。

十二、如教官授課完畢。仍由值日巡長下（立正）口令。全體同時起立。俟教官答禮外出。值日巡長下解散口令後。始可依次出外。不得喧嘩言笑。妨礙軍紀。

丙 膳堂規則

一、每膳聞就餐號音時。各長警全體集合于集合地點。聽候值日巡長整隊。魚貫率至膳堂。依次入座。不得爭先恐後。喧嘩言笑。致礙風紀。

二、各長警將飯菜整畢後。不得先自用膳。須候值日巡長下開動口令後。方可同時用膳。

三、用膳時不許談話。以及私帶菜饌入場佐食。

四、用膳時不得亂佔他人坐位。紊亂位置。並不得過慢咀嚼。有礙秩序。

五、採辦警每餐須督率伙夫。將膳桌條凳整理清潔。用膳時宜到場視察。

六、如遇飯菜不潔。有礙衛生時。宜即時報告值日巡長。轉報特務員處理。不可怪聲狂叫。有碍風紀。

七、添飯時。不可爭先恐後。並不許將米飯遺棄地上。

八、膳畢不可先自出堂。仍宜端坐原位。俟日巡值長下（解散）等口令後。方可依次出外。

丁 寢室規則

一、寢室內宜常保持清潔。不得任意唾吐。有碍衛生。

二、寢室內不得任意吸烟。以防火燭。

三、寢室內不得任意高歌狂笑。以維靜肅。

四、日間不得任意躺臥。對于室內內務之裝置。不得紊亂。以歸一律。

五、如有上官入寢室時。由先見者以致（立正）口令。其餘在室內長警全體肅立致敬。以示敬意。上官出室時亦同。

六、室內窗戶。應如何開閉。由主任官長按季節氣候酌定。

七、所備痰盂每日應換水一次。不得于痰盂之外。妄吐痰沫。

八、每晨聞起床號音。各長警應即起床衣着。而宜整理內務。盥洗頭面靜候點名。

九、夜間除指定燈火外。不得擅置燈燭。

十、寢室內不得容留閒人居住。如各長警遇有父兄來隊。必須住宿室內時事前宜報請值日巡長轉報本隊官長核許後。方可留宿。

十一、每晚聞息燈號音後。即宜息燈就寢。寢後不得笑語閒談。

戊　外宿規則

一、本隊官警如携有眷屬在錫者。得照本規則施行之。

二、不論官警。除照規定日期輪流外宿外。但在未輪外宿之日不得任意擅宿在外。

三、官警外宿時間。自當日下午七時後出隊。至翌日七時前回隊。

四、如輪外宿之日。適遇勤務時。其勤務得准託人替代。如無負責人替代。則本人不許外宿。

五、如在戒嚴時期或遇有特別勤務。雖輪值外宿之日。亦不得外出住宿。

六、官佐外宿日期。由大隊部規定造表分發進行。長警外宿日期由各分隊長調查確實後。規定日期造表呈報上級隊部備查。

七、官佐外宿。日期規定每三日准予外宿一次。長警每一星期。准予外宿一次。

八、官警外宿表每月定製一次。

（十）無錫縣公安局十八年度處理違警案件統計表

月別	案別	妨害安甯之違警罪	妨害秩序之違警罪	妨害公務之違警罪	誣告偽證及湮沒證據之違警罪	妨害交通之違警罪	妨害風化之違警罪	妨害衛生之違警罪	妨害他人身體財產之違警罪	合計
一月份	次數		一				一二		四	一七
	人數		二				四七		六	五五
二月份	次數		一				五		二	八
	人數		五				一七		二	二四
三月份	次數		一				一	一	三	六
	人數		二				六	一	三	一二

月份	次數	人數	次數	人數	次數	人數	次數	人數	次數	人數	次數	人數	次數	人數	次數	人數
四月份			二	三					二一	八二	一	一	八	一三	三二	九九
五月份			二	四					二一	六八	一	六	一三	二五	三七	一〇三
六月份	一	一	四	五	二	三			二七	一〇一	一	一	二	五	三六	一一六
七月份			五	八			二	二	二六	一〇二	一	一	一二	二六	四六	一三九
八月份			四	四	二	二	一	二	四一	一〇五	一	一	八	一一	五七	一二五
九月份			三	三			一	二	二五	八三	二	三	九	一四	四〇	一〇五
十月份	一	一	八	八	二	二	一	一	四七	一六〇			五	一九	六四	一九一
十一月份			三	三			一	一	三六	一三六			四	六	四四	一四六
十二月份			一	二	一	一	一	四	一〇	四四			五	一六	一八	六七
總計	二	二	三五	四九	七	八	七	一二	二七二	九五一	八	一四	七五	一四六	四〇五	一一八二

（十二）無錫縣十八度刦案一覽表

被盜月日	事主姓名	事主住址	損失財物估算價額	已否破獲	備考
一月四日	彝昇春木行	南門外耕讀橋	三百餘元	未獲	
一月四日	周阿全	揚名鄉五五圖	五十餘元	未獲	
一月七日	謝琦	開化鄉念四八圖	五百餘元	未獲	
一月二十日	陳少丞	西水關荷花蕩	六百餘元	已獲	
二月六日	洪景清	揚名鄉小園裏	三十餘元	已獲	

二月六日	張紹先	開花鄉板橋鎮	四百元	已獲	
二月六日	毛根慶	天上市四二圖	一千四百元	未獲	
二月九日	周子會	富安鄉	一百餘元	未獲	
二月十三日	王有照	鴨城橋	四百元	未獲	
三月三日	陳逸珊	光復門外	二十餘元	已獲	
三月三日	永萬豐烟紙店	通匯橋泗堡弄口	一百五十元	未獲	
三月九日	馮和全家	南門外網巾巷	三百餘元	獲得嫌疑犯田紫清一名	
三月十日	永豐裕等十九家商店	楊墅園鎮	二千餘元	派警察拿獲嫌疑犯周四等四名	
三月十二日	周寶全	五七一圖浜底頭	一百餘元	未獲	
三月十五日	薛仲達	開元鄉薛巷上	二百餘元	未獲	
三月二十一日	丁志燦	開原鄉小丁巷	八百餘元	已獲	
四月二十四日	信孚錢莊	北塘接官亭街	一百四十四元五角	已獲	
五月二日	劉士慕	東門外鐵路旁	十餘元	未獲	
五月三日	史阿根	楊名鄉念六七圖	三百餘元	未獲	
五月十一日	田俊甫	惠山嚴家棚念七村	五百元	未獲	
五月二十七日	强盤春	惠山念七村石門下	二百元	未獲	
六月二日	周季信	富安鄉十七都三圖歸山頭	三百元	未獲	
六月四日	張信榮	北門外黃草渡北面集祁浜口	四百元	未獲	
六月七日	濮道清	東門外雲巷上		未獲	查此案盜正在掘洞值事主濮道清覺察開門即被盜匪槍擊身死財物未損
六月七日	費志有	新安鄉三一十圖黃板橋費家灣	四百元	未獲	
六月十日	孫東山	泰伯市戰橋野河蕩	四百元	未獲	
六月十五日	包大奎	懷下市五五六圖譚塘橋	二千餘元	已獲	

六月二十五日	楊恆泰號	城中駁岸上	一百四十餘元	未獲
六月二十五日	陸右豐號	北門外醬園浜	七十五元七角	未獲
七月二日	莫仁宜 蔡龍寶 莫阿泉	青城市八四圖芙蓉圩莫家埭	三百餘元	未獲
七月三日	張丞基 張阿菊 曹阿福	揚名鄉念五九圖小張巷	七百元	已獲
七月七日	安福金 過阿全	北上鄉尤渡裏	二十四元	已獲
七月十四日	恆孚銀樓	北門城內大街	二百餘元	已獲
八月八日	姚阿坤	景雲市學士橋		已獲 當場拿獲財物未被搶刦
八月八日	倪福泉 劉阿大	天上市劉巷	六百元	已獲嫌疑犯華仁金等三名
八月十九日	馮方寶	懷下市五五十圖西石園	五十元	未獲
八月廿四日	馮宗才	北上鄉四四一圖馮更上	架去馮宋才一名	已獲
八月廿五日	元豐米號	南門外下塘	三百六十元	已獲
九月二日	周德秀 周洪福 周泉培 周萬豐	天上市五六圖旺房村	一千七百餘元	未獲
九月三日	張小榮	鴨城橋	四十餘元	未獲
九月八日	莊裕生	二六二圖夾城裏	一百餘元	未獲
九月十二日	馮全福	景雲市五八五圖馮解鋸巷	二百元	未獲
九月十二日	顧王氏	五一圖西埧頭村莊	三百元	未獲
九月十五日	永仁繭行	青城市八二圖橫港	七百元	已獲
九月廿六日	蔣陸氏	景雲市五五二圖青石橋蔣巷	六百元	未獲
九月廿九日	陳　濂	揚名鄉二五九圖陳大巷	二千元	未獲
十月一日	吳大寶 姚應昌	萬安市十四五圖	四百元	未獲
十月三日	曹子仁	秦伯市五七一圖曹家灣	百餘元	未獲
十月六日	任兆根	開原鄉惠山西任巷	六十元	未獲
十月十三日	尤秀義	白蕩圩	二百元	未獲
十月十九日	張榮昌	景雲市下甸橋	二百餘元	未獲
十月廿一日	朱阿二	景雲市五九五圖大王廟	五十元	未獲

十月廿三日	青山寺僧汝源	開原鄉青山寺	二百五十元	已獲
十月廿六日	范贊臣張伯雲	南門外念六十三圖網巾巷	七百元	未獲
十一月八日	協昌綢莊	南門外張家弄口	三十餘元	未獲
十一月八日	朱增大	南延市淵字屠家巷	二百元	未獲
十一月十二日	尤秀義	白蕩圩瓦屑墳	三百元	未獲
十一月廿四日	吳史氏	景雲市六二圖	五十元	未獲
十二月一日	吳振基	青城市十四一圖西安莊	二百元	未獲
十二月三日	張仲英 倪春米號夥友	新安鄉毛文橋邵家灣	六百元	未獲
十二月八日	錢寶愼	南門外夾城裏	一百餘元	未獲
全年合計	九十二家	六十處	二萬四千餘元 架去人丁一名	已獲十七起 未獲四十三起

（十二）無錫縣十八年度難民過境一覽表

本年江北各縣。年歲失收。難民逃荒者絡繹于途。而行經本縣者。先後凡二十餘起。計共七千餘人。所發資遣費計共二百餘元。玆持分別列表如下。

難民籍貫	自何處來	至何處去	過錫日期	人口數	發給口糧銀數	遣資銀數
河南商水縣	常州江陰	奉省令遣回原籍	五月十八日	四百名	五元	二十五元七角五分
仝	仝	仝	二十日	三百五十名	五元	二十元
仝	因病留錫	仝	八月二日	二名	一元	
河南	常州	仝	十日	一百名	二元	七元五角六分
河南叢縣	仝	仝	十九日	二百名	四元	
仝	仝	仝	仝	仝	四元	
南通許縣	宜興	仝	二十三日	仝	四元	
河南密縣	仝	仝	仝	仝	四元	

直隸大名	常州	仝	二十四日	仝	四元	
仝	仝	仝	九月三日	三百名	五元	
仝	仝	仝	四日	仝	五元	二十五元二角
仝	仝	仝	仝	仝	四元	
扶溝	仝	仝	十四日	五百名	八元五角	
西藏回回	旅行	旅行	十七日	一名	二元	十九元
永城	常州	遣回原籍	十月十一日	二百名	四元	
密縣	仝	仝	二十四日	三百名	六元	
東牢球	步行	旅行	仝	一名	二元	
河南	常州	遣回原籍	二十五日	五百名	八元四角	
異鄉貧民	上海	仝	三十日	男女各一名	五元	
徐州	常州	仝	十一月三日	三百名	五元	
山東	仝	仝	仝	仝	四元	
嶧縣	仝	仝	七日	二百名	三元	
邱縣	仝	仝	仝	四百名	六元	
山東	仝	仝	十一日	三百名	五元	
宿縣	仝	仝	仝	一百五十名	二元	
濠城	仝	仝	仝	仝	二元	
嶧縣	仝	仝	仝	仝	二元	
河南	仝	仝	十八日	五百名	十二元	
南京張季卿	上海流落	回籍	十九日	一名	五元	
鹽城救火會	由各縣來	沿途求募	仝	二名	五元	
安徽	常州	遣回原籍	二十七日	五十名	一元	
河南	仝	仝	仝	一百名	二元	五元二角
灌雲	仝	仝	仝	一百名	二元	

遊僧楨修	南京	蘇州	十二月三日	一名	一元
安徽	常州	遣回原籍	九日	四十名	一元
遊民周志元	廣東	押出境	十四日	派警押赴蘇州	五元
河南	常州	遣回原籍	二十日	四十名	一元
阜甯	仝	仝	三十日	九十名	二元
總計				七千一百三十名	二百五十一元六角

（十三）無錫縣禁娼概況

錫邑娼妓。在民國紀元前。均操畫舫生涯。兼以侑酒自開闢馬路後。畫舫生涯日漸淸淡。紛紛另覓金屋別築香巢。招客作葉子戲。抽頭聚賭。藉以糊口。其後由無錫市董會規定章程。分一二三等抽收妓捐。於是妓院遂公然懸牌營業。至民國十六年國軍底定江蘇。吾錫政局亦經改組。此項妓捐。撥歸無錫市政局繼續抽收。其妓院數目。最盛時約六十餘家。另有校書念式班。每月可收捐洋六百餘元。上年內政部取締娼妓。本縣亦實行厲禁。而此項懸牌營業之娼妓。漸形斂跡。其後又經公安局叠次嚴令限期禁絕。並函請婦女協會在婦孺救濟所未成立前。暫時設法收容無家可歸之娼妓。令其另謀生計。卒以經費無着。婦孺救濟所既始終未能成立。婦女協會又無力收容。而娼妓遂亦星散。迄今本邑已無官娼踪足。惟間或查獲少數迫於饑寒祕密賣淫之暗娼。亦必依法嚴懲。顧此亦不過治標之道。終難絕跡。苟欲治本。仍須寬籌經費。創設救濟所。則此後一經拘獲暗娼。可立送該所習藝。待其學成一藝。能以自立。再令適人。如是方可肅淸，並與風俗人道。兩有裨益。未始非一舉兩得之道也。

（十四）無錫縣公安局工房登記暫行規則

第一條　在本局管轄境內所有之工房均須依本規則登記之

第二條　在各分局或分駐所轄境內所有之工房由住戶主戶將年歲籍貫職業及正附戶暨男女大小人口向該管分居或分駐所報告領取登記證後即須永久保存以備官廳檢查時核對一面由該管各分局或分駐所另塡一份呈報本局備查

第三條　各工房請求登記各戶概以門牌號數爲單位即每一工房由住戶主戶負責向該公安分局依照手續登記惟有附戶及男女大小人口統由戶主以眞確姓名年歲籍貫職業塡報倘若檢查時查得姓名與登記證不符時應立將該戶主帶局依法嚴

懲

第四條　凡已登記註册之工房無論正戶附戶如有遷徙出生死亡及其他事故須長時間離開住所者各該住戶戶主須携帶登記證重行向各該管公安分局報告聲明後即將前發證書註銷作廢另給新證俾得登記證與人數兩相符合每次收紙張費洋二分不得額外需索

第五條　各該管分局或分駐所應不時携帶登記底册向各工房抽查每一星期至少須至三次以上各工房不論何時均應服從檢查如發覺有不遵照本規則實行者即依法嚴辦

第六條　各工房住戶如有違警行爲及一切不法行爲各該戶主應事先密報該管公安分局倘匿而不報一經發覺即以共同犯論罪

第七條　各工房房主如明知租戶有犯警行爲而故意租給者一經發覺逮案將除房屋封發外並科以相當之罪

第八條　本規則自公佈之日施行

(十五)無錫縣公安局管理艒艒船暫行規則

第一條　在本局管轄境內行駛之艒艒船均依本規則管理之

第二條　在各分局或分駐所轄境內停泊之艒艒船由其船主直接向各該管分局或分駐所請求登記註册

第三條　請求登記之艒艒船船主須覓具陸地妥實商保隨同赴該管分局或分駐所領取保證書照式填明具保再行請求登記

第四條　各分局或分駐所接受各艒艒船船主請求登記時應細審其商保是否妥實及船主之職業是否正當二者缺一即拒絕其登記立時勒令離去本縣縣境

第五條　各分局或分駐所審核請求登記之船戶合格後即按船編號註册發給船牌一方監視其釘固於船身容易覺察之處並指定地點停泊不得任其自由開行

第六條　已准登記編號註册之船戶如因故必須離開該管分局或分駐所轄區或開回原籍等情事應由其船主報告於該管分局在册中註銷並將其牌照弔銷發給離埠執照

第七條　各分局或分駐所如查見有在其他分局或分駐所已經登記之艒艒船而未補行第二三四五等條之手續者應勒令補行登記並將其以前登記所領之船牌弔銷送交其已登記之分局或分駐所備查

第八條　凡已准登記註册之船戶如有出生死亡以及外來親友借宿者均應立向各該管分局或分駐所報告倘有隱匿情弊一經查覺即行依法嚴辦

第九條　各該警分局或分駐所應不時携帶登記冊向各船戶抽查每星期至少須二次以上如發覺有不依本規則實行者卽依法嚴辦

第十條　各船船船之船牌各分局或分駐所按照規定格式仿製除船牌每方應向各船戶收回牌費大洋一角外其餘不得有所需索

第十一條　各分局或分駐所抽查各船戶時兼注意其衞生事宜倘見有將穢物棄擲河中者按照違警罰法處罰或發覺其有染病發生時應立卽設法隔離或勒令離去本縣縣境

第十二條　本規則自呈准縣政府三日後施行

丙　警衛經費

(一)無錫縣公安局經費之來源

查自十六年三月以前。縣警察所經費。月計一千二百四十五元。係縣地方附稅項下支撥。其餘城鄉各分所經費。除由各該分所於罰金內抵支一部份外。其不敷之數。由各市鄉公所於雜捐內籌集支撥。三月以後。黨軍到錫。改組公安局。原有警察所經費照撥。公安局月計不敷二千餘金。當由公安局罰金項下彌補。全年七月以後。改組縣公安局。緣經費支絀。將範圍縮小。但照原有經費。實屬不敷支配。由縣月加五百元。總數爲一千七百四十五元。乃因陋就簡。免強敷衍。迄以十八年六月止。自七月起。本邑因整頓警政。籌備警費。增加畝捐一角六分。編造新預算。本縣規定爲一等縣。然仍因經費不足之故。以一等縣局地位。暫支三等縣局之薪俸。第以既增畝捐。罰金卽不得抵支。按月如數照解。並將各鄉區私人所捐之警費取銷。以示劃一。目下縣公安局暨所屬特務偵緝各隊。月支經費二千三百餘元。城區六個分局一個分駐所。月支六千二百元。但城區各分局所警額尚未補足。擬卽日補足。補足後月須支七千四百餘元。鄉區七個分局月支二千二百餘元。以上公安方面約共月須經費一萬二千元有奇。除城區各分局所及南延揚名開原三分局有原由地方雜捐內補助之警費一部份約千餘元外。餘均由畝捐項下支撥。

（二）無錫縣公安局暨分局編制薪餉一覽表

局別	職別	員名額	每員每月支數	月支總數	年支總數	備攷
縣公安局	局長	一	二百元	二百元	二千四百	
	課長	三	七十元	二百十元	二千五百二十元	
	督察長	一	七十元	七十元	八百四十元	
	課員	五	四十元	二百元	二千四百元	
	督察員	四	二員三十元二員四十元	一百四十元	一千六百八十元	
	巡官	五	三十元	一百五十元	一千八百元	
	內勤巡長一級	六	二十元	一百二十元	一千四百四十元	
	內勤巡長二級					
	內勤巡長三級					
	內勤巡士一級	十二	十元	一百二十元	一千四百四十元	
	內勤巡士二級					
	內勤巡士三級					
	巡長一級					
	巡長二級					
	巡長三級					
	巡士一級					
	巡士二級					
	巡士三級					
	公役					
	伙夫	二	八元	十六元	一百九十二元	
	小計					

公安分局					
局長	一級	六	七十元	四百二十元	五千零四十元
	二級	三	五十元	一百五十元	一千八百元
	三級	二	四十元	八十元	九百六十元
局員		六	三十五元	二百十元	二千五百二十元
巡官		十	三十元	三百元	三千六百元
內勤巡長	一級	十一	十六元	一百七十六元	二千一百十二元
	二級	五	十五元	七十五元	九百元
	三級	七	十四元	九十八元	一千一百七十六元
內勤巡士	一級	七	十二元	八十四元	一千零零八元
	二級	二十三	十一元	二百五十三元	三千零三十六元
	三級				
巡長	一級	四	十六元	六十四元	七百六十八元
	二級	十五	十五元	二百二十五元	二千七百元
	三級	十八	十四元	二百五十二元	三千零二十四元
巡士	一級	三四	十二元	四百零八元	四千八百九十六元
	二級	七十六	十一元	八百三十六元	一萬零零三十二元
	三級	三百二十七	十元	三千七百二十元	四萬四千六百四十元
伙夫		四七	八元	三百七十六元	四千五百十二元
小計					
合計		六四〇		八•九五三•〇〇〇	一•〇七四三六•〇〇〇

▲附記 第四分局柵夫一元四角四名一元六角一名二元四角一名燈夫一名二元月共支十一元六角年共支一百卅九元二角

第五分局柵夫計十名每名一元五角計月共支十五元年共支一百八十元

縣局及各分局公役房租已彙入經費調查表內開列

縣局模範警察隊偵緝隊留置所另列一表呈核合併聲明

（三）無錫縣公安局各隊所編制薪餉一覽表

隊所別	職別	員名額	每員每月支數	月支總數	年支總數	備考
模範警察隊	巡官	一	三〇元	三〇元	三六〇元	
	巡長	一	二〇元	二〇元	二四〇元	
	模範警一級	六	一五元	九〇元	一•〇八〇元	
	模範警二級	七	一四元	九八元	一•一七六元	
	模範警三級	一一	一三元	一四三元	一•七一六元	
	內勤巡士一級	一	一二元	一二元	一四四元	
	內勤巡士二級					
	內勤巡士三級					
	伙夫	二	八元	一六元	一九二元	
	小計					
偵緝隊	隊長	一	三〇元	三〇元	三六〇元	
	書記	一	一六元	一六元	一九二元	
	探長	二	一六元	三二元	三八四元	
	探士	一四	一〇元	一•四〇元	一六八〇元	
	伙夫	一	八元	八元	九六元	
	小計					
留置所	所長	一	一四元	一四元	一六八元	
	所丁	一	八元	八元	九六元	
	小計					
合計		五〇		六四一元	七六九二元	

(四)無錫縣警察大隊官警薪餉公費一覽表

職別	人數	每月薪餉公費	每年薪餉公費	備考
大隊長	一	一四〇元	一•六八〇元	
大隊附	一	七〇元	八四〇元	
特務員	一	四〇元	四八〇元	
文書員	一	三〇元	三六〇元	
助理員	一	一四元	一六八元	
統警	一	一二元	一四四元	
勤務警	二	一八元	二一六元	每名月支九元
伙夫	二	一六元	一九二元	每名月支八元
公費		六〇	七二〇元	每月支六十元
計月薪餉公費銀肆百元			年薪餉公費銀肆千捌百元	
中隊長	三	二一〇元	二•五二〇元	
特務員	三	九〇元	一〇八〇元	
文書員	三	六〇元	七二〇元	
勤務警	六	五四元	六四八元	
號警	三	三六元	四三二元	
伙夫	六	四八元	五七六元	
公費		四五元	五四〇元	
計月薪餉公費銀伍百四十三元			年薪餉公費銀六千五百十六元	
分隊長	九	三六〇元	四•三二〇元	每員月支四十元
特務員	九	一八〇元	二•一六〇元	每員月支二十元
號警	九	一〇八元	一•二九六元	每名月支十二元
勤務警	九	八一元	九七二元	每名月支九元
伙夫	十八	一四四元	一•七二八元	每名月支八元

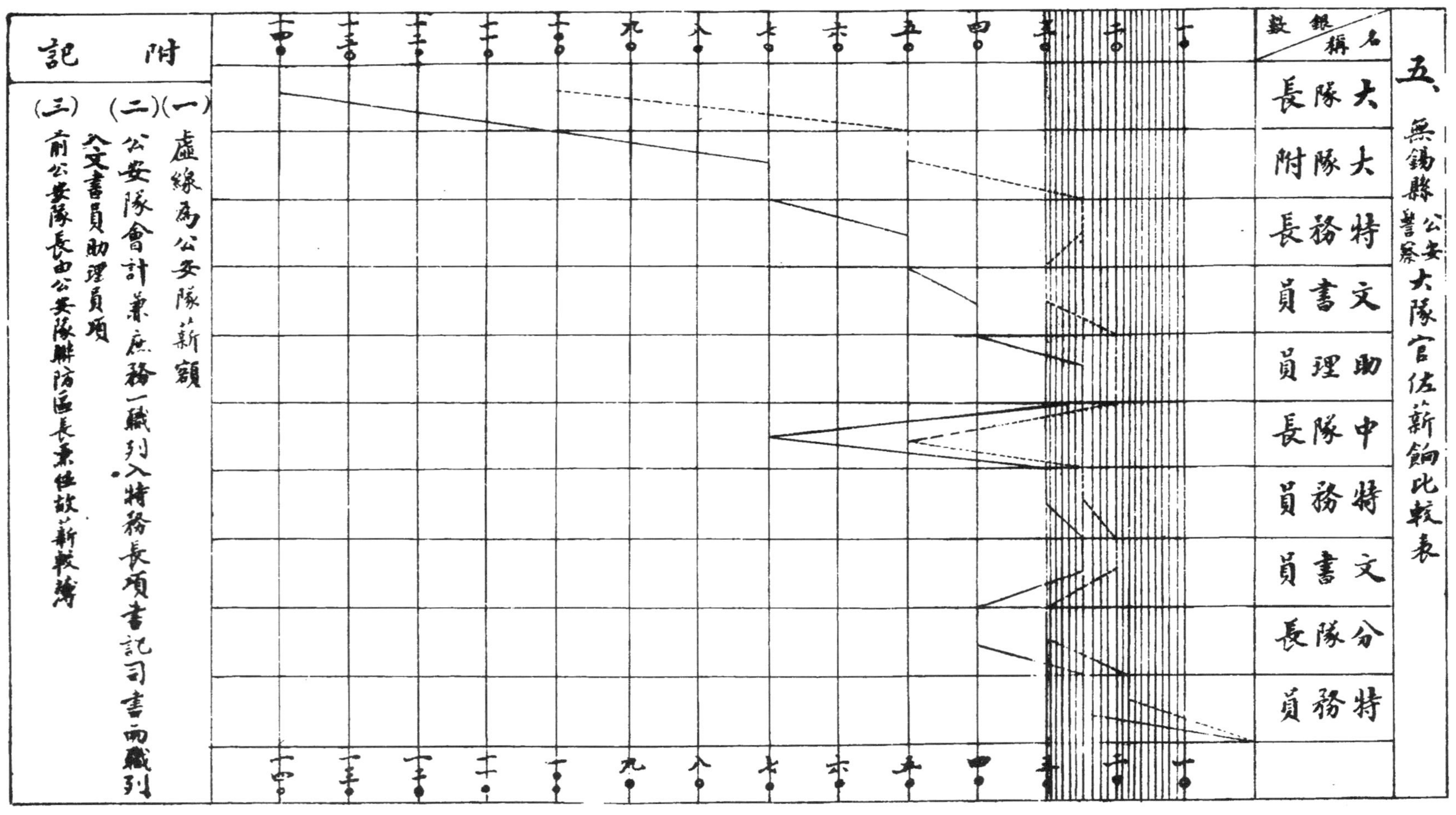

五、無錫縣公安警察大隊官佐新餉比較表
名稱
銀數
大隊長
大隊附
特務長
文書員
助理員
中隊長
特務員
文書員
分隊長
特務員
一〇
二〇
三〇
四〇
五〇
六〇
七〇
八〇
九〇
一〇〇
一一〇
一二〇
一三〇
一四〇
附記
(一)虛線為公安隊薪額
(二)公安隊會計兼庶務一職列入特務長項，書記司書兩職列入文書員助理員項
(三)前公安隊長由公安隊聯防區長兼任，故薪較薄

無錫縣公安警察大隊長警薪餉比較表

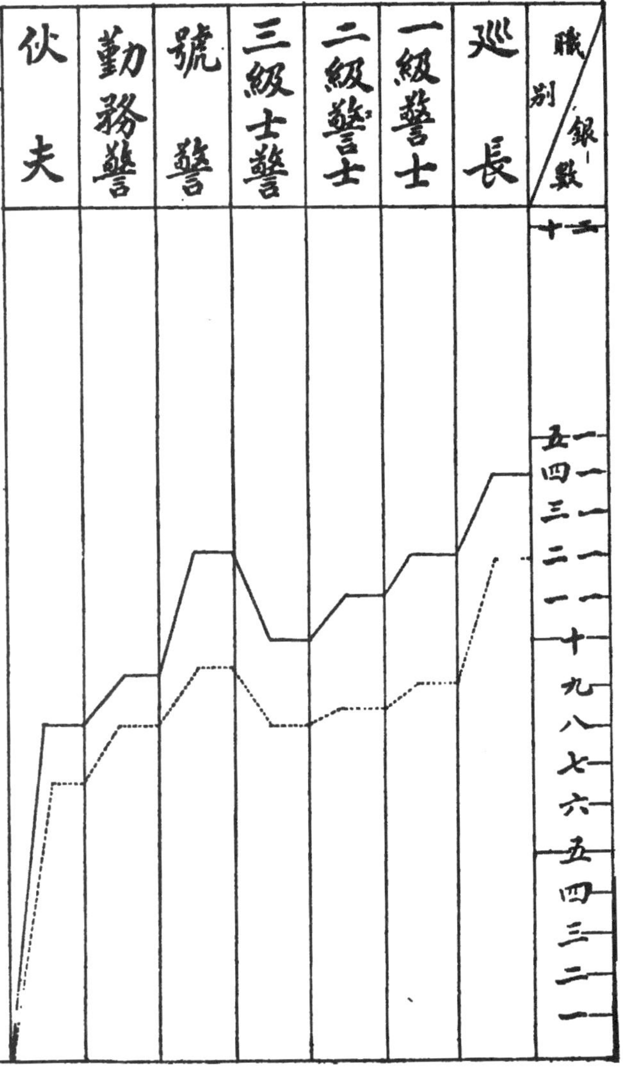

職別 / 銀數：巡長、一級警士、二級警士、三級士警、號警、勤務警、伙夫

二十、十五、十四、十三、十二、十一、十、九、八、七、六、五、四、三、二、一

附記

（一）虛線為公安隊餉額

（二）公安隊無巡長僅有分隊部文書上士一名列入巡長項下

（三）現有薪餉較之國防軍不相上下而在蘇省警察中有如此待遇者僅無錫一縣而已

項目	名數	月薪餉	年薪餉	附註
公費		九〇元	一·〇八〇元	每分隊每月支十元
計月薪餉公費銀九百陸十三元			年薪餉公費銀一萬一千五百五十六元	
巡長	二七	三七八元	四·五三六元	
一級警士	二七	三二四元	三·八八八元	
二級警士	八一	八九一元	一〇·六九二元	
三級警士	二四三	二四三〇元	二九·一六〇元	
計月薪餉公費銀四千另念叁元			年薪餉公費銀四萬捌千二百柒十六元	
騎巡組長	一	一四元	一六八元	
一級警士	一	一二元	一四四元	每名月支十二元
二級警士	三	三三元	三九六元	每名月支十一元
三級警士	五	五〇元	六〇〇元	每名月支十元
馬乾		五六元	六七二元	馬七匹每月每匹馬乾七元掌纓獸醫費一元
計月薪餉公費銀一百六十五元			年薪餉公費銀一千玖百八十元	
水巡隊長	一	四〇元	四八〇元	
特務員	一	二〇元	二四〇元	
巡長	九	一二六元	一·五一二元	每名月支十四元
一級警士	九	一〇八元	一·二九六元	每名月支十二元
二級警士	九	九九元	一·一八八元	每名月支十一元
三級警士	二七	二七〇元	三·二四〇元	每名月支十元
號警	二	二四元	二八八元	每名月支十二元
勤務警	二	一八元	二一六元	每名月支九元
伙夫	九	七二元	八六四元	每名月支八元
公費		一〇元	一二〇元	每名月支十元
計月薪公費銀七百八十七元			年薪餉公費銀九千四百四十四元	

總計 月薪餉公費銀六千八百八十一元
年薪餉公費銀八萬二千五百七十二元

警衛槍械

(一)無錫縣原有警衛部隊槍械調查表

隊號	槍之名稱	數量	子彈	程度 堪用	程度 待修	程度 廢壞	備考
公安大隊部	木壳槍	三七	五·七二〇	三七			
	老毛瑟	七四	二·五三三	六一		一三	繳庫十三枝
	林明敦	二一	無			二一	繳庫
	馬利亞	二	無			二	繳庫
	套筒槍	六	無	一		五	繳庫五枝
	雜槍	二九	廢			二九	繳庫
	頭號白郎令	四	六八	四			
	二號白郎令	一	無			一	繳庫
	左輪手槍	一	四〇	一			
	馬槍	一	無	一			
冬防遊巡隊	木壳鎗	二〇	三·五〇〇	二〇			
	手鎗	一四	一·二〇〇	一四			
公安局警察	俄國造步鎗	三五	二二九五	三五			
	三十年式步鎗	一	無	一			
	套筒步鎗	五	三四五	五			

▲附記 (一)統計共二五一枝內堪用者一八〇枝廢壞存庫者七一枝

(二)各種子彈廢壞者佔三分之一

(三)老毛瑟鎗及俄國造鎗子彈於今無從添置

(四)公安隊編制每中隊分三分隊每分隊分三班官兵有六十六員名公安隊有二個中隊任四百二十以上僅有鎗一百七十六枝廢鎗在內

(五)冬防遊巡隊鎗械為秦縣長任內新置

(六)水巡隊鎗械為民元時所辦公安局警察隊亦然

(二)無錫縣公安局暨各分局所現有槍彈統計表

局別	名稱		數量	程度 堪用	程度 待修	程度 廢壞	備考
縣公安局	槍	木壳槍	十一枝				
		手槍	五枝				
		林明敦槍	十九枝				
		單响毛瑟槍	四枝				
		套筒槍	一枝				
		三十年式步槍	一枝				
	木壳槍彈		五百五十二粒				

	彈	手槍彈 林明敦槍彈 俄造步槍彈 步槍彈	二百六十三粒 五百五十四粒 九千一百七十五粒 六百粒				
直轄第一分駐所	槍	俄造步槍 勃郎林手槍	六枝 五枝	四枝 五枝	二枝		
	彈	俄造步槍彈 勃郎林手槍勃	六百五十粒 一百二十八粒			一百粒	試用手槍消耗子彈十五粒
第一分局	槍	俄造五响步槍 勃郎林手槍	二十二枝 十四枝	十九枝 十四枝	三枝		
	彈	俄造五响步槍彈 勃郎林手槍彈	一千五百粒 四百七十粒			三百粒	試用手槍消耗子彈四十二粒
第二分局	槍	俄造步槍 勃郎林手槍 五响蓮蓬手槍	二十枝 十三枝 一枝	十二枝 十三枝	八技	 一枝	
	彈	俄造步槍彈 勃郎林手槍彈	一千五百粒 三百七十粒				試用手槍消耗子彈三十四粒
第三分局	槍	俄造步槍 馬槍 勃郎林手槍	二十枝 三枝 八枝	十一枝 十三枝	八枝	一枝	
	彈	俄造步槍彈 馬槍彈 勃郎林手槍彈	一千二百三十四粒 一百四十五粒 三百二十粒				試用手槍消耗子彈十八粒
第四分局	槍	俄造步槍 小口徑套筒步槍 八八年套筒步槍 九响老毛瑟槍 勃郎林手槍	十五枝 二枝 一枝 二枝 八枝	四枝 二枝 一枝 一枝 七枝	十一枝 一枝 一枝		
	彈	俄造步槍彈 勃郎林手槍彈	一千一百十粒 三百三十五粒			三百廿粒	試用手槍消耗子彈三十粒
第五分局	彈	俄造步槍 比國勃郎林手槍 勃郎林手槍	二十四枝 四枝 十五枝	六枝 四枝 十一枝	十八枝 四枝		
	彈	俄造步槍彈 比國勃郎林手槍彈 勃郎林手槍彈	一千七百五十粒 三百八十七粒 一百零五粒				試用手槍消耗子彈五十七粒

單位	類別	名稱					備考
第六分局	槍	單響老毛瑟步槍	二十二枝	二十一枝	一枝		
		勃郎林手槍	七枝	七枝			
	彈	單響老毛瑟步槍彈	二千粒				試用手槍消耗子彈三十二粒
		勃郎林手槍彈	二百二十五粒				
第七分局	槍	俄造步槍	四枝	二枝	二枝		
	彈	俄造步槍彈	八十粒				
第一分駐所	槍	套筒步槍	三枝	三枝			向商團借用
		俄造步槍	一枝	一枝			
		三十年式馬槍	一枝	一枝			
	彈	套筒步槍彈	八十九粒				向商團借用
		俄造步槍彈	二十五粒				
		三十年式馬槍彈	四十粒				
第二分駐所	槍	林明敦槍	四枝	二枝	二枝		
	彈	林明敦槍彈	八十粒				
第八分局	槍	俄造步槍	六枝	六枝			向私人借用
		套筒快槍	五枝	五枝			
		老毛瑟步槍	三枝	三枝			
		三十年式步槍	一枝	一枝			
	彈	俄造步槍彈	一百九十三粒				向私人借用
		套筒快槍彈	三百九十三粒				
		老毛瑟步槍彈	五十五粒				
第一分駐所	槍	駁殼槍	一枝	一枝			借用
		老毛瑟步槍	三枝	二枝	一枝		
		七九步槍	一枝	一枝			
		俄造步槍	三枝	二枝	一枝		
		勃郎林手槍	一枝	一枝			
	彈	駁殼槍彈	九十五粒				借用
		老毛瑟步槍彈	一百零五粒				
		七九步槍彈	十五粒				
		俄造步槍彈	八十八粒				
		勃郎林手槍彈	四十五粒				
	槍	林明敦步槍	十六枝	十枝	六枝		向保衛團借用
		六五毛瑟步槍	三枝	二枝	一枝		
		六五套筒步槍	一枝		一枝		
		六八三十年式馬槍	一枝		一枝		
		六五宣統三年式步槍	一枝		一枝		

單位	類別	種類	數量				附記
第九分局	槍	六九俄造步槍	三枝	二枝	一枝		
		六八九响毛瑟槍	一枝	一枝			
		駁套槍	一枝	一枝			
		運蓬手槍	一枝	一枝			
	彈	林明敦步槍彈	七百五十五粒				向保衛團借用
		六五毛瑟步槍彈	一千五百粒				
		六五套筒步槍彈	五十粒				
		六八三十年式馬槍彈	五十粒				
		六五宣統三年式步槍彈	二十粒				
		六九俄造步槍彈	三百二十粒				
		六八九响毛瑟槍彈	四十粒				
		駁壳槍彈	七十一粒				
		運蓬槍彈	十粒				
第一分駐所	槍	左輪手槍	四枝	四枝			
	彈	左輪手槍彈	一百六十粒				
第十分局	槍	村田步槍	四枝	四枝			
		駁壳槍	一枝	一枝			
		左輪手槍	三枝	三枝			
	彈	村田步槍彈	四百粒				
		駁壳槍彈	七十粒				
		左輪手槍	四百粒				
十一分局	槍	勃郎林手槍	三枝	三枝			
	彈	勃郎林手槍彈	一百五十粒				
十二分局	槍	老毛瑟槍	十枝	十枝			借用
	彈	老毛瑟槍彈	四百粒				借用
十三分局	槍	村田步槍	十二枝	十二枝			
		老毛瑟步槍	二枝	二枝			
	彈	村田步槍彈	四百八十粒				
		老毛瑟步槍彈	一百粒				
合計	槍		三百五十七枝	二百卅枝	七十四枝	二枝	
	彈		二萬九千六百五十七粒			七百粒	試用手槍消耗子彈二百二十八粒

（三）江蘇省無錫縣警察大隊現有槍彈統計表

隊別	名稱		數量	程度 堪用	程度 待修	程度 廢壞	備考
大隊部	槍	駁殼槍	五	二	二	一	
		白郎令	四	二	一	一	
		六五步槍	七	五	一	一	
		俄造槍	二三	二三			
		毛瑟槍	二七	二五	二		
	彈	駁殼槍	五五八	三九三		一六五	
		白郎令	九〇	九〇			
		漢造槍	七·二五〇	七·二五〇			
		六五步槍	四三六	四三六			
		俄造槍	一·九六七	一·九六七			
		毛瑟槍	二·六五五	二·六五五			
第一中隊	槍	手機關槍	二	二			
		白郎令	七	七			
		六輪手槍	一九	一八	一		
		駁殼槍	五	五			
		漢造(套筒)槍	四八	四八			
		俄造槍	二四	二一	三		
	彈	手機關槍	一九六	一九六			
		白郎令	八〇	八〇			
		六輪手槍	三五	三五			
		駁殼槍	一·四二〇	一·三三九		八五	
		漢套筒槍	三〇八	三〇八			
		漢造槍	二·〇九二	二·〇九二			
		俄造槍	一·五三四	一·五三四			
第二中隊	槍	手機關槍	三	三			
		白郎令	四	二	二		
		駁殼槍	二九	二九			
		粵造槍	一〇	六	四		
		毛瑟槍	六一	五一	一〇		
		馬槍	一		一		
		套筒槍	一	一			
		俄造槍	一〇	三	七		

中隊 彈 白郎令彈	四〇	四〇		
中隊 彈 手機關槍彈	一九〇	一九〇		
中隊 彈 駁殼槍彈	二八三三	二七八八		
中隊 彈 粵造槍彈	二一三二	二一三二		四五
中隊 彈 毛瑟槍彈	一五六〇	一四九五		
中隊 彈 馬槍彈	四三	四三		六五
中隊 彈 套筒槍單	八六	八六		
第三中隊 槍 手機關槍	一		二	
第三中隊 槍 白郎令	一	一		
第三中隊 槍 駁殼槍	二四	二〇	四	
第三中隊 彈 手機關彈	一八三	一八三		
第三中隊 彈 白郎令彈	四七	四七		
第三中隊 彈 駁殼槍彈	九四九	九四九		
第三中隊 大刀 大刀	六〇	六〇		
合計 槍	三一八	二七五	四〇	三
合計 彈	二六六八四	二六三二四		三六〇
合計 大刀	六〇	六〇		

附記

(一)本黨依現有槍械統計實數

(二)大隊部內包括水巡隊所有槍械

(三)毛瑟子彈及俄槍子彈廢壞約三分之一以年代太久恐藥力已不生效力

警衛區域

(一)無錫縣公安局所屬各分局管轄區域一覽表

局別	駐在地 區名	駐在地 地名	人員支配 警官	人員支配 巡長	人員支配 巡士	人員支配 合計	所轄地域 區	所轄地域 域面積	備考
縣公安局	第一區	舊無錫縣	三十三員	七名	三十四名	七十四			

直轄第一分駐所	第一區	東門外	一員	三名	二十三名	二十七	東至洞橋南至興隆橋西至延壽殿北至廟埄橋	六方里
第一分局	第一區	崇安寺	二員	八名	八十二名	九十二	縣城爲界	十方里
第一派出所	第一區	烈布廟		一名	十八名	十九		
第二分局	第一區	光復門外	二員	七名	五十二名	六十一	東至延壽司殿南至光復門西至通匯橋北至工運橋	一方里
第三分局	第一區	南門外日暉橋	二員	四名	三十名	三十六	東至京滬路南至揚名鄉西至莊橋頭北至南城門	十二方里
第一派出所	第一區	上牌樓		一名	九名	十		
第二派出所	第一區	清明橋		一名	九名	十		
第四分局	第一區	西門外	二員	六名	三十六名	四十四	東至西城牆南至三分局九分局西至惠山北至五分局	七方里
第一派出所	第一區	惠山		一名	十一名	十二		
第五分局	第一區	江陰巷	二員	六名	六十名	六十八	東至通匯橋南至北城門西至高橋北至顧橋	十二方里
第一派出所	第一區	吳橋		一名	十八名	十九		
第六分局	第一區	廣勤路	二員	五名	三十一名	三十八	東至長新橋南至小粉橋西至惠工橋北至塘南橋	八方里
第一派出所	第一區	惠農橋		一名	十三名	十四		
第七分局	十一區	蕩口	二員	二名	十六名	二十	東至吳縣南至十一分局西至十分局北至常熟	二百方里
第一分駐所	十一區	甘露鎮	一員	一名	十名	十二		
第二分駐所	十一區	鴻聲里	一員	一名	六名	八		
分局	三區	周新鎮	二員	二名	十六名	二十	東至漕王涇橋南至謝家街西至五里湖北至耕讀橋	一百九十五方里

第一分駐所	三區	東埄	一員	一名	十名	十二	
第一派出所	三區	南橋		一名	六名	七	
第九分局	四區	開源鄉	二員	二名	二十六名	三十	東至第一區南至第三區西至第十七區北至第十六區　一百五十三方里
第一分駐所	四區	錢橋	一員	一名	十名	十二	
第一派出所	四區	武聖廟		一名	六名	七	
第二派出所	四區	榮巷		一名	六名	七	
第十分局	九區	后橋鎮	二員	二名	十六名	二十	東至常熟南至十一區西至第十區北至第八區　一百方里
第十一分局	十二區	后宅鎮	二員	二名	十六名	二十	東至南延市南至吳縣西至新安鄉北至景雲市　二百三十七方里
第十二分局	六區	八士橋	二員	二名	十六名	二十	東至懷上市南至無錫市西至天上市北至江陰縣　一百六十方里
第十三分局	五區	堰橋	二員	二名	十六名	二十	東至第六區南至華巷西至錫澄運河北至江陰　一百五十二方里

（四）無錫縣警察大隊防地支配一覽表

隊號	類別	職別	姓名	駐防地址	備考
大隊部		大隊長	黃貞白	城中崇安寺	附率特務警一組附率騎巡隊一組分駐火神殿
第一中隊部		中隊長	馮子謙	張經橋西街	率領第一分隊第三班第二分隊第二班警力
	第一分隊	分隊長	劉春蘭	黃土塘	率領一分警力
		特務員	范忠勝	陳墅	仝上
	第二分隊	分隊長	易定山	芧塘橋	仝上
		特務員	顧瑞雲	蠡埄	仝上

隊別	職別	姓名	駐地	備考
一班	巡長	王明	西倉	仝上
第三分隊	分隊長	孫一林	東湖塘	仝上
	特務員	强指南	潭塘橋	仝上
第二中隊部	中隊長	朱振國	城中中隱道院	
第一分隊	分隊長	李嵩	附二中隊部	仝隊
第二分隊	分隊長	王文藻	安鎭	率領兩班警力
	特務員	沈奎	石埭橋	率領一班警力
第三分隊	分隊長	孫文元	附二中隊部	仝隊
第三中隊部	中隊長	丁卓	普賢北院	三中二分隊一班
第一分隊	分隊長	鄭超	縣政府	仝隊
第二分隊	分隊長	廖運美	附大隊部	現特務員姬長寬率領一班半警力
水巡隊	隊長	吳正榮	北門外長安橋	兩艘駐張塘橋兩艘駐玉祈四艘駐獨山門一艘駐本部

▲附記 （一）第二中隊三分二警力暨第三中隊三分二警力及騎巡組負担城區治安（二）第一中隊全部警力暨第二中隊三分一警力担任東北鄉一帶防務（三）水巡隊九分四駐防鄉區要道九分四駐太湖要塞又九分一駐防隊部兼值大隊部特別事收之應用（四）特務隊一組（即便衣密探）担任全隊全邑城鄉偵緝事宜（五）大隊部電話八一二二〇中隊部電話二〇一六轉水巡隊電話八八一

警察大隊對于城鄉各處地位重要之點。均有相當之警力妥為配備。假如未經配有警之鄉區。并無他項軍隊駐防之所在。不幸發生盜匪情事。則警察大隊自不能置若罔聞。故為策地方治安萬全計。除將所屬水巡隊。撥編巡船四艘組一臨時遊巡隊。分期輪流游戈各市鄉。巡緝盜匪外。同時並將在城之部隊。挑選壯警士五十名。組織陸上遊擊隊一隊。藉以遊巡四鄉。追緝盜匪。又警察大隊駐防鄉區各部隊。平時對于駐地之警衛。以及附近各村落各要道等。自宜嚴密注意。加緊巡哨。但對于其他地點駐防部隊之聯絡。彼此防務情形之變換。以及緝捕盜匪之策劃。諸端亦應慎密規定。以期妥善。茲將該隊派駐東北鄉一帶各部隊。會哨隊伍日期地點等項。分別規定。造表頒發。俾便遵行。表如左。

圖表三：此處原爲《五、無錫縣警察大隊駐防地略圖》，見書後。

無錫縣警察派駐鄉區部隊會哨日期一覽表

星期	會哨部隊	會哨地點	經過區域	注意事項	備考
一					
二					
三					
四					
五					
六					
附記	（一）本表會哨日期與地點由各防地主任長官配定（二）依情況得隨時更改（三）事關軍事機密未便註明（四）遇有特別情形及徵候須將經過情形報告大隊部備查				

駐防鄉區。職責重要。應以不休不眠之精神。黽勉從事。兢兢業業。時懷戒心。俾免於過。然而各防地主任長官。除平日督率長警勤勤愼愼務外。並規定每兩星期向大隊長報告一次。以便指示機宜。戮力職守。製發警備旬報表。按期塡呈。以便考成。如遇有特別事故發生。除飛向鄰近部隊報告外。得直接報告大隊部請示以期迅速茲附警備旬報表如下。

江蘇省無錫縣警察大隊第　中隊第　分隊警備旬報表

隊號	
駐防區域	
防區毗連之聯絡	
警備之實力	
警備之方法	
警備之經過情形	
有無特種徵候	

（六）江蘇省水上公安隊第二區在錫防汛及實力調查表

名稱	兵力	駐地	防汛及實力	其他
區部	區部有巡船一艘又調各隊巡船五艘共六艘兵官約四十餘名	西門	管轄範圍有武錫宜及吳縣等縣一部分有三七大炮二尊機關槍合子炮步槍約五六十枝	
第六隊部	有巡船三艘官警二十餘名	黃埠墩	有槍二十餘枝	
第一分隊	巡船六艘官警三四十名	洛社	泗河口藕塘橋六區橋胡埭等處有槍二十四枝	巡船集中分隊不時游巡所屬防地
第二分隊	巡船六艘官警三四十名	東亭	甘露蕩口嚴家橋后橋等處有槍二十四枝	同上
第三分隊	巡船六艘官警三四十名	大渲口	亭子橋西水關望亭新安等處有槍二十四枝	同上

駐軍

（一）無錫縣環民國十八年駐軍紀要

本年本邑駐軍自一月十一日起至十二月二十二日止。所有更動部隊。隊號兵力約記如左。

一月十一日起　第三師師長毛炳文第九旅旅長趙錦雯旅部駐錫。兵力一營兩連。

二月二日　第六師方策第十六旅郭懺三十二團錢倫體兵力一營。團營駐錫。

三月廿四日　新編第三旅袁家聲旅部駐錫。兵力二營。

八月十二日　第六師方策第十八旅邢震南三十六團二營同駐錫。兵力一營。

九月十二日　第五師十四旅廿八團第一營鄺崑嶼駐錫。

十月二日　第五師十五旅三十團第三營劉和珍。

十月十三日　獨立第四旅孫常鈞部十二團王錫齋兵力一營。

十二月六日　第五師十三旅二十六團第一營胡正濟部兵力兩連。

十二月十六日　第三師毛炳文第八旅十六團趙錦昌二營余安全部兵力一連。

十二月二十日　第五師十四旅二十七團二營劉棨兵力兩連。

十二月廿二日　第六師趙觀濤十七旅三十一團李英豪一營何世澄兵力兩連。

（二）無錫縣公安局轄境十八年十月駐軍調查表

隊號	兵力	長官姓名	駐紮地點	對地方之感情	已否勦匪	勦匪日月及當時情形	調防年月	備考
獨立第四旅十二團	機關槍一連迫擊砲一連步兵三連	團長王錫齋	救火會	譽情頗洽	曾經開往溧陽勦匪	十八年十一月廿一日克復溧陽縣	十八年十月十日來錫	
第二營營部		營長葉于春	惠山	仝	仝	仝	仝	
機關槍連	仝　連	連長顏楚彝	蓮花莊	仝	仝	仝	仝	
迫擊砲連	仝　連	連長鍾傑臣	南門外	仝	仝	仝	仝	
步兵第四連	仝　連	連長鄒桂榮	火車站	仝	仝	仝	仝	
步兵第六連	仝　連	連長王培述	惠山	仝	仝	仝	仝	
步兵第八連	仝　連	連長劉雲軒	惠山	仝	仝	仝	仝	

（三）無錫縣最近招待軍隊費用一覽表

軍別	長官姓名	兵士數目	事由	蒞錫日期	駐錫日數	費用：招待費數目	費用：招待費用來源	費用：臨時借款數目	費用：臨時借款來源	已否歸還	承辦機關
國民革命軍陸軍第四旅第十二團	團長王錫齋	五百名	防護	十八年十月十四日	四十天	五吳、〇五元	惠山名詞後裔補助款產處				公安局
陸軍第四旅第十二團	仝上	三百名	開撥溧陽勦匪代雇輪船民船	十一月廿四日		四〇〇、元	款產處				航業公會
仝上	仝上		仝上	仝上				六〇〇、元	縣政府財務局墊付	未還	

國民革命軍第三師七旅十三團	團長李仙洲	一七〇〇名	往宜興溧陽擊退叛兵代雇輪船六艘民船四十六艘	十二月七日		一五〇〇、元	商會市政籌備處				縣政府公安局
第十八旅留守	留守員葛珍	一〇〇名	留錫駐守	十二月十六日				三〇元	縣政府	未還	縣政府
伕役		三五名	奉民政廳電令轉京	十二月二十日		七七、一八元	縣政府				縣政府
國民革命軍陸軍第六師十七旅卅一團第一營	營長何世澄							九〇〇、元	商會縣政府	已如數歸還	
總計						一六一三、一三		一三三、〇元			

本邑地當京滬中心。交通至爲便利。任何地方發生事變。往往爲輸送必經之道。本年因溧陽宜興等處警報頻傳。錫邑陸續過兵。前後數次。所有招待兵差各項事宜甚爲繁瑣。茲連同駐防軍招待費及歷次臨時借款。分別列表統計如右。

特種警衛

(一)無錫縣商團概況

商團組織。以支會爲單位。每一支會組織一支隊。由支隊長督率管帶。春秋時爲操練時間。凡遇地方有警。臨時召集出防。協助軍警。每屆冬防。則出任防務。保衛商市。其經費籌集。槍械保管。服裝添置。則由各支會總理其事。由城鄉各支會組織商團公會。統率全縣商團。操練出防。均由公會命令召集指揮之。每屆冬防時。各支會以商市繁盛。團員有職務關係。須至夜間出防。臨時召募游巡隊士。日間分佈崗哨。夜間與團員分班梭巡。以維商市。此其組織及任務之大概也。

(二)無錫縣商團警衛力量及區域調查表

隊別	官佐姓名	階級	兵力	駐紮地點	附近電話號數	警備區域	備考
第一支隊	馬浩生 繁伯瑜	支隊長 教練	四二	竹塲巷	六八 五二〇	大橋下前後 竹場江陰巷	

二 無錫縣商團公會組織系統表

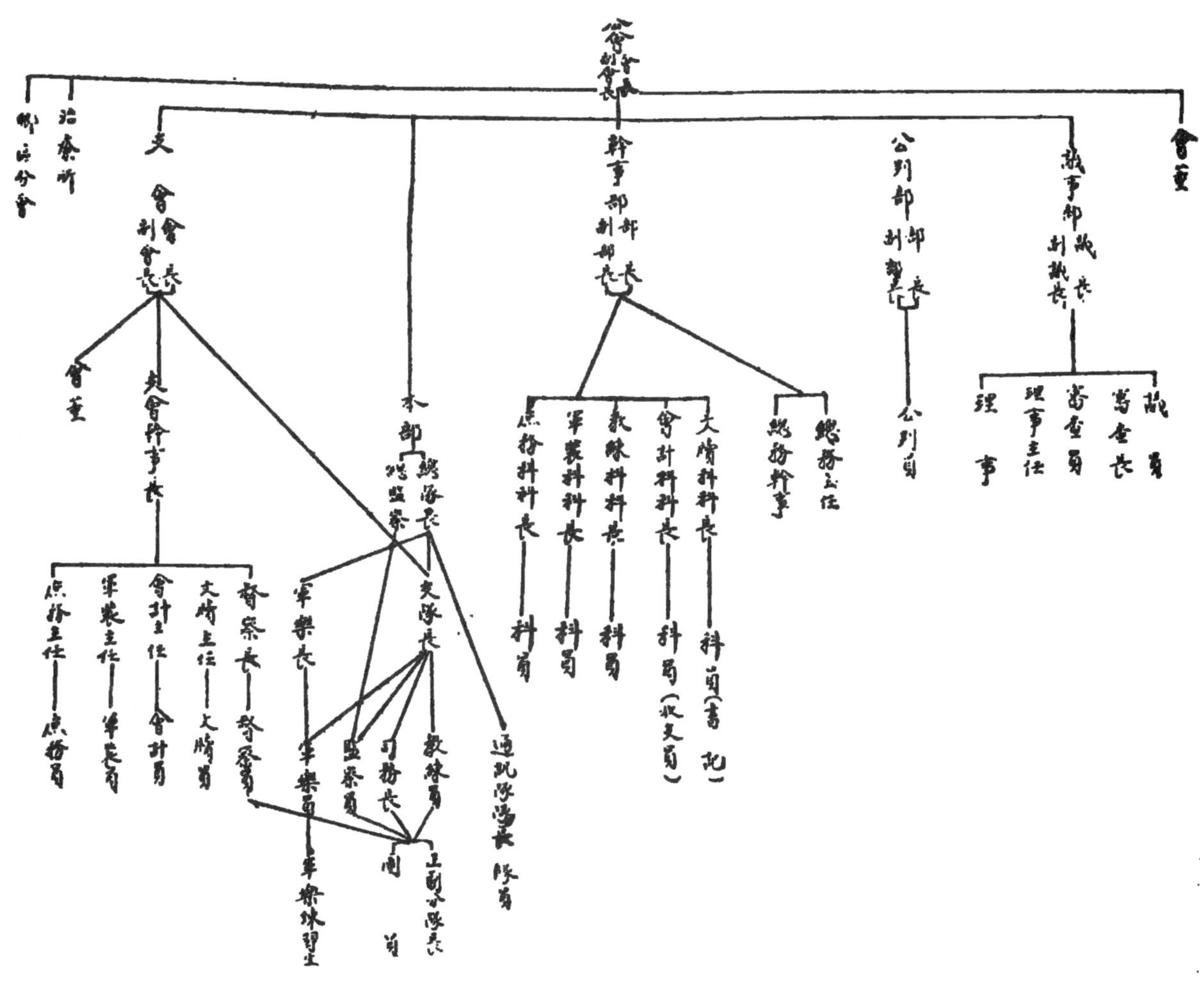

第二支隊	陳顯清	支隊長	四二	小泗房街	七二五	北塘及三里橋一帶	
第三支隊	吳仲炳 汪學潞	支隊長 教練	四二	映山河南陽里	八二三	城區	
第四支隊	沈煥章 尤樾	支隊長 司務長	四二	黃埝橋	七號轉	黃埝橋馬路一帶	
第五支隊	戴安宜 陳九田	支隊長 教練	四二	南門	七五七	南區	
第六支隊	龔耀良 王殿	支隊長 教練	三〇	西門	六三五	西區	
第七支隊	楊敬威	支隊長	二〇	東門		東區	暫行停辦
第八支隊	段起山 劉耀坤	支隊長 教練	四二	廣勤路	四〇六	廣勤路	
第九支隊	吳錫庚 於倜	支隊長 司務長	三〇	布巷街	六一〇轉	大橋街一帶	
第十支隊	鄭粟良 施尚志	支隊長 教練	四二	後蔡家街	二六六	北塘前後街至新三里橋	
第十一支隊	惠浩乾	支隊長	四二	蕩口		蕩口	
第十二支隊			二〇	周新鎮		周新鎮	暫行停辦
第十三支隊	楊祥啓 吳愼思	支隊長 教練	一〇	大墻門		大墻門	
第十四支隊	李聘三 何有志	支隊長 教練	四〇	嚴家橋		嚴家橋	
第十五支隊	唐詠蠡 單仲卿	支隊長 教練	三〇	前州		前州	
第十六支隊	周賽球 孔憲榮	支隊長 教練	二〇	西倉		西倉	
第十七支隊			二〇	后宅		后宅	暫行停辦
第十八支隊	陳仲章	支隊長	二〇	南橋		南橋	
第十九支隊	錢起霞	支隊長	二〇	鴻聲裏		鴻聲裏	暫行停辦

隊別	姓名	職別	人數	地點
第二十支隊	顧稷臣 周夢飛	支隊長 教練	三〇	張涇橋
第廿一支隊	過學綸	支隊長	二〇	八士橋
第廿二支隊	顧毅	支隊長	二〇	甘露
第廿三支隊	劉邦基 尹聘三	支隊長 教練	四二	洛社
第廿四支隊	畢星橋 張守全	支隊長 教練	二〇	安鎮
第廿五支隊	李壽樸	支隊長	二〇	禮社
第廿六支隊	楊應麟	支隊長	二〇	葑莊
第廿七支隊	楊榮樂 何守義	支隊長 教練	二〇	長安橋
第廿八支隊	鄭文光 蔣學鉌	支隊長 教練	四二	羊尖
第廿九支隊	强學會 汪惠民	支隊長 教練	二〇	梅村
第三十支隊	劉達 沙建文	支隊長 教練	二〇	六區橋
第三十一支隊	吳若泰 朱鑑珊	支隊長 教練	二〇	東湖塘
第三十二支隊	姚熊飛 李志山	支隊長 教練	二〇	黃土塘
第三十三支隊	陳怡安 莊振英	支隊長 教練	二〇	胡埭
第三十四支隊	張其民 聶鵬仁	支隊長 教練	二〇	石塘灣
第三十五支隊	錢祿耕 楊玉光	支隊長 教練	二〇	新瀆橋
第三十六支隊	袁士魁 翁鳳山	支隊長 教練	四二	楊墅園

張涇橋 八士橋 甘露 洛社 安鎮 禮社 葑莊 長安橋 羊尖 梅村 六區橋 東湖塘 黃土塘 胡埭 石塘灣 新瀆橋 楊墅園

(四)無錫縣各區商民自衛團概況

本縣各區商民自衛團。係按各區情形。由地方自行籌設。名為保衛團。因列年情形不同。故裁設不一。本年各區保衛團兵力駐地列如第下表。惟七北自衛團辦理情形及名稱均與他處不同。因其性質與自衛團無異。故一併列入。

(五)無錫縣各區商民自衛團駐地調查表

團隊別	官佐姓名	階級	兵力	駐紮地點	備攷
楊名鄉保衛團	陸小槎	團長	七〇	吳塘門	
懷上市保衛團	夏錦春	團長	四二	陳墅鎮	第一支隊駐楊家莊第二支隊駐港下
懷上市保衛團	姚導新	團長	一四	張涇橋	
懷下市保衛團	朱枚吉	團長	二三	安鎮	分駐上山八名
惠北自衛團	周景輝	團長		開原鄉	每夜由本地人民輪流出丁十名專司巡夜

(六)無錫縣冬防隊概況

本地冬防隊。向以地方不靖。每年冬季。本城由縣政府及商民協會雙方籌款招募冬防游巡隊四十名。各市鄉則視當時各地情形如何。酌雇若干名任巡查之責。其有保衛團或商團之各市鄉。則將原有團員名額增加若干名。所有經費均係地方自籌。去年本縣警額。較往年增加。重要鄉區。又添設公安分局。故籌辦冬防隊之情形。亦與往年不同。本城因南門一帶地方曠闊。警力似嫌不足。而商團團員日間均有職務。故商團公會內部。亦招游巡隊十名。以補團員之不足。並任日間巡查之責。所有經費槍枝。均由地方籌之。其各鄉區。除商團。保衛團。自衛團之外。僅楊名鄉添招遊巡隊八名。泰伯市添招四名。內地方籌款。歸該處公安分局長節制。又南延市在冬防期內。亦添招遊巡隊十二名。附屬於商團支隊。其經費槍枝等。亦由地方自籌。此本邑冬防隊之大概情形也。

(七)無錫縣警團聯防委員會簡章

第一條　本會為求消滅地方匪患便利指揮調遣起見組織之

第二條　在本縣境內如遇匪患須調遣警察商團保衛團等協同勦滅者均依此規則辦理之

第三條　凡與本縣毗連之鄰縣邊境發生匪亂應協同會勦者亦依此規則辦理之

第四條　本委員會以下列各機關領袖組織之

一•縣政府

二•水上公安隊第二區

三•公安局

四•警察大隊

五•商團公會

第五條　各機關除平時原有之汛地防務直接負責外如遇大股ノ匪亂須調遣大部隊會勦者概以本委員會名義之命令行之

第六條　本委員會推舉常務委員一人設辦事處於縣政府

第七條　遇有警報由常務委員召集緊急會議商决消滅方法

第八條　凡經本會議决之案以命令行之者各機關應絕對服從

第九條　各機關對於本會命令行之事有不努力奉行及貽誤戎機者須由本會呈報各機關該管之上級機關依法懲辦之

第十條　各機關之汛地如有警耗無論大小除立時以電話報告本會外亦應以電話分向各委員通告之

第十一條　凡遇特別事故需地方駐兵軍協同會勦時即由本會商議請駐軍高級指揮官協助之

第十二條　各機關於警耗消滅後應將經過情形詳報本會

第十三條　本會不規定常會日期如各委員關於地方防務有何意見得請常務委員召集會議商决之

第十四條　本規則經委員會議通過後呈報　民政廳備案施行之

第十五條　本規則如有未盡事由委員會議修正之並分別呈報備案

辛　消防

（一）無錫縣各段救熄會概況表

會名	地址	會長姓名	會員人數	消防器具				經濟來源		備攷
				機龍	洋龍	皮帶	其他	臨時	經常	
東區一段	東門亭子橋	正陳子寬鄭炳泉華純安	五十八	一	一	一百丈	橡皮皮帶一百丈	向各戶勸募	由各戶捐助	
南區一段	南門清名橋	正寵魯芹許燕庭黃卓儒	五十八		一	一百丈		仝上	仝上	
南區二段	南長街	正江汀芝華子孚邵搴芳	五十八		一	一百丈		仝上	仝上	

南區三段	清名橋下塘·	正許佩謙段履剛劉象熙	五十人		一	一百丈	仝上	仝上
南區四段	黃埿烽	正江導三虞志卿陶鑑衡	五十人		一	一百丈	仝上	仝上
南區五段	老鑑頭	正劉鴻坤劉叔良馮錦山	五十人		一	一百丈	仝上	仝上
西區一段	西吊橋	正溫晉賢李仲臣蘇養齋	五十人		一	一百丈	仝上	仝上
西區二段	西倉下	正程緒卿錢少卿糜仲華	五十人		一	一百丈	仝上	仝上
北區一段	北大街	正繆棟臣陳蕙蓀方孟樓	五十人	一	一	二百丈橡皮皮帶十丈	仝上	仝上
北區二段	壇頭街	正陳進立沈榮甫丁亮租	五十人	一	一	二百丈 仝上	仝上	仝上
北區三段	接官亭	正蔡緘三蔡吉暉	五十人	一	一	二百丈 仝上	仝上	仝上
北區四段	三里橋	正謝維翰陸伯平沈少初	五十人	一	一	二百丈 仝上	仝上	仝上
北區五段	北塘東街	正單紹聞李硯臣華幹臣	五十人		一	一百丈	仝上	仝上
北區六段	小泗房街	正趙子新鄧雲翔俞時維	五十人	一	一	二百丈橡皮皮帶十丈	仝上	仝上
北區七段	泗保橋	正單安吉李硯臣徐漢臣	五十人		一	一百丈	仝上	仝上	籌辦機龍不日來錫
北區八段	江尖上	正鄒復威蔣東岸周蔭庭	五十人		一	一百丈	仝上	仝上	籌辦水上救火船
北區九段	北柵口	正徐子佩任子善沈楚才	五十人	一	一	二百丈橡皮皮帶十丈	仝上	仝上
北區十段	江陰巷	正竇魯沂周利顯王頌魯	五十人		一	一百丈	仝上	仝上
北區十一段	吉祥橋	正陳敬堂石清麟程文森	五十人	二	一	三百丈橡皮皮帶十丈	仝上	仝上
北區十二段	黃泥橋	正陳仲英周翊臣	五十人		一	一百丈	仝上	仝上	正在籌辦機龍不久即可到錫
廣勤區一段	廣勤路	正朱德齋錢維賢彭雲和	十五人		一	一百丈	仝上	仝上
中區一段	書院街	正唐維國吳士枚	五十人	一	一	二百丈橡皮皮帶十丈	仝上	仝上
中區二段	裏黃泥橋	正吳玉書范瀬臣楊捷三	五十人		一	一百丈	仝上	仝上
中區三段	寺巷口	正丁荷生樓朗清陳輔臣	五十人	一	一	二百丈橡皮皮帶十丈	仝上	仝上
中區四段	大市橋	正孫荷生許松泉唐翰州	五十人		一	一百丈	仝上	仝上
中區五段	駁岸上	正楊履冰李石安陳進立	五十人	一	一	二百丈橡皮皮三十丈	仝上	仝上
中區六段	斜橋下	唐屏周楊幹卿	五十人		一	五十丈	仝上	仝上

中區七段	青果巷	正范雲章丁杏初韓樂愚	五十八	一	一百丈	仝上	仝上
中區八段	中市橋	正許彝庭楊郁初袁麗庭	五十八	一	一百丈	仝上	仝上
中區九段	南市橋	正龔可梓華鍫三顧璧臣	五十八	一	一百丈	仝上	仝上
中區十段	老縣前	正周蔭庭邵萱蓀高立新	五十八	一	一百丈	仝上	仝上 第二自流井上裝出水龍頭乙個

（二）無錫市十八年度火災次數表

日月	時刻	地點	燬屋	死傷	起火原因
一月六日	下午十時	惠農橋堍	草蓬	無	小孩弄火
一月九日	下午一時	中正路	無	無	擱上積薪觸火
一月十一日	下午九時	張巷上	微	無	洋燈火
一月十六日	上午七時	大河上	披屋二間	無	遺火
一月廿二日	上午二時	大河上	無	無	遺火
二月十四日	上午十一時半	南上塘後趙巷上	二十餘間	無	煮飯
二月十五日	下午四時	後竹場巷	三四進樓房兩造	死男孩一	脚罏火
二月十七日	上午十時	陶沙巷	壹間	無	遺火積薪
二月二十六日	下午七時	迎溪橋	未	無	掛籃中
三月一日	上午十時	東門亭子橋	三架	無	早飯火延及稻柴
三月十一日	下午十時	長安橋南尖	平屋三間	無	炒花生死灰復燃
三月十一日	下午四時半	映山河	草蓬五個	無	小孩弄火
三月十二日	上午三時	惠農橋	草蓬十餘個	無	遺火
三月十四日	下午二時半	鐵樹橋	草蓬四十個	無	遺火
三月十五日	下午三時	東門綠蘿菴	草蓬三十個	死女孩一人	遺火
三月十六日	下午四時	東門小粉橋	未	無	香烟頭

三月十八日	下午三時	惠山司馬祠對門	平屋一間	無	小孩弄火
三月十八日	下午一時	前太平巷	平屋三間	無	火油爐打翻
三月十八日	下午十二時半	小泗房街口	無	無	煮飯遺火
三月二十八日	上午五時	西吊橋横街	平屋一間	無	遺火
三月三十日	上午十一時	西門壩橋	草蓬二十個	無	燒晚餐
四月一日	下午十一時	西吊橋堍	樓面一間	無	遺火
四月二日	下午八時	新三里橋	平屋六間	無	爐火
四月八日	下午十二時	大河池	樓面二間	無	洋燭
四月十一日	下午二時	南門談度橋	三間	死六歲男孩一人	遺火
四月十二日	上午三時	吉祥橋	二間	無	遺火
四月十二日	下午三時半	惠農橋	二間	無	遺火
四月十四日	下午十一時	西門外煤屑路	草蓬二十九個	死男一人	遺火
四月十六日	下午十一時	大河上	一間	無	遺火
四月二十一日	下午十一時	公園路麗華對面	草蓬五個	無	洋燈火
四月二十三日	下午三時	東門小粉橋公衖	草蓬二十個	死小孩二人	弄火
四月二十四日	下午二時	社橋頭楊巷上	屋十餘間	無	遺火
四月二十八日	上午一時	書院弄	五間	無	遺火
四月二十九日	上午十二時	前太平巷	無	傷男二人	油鍋走火
五月一日	上午十一時	通惠路第一臺後	五間	無	遺火
五月四日	上午十時	火車站火箱傍	草蓬二十餘個	死女一人	遺火
五月六日	下午十二時	南門裏城口	廠屋五間	無	遺火
五月九日	下午三時	惠山三周巷	房屋四間	無	遺火
五月二十五日	下午十時	梨花莊皂廠傍	草蓬十六個	傷男二人	遺火
五月二十七日	下午十一時	惠農橋東滸河	草蓬百餘個	無	遺火
五月二十八日	下午十一時	亭子橋隆昌後	草蓬十三個	無	遺火

五月二十九日	上午十一時	東新路吉慶里	草蓬三十個	傷女孩手	遺火
五月三十日	下午十一時	東門小粉橋	草蓬四十個	無	遺火
六月三日	下午十一時	南水仙廟後	草蓬	無	遺火
六月七日	上午十二時	黃巷上	二間	無	遺火
六月九日	下午十時	南門談渡橋傍	草蓬二十個	無	遺火
六月十日	下午十一時	西門城脚	一間	無	遺火
六月十五日	上午十一時	江尖上	十二間	無	遺火
六月二十四日	下午十一時	西門吊橋油車後	草蓬六個	無	遺火
六月二十四日	下午十二時	吳橋左近	草蓬五個	無	遺火
六月二十五日	下午三時半	馬路上	未	無	遺火
七月十六日	下午十二時	東門延壽殿左近	草蓬七十個	無	弄火
八月十三日	下午十二時半	惠農橋堍	一間半	無	遺火
八月三十日	上午十一時	光復路	未	死男二人傷男一人	火酒走火
九月三日	下午十時	東門工藝後面	草蓬三間	無	遺火
九月五日	下午三時	龍船浜寶新後面	草蓬十個	無	遺火
十月二日	下午三時	營橋巷十四個	柴間	無	遺火
十月二日	下午三時	廣勤路江北戲園隔壁	草蓬	無	遺火
十月二十二日	上午四時半	三里橋	樓房二間	無	洋燭火
十月二十四日	上午二時	北新橋堍	草蓬四十三個	傷男二人	遺火
十月二十六日	下午十一時	小三里橋	一間樓房二造	無	遺火積薪
十月二十七日	上午五時	鎮巷西首	二間	無	遺火
十月二十七日	上午三時	惠農橋	草蓬	無	遺火
十月二十七日	上午八時	大河上	柴間一間	無	遺火
十一月二十三日	下午四時	南門興隆橋			
十一月二十四日	下午五時	南門灣頭上			

十一月二十五日	下午七時	南門鐵樹橋			
十一月二十六日	上午一時	北門周山濱			
十一月二十六日	下午四時	南門南新橋			
十一月二十九日	上午四時	北門周山濱			
十一月三十日	上午三時	社橋頭張巷上	三間六造	死三人	
十一月三十日	下午三時	北柵口香街內	三間	無	欄上遺火
十二月三日	下午十時	惠農橋北	草蓬三十個	無	遺火
十二月四日	下午八時	後貝巷	樓房一間三造	傷男一人	走電
十二月六日	下午一時	錫滑路口	草蓬四十個	無	遺火
十二月十六日	上午四時	南尖潤豐後面		無	遺火
十二月二十四日	下午	網巾巷			
十二月二十五日	下午一時	水車頭	草棚十四個	傷男孩一	火爐

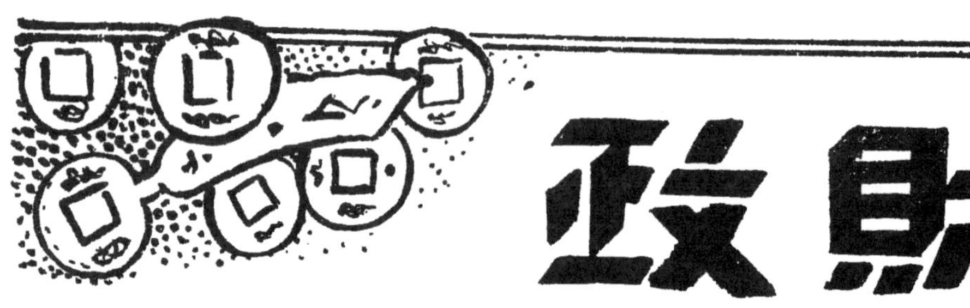

財政

縣財政

(一)無錫縣田賦征收情形

辛亥以前。無錫金匱本爲兩縣。辛亥以後。金匱始併歸無錫縣治。但兩縣銀漕征收之習慣，及收數之淡旺。各有不同。故本縣銀漕征收處仍沿舊習。分易貴兩柜征收。貴字上忙最旺時間在七八月間。下忙在十二月一月間。漕未收數旺期與下忙相同。但易字開征以後，在初限期內。即可大半掃數完清。漕米在繭市前後，亦可征齊，因易字各市鄉泰半屬義圖制度，所謂義圖制度。即鄉間農民應完銀漕者，由各圖甲手輪流負責收集。在初限期內。送至征收處。一卵掃數清完。因此易字各圖。民欠最少。收數亦頗暢旺。貴字則不然。多圖農民大都零星小戶，故皆自行投柜完納，收數每因之減色，民欠亦多。在財務局未成立以前。人民完糧。粮柜均給以小票。並不隨時掣給現串。此種小票。既不註明圖分年月姓名，又無號數可查。漫無稽攷。弊端易生。於是胥吏中飽。國帑耗蝕，財務局成立以後，首先廢除小票。改掣現串。在限期前一月。即將由單分發各糧戶，到期令其持單親自投柜完納。隨時憑單掣給現串。厲行以來。手續雖較繁雜，然積弊於焉革除。茲爲明瞭本縣田賦狀況起見，特將本邑科則項目。土地之價值。及其比較。實征成熟平田之數目。歷年之頒荒。近三年忙漕附征省縣各項稅目之名稱。及其銀數。並將經征各款歲入歲出之概況。一并列成簡明表格。以供邦人士之參攷。

(二)無錫縣田賦科則項目表

貴字漕米　田畝科則如下

平田每畝應完糟米六升二撮六圭八粟七棵
高田又　四升七合六勺九抄四撮四圭四粟零
低田又　四升四合四勺六抄三撮五圭二粟零
灘蕩又　二升三合二勺九抄三撮三圭六粟零
山墩埄又　六合一勺五抄四撮一圭二粟零

易字漕米

平田每畝應完漕米六升二撮六圭一粟零
高田又　四升七合六勺九抄四撮一圭八粟零
低田又　四升四合四勺六抄三撮四圭七粟零
灘蕩又　二升三合一勺九抄二撮三圭二粟零
山墩埄又　六合一勺三抄四撮二圭一粟零

貴字忙銀（上下忙數目）

平田每畝應完忙銀五分七厘一毫二絲零
高田又　四分五厘四毫零
低田又　四分二厘三毫三絲零
灘蕩又　二分二厘一毫七絲零
山墩埄又　五厘八毫五絲零

易字忙銀（上下忙數目）

平田每畝應完忙銀五分七厘三毫一絲零
高田又　四分五厘五毫五絲零
低田又　四分二厘四毫六絲零
灘蕩又　二分二厘二毫四絲零
山墩埄　每畝應完忙銀五厘八毫七絲零

（三）無錫縣賦稅與田地價值比例表

額田數	民田原額易字除老荒坍廢公佔等田外實折實平田六千一百零七頃八十八畝五分三厘七毛六絲四忽 又貴字除老荒坍廢公佔等田外實折實平田六千四百七十二頃二十二畝另另五絲一忽 共合一萬二千五百八十頃另一十畝另五分三厘八毫一絲
各則田地統計	上田約二千四百九十一頃 中田約六千二百二十七頃 下田約三千八百六十二頃 蘆地 山埄
近三年地價平均數	每畝平均價值約計九十六元六角
全縣額田總價值	田額總價值即以九十六元六角算合之田額應爲一萬二千一百五十二萬三千八百十八
應征賦稅正附總數	上下兩忙應征國省縣稅二十九萬五千一百另七元五角二分三厘之數料及附捐二十五萬三百七十四元四角四分九厘冬漕應征國省縣稅三十七萬七千四百一十九元八角三
賦稅對於地價百分之比例	百分之九點二三

五忽

蘆田原額易字一百另九頃七十六畝三分又貴字五十一頃七十一畝七分五厘共合一百六十一頃四十八畝另五厘

以上四頃均折實平田科征忙漕故不重列

元

分五厘手數料等及附捐稅一十九萬八千八百二十四元七角六分九厘以上共正附稅一百一十二萬一千七百二十六元五角八分六厘

(說明)查錫邑民田。十七年分除老荒坍廢公佔外。易字六千一百七頃八十八畝五分三厘七毫六絲四忽。貴字六千四百七十二頃二十二畝五絲一忽。各則額田向分平田。高田。低田。灘蕩。山埄墩五則。統照科則折實平田。其中各有肥瘠。約略勻分上中下三等科征忙漕。蘆田即是蕩田。其原額數已在蕩田之內。向以蕩田科則折實平田科完忙漕。並照原額數每年每畝另收蘆課銀二分。賦稅正附總數上忙七萬二千一百另二兩另七厘。下忙七萬一千八百五十二兩八錢八分七厘。內應征國稅二十一萬五千九百三十二元三角四分一厘。省稅三萬五千九百八十八元七角二分四厘。縣稅四萬三千一百八十六元四角六分八厘。手數料一萬四千七百五十五元三角七分七厘。地方費二萬一千五百九十三元二角三分四厘。普敎畝捐五萬另三百八十四元二角一分三厘。警察畝捐一十萬六百二十四元四角七分一厘。築路費六萬三千另十七元一角五分四厘。漕米七萬五千四百八十三石九斗六升七合。內應征國稅二十二萬六千四百五十一元九角一厘。省稅七萬五千四百八十三元九角六分七厘。縣稅七萬五千四百八十三元九角六分七厘。手數料一萬八千八百七十元九角九分二厘。地方費三千七百七十四元一角九分八厘。普敎畝捐五萬三百四十七元八角六厘。警察畝捐五萬三百四十七元八角另六厘。地方畝捐七萬五千四百八十三元九角六分七厘。(以上忙漕止附共應征稅銀一百一十二萬一千七百二十六元五角八分六厘。又帶米捐二萬九千四百四十六元三角。)

各則田地。每畝折實平田每年完納國稅三角五分一厘六毫。省稅八分八厘六毫。縣稅九分四厘二毫。手數料二分六厘八毫。地方費二分二毫。築路費五分。普敎畝捐八分。警察畝捐一角二分。地方畝捐六分。每年共計完八角九分一厘四毫。以地價九十六元六角爲例。計納賦稅百分之點九二

三。（以上依照十八年應征忙漕正附稅則擬算連同六分地方畝捐通盤扯算共征完前數並未起過地價百分之一）

（四）無錫縣實征成熟平田數目表

田別	數目
普通農田	一百二十四萬七千七百八十一畝
學田	九百八十畝
灘田	二千九百八十一畝
荒田	一萬四千三百六十七畝
蘆課田	六千二百六十九畝
合計	一百二十七萬二千三百七十八畝

（五）無錫縣歷年額荒調查表自十一年起至十七年止

年別	區別	畝數	原因	備註
十一年		一萬八千二百四十一畝五分一厘六毫八絲四忽	有主未認	錫邑習慣逐年報墾至成熟時征糧
十二年		一萬七千一百九十七畝七分五厘六絲五忽	仝上	
十三年		一萬七千八十一畝八分二厘五毫六絲五忽	仝上	
十四年		一萬六千八百二十六畝七分八厘一毫一絲五忽	仝上	
十五年		一萬六千六百四十四畝三分七厘五毫一絲四忽	仝上	
十六年		一萬六千五百九十五畝七分二厘七毫九絲八忽	仝上	自本年份起改由秋勘時報墾至次年成熟即征糧
十七年		一萬四千三百六十七畝二分三厘八毫三絲	仝上	

（六）無錫縣近三年征漕附征省縣附各項名目表

稅別＼年度	十六年		十七年		十八年	
	忙銀	漕米	忙銀	漕米	忙銀	漕米
國稅	上忙一元 下忙一元五角	三元	一元五角	三元	一元五角	二元一角
省稅	二角五分	一元	二角五分	一元	二角五分	一元

縣稅	三角	一元	三角	一元	三角	一元
手數料	一角二厘五毫	三角五分	一角二厘五毫	三角五分	一角二厘五毫	二角五分
義務教育捐	五分	一角	上忙五分 下忙無	無	無	無
地方費	五分	五分	一角五分	五分	一角五分	五分
二五庫券	下忙一元七角四分八厘	無	無	無	無	無
預借國稅	無	三元	無	一元五角	無	無
准留	無	五角	無	五角	無	無
公安費	無	無	上忙無 下忙二角	三角	無	無
築路費	無	無	無	八角三分三厘	八角七分四厘 下忙無	無
限外加價	二角五厘	七角	二角五厘	七角	上忙二角五厘 下忙一角三厘五毫	無
警察畝捐		無	無	無	六角九分九厘	六角六分七厘
普及教育畝捐	無	無	上忙無 下忙六角九分九厘	六角六分七厘	三角五分	六角六分七厘
合計	上忙一元九角五分七厘五毫 下忙四元二角〇五厘五毫	漕米每石九元七角	上忙二元五角五分七厘五毫 下忙三元四角〇六厘五毫	漕米九元　角	上忙四元四角三分〇五毫 下忙三元四角五分四厘	漕米五元七角三分四厘

(七)無錫縣近三年忙漕附征省縣附各項實征年數表十八年至十二月二十五日止

年度 稅別	十六年 忙銀	十六年 漕米	十七年 忙銀	十七年 漕米	十八年 忙銀	十八年 漕米
國稅	一八五、一〇六、五四〇元	二八、〇二三、〇〇五元	一八七、〇八一、四三九元	二〇九、一九三、四七〇元	一四一、三三四、三二七元	一三四、三〇九、六三九元

省稅	三五、五三五、五七七	七九、一五五、一八七	三二、一九三、九九〇	六九、七四二、一八七	二三、六〇九、七六五	二、四三六、五四三
縣稅	四二、六六六、九五九	七九、一五五、一八七	三六、六三一、六八〇	六九、七四二、一八七	二八、三三一、七一八	二、四三六、五四三
手數料	一四、五六五、三九八	一五、六一七、五七八	一三、一九九、四七三	一四、四〇三、一三三	九、六八〇、〇〇四	四、〇〇二、七九〇
義務教育費	七、〇三七、六三八	七、八八五、三三三	三、八六一、三三三	一、二三三、六六二	六八一、五四三	四六、七一七
二五庫券	九一、〇六三、八一五	無	三二、七五五、八四一	無	一、二九六、六八九	無
預借國稅	六、九五三、三四一	二三、五六四、七五七	四二、〇三六	一三、八六五、一三九	無	一七、八五五、五六五
公安隊費	無	無	一〇、二六六、七三〇	一七、二七〇、六六九	二、三五九、三九六	三、二九〇、八一三
准留	無	二九、一四一、一二四	無	三四、八三七、七五六	無	五、七一八、二七三
築路費	無	無	無	四七、八九九、三五八	三三、八三八、二七八	九、一三七、四九〇
地方費	七、二二一、九三四	三、九五五、九四七	一六、七六五、九二五	三、四八七、〇三七	一四、〇二六、六三三	五七一、八二七
水利費	三九五、九二八	二九、九七五	一四、一五七	二、六〇〇	無	無
加價	三、八七六、一四九	二九、五五七、九八八	一〇、八八〇、〇二八	二八、二〇一、二三八	五、六九八、九五六	八、〇〇五、五八〇
積穀	無	四、八一四	無	七七	無	無
特借畝稅	無	六二、二八、〇一四	無	七一、五八七	無	無
普及教育畝捐	無	無	三五、九一七、一七一	三八、三五三、九八八	三二、二三五、五三〇	七、三一六、五七四
警察畝捐	無	無	無	無	四八、五八八、三四八	無
串捐	無	無	六、〇九六、六八〇	六三、七〇一、三三〇	九、三三七、〇三〇	一、五九六、六八〇

（八）無錫縣財務局雜稅處經徵各項雜稅一覽表

（一）短期牙帖徵收稅銀表

稅別	一等	二等	三等	四等
登錄稅	四十元	二十四元	十六元	十元
營業稅	十元	七元五角	五元	二元五角
地方	二元	一元五角	一元	五角
一成手數料	四元	二元四角	一元六角	一元
四厘手數料	四角	三角	二角	一角
建設特捐	一元	一元	一元	一元
共計	五十七元四角	三十六元七角	二十四元八角	十五元一角

(二)賣契稅典契稅徵收稅銀表

名別／稅別	每百元						共計
	正稅	附稅	中資	地方	推收	建設	
賣契稅	八元	一元	二元	一元	一角二分	一元	十三元一角二分
典契稅	六元	無	一元	一元	無	五角	八元五角

(三)長期乙種牙稅徵收倒換稅銀表

等別／稅別	營業稅	地方	四厘手數料	建設特捐	共計
一等	十二元	二元四角	四角八分	一元	十五元八角八分
二等	九元	一元八角	三角六分	一元	十二元一角六分
三等	六元	一元二角	二五四分	一元	八元四角四分
四等	[illegible]四元	八角	一角六分	一元	五元九角六分

(四)短期牙稅徵收逾期稅銀表

稅別／等別	一等	二等	三等	四等
加登錄	四元	二元四角	一元六角	一元
補登錄	三元三角三分三厘	二元	一元三角三分三厘	八角三分三厘
補營業	八角三分三厘	六角二分五厘	四角一分七厘	二角〇八厘
補一成手數料	三角三分三厘	二角	一角三分三厘	八分三厘
補四厘手數料	三分三厘	二分五厘	一分七厘	八厘
合計	八元五角三分二厘	五元二角五分	三元五角	二元一角三分二厘

(說明)逾期一月者應納罰金如上數二月者加一倍三月者加二倍

(五)長期牙稅徵收逾期稅銀表

稅別／等別	一等	二等	三等	四等
加營業	六角	四角五分	三角	二角
補四厘手數料	二分四厘	一分八厘	一分二厘	八厘
共計	六厘二分四厘	四角六分八厘	三角一分二厘	二角〇八厘

(說明)逾期一月者應納罰金如上數二月者加一倍三月者加二倍

(六)十八年度牙稅契稅淡旺月表

名別／月別	牙稅	契稅
一月	四百五十元	二千七百元
二月	八百五十元	二千七百元
三月	一千元	四千五百元
四月	一千二百元	三千六百元
五月	一千五百元	二千一百六十元
六月	二千六百五十八元	二千七百元

七月	二千元	二千七百元
八月	一千元	一千七百三十五元
九月	一千元	五千四百元
十月	一千二百元	二千七百元
十一月	一千元	三千二百元
十二月	一千元	四千五百元
合計	一萬四千八百五十八元	三萬八千五百九十五元

（七）經懺捐十七年鄉認包十八年度額數表

市鄉／額數	每月認包數	每年認包數
無錫市	二百二十元	二千六百四十元
天上市	三十六元	四百三十二元
天下市	三十元	三百六十元
青城市	四十二元	五百〇四元
萬安市	三十九元	四百六十八元
南延市	四十五元	五百四十元
泰伯市	三十六元	四百三十二元
懷上市	二十六元	三百十二元
懷下市	十八元	二百十六元
景雲市	三十八元	四百五十六元
開原鄉	三十七元	四百四十四元
富安鄉	二十九元	三百四十八元
揚名鄉	四十三元	五百十六元
開化鄉	四十二元	五百〇四元
新安鄉	二十五元	三百元
北上鄉	十二元	一百四十四元
北下鄉	二十三元	二百七十六元
合計	七百四十一元	八千八百九十二元

（九）無錫縣牙稅紀要

無錫地處京滬中心點。水陸交通。均極便利。是故商業日趨發展。關於牙稅派額因亦逐漸增加。目前派額為一萬四千八百五十八元。苟能依章認真整頓。尚可超出比額十分之四五。查本邑牙稅不能旺收。其癥結全在土豪劣商取巧圖利。故意違章。設行偷漏國稅。十數年來。官廳向不嚴從取締。相傳至今。成為習慣。以至一帖兩開。一帖數貨。巧立經紀舖棧名目者不計其數。如以好言相勸。合補新帖。彼則藉口辯護。以圖取巧。苟欲嚴辦不貸。勢必聯合而謀反抗。值此萬百革新之際。何能容彼偷存。是當別謀相當辦法。從嚴另行整頓耳。

（十）無錫縣財務局實征牙稅按月比較表（十八年七月份起至十二月份止）

月份	派額 萬千百十元角分厘	實收 萬千百十元角分厘	盈溢 萬千百十元角分厘	虧短 萬千百十元角分厘
七月	二〇〇〇〇〇〇	二五一九五五八	五一九五五八	
八月	一〇〇〇〇〇〇	二五七八七八八	一五七八七八八	
九月	一〇〇〇〇〇〇	一八五〇七〇五	八五〇七〇五	
十月	一二〇〇〇〇〇	二〇七五八六六	八七五八六六	
十一月	一〇〇〇〇〇〇	一五九七六〇〇	五九七六〇〇	
十二月	一〇〇〇〇〇〇			
共計				

（十一）無錫縣當稅及屠宰稅紀要

（當稅）各典當之開設。原爲便利民衆。流通金融。清代並未繳納帖稅。每年祗納年稅銀五十兩。蘇屬及甯揚各典。除年稅外。另繳月捐錢。抵撥地方慈善經費。甯屬各典。名曰代步。本附牙戶之列。亦照上等繳納帖本。並有不收月捐錢文。於年稅外。另繳架本捐款。係就各典架本數目抽取百分之二。各典每年繳若干百千文不等。清代籌餉。曾預借各典年稅五年。民國以來。仍照舊案辦理。惟年稅銀五十兩改爲一五折。合銀元七十五元征收。耗羨浮費一概剔除。然前清時開設公典。須由縣署呈請藩司給帖。雖不納稅。而層遞核轉。規費甚鉅。年稅一項。多有預借。嗣因典業公會嫌預借期遠。承認墊借銀元十萬元。自三年分起。按照收起各典年稅。分年償還。此爲當稅變遷之概略。至於收入。共分三種。曰典當年稅。曰典當登錄稅。曰典當架本捐。典當年稅收入。係屬預借。典當登錄稅。本爲預借所無。祗照概算冊款目添列。但無實收數目。且此項典稅。原預算列入地方。後提列國家經常歲入雜捐類內。然年來兵災匪禍。市面蕭條。新增典業。鞏囑寥寥。卽舊有各典之延欠請免無力遵繳。亦常聞之。故本架本捐已暫停止。至於稅率。蘇屬於年稅外。另收月捐錢。寧屬於年稅外。就架本多寡抽取百分之二捐款。均作地方慈善事業之用。自實行登錄稅。各典請領憑證。暫分三等納稅。計上等典稅銀五百元。中等典稅銀三百元。下等典稅銀二百元。取消分典代步名目。以城鄉之區別。資本之多寡爲分等。定率十萬元以上爲上等。五萬元以上爲中等、五萬元以下爲下等。其請領憑證。仍照叒典向章。取具同業保結及鄰里切結。由縣署詳請財政廳給證收稅。他如蘇屬有分典、常屬有代步。一則避重就輕。一則不負納稅義務。均爲當稅之大弊。後估本分等。訂定稅率。永革分典代步等名目。一律改爲三等公典。故適來積弊比較減少多矣。無錫當稅一項。財務局向不過問。仍歸縣政府直接徵收。

(屠宰稅)屠宰稅者。卽屠宰豬羊課稅。於宰戶之謂也。是稅本歸財政廳徵收、民國十七年經全國教育行政會議議決。乃移歸教育經費管理處辦理、帶征三分之一。作補助教育經費之用。其征收方法、在各縣設立征收所。由縣長遴委妥員或委托相當人員稽征、或由妥實商民指定區域。擬定稅額認辦、按期攤繳細數、並酌擬押款二三成。由該地殷實商號妥保加結、一併送縣、以免短欠稅款之虞、至於編鄉僻鎭。則由該地紳董依實額徵收。征收所或認商征收屠宰稅。須塡給財政廳頒三聯執照或鐵籌等物、交由屠戶收執。此項執照。由財政廳刊刷印發、各縣備文請領、屠宰以前、赴征收所完納屠宰稅。領取執照。其稅率豬每頭大洋四角、羊每頭大洋三角。從前不分牝牡大小。鮮賣醃臘。及冠婚喪祭年節宰殺。以及完統納捐或通過稅與否、一律納稅。後部令對於冠婚喪祭年節宰殺自用豬。無交易行爲者免稅、若未先領執照。擅自屠殺、每豬羊一頭、照稅額以二十倍處罰。其他征收官與徵收經手人如有舞弊。亦定有罰則。而認商認辦之法。每屆新商認辦及舊商期滿。先期由各縣布告週知。或登報廣告、訂期招商、於大堂設欄投標。無錫屠宰稅現由認商王允恭包徵。所有帶征之地方費稅率月爲七百三十元。每月月終如期繳送財務局。由縣款產經費管理處領去、分撥地方開支。其正稅一項。則直接由認商呈繳省教育經費管理處。

(十二)無錫縣經懺特捐辦理經過情形

本邑前縣教育局局長薛溱鉿鑒於本邑教育經費支絀不敷支配。呈准前國立第四中山大學暨縣政府。由教育局征收經懺特捐。以資補助、其意蓋以爲教育爲立國根本事業。若無充足經費。何以使其發達。夫誦經拜懺本爲無稽之迷信。民衆資財耗費於此中者、爲數甚鉅、故爲力謀教育之發達起見。不得不設處征收。該項特捐。一以擴充經費。一以寓禁於征。誠一舉而兩得也。因此遵照前國立第四中山大學整頓及增籌教育經費方法。並參照武進常熟等縣業經核准之辦法、擬訂章程。於民國十六年十月開始征收。此本邑經懺特捐征收之起緣也。

經懺特捐於民國十六年九月廿九日由縣敎育局訂立征收辦法、並征收細則、呈奉第四中山大學暨縣政府核准舉辦。係補助縣市鄉教育經費之用。是年十月間投標包辦。繼因成績不良。於十七年五月二十九日取消包約。即日停止征收。旋經縣教育局改訂征收辦法。並征收細則。呈請縣政府轉行各市鄉行政局長會同教育委員。由各市鄉認商承包。並由縣教育局設立經懺特捐事務處。管理其事。於仝年八月一日繼續啓征。辦法倘妥。收數亦漸有起色。截至十八年七月三十一日止。包約滿期。復經縣教育局呈奉縣政府核准。仍行援照上年辦法。略加修正。繼續招商承包。即由縣政府轉行各市鄉行政局長會同教育委員。酌量當地情形。決定包額。分別招商認包。並由經懺特捐事務處轉知各市鄉現辦人員。有無繼續認包志願。作爲創辦之優先權。倘若確無意志繼續承包。再儘各市鄉承包商人接辦。於八月一日繼續征收。所有各市鄉包額。均照十七年度酌加二成之譜。續辦以來。成績倘佳。旋因奉省令教育局不得直接征收稅捐。復於十八年十二月五日由財務局派員前往縣教育局接收。歸併雜稅處辦理。此經懺特捐之辦理經過也。

此項特捐。於十六年十月十三日由包商周景禹得標。仝年包額銀一萬二千元。預繳保證金二千五百元。按月給以八厘利息。其包額則分六期繳解。所有各市鄉之捐款。均由周景禹自行招商轉包。一切開支。亦均各歸自理。於仝年十一月一日開始征收。凡屬僧道庵觀寺院拜懺誦經。及做用小齋事。不論在私家及庵觀寺院內。除不滿四人以及不滿一天者。每天一律征收照費大洋六角。該項照費。由齋主負担之。如舉行謝土唸領路經僧道送殯以及宣卷唸佛等事。均不在納捐範圍。如有未領指照而先舉動齋事。或執照日期不符者。處承辦齋事人以應繳照費廿倍之罰金。啓征數日。即有縣黨部。市黨部。農民協會。商民協會。總工會。婦女協會。紛紛呈請縣政府減收捐率。僧道兩界能業反對。希圖取消捐稅。從此糾紛漸多。甚至互相控告。稅收大受影響。十二月十六日縣政府派員會同縣教育局縣黨部代表協商修改征收細則。照費每天征收大洋肆角。宣卷唸佛每天征收照費大洋弍角。其包額亦固捐率減收。於十七年三月一日起。改訂契約。每月繳洋六百元。保證金改繳一千六百元。惟各小包均以稅收影響。延不繳款。結合團體。紛紛赴縣政府申訴苦衷。請求減少。總包周景禹來源既絕。無款措繳包額。迫不得已。撤銷各市鄉小包承包權。沒收其保證金。自行派員往各市鄉收捐。從此糾紛更多。互控涉訟。積案盈尺。縣教育局自開征迄今。該項包額並未收到分文。於是年五月廿九日呈請縣政府沒收保證金。撤銷其承包權。即日登報停止收征。八月一日。復由教育局改訂辦法。請托各市鄉行政局長會同教育委員分別招商認包。以來。即設立十七市鄉經懺特捐征收處。各包商預先繳保證金兩個月。與經懺特捐事務處訂立契約。覓人擔保。前往征收捐款。其收捐之法。有設立征收分處於各鄉鎮散征省有轉包小包者。或把紙馬店並圖董地保等代收者。間有僧道自行認包者。凡包辦之開支。概不過問。代收則由承包人給以二成或三成之佣金。各市鄉之情形大略相同。照費仍照舊章、每天征收大洋肆角二角兩種。除謝土唸領路經僧道送殯三朝回夜。以及私家唸佛。並不雇用佛頭尼姑、吃素人不設佛堂、不用鈴鐺、又不通疏者免捐外。其餘無論何種大小齋事。一律須照章納捐、倘有未領捐照而先舉動齋事。或日期不符等情。科辦齋事人以照費十倍之罰金。此次呈奉縣政府核准後。本定於八月一日繼續啓征。旋因籌備期促。且適值東北鄉共匪蠢動之際。竟乏人承包、延至八月十五。祇有七市鄉實行征收、至十八年二月間。始將十七市鄉捐額完全認包竣事。自十七年八月十五日至十八年七月卅一日止。共收包銀七千二百九十元零六角、除事務處全年開支經常費一千五百八十元外。淨收銀五千七百十元〇六角。撥充縣教育經費二成。計銀一千一百四十二元一角六分。市鄉教育經費八成。計銀四千五百六十八元四角八分。此項捐款。均由各市鄉承包人按照包額分十二個月勻繳、甲月之款。於乙月十號前親自送繳經懺特捐事務處核收。至乙月二十日仍不措繳、或尚未繳請、先行派員守提、如至乙月底。仍不措繳。或尚未繳請。即勒令保人負責代繳。並須沒收保證金。撤銷其承包權。試辦一年。成績尚佳。糾紛漸少。較之十六年度已有進步、十八年度之征收。悉照上年度辦理。所有十七市鄉包額、每月增至七百四十一元。對於繳款限期。亦提早一星期、惟習慣年餘。不能准期繳到。耳本年十二月五日由縣財務局接收。歸併雜稅處以來、一切仍照舊辦理。所收捐款除辦事人開支外。悉數撥充縣市鄉教育經費之用、此經懺特捐之征收狀況也。

（十三）無錫縣經懺特捐徵收辦法

一、由財務局設立經懺特捐事務處、特設專員處理一切徵收事宜。

二、事務處一切開支。由財務局預定標準、於稅收項下支出之、如徵收成績特優時。得酌提辦事人獎金、其標準另訂之、

三、各市鄉之征收。由財務局商請各市鄉行政局長、會同教育委員、酌量當地情形、以分別招商承包為原則、

四、各市鄉之招商承包手續。由教育局呈請縣政府轉函各市鄉行政局長、會同教育委員處理之。其辦法如下。

1. 由行政局會同教育委員。決定承包人及承包稅額。函送財務局經懺特捐事務處面訂承包契約。

2. 由承包人將承包契約保單及應繳之保證金。親自送交財務局經懺特捐事務處核收。

五、承包人應遵守下列諸條件。

1. 承包人應按照行政局之界址為界址，徵收稅款，不准有越界侵收等情事發生。

2. 承包人應絕對遵守徵收細則之規定，執行徵收事宜。

3. 承包人一切任何支出及收入盈絀，不能影響及於包額。

4. 按月應繳包額，甲月之款應於乙月三日前繳清。倘逾期不繳或未繳清時，先行派員守提至乙月十三日，仍未繳清，須由保人負責代繳，並立即撤銷其承包權。

5. 經懺捐之捐照，財務局經懺捐事務處經手代印，並加蓋圖記。承包期滿或中途撤銷時，應將餘剩之捐照悉數繳還。

6. 承包人應預繳現款保證金兩個月，此項保證金由財務局給以按月八厘之息金，於契約期滿時全數發還。

7. 承包人如有發生中途毀約及撤銷承包權時，所繳保證金應即沒收。承包期限以一年為度。

無錫縣經懺特捐徵收細則

第一條　凡舉行拜懺誦經唸佛等齋事，不論在私家及庵觀寺院內，除下列兩項情形外，一律須照章納捐。

（一）唸頌路經，僧道送殯，三朝回夜，並早晚課誦，不在納捐範圍。此外舉行各種大小齋事，一律須納甲種捐。

（二）個人自修，以及私家唸佛，並不雇用佛頭、尼姑、吃素人，不設佛堂，不用鉢鐃，又不通疏者，不在納捐範圍，否則一律須納乙種捐。凡庵觀寺院內公衆唸佛，不論人數及佛權多少，每天亦祇領乙種照一張，惟兩堂佛事併在一處者，不在此例。

第二條　蓮社、佛學會同願佛會會員，除在私家自修，並會社內做課誦祈禱時免捐外，如欲代人唸佛，亦須照章納捐領照。

第三條　照費分甲乙兩種，均由齋主負擔之。

（甲種捐照）每天大洋四角，（乙種捐照）每天大洋二角。

第四條　一應民衆如要舉行齋事，或唸佛，必須先領捐照，該項捐照由齋主向領照機關報領，或由承辦齋事人代領，實貼顯易之處，以便隨時稽考，在齋事未完以前，所領捐照切勿拋棄為要。

（說明）照費由齋主負担，惟承辦齋事人，如屬齋主尙未領取捐照者，不准舉動齋事，否則處罰承辦齋事人。

第五條　如有未領捐照而動齋事，或捐照日期不符，添註塗改者，當由領照機關查明屬實後，呈請附近公安分支局或教育局經懺特捐事務處，轉懇縣公安局處承辦齋事人以應繳照費十倍之罰金。

（附則）如各市鄉征收處稽查有不遵上列辦法執行，或逾越範圖。確有證據者。得由被害人指控或扭解公安局。當與以相當之懲戒。

(十五)無錫縣十七年度各市鄉經懺特捐全年徵收實數表

市鄉區別	每月解款	全年實收數目	備註
無錫市	銀一百七十元	銀一千九百五十五元	十七年八月十五日啓征共十一個月十五天
天上市	銀三十五元	銀四百零二元五角	十七年八月十五日啓征共十一個月十五天
天下市	銀二十七元	銀三百十一元五角	十七年八月十五日啓征共十一個月十五天
青城市	銀四十元	銀四百六十元	十七年八月十五日啓征共十一個月十五天
萬安市	銀三十七元	銀四百二十五元五角	十七年八月十五日啓征共十一個月十五天
南延市	銀四十五元	銀四百零五元	十七年十一月一日啓征共九個月
泰伯市	銀三十元	銀三百十五元	十七年九月十五日啓征共十個月十五天
懷上市	銀二十三元	銀二百五十八元三角七分	十七年八月二十五日啓征共十一個月七天
懷下市	銀十六元	銀一百三十六元	十七年十一月十五日啓征共八個月十五天
開原鄉	銀三十元	銀三百三十元	十七年九月一日啓征十一個月
富安鄉	銀二十六元	銀二百九十九元	十七年八月十五日啓征共十一個月十五天
揚名鄉	銀三十八元	銀四百三十七元	十七年八月十五日啓征共十一個月十五天
開化鄉	銀四十元	銀四百六十元	十七年八月十五日啓征共十一個月十五天
新安鄉	銀二十六元	銀二百九十九元	十七年八月十五日啓征共十一個月十五天
景雲市	銀三十五元	銀三百九十六元六角二分	十七年八月二十二日啓征共十一個月十天
北上鄉	銀九元	銀四十五元(又代徵收四元零六分)	十八年三月一日啓征共五個月

北下鄉	銀三十二元	銀三百五十二元	十七年九月一日啓征共十一個月
合計	共銀六百五十九元	共銀七千二百九十一元九角五分	

說明 (一)事務處全年經常費一千五百八十元每月銀一百四十元計七個月共銀九百八十元又每月一百二十元計五個月共銀六百元

(二)除事務處全年經常費外淨收銀五千七百十一元五角五分

(三)縣教育費占二成計銀一千一百四十二元三角一分市鄉教育費占八成計銀四千五百六十九元二角四分

(十六)無錫縣財務局經收各款歲入歲出概況表

科目	銀數	備考
忙銀	五六、七五二•六八一	除正省稅廿五萬一千九百二十一元六分解財政廳外餘皆地方費歸款產處領取
漕米	四三、二七二•二〇四	除正省稅二十三萬三千九百四十四元六角解財政廳外除皆地方費
蘆課	八二•二七七	除正省稅六百十元七角五分解財政廳外餘皆地方費
漁課	五•五七五	除正稅省稅四十五元九角一分解財政廳外餘皆地方費
契稅	三、八五九•五〇〇	省款解財政廳
牙稅	一、四八五•八〇〇	省教育專款解教育經費管理處
經懺捐	八八九•二〇〇	地方款由地方款產管理處領取
屠宰稅	八七六•〇〇〇	同上
串捐	二、九四三•七〇〇	同上

(十七)無錫全邑人民累年公債負担比較表

公債名稱	年份	負擔數目	勸募辦法	備攷
二五庫券	民國十六年五月	四十二萬三千六百六十元	係向全邑商農紳富以及旅滬紳商募集商業分各業認購農業按田畝每畝帶征一角	中交江蘇三銀行認募一萬六千元併在上列數內
續二五庫券	民國十六年十月	十四萬一千元	係向全邑商農紳富募集	
捲烟庫券	民國十七年五月	六萬三百元	係仍勸募續二五庫券辦法募集	原派募額二十萬元
善後短期公債	民國十七年九月	四萬四千元	係向全邑農商紳富募集	原派募額二十萬元
續捲烟庫券	民國十八年五月	七千八百七十元	係向全邑農商紳富募集	原派募額十五萬六千元
關稅庫券	民國十八年七月	三萬二千六百七十元	同上	同上
編遣庫券	民國十八年九月	四萬七千九百二十元	按照派額向農商紳富勸募商業由商會分任催繳農民紳富由各區長分任催繳	派募額廿萬元上數係截至十八年十二月止餘數尚在續募中

(十八)無錫縣十八年度縣地方費預算冊

歲入經常門

類別	款別	項別	十七年度預算數	十八年度預算數	比較增	比較減	說明
民政			九二〇四三、〇〇〇	二〇〇三一四、〇〇〇	一〇八二七一、〇〇〇		
	第一款	附註	一三五三一、〇〇〇	一三五三一、〇〇〇			
		第一項忙銀附稅	一七二七、〇〇〇	一七二七、〇〇〇			按照十八年度額征上下忙銀十四萬三千九百四十二兩縣稅每兩三角計銀四萬三千一百八十三元民政占百分之四計如上數
		第二項漕米附稅	三〇一九、〇〇〇	一七二七、〇〇〇			按照十八年度額征漕米七萬五千四百六十六石縣稅每石一元計七萬五千四百六十六元民政占百分之四計如上數
		第三項蘆漁課附稅	四、〇〇〇	四、〇〇〇			按照十八年度額征蘆課銀計三百四十九兩縣稅每兩三角計一百〇五元民政占百分之四計如上數

款	項				說明
	第四項 長短期牙行營業附稅	三四、〇〇〇	三四、〇〇〇		此項附稅無定額查照十六年度全年收入計洋八百四十九元民政占百分之四計如上數
	第五項 契稅附稅	一六三、〇〇〇	一六三、〇〇〇		此項附稅無定額查照十六年度全年收入計洋四千〇七十四元民政占百分之四計如上數
	第六項 加增漕米四分之一留作地方經費	八五七五、〇〇〇	八五七五、〇〇〇		按照十六年度額征漕米七萬五千四百六十六石加價二元內四分之一留作地方費計每石五角合銀洋三萬七千七百二十三元五角奉省令規定十一分之二五作為民政經費故開列如上數
第二款 串捐		二九四三七、〇〇〇	二九四三七、〇〇〇		
	第一項 串捐	二九四三七、〇〇〇	二九四三七、〇〇〇		按照十八年度額征上忙串戶計四十九萬一千三百十七戶冬漕串戶四十九萬一千七百〇三戶共一百四十七萬一千八百七十三戶自十七年下忙起呈准江蘇財政廳每串一張帶串捐大洋二分彌補民政經費之不足故開列如上數
第三款 租息		二五〇、〇〇〇	二五〇、〇〇〇		
	第一項 酒掃租息	二五〇、〇〇〇	二五〇、〇〇〇		上項按照上年度開列而係抵支酒掃文廟事款
第四款 公款子金	二七二五、〇〇〇	二七二五、〇〇〇			
	第一項 酒掃田租存款子金	一四六、〇〇〇	一四六、〇〇〇		按照全年收數開列
	第二項 積穀田租存款子金	二五七九、〇〇〇	二五七九、〇〇〇		仝上
第五款 隨銀漕帶征警察畝捐			一五〇九五〇、〇〇〇		

第一項 隨上下忙銀帶征警察畝捐		一〇〇六二五、〇〇〇			呈准江蘇財政廳每畝帶征警察畝捐一角二分計上下忙銀及冬漕每畝每次應攤征銀四分十八年度額征上下忙銀兩計十四萬三千九百四十二兩每兩應征洋六角九分九厘核計如上數
第二項 隨冬漕征警察畝捐		五〇三三五、〇〇〇			呈准江蘇財政廳每畝帶征警察畝捐一角二分計上下忙銀及冬漕每畝每次應攤征銀四分十八年度額征冬漕七萬五千四百六十六石每石應合征洋六角六分七厘核計如上數
第六款 加征漕米四分之留作地方經費一成預備金	三四三〇、〇〇〇	三四三〇、〇〇〇			加征漕米四分之留作地方費遵照省令十一分二五作民政經費十一分之二五作教育經費十一分之五作建設經費十一分之二五作農林經費十一分之一作預備金茲因民政部分仍有不敷全數收入民政項下彌補地方費之不足以期收支適合
建設		七九〇八七、〇〇〇			
第一款附稅	一〇三三四、〇〇〇	一〇三三四、〇〇〇			
第一項忙銀附稅	五七六、〇〇〇	五七六、〇〇〇			按照十八年度額征上下忙銀十四萬三千九百四十二兩縣稅每兩三角計銀四萬五千一百八十三元建設占百分之二計八百六十四元近奉令飭將三分之一劃作農林經費故開列如上數
第二項漕米附稅	一〇〇六、〇〇〇	一〇〇六、〇〇〇			按照十八年度額征漕米七萬五千四百六十六石縣稅每石一元計七萬五千四百六十六元建設占百分之二計一千五百〇九元近奉令飭將三分之一劃作農林經費故開始如上數

		第三項 盧課漁附稅	三,000	三,0.0			按照十八年度額征盧課銀三百四十九兩縣稅每兩三角計一百另五元建設占百分之二計數如上數
		第四項 長短期牙行營業附稅	一一,000	一一,000			此項附稅無定額查照十六年收入八百四十九元建設占百分之二計十七元今奉令飭將三分之一划作農林經費故開列如上數
		第五項 契稅附稅	五四,000	五四,000			此項附稅無定額查照十六年度全年收入四千〇七十四元建設占百分之二計洋八十一元今奉飭將三分之一劃作農林經費故開列如上數
		第六項 加征漕米四分之一留作地方經費	八五七五,000	八五七五,000			按照十八年度額征冬漕七萬五千四百六十六石加價二元內四分之一留作地方費計每石五角合銀洋三萬七千七百三十三元奉省令規定十一分之二五作建設經費故開列如上數
	第二款 建設特捐			六000,000			
		第一項 建設特捐		六000,000			契稅帶征每月統扯收入四百五十元牙稅帶征統扯收入每月五十元全年核計如上數又屠宰帶征因在接洽中姑暫不列入
	第三款 築路畝捐			六二八六三,000			
		第一項 築路畝捐		六二八六三,000			按照十七年度冬漕帶征每石八角三分三厘收如上數
農林			一0六九0,000	一0六九0,000			
	第一款 附稅		九三九九,000	九三九九,000			按照十八年度額征上下忙銀十四萬三千九百四十二兩縣稅每

科目					
第一項 忙銀附稅	一六八、	一六八、			兩三角計銀四萬三千一百八十三元建設原占百分之二計八百六十四元奉令飭將三分之二作爲農林經費故開列如上數
第二項 漕米附稅	五〇三	五〇三			按照十八年度額征漕米七萬五千四百六十六石縣稅每石一元計七萬五千四百六十六元建設占百分之二計一千五百〇九元奉令飭將三分之一作爲農林經費故開列如上數
第三項 長短期牙行營業附稅	六、	六、			此項附稅無定額查照十六年度全年收入共計八百四十九元建設占百分之二計洋十七元奉令飭將三分之一作爲農林經費故開列如上數
第四項 契稅附稅	二七、	二七、			此項附稅無定額查照十六年度全年收入共計四千〇七十四元建設占百分之二計洋八十一元奉令飭將三分之一劃作農林經費故開列如上數
第五項 加征漕米四分之一留作地方經費	八五七五、	八五七五、			按照十八年度額征冬漕七萬五千四百六十六石加價二元內四分之一留作地方費計每石五角合銀洋三萬七千七百三十三元奉省令規定十一分之二五作爲農林經費故開列如上數
第二款 農事試驗場產品	八二一、	八二一、			
第一項 種植生產品	三五〇、	三五〇、			稻收入銀一百八十元麥收入銀五十元桑葉收入銀一百二十元合計如上數
第二項 畜牧生產品	四七一、	四七一、			白豬收入銀三百九十六元雞收入銀七十五元合計如上數
第三款 蠶種製造所生產品	四七〇、	四七〇、			

類別	款別	項別	十七年度預算數	十八年度預算數	比較增	減	說明
		第一項蠶種屑繭屑絲等價	四七〇、	四七〇、			春夏秋蠶種約製三千張檢去病毒以七折計算除自留培育並分送製蠶機關外精售一千五百張每張收價二角銀三百元又鮮蠶約二百斤計銀一百二十元又屑蠶繭絲五十元合如上數
市鄉經費				一六六二四、			
	第一款附稅			一六六二四、			
		第一項忙銀附稅		六〇四五、			按照十八年度額征上下忙銀十四萬三千九百四十二兩縣稅每兩三角計銀四萬三千一百八十三元市鄉經費占百分之十四計如上數
		第二項漕米附稅		一〇五六五、			按照十八年度額征漕米七萬五千四百六十六石縣稅每石一元計七萬五千四百六十六元市鄉經費占百分之十四計如上數
		第三項蘆漁課附稅		一四、			按照十八年度額征蘆課銀三百四十九兩縣稅每兩三角計一百〇五元市鄉經費占百分之十四計如上數
歲入經常合計				三〇六七一五、			

歲入臨時門

類別	款別	項別	十七年度預算數	十八年度預算數	比較增	減	說明
民政			三六一七八、	四二四七八、	六三〇〇、		
	第一款地方費		一九六七八、	一九六七八、			

款	項				
	第一項忙銀帶征地方費	一七九九二、	一七九九二、		按照十八年度額征上下忙銀十四萬三千九百四十二兩另准隨忙銀帶征地方費每兩五分計七千一百九十七元民治占百分之五十計三千五百九十八元後因民治經費虧短甚鉅續行呈准隨忙銀帶征地方費每兩一角計一萬四千三百九十四元悉數抵補民治經費之虧短計如上數
	第二項漕米帶征地方費	一八八六、	一八八六、		按照十八年度額征冬漕計七萬五千四百六十六石每石帶征地方費五分計洋三千七百七十三元民治占百分之五十計如上數
第二款滯納罰金		一〇三〇〇	一〇三〇、		
	等一項忙銀滯納罰金	三六八八、	三六八八、		按照十八年度額征上下忙銀兩數逾限者以五成計算每兩加價二角五厘計銀一萬四千七百五十四元除一半解省外民治占百分之五十計如上數
	第二項漕米滯納罰金	六六〇三、	六六〇三、		按照十八年度額征冬漕逾限者以五成計算每石加價七角計銀二萬六千四百十三元除一半解省外民治占百分之五十計如上數
	第三項蘆課滯納罰金	九、	九、		按照十八年度額征蘆課逾限者以五成計算每兩加價二角五厘計洋三十六元除二分之一解省外民治占百分之五十計如上數
第三款戶籍經費		六〇〇〇、	六〇〇〇、		
	第一項契稅帶征戶籍經費	六〇〇〇、	六〇〇〇、		按照上年度開列
第四款十七年度舊欠收入			六三〇〇、		

第一項 十七年度舊欠收入		六三〇〇、			全年收如上數
建設	五四七二、	五四七二、			
第一款 地方費	一九〇一、	一九〇一、			
第一項 忙銀帶征地方費	一二四七、	一二四七、			按照十八年度額征上下忙銀十四萬三千九百四十二兩呈准隨忙銀帶征地方費每兩五分計七千一百九十七元建設占百分之二十六計洋一千八百七十一元奉令飭將三分之一劃作農林經費故開列如上數
第二項 漕帶征地方費	六五四、	六五四、			按照十八年度額征冬漕七萬五千四百六十六石呈准隨冬漕帶征地方費每石五分計洋三千七百七十三元建設占百分之二十六計洋九百八十一元奉令飭將三分之一劃作農林經費故開列如上數
第二款 滯納罰金	三五七一、	三五七一、			
第一項 忙銀滯納罰金	一二七九	一二七九			按照十八年度額征上下忙銀兩次逾限者以五成計算每兩加價二角五厘計銀一萬四千七百五十四元除一半解省外建設占百分之二十六計一千九百十八元奉令飭將三分之一劃作農林經費故開列如上數
第二項 漕米滯納罰金	二二八九、	二二八九、			按照十八年度額數冬漕數逾限者以五成計算每石加價七角計銀二萬六千四百十三元除一半解省外建設占百分之二十六計洋三千四百三十四元奉令規定三分之一劃作農林經費故開列如上數

第三項蘆課滯納罰金	三、	三、			
農林	二七三七、	二七三七、			
第一款地方費	九五一、	九五一、			
第一項忙銀帶征地方費	六三四、	六三四、			按照十八年度額征上下忙銀十四萬三千九百四十二兩呈准隨忙銀帶地方費每兩五分計七千一百九十七元建設占百分之二十六計洋九百八十一奉令元規定三分之一劃作農林經費故開列如上數
第二項漕米帶征地方費	三一七、	三一七、			按照十八年度額征冬漕七萬五千四百六十六石呈准隨冬漕帶征地方費每石五分計洋三千七百三十三元建設占百分之二十六計洋九百八十一元奉省令飭將三分之一劃作農林經費故開列如上數
第二款滯納罰金	一七八六、	一七八六、			
第一項忙銀滯納罰金	六三九、	六三九、			按照十八年度額征上下忙銀兩數逾限者以五成計算每兩加價二角五厘計一萬四千七百五十四元除一半解省外建設占百分之二十六計一千九百十八元奉省令規定三分之一劃作農林經費故開列如上數
第二項漕米滯納罰金	一一四五、	一一四五、			按照十八年度額征冬漕數逾限者以五成計算每石加價七角計二萬六千四百十三元除一半解省外建設占百分之二十六計三千四百三十四元奉省令規定三分之一劃作農林經費故開列如上數

類別	款別	項別	十七年度預算數	十八年度預算數	比較增	比較減	說明
		第三項蘆課滯納罰金	二、	二、			按照十八年度額征蘆課逾限者以五成計算兩加價二角五厘計洋三十六元除二分之一解省外建設占百分之二十六奉省令規定三分之一劃作農林經費故開列如上數
歲入臨時合計				五〇六八七、			
歲入經常臨時合計				三五七四、			

附註　縣及市鄉教育經費奉令另編預算故暫不列入合行聲明

歲出經常門

類別	款別	項別	十七年度預算數	十八年度預算數	比較增	比較減	說明
民政			八七六六三、	一九九二七〇、	一一一六〇七		
	第一款縣黨部經費		一九二〇〇〇、	一九二〇〇〇、			
		第一項縣黨部經費	一九二〇〇、	一九二〇〇、			按照十六年度規定縣執委會經費每月一千六百元全年計如上數
	第二款公安局經費		二〇九四〇、	二〇二〇八、		七三二、	
		第一項縣公安局經費	二〇九四〇、	二〇二〇八、		七三二、	縣公安局經費每月一千六百八十四元
	第三款警察大隊經費		三八一七三、	八一三一二、	四三一三九、		
		第一項警察大隊經費	三七〇三三、	八〇一七二、	四三一三九、		縣警察大隊經費每月規定六千六百八十一元全年合計如上數
		第二項水警修船費	三一〇、	三一〇、			按照上年度預算數開列

	第三項水警服裝費	八三〇、	八三〇、			仝上
第四款四鄉公安局經費			六〇〇〇〇、			
	第一項四鄉公安局經費		六〇〇〇〇、			市鄉公安局經費每月規定五千元仝年合計如上數
第五項縣公款公產管理處經費		三六〇〇、	三六〇〇、			
	第一項縣公款公產管理處經費	三六〇〇、	三六〇〇、			呈准支撥經常費每月三百元全年計如上數
第六款展覽會出品征集費		二〇〇〇、	一〇〇〇、		一〇〇〇、	
	第一項展覽會出品徵集費	二〇〇〇、	一〇〇〇、		一〇〇〇、	全年共支一千元
第七款各項補助費		三三六〇、	三三六〇、			
	第一項補助勞工醫院經費	一二〇〇、	一二〇〇、			每月補助一百元
	第二項補助婦女協會經費	四八〇、	四八〇、			每月補助四十元
	第三項補助學生聯合會經費	四八〇、	四八〇、			仝上
	第四項補助國民導報經費	一二〇〇、	一二〇〇、			每月補助一百元
第八款善舉經費		三九〇、	三九〇、			
	第一項資遣難民	一五〇、	一五〇、			按照舊預算開列
	第二項撫恤費	二四〇、	二四〇、			
第九款社會調查處經費			三六〇〇、			
	第一項社會調查處經費		三六〇〇、			每月規定三百元全年計如上數

門	款	項					備考
	第十款縣政公報經費			一八〇〇、			
		第一項縣政公報經費		一八〇〇、			每月規定一百五十元全年計如上數
	第十一款縣志局經費			四八〇〇、			
		第一項縣志局經費		四八〇〇、			每月規定四百元全年計如上數
建設			六一二〇、	六一二〇、			
	第一款建設局經費		六一二〇、	六一二〇、			
		第一項建設局經費	六一二〇、	六一二〇、			每月規定五百十元全年計如上數
農林			三三九六、	八八八〇、	五四八四、		
	第一款縣立蠶桑場經費		三三九六、	八八八〇、	五四八四、		
		第一項縣立蠶桑場經費	三三九六、	八八八〇、	五四八四、		每月規定七百四十元全年計如上數
市鄉經費			一七三二五、	一六六三四、		六九一、	
	第一款市鄉行政局經費		一七三二五、	一六六三四、		六九一、	
		第一項各市鄉行政局經費		一六六三四、			全年計如上數
歲出經常合計				三三〇八九四、			

歲出臨時門

門	款	項					備考
民政			二五八八八、	四三五二二、	一七六三四、		
	第一款縣公安局經費		二五二六	二五二六			

款	項					備考
	第一項 縣公安局經費	二五二六	二五二六			緝捕費六百元拘留所口粮七百五十六元拘留所藥品五十元修理房屋及槍械一百二十元警察教練所一千元合如上數
第二款 公產子金積聚金		四八七一、	二七二五、		二一四六	
	第一項 公款子金聚積金	四八七一、	四八七一、		二一五六	按照歲入經常門民政第三款本年度收入列支
第三款 償還秦任挪移敎建設留縣加漕款			六三〇〇、			
	第一項 償還秦任挪移敎育留縣加漕款		六三〇〇、			秦任挪用敎育建設專款除一部份另行設法歸還外餘六千三百元由地方各團體各機關共同議決編入本年度民政項下分十二個月償還
第四款 年鑑印刷費			一〇〇〇、			
	一項 年鑑印刷費		一〇〇〇、			全年共支一千元
第五款 冬防經費		五〇九、	五〇九、			
	第一項 冬防經費	五〇九、	五〇九、			冬防費上年度二百七十元本年度提前辦理增加二百三十元合如上數
第六款 軍警聯防辦事處經費		二四〇〇、	一七〇〇、		七〇〇、	
	第一項 聯防辦事處經費	二四〇〇、	一七〇〇、		七〇〇、	每月經常費一百元臨時費全年五百元合如上數
第七款 民政預備費		八五八二、	三七六二、	一四八、		
	第一項 民政預備費	八五八二、	三七六二、	一四八〇、		各項收入收不足額之預備金計如上數

款	項					備考
第八款臨時費		七〇〇〇、	六〇〇〇、		一〇〇〇、	
	第一項臨時費	六〇〇〇、	六〇〇〇、		一〇〇〇、	
建設			七八四三九、			—
第一款築路經費			六二八六三、			
	第一項築路經費		六二八六三、			照築路經費全年收入開列
第二款全縣建設事業經費		九〇〇〇、	一三五〇〇、	四五〇〇、		
	第一項舉辦全縣建設事項	九〇〇〇、	一三五〇〇、	四五〇〇、		
第三款建設預備金		五七六、	二〇七六、	一五〇〇〇、		
	第一項縣建設預備金	五七六、	二〇七六、	一五〇〇、		各項收入收不足額之預備金
農林		八六三一、	四五四七、		四〇八四、	
第一款擴充農林事業費		七二〇〇、	三三五一、		三九四九、	
	第一項擴充農林事業	七二〇〇、	三三五一、		三九四九、	全年支出如上數
第二款農林預備金		一四三一、	一二九六、		一三五、	
	第一項總農林預備金	一二九六、	一二九六、		一三五、	各項收入不足額之預備金開列如上數
歲出臨時合計			一二六五〇八、			
歲出經常臨時合計			三五七四〇二、			
附註						

縣及市鄉教育經費奉令編預算故暫不列入合行聲明

(十九)無錫縣財務局十八年度銀漕徵收費歲出入預算書

歲入經常門

科目	十八年度預算數	十七年度預算數	比較增	比較減	說明
忙銀徵收費	一四、七五五元	一四、七二八元	二七、		十八年度額征上下忙銀十四萬三千九百五十四兩八錢九分四厘每兩一角二厘五毫計如上數
漕米徵收費	一八、八七一	二六、三七〇		七四九九	九十八年度額征漕米七萬五千四百八十三石九斗六升七合每石二角五分計如上數
蘆課徵收費	三三	三三			十八年度額征蘆課銀三百二十二兩九錢六分一厘每兩一角零二厘五毫計如上數
合計	三三、六五九	四一、一三一			

(註)前奉令所有加漕洋二元本年度始各縣一律取銷原有漕米征收費每石三角五分減為二角五分是以本年度漕米征收費收入項下較去年短收洋七千四百九十九元合併登明

歲出經常門

科目	十八年度預算數	十七年度預算數	比較增	比較減	說明
印刷費	三、〇〇〇元	三、〇〇〇元			印刷上下忙冬漕版串田單三次共一百六十五萬張每萬九元計一千四百八十五元冊串處用流水帳三千本每本一角四分計四百念元總計簿八十本每本五角四十元開串佈告諭單等每月約五十元全年計洋六百元印刷宣傳品等用約四百五十五元
					易銀櫃員司工役每月薪工伙食洋一百三十九元年共一千六百六十八元易漕櫃員司工役每月薪工伙食一百三十九元年共一千六百六十八元易冊串處員司工役每月薪工伙

薪工伙食	獎勵金	電燈費	修理添置	臨時費	合計	備考
二三、三二八	三、〇〇〇	六〇〇	一、〇〇〇	[illegible]三、〇〇〇	三三、二二八	書內出入相抵計贏餘洋四百三十一元惟錫邑向例收數在九成之譜向經征費用係屬經常之款不能減少故雖有贏餘其實尚年虧約在三千元左右當極力撙節以冀收支符合合併登明
二四、〇四八	三、〇〇〇	七三五	一、六八〇		三三、六四八	
七二〇					四二〇	
食洋四百三十五元年共五千二百二十元易比較案員每月工薪伙食洋一百十四元年共一千三百六十八元貴銀櫃員司工役每月薪工伙食洋一百三十九元年共一千六百六十八元貴漕柜員司工役每月薪工伙食洋一百三十九元年共一千六百六十八元貴冊串處員司工役每月薪工伙食洋四百三十五元年共五千二百二十元貴比較案員每月薪工伙食洋一百四十元年共一千三百六十八元田賦主任一人月支薪五十元督征員三人月各支薪四十元稽核員四人月各支薪三十元年共支洋三千四百八十元	縣境內辦理義圖依限掃數者酌給獎勵金全年約二千三百元傳糧差獎金年約七百元合如上數	銀漕四柜及冊串處比較四處共裝電燈七十餘盞每月燈費四十元全年燈泡損壞約三百餘只每只四角零計洋一百二十元合如上數	全年修理征收處房屋水木作人工物料約計洋六百元添置約計洋四百元合如上數	查歷年上下忙限期時津貼易銀柜由五十元貴銀柜九十元冬漕繭市時津貼易銀柜三十四元易漕柜二十元易冊串處七十八元比較案員八十八元貴銀柜四十二元貴漕柜六十二元貴冊串一百五十四元貴比較案員八十八元共臨時津貼七百〇六元又按埧値改進財政之際特別事務繁多如宣傳品紙張調查旅費踏勘災荒年約三百元又本年度奉令釐正糧冊規定經費五百元又豁免十五年以前舊欠盤串預算約八百元合如上數		

(二十)無錫縣財務局田賦處組織細則

一、田賦主任秉承局長課長命令管理一切銀漕征收處事宜

一、稽核員稽核每日征收銀數及由單收入數與每日掣串數是否相符事宜

一、督征員督飭傳差糧差催追糧戶銀漕欠數事宜

一、掌銀掌漕員易貴共四人掌理各柜征收事宜

一、銀漕處各設司帳二人專理各柜每日收交銀兩登記帳册事宜

一、銀漕處各設挂號一人專司分別登記各圖完數以便易于稽考

一、銀漕處各設看洋一人負驗幣責任

一、銀漕處各設司柜四人專理糧戶來柜交納銀漕核算由單事宜

一、掌册員易貴共四人掌理稽核實征成熟田畝忙漕額數幷升科及催辦册串等事宜

一、册串處各設照簿四人專司登記每日收入由單及發出版串數目

一、掣串員易字十八人貴字二十一人掌理接到已完由單後隨時分圖掣串交與掌串員覆核轉發糧戶收執並將已完由單照戶銷數彙交掌册員登錄照簿

一、比較員易貴共五人管理各圖卯簿及每卯查軋各圖欠數

一、案員共三人專司旬月收數報告及秋勘等事宜

一、傳差糧差各若干人專司催追各糧戶銀漕欠數

(二十一)無錫縣財務局田賦處職務系統表

- 易字掌銀員一人
  - 司帳二人
  - 挂號一人
  - 看洋一人
  - 司柜四人
- 易字掌漕員一人
  - 司帳二人
  - 挂號一人
  - 看洋一人
  - 司柜四人

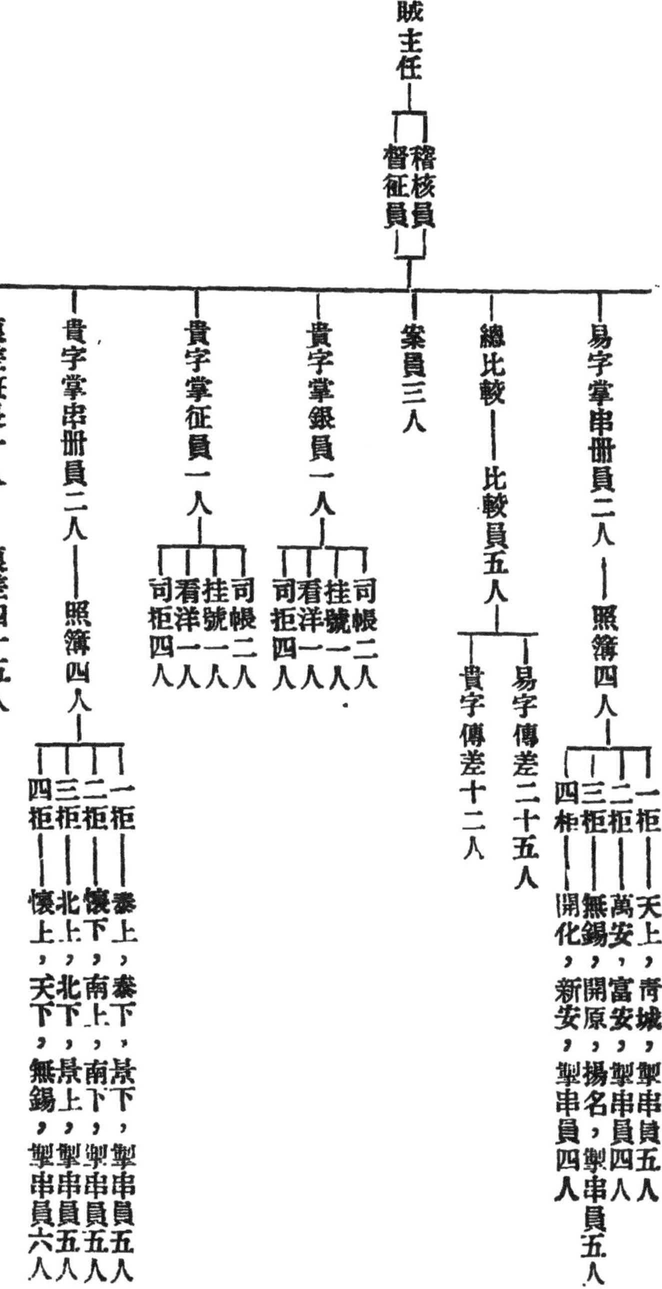

(二十二)無錫縣財務局冊書聯合辦公處成立之原因及經過情形

處黨治之下。無論何種事務。當然要有組織有系統。然後事務方面乃能有條不紊。可以收指臂相使之效。否則如一盤散沙。各行各事。不相聞問。事雖成立。而流弊已不可掩抑。從前各縣辦理田賦。對于民間請求辦糧過戶。官廳編造糧冊等事。縣中概無檔冊可查。全由區書全權辦理。日久因循。大權旁落。其間認真從事者。固不乏其人。而苟且敷衍。因循擱置者。亦在所難免。甚至遇事生風。藉端要索。更不勝枚舉。彼等挾其區冊。視為無上祕寶。要挾官府。魚肉鄉愚。肆無忌憚。此不獨本邑為然。各縣亦大率類是。但一時欲將各區冊收回另行改組。積習既深。恐不易做到。縣財務局有鑒於斯。不得已乃用釜底抽薪之法。將所有各冊書召集。組織一團體。使其有機會可聯

無錫縣財務局田賦處事務系統表

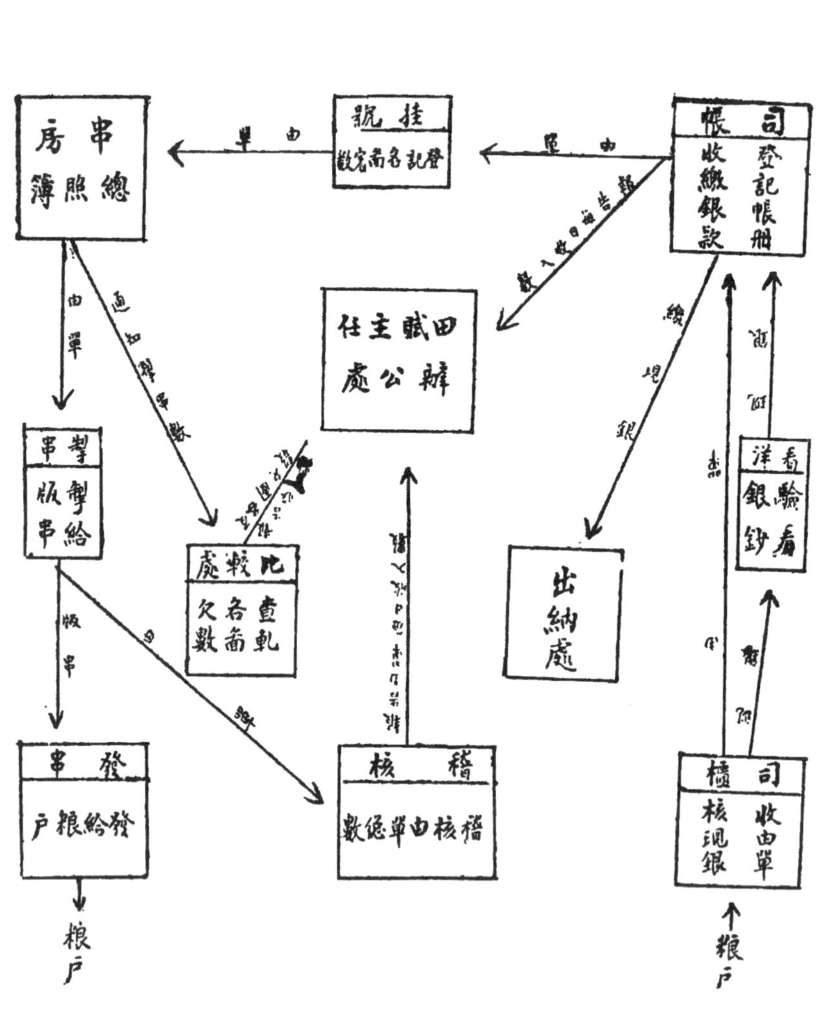

絡。有辦法可遵循。凡有合法機關以約束之。俾不肖之冊書。不敢明目張胆。敲詐鄉民。此種辦法。不特可以解除民衆痛苦。即於冊書方面。亦可以得到相當保障也。於是乃於本年七月初旬。起在縣財務局田賦處指導之下。開始組織。幷先由財務局頒發組織大綱。循序進行。費三閱月之時間。而本邑空前冊書聯合辦公處之組織。始告成立。茲將組織大綱及辦事細則錄后。

（二十三）無錫縣冊書聯合辦公處組織大綱

第一條　本處爲無錫全縣冊書組織而成定名爲無錫縣冊書聯合辦公處

第二條　本處受無錫縣政府財務局之指揮監督

第三條　本處指導全縣冊書辦理人民不動產過戶辦粮及秉承縣政府財務局命令勘驗清丈田畝編造忙漕征冊査抄欠粮花戶並謀改進圖務等事宜

第四條　本處設主任一人副主任二人幹事若干人事務員若干人

第五條　正副主任由財務局委任之幹事一鄉不滿二十圖者設二人二十圖以上者設三人由各鄉冊書推舉之辦事員由主任委任呈請財務局備案

第六條　主任承財務局長命處理全處事務幹事承主任之命辦理無錫全縣各鄉圖務事宜辦事員分掌會計書記庶務等職

第七條　本處主任幹事均爲義務職辦事員酌給津貼由主任核定之

第八條　本處經費在未有的款以前暫由各冊書籌劃之

第九條　本處每星期開幹事會議一次每兩月開全縣冊書大會一次

第十條　本處附設財務局內

第十一條　本大綱有未盡善處得呈請財務局修改之

第十二條　本大綱俟呈請財務局核准後施行之

（二十四）無錫縣冊書聯合辦公處辦事細則

第一章　總則

第一條　本處係無錫全縣各圖冊書秉承無錫財務局長之命令共同自行組織而成故定名曰無錫縣冊書聯合辦公處

第二條　本細則係根據無錫縣財務局頒佈之組織大綱詳細釐定

第三條　本處直隸於無錫縣財務局

第四條　凡縣政府財務局訓令各冊書查辦事項皆由本處轉

行以期統一而資便利

第五條　本處處理事項由正副主任執行之如遇必要時得召集幹事會商決之

第六條　關於編造征收忙漕冊令查抄遲納戶糧細冊以及不動產所有權移轉推收戶糧保管冊籍均仍由原辦各冊書循照舊章妥慎辦理以資熟諳而利征收但對於一切手續由本處另行規定之

第七條　各冊書完全為公家服務限於庫款尚未籌有相當辦公經給與得緡舊例暫仍歸各業戶依據慣例酌收津貼以期公私兼顧俾免工作因此停頓

第二章　組織

第八條　本處設正主任一人副主任二人幹事若干人（分區選舉每區不滿二十圖者選二人二十圖以上者選三人）文牘一人會記二人書記二人

第九條　正主任由財務局長委任副主任由幹事會票選之以得票最多數者為當選呈請財務局長加委任期以一年為限幹事由各冊書按圖額票選任期一年主任及幹事繼續被選得連任之但不得過三屆

第十條　文牘書記會計各員由主任委任呈報財務局備案

第三章　職責

第十一條　正副主任處理本處一切事務設正主任因事缺席時副主任得代理之文牘員撰擬文稿事項書記員繕寫文件兼保管案卷收發文件事項會計庶務負收支金錢及置備物件責任

第四章　津貼

第十二條　本處正副主任均係義務職文牘書記會計庶務應給薪額由主任核定之

第五章　會議

第十三條　本處逢星期一開幹事會議一次每二月開冊書全縣大會一次會期臨時訂定先期通告如有緊急事項經三之一幹事動議者得召集臨時大會

第十四條　本處全縣大會幹事常會以出席過半數以上者為正式開會議案有出席人半數以上贊成者為決議凡在常會或大會提議案件須先期錄副印告

第六章　經費

第十五條　本處經費按照各冊書所管田額每千畝月納辦公處經常費大洋一角由會計按月收取本處掣給正式收據決算時餘則保存不足由幹事會議追加

第七章　勤務

第十六章　本處以原有財務局區差二名留處工作專司傳達除原有財務局薪工外再由本處酌給工資另僱勤務一人專司打掃清潔工作以上三人應給工食由主任核定之

第八章　附則

第十七條　本細則如有未盡事宜得由幹事會議決修改之

第十八條　本細則呈准財務局核准備案後實行之

（二十五）無錫縣財務局財務警察辦事細則

第一條　定名爲無錫縣財務局財務警察

第二條　財務警察受局長課長主任命令執行一切公務

第三條　財務局警察額定四十名將舊有傳差糧差中辦事認眞者編入外如不足額得招募補充

第四條　財務警察設易字貴字班長各一名擇勤愼幹練者充之

第五條　班長由財務局月給工食外各警察每次出差得向欠糧花戶依據路之遠近征川資在五里內者征取川費五角五里以外加五角十里以外每五里遞加三角一日不能往返者加征宿費五角

第六條　財務警察下鄉辦公除征收規定川費外如有額外需索當依法懲處

第七條　關於忙漕征收契牙雜稅均歸各警察負責催追

第八條　財務警察辦公不力沾染嗜好一經查出立予斥革

第九條　班長負有監督全體之責各警察如有不法情事該班長不據實報告者一幷嚴處

第十條　財務警察除下鄉催征外須每日到局簽名並須依次值日

第十一條　仍照向章五日一卯但以國歷日期爲準如因赴鄉不及來城應卯者須第二日補到聲明事由

第十二條　財務警察辦事認眞確有勞績者當擇尤獎勵

第十三條　本細則自公布日施行並呈報縣政府備案

（二十六）無錫財務局整頓發行官契紙辦事細則

第一條　本細則遵照

省頒發行官契紙施行細則訂定之

第二條　依照本縣新近劃定十七區地域設立官契紙發行所十七處發行所事務即委託各區區公所遵照施行細則及本細則辦理之

第三條　發行官契紙事宜由本局雜稅處暨各區發行所共同負

責辦理之發行所負推銷之責雜稅處負領發及稽核之責

第四條　發行所推銷官契辦事程序規定如左

(1)各區發行所須備價向財務局雜稅處請領官契每張繳銀八角（省建每張五角加地方教育捐三角合如上數）惟其間坐扣公費一角五分（實繳數每張六角五分）請領前項官契紙時並須照數領足申請書及三聯推收證

(2)發行所發售官契時須令業戶填具申請書發行員即依照申請書在循簿或環簿上逐項洋註，面在官契紙存根上填註購領月日將三聯官契一併發給業戶收執

(3)發給官契後發行員并須填發三聯推收證一聯留所備查一聯呈繳財局一聯發給業戶

上項推收證如緣業戶契約尚未成立或因其他原因不能隨契發給時得先發官契後發推收證惟業戶必須於購契之後二月以內向原領官契發行所領取推收證否則即須遵照施行細則第六條辦理之

上項推收證業戶必須向原領官契發行所領取之不得甲所購契乙所領證以免混亂

(4)發行所發填申請書及推收證不另取費

(5)發行所於每月月底須將循簿或環簿連同申請書及推收證繳驗送交財務局雜稅處登記查核

第五條　雜稅處領發及查核官契辦事程序規定如左

(1)雜稅處隨時呈局請領官契紙轉發各區發行所並備簿登記之

(2)雜稅處須印備循環簿申請書推收證以備領發

(3)雜稅處須置備總稽征一簿本將發行所送交循環簿所載各項彙集登記之以備查核

(4)雜稅處須置備推收註冊簿一本業戶呈契納稅時須將推收證所列各項分別塡註之

(5)每月月底稅契員須將推收註冊簿與稽征簿互相核對如查有逾限未稅之業戶開單呈局分別飭催

第六條　各區官契發行所須隨時向各業戶宣傳購置官契之規例及私紙立契之弊害

第七條　各區發行所如發現業戶私紙立契之情事應即呈報財務局以憑查究

第八條　各發行所祇負推銷官契之責不得證收契稅

第九條　本辦法由財務局訂定呈請財政廳備案如有未盡事宜得隨時呈請修正之

（二十七）無錫縣財務局暫行會計科目

科目	說明
中央債券	凡為財政部經募之公債及庫券解交財政廳者皆入此科目
中央驗契	凡為財政部經征驗契款項解交財政廳者皆入此科目
省庫款	凡屬財政廳款皆入此科目
墊代省庫抵解款	凡款項之可以向財政廳抵解但尚未奉到支付命令或奉到支付曾向金庫轉賬者皆入此科目
省教育專款	凡屬教育經費管理處之款皆入此科目
墊付省教育抵解款	凡款項之可以向教育經費管理處抵解者皆入此科目
省建設專款	凡屬建設廳款項皆入此科目
農行基金	凡屬銀行畝捐皆入此科目
省地方雜項專款	凡不屬於財政廳建設廳教育經費管理處農民銀行之省地方款入此科目
縣庫款	縣地方款項之非專屬款產處教育局建設局或其他縣地方機關而統收統付者皆入此科目
縣款產處專款	凡屬款產處款皆入此科目
縣教育專款	凡屬於縣教育局之款皆入此科目
縣建設專款	凡屬於縣建設局之款皆入此科目
縣地方雜項專款	凡教育局建設局款產處之地方款項而仍為專收專解某某機關者皆入此科目
縣地方準備金	凡縣地方特別存儲之準備金入此科目

田賦征收費　凡忙漕蘆課征收費之收入及其經征費之支出皆入此科目

契牙手數料　凡契稅項下帶科之推收費及手數料其收付皆入此科目（解廳解處皆在內）

雜項手數料　凡不屬於田賦及雜稅手數料其收付皆入此科目如公債手數料之類

銀行錢莊往來　凡存放銀行錢莊或由銀行錢莊提出款項皆入此科目

借入款　凡借入款及償還借入款皆入此科目

暫收款項　凡暫記收入之款及此款之支出皆入此科目

暫付款項　凡暫記付出之款及此款之收回皆入此科目

（二十八）無錫縣財務局會計課登帳程序表

出納處〈日收簿、收支通知簿〉會計課〈收入支出記帳單、轉帳〉

日記帳——總帳——日記表——月計表

〈甲種收支分類簿、乙種收支分類簿〉五日報告單

市財政

（一）無錫市政籌備處民國十八年八月一日至十九年一月底止六個月預算案

江蘇省政府委員會第二三一次會議議決照辦

收入經常門

類別	款別	款別	六個月預算數	每月預算數	說明
市產收入			九八二二、〇一一	一六三、七一一	

類	款	項	數目	數目	說明
	第一項 房租		七二〇〇、〇〇〇	一二〇〇、〇〇〇	
		第一款 房租	七二〇〇、〇〇〇	一二〇〇、〇〇〇	市有房屋共六十八所每月租金約計可收一千二百元
	第二款 田地租		九九六、〇〇〇	一六六、〇〇〇	
		第一項 田租	三九六、〇〇〇	六六、〇〇〇	市有田產每年收租米麥租共三百三十餘担折計八百元弱每月平均可收六十六元
		第二項 地租	六〇〇、〇〇〇	一〇〇、〇〇〇	市有基地共三十六處每月約收一百元
	第三款 雜項市產收入		一六二六、〇〇〇	二七一、〇〇〇	
		第一項 碼頭租	七八、〇〇〇	一三、〇〇〇	市有碼頭計兩處每月可收十三元
		第二項 公園場租	四八〇、〇〇〇	八〇、〇〇〇	公園草地及房屋四所租於商人作茶社之用每月約收八十元
		第三項 菜場房租	七二〇、〇〇〇	一二〇、〇〇〇	市有菜場六處每月收菜攤菜担租費約一百二十元
		第四項 自流井售水	二四〇、〇〇〇	四〇、〇〇〇	市有自流井三座每担水售銅元一枚每月約收水錢四十元
		第五項 池租	六〇、〇〇〇	一〇、〇〇〇	市有河池一處每月約收租銀十元
		第六項 廁租	四八、〇〇〇	八、〇〇〇	市有廁所四處每月約收租銀八元
捐稅			五一一八三、〇〇〇	八五二三、〇〇〇	
	第一款 交通捐		一五一五〇、〇〇〇	二五二五、〇〇〇	
		第一項 街車捐	九六〇〇、〇〇〇	一六〇〇、〇〇〇	營業人力車計有一千六百輛每月每輛收捐銀一元合計如上數
		第二項 包車捐	九〇〇〇、〇〇〇	一五〇〇、〇〇〇	自用人力車計有三百輛每月每輛收捐銀五角合計如上數
		第三項 自由車捐	六〇〇〇、〇〇〇	一〇〇〇、〇〇〇	自由車計有三百輛每季每輛收捐銀一元合計如上數

		第四項 汽車捐	四二〇、〇〇〇	七〇、〇〇〇	汽車計有二十輛每月每輛收捐銀三元五角合計如上數
		第五項 馬捐	三六、〇〇〇	六、〇〇〇	營業馬計有六匹每月每匹徵捐銀一元合計如上數
		第六項 清道捐	二四〇〇、〇〇〇	四〇〇、〇〇〇	人力車汽車每月每輛附征清道捐二角自由車每季每輛附征二角平均每月約收四百元
		第七項 汽船捐	一二〇、〇〇〇	二〇、〇〇〇	汽船每隻年捐十元約收二百四十元每月折計如上數
		第八項 輪船捐	一五〇、〇〇〇	二五、〇〇〇	輪船公司認捐每年約收三百元每月折合如上數
		第九項 航船捐	七二〇、〇〇〇	一二〇、〇〇〇	航船約分三等上等每年收六元中等四元下等二元每年約收一千四百餘元以六個月計算如上數
		第十項 渡船捐	一四四、〇〇〇	二四、〇〇〇	渡船計分三等上等八元中等六元下等四元每年約收二百八十餘元以六個月計算合計如上數
		第十一項 快船捐	六〇、〇〇〇	一〇、〇〇〇	快船約十隻每艘月收捐一元計如上數
	第二款 房捐		三一二〇〇、〇〇〇	五二〇〇、〇〇〇	
		第一項 房捐	三三〇〇、〇〇〇	五二〇〇、〇〇〇	房捐按照舖戶租金百分之十征收每月約計如上數
	第三款 營業捐		四七八八 〇〇〇	七九八、〇〇〇	
		第一項 旅棧捐	六六〇、〇〇〇	一一〇、〇〇〇	旅棧捐向例由本市區內各旅館客棧認定月捐每月約計如上數
		第二項 茶館捐	六〇〇、〇〇〇	一〇〇、〇〇〇	茶捐每棹按月捐七分每月約計如上數
		第三項 戲館捐	二四〇、〇〇〇	四〇、〇〇〇	戲館二家每月各收捐二十元月計如上數
		第四項 公園茶捐	一二〇〇、〇〇〇	二〇〇、〇〇〇	城中公園茶資每壺一百四十文以四十文充園內經常費約計如上數
		第五項 廣告捐	六〇〇、〇〇〇	一〇〇、〇〇〇	此項稅收招商承包每月包額如上數
		第六項 菜場捐	九〇〇、〇〇〇	一五〇、〇〇〇	菜場六座攤担等每月納捐一角至二角不等每月所收捐額約計如上數

類別	款別	項別	六個月預算數	每月預算數	說明
		第七項 轎行捐	一二〇、〇〇〇	二〇、〇〇〇	本市區各轎行認定年捐每月平均計如上數
		第八項 雜項營業捐	四六八、〇〇〇	七八、〇〇〇	滯項行宰牛行堆棧業鹽棧業哺坊冶坊均認定年捐平均每月收入計如上數
雜項收入			三九七二、〇〇〇	六六二、〇〇〇	
	第一款 特捐		一五〇〇、〇〇〇	二五〇、〇〇〇	
		第一項 路燈貼費	一五〇〇、〇〇〇	二五〇、〇〇〇	本市區內公共路燈約計二千盞悉由本處維持惟各戶委托本處代裝者每季每盞收洋一元平均每日收入如上數
	第二款 牌照費		二四七二、〇〇〇	四一二、〇〇〇	
		第一項 公園攤照費	七二、〇〇〇	一二、〇〇〇	公園內臨時攤担照費平均每月收入如上數
		第二項 建築執照費	二四〇〇、〇〇〇	四〇〇、〇〇〇	市區內建築執照費每月約計如上數
經常收入合計			六四九三二、〇〇〇	一〇八二二、〇〇〇	

收入臨時門（按住房捐及筵席捐並未舉辦故臨時收入等於虛列）

類別	款別	項別	六個月預算數	每月預算數	說明
捐稅			二七六〇〇、〇〇〇	四六、〇〇〇	
	第一款 房捐		一八〇〇〇、〇〇〇	三〇〇〇、〇〇〇	
		第一項 住房捐	一八〇〇〇、〇〇〇	三〇〇〇、〇〇〇	住房捐擬自呈准後舉辦指定作築路經費自十月份起每月增收約四千五百元四個月合計一萬八千元勻攤六個月每個月折合如上數
	第二款 營業捐		九六〇〇、〇〇〇	一六〇〇、〇〇〇	
		第二項 筵席捐	九六〇〇、〇〇〇	一六〇〇、〇〇〇	筵席捐擬自呈准後舉辦指定作衛生經費及補助市區教育費自十月份起每月增收約二千四百元四個月合計約九千六百元勻攤六個月每月折計如上數

臨時收入合計	二七六〇〇、〇〇〇	四六〇〇、〇〇〇

支出經常門

類別	款別	項別	六個月預算數	每月預算數	說明
行政經費			一六〇〇八、〇〇〇	二六六八、〇〇〇	
	第一款 薪俸工食		一二一四、〇〇〇	二〇二四、〇〇〇	
		第一項 參事薪俸	九〇〇、〇〇〇	一五〇、〇〇〇	參事一人月支一百五十元
		第二項 秘書科長薪俸	三六〇〇、〇〇〇	六〇〇、〇〇〇	秘書一人科長四人月各支一百二十元合計如上數
		第三項 科員薪俸	二六四〇、〇〇〇	四四〇、〇〇〇	科員八人月支六十元者四人月支五十元者四人合計如上數
		第四項 工程技術員	一九二〇、〇〇〇	三二〇、〇〇〇	工程技術員四人月各支八十元合計如上數
		第五項 事務員俸	一五六〇、〇〇〇	二六〇、〇〇〇	事務員八人月支三十五元者四人月支三十元者四人合計如上數
		第六項 書記薪俸	六〇〇、〇〇〇	一〇〇、〇〇〇	書記員四人月各支二十五元合計如上數
		第七項 勤務工食	九二四、〇〇〇	一五四、〇〇〇	勤務十二人門警二人月各支十一元合計如上數
	第二款 辦公費		一八〇〇、〇〇〇	三〇〇、〇〇〇	
		第一項 印刷紙張文具	六〇〇、〇〇〇	一〇〇、〇〇〇	處用紙張文具及執照捐票等紙張印刷費每月開列如上數
		第二項 郵電	四八〇、〇〇〇	八〇、〇〇〇	電燈電話郵票電報等費每月開列如上數
		第三項 書報	一二〇、〇〇〇	二〇、〇〇〇	新聞紙及書籍雜誌每月開列如上數
		第四項 雜支	六〇〇、〇〇〇	一〇〇、〇〇〇	車旅購置裝修及一切雜支每月開列如上數

門	款	項	全年	每月	說明
	第三款 徵收費		二〇六四、〇〇〇	三四四、〇〇〇	
		第一項 收捐員薪俸	一五六〇、〇〇〇	二六〇、〇〇〇	收捐員八人月各支三十五元者四人月各支三十元者四人合計如上數
		第二項 收捐車膳費	二四〇、〇〇〇	四〇、〇〇〇	收捐員八人月各支車膳貼費五元合計如上數
		第三項 跟收勤務工食	二六四、〇〇〇	四四、〇〇〇	跟收勤務四人月各支工食十一元合計如上數
事業經費			四八九二四、〇〇〇	八一五四、〇〇〇	
	第一款 公安費		三三〇〇、〇〇〇	五五〇、〇〇〇	
		第一項 警餉	三三〇〇、〇〇〇	五五〇、〇〇〇	補助公安局警餉每月計如上數
	第二款 工程費		一八〇〇、〇〇〇	三〇〇、〇〇〇	
		第一項 道路橋樑修理費	一八〇〇、〇〇〇	三〇〇、〇〇〇	市區道路橋樑修理費每月開列如上數
	第三款 衛生費		四五一二、〇〇〇	七五二、〇〇〇	
		第一項 清道夫工食	四〇八〇、〇〇〇	六八〇、〇〇〇	清道夫八十名月各支八元半合計如上數
		第二項 垃圾船租金	四三二、〇〇〇	七二、〇〇〇	垃圾船十二隻每隻租金六元合計如上數
	第四款 公用費		五四六〇、〇〇〇	九一〇、〇〇〇	
		第一項 公園經常費	一二〇〇、〇〇〇	二〇〇、〇〇〇	公園修理及另星建築費月支九十六元園丁二名月各支十二元更夫一名月支八元電燈電話月支四十五元雜支五元合計如上數
		第二項 自流井保管及修理費	六〇〇、〇〇〇	一〇〇、〇〇〇	自流井三座機匠三人月各支十五元及電費每座月支十七元及修理費四元合計如上數

科目		金額	金額	備考
	第三項菜場房屋租金及修理費	六〇〇、〇〇〇	一〇〇、〇〇〇	菜場六處共支修理費及打掃費每月七十元又第四及第六菜場每月租金三十元合計如上數
	第四項廣告牌修理費	六〇、〇〇〇	一〇、〇〇〇	廣告牌共一百三十處每月修理費開列如上數
	第五項路燈貼費	一九二〇、〇〇〇	三二〇、〇〇〇	市區路燈除各戶委託代裝外餘均由本處撥支每月計如上數
	第六項出版費	一〇八〇、〇〇〇	一八〇、〇〇〇	市政月報經費月支一百元市政旬刊經費月支八十元合計如上數
第五款市產保管費		一四一六、〇〇〇	二三六、〇〇〇	
	第一項市產房屋修理費	六〇〇、〇〇〇	一〇〇、〇〇〇	市產房屋六十八處每月修理費開列如上數
	第二項市房房捐保險費及房地租稅	八一六、〇〇〇	一三六、〇〇〇	市房房捐保險費及房地租稅合計如上數
第六款補助費及合辦事業費		二七三六、〇〇〇	四五六、〇〇〇	
	第一項勞工醫院補助費	六〇〇、〇〇〇	一〇〇、〇〇〇	
	第二項各區黨部補助費	一三八〇、〇〇〇	二三〇、〇〇〇	
	第三項國民導報補助費	三〇〇、〇〇〇	五、〇〇〇	
	第四項中區救火會補助費	一八、〇〇〇	三、〇〇〇	
	第五項南區坟宮救息會補助費	一八、〇〇〇	三、〇〇〇	
	第六項慈善補助費	二五八、〇〇〇	四三、〇〇〇	
經常支出合計		六四九三二、〇〇〇	一〇八二二、〇〇〇	

支出臨時門

類別	款別	項別	六個月預算數	每月預算數	說明
事業費			二七六〇〇、〇〇〇	四六〇〇、〇〇〇	
	第一款 工程費		二一〇〇〇、〇〇〇	三五〇〇、〇〇〇	
		第一項 測繪費	三〇〇〇、〇〇〇	五〇〇、〇〇〇	購置測繪器具及測量用費開列如上數
		第二項 道路建築費	一八〇〇〇、〇〇〇	三〇〇〇、〇〇〇	開闢新路及拓寬街道所築費開列如上數
	第二款 衛生費		四八〇〇、〇〇〇	八〇〇、〇〇〇	
		第一項 衛生指導員	七五〇、〇〇〇	一二五、〇〇〇	衛生指導員五人月各支二十五元合計如上數
		第二項 擴充衛生事業費			
		第三項 添僱清道夫役及號衣籮鋤等類	二二五〇、〇〇〇	三七五、〇〇〇	
	第三款 補助費		一八〇〇、〇〇〇	三〇〇、〇〇〇	
		第一項 補助市校教育費	一八〇〇、〇〇〇	三〇〇、〇〇〇	
臨時支出合計			二七六〇〇、〇〇〇	四六〇〇、〇〇〇	

(二)無錫市政籌備處市產收入一覽表 十八年十月製

租戶	押租	月租	年限	地址
陳鴻山	七十五元	七元五角	十八年九月廿一年八月底	東北三圖崇安寺山門內西首

讜楚門	百九十元	十八元五角	仝上	天四圖財神衖口
永吉潤	千二百元	六十元	仝上	天四圖蓮蓉橋西堍
趙景春	八十元	七元	仝上	天四圖顧橋下
陳元松	百六十元	十六元	仝上	東北三圖崇安寺山門內西首
胡耀麟	百元	十元	十八年十二月廿一年十二月	公園路大觀樓左旁
謝竹君	千元	四十二元	仝上	東北五圖公園對面
張信和	百四十元	十四元	十八年九月廿一年八月底	東北三圖公園路轉角
王宴卿	七十五元	七元五角	仝上	東北三圖崇安寺山門內
李錦岷	二百元	念元	仝上	財神衖口
黃順記	十五元	一元五角	仝上	光復門新民橋
顧春榮	五十元	五元	不拘	三里橋
胡炳章	五十元	五元	仝上	同上
張梅初	百二十元	十二元	同上	同上
周隆發	百元	九元五角	不拘	天四圖三里橋
杜順泰	六十元	六元	同上	廣勤路
劉金山	六十元	六元	同上	同上
李福生	百元	十元	同上	接官亭
劉鳳山	百六十元	十六元	十八年九月念一年八月底	崇安寺西
錢福根	六十元	六元	同上	黃埠墩西

楊叙豐	八十元	八元	同　上	崇安寺
過湧林	百六十元	十六元	同　上	同　上
殷得泉	六十五元	六元五角	同　上	書院弄內
鄒全馨	六十五元	六元五角	同　上	同　上
李　玉	二百五十元	二十五元	不　拘	公園
胡和泉	六百元	四十五元	同　上	同　上
陸阿福 陸紹寶	三十五元	七元	同　上	南巷
唐蔚芝	百四十元	十四元	同　上	朗君廟巷
黃阿二 孫阿園	二十五元	二元五角	同　上	顧橋上
陸耀庭	四百卅元	四十三元	十八年九月廿一年八月底	崇安寺
金輪章	四十五元	四元五角	不　拘	堵夾衖
陳　容 石根生	七十元	七元	不　拘	崇安寺
諸二泉	百卅元	十三元	同　上	崇安寺
符晉康	四十元	四元	同　上	北栅口顧橋上
史寶生	三十五元	三元五角	同　上	同　上
顧鳳祥	六十五元	六元五角	同　上	書院弄
李萬與	百十元	十一元	同　上	崇安寺
楊萬鎰	四十五元	四元五角	同　上	顧橋下
永源廠	五百元	四十二元	十八年九月廿一年八月底	丁港裏浜口

李慶記	七十元	七元	同上	崇安寺
王坤記	七十元	七元	同上	同上
謝炳文	三百元	卅元	同上	同上
顧蓮記	七十五元	七元五角	同上	同上
朱隆興	五十五元	五元五角	不拘	書院弄
過金奎	五十五元	五元五角	同上	同上
周蔭庭	二百五十元	廿五元	十八年九月廿一年八月底	崇安寺
戴亭良	七十元	七元	同上	大市橋
陳蕙蓀	五百元	四十六元	照原契	北大街
李梅林	七十五元	七元五角	十八年九月廿一年八月底	崇安寺
趙新明	六十元	六元	不拘	[illegible]門
康泰魁	百元	七元五角	十八年九月廿一年八月底	新民橋
施少卿	二百四十元	二十四元	不拘	推官牌樓
蔣士一	七十五元	七元五角	同上	崇安寺
生花齋	七十五元	七元五角	同上	同上
錢鴻儀	二百六十元	廿元	同上	公園
梅山	五十元	五元	同上	崇安寺
陳金龍	六十元	六元	同上	同上
楊榮昌	廿五元	二元五角	同上	水關橋上

施翼清	二百八十元	廿八元	同上	書院衖
章耀明	卅元	三元	同上	老北門城上
顧子卿	七十五元	七元五角	同上	崇安寺
楊龍觀	卅元	二元	同上	水關橋
黃錫胤	不取	五元	同上	崇安寺寺後門白水蕩
張瑞興	百廿元	十二元	同上	西北六圖
顧仁林	四十五元	四元五角	同上	又
鄭長維	四十五元	四元五角	同上	又
陳子寬	三千元	百十元	十八年九月廿七年九月底	東門廟港橋小粉橋之間
陳耀記	十元	一元	不拘	沙巷口
林煥文	千五百元	六十元	十八年十月廿一年十月底	三里橋
胡樹堂	千元	八十元	同上	北門外越城口
沈震初	三百三十元	三十三元	不拘	三里橋
李寶芳	百元	十元	十八年十月廿一年十月底	同上
倪根榮	三元	二角	不拘	南市橋
劉金山	七十元	七元	同上	書院弄
鄧根培	六十元	六元	同上	廣勤路
張鳳照	六十元	六元	不拘	同上
何維周	百四十元	十四元	同上	煤場弄

過景虞	四百元	四十元	同上	同上
馬阿布	卅元	六元	同上	廣勤路口
江煥卿	六十元	六元	同上	同上

(三)無錫市政籌備處十八年度上半期各項收入統計表 十八年十二月

類別	項別＼月別	八月	九月	十月	十一月	十二月	總計	附註
經常收入	房租	一二六三·二三〇元	一八九九·二〇〇元	一三三四·七〇〇元	一〇六六·七〇〇元	九二三·四〇〇元	六三六六·二三〇元	
	地租	三二一·五〇〇	二五三·八〇〇	九八·〇〇〇	四五·二〇〇	二三二·〇〇〇	八七〇·五〇〇	
	雜租	五二三·八七〇	二七五·七三〇	一四一·一二六	一七五·六五〇	一八三·九五〇	一二九〇·三二六	
	交通捐	二一八·九〇〇	二〇〇九·三〇〇	二七九四·〇〇〇	三六四·三〇〇	二四三·九〇〇	一九八六·四〇〇	
	舖捐	五三三〇·三六八	五三三七·一四[illegible]	五三四六·三九二	五一七六·六八一	四六五五·一〇七	二五七二七·六七三	
	營業捐	一五二一·一七〇	六二三·三二〇	六四二·〇三六	七一七·一九〇	二四四·六九〇	三七三八·三九六	
	特捐	三〇八·〇〇〇	二〇四·〇〇〇	一五七·〇〇〇	二五八·〇〇〇	一九七·〇〇〇	一一二四·〇〇〇	
	牌照捐	五四九·三〇〇	八七一·八〇〇	六〇八·三〇〇	六四四·〇〇〇	三六一·二〇〇	三〇三五·六〇〇	
	登記費				四三·五〇〇	四五·〇〇〇	八八·五〇〇	各項登計自十一月份起實行
臨時收入	築路費		二七四〇·〇〇〇		一三五〇·〇〇〇		二七〇九〇·〇〇〇	築路費係九，十一，兩個月臨時收入
	頂首押櫃	四八·〇〇〇	三八二二·〇〇〇	一九五·五〇〇	三四六·〇〇〇	一三五·〇〇〇	四六三六·五〇〇	
	修理碼頭駁岸補助金		三三〇·〇〇〇				三三〇·〇〇〇	修理工運橋臨時收入

圖表四：此處原爲《四、無錫市政籌備處十八年度上半期捐税收入比較圖》，見書後。

圖表五：此處原爲《（五）無錫市行政費與事業費每月收支比較圖》，見書後。

收入							
驗車費			一三三〇・〇〇〇			一三三〇・〇〇〇	檢驗人力車費係十月份臨時收入
公益捐			三七二・一〇〇			三七二・〇〇〇	公益捐係十月份臨時收入
門牌費				七八四・六一六	七四六・八七五	一五三一・四九一	編訂門牌費自十一月份起臨時收入
合計	一一六四・三八	四三三二・一八五	一三〇一〇・一四四	一三四三二・八三七	一〇一六七・一三三	八九二九二・五〇六	本處自八月日成立各項捐稅收入自八月算起

（六）無錫市政籌備處市有房屋租賃章程

十八年八月十七日公布

第一條　本處所管理之市有房屋凡欲租賃者須依照本章程向本處訂租

第二條　凡以前董事事務所勸學所市公所市行政局等所訂契約無論滿期未滿期均須來本處重訂新約以資整理

第三條　凡租用本處房屋者須遵照本處印就之租賃契約塡寫清楚各執一紙以作憑證

第四條　租戶須覓妥實見中舖保并須預付押租銀若干元（押租額數依房租之價額酌定之但不得少於房租十倍）此項押租於退租之日憑租賃契約發還租戶

第五條　每月房租逢月之二十四日至二十九日由本處財政科派員收取以租摺爲憑倘到時延欠租金本處得將押租作抵如延欠三月以上不補繳者得勒令退租出屋

第六條　除房捐按照店房捐章程辦理外各項捐稅均由租戶自理

第七條　租戶不得將所租房屋分租轉租或頂給他人

第八條　租戶倘有不合法行爲時本處得勒令退租出屋

第九條　彼此退租須在一個月前知照或依規定期限解約屆期遷讓各不貼費

第十條　如須增加房租由本處在一個月前知照租戶承認照加者准其續租倘不願照加應於滿月之日無條件遷讓

第十一條　凡租戶如欲改換裝修者須先得本處同意遷出時照原式裝還一切改換裝修費用由租戶自備

第十二條　凡租戶發見房屋上漏下濕如欲修理者須先報明本處派員查勘由本處僱匠修理如其損壞部分係租戶使用不當所致所有修理費應歸租戶負擔至修復原狀爲止

第十三條　租金悉照陽曆計算照第五條之規定每月月底收租起租之月不滿一月者按日計算如租戶退租不滿一月者亦照全月計算

第十四條　本處得隨時派員入屋查勘

第十五條　本章程自公佈之日施行

(七)無錫市政籌備處市有基地租賃章程

十八年九月二十日公布

第一條　本處所管理之市有基地凡欲租用者須依照本章程向本處訂租

第二條　凡以前董事事務所勸學所市公所市行政局等所訂契約無論滿期未滿期均須來本處重訂新約以資整理

第三條　租用本處基地者須遵照本處印就之租賃契約填寫清楚各執一紙以作憑證

第四條　租戶須覓妥實見中舖保并須預付押租銀若干元(押租額數依基地之價額酌定之但不得少於地租十倍)此項押租於退租之日憑租賃契約發還租戶

第五條　每月或每年地租逢月之廿四日至廿九日或每年之六月由本處財政科派員收取以租摺為憑倘到時延欠租金本處得將押租作抵如延欠三月以上不補繳者得勒令退租

第六條　租戶不得將所租基地分租轉租或頂給他人

第七條　彼此退租須於一個月前通知或依規定期限解約屆時各不貼費

第八條　倘於未滿期前本處有收回基地之必要時所有租戶建築之房屋得酌量補償其價值如雙方遇有爭執時則由房產估價委員會估定之

第九條　凡租用本處基地建屋者如有變賣房屋等情須先向本處接洽如本處不欲收買方可另行出售但亦須得本處同意其租契亦應重訂之

第十條　如須加地租由本處在一個月前知照租戶承認照加者准其續租倘不願照加者應于滿月之日照第七條第八條手續辦理

第十一條　租戶倘有不法行為時本處得勒令退租

第十二條　租金悉照國曆計算照第五條之規定按時收租起租之日不滿一月者按日計算如租戶退租不滿一月者亦照全月計算

第十三條　本章程自公布之日施行

(八)無錫市政籌備處徵收店房捐章程

十八年九月五日公布

第一條　凡在本市區城內之租屋供營業之用者無論屋房典屋己屋均適用本章程徵收店房捐

第二條　店房捐按照每月租價百分之十徵收

第三條　凡租金租價應查驗其租契及租摺所列之數計算收捐房主租戶各半擔任

第四條　凡典屋己屋及租地建築之屋以鄰近店屋之舖面大小建築優劣爲比例定其租價計算收捐如遇爭執時應交房產估價委員會定奪

第五條　凡店房內進屋宇供堆貨物或店員住宿用者一律照本章程收捐

第六條　凡店屋應每年編查一次載明商號房主及店主姓名及租價

第七條　醫院依租價七折計算收捐以示優異

第八條　凡有新造店屋從新改建或遷徙閉歇或被災情事及空屋出賃時應由房主租戶用正式呈文報告本處財政科註冊

第九條　租屋營業者所有房捐全數向租戶徵收其房主應出半數由租戶於月租內自行扣回典屋或己屋向典主及房主直接征收之

第十條　店房捐以每月十六日起至月底止爲收捐期間捐款收清隨給收捐憑證

第十一條　租戶或典主房主照房店繳捐如有隱匿不報或以多報少或以其他方法意圖朦混者除責令補繳捐款外應處以所補捐款十倍以下五倍以上罰金此項罰款以五成充賞告發人五成歸公

第十二條　凡每月應繳店房捐如逾月終延玩不繳者處以應繳捐款五分之一罰金

第十三條　本章程自公布日施行並呈請主管廳備案

（九）無錫市房產估價委員會章程

十八年九月七日公布

第一條　本會爲應市政籌備處或業主房主租戶之請求估計房產價格爲抽收房捐之標準而設

第二條　本會設委員五人由市政籌備處財政科科長工務科科長及縣政府公安局縣商會各派代表一人組織之

第三條　本會設常務委員一人由委員互選之掌理本會一切事務

第四條　會期無定期由常務委員隨時召集之

第五條　本會開會時以常務委員爲主席常務委員缺席時得由到會委員推舉臨時主席

第六條　本會處理事項列左

（甲）業主或房主租戶接到市政籌備處捐票後認爲與產價不符時得請求估計之

（乙）市政籌備處認爲某號房屋之房捐與時值不符應行增加時得向該房主業主或租戶估計增加之如戶主不服得請求本會復估之

（丙）凡私有房產變賣爲市有或市政籌備處於必要時收買私有房產對於產價發生爭執不能解决時得請求本會估計之

（丁）凡租市有地產建築之房屋期滿時如雙方對于產價有所爭執得請求本會估計之

（戊）凡買賣房產對於產價遇有爭執時得請求本會估計之

第七條　戶主業主或租戶接到估價委員會通知後如有異議須於一星期內請求復估逾期作爲默認論

第八條　凡請求估價者須提出理由用書面通知本會再行審核遇必要時得實地勘估之

第九條　遇必要時估價委員會得令雙方事主出席說明但無表決權

第十條　本會備通知書兩種於估定價格後由常務委員根據議決案分別塡送市政籌備處及業主房主租戶

第十一條　委員因公出外查勘時所有用費均由市政籌備處撥支

第十二條　本會一切繕寫事宜由市政籌備處總務科兼辦之

第十三條　本會附設市政籌備處

第十四條　本章程自公布日施行

（十）無錫市政籌備處暫行車輛牲力捐章程

十八年八月卅一日公布

第一條　凡在本市區內行駛各種車輛牲力須向本處工務科登記檢驗合格者（章程另訂）領取牌號及行車執照後方得向財政科繳捐領取捐照

第二條　繳捐期分季捐月捐二種

（一）季捐以每季首月十五日前爲繳捐領照時期

（二）月捐以每月十日前爲繳捐領照時期

如逾期不繳經本處稽查員查出者按照漏捐規則處罰

第三條　各種車輛牲力車捐率開列於左

（一）營業汽車　每月每輛捐銀三元五角

(二) 自用汽車 每月每輛捐銀三元

(三) 營業運貨揚車 每月每輛捐銀五元五角

(四) 自用運貨揚車 每月每輛捐銀五元

(五) 營業馬車 每月每輛捐銀二元五角

(六) 自用馬車 每月每輛捐銀二元

(七) 營業人力車 每月每輛捐銀一元

(八) 自用人力車 每月每輛捐銀五角

(九) 機器脚踏車 每月每輛捐洋一元

(以上每月每輛各附征清道捐二角)

(十) 自用營業脚踏車 每季每輛捐洋一元

(附征清道捐二角)

(十一) 自用營業騾馬 每月每頭捐洋一元

(以上每季每輛頭各(附征清道捐二角)

第四條 凡開設營業汽車行其汽車有五輛以下者須繳開行費五十元五輛以上者一百元（公共汽車每輛載客六人以上者不在此例）如有偷漏等情一經查出按照漏捐規則處罰

第五條 車輛牲力遇有過戶等情應將牌號執照繳回本處工務科註銷每輛收手續費洋一元

第六條 各種車輛每年須更換牌號一次并照繳牌號費

第七條 凡車輛牲力停止營業時應將牌號向本處財政科聲請補給每輛納手續費二角

第九條 各種車輛牲力之行駛不得違犯公安局及本處取締規則

第十條 本章程自公布之日施行並呈請主管官廳備案

(十一)無錫市政籌備處漏捐車輛牲力處罰規則

十八年九月五日公布

第一條 凡本市區內各種車輛牲力無本處牌號捐照者均爲漏捐一經公安局或本處稽查員查出即按照本規則處罰

第二條 各種營業或自用車輛及牲力等如有漏捐者除補捐外再按照捐數加倍處罰

第三條 凡車輛懸有牌號而未帶捐照或帶有捐照而未懸牌號者一經查出當事人須於當日繳驗同號捐照或牌號并按照捐數半倍處罰

第四條 凡車輛懸有牌號而所帶捐號數與牌號不符者一經查出限於二日內調齊否則按照捐數半倍處罰

第五條 凡有僞造假冒頂替或分割牌照希圖取巧者一經查出

除補捐外再按捐數五倍以上十倍以下處罰如情節重大得將車輛沒收

第六條　自用車輛及牲力等有違章營業者查出後按照營業車輛及牲力等三個月之捐額處罰具結釋放再犯者得沒收其車輛

第七條　無牌照之車輛牲力在途行駛者應即扣留轉解本處倘於五日內無主認領者得沒收之

第八條　凡查見漏捐車輛及牲力等即交崗警或警所扣留轉解本處核辦

第九條　凡開設汽車行並不照章納費或有漏報車輛等情查出後除補繳外按照捐數加三倍處罰

第十條　本規則自公布日施行並呈請主管官廳備案

(十二)無錫市政籌備處徵收戲捐章程

十八年九月十四日公布

第一條　凡在本市區內開設戲園電影院遊藝場及其他有娛樂性質之營業者均應遵照本章程納捐

第二條　凡開設娛樂場所呈由本處批示准許營業者應遵照第三條之規定按月繳納戲捐

第三條　戲捐按照下列捐額征收

(一)戲園及電影院

甲等　容六百座以上　每月六十元

乙等　容四百座以上　每月三十元

丙等　容二百座以上　每月二十元

丁等　不滿二百座　每月十元

(二)遊藝場

甲等　游藝在十種以上或券價在二角以上者

每月八十元

乙等　游藝在五種以上或券價在一角以上者

每月六十元

丙等　游藝不滿五種或券價不滿一角者

每月四十元

(三)其他娛樂場所依座位數及券價由財政科臨時酌定之

第四條　開演日期不滿一月亦以全月計算收捐

第五條　戲捐以每月五日以前爲收捐期間由各該娛樂場所按照應繳捐額向本處財政科繳納隨即領取月照爲憑如過期不繳照捐額一倍處罰之

第六條　各娛樂場所如有變更內容或停閉等情應先期向本處呈明以憑考查或註銷捐冊

第七條　本章程自公布日施行並呈請主管廳備案

（十三）無錫市政籌備處徵收茶捐章程

十八年九月五日公布

一　凡在本市區內以營業為宗旨開設茶館者均應遵照本規則繳納月捐

二　茶館捐每桌一張月捐大洋七分

三　茶几及靠壁茶桌減半征捐茶榻以全桌論

四　各茶館每月十五日前來處繳捐或逕交收捐員以捐照為憑逾期不繳按捐額一倍處罰之

五　如有增加桌數時須先期呈報本處註冊違者按照漏捐數額加倍處罰

六　茶館開張及歇業均於十日前來處報告不得逾期

七　本章程自公布日施行並呈請主管廳備案

（十四）無錫市政籌備處徵收廣告稅章程

十九年一月一日公布

第一條　廣告稅為市稅之一凡在本市區域內均有征收此項廣告稅之權

第二條　凡越出自己地位使人注目感覺而具有營業性質者無論為紙為板為標記或活動或不活動向所稱招紙及告白等類均作為廣告其商號本店招牌陳列或張佈於自己地位者不以廣告論

第三條　凡欲張貼廣告於本市區域者須報明市政籌備處納稅加蓋印記

第四條　凡紙類印刷或繕書之廣告每營造尺一方尺每百張繳捐銀三角方尺放寬張數多加準此遞加不滿一尺者準一方尺算不滿百張者準百張算但二十方尺以外之廣告須先經協商方許張貼

前項廣告如係沿途散發或隨報附送不張貼者每營造尺一方尺每百張繳捐銀大洋一角餘照前項之例類推

第五條　凡廣告之妨礙治安及有傷風化或含有朦混誘惑挑撥欺騙意思者均禁止張貼其餘不論樣式如何一律允許

第六條　凡欲張貼廣告除照章收稅外其張貼處所應以本處所規定廣告欄內為限不得任意張貼牆壁有礙觀瞻

第七條　特別廣告係為便利商人起見特於普通廣告外准其設立特別形式如用木板鉛皮漆布圖畫以及代為經售之標幟等類惟須預先將廣告繪具形式及尺寸地址一併開明報由市政籌備處派員查驗核准之後方可建設此項廣告每營造尺一方尺月繳銀大洋五分但設立時須

預繳捐款一年給予收證爲憑此項特別廣告因優待商界便於推行起見特爲規定如下

（甲）牆壁廣告分官牆私牆兩種官牆每月每方尺納捐銀二分私牆每月每方只納捐銀一分

（乙）道旁廣告官基每月每方尺納捐銀六分私基每月每方尺納捐銀四分

（丙）屋頂廣告用木架嵌設電燈者官房每月每方尺納捐銀八分私房或僅設木架者每月每方尺納捐銀四分

第八條　游行廣告須於游行前三日至市政籌備處聲明廣告之形式及人數裝飾並樂器若干件逐一開單以憑核捐給照此項廣告每人每日繳捐大洋一角樂器每件照五人計算遊行人數不得過十二人並受沿途警察之指導不得任意亂行致礙交通

第九條　凡紙類廣告報捐後由市政籌備處分別張貼逐張加蓋印記爲憑木板鉛皮漆布圖畫等廣告除於底樣加蓋印記外應由建設廣告者於廣告右方下端註明「市政籌備處特許」字樣以示識別遊行廣告概由市政籌備處發給執照以備攜帶

第十條　凡事前匿捐或期滿不續繳捐款者查實後當視該廣告應納之稅額三倍科罰

第十一條　學校及慈善機關或事關公益之各項廣告一律免納稅銀但仍須送由市政籌備處加蓋印記

第十二條　本章程自公布之日施行並呈報主管官廳備案

（十五）無錫市政籌備處財政科徵收員服務及獎懲規則

十八年九月五日公布

第一條　各種捐款由財政科長秉承主任專派征收員於指定地段內或指定該款項內挨戶及逐項征收不得遺誤

第二條　各征收員均應覓具切實保證書呈處備案如有虧短等情即責令保證人照數賠償

第三條　各征收員征收捐款須按日繳解會計室並填具日報表由財政科長審核後交會計股保存備查

第四條　如征收款項遇有爭執不決或有抗捐不繳者均應隨時報告財政科長核辦不得擅自處理

第五條　各征收員收捐時應一律佩掛本處證章以資識別

第六條　各種捐稅票冊由各原征收員保管之其底簿及租摺等均歸征收股長保管之

第七條　每屆月終征收股長應將各征收員日報表彙核後呈由財政科長審核之

第八條　各征收員征收捐款以指定地段內或指定額數內所發票面總額與發票之日起一個月內征及九成爲及格九成以上酌給奬金九成以下應即記過如有三次不及格者撤差所餘一成限自發票之日起十五日內收繳清楚

第九條　凡捐稅確係無從征收或抗捐不繳者應將原票繳回征收股長幷聲叙理由如查明有虛捏情事由財政科長呈請主任懲戒之

第十條　各征收員如有需索舞弊及侵吞捐款等情事一經發覺除撤差外應依法懲治

第十一條　各種捐冊憑照均由本處印發

第十二條　本規則自公布之日施行並呈請主管廳備案

稅務機關

(一)無錫各種稅務機關一覽表

機關名稱	地址	沿革	組織	性質	局長或所長	收稅	備考
無錫稅務總所	城內映山河	民國元年由錫金釐捐局改組	總所一分所七巡船五總所設所長一員主計會計文牘管票稽核書記各一員所丁四名每分所設主任一員稽徵三四員不等巡船附各分所		王心如	年比十一萬五千五百九元振捐二成	各業認稅由總所徵收其餘概由各分所徵收至行政費每月一千十元總分所員司俸薪及雜支均由此開支
黃埠墩稅務分所	北門外黃埠墩	民國元年由錫金釐捐局改組	主任一副主任一稽徵三所丁四		李運生	年比二萬九千三百十二元二角八分四厘	普濟橋巡船由本分所員司輪流擔任
清名橋稅務分所	南門外清名橋	民國元年由錫金釐捐局改組	主任一稽徵三所丁二		劉君木	年比二萬五千四百二十九元	冷瀆港巡船由本分所員司輪流擔任

北柵口稅務分所	新北門外	民國元年由錫金釐捐局改組	主任一副主任一稽徵一所丁二		孫玉峯	年比一萬五千六百八十三元	
北望亭稅務分所	望亭鎮	民國元年由錫金釐捐局改組	主任一稽徵三所丁二		李鵬飛	年比一萬五千元振捐二成	
茅塘橋稅務分所	東北鄉茅塘橋鎮	民國元年由錫金釐捐局改組	主任一稽徵二所丁二		何振臣	年比一萬四千九百九十元振捐二成	
太平橋稅務分所	北門外太平橋村	同右	主任一稽徵三所丁二		孫耀庭	年比九千一百十四元振捐二成	馬口巡船由本分所員司輪流擔任
大渲稅務分所	西門外大渲口	同右	任主一稽徵四所丁三		蔣綬卿	年比六千卅八元振捐二成	南橋巡船由本分所員司輪流擔任
雪堰橋巡船	武進縣雪堰橋鎮	同右	主任一稽徵一所丁一		潘孝俊	年比一千四百一元振捐二成	
磚石沙泥認稅	事務所百歲坊				鄒久恆(代表)		收稅事宜附屬無錫稅所
鐵路稅務局	火車站		局長一人稽查二人文牘一人會計一人核算一人管票一人書記一人寫票一人錄事一人扦查二人		莫量年	年比七萬八千一百七十元附加賑捐二成一萬五千六百三十四元	
江蘇郵包稅無錫分局	光復路		局長一庶務兼會計一稽徵四書記一巡丁一公役一	經征郵包稅務事項	劉映甫	每年經常三百二十八元	

江南菸酒稅局	無錫菸酒稅分所	無錫菸酒牌照稅稽征所	江蘇捲菸統稅局無錫查驗分所	財政部蘇浙區麥粉特稅局第一分局	江蘇全省專稅第二分局
老縣前	東門外酒業協會	東門外酒業公會	江陰巷中段	城內打鐵橋下	東新路
民國十五年十一月成立歷任局長為賈士彥劉成棟徐恩溥傅秉彝朱寶夫	查菸酒係舊有稅則原屬於財政廳管轄歸無錫稅務所經徵自民國十五年劃歸江蘇菸酒事務局分設江南菸酒稅徵局主管各縣分所分年認比委辦按財政部會計年度逐月報解認額此分所沿革之大概情形也	查菸酒牌照稅開辦於民國初年隸屬於全省菸酒事務局年定比額由商人包認自十八年度起後由投票委辦		奉財政部部令徵收無錫常州鎮江各機製麥粉特稅於民國十七年七月一日設立	十七年八月一日組織成立名為江蘇全省棉類產銷稅第一區分局十一月十六日奉令改為江蘇全省棉類產銷稅蘇分局十八年棉煤紙油絲織人造絲六區專稅歸併征收就蘇常分局改組江蘇全省專稅第二分局於三月一日成立
局長一人總務主任一人文牘一人會計一人書記一人收發一人號房一人公役三人	主任一人經徵一人會計一人文牘一人稽查十二人	所長一人文牘一人會計一人經徵一人調查員五人	所長一人稽查員四人	局長一人副所長一人股長二人辦事員四人	局長一人稽查一人僱員三人事務員三人
徵收菸酒兩類稅款				徵收無錫常州鎮江各機製麥粉特稅	征收棉紙油絲織品人造絲六類專稅
楊平	楊廼植	章鼎	沈吉徐	施翔	王壽朋
經常每月四百元				無定額	經常費每月三千一百五十三元
	查分所係認辦性質並無經費臨時各費之規定是以經常費欄內不再填列合併聲明	查本所係投標委辦性質並無經常臨時各費之規定是以經費欄內從略登明	本所屬於蘇州江蘇捲菸統稅局查驗所		

江蘇全省專稅第二分局無錫油類組代徵處	茅蓬沿河	前稱無錫油類代征所向由官辦自民國十七年九月起由改為官督商辦自本年度三月起附屬於東新路江蘇全省專稅總局故名稱亦更如上述	正副主任各一人事務一人稽查二人徵收一人司賬一人雜務一人	收油稅捐	陳湛如		
無錫絲繭稅局	打鐵橋	本局於民國十二年五月由無錫稅所劃出專辦	局長一人會辦總務文牘會計監秤批算稽查各一人寫票二人		朱鑑	經常費全年一萬二千元	
錫陰印花稅分局	無錫河降里		局長一人總務科員助理文牘售票會計各一人檢查四人		沈養和	經常費八百元	
無錫區硝磺分銷處兼查驗所	露華街卅七號	向係官辦商辦迄今仍然	主任一人會計總務雜務各一人緝私三人	惟銷官硝查緝私販	俞承澤		
江蘇教育經費管理處無錫屠宰稅徵收所	東大街一百念九號	前稱無錫屠宰稅局民國十四年起改徵收所	所長會計徵收員書記各一人	向各肉號徵收屠宰稅	王元恭		將正稅解呈江蘇教育經費管理處附稅解交縣財務局
鹽公棧	西門外城脚		經理副經理司秤各一人外賬副外賬各二人	銷鹽	張侯齋	經常費每月約一千餘元	
四鄉房捐辦事處	田雞浜		委員收捐各一人		竇啓沂	二成	
經懺特捐事務處	縣教育局	民國十七年呈准中央大學創辦初歸周景禹承包後因辦理不善收歸縣教育局自辦	主任助理各一人	徵收全縣經懺特捐	孫景浩	一百二十元	

蘇五屬鹽務緝私第七大隊	江蘇省過境米糧駐錫查驗所
西門外棉花巷十四號	火車站
本大隊向係緝私第七營民國十七年六月奉鹽務署改稱第七大隊	
本大隊分設四中隊駐無錫鄉區宜興金壇溧陽及安徽建平等縣各中隊設中隊長一人副隊一員巡長七員兵夫四十一名大隊部設大隊長一人書記一人軍需一人司書記二人	查驗員一人文牘員一人調查員二人巡查三人
查緝私鹽	
張錦榮	孔慶璋
查本大隊經費一項按月由蘇五屬鹽務緝私局給發銀一千九百四十二元除每中隊計發銀四百〇五元外餘係大隊部開支	每月支出三百六十元

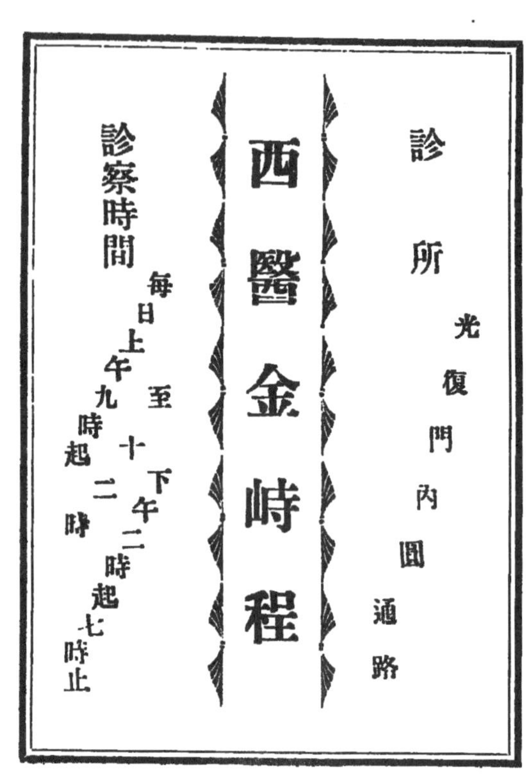

診所
光復門內圓通路
西醫金峙程
診察時間
每日上午九時起至十二時
下午二時起七時止

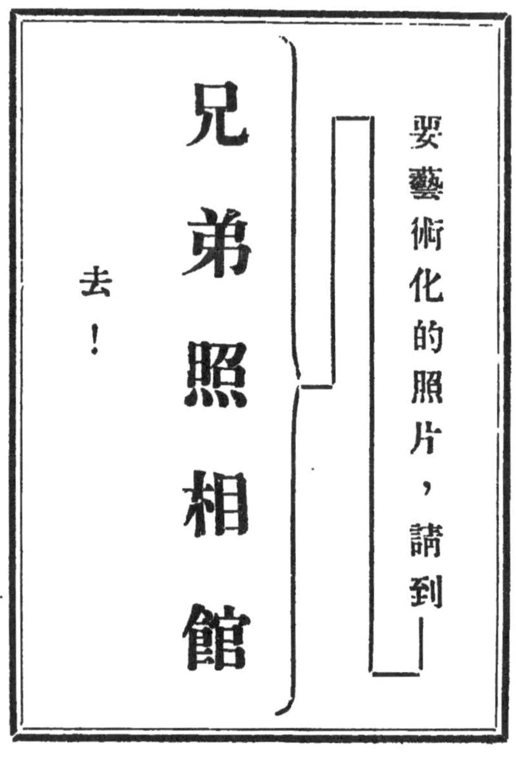

人人為何要用
太平洋肥皂
因其有下列各種優點

（功用）能去多年老油漬及退除鐵銹 凡經別牌肥皂洗不去之污穢 祇用此皂一洗包可脫落並且 色澤格外鮮明

（特點）塊形大 分量重 貨身硬 去垢速 日晒不化 風吹不縮 不用板刷 不損衣服

（各烟紙雜貨店均有出售）

本埠經理處 裕康 張同興 鄧元利 永康 中外 老源利

無錫太平洋肥皂第三廠謹啓

Wah Shing Electreic Co,

華新電器公司

△統辦世界電器用品▽

天藍電泡 夏天必備 青雅靜心 悅目玲俐 新貨已到 支光齊備 定價克已 惠顧請早

國貨老牌 著名華生 台扇吊扇 構造堅固 用電極省 久扇勿熱 擴充營業 薄利主義

電氣熨斗 清潔便利 大小各種 隨意選擇 贈品期內 價錢便宜

△承裝一切電燈工程▽

■無錫通運路電話三〇六號■

路政

（一）京滬路無錫車站誌略

甲、成立年月　滬甯鐵路無錫車站建於清光緒三十二年。（西歷一九〇六年）同時通車。民國十三年。（西歷一九二四年）齊盧之戰。堆棧等曾輕毀壞。即於同年修復。十八年十月三十日起。奉局令改滬寗為京滬。

乙、組織系統

車務處—（段長、貨物巡察員）—站長—副站長—｛電報生、售票員、行李員、貨物司事、收籌司事、車號司事、司賬、管棧司事｝—伕役

警務處—段長—書記—巡長—巡士

機務處—監工—銅匠—加油夫

工務處—監工—工人

其他如營業處報務處均付闕如。即機務工程兩處亦不過一小部份駐錫。帮總管及帮工程師均常川駐常州站。

丙、設備

一、報務　電報機通常州橫林石塘灣周涇巷望亭蘇州。

二、辦公處　七間。

三、貨棧　分ＡＢＣ三棧。

四、車頭房　一間。

五、路軌　購自英國。每碼重八十五磅。兩邊相距四呎八吋半。

六、枕木　購自英國，

丁、伕役人數及待遇

現任伕役四十餘名。薪額視職務分等級。亦有加薪及紅金等與職員同。每年冬夏兩季由路局發給號衣。間有公司住房。不收租金。如有疾病得免費由路醫診視給藥。

戊、聯運路名

滬杭、津浦、隴海、平奉、平漢、道濟、平綏、正太、膠濟、

己、過重行李

頭等客准帶行李一百三十四斤。二等客准帶一百斤半。三等客准帶六十七斤。過重行李每公里每二十公斤收費二分。逾二十公斤加倍收費。（脚夫搬送行李自車站門口送上火車或由火車上搬至車站門口每件取費銅元八枚。）

庚、縣境內各小站概況

一、周涇巷石塘灣　每站設站長二人電務生一人分路伕四人脚夫三四人收票員一人。

二、南門旗站洛社　每站設司票二人脚伕二三人。

辛、自錫站至京滬路各站之里程及價目表

（一）由無錫至南京段

站名	公里數	三等車票價（元）特別快車	三等車票價（元）客車	四等車票價（元）
石塘灣	一〇•六九		〇•一〇	
洛社	一三•四五		〇•一五	
橫林	二一•七二		〇•二六	
戚墅堰	二七•七二		〇•三〇	
常州	三•八八三	〇•六〇	〇•四五	〇•二五
新閘鎮	四七•六八		〇•五〇	
奔牛	五六•五四		〇•五五	
呂城	六四•〇六		〇•六五	
陵口	七四•一五		〇•七五	
丹陽	八三•五六	一•〇〇	〇•八五	〇•五〇
新豐	九一•五一		〇•九〇	〇•五〇
脊澤	一〇四•三四		〇•九五	〇•五〇
鎮江旗站	一〇九•四二		一•〇〇	〇•六〇
鎮江	一一三•四八	一•三五	一•〇五	〇•六五
高資	一二六•二一		一•一五	〇•七〇
下蜀	一三七•九二		一•二五	
龍潭	一四九•〇一	一•六五	一•三五	
棲霞山	一五九•〇〇		一•四五	

站名	公里數	三等車票價 特別快車	三等車票價 客車	四等車票價
堯化門	一六七•八四		一•五〇	
太平門	一七五•〇四		一•五五	一•〇〇
神策門	一七七•九〇		一•六〇	
南京	一八二•五〇	一•九五	一•六五	一•〇五

(二)由無錫至上海段

站名	公里數	三等車票價 特別快車	三等車票價 客車	四等車票價
無錫旗站	四•八七		〇•〇五	
周涇巷	一〇•七二		〇•一〇	
望亭	二一•二一		〇•一五	
滸墅關	二九•八九		〇•三〇	
蘇州	四二•二一	〇•六〇	〇•四五	
官瀆里	四五•〇九		〇•四五	
外跨塘	五〇•八二		〇•五〇	
唯亭	五九•六八		〇•六〇	
正儀	六六•一六		〇•六五	
崑山	七六•八六	〇•九〇	〇•七五	
恆利	八〇•三〇		〇•八〇	
陸家浜	八六•一八		〇•八五	
安亭	九七•五五		〇•九〇	
黃渡	一〇五•一三		〇•九五	
南翔	一一一•二九		一•〇〇	
眞茹	一二〇•九八		一•一〇	
上海	一二八•五四	一•五〇	一•二〇	〇•七五

附最近京滬鐵路行車時刻表（十八年十月二十日）

(一)由上海至南京各站時刻表

站名	一號 滬安客車	三號 錫甯客車	五號 快車	七號 滬常三四等車	九號 特別快車	十一號 三四等車	十三號 滬崑客車	十五號 快車	十七號 杭甯聯運特別快車	十九號 滬常客車	廿一號 滬錫客車	廿三號 夜特別快車
上海開	上午六•		上午七•五	上午七•二十五	上午九•五	上午九•二十	上午十一•二十五	下午十二•二十	上午三•	下午四•二十四	下午五•五十	下午十一•
眞茹開	六•十六			七•四十三		九•四十九	十一•四十二			四•四十三	六•八	
南翔開	六•三十五		七•三十四	八•二		十•九	十一•五十九	十二•五十九		五•七	六•二十六	十一•三十二

黃渡開	安亭開	陸家浜開	恆利開	崑山開	正儀開	唯亭開	外跨塘開	官瀆里開	蘇州開到	滸墅關開	望亭開	周涇巷開	無錫旗站開	無錫開到	石塘灣開	洛社開
六·四十七	七·															
														上午七·二十五	七·四十八	七·五十六
	七·五十五			八·二十五				九·七	九·十三 九·二十三	九·四十	九·五十四			十·二十 十·二十八		
八·十五	八·三十一	八·四十八		九·七	九·二十六	九·三十七	九·五十四	十·六	十·十三 十·二十三		十·五十四	十一·十二	十一·二十五	十一·三十三 十一·四十	十一·五十七	下午十二·五
				十·十七					十一·一 十一·十一					下午十二·三 十二·十三		
十·二十四	十·四十一	十一·	十一·十三	十一·二十五	十一·四十六	十一·五十九	下午十二·十六	十二·二十九	十二·三十六 十二·四十五	一·六	一·二十三	一·四十三	一·五十七	二·六 二·十五	二·三十五	二·四十四
下午十二·十七	十二·三十二	十二·四十九		一·三												
	一·二十	一·四十		一·五十九			二·三十六		二·五十一 三·十四					四·十 四·十九		
				四·十四					四·五十九 五·九					六· 六·十七		
五·二十	五·三十五	六·五	六·十七	六·二十八	六·四十七	六·五十八	七·十二	七·二十二	七·二十八 七·三十八	七·五十七	八·十一	八·二十九	八·四十一	八·四十九 九·八	九·二十六	九·三十四
六·四十三	六·五十八	七·三十三		七·五十二	八·十	八·二十二		八·四十三	八·四十五 九·五	九·二十四	九·四十三			十·十三		
														二·二十六 二·三十三		

站名												
橫林開		八·十二	十一·二	十二·二十		三·一		四·五十		九·四十九		
戚墅堰開		八·二十三	十一·三	十二·三十一		三·十五		五·一		十·		
常州到開		八·三十七 八·四十八	十一·二十七 十一·三十七	十二·四十五	一·二 一·十二	三·二十九 三·三十九		五十五 五·二十五	七·六 七·十六	十·十四		三·二十九 三·三十七
新閘開		九·一				三·五十六		五·三十九				
奔牛開		九·七	下午十二·一			四·十二		五·五十四				
呂城開		九·三十一	十二·十四			四·二十七						
陵口開		九·四十九				四·四十五						
丹陽到開		十·二 十·十五	十二·三十九 十二·四十二		二·五 二·八	四·五十九 五·三		六·三十 六·三十三	八·十 八·十三			四·三十五 四·三十八
新豐開		十·十九	十二·五十七			五·十九		六·十一				
渣澤開		十·三十九				五·四十一						
鎮江旗站開		十·四十八				五·五十四						
鎮江到開		十·五十五 十一·十五	一·二十九 一·三十九		一·四十五 二·五十五	六·二 六·十五		七·二十五 七·三十四	八·五十 九·			五·十九 五·二十八
高資開		十一·三十七	一·五十七			六·三十五						
下蜀開		十一·五十六	二·十六			六·五十七						
龍潭開		下午十二·十四	二·三十二			七·十六						六·十六
棲霞山開		十二·二十九	二·四十八			七·三十四		★				
堯化門開		十二·四十四				七·五十						

太平門開	神策門開	南京江邊到	南京到
十二•五十六	一•六		一•十五
	三•七		三•二十六
		▲四•十六	四•十七
八•四	八•十三		八•二十一
			九•十
			十•十七
			▲七•五

(二)由南京至上海各站時刻表

站名	南京開	南京江邊開	神策門開	太平門開	堯化門開	棲霞山開	龍潭開	下蜀開	高資開	鎮江到 開	鎮江旗站開
二號 安滬客車											
四號 錫滬客車											
六號 常滬客車											
八號 甯杭聯運特別快車	上午七•十									八•四十三 八•五十三	
十號 崑滬客車											
十二號 快車	上午八•五十五	▲八•三十五	九•九			九•四十	九•五十五	十•十二	十•三十	十•四十七 十•五十七	
十四號 常滬三四等車											
十六號 三四等車	上午九•四十		九•五十七	十•六	十•二十三	十•三十九	十•五十七	十一•十七	十一•三十九	十一•五十七 下午十二•六	十二•十八
十八號 快車	下午十二•五十	×十二•三十	一•四			一•三十六	一•五十二	二•十四	二•三十二	二•五十 三•二	
廿號 特別快車	下午四•四十	▲四•二十								六•十三 六•二十二	
廿二號 甯錫客車	下午五•二十五		五•三十八	五•四十六	五•五十九	六•十三	六•二十九	六•五十五	七•十三	七•三十 七•四十	七•五十
廿四號 夜特別快車	下午十一•						十一•五十三			上午零•三十九 零•四十九	

站名											
漕澤開								十二・三十一	三・二十二		八・
新豐開						十一・二十九		十二・五十五	三・四十一		八・二十七
丹陽到開				九・三十一 九・三十四		十一・四十 十一・四十三		一・七 一・十一	三・五十四 三・五十八	七・ 七・二	八・四十 八・四十三
陵口開								一・二十八			八・五十八
呂城開						下午 十二・十六		一・四十六			九・十四
奔牛開						十二・二十九		二・一	四・三十八	七・四十	九・二十七
新閘開						十二・四十三		二・十六			九・四十一
常州到開			上午 六・五十五	十・二十九 十・三十九		十二・五十五 一・六	下午 一・三十五	二・二十九 二・四十六	五・一 五・十七	八・三 八・十四	九・五十三 十・十六
戚墅堰開			七・十二			一・二十三	一・五十四	三・十三	五・三十四		十・三十三
橫林開			七・二十四			一・三十四	二・六	三・二十六	五・四十五		十・四十五
洛社開			七・三十八				二・二十一	三・四十二			十・五十九
石塘灣開			七・四十六			一・五十二	二・三十三	三・五十一			十一・六
無錫到開		上午 六・三十	八・一 八・十一	十一・二十五 十一・三十七		二・八 二・十七	二・五十 二・五十九	四・八 四・五十九	六・十五 六・二十四	九・六 九・十五	十一・二十二
無錫車站開		六・四十	八・二十一				三・九	四・三十三			
周涇巷開		六・五十二	八・三十三				三・二十二	四・四十六			
望亭開		七・八	八・四十九			二・四十五	三・四十三	五・六	六・五十三		
滸墅關開		七・二十二	九・四				三・五十八	五・二十六	七・六		

The timetable has one more train column after those above, with these times:

站名	
丹陽到開	一・三十一 一・三十四
常州到開	二・三十一 二・四十一
無錫到開	三・四十 三・四十七

蘇州到／開	官瀆里開	外跨塘開	唯亭開	正儀開	崑山開	陸家浜開	恆利開	安亭開	黃渡開	南翔開	眞茹開	上海到
								上午七•三•	七•四•五	八•一	八••六	八•〇八
七•三十九／七•四十七	七•五十七	八•九	八•二•五	八•四•一	九•一	九•三•		九•五•四	•二•六	••四•一	••五•六	•一•八
九•二十／九•三十	九•四十	九•五•七	•••四	••三•三	•一•二•三	•一•四•四	•一•三•三	下午•二•一	•二•五	•二•二•九	••四•五	•二•五•八
下午十二•二十八／十二•三十八					一•二•二							二•二•八
					下午二•二•	二•四•一	二•三•	二•五•九	三••二	三•二〇七	三•四•二	三•五•四
三•十一／三•二十一					四••二			四•四•一		五•四	五••九	五•三•一
四•十六／四•二十六	四•三十五	四•四•九	五•八	五•二•一	五•四•一	六•三	五•五•	六•二•二	六•三•八	六•五•六	七••二	七•二•七
五•四十三／五•五十三	六•三	六••六	六•三•四	六•四•九	七••	七•三•四		七•五•四	八•九	八•二•四	八•四、一	八•五•五
七•二十一／七•三十一	七•三十九		七•五•九		八•二•三					九••二		九•三•八
十•八／十•十七					•一•三							上午零•八
四•四十六／四•五十六										六•三•三		七•

★如預向本路請求任該站停車得免繳停車費

凡表內有此▲號者卽此次車與南京渡江輪平津浦通車聯絡

凡表內有此×號者卽此次車與南京渡江輪平津浦通車聯絡開始於十一月十五日

（二）無錫縣道誌略

本邑交通。陸有京滬鐵路。水有運河太湖。其他水道。分佈境內。固不可謂爲不便。惟自縣城至隣縣及四鄉之大道。則闕如也。江蘇省建設廳有鑒於是。特擬定本縣公路路綫。計省道有錫宜、錫常二綫。縣道有武錫、錫澄、東廿、錫顧、蘇錫、后望、分暘七綫。除錫澄公路業已將土方塡築完竣。正在趕造橋樑外。錫常宜錫東廿三綫亦經釘立中心樁。預備年內開始徵工興築。茲將路綫圖附例於左。

（三）無錫縣已成公路調查表

路名	主辦者	始點	終點	經過市鎮	開工年月	竣工年月	路長	每里建築費平均數	經費籌集方法	路寬	路面鋪砌	淺水方法	沿路地價每畝若干	全路橋樑座數	備註
東亭路	前無錫市公所	通運路工運橋境	東亭鎮	無	十一年一月	十一年八月	十里		無錫市公款	二丈	煤屑路面	路面弧形兩旁分洩內田	自一百五十元至三百元	石橋六座	
廣勤路	廣勤路事務所	天三圖車站北面	五八五圖長新橋	周山浜北壩觀音堂于胥樂公園長豐橋	民國八年	尚未完工	八里	舖砌石片路面每丈三元二角	由廣勤紗廠廣勤皂廠及附近各廠商號住戶捐募籌集	一丈六尺	砌石路四里煤屑路四里	砌石路於路之中間砌一尺半方陰溝於路面砌三尺方陰井	約二百元	六座	
通惠路	秦毓鎏	通運路工運橋	惠山鎮	吳橋	七年四月	九年二月	十里		由榮宗敬陸培之各捐兩萬五千元	四丈	煤屑路面	路面弧形兩旁分洩內田	五百元至一千元	大者五座	
開原	壽士松	西門外	梅	榮巷	民國三		英尺二千		由主辦者在本	二丈	路中央一丈五尺爲砌石	路面成弧形遇田地之須通水或排水者或用	七百元	六	北路原闊一丈五尺於十四年加闊一丈

幹路	開原北路	惠山支路	仙蠡墩支路	犢山支路	榮錢支路	成巷支路	大孫巷支路
榮宗銓	蔣士松、朱伯麟、蔣曾燦	蔣士松、榮宗銓	蔣士松、榮宗銓	榮棣輝	榮棣輝	成姓	孫姓
迎龍橋	惠山鎮	惠山鎮	迎龍橋西開原幹路	梅園	榮巷	成巷	大孫巷
園	藕塘橋	開原幹路下馬橋西	仙蠡墩	萬頃堂	錢橋	開原幹路	開原幹路
鎮	錢橋鎮	無	無				
年三月	民國六年一月	民國五年五月	民國五年一月	民國七年三月	民國七年		
四百五十丈	英尺一千八百三十五丈	英尺六百五十丈	英尺六百丈	英尺六百十丈			
鄉募慈善捐	由主辦者募捐籌集	仝右	仝右	仝右	同右	仝右	仝右
五呎	一丈二呎	一丈八呎	一丈二呎	七呎	七呎	仝右	仝右
路面兩旁爲煤屑路面	砌石路面	仝右	仝右	仝右	同右	仝右	仝右
九寸徑水泥管或石砌陰溝於路面之下	路面弧形向兩旁洩水如有田地洩水之溝洞則用水泥管或石砌陰溝	仝右	仝右	仝右	同右	仝右	仝右
至一千元	一百元至二百元	二百元至三百元					
座	三座	二座					
路基田地每畝給價百元並貼補植物之損失	路基每畝給價百元如不給價每年貼租洋五元	仝右	仝右				

河埒口東支路	蔣姓	蘇公廟	開原幹路						仝右	仝右	仝右	仝右			
河埒口西支路	蔣姓	泰來廟	開原幹路						仝右	仝右	右仝	仝右			
丁巷支路	丁姓	丁巷	開原幹路						仝右	仝右	仝右	仝右			
錢巷支路	錢姓	錢巷	仝右						仝右	仝右	仝右	仝右			
上里東支路	嚴姓	青山	仝右	上里東					仝右	仝右	仝右	仝右			
上余巷支路	盧榮二姓	青山	惠山支路	上余巷					仝右	仝右	仝右	仝右			
村落支路	蔣姓	河埒口	開原幹路	永康橋丁巷					仝右	仝右	仝右	仝右			
朱匠巷支路	朱姓	朱匠巷	開原幹路												
圖書館支路	榮姓	清溪廟	仝右												
大濟支路	榮姓	大濟口	仝右												
徐巷支路	查姓	華利灣	徐巷鎮												
蕩家灣支路	榮宗銓	查巷	徐巷鎮	蕩家灣											將來預備築至蕩塘橋與北通路

揚西公益路	楊名路	對安止支路	小林灣支路	榮陸支路	王巷支路	明陽觀支路	東大池支路	開原西路	陸莊支路
王爾準 廣桐	王錫祁	榮宗銓	查姓	榮陸二姓	王姓	闕姓	陸培之	榮宗銓	陸培之
青祁巷	(一)蔣榆樹浜 (二)西菴橋	對安止	小林灣	陸井渡口	王巷	明陽觀	東大池	華藏寺	陸井渡口
仙蠡渡口	(一)王匠巷 (二)謝家浜 (三)蔣浜斗	徐華路	查巷	榮巷鎮	仝右	仝右	開原幹路	梅園	開原幹路
夏家邊 中橋 北橋	南橋鎮 周新鎮								
民國七年二月	民國十年三月								
民國九年四月	十二年十二月								
七里半	十五里								
六百五十元	六百元								
王爾準個人捐資四千八百五十元	由鄉公所撥款七百元其餘均地方人士捐募								
一丈二尺	二十呎								
砌石路	砌石路								
仝右	路面弧形向兩旁分洩路基內舖設水泥管或石砌溝洞以備兩旁稻田排水之用								
仝右	因經費不敷全仿開原路當時給租辦理每畝年給四元田價每畝二百四十元								
三座	三十七座								
	橋樑大半就原有舊式者加以改良								

揚西青祁路	楊西夏南路	揚西夏南路	
仝右	王爾準龐桐胡增盆	仝右	
廿六十四圖蔣家橋	中橋	夏家邊東公盆路	
廿六三圖槐樹下	南橋	南橋鎮	
青祁巷			
民國六年八月	民國七年十二月	民國七年十二月	
民國十一年七月	民國十一年六月	民國十年五月	
五里	二里半	三里半	
六百六十四元	五百另七元	五百六十七元	
王爾準王爾忠宣燮臣胡壽山龐桐龐志卿朱亦甫共捐助一千八百二十元	胡增盆胡增鑑王潤齋陳盆琴王岳靈江南生陳仁山陳蟾青等捐助	王潤齋捐一千一百三十四元王爾準捐五百元張昱明捐八百元	陳梅芳捐助五百五十元陳春波捐助二
二丈至八呎	十呎	十呎	
仝右	仝右	仝右	
仝右	仝右	仝右	
沿路用地均自行讓助地價每畝約一百六十元	沿路地基每畝給租金四元	仝右	
十座	二座	五座	

揚西橫路	揚西縱路	揚西青東北路
王爾準廣桐	仝右	仝右
公益王疏棠浜	西橫路陳大巷	青祁東許橋淸
邵巷	陸斷渡	劉巷夏南路
	陸店橋張張橋都八三橋橋省	
民國七年十一月	民國九年二月	民國七年十一月
民國八年五月	民國十一年十一月	
二里半	五里	三里
五百六十二元	三百三十九元	一百六十七元
百四十二元陳仲言捐助一百三十五元陳二泉捐助五十元餘募捐四百五十元	張頌西捐助六百元張丕基捐助二百二十五元陳濟巖捐助二百元陳瑞寅陸晉山等合捐六百六十六元	胡德培捐助二百五十元許鴻鈞捐助一百五十元許耘仙
十呎	十呎	十呎至六呎
仝右	路之中央砌五呎闊之黃石片路兩旁舖煤屑	西段黃石片砌東段煤屑
仝右	仝右	仝右
同公益路	仝右	仝右
二座	四座	二座

	開化路	新安西路	新安路	揚西青西北路	
	朱炳麟王肇殷陶世中吳可徽	前鄉董鎮鳳高	前鄉董倪青翔	王爾華虞桐	
	薛石橋南	同右	揚名路嘴斗浜	徐祥巷	
	南方泉	同右	華大陸房莊	西橫路大成巷	
塘頭	方橋鎮板橋鎮葛埭鎮	廟橋			
	民國十二年冬月	民國十一年	民國十四年十一月	民國七年十一月	
	民國十五年夏月	民國十五年	民國十五年三月	民國十一年二月	
	二十里	八里强	八里强	二里半	
	路基租借砌石路面每里建築經費二百九十七元煤屑路面每里二百廿六元	二百五十一元	一百八十六元	三百元	
	由主辦者向本鄉紳富募捐籌集	鄉公款五百元其餘捐募	由主辦者就地募捐	胡德培捐助五十元胡季卿捐助一百元衆姓合捐一百五十元	捐助一百十元衆姓捐助五百另四元
	十二呎	十二呎	十二呎	十呎	
	砌石路十里煤屑路十里均約厚八吋	同右	黃石砌舖	中央五呎闊黃石片鋪砌兩旁則鋪以煤屑	
	同右	同右	同右	路面弧形向兩旁分洩路基內鋪設水泥管或石砌溝洞以備兩旁稻田排水之用	
路基估用田畝	路基向地主租借每年給租每畝六元地價每畝自三百元至二百五十元	同右	四十元如過桑田畝棵貼二元	同公益路	
鋼骨	九座	五座	二座	二座	
土方業					

	錫澄公路南段	江坡橋公路
	無錫縣建設局	前無錫市行政局暨景雲市行政局
	城北之北柵口	南門外
	錫澄交界之界涇河	江坡橋
	陳家橋胡家渡橋堰橋	無
	十八年三月	十七年
		十七年
	南段二十六里強	約十里
	尚未完工	
	五分畝捐	無錫景雲兩市公款暨私人捐款
	路面闊八公尺	一丈
	攤鋪煤屑	煤屑路面
	用三合土涵洞	
	[illegible]未撥區櫃書丈報告地價尚未發給	佔用田畝由業主捐助路基
	三合土橋十一座	
	已完工橋樑正在建築路面尚未鋪築	

（四）無錫市已成馬路調查表

路名	寬度（公尺）	長度（公尺）	建築材料	建築時	現狀	備註
公園路	一〇至一三	五五〇	石片路間有人行道寬半公尺	民國元年	通行車輛	無錫市公所
光復路	八至一〇	一二五	石片路人行道寬一公尺	民國元年	通行車輛	無錫市公所
漢昌路	一一、五	九六	石片路人行道寬一公尺	民國元年	通行車輛	無錫市公所
圓通路	八至一〇	一二五	石片路間有人行道寬公尺半	民國二年	通行車輛	無錫市公所
工運路	一二至一五	六九〇	石片路人行道寬半公尺	民國二年	通行汽車	滬甯路局
圖書館路	六至八	三二〇	石片路	民國三年	通行車輛	無錫市公所
羊腰灣路	三至六	一八五〇	煤屑路間有石片路	民國四年	通行車輛	無錫市公所
東新路	七、五	一〇五	石片路人行道一公尺	民國六年	通行車輛	無錫市公所
梁溪路	九	二一〇	石片路	民國七年	通行車輛	無錫市公所
前太平巷	三、五至四、五	三八五	石片路	民國八年	通行車輛	無錫市公所

後太平巷	三至三、五	一八五	石片路	民國八年	通行車輛	無錫市公所
麗新路	三至六	三八〇	煤屑路間有石片路	民國八年	通行車輛	無錫市公所
交際路	八、五	七五	石片路	民國八年	通行車輛	無錫市公所
中正路	三至七、五	一〇五	石片路	民國九年	通行車輛	無錫市公所
南倉門	五、五至七、五	九一〇	石片路	民國九年	通行車輛	無錫市公所
通惠路	一二至一五	三九〇〇	石片路及煤屑路	民國九年	通行汽車	無錫市橋路工程局
放鴨灘	三、五	二六〇	石片路	民國九年	通行車輛	薛南溟籌建
廣勤路	四、五至八	一五五〇	石片路間有人行道	民國十年	通行車輛	商埠局籌建
第一支路	三、五至一八、五	五三〇	石片路間有土路	民國十年	通行車輛	商埠局籌建
第二支路	三、五至六、五	五八〇	石片路間有土路	民國十年	通行車輛	商埠局籌建
第三支路	三、五至六、	五三一〇	石片路間有土路	民國十一年	通行車輛	商埠局籌建
第四支路	三、五至六、五	四八〇	煤屑土路	民國十一年	通行車輛	商埠局籌建
恆德里	六	一八〇	石片路	民國十三年	通行車輛	無錫市公所
前社橋路	三	九六〇	煤屑路	民國十一年	通行車輛	實業中學籌建
華盛街	四至六	二四〇	煤屑路	民國十二年	通行車輛	無錫市公所
通濟路	六	一三〇	煤屑路	民國十三年	通行車輛	無錫市公所
前書院弄	三、五至六	一九〇	石片路	民國十三年	通行車輛	無錫市公所
廟港橋路	三至八	一〇八〇	石片路	民國十三年	通行車輛	薛南溟籌建
西新路	三	一四五〇	石片路	民國十四年	通行車輛	無錫市公所

小三里橋直街	三、五	三三〇	石片路	民國十四年	通行車輛	無錫市公所
北倉門	三至六	三七〇	煤屑路間有石片路	民國十五年	通行車輛	無錫市公所
西門新馬路	四至六	五三〇	石片路	民國十六年	通行車輛	無錫市政局
學佛路	六至八	九五〇	石片路間有煤屑路	民國十六年	通行車輛	無錫市行政局
萬全路	六至九	一五〇	石片路	民國十六年	通行車輛	無錫市行政局
周師衖	三、五至五	一六五	石片路	民國十六年	通行車輛	無錫市行政局
通勤路	六	二一〇	石片路	民國十七年	通行車輛	無錫市行政局
南新路	三、四至六	四八〇	石片路	民國十七年	通行車輛	無錫市行政局
寶善橋北沿河	三、五	一〇八〇	石片路	民國十八年	尙未完工	無錫市政籌備處
界涇橋弄	四	一〇五	石片路	民國十八年	尙未完工	無錫市政籌備處

（七）無錫汽車公司調查表

無錫於十餘年前曾有組織汽車公司行駛於通惠路者。惟不久即行停辦。至民國十六年。復有人倡辦。於是汽車公司相繼成立。或爲公共汽車。以便鄉民來城乘坐者。或爲輕便汽車。以備遊客雇用遊覽者。今則全邑汽車除私人置用者不計外。已達二十輛左右。茲將該項汽車公司列表如下。

（一）長途汽車公司

公司名稱	組織及股本	創辦年月	經理姓名	公司地址	車輛設備	行駛路綫	票價	備註
開原公共汽車公司	股分無限公司	十七年正月	蔣仲良	第四區錢橋鎮	公共汽車四輛	開原路自迎龍橋起經關廟河埒口錢橋頭榮巷楊巷迄梅園	每站五分全綫三角	純益百分之十五繳納與區公所作爲修理開原路之用餘照普通商業盈利分配

（二）臨時出僱之汽車

民國以來無錫市建築車道面積比較表

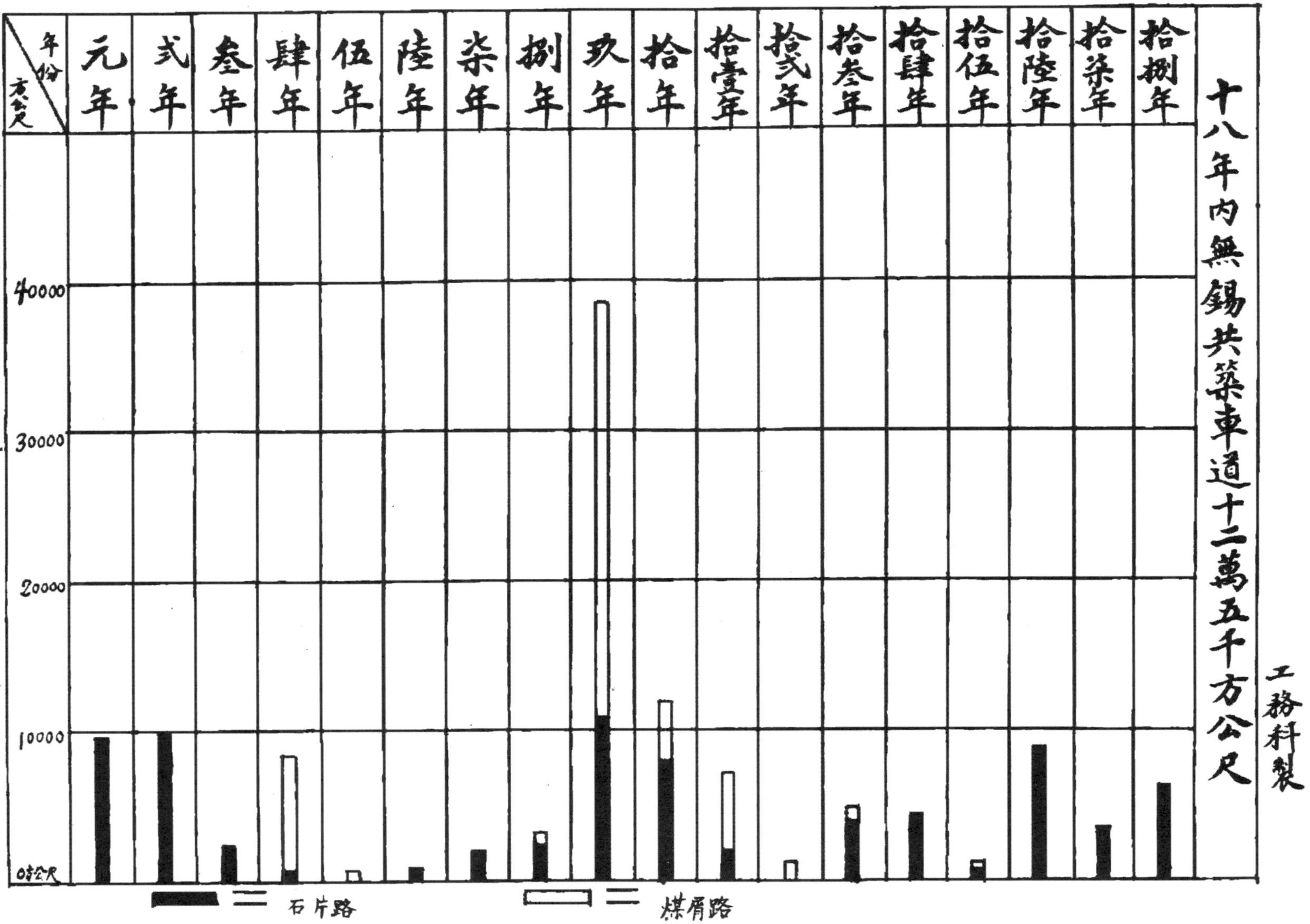

工務科製

十八年內無錫共築車道十二萬五千方公尺

年份 / 方丈

元年 式年 叁年 肆年 伍年 陸年 柒年 捌年 玖年 拾年 拾壹年 拾式年 拾叁年 拾肆年 拾伍年 拾陸年 拾柒年 拾捌年

0公尺 10000 20000 30000 40000

▬ 石片路

▭ 煤屑路

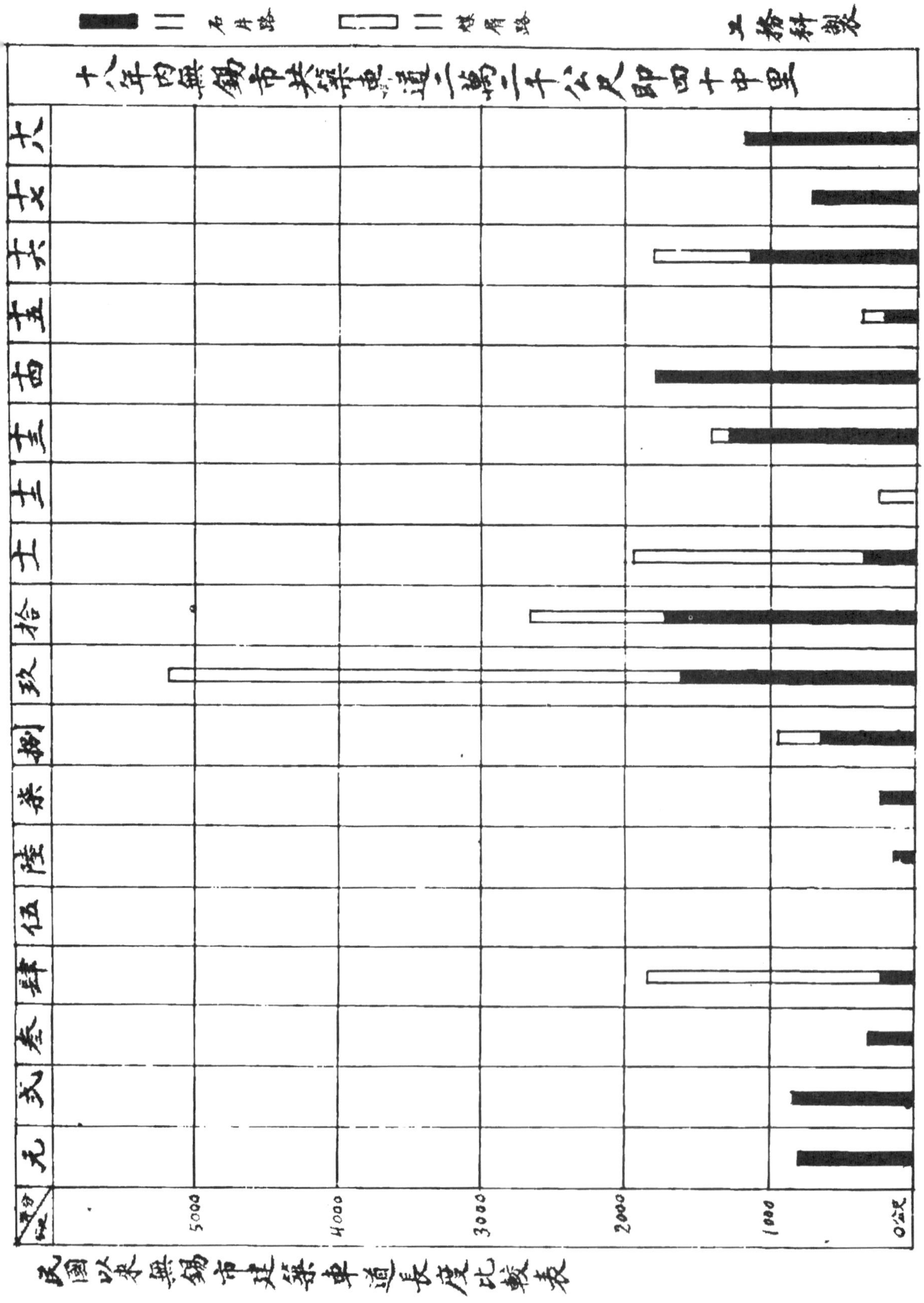

民國以來無錫市建築車道長度比較表

圖表六：此處原爲《五、無錫市城區幹路計劃圖》，見書後。

公司名稱	組織及股本	創辦年月	經理姓名	公司地址	車輛設備	行駛路綫	價目	備註
廣興汽車公司	合資五千元	十六年八月	施祀樓 王韻壽	工運橋北通惠路口	普通汽車四輛	開原南路開原北路通惠路	無定價視路程面議	
興昌汽車公司	獨資一千三百元	十八年三月	王寶和	同右	普通汽車一輛	同右	同右	
開通公司	獨資三千元	十七年十二月	洪永福	同右	普通汽車二輛	同右	同右	電話八四六號
有利汽車公司	合資三千二百元	十七年四月	龍壽根 石清麟	同右	普通汽車二輛	同右	同右	
振興汽車公司	獨資四千三百元	十七年四月	嚴志遠	同右	普通汽車三輛	同右	同右	電話八六八號
袁世開汽車公司	獨資一千二百元	十六年三月	袁世開	同右	普通汽車一輛	同右	同右	電話九二九號
飛星汽車公司	獨資二千四百元	十八年四月	鄧阿菊	同右	普通汽車二輛	同右	同右	
大利汽車公司	獨資一千元	十八年三月	金伯生	同右	普通汽車一輛	同右	同右	
榮泰汽車公司	獨資一千元	十七年	顧紹榮	同右	普通汽車一輛	同右	同右	

（八）無錫市人力車行調查表

行名	行主	輛數	資本總額	行駛路線	創辦年月	行址	備註
協程	黃世義	一一〇		無錫市及東亭路		西村里	
合盛	王海帆	三三		仝右		觀前街	
德安	薛慰祖	一九		仝右		西河頭	
義成	徐星橋	一五		仝右		煤屑路	
日生	王彥夫	五〇		仝右		鳳光橋	

凌程	蔣如江	二五	仝	右	西河頭
協成	徐星橋	三三	仝	右	煤屑路
捷成	蔡同芳	一二	仝	右	南門帶鈎橋
兆豐	郭鴻慶	一六	仝	右	東新路
瑞豐	王玉麟	九	仝	右	東新路
高炎記	高炎樓	一一	仝	右	上牌樓
新記	趙新民	一五	仝	右	惠農橋
得利	李友基	六	仝	右	西門口
朱潤萬	朱潤萬	八	仝	右	東門妙光橋
慶記	王祖慶	一七	仝	右	前太平巷
徐德丕	徐德丕	八	仝	右	東門妙光橋
喬文錦	喬文錦	三	仝	右	含秀橋
朱華記	朱瀛洲	七	仝	右	崇安寺
東興	李漢三	二〇	仝	右	東新路
寶記	趙雨山	一二	仝	右	西城門
震記	陳聽文	八	仝	右	映山河
徐阿大	徐阿大	一	仝	右	附設德安車行 自拉車
祁公興	祁約然	七	仝	右	南城門
寶記	沈仲清	六六	仝	右	西大街

才記	夏才餘	二	仝	右	光復門挑水弄
昇泰	夏東昇	二三	仝	右	東新路
文記	李文祥	一五	仝	右	東新路
齊信記	齊士擇	二〇	仝	右	東新路
俊記	徐得俊	七	仝	右	東新路
徐女先	徐女先	八	仝	右	小南海
德記	王冠清	三二	仝	右	公園路
德豐	許萊清	三四	仝	右	小南海
蔣源記	蔣源基	四	仝	右	東新路
王鑑託	王開鑑	五	仝	右	歓喜巷
振興	彭四喜	二	仝	右	王道人弄
永興	戴二	三	仝	右	光復門
蔣德才	蔣德才	一	仝	右	西右外吊橋
陸興	龍佐卿	一	仝	右	西門外吊橋
吳廣祿	吳廣祿	一二	仝	右	東城門
元記	袁士亮	四	仝	右	沙巷口
協興	金仲瑚	五五	仝	右	圖書館前
徐記	徐竹芝	五	仝	右	東新路
永恆	張永恆	一	仝	右	萬前路

瑞記	金仲瑞	一四	仝右	圖書館前
徐同盛	徐同盛	一	仝右	老廟前
惠民	尤裕祥	一三	仝右	新馬路
顧元記	顧思益	七	仝右	中正路
唐生泰	唐生泰	一七	仝右	南門便民橋
鄒南記	鄒南記	二	仝右	西門
朱清祥	朱清祥	四	仝右	西門
徐立明	徐立明	二	仝右	西門
興記	邵仲廉	三四	仝右	萬前路
李長華	李長華	四	仝右	東新路
順泰	蘇國祥	一七	仝右	光復門
興利	李菊楨	一二	仝右	太平巷
捷安	王子祥	二六	仝右	光復門
恆記	陳學恆	二六	仝右	圖通路
安記	夏坤山	七	仝右	
錫昌	陸馨	三四	仝右	西門德新橋
寶綸	周寶成	一六	仝右	德新橋
曹鴻聲	曹鴻聲	三	仝右	中市橋巷
德新	陸德新	一三	仝右	遊泗弄

唐耀記	唐錦文	九	仝	右	交際路
禹記	李禹仁	三三	仝	右	公園路
泰記	鍾鴻泰	四二	仝	右	太平巷
永泰	龔惠甫	一四	仝	右	
競飛	周金壽	一八	仝	右	
吳清如	吳如清	二二	仝	右	棉花巷
美利	辛根基	三	仝	右	交際路
合興	陳敬之	一二	仝	右	
蘇廣記	蘇廣泰	三一	仝	右	

(九)無錫市本年續放人力車行調查表

行名	經理或創辦人	組織及資本總額	行駛路綫	創辦年月	輛數	行址	備註
陳兆境	仝上		無錫市	十八年十一月	二	西河頭	
郭寶豐	仝上		仝前	十八年十月	四	東新路	
瑞豐	王玉麟		仝前	十八年十月	六	東新路	
王大鍾	仝上		仝前	十八年十月	四	東門妙光橋	
慶記	王祖慶		仝前	十八年十月	十五	前太平巷	
朱瀛洲	仝上		仝前	十八年十月	三	崇安寺	
合盛	王海帆		仝前	十八年十月	二	圖書館前	
合記	周金階		仝前	十八年十月	六	西溪湖	

尤子楨	仝上	無錫市	十八年十月	二	新馬路
順泰	蘇國祥	仝前	十八年十月	十	光復路
錫昌	陸錫昌	仝前	十八年十月	五	西門德心橋
撻成	蔡同芳	仝前	十八年十月	七	南門帶鉤橋
永泰	龔惠甫	仝前	十八年十月	七	太平巷
蘇廣記	蘇廣泰	仝前	十八年十月	五	東城門
金仲瑚	仝上	仝前	十八年十月	四	圖書館前
德記	王冠清	仝前	十八年十月	十	公園路
邵幼山	仝上	仝前	十八年十月	十六	萬前路
雲利	以下均以雲利爲總名稱其下再分名戶				
美利雲邏	劉雲生	仝前	十八年十月	三〇	中正路
雲利	蘇廣基	仝前	十八年十月	二三	光復門外挑水衖
雲利	龔永泰	仝前	十八年十月	二三	仝前
雲利	李鳳山	仝前	十八年十月	五	仝前
雲利	姚幹石	仝前	十八年十月	五	仝前
雲利	華文魁	仝前	十八年十月	五	仝前
雲利	華安康	仝前	十八年十月	五	仝前
益新	任叔瀛	仝前	十八年十月	五十	交際路
協程	黃世豪	仝前	十八年十月	五	東新路

沈順記	沈仲清	仝前	十八年十月	五	西大街	
合興	陳敬之	仝前	十八年十月	八	東門	
徐記	徐四	無錫市	十八年十月	六	挑水弄口	
陳得記	陳得龍	仝前	十八年十月	二	西門迎龍橋	
鄒南記		仝前	十八年十月	十	西門	歸陳得記營業
財記		仝前	十八年十月	七	挑水弄	
張耀三		仝前	十八年十月	五		
張景先		仝前	十八年十月	五		
徐昌記		仝前	十八年十月	三		
王永順		仝前	十八年十月	十		歸陳得記營業
李春元		仝前	十八年十月	五		
劉雲生		仝前	十八年十月	五		
王餘記		仝前	十八年十月	五	西門迎龍橋堍	
惠生	朱愛順	仝前	十八年十月	品興與惠生兩公司合作共有九十五輛	小麥巷口	惠生物品興總理
品興	倪元納	仝前	十八年十月		東新路	

以上於民國十八年十月間由無錫市政籌備處續放人力車計四百廿九輛

（十）無錫市政籌備處規定街車價目表

自廣勤路（至華盛頓飯店門口）

崇安寺	銅元二十八枚	南門	銅元三十八枚				
大河池	銅元二十枚	西門	銅元三十四枚				
火車站	銅元十枚	吉祥橋	銅元十八枚	斜橋	銅元三十枚	大洋橋	銅元十二枚

東門	銅元二十二枚	西成門	銅元三十四枚
迎龍橋	銅元三十六枚	南門黃泥橋	銅元四十枚
清明橋	銅元五十四枚	惠農橋	銅元十二枚
梨花莊	銅元十八枚		

自崇安寺至

火車站	銅元二十四枚	斜橋	銅元十枚
南門	銅元二十枚	東門	銅元十四枚
書院弄	銅元十二枚	吉祥橋	銅元十六枚
亭子橋	銅元二十枚	大河池	銅元二十枚
西成門	銅元十六枚	迎龍橋	銅元二十三枚
南門黃泥橋	銅元三十枚	清明橋	銅元四十五枚
廣勤路	銅元二十八枚	惠農橋	銅元二十枚
梨花莊	銅元二十五枚	大洋橋	銅元二十枚

自火車站至

大洋橋	銅元十枚	吉祥橋	銅元十六枚
崇安寺	銅元二十四枚	大河池	銅元二十枚
惠山	銅元五十枚	梅園	銅元一百枚
西水關	銅元四十枚	東門	銅元二十枚
吳橋	銅元三十五枚	書院弄	銅元二十二枚
東亭	銅元七十枚	南城門	銅元三十八枚
西成門	銅元二十四枚	迎龍橋	銅元三十二枚
南門黃泥橋	銅元四十五枚	清明橋	銅元五十二枚
廣勤路	銅元十枚	惠農橋	銅元二十枚
梨花莊	銅元三十六枚		

自大洋橋至

火車站	銅元十枚	書院弄	銅元十八枚
東門	銅元十八枚	吉祥橋	銅元十二枚
斜橋	銅元二十四枚	西門	銅元二十枚
崇安寺	銅元二十枚	南市橋	銅元三十枚
迎龍橋	銅元三十枚	南門黃泥橋	銅元四十二枚
清明橋	銅元五十枚	廣勤路	銅元十二枚
惠農橋	銅元十六枚	梨花莊	銅元三十枚
大河池	銅元十六枚		

自大河池至

火車站	銅元二十枚	吉祥橋	銅元十六枚
太洋橋	銅元十六枚	惠山	銅元四十元
西門	銅元三十枚	迎龍橋	銅元三十四枚
東亭	銅元七十枚	廣勤路	銅元二十枚

書院弄　銅元十八枚　崇安寺　銅元二十枚
梅園　銅元一百枚　東門　銅元二十四枚
斜橋　銅元二十四枚　南門　銅元三十二枚
吳橋　銅元二十二枚　西成門　銅元二十三枚
南門黃泥橋　銅元四十枚　清明橋　銅元五十枚
惠農橋　銅元十六枚　梨花莊　銅元二十枚

自斜橋至

火車站　銅元三十枚　南門　銅元十四枚
西門　銅元十八枚　東門　銅元十六枚
廣勤路　銅元三十枚　崇安寺　銅元十枚
大河池　銅元二十四枚　吉祥橋　銅元二十枚
大洋橋　銅元二十四枚　西成門　銅元十七枚
迎龍橋　銅元二十四枚　南門黃泥橋　銅元十九枚
清明橋　銅元二十八枚　惠農橋　銅元二十二枚
梨花莊　銅元二十六枚

自吉祥橋至

崇安寺　銅元十六枚　斜橋　銅元二十枚
書院弄　銅元十四枚　東門　銅元十八枚
西門　銅元十六枚　大河池　銅元十六枚

南門　銅元二十四枚　大洋橋　銅元十二枚
火車站　銅元十六枚　西成門　銅元十六枚
迎龍橋　銅元二十五枚　南門黃泥橋　銅元三十枚
清明橋　銅元四十二枚　廣勤路　銅元十八枚
惠農橋　銅元二十二枚　梨花莊　銅元二十八枚

自南城門至

火車站　銅元三十八枚　西門　銅元二十枚
斜橋　銅元十四枚　吉祥橋　銅元二十四枚
東門　銅元二十四枚　大洋橋　銅元三十枚
崇安寺　銅元二十枚　書院弄　銅元二十二枚
大河池　銅元三十二枚　惠山　銅元五十枚
迎龍橋　銅元三十八枚　南門黃泥橋　銅元十枚
清明橋　銅元二十五枚　廣勤路　銅元三十八枚
惠農橋　銅元三十八枚　梨花莊　銅元四十五枚

自書院弄至

崇安寺　銅元十二枚　西門　銅元十八枚
廣勤路　銅元二十二枚　火車站　銅元二十二枚
吉祥橋　銅元十四枚　南門　銅元二十二枚
大河池　銅元十八枚　東門　銅元二十枚

迎龍橋　銅元二十八枚　南門黃泥橋　銅元二十八枚
清明橋　銅元四十枚　惠農橋　銅元二十五枚
梨花莊　銅元三十枚

自東城門至

火車站　銅橋二十收　廣勤路　銅元二十二枚
崇安寺　銅元十四枚　大洋橋　銅元十八枚
吉祥橋　銅元十八枚　書院弄　銅元二十枚
大河池　銅元二十四枚　斜橋　銅元十六枚
南門　銅元二十四枚　西成門　銅元三十五枚
迎龍橋　銅元四十枚　南門黃泥橋　銅元三十六枚
清明橋　銅元四十四枚　惠農橋　銅元十八枚
梨花莊　銅元二十四枚

自西城門至

火車站　銅元二十四枚　大洋橋　銅元二十二枚
吉祥橋　銅元十六枚　南門　銅元二十枚
大河池　銅元三十枚　斜橋　銅元十七枚
廣勤路　銅元三十四枚　書院弄　銅元十八枚
西棉花巷　銅元十二枚　迎龍橋　銅元十四枚
南門黃泥橋　銅元二十五枚　清明橋　銅元四十九枚

惠農橋　銅元二十三枚　梨花莊　銅元三十八枚
崇安寺　銅元十六枚

自迎龍橋至

火車站　銅元三十二枚　大洋橋　銅元三十枚
吉祥橋　銅元二十五枚　南城門　銅元三十八枚
大河池　銅元三十四枚　斜橋　銅元二十四枚
廣勤路　銅元三十六枚　崇安寺　銅元二十三枚
書院弄　銅元二十八枚　東門　銅元四十枚
西門　銅元十四枚

自南門黃泥橋至

火車站　銅元四十五枚　大洋橋　銅元四十二枚
吉祥橋　銅元二十八枚　南城門　銅元十枚
大河池　銅元二十八枚　斜橋　銅元十九枚
廣勤路　銅元四十枚　崇安寺　銅元三十枚
書院弄　銅元二十八枚　東門　銅元三十六枚
西門　銅元二十五枚

自清明橋至

火車站　銅元五十二枚　大洋橋　銅元五十枚
吉祥橋　銅元四十四枚　南城門　銅元二十五枚

大河池	銅元五十枚	斜橋	銅元二十八枚
廣勤路	銅元五十四枚	崇安寺	銅元四十五枚
書院弄	銅元四十枚	東門	銅元五十枚
西門	銅元四十九枚		

自惠農橋至

火車站	銅元二十枚	大洋橋	銅元十六枚
吉祥橋	銅元二十二枚	南城門	銅元三十八枚
大河池	銅元十六枚	斜橋	銅元二十二枚
廣勤路	銅元十二枚	崇安寺	銅元二十枚
書院弄	銅元二十五枚	東門	銅元十八枚
西門	銅元三十二枚		

自梨花莊至

火車站	銅元三十六枚	大洋橋	銅元三十枚
吉祥橋	銅元二十八枚	南門	銅元四十五枚
大河池	銅元二十枚	斜橋	銅元二十六枚
廣勤路	銅元十八枚	崇安寺	銅元二十五枚
書院弄	銅元三十枚	東門	銅元二十四枚
西門	銅元三十八枚		

（十一）無錫市政籌備處整理人行道暫行規則

第一條　本規則適用於城內舊街道。及已成馬路之單道上。

第二條　違犯下列各條之規定者。除處以一元以上十元以下之罰金外。並勒令將不合法之障礙物拆去。

（一）不得在人行道上築砌階石。

（二）不得在人行道上裝置櫃台貨櫥或欄杆等物。

（三）不得在人行道上支搭涼蓬。裝置風窗電燈或晒物木桿。

（四）不得在人行道上擺設浮攤。堆置木石貨物。從事工作或營業。

（五）不得在人行道上停放車輛。或行駛車輛。

（六）不得在人行道上便溺。

（七）不得在人行道上堆積垃圾。或放棄其他穢物。

第三條　凡毀壞人行道者。依其毀壞之程度處罰之。

第四條　上列各條如再犯者。加倍處罰之。三犯以上。處以十天以下之拘留。

第五條　本規則由公安局飭屬隨時注意執行。

第六條　本規則自公布之日施行。

航政

(一)無錫縣航運略說

錫邑南濱太湖。北控長江。運漕梁溪諸河。分流境內。四鄉港汊紛歧。密如網布。交通之利。以水而不以陸。雖有京滬鐵道。橫貫南北。然貨物之運輸。消息之傳遞。大部仍賴乎船舶以轉運。溯自民元以來。工商業日漸發展。曾有一度提倡闢為商埠之議。經十餘年之慘淡經營。一躍而為蘇省工商業之中心。無論米麥糧須絲繭棉紗等物。均以無錫為集中之區。航運亦因之日益發達。由民船快船而改用汽輪。為數且不下百餘艘。茲就航運現況分類調查列表於後。

(二)無錫各輪班開行時間暨價目表

班別	開行時間	價目
無錫至湖州	正午十二時	一元
至溧陽	(一)上午八時(二)上午十時卅分	七角
至江陰	(一)上午十時半(二)下午二時半(三)下午三時半	三角
至常熟	上午八時半	四角
周莊	(一)上午十時半(二)下午一時半	三角
雲亭	下午一時半	四角
華墅	上午十一時	三角
東萊鎮	上午十一時	二角五分
顧山	下午一時半	二角五分
祝塘	下午二時	二角
河塘橋	下午一時	一角五分
羊尖	下午一時半	三角五分
蕩口	下午一時	三角五分
安鎮	下午一時半	三角
玉祁	下午二時	二角四分
周鐵橋	正午十二時	四角
漕橋	下午二時	四角
吳塘	下午一時半	一角三分
南方泉	下午二時半	一角三分
陸區橋	下午二時	

圖表七：此處原爲《（二）無錫縣内河小輪一覽表》，見書後。

（四）錫湖班價目時刻表

本埠開出時間	正午十二時
本埠到達時間	下午四時
附　　　註	無錫至大渲口另用小輪駁載

到站	等級	無錫	大渲	西山	大錢
大渲	特等				
	頭等				
	二等	三角			
	三等	二角			
西山	特等	一元九角	一元九角		
	頭等	一元五角	一元五角		
	二等	一元二角	一元二角		
	三等	八角	八角		
大錢	特等	三元二角	三元二角	一元一角	
	頭等	二元四角	二元四角	九角	
	二等	一元六角	一元六角	七角	
	三等	一元	一元	五角	
湖州	特等	三元二角	三元二角	一元六角	八角
	頭等	二元四角	二元四角	一元二角	五角
	二等	一元六角	一元六角	八角	二角五分
	三等	一元	一元	六角	

(五)錫溧班價目時刻表

本埠開出時間	上午八時正(第一班)	上午十時半(第二班)
本埠到達時間	下午七時	下午九時
附註	一，二，三，五，六，七，九，十一，十二，九個月第一班由招商中華兩公司單雙日輪開第二班由新商永固兩公司單雙日輪開四，八，十，三個月第一班由新商永固兩公司單雙日輪開第二班由招商中華兩公司單雙日輪開	

	無錫	戴溪橋	華渡橋	運村	和橋	宜興	徐舍
戴溪橋	大小客烟 房房艙篷 艙艙 二一四二 　元 　二 元角角角						
華渡橋	大小客烟 房房艙篷 艙艙 二一五二 元元　角 三四　五 角角角分	大小客烟 房房艙篷 艙艙 一六二一 　角角角 　五六三 元分分分					
運村	大小客烟 房房艙篷 艙艙 二一六三 元元 四五 角角角角	大小客烟 房房艙篷 艙艙 一八三一 元角　角 四五　五 角分角分	大小客烟 房房艙篷 艙艙 一六二一 　角角角 　五六三 元分分分				
和橋	大小客烟 房房艙篷 艙艙 三一七四 　元角 　九五 元角分角	大小客烟 房房艙篷 艙艙 二一五二 元元角角 一三二六 角角分分	大小客烟 房房艙篷 艙艙 一八三一 元角　角 四五　五 角分角分	大小客烟 房房艙篷 艙艙 一七二一 元角角角 三八六三 角分分分			
宜興	大小客烟 房房艙篷 艙艙 三二九五 元元 六三 角角角角	大小客烟 房房艙篷 艙艙 三一七四 　元角 　九五 元角分角	大小客烟 房房艙篷 艙艙 二一六三 元元 六六 角角角角	大小客烟 房房艙篷 艙艙 二一五二 元元角角 一三二六 角角分分	大小客烟 房房艙篷 艙艙 一七二一 元角角角 三八六三 角分分分		
徐舍	大小客烟 房房艙篷 艙艙 四二一六 　元 　六 元角元角	大小客烟 房房艙篷 艙艙 三二九五 元元 六三 角角角角	大小客烟 房房艙篷 艙艙 三一七四 　元角 　九五 元角分角	大小客烟 房房艙篷 艙艙 三一七四 　元角 　九五 元角分角	大小客烟 房房艙篷 艙艙 二元六三 元五 五角 角半角角	大小客烟 房房艙篷 艙艙 一八三一 元角　角 四五　五 角分角分	
溧陽	大小客烟 房房艙艙 艙艙 四三一七 元元元 八一一 角角角角	大小客烟 房房艙篷 艙艙 四二一六 　元 　六 元角元角	大小客烟 房房艙篷 艙艙 三二九五 元元 八四 角角角角	大小客烟 房房艙篷 艙艙 三二九五 元元 六三 角角角角	大小客烟 房房艙篷 艙艙 三一七四 　元角 　九五 元角分角	大小客烟 房房艙篷 艙艙 二一五二 元元角角 五五六八 角角分分	大小客烟 房房艙篷 艙 一七二一 元角角角 三八六三 角分分分

(六)錫澄班價目時刻表

	(早班)	(中班)	(晚班)
開出	上午十時半	下午二時半	下午三時半
到達	下午一時	下午四時	下午七時
附註	招商一,三,五,七,九､五個月開早班十一,十二,兩月開中班二,四,六,八,十,五個月開晚班 利澄二,四,六,十,十二,五個月開早班一,八,兩月開中班三,五,七,九,十一,五個月開晚班 嚴東八,十一,兩月開早班二,三,四,五,六､七,九,十,八個月開中班一,十二,兩月開晚班		

	無錫	石幢	青暘	月城橋	南閘
	蓬艙 客艙 官艙 房艙				
石幢	一角五分 二角五分 三角五分 一元二角	蓬艙 客艙 官艙 房艙			
青暘	二角 二角五分 四角 一元四角	一角 二角 三角 一元二角	蓬艙 客艙 官艙 房艙		
月城橋	二角 三角 四角 一元六角	一角五分 二角五分 四角 一元四角	一角 二角 三角 一元二角	蓬艙 客艙 官艙 房艙	
南閘	二角五分 三角五分 陸角 一元八角	二角 三角 五角 一元六角	一角五分 二角五分 四角 一元四角	一角 二角 三角 一元二角	蓬艙 客艙 官艙 房艙
江陰	三角 四角五分 七角 大小房艙 二元壹捌角	二角五分 三角五分 五角 一元八角	二角 二角五分 四角 一元六角	一角五分 二角五分 四角 一元四角	一角 二角 三角 一元二角

(七)錫周班價目時刻表

本埠開出時間	上午十時半(早班)	下午一時半(晚班)
本埠到達時間	下午一時半	下午四時半
附註	一,二,三,四,五,五個月東北開無錫早班利澄開無錫晚班六,七,八,九,十,十一,十二,七個月利澄開無錫早班東北開無錫晚班	

	周莊	瓠岱橋	陸家橋	長涇	北漍	顧山	陳墅	晃山橋	陳家橋	張涇橋
瓠岱橋	一角 一角半									
陸家橋	一角 一角半	一角 一角半								
長涇	二角 二角半	一角半 二角	一角 一角半							
北漍	二角 二角半	一角半 二角	一角 一角半	一角						
顧山	二角 二角半	一角半 二角	一角 一角半	一角 一角半	一角					
陳墅	二角 二角半	一角半 二角	一角 一角半	一角 一角半	一角	一角				
晃山橋	二角 二角半	一角半 二角	一角半 二角	一角 一角半	一角 一角半	一角 一角半	一角			
陳家橋	二角半 三角	二角 二角半	二角 二角半	一角半 二角	一角半 二角	一角半 二角	一角半 二角	一角 一角半		
張涇橋	二角半 三角	二角 二角半	二角 二角半	一角半 二角	一角半 二角	一角半 二角	一角半 二角	一角 一角半	一角 一角半	
無錫	三角 三角半	三角 三角半	三角 三角半	二角半 三角	二角半 三角	二角半 三角	二角半 三角	二角 二角半	一角半 二角	一角半 二角

（八）無錫縣航船一覽表

船戶	等別	開行地點	收泊地點	執照號數	備註
柳季椿	上	無錫一四圖天妃宮	周莊鎮	一	
趙福基 陸瑞玉	上	天四圖長安橋	鹿苑鎮	二	
蔣培卿 季老海	上	天四圖沿河碼頭	楊庫鎮	三	
顧金寶	中	天四圖蓮蓉橋	梅村鎮	四	
朱憲文	上	天四圖桃棗沿河	溧陽南門外和橋	五	
張子香	上	天四圖遊弄	江陰河塘湘橋	六	
徐阿坤	上	天四圖小橋頭	常熟大東門鴨潭橋	七	
馮耀奎 卜五官 樊錦茂	上	天四圖三里橋	江陰端明橋	八	
馮耀奎 劉大來 尤秀義	上	天四圖遊弄	江陰端明橋	九	
周錫琴 秦介寶	上	天四圖長安橋	江陰北漍鎮欄杆橋	一〇	
周錫琴 貝金寶	上	天四圖長安橋	江陰楊庫	一一	
計仲恆 徐和官	上	天四圖長安橋	江陰北漍鎮	一二	
毛錦昌等	上	天四圖三里橋	江陰端明橋	一三	
朱耀祖	上	天四圖蓮蓉橋	溧陽西門	一四	
宋晉康 尤夢祥 胡鶴臯	上	天四圖遊弄	江陰端明橋	一五	
榮浩明	下	廿二七圖西門 天四圖北門	本縣榮張巷	一六	
榮紹宗	下	廿二七圖西門 天四圖北門	本縣榮張巷	一七	

徐文茂	下	天四圖長安橋	本縣徐巷	一八
李培芳	下	天四圖長安橋	本縣徐巷	一九
張子璉　張子秀	中	天四圖芋頭沿河	王莊鎮	二〇
張子炳　張勝根	中	天四圖芋頭沿河	王莊鎮	二一
朱士亨　朱壬生	上	天四圖桃棗沿河	宜興和橋	二二
陸錫文	上	天四圖芋頭沿河	江陰華墅	二三
張子璠　張鳳慧	上	天四圖芋頭沿河	江陰顧山陳墅	二四
張子璠　張鳳翼	上	天四圖芋頭沿河	江陰顧山陳墅	二五
許聽大	上	天四圖三里橋	常州南宅戚溪橋天井橋	二六
馮阿錫　徐子和	上	天四圖三里橋	常州雪堰橋	二七
陸元興	上	天四圖北塘	長興縣（浙江省）	二八
吳金福	下	天四圖三里橋	本縣藕塘橋	二九
謝文	上	天四圖遊弄	蘇州滸墅關	三〇
過根和　陳金祥	上	天四圖長安橋	金壇清和橋	三一
朱根林　朱金川	上	天四圖蓉湖橋	常州文成橋	三二
夏榮泉	中	天四圖北柵口	本縣張涇橋	三三
金榮根	上	天四圖外吊橋	宜興丁蜀山湖㳇鎮	三四
蘇訓大	上	天四圖蓉湖橋	宜興潘家橋分水墩周鐵橋	三五
陳福祥	上	天四圖竹場巷	金壇清和橋	三六

陳嘉興 陳紹武	上	天四圖蓉湖橋	宜興潘家橋分水墩周鐵橋	三七
蔡元昌 蔡永昌	上	天四圖北塘	常熟彭家橋	三八
許錫茂 許勝根	上	天四圖芋頭沿河	江陰長涇鎮	三九
蕭嘉生 鄭勝泉	上	天四圖小三里橋	江陰峭岐	四〇
徐阿香	上	天四圖缸尖口	宜興張渚	四一
朱士亨 徐根官	上	天四圖吊橋下	溧陽勝渡和和	四二
許子儀	中	天四圖芋頭沿河	本縣嚴家橋東湖塘	四三
蔣阿聰 陸阿詳	上	天四圖小三里橋	江陰峭岐	四四
伍阿鼎 秦聰福	中	天四圖三里橋	本縣河塘營張舍里藕塘橋胡埭	四五
王金林	上	天四圖蓉湖橋	常州南宅鎮	四六
許仁餘 許巧林	上	天四圖芋頭沿河	祝塘長涇	四七
蔡阿四 陳阿明 許梅增	上	天四圖芋頭沿河	江陰長涇	四八
謝永和	上	天四圖芋頭沿河	江陰郁家橋	四九
馮榮生	中	天四圖大橋下	本縣望亭大牆門口	五〇
李瑞林 承雲坤	上	天四圖北塘	江陰月城橋南鬧	五一
劉長春 徐金福 蔣增二	上	天四圖北塘	江陰月城橋南鬧	五二
黃榮福 徐增榮	上	天四圖三里橋	江陰周莊璜塘	五三
尤正發	上	天四圖北塘	宜興丁蜀山	五四
金榮桂	上	天四圖北塘	宜興大浦丁蜀山	五五

毛順昌	上	天四圖桃棗沿河	宜興長橋	五六
馮榮生	中	天四圖桃棗沿河	本縣張涇橋	五七
徐金寶	中	天四圖大橋下	本縣寨門	五八
樊金茂	上	天四圖小三里橋	江陰長壽璜塘	五九
范錫記	下	天四圖通匯橋	本縣興塘	六〇
范洪記	下	天四圖通匯橋	本縣興塘	六一
任紀泉 陳和根	上	天四圖三里橋	雪堰橋	六二
陳秀山 陳秀泉 楊根源	上	天四圖小三里橋	江陰璜塘	六三
沈鶴雲 華裕興	下	天四圖大橋下	本縣東亭	六四
陸利民	下	天四圖通匯橋	本縣陸新鎮士銘橋	六五
陸元興	上	天四圖長安橋	楊庫北渦塘墅	六六
蔣盤根	上	天四圖北塘	蘇州滸墅關	六七
丁元裕	中	天四圖桃棗沿河	本縣張涇橋	六八
樊錦茂 徐根泉	上	天四圖小三里橋	江陰三官鎮	六九
陳秀山等	上	天四圖長安橋	楊庫北渦塘墅	七〇
楊鳳鳴	中	天四圖芋頭沿河	本縣蕩口	七一
周良昌	上	天四圖北塘	宜興丁蜀山	七二
季仲樹	上	天四圖長安橋	常熟東萊口新鎮	七三
吳汝根	上	天四圖三里橋	長壽雲亭茂市橋	七四

徐裕通	上	天四圖大橋下	江陰后塍鎮	七五
毛榮金 毛榮生 林炳生	上	天四圖大橋下	江陰后塍鎮	七六
任盤生等	上	天四圖三里橋	江陰后塍鎮	七七
楊金寵	上	天四圖桃棗沿河	蘇州渡僧橋	七八
方梅福 朱聽寶	上	天四圖三里橋	江陰三官鎮	七九
張錦堂 馮阿大	上	天四圖北橋	常州橫山橋	八〇
金錫根等	上	天四圖三里橋	江陰青暘鎮	八一
鄭曉峯 鄭正山	上	天四圖芋頭沿河	江陰南新鎮	八二
秦義泉 張士鑾	上	天四圖芋頭沿河	南新橋郁家橋	八三
張士俊 張勝根	中	天四圖芋頭沿河	本縣黃土塘張蔴舍河塘	八四
錢景清	上	天四圖長安橋	新莊港日新鎮	八五
唐劉大 蔣四寶 黃許郎	上	天四圖長安橋	新莊港日新鎮	八六
鄒敦珍	下	天四圖北塘	本縣新安鎮	八七
張阿大	中	天四圖通匯橋	本縣寨門	八八
孫記	上	天四圖北塘	江陰后塍	八九
沙茂泰 陸國祥	中	天四圖三里橋	本縣陸區橋	九〇
徐朝良 楊德良	中	天四圖北塘	本縣楊墅園	九一
徐朝良 毛文榮	上	天四圖三里橋	常州馬鞍墩雙廟	九二
毛阿多等	上	天四圖三里橋	常州東橫林	九三

徐朝良 毛文棨	上	天四圖三里橋	常州北新鎮馬鞍墩	九四
蕭錦泉 蕭根生	中	天四圖北塘	本縣楊墅園	九五
秦義泉	上	天四圖北塘	黃土塘張縲舍河塘橋	九六
陸錫文	上	天四圖北塘	華墅鎮	九七
楊耀裕	上	天四圖北橋	丁蜀山湖汶鎮	九八
尤維銳 楊炳辰 杭金培	中	天四圖三里橋	陸區橋	九九
徐錫彥	上	天四圖吊橋下	蘇州通貴橋	一〇〇
孫紀林 許榮春 許榮華	上	天四圖芋頭沿河	常熟徐市港口悟莊鎮	一〇一
徐劉生等	上	天四圖長安橋	鹿苑鎮	一〇二
姚茂昌	中	天四圖三里橋	本縣張舍胡埭	一〇三
周任生 周根生	上	天四圖北塘	丁蜀山張渚湖汶	一〇四
楊生泉	上	天四圖吊橋	丁蜀山湖汶	一〇五
張阿大 許阿多	上	天四圖芋頭沿河	祝塘長涇西洋橋	一〇六
陳泉泉 張榮泉	上	天四圖蔴餅沿河	江陰馬鎮鄉湖宕里	一〇七
俞根大	中	天四圖三里橋	本縣新瀆橋盛店橋	一〇八
毛桂源	上	天四圖北門外	溧陽碑亭頭	一〇九
毛壽源	上	天四圖芋頭沿河	溧陽碑亭頭	一一〇
石杏根	上	天四圖小三里橋	江陰北渚鎮	一一一
徐增榮 徐阿四	上	天四圖小三里橋	江陰長壽璜塘	一一二

黃和泰	上	天四圖三里橋	曹橋分水墩	一一三
陳仁根　陳杏根	上	天四圖三里橋	曹橋潘家橋	一一四
徐寶林　林茂發	上	天四圖三里橋	常州前横禮嘉橋	一一五
黃國元	中	天四圖桃渠沿河	本縣安鎮	一一六
顧李記	下	天四圖三里橋	本縣上梅涇	一一七
陳仁根	上	天四圖三里橋	分水墩周鐵橋	一一八
蘇馬記	上	天四圖三里橋	周鐵橋分水墩	一一九
唐春林　馮全福	上	仝　上	長壽璜塘	一二〇
楊源順	中	仝　上	胡埭張舍	一二一
倪官福	下	天四圖大橋下	本縣南方泉	一二二
尤世記　黃徐記	上	天四圖財神弄	常州西瀛里	一二三
尤世記　鄭鳴記	上	天四圖天妃宮	常州西門外	一二四
蔡關昌	中	天四圖北塘	楊墅園高明橋	一二五
張全元	中	天四圖芋頭沿河	潘墅蠡橋羊尖	一二六
張小榮	中	仝　上	東湖塘嚴家橋羊尖	一二七
吳漱芳　吳漱芬	上	天四圖	溧陽碑亭頭	一二八
朱吳徐	上	天四圖大橋下	常州西瀛里	一二九
毛桂源等	上	天四圖芋頭沿河	溧陽西門外	一三〇
沈端根	中	天四圖財神弄	玉祁禮社	一三一

姓名	等級	地點	往來地方	號數
毛朱記 府吳徐	上	天四圖天妃宮	常州西門外	一三二
林盤金 鄭喜根	上	天四圖芋頭沿河	華墅	一三三
張士觧	上	仝上	陸家橋胡埭橋郁家橋華墅	一三四
鄭喜根 楊鳳林	上	仝上	仝上	一三五
季仲樹 周裕林	上	仝上	慶安鎮陳航橋新莊港	一三六
金禮和	上	天四圖長安橋	塘橋鹿苑慶安	一三七
唐怡記 楊耀隆	上	天四圖三里橋	焦溪新安石堰山	一三八
林順泉 嚴根林 金茂芳	上	天四圖北塘	月城橋雙橋	一三九
俞柄生	中	仝上	本縣新瀆橋	一四〇
鄭阿牛	上	天四圖桃棗沿河	和橋	一四一
徐乃寶 周文明	上	天四圖三里橋	三官鎮金童橋蒲鞋橋	一四二
徐裕記	上	天四圖桃棗沿河	宜興長橋和橋	一四三
周雪琴等	上	天四圖長安橋	楊庫	一四四
毛凌雲	上	天四圖三里橋	常州崔橋橫山橋橫林戚墅堰	一四五
毛順寶	上	仝上	仝上	一四六
沈福康	上	天四圖長安橋	塘橋鹿苑	一四七
惠長林 惠林福	下	天四圖三里橋	青城市秦巷	一四八
周步瀛	下	天四圖通匯橋	本縣港下蠡澗蠡橋	一四九
徐步階	上	天四圖吊橋	蘇州通貴橋	一五〇

王殿榮 王鳳祥	中	天四圖三里橋	天上市堰橋	一五一
徐銀香	上	天四圖北塘	丁蜀山湖洑	一五二
周順金	上	天四圖三里橋	長壽黄塘周莊	一五三
徐煥賢 毛子香	上	仝上	蘇州	一五四
李根榮	中	仝上	萬安市洛社	一五五
吳根仁	上	天四圖北塘	蘇州滸墅關	一五六
沈雲生	中	天四圖三里橋	青城市玉祁	一五七
徐步清	上	天四圖吊橋	蘇州閶門	一五八
蔣春鏞	中	天四圖芋頭沿河	羊尖鎮	一五九
蘇鴻培	上	天四圖桃棗沿河	蘇州渡僧橋	一六〇
吳萬甫	上	天四圖財神弄	蘇州	一六一
蔣根大 孫耀泉	上	天四圖桃棗沿河	蘇州	一六二
朱雨記	上	天四圖蓮蓉橋	蘇州	一六三
吳增福	上	南門外黃泥橋	蘇州	一六四
朱鳳翔	上	天四圖桃棗沿河	蘇州	一六五
袁根元	上	天四圖通匯橋	常熟接官亭	一六六
蔣才章	上	天四圖芋頭沿河	常熟方橋	一六七
薛公記	下	天四圖北塘	本縣黄十一圖南門	一六八
朱裕富	上	天四圖吊橋	蘇州	一六九

范耕和等	中	天四圖小三里橋	天上市堰橋	一七〇
蔡元記	上	天四圖三里橋	常熟三河鎮	一七一
吳紀祥	上	南門黃泥橋	蘇州	一七二
奚順根	下	天四圖大橋下	景雲市江溪橋	一七三
沈生紫	下	天四圖通匯橋	本縣興塘南橋頭	一七四
沈金元	下	天四圖通匯橋	本縣興塘	一七五
唐耀倫	中	天四圖北塘	青城市前洲	一七六
張子翌　張子濂	中	天四圖芋頭沿河	東湖塘嚴家橋	一七七
高耀倫	下	天四圖三里橋	萬安市陡門橋	一七八
殷阿榮　殷阿和	下	天四圖三里橋	北七房石幢	一七九
楊泉林　周泉林	中	仝上	青城市前洲	一八〇
李桂喜	中	仝上	萬安市洛社	一八一
過福培	中	天四圖北栅口	本縣八士橋	一八二
朱景雲	中	仝上	仝上	一八三
吳昌岐	中	天四圖北塘	青城市玉祁	一八四
毛二順　毛榮芳	上	天四圖天后宮	宜興和橋	一八五
朱長壽	中	天四圖北塘	青城市南雙廟	一八六
潭大　周阿海	上	天四圖長安橋	楊庫	一八七
賈黃記	下	天四圖三里橋	萬安市張鎮橋	一八八

劉細盤	下	天四圖北棚口	本縣劉潭橋	一八九
黃金卸	下	仝　上	仝　上	一九〇
朱寶記	下	天四圖長安橋	開化鄉板橋	一九一
周雪琴　秦介寶	上	天四圖芋頭沿河	北漍	一九二
徐和富　計仲恆	上	仝　上	仝上	一九三
趙士德	上	天四圖長安橋	沙洲市東萊鎮新莊港	一九四
毛月香	上	天四圖芋頭沿河	徐市港口恬莊	一九五
唐鴻兆　唐三寶	中	天四圖三里橋	青城市前洲	一九六
王根泉	上	天四圖北塘	溧陽戴埠楊巷	一九七
胡勝泉	上	仝　上	長興泗安(浙江省)	一九八
方福觀　錢根泉　楊狗觀	中	天四圖北塘	后宅大牆門雙板橋	一九九
趙士才　耿容康	上	天四圖芋頭沿河	沙洲市新莊港	二〇〇
俞杏生	中	天三圖通運橋	青城市前洲	二〇一
朱金根	上	天四圖北塘	宜興方橋	二〇二
孫公正	中	仝　上	萬安市石塘灣	二〇三
劉洪鎔	下	天四圖北棚口	天上市市頭	二〇四
王達珍	上	天四圖大橋下	江陰后塍	二〇五
吳達江	上	天四圖大橋下	江陰后塍	二〇六
張宗蔭　金林春	上	天四圖北塘	常州楊運橋封華渡橋	二〇七

第一回無錫年鑑

楊耀奎	上	天四圖灘上	江陰湖宕里馬鎮	二〇八
徐鄧二	下	天四圖大橋下	天下市東北塘	二〇九
邵洪泉	上	天五圖硯拗橋	宜興方橋	二一〇
張阿寶	下	天四圖北柵口	天上市旺莊	二一一
華根林	中	天四圖芋頭沿河	北下鄉梅村	二一二
陸阿榮	下	廿七圖棚下	揚名鄉大陳巷	二一三
沈泉泉	下	廿七圖西棚下	本縣店橋頭	二一四
平根奎 杜根生	下	天四圖北棚口	天下市寺莊	二一五
范根生	下	天四圖天后宮	揚名鄉南橋	二一六
袁阿梅	下	廿七圖西棚下	揚名鄉西圖弄	二一七
羅連寶 錢阿大	上	天四圖長安橋	新莊港鹿苑	二一八
王阿泉 于杏根	下	天四圖北柵口	本縣下旺村	二一九
陸耀記	下	仝上	本縣東房橋	二二〇
錢德隆	中	天四圖露華弄	本縣蕩口	二二一
楊俊山 楊永山	中	天四圖芋頭沿河	本縣蕩口	二二二
顧阿林	中	天四圖大橋下	本縣梅村	二二三
錢金寶 錢川全	中	天四圖北塘	本縣查家橋	二二四
朱錦秀	中	天四圖大橋下	查家橋石埭塍塘	二二五
楊近仁	中	天四圖芋頭沿河	本縣甘露	二二六

繆鳳春	下	天四圖桃棗沿河	本縣五二二圖長安橋	二二七
周順金	下	天四圖三里橋	本縣蘇家橋陳家橋	二二八
何增福	下	天四圖長安橋	本縣周新鎮	二二九
陳萬和	下	天四圖三里橋	本縣楊巷庄西高橋	二三〇
楊阿二	下	天四圖北柵口	本縣東北塘	二三一
王朱大	中	天四圖長安橋	開化鄉南方泉	二三二
吳增泉	中	仝上	仝上	二三三
莊咬觀		仝上	仝上	二三四
金錦榮	下	天四圖三里橋	本縣瓦屑壩	二三五
袁和尙	上	天四圖通匯橋	常熟接官亭	二三六
陳根和 王聽寶 陳福元	下	天四圖北柵口	天上市下陳塘	二三七
高七官	下	天四圖小三里橋	天上市北西漳	二三八
尤勝泉	下	天四圖三里橋	天上市尤家灘	二三九
劉薄根	中	天三、四圖三里橋通運橋	靑城市黃石街石家宕	二四〇
唐德修	下	天四圖三里橋	萬安市下塘西滸	二四一
樂梅生	下	天四圖長安橋	開化鄉石塘橋	二四二
公和	上	天四圖桃棗沿河	北澗	二四三
錢子福	上	天四圖石灰場	江陰文林鎭河塘湘橋門村西洋橋	二四四
鄧建培	中	天三圖小粉橋	靑城市前洲	二四五

第一回無錫年鑑

王阿大	下	天四圖北柵口	天下市塘巷	二四六
徐福壽	下	仝　上	天上市張村	二四七
胡根叔	下	天四圖三里橋	天上市胡家渡	二四八
秦兆榮　厲喜寶	中	天四圖三里橋	青城市北新橋	二四九
薛舍英　薛崇德	上	仝　上	江陰塘頭橋泗河鎮	二五〇
黃金龍　周元林	下	天四圖北柵口	天上市古亭廟	二五一
膠南小學	中	天四圖天妃宮	本縣安鎮	二五二
錢壽根	下	天四圖大橋下	本縣東亭	二五三
陸阿奎	下	黃十一圖大窯場	本縣陸店橋	二五四
伍泰興　伍龍泉	下	天四圖三里橋	本縣龍潭岸	二五五
沈壽昌	中	天三圖通匯橋 天四圖長安橋	本縣南方橋	二五六
薛阿殿　薛小弟 陸林寶	下	天四圖竹場巷	天下市塘頭橋	二五七
陳根芳	上	仝　上	丹陽東門迎春橋	二五八
蕭金發	上	天四圖竹場巷	丹陽東門迎春橋	二五九
陳杏生	上	仝　上	仝　上	二六〇
諸任寶　許根大 鄧阿二	下	天四圖大橋下	本縣羊亭通津橋	二六一
周和尚	下	一七圖北柵口	本縣泰安橋	二六二
倪定安　倪丁泰	中	天四圖三里橋	富安鄉張舍	二六三
虞阿二	下	仝　上	本縣岸底里	二六四

尤金山	下	仝　上	本縣北西漳	二六五
周根寶	上	天四圖大橋下	常熟	二六六
繆任和	下	天四圖三里橋	天上市繆巷	二六七
陳鳳根	下	仝　上	天上市龍潭岸	二六八
嚴全泰　嚴大紀	下	天四圖小三里橋	天上市龍潭岸	二六九
劉富壽	下	仝　上	天下市繆巷街	二七〇
楊松亭	中	天四圖芋頭沿河	南延市蕩口	二七一
沈金海	中	天四圖北塘	南延市廿露	二七二
殷阿春	下	天四圖小三里橋	西漳萬家坦	二七三
顧阿根	下	廿二七圖西棚下	揚名鄉西顧橋	二七四
朱梅芳	下	天四圖小三里橋	富安鄉藕塘橋	二七五
王阿狗	下	天四圖北棚口	天下市余巷街	二七六
宣春生	下	天四圖長安橋	揚名鄉周新鎮	二七七
周松壽	上	天四圖竹場巷	常熟	二七八
黃阿福	下	天四圖三里橋	錢橋惠龍橋	二七九
蔣阿惠	下	天四圖長安橋	揚名鄉高車渡	二八〇
許慶茂	上	天四圖芋頭沿河	常熟	二八一
王阿元	下	天四圖長安橋	本縣楊鐵巷	二八二
吳鴻永　華胖官 顧寶官	下	天四圖大橋下	天上市新塘里	二八三

陳巧大	下	天四圖小三里橋	天上市孫家街	二八四
陸大和尙	中	廿六十一圖黄泥埨	開化鄉南方泉	二八五
段增祺	上	天四圖三里橋	常州潘家橋	二八六
顧順龍	下	天四圖長安橋	開化鄉許舍里	二八七
周元吉	下	廿六十一圖黄泥埨	開化鄉方橋板橋	二八八
平林和	下	天四圖北栅口	天下平家渡	二八九
朱錦隆	上	天四圖大橋下	顧山新橋陳墅	二九〇
樸阿川	下	廿六十一黄圖泥埨	揚名石塘橋	二九一
周甫林	下	廿六十一圖黄泥埨	南坊橋	二九二
袁壽福	下	仝　上	揚名菴上	二九三
邵根祥	中	天四圖大橋下	新安鄉華大房莊	二九四
尤維新	中	天四圖三里橋	陸區橋	二九五
張　福	下	天四圖北栅口	本縣席祁鎭	二九六
楊定春等	下	南門黄泥埨	石塘橋	二九七
陳煥明	上	天四圖三里橋	常州周橋	二九八
尤杏林	下	天四圖小三里橋	西漳	二九九
嚴仝太　嚴大紀	下	仝　上	龍潭岸	三〇〇
唐長生	上	天四圖吊橋下	丁蜀山湖汶	三〇一
毛萬鍾	上	天四圖北塘	長興泗安鎭（浙江）	三〇二

十 無錫縣船舶百分比例表

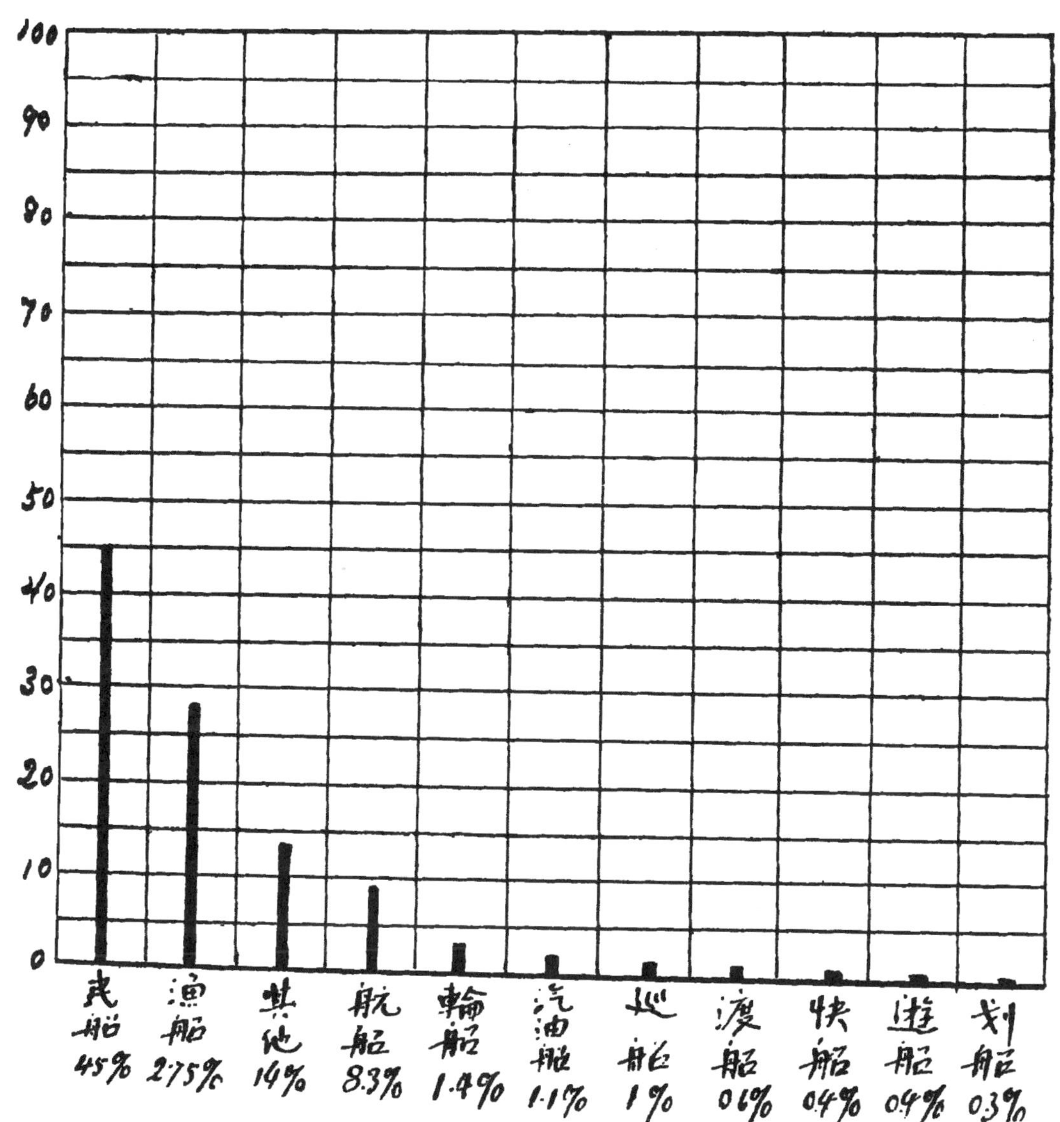

秦林記	上	天四圖芋頭沿河	顧山陳墅	三〇三
吳汝根	上	天四圖三里橋	雲亭	三〇四
胡阿朝	下	天四圖小三里橋	本縣倉橋劉巷	三〇五
王阿福	中	天四圖長安橋	南方前	三〇六
馮耀德 倪榮泰	上	天四圖蓮蓉橋	江陰西洋橋門村	三〇七
呂阿根	下	天四圖通匯橋	本縣后橋鎮	三〇八
謝亦林 李明寶	上	天四圖玄壇弄一大碼頭	江陰泗港市蘇市橋	三〇九
謝亦林 李明寶	上	仝 上	江陰泗港市蘇市橋	三一〇
林雙齡	上	天四圖長安橋	常熟杭渡橋慶安鎮新莊港沙洲市	三一一
徐怡源	上	天四圖三里橋	江陰月城橋中新橋青暘鎮	三一二
呂文發	上	仝 上	常州焦墊鎮	三一三
劉 卓 卜萬源	上	天四圖北塘	長興泗安鎮(浙江省)	三一四
戈金祥	下	天四圖小三里橋	本縣瓦屑壩	三一五
陳協鑫	中	天四圖三里橋	青城市前洲	三一六
石朝生	下	仝 上	本縣一六圖過石巷	三一七
胡榮培	中	仝 上	天上市村前	三一八
董三寶	中	天四圖長安橋	開化鄉葛估橋	三一九
史濟川	中	仝 上	青城市玉祁	三二〇
錢協興	中	天四圖蘇餅沿河	蕩口梅村坊前鴻聲里	三二一

范金福		上	天四圖三里橋	江陰雲亭	三二二
吳良卿		中	天四圖長安橋	南方前	三二三
周世寶	周金芳	下	天四圖灘上	本縣席祁	三二四
繆福記	繆元記	下	北柵口顧橋	天上市長安橋	三二五
蔣才章	蔣四寶	上	天四圖長安橋	慶安方橋東萊鎭鹿苑	三二六
陸漢章		下	天四圖通匯橋	懷下七房橋	三二七
陳扣寶	陳錦鳳	下	北柵口石灰場	本縣陳府塘巷沈謝巷	三二八
毛竹舟		上	天四圖北塘	常熟梅里鎭彭家橋	三二九

(九)無錫縣船舶統計表

船別	隻數	備註
輪船	五七	以在建設局登記之船爲標準
汽油船	四五	根據市政籌備處調查所得
航船	三二九	仝
快船	一六	仝
民船	一八〇〇	仝
遊船	一六	仝

船別	隻數	備註
渡船	二六	仝
划船	一四	仝
漁船	一一〇〇	仝
巡船	四〇	仝
其他	五六〇	仝
統計	四〇〇三	

(十一)無錫縣內河輪船暫行取締規則

第十二次縣政會議通過

第一條　本規則根據江蘇省內河輪船暫行取締條例訂定之

第二條　本規則以整頓內河航政保障行旅安寧爲宗旨

第三條　各內河小輪應交通部註冊給照向縣建設局領到登記證並經縣政府備案後應遵照核准航線行駛不得在未經指定之狹隘河道私行往來以防激湍冲毀堤岸

第四條　各輪應遵海關向章限制不得載重過量或機件破壞濫增速態致有危險情事

第五條　各輪開班應確定時間不得或前或後有如兩輪以上在用一航綫內行駛而發生糾紛者得由縣建設局代為規定時間以資遵守而免糾紛

第六條　各輪拖帶船隻大船以三隻為限小船不得過四隻

第七條　各輪所售票價不得故意抬高亦不得跌價競爭多攬乘客以免擁擠而滋危險

第八條　如有違犯江蘇省內河輪船取締條例及本規則之規定者得由建設局呈明縣政府取銷其航行權

第九條　本規則自縣政會議通過後施行

(十二)無錫縣內河輪船登記暫行規程

第十二次縣政會議通過

第一條　本縣為發展交通保護航輪起見特訂本規程以資遵守

第二條　凡本縣內河各輪船公司在境內行駛航輪者無論舊有新設均須向縣建設局呈驗部照聲請登記領取登記證

第三條　各輪船公司於聲請登記時應備具聲請書並備載左列各項

一、公司名稱

二、公司所在地

三、經理或負責代表之姓名

四、船名

五、噸數

六、輪船長廣及吃水尺寸

七、機器馬力及行駛速率

八、航綫圖

九、碼頭起訖及經過處

十、輪船購置或租賃及其價值

十一、輪船建造年月日造船廠名及地點

十二、註冊之年月日

十三、交通部執照號數

十四、管船員之姓名履歷

第四條　各輪船公司向縣建設局聲請登記後由局按照請書內所列各項派員查明屬實呈請縣政府核准備案由縣政府佈告保護並令知建設局發給登記證

第五條　每輪收取登記費二元作登記證印刷費用登記證式另定之

第六條　凡已經開行之各輪應於本章程頒布後一個月內聲請登記倘逾期不聲請者一律不准開行

第七條　各輪船公司如有添開新輪須先行聲請登記領取登記證方准行駛倘公司內部改組物權移轉須另行登記其停止營業者並須將舊證繳銷

第八條　凡違背本章程之規定者由縣建設局呈請縣政府制止開駛或勒令停業

第九條　本規程自縣政會議通過後施行

（十三）無錫縣征收內河小輪治河經費施行細則

第一條　本細則根據江蘇省征收內河小輪治河經費規則第十七條訂定之

第二條　凡全部或一部在本縣境內長川行駛或定期行駛之各種輪船無論客班貨均應按照省頒規則繳納治河經費

第三條　征收治河經費之方法分左列兩種

（一）直接征收　按照省頒規則第五條之規定執行之

（二）按月認繳　按照省頒規則第六條之規定執行之

第四條　直接征收之各輪船公司須先期將票簿陸續送由建設局蓋用圖章其未蓋圖章之輪票於開始征收日起不得再行售出其本邑境內各鄉鎮之分售票處亦須同日換售蓋用圖章之新票各公司均應聽候建設局隨時派員查驗

第五條　直接征收之治河經費各公司須按旬繳納其期不得超過次旬之第五日繳納時須將已售出之票根簿繳驗以便核對必要時建設局得派員調查其他簿據

第六條　按月認繳之各公司於呈請時須將上年各月份收數開列清單並將足資征明之循環簿或日記賬一併附呈以便核對

第七條　認繳各公司須按所認之數預繳兩個月為保證金由建設局掣給收據為憑以後按月至月底繳納認定額數若公司解散或停止者准將保證金發還

第八條　各公司如有僞造賬目短報票價或搭售不蓋局章之輪票以及其他情弊者查出後除責令照繳外並呈報縣政府處理

第九條　短欠捐款在一個月以上或抗不交納者依照省頒規則第十五條之規定禁止其開行

第十條　本邑治河經費定於十九年一月一日起開始征收

第十一條　本細則自呈奉江蘇省建設廳核准施行

電政

（一）交通部辦無錫電報局概況

(a)成立年月　前清光緒十二年

(d)局址　以前在竹場巷後于民國元年遷至通匯橋堍

(c)局內組織系統

- 局長
  - 司事——雜役
  - 業務長
    - 報務員
    - 話務員
    - 線工
    - 信差

(d)局內職工人數

局長一人　業務長一人　司事二人　報務員十人　差役六人

線工三人

(e)歷任局長姓名

吳晉之　蔣筱庵　賈效伯　嚴開第　吳鵬俊　劉德銓　項謙

(f)電報價目

等別	本省每字 華文	本省每字 洋文	別省每字 華文	別省每字 洋文	備考
特等	無	無	無	無	交通部通令停止
一等	五分		五分		
二等	不記費	不記費	不記費	不記費	局中因公發電
三等	三角	六角	三角	六角	
四等	一角	二角	一角	二角	
新聞	二分五厘		二分五厘		

(g)收發電報時間

幹線二十四小時　支線十八小時

(h)收發電報機件

機件名稱	製造廠	備註

英爾斯機	上海交通部電機製造廠	由交通部核發
分線機	仝右	仝右
擋雷機	仝右	仝右

(i)平均每年收發電報統計

等別	收電件數	發電件數
特等	無	無
一等	四〇〇	三〇〇
二等	五、〇〇〇	三、六〇〇
三等	一二〇	一〇〇
四等	六、〇〇〇	六、〇〇〇
新開	無	無

(備註) 此係約數

(j)平均每年報費收入

等別	報費收入	等別	報費收入
特等	無	一等	約八百元
二等	無	三等	約四百元
四等	約七千元	新開	無
總計	約八千二百元		

(k)平均每年支出

每年支出約壹萬二千元

(二)無錫電報局附設長途電話處概況

(a)成立年月　民國十五年五月

(b)組織系統

局長—司事—雜役
局長—業務長—班長—話務員

(c)通話城名及通話時間收費價目

通話城名	直接通抑由他城轉接	每日通話時間	收費價目(每五分鐘計算)
南京	直達	平均每日約五小時	九角五分
鎮江	仝右	平均每日約二小時	六角五分
常州	仝右	平均每日約六小時	三角
蘇州	仝右	平均每日約六小時	三角
常熟	蘇州局轉	合併在右	五角五分
上海	直達	平均每日約十二小時	七角
上海租界	上海局轉	合併在右	七角五分
南翔	上海局轉	合併在右	七角五分
吳淞	上海局轉	合併在右	八角

(d)電話機件

機件名稱	製造廠	備註

交換機	西門子廠	由交通部核發
電話機	仝右	仝右
擋雷機	仝右	仝右

(e)通話次數統計

通路城名	來話次數	時間總計	去話次數	時間總計	備註
南京	一千次	每次五分鐘	一千二百次	每次五分鐘	此係約數
鎮江	一千二百次	仝上	九百六十次	仝上	仝上
常州	四千次	仝上	四千次	仝上	仝上
蘇州	四千五百次	仝上	四千次	仝上	仝上
常熟	二百四十次	仝上	一百次	仝上	仝上
上海租界	五千次	仝上	八千次	仝上	仝上
上海	一千四百次	仝上	一千次	仝上	仝上
南翔 吳淞	二十次	仝上	二十次	仝上	仝上

(f)職工人數

班長一人　話務員五人　司事一人　差役二人

(g)每月平均收入

約九百五十元

(h)每月平均支出

約五百五十元

(i)將來擴充計畫

京滬長途電話。自民國十五年創辦以來。因業務發達。故迭經加掛話線。現在共計話線三對。以一對開放京滬直達。以兩對供沿途各局通話。但鎮江常州無錫蘇州等處。均係繁要之區。而又通話獨多。致上海電話雖經交通部規定通話時間。但因限於線路。故各局每小時所佔通話時間。為時甚促。即以無錫一地而言。發話者絡繹不絕。大有供不應求之概。故將來之擴充。祇有加多線路。則錫地交通自可益臻完善矣。

（三）無錫電話公司概況

(a)創設年月　前清宣統三年七月

(b)公司地址　無錫北門內興隆橋

(c)現有股本　四拾萬元

(d)公司組織及其系統

股東會—董事會董事長—經理

副經理

工程師

書記　稽查　收支課　交換課　營業課　技工課　材料課　庶務

(e)經理及副經理姓名　楊仞千

(f)局內機件之設置

機件名稱	數量	製造廠	每單位價值	購置年月	備註
交換總機及附屬內部機械全副	一千四百號城鄉用戶之額	中國電氣公司	每額用戶單位約值洋百數十元	民國十三年及十八年份	民國十八年前備一千另五十號用戶額

(g)城區電話號數　約九百五十戶

(h)城區電桿里數　約八十里

(i)城區電線（一對）里數　約四千里

(j)鄉區電話統計裝

裝設電話之村鎮名	已裝電話號數	距公司里數	備註
（一）徐巷（連大濱口在內）	叁	一四・〇	表內所填距公司里數係指天然位置之絕對直線距離非指線路距離或道路距離
（二）榮巷（連陸井在內）	九	一〇・〇	
（三）河埒口	叁	六・〇	
（四）鐵橋	弍	一一・〇	
（五）北七房	壹	二八・〇	
（六）前洲	壹	二四・〇	
（七）堰橋	壹	二一・五	
（八）陳家橋	壹	一一・五	
（九）尤家坦	壹	一三・〇	

(十)寺頭	壹	一一•五
(十一)胡家渡	壹	一七•〇
(十二)張村	壹	一四•五
(十三)石塘灣	叁	一七•五
(十四)長安橋	貳	一九•〇
(十五)洛社	四	二一•〇
(十六)劉潭橋	壹	七•五
(十七)江溪橋	壹	一〇•五
(十八)東亭	五	一二•〇
(十九)南橋	五	一〇•〇
(二十)周新鎮	四	一三•五
(二十一)玉祁	叁	三一•五
(二十二)禮社	壹	三二•〇
(二十三)秦巷	壹	一六•〇
(二十四)羅頭渚	壹	一六•〇
(二十五)八士橋	壹	一九•五
(二十六)張涇橋	貳	二八•〇
(二十七)板橋	壹	一九•〇
(二十八)楊亭	壹	一七•〇
(二十九)黃泥頭(長源橋)	貳	五•〇
(三十)仙蠡墩	壹	五•〇

(k)城區報裝辦法

凡欲裝用城區電話者。須將名稱職業地址詳細開單。送交本公司掛號。並先付定洋二十六元。裝費洋十五元。當隨時掣付收條。由本公司編入號目。再行派人裝置。

(l)每機每月所納經常費

城區者每月五元。鄉區者每月五元五角至八元五角。

(m)職工人數

職別	人數	每月薪工
總經理	一	七十元
副經理	一	六十元
工程師	一	七十元
營業課	三	自三十八元至六十元
交換課	四十	自十四元至五十元
技工課	四	自三十元至四十二元
收支課	四	自三十四元至五十五元
材料課	四	自二十六元至四十五元
稽查	一	三十六元

庶務	一	三十四元
書記	一	三十元
機工	八	自十元至四十七元
線工	二十三	自十元至四十三元

(n)每月平均收入　五千四百餘元(連長途轉線費在內)

(o)每月平均支出　叁千貳百四十七元(股息在外)

(p)歷年盈虧　本公司自本屆添機增股歷年實用資本已達三十八萬餘元。收支相抵。如發官利八厘。則每年尚須虧洋陸千餘元之數。現於本年股東會議決停發官利。所餘之數照章須提公積及抵補特別工程逾額材料之不敷。

(q)歷年沿革　本公司創始於前清宣統三年七月。交換機爲磁石式。民國十三年呈准北京交通部增加資本。改爲共電式。十七年續請國民政府交通部立案。十八年又報部增加資本。擴充容量。仍爲共電式。

無錫縣建設四鄉長途電話計劃書

查本省各縣建設局組織條例第三條。關於市鄉電話規定爲建設局之職掌。負有計畫進行之責。前次建設行政會議經一致議決。各縣四鄉電話由各該縣建設局負責籌劃。經費以官民合資爲原則。現奉廳令。此案已呈奉省政府第一七九次會議通過。並令飭本局詳查呈覆。査本縣城區及近城工商業較盛之各鎮市。早經由商辦公司創設電話。惟離城稍遠工商業較遜者。均付缺如。現在四鄉盜匪充斥。警力不充。呼應不靈。刼掠焚殺。時有所聞。如能裝置電話。消息靈通。地方如有警耗。得以立時報告警區。迅赴事機。即平時城鄉聲氣互通。物價之漲落。政令之傳遞。便利居民。實非淺鮮。惟照本縣情形。將來與商辦公司應如何規畫。庶彼此互接。手續簡便。自宜詳加考量者也。茲先就四鄉已裝電話各鎮未裝各鎮之需要狀況。加以調查。作通盤之籌劃。規定綫路。分組說明如后。四鄉已裝電話。調查。據查現在四鄉所裝之電話。因距公司較遠。除照城區繳納裝費外。視其遠近由各該裝戶担任桿線裝置費之一部。經調查列表如下。

已裝電話之鎮市	裝機數	路綫經過之鎮市	綫長	本地津貼裝置經費
東亭	五		十一里	不詳
江溪橋	一	東亭	十五里	又
楊亭	一	東亭	十八里半	又
八士橋	一	東亭楊亭	二十五里	又
板橋	一	東亭楊亭	二十一里	又
張涇橋	二	東亭楊亭板橋興塘鎮	三十三里	又
劉潭橋毛巷街	一	南塘頭	七里半	二百四十六元

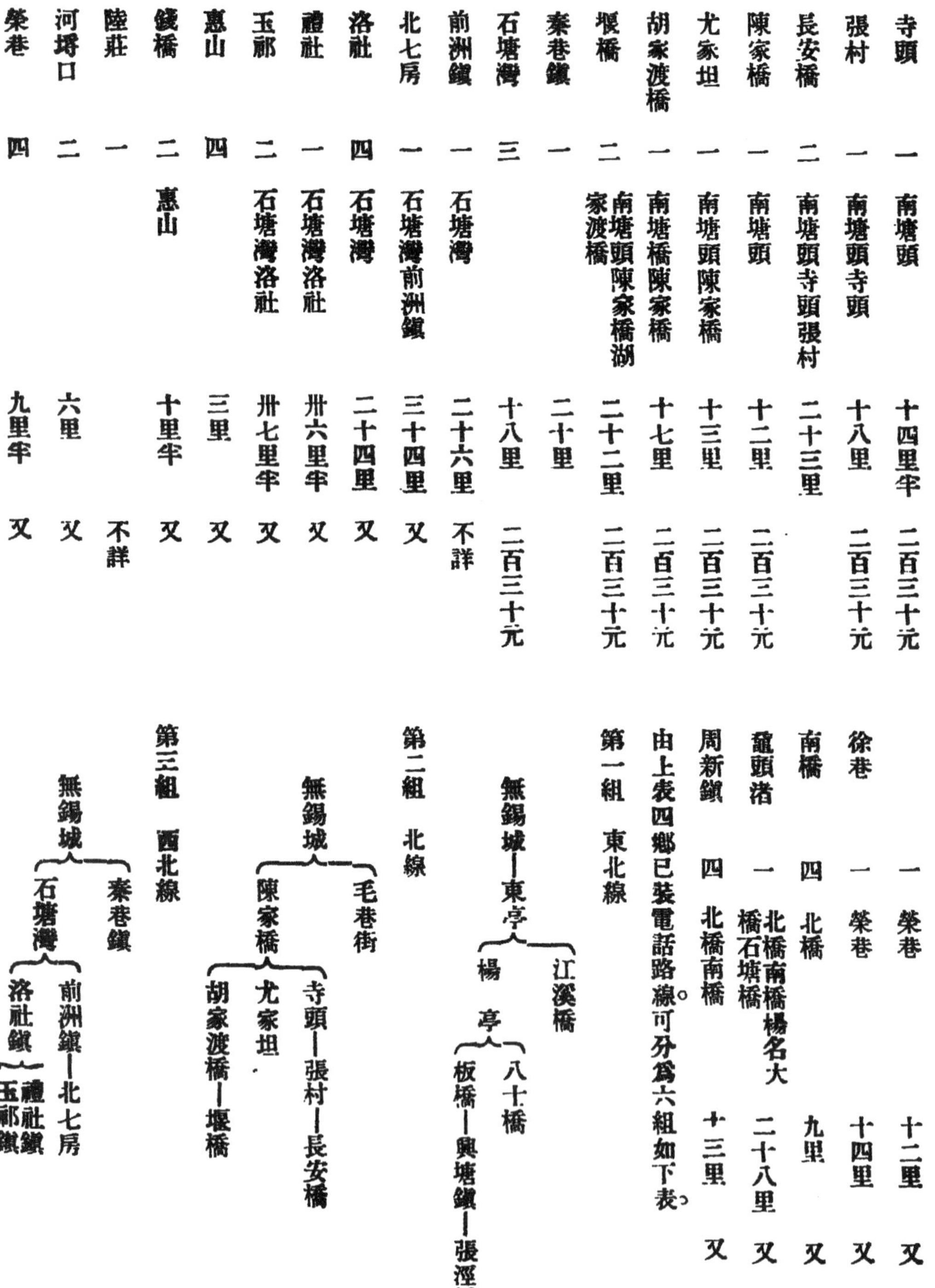

寺頭	一	南塘頭	十四里半	二百三十元
張村	一	南塘頭寺頭	十八里	二百三十元
長安橋	二	南塘頭寺頭張村	二十三里	
陳家橋	一	南塘頭	十二里	二百三十元
尤家坦	一	南塘頭陳家橋	十三里	二百三十元
胡家渡橋	一	南塘橋陳家橋	十七里	二百三十元
堰橋	二	南塘頭陳家橋湖家渡橋	二十二里	二百三十元
秦巷鎮	一		二十里	
石塘灣	三		十八里	二百三十元
前洲鎮	一	石塘灣	二十六里	不詳
北七房	一	石塘灣前洲鎮	三十四里	又
洛社	四	石塘灣	二十四里	又
禮社	一	石塘灣洛社	卅六里半	又
玉祁	二	石塘灣洛社	卅七里半	又
惠山	四		三里	又
錢橋	二	惠山	十里半	又
陸莊	一			不詳
河埒口	二		六里	又
榮巷	四		九里半	又
	一	榮巷	十二里	又
徐巷	一	榮巷	十四里	又
南橋	四	北橋	九里	又
黿頭渚	一	北橋南橋楊名大橋石塘橋	二十八里	又
周新鎮	四	北橋南橋	十三里	又

由上表四鄉已裝電話路線可分爲六組如下表。

第一組　東北線

無錫城—東亭
- 江溪橋
- 楊亭
  - 八士橋
  - 板橋—興塘鎮—張涇橋

第二組　北線

無錫城
- 毛巷街
- 陳家橋
  - 寺頭—張村—長安橋
  - 尤家坦
  - 胡家渡橋—堰橋

第三組　西北線

無錫城
- 秦巷鎮
- 石塘灣
  - 前洲鎮—北七房
  - 洛社鎮
    - 禮社鎮
    - 玉祁鎮

第四組　西線

無錫城—惠山鎮—錢橋

第五組　西南線

- 無錫城
  - 河埒口
  - 榮巷鎮
    - 梅園
    - 徐巷鎮

第六組　南線

- 無錫城—北橋—中橋—南橋—揚名大橋
  - 石塘灩渚
  - 周新鎮

第一組　東北綫

- 縣城—東亭
  - 楊亭
    - 八士橋—東房橋
    - 板橋—興塘—張涇橋
      - 寨門
      - 黃土塘—張繆舍—陳墅
      - 東湖塘
        - 蠡圖—港下—王莊
        - 嚴家橋
  - 石埭橋—安鎮—蠡橋
    - 潘墅
    - 羊尖（可與常熟長途綫銜接）
  - 梅村
    - 西倉—后橋
    - 茅塘橋—鴻聲里—蕩口鎮—甘露鎮
  - 北坊前
  - 江溪橋

路線計畫系統表　四鄉應裝電話各鎮市。就各區地勢。並參照已裝電話路線。為節省桿木。便於裝置計。將上列已成綫六組。加以擴張。並於東南沿運河各鎮另設一組。共分全縣電話為七組。茲將其統系列表如左。

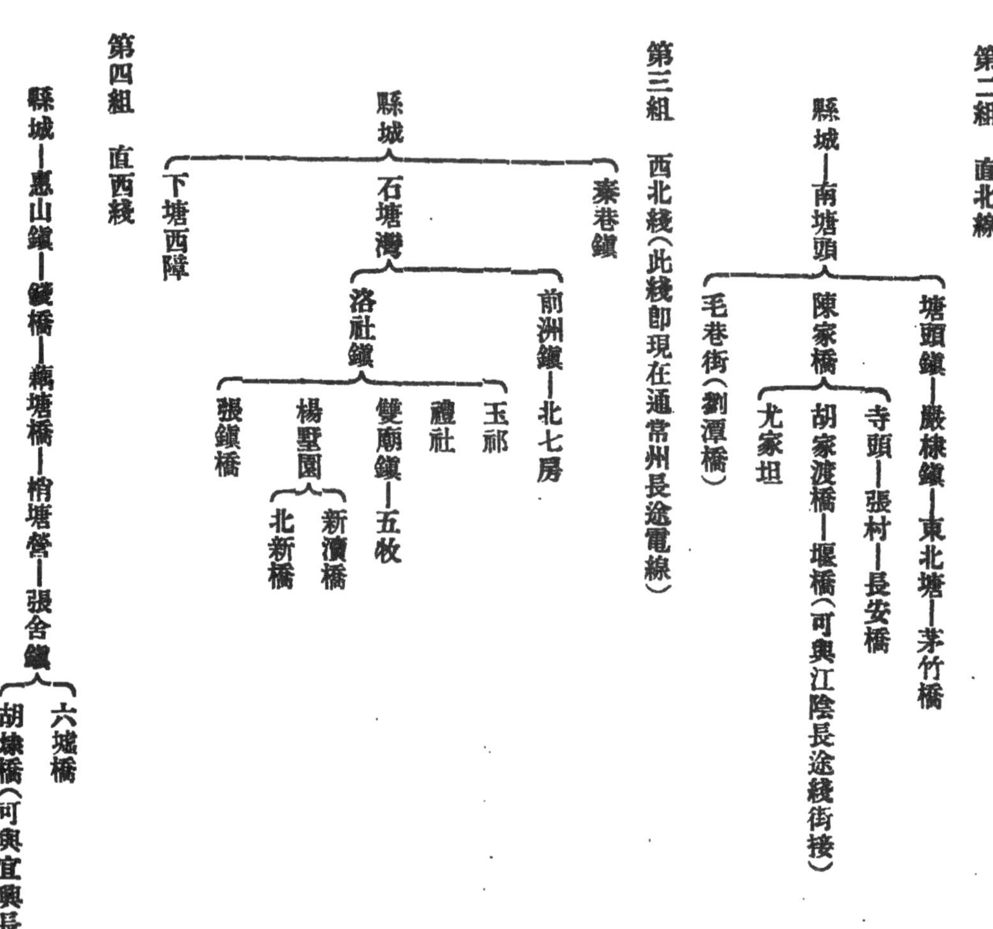
第二組　直北線
縣城
南塘頭
塘頭鎮—嚴棣鎮—東北塘—茅竹橋
陳家橋
寺頭—張村—長安橋
胡家渡橋—堰橋（可與江陰長途綫銜接）
尤家坦
毛巷街（劉潭橋）
第三組　西北綫（此綫即現在通常州長途電線）
縣城
秦巷鎮
石塘灣
前洲鎮—北七房
洛社鎮
玉祁
禮社
雙廟鎮—五牧
楊墅園
新瀆橋
北新橋
張鎮橋
下塘西障
第四組　直西綫
縣城—惠山鎮—錢橋—藕塘橋—梢塘營—張舍鎮
六城橋
胡埭橋（可與宜興長途綫銜接）

第五組　西南線

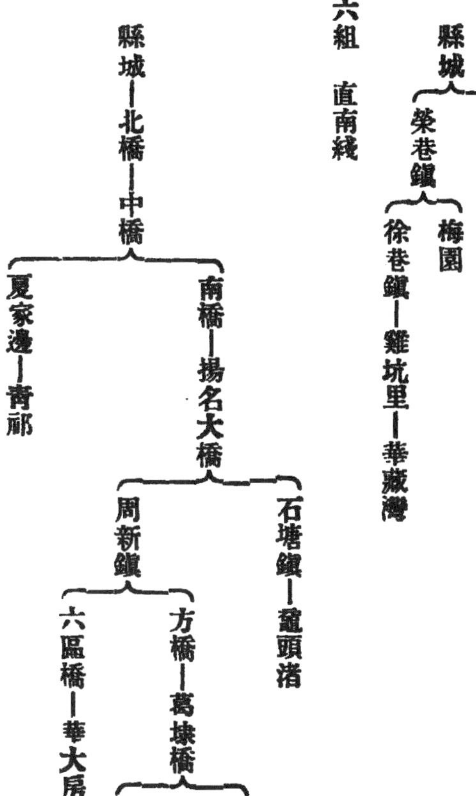

第七組　東南綫

縣城—下甸橋—周涇巷—新安鎮—大牆門口
后石鎮—方橋鎮
雙板橋鎮

裝接計畫

每鎮須裝電話機之多寡。應考查各鎮區域之大小商業之盛衰。與夫人口之多寡爲衡。現考查各鎮情形。規定大鎮裝置二機。小鎮裝置一機。參照上列七組系統表。每組須裝電話機約在十數以上。電話設置辦法可分爲二。第一、所有各鎮市電話線均直接通至縣城。第二、每組擇中心適宜之一處或二處設置一交換處。其餘各鎮市之電綫均通至此交換處。由此交換處轉接與縣城通話。此二法相比較。後法可節省電線建築費。因可節省。惟多一轉接。通話少便。且轉接處又須雇用接綫生。經常開支增加不少。茲照前法列表預算如后。

材料　電桿用梢徑四寸二十五尺長之西木。每桿相距一百五十尺。每里用桿十二支。每枝連運費裝置費等以六元計。每里須銀七十二元。外加撑木及木樁等每里共以八十元計。電綫用十四號鉛綫。連扁担、磁碗、拉線、紮綫、地氣綫、工費等。以二十元計、電話機採用分池式。每具約價四十元。

裝置預算表

第一組　東北綫

鎮名	擬裝電話機數	距城里數	電話線長里數(一對)	須植電桿里數	裝置經費預算(以元為單位) 綫	木桿	電話機	共計	備註
八士橋	一	二五	二五		五〇〇元		四〇元	五四〇元	該鎮已經裝設一具將來祇需添裝一具
東房橋	一	三一	三一	六	六二〇	四八〇	四〇	一一四〇	由八士橋起添裝電桿六里
興塘鎮	一	二六	二六		五二〇		四〇	五六〇	張涇橋已裝電話具路線經過該鎮故無須零植木桿
寨門	一	三九	三九	六	七八〇	四八〇	四〇	一三〇〇	電桿自張涇橋至該鎮需添植六里
黃土塘	一	四四·五	四四·五	五·五	八九〇	四四〇	四〇	一三七〇	電桿由寨門至該鎮需添裝五里半
陳墅	一	五三	五三	八·五	一〇六〇	六八〇	四〇	一七八〇	電桿由黃土塘至該鎮添裝八里半
東湖塘	一	四一·五	四一·五	八·五	八三〇	六八〇	四〇	一五五〇	由張涇橋分出至該鎮預添植電話八里半
嚴家橋	二	五一	一〇二	九·五	二〇四〇	七六〇	八〇	二八八〇	由東湖塘接至該鎮須添植電桿九里半
蠡澗	一	四八	四八	六·五	九六〇	五二〇	四〇	一五二〇	由東湖塘接至該鎮須添植電桿六里半
港下	一	五四	五四	六	一〇八〇	四八〇	四〇	一六〇〇	由蠡澗接至該鎮須添植電桿六里
王莊	一	五九·五	五九·五	五·五	一一九〇	四四〇	四〇	一六七〇	由港下接至該鎮須添裝電桿五里半

石埭橋	一	二一	二一	一〇	四二〇	八〇〇	四〇	一二六〇	由東亭接植電桿至該鎮計十里
安鎮	二	二九	五八	八	一一六〇	六四〇	八〇	一八八〇	由石埭橋接植電桿至該鎮計八里
羊尖	二	四四	八八	一五	一七六〇	一二〇〇	八〇	三〇四〇	由安鎮接植綫桿經蕩橋至該鎮計十五里
潘墅	一	四二	四二	四	八四〇	三二〇	四〇	一二〇〇	由蕩橋接植電桿至該鎮計四里
梅村	一	二三・五	二三・五	三・五	四七〇	一〇〇〇	四〇	一五一〇	由東亭接植電桿至該鎮計十二里半
西倉	一	二九・五	二九・五	六	五九〇	四八	四〇	一一一〇	由梅村接植電桿至該鎮計六里
后橋	一	三六・五	三六・五	七	七三〇	五六〇	四〇	一三三〇	由西倉接植電桿至該鎮計七里
茅塘橋	一	二九	二九	五・五	五八〇	四四〇	四〇	一〇六〇	由梅村接植電桿至該鎮計五里半
鴻聲里	一	三五・五	三五・五	六・五	七一〇	五二〇	四〇	一二七〇	由茅塘橋接植電桿至該鎮計六里半
蕩口	二	四四・五	八九	九	一七八〇	七二〇	八〇	二五八〇	由鴻聲里接植電至該鎮九里
甘露	二	五〇・五	一〇一	六	二〇二〇	四八〇	八〇	二五八〇	由蕩口接植電桿至該鎮計六里
北坊前	一	一九	一九	三・五	三八〇	二八〇	四〇	七〇〇	由東亭至梅村之間接植電桿至該鎮計三里半
共數	二八	八七六・五	一〇五五・五	一五五	三九一〇	一三四〇〇	一二二〇	三五四三〇	

上第一組自城經東亭楊亭等至張涇橋計三十三里。再自楊亭至八士橋計六里半。共三十九里半電桿上列預算。擬借用現有商辦之電桿。惟該項電桿既細又短。將來線多量重。能否擔任。須先考量。如須重植。上列預算須添加三十九里半之電桿費預算銀三一六〇元。

第二組　直北線

鎮名	擬裝電話只數	距城里數	線長里數(一對)	須植電桿里數	裝置經費預算(元) 綫	木桿	電話機	共計	備註
塘頭	一	八	八	〇・五	一六〇元	四〇元	四〇元	二四〇元	電桿借用現有商辦至堰橋綫之電桿
嚴埭	一	一〇・五	一〇・五	二・五	二一〇	二〇〇	四〇	四五〇	由塘頭接至該鎮須添植電桿二里半
東北塘	一	一四・五	一四・五	四	二九〇	三二〇	四〇	六五〇	由嚴埭接至該鎮須添植電桿四里
茅竹塘	一	一六・五	一六・五	二	三三〇	一六〇	四〇	五三〇	由東北塘接至該鎮須添植電桿二里
共計	四	四九・五	四九・五	九	九九〇	七二〇	一六〇	一八七〇	

上第二組自城至塘頭一段。計七里半。擬利用現有商辦之電桿木如須另植。估計須銀六百元。連上一八七〇元。共估銀二四七〇元。

第三組　西北綫

鎮名	擬裝電話只數	距城里數	線長里數(一對)	須植電桿里數	裝置經費預算(元) 綫	木桿	電話機	共計	備註
下塘西漳	一	一六	一六	一	三二〇元	八〇元	四〇元	四四〇元	十五里電桿擬借用現有城至洛社電話桿
雙廟鎮	一	三一	三一	七	六二〇	五六〇	四〇	一二二〇	由城至洛社借用現有電桿木
楊墅園	二	三三・五	六七	九・五	一三四〇	七六〇	八〇	二一八〇	由洛社接裝自城至洛社一段二十四里借用現有電桿
北新橋	一	三七・五	三七・五	四	七五〇	三二〇	四〇	一一一〇	由楊墅園接裝
新瀆橋	一	三九・五	三九・五	六	七九〇	四八〇	四〇	一三一〇	由楊墅園接裝
張鎮橋	一	二九	二九	五	五八〇	四〇〇	四〇	一〇二〇	由洛社接裝

共計	七	一八六·五	一二一〇	三一·五	四四〇〇	三六〇〇	二八〇	七二八〇	

上第三組自城至洛社一段二十四里須用電桿擬利用現有者。如需另植。估計銀須一九二〇元。連上七二八〇元。共需銀九二〇〇元。

第四組 直西綫

鎮名	擬裝電話隻數	距城里數	綫長里數(一對)	須植電桿里數	裝置經費預算(元) 綫	木桿	電話機	共數	備註
藕塘橋	一	二〇	二〇	八·五	四〇〇元	六八〇元	四〇元	一一二〇元	自城至錢橋一段計七里半已有電桿擬借用自錢橋至該鎮計八里半
梢塘營	一	二四	二四	四	四八〇	三二〇	四〇	八四〇	由藕塘橋接裝電桿至該鎮計四里
張舍鎮	一	三〇	三〇	六	六〇〇	四八〇	四〇	一一二〇	由梢塘營接裝電桿至該鎮計六里
胡埭橋	一	三五	三五	五	七〇〇	四〇〇	四〇	一一四〇	由張舍鎮接裝電桿至該鎮處五里
六城橋	一	三八	三八	八	七六〇	六四〇	四〇	一四四〇	由張舍鎮接裝電桿至該鎮計八里
共計	五	一四七	一四七	三一·五	二九四〇	二五二〇	二〇〇	五六六〇	

上第四組自城至錢橋一段計十一里半。電桿木擬利用現有者。如將來另植木桿須加銀九二〇元。共需銀六五八〇元。

第五組 西南綫

鎮名	擬裝電話隻數	距城里數	綫長里數(一對)	須植電桿里數	裝置經費預算(元) 綫	木桿	電話機	共數	備註
雞坑里	一	一八	一八	四	三六〇元	三二〇元	四〇元	七二〇元	自城至徐巷鎮一段計十四里已有電話桿可借用自徐巷鎮至雞坑里計四里

鎮名	擬裝電話優數	距城里數	綫長里數(一對)	須植電桿里數	裝置經費預算(元) 綫	木桿	電話機	共數	備註
華藏灣	一	二二	二二	四	四四〇	三二〇	四〇	八〇〇	自雞坑里接裝至該鎮計四里
共計	二	四〇	四〇	八	八〇〇	六四〇	八〇	一五二〇	

上第五組雞坑里華藏灣二處。雖非鎮市。惟地處山麓。面臨大湖。風景優勝。將來沿湖建築公路（自開原路接築。現已通行黃包車）交通便捷。非惟遊覽者踵接。即邑中士紳以及名流要人。亦必爭臨是土。建築別墅。以爲遊息之所。將來繁盛。定可預卜。故兩處計畫各裝電話一具。

第六組　直南綫

鎮名	擬裝電話優數	距城里數	綫長里數(一對)	須植電桿里數	裝置經費預算(元)				備註
					綫	木桿	電話機	共數	
中橋	一	七	七		一四〇元	元	四〇元	一八〇元	由城通黿頭渚等處電話線經過該鎮故電桿可借用
夏家邊	一	一〇	一〇	三	二〇〇	二四〇	四〇	四八〇	由中橋接裝電桿至該鎮計三里
青祁	一	一二	一二	二	二四〇	一六〇	四〇	四四〇	由夏家邊接植電桿至該鎮計二里
戶橋	一	一九•五	一九•五		三九〇		四〇	四三〇	由城通黿頭渚電話路綫經過該鎮故電桿可借用
方橋	一	一八	一八	四•五	三六〇	三六〇	四〇	七六〇	自周新鎮接裝電桿至該鎮計四里半周新鎮至城已有電桿故可借用
葛埭橋	一	二五•五	二五•五	七•五	五一〇	六〇〇	四〇	一一五〇	自方橋接植電桿至該鎮計七里半
周潭橋	一	三〇•五	三〇•五	五	六一〇	四〇〇	四〇	一〇五〇	由葛埭橋接植電桿至該鎮計五里
南方泉	一	二九•五	二九•五	四	五九〇	三二〇	四〇	九五〇	由葛埭橋接植電桿至該鎮計四里

吳塘門	一	三七	三七	七•五	七四〇	六〇〇	四〇	一三八〇	由南方泉接植電桿至該鎮計七里半
許舍	一	二七	二七	三	五四〇	二四〇	四〇	八二〇	由葛埭橋北面接植電桿至該鎮計三里
六區橋	一	二一	二一	七•五	四二〇	六〇〇	四〇	一〇六〇	由周新鎮接植電桿至該鎮計七里半
華大房莊	一	二四•五	二四•五	三•五	四九〇	二八〇	四〇	八一〇	由六區橋接植電桿至該鎮計三里半
共計	一二	二六一•五	二六一•五	四七•五	五二三〇	三八〇〇	四八〇	九五一〇	

上第六組自城至周新鎮計一三•五里。自揚名大橋至石塘鎮計七•五里。共二十一里。電桿木擬利用現有者。如須另立。估計須銀一六八〇元。

第七組　直東綫

鎮名	擬裝電話隻數	距城里數	線長里數(一對)	須植電桿里數	置經費預算(元)				備註
					線	木桿	電話機	共數	
下甸橋	一	一〇	一〇	一〇	二〇〇元	八〇〇元	一〇四〇元	一〇四元	
周涇巷	一	一四•五	一四•五	四•五	二九〇	三六〇	四〇	六九〇	由下甸橋接植電桿至該鎮計四里半
新安鎮	一	二一	二一	六•五	四二〇	五二〇	四〇	九八〇	由周涇巷接植電桿至該鎮計六里半
大墻門口	一	三〇	三〇	九	六〇〇	七二〇	四〇	一三六〇	由新安鎮接植電桿至該鎮計九里
后宅	一	三九•五	三九•五	九•五	七九〇	七六〇	四〇	一五九〇	由大墻門口接植電桿至該鎮計九里
方橋	一	四六•五	四六•五	七	九三〇	五六〇	四〇	一五三〇	由后宅接植電桿至該鎮計七里
雙板橋	一	三六•五	三六•五	一•五	七三〇	一二〇	四〇	八九〇	由大墻門口接植電桿至該鎮計一里半

共計	七	一九八	一九八	四八	三九六〇	兲四〇	二八〇	八〇八〇

上列七組除已裝電話各鎮（見已裝電話調查表）不計外。全縣電話大小各鎮計五十九處。電話機六十五具。線長二千〇十一里半。電桿木除現有不計外。須添植三百三十一里半。共預算除總局交換機不計外。約預算裝置費銀六萬九千三百五十元。如現有電桿一律不用。須加植電桿一百零三里半。預算銀八千二百八十元。共須銀七萬七千六百三十元。惟原有電桿大都祇掛一二綫。極爲細小。將來擴充綫路。非添換桿木或加鉛管方可。姑再添列二成。計一萬五千五百十元。連前共計需銀九萬三千零六十元。

上列預算。爲數頗鉅。籌措非易。爲經濟計。每鎮概裝電話機一具。每組擇適宜地點設一交換機。以資節省電綫。茲再分二表。預算如下。

減裝電話機節省經費預算表

鎮名	減裝電話機數	距城里數	節省經費	備註
八士橋	一	二五	五四〇元	該鎮已裝電話一具如爲節省計故可不裝
嚴家橋	一	五一	〇六〇	該鎮原擬裝兩只今改裝一只
安鎮	一	二九	六二〇	同右
羊尖	一	四四	九二〇	同右
蕩口	一	四四．五	九三〇	同右
甘露	一	五〇．五	一〇五〇	同右
楊墅園	一	三三．五	七一〇	同右
共計	七	二七七．五	五八三〇	

轉接裝置節省經費預算表

組別	設置交換機處	交換機至城距離	可省路線對數	可省路線里數	節省經費	備註

第一	張涇橋	三三	六	一九八	三九六〇元	陳墅黃土塘寨門王莊鑫澗東湖塘嚴家橋七鎮各裝機一具通至張涇橋至城裝綫兩對專爲上列七鎮轉接之用
第一	安鎮	二九	二	五八	一一六〇	羊尖潘墅兩鎮各裝電話一具至安鎮由此線接與城相通話
第一	梅村	二三•五	五	一一七•五	二三五〇	后橋西倉茅塘橋鴻聲里蕩口甘露六鎮各裝電話一具通至梅村梅村至城裝綫兩對專爲轉線之用
第三	洛社	二四	四	九六	一九二〇	雙廟北新橋楊墅園新瀆橋張鎮橋五鎮各裝電話一具通時洛社洛社至城轉綫一對專爲上五鎮轉接之用
第四	藕塘橋	二〇	四	八〇	一六〇〇	梢塘營張舍胡埭橋六區橋四鎮如各裝電話一具通至藕塘橋由此至城轉線一對爲轉接之用
第六	周新鎮	一三	六	七八	一五六〇	方橋許舍葛埭橋南方前吳塘門周鐵橋六區橋華大房莊八鎮各裝電話一具通至周新鎮由此城話線兩對專爲轉列八鎮裝話之用
第七	新安鎮	二一	四	八四	一六八〇	大墻門口后宅雙板橋方橋四鎮各裝電話一具面至新安鎮由此至城裝線一對爲轉話之用
共計		一六三•五	三一	七一一•五	一四二三〇	

照上列預算。共可節省銀二〇〇六〇元。則全縣電話裝置費。除城局交換機不計外。共需銀四九二九〇元。另加添換舊電桿暨裝管等費二成。合共九八五八元。總計需銀五九一四八元。

經費籌措電話可以靈通消息。於商業治安。均有利益。四鄉民衆。均認此爲建設中最要而最易之舉。故年來由私人與城內電話局商訂裝置者踵起。爲本縣電話局爲商辦。離城較遠之鎮市。因桿綫裝置費鉅大。都有意而未見諸實行。今由官民合作經營。如就裝設電話鎮市之商店募集投資者。定必踴躍。再加市鄉行政局局長之提倡。揆諸人情。衡諸時勢。本縣民股當可得三萬元。祇須省電話局再撥三四萬。便可集事。不特便利四鄉。抑且通及鄰縣。無論行政公安商業各方面。胥受其益矣。

郵政

（一）無錫郵政局概況

（a）本邑總局地址　無錫光復門外光復路

（b）創設年月　前清光緒廿七年（西歷一九〇一年）八月二十八日

（c）組織系統

局長一人
- 封發處
  - 平信差
  - 郵差
  - 苦力
- 掛號處
- 快信處—快信差
- 匯票處
- 包裹處
- 帳務處
- 文案處

(d)沿革　前清光緒廿七年八月二十八日設立二等局。後於民國七年四月一日改升爲一等局。

(e)歷任局長姓名錄

姓名	到任年月	卸任年月	備註
屠家驊	民國拾四年四月九日	民國拾四年九月卅日	
章潤蒼	民國拾四年九月卅月		現任

(f)職工人數(附支局)

職別	人數	備註
局長	一	
職員	二一	第一支局二、第二支局一、第三支局二
信差	二八	第一支局二、第二支局一
郵差	七	第二支局一
苦力	五	
雜役	一	
聽差	二	第三支局一

(g)郵運方法

(一)滬寧路各地郵件及各該地轉口郵件由火車運遞。

(一)江陰、宜興、溧陽郵件及其轉口郵件由開往各該地之小輪運遞。

(一)四鄉村鎮各地郵件。或由航船運遞。或由跑差遞送。或由汽船運遞。

(h)支局地址　第一支局　寺後門　第二支局　跨塘橋　第三支局　江陰巷

(i)代辦所在地　東亭　八字橋　洛社　羊尖　張涇橋　嚴家橋　顧山　陳墅　長涇　華墅　長壽　陸家橋　安鎮　南橋　后塍　濟橋　禮社　雪堰橋　堰橋　周新鎮　陳家橋　瓠岱橋　北周莊　寨門　大徐巷　胡埭　新安鎮　華大房莊　方橋　南方泉　張舍　陸區橋

戴溪橋　寺頭　張村　錢橋　藕塘橋　北渚　后暘方前　梅村　長安橋　北瀾　查家橋　新瀆橋　周橋　河埒口　許寺　黃土塘　石塘　祝塘　南雙廟　陸店橋　張鎮橋　南新橋　西塘墅　西暘橋　分水墩　周潭鎮　鎮頭橋　江溪橋　楊亭　會龍橋　潘家橋　東北塘　稍塘橋　周涇橋　塘頭　葛埭橋　東湖塘　王莊　楊鐵巷　楊墅園　板橋（以上共七十三處）

(j)郊外信櫃

門村　茅塘橋　高明橋　石埭橋　蠡橋　北新橋　葑莊　郁家橋　東萊鎮　新莊港　社岡　鄉華　東橋房（以上共十三處）

(k)歷年發出郵件統計

類別	十四年	十五年	十六年	十七年	十八年
郵片發出	一〇七·七四一	一一〇·八七三	八五·八四八	八九·六〇一	九八·九三三
平信發出	二一〇·四九七	二二五·七五五	一六四·五三七	一八八·一六六	一九四·九三五
掛號信發出	四五·一〇五	四五·三八一	四四·一四四	五六·七三四	六一·五四五
雙掛號發出	四·七七五	四·二四三	三·八七二	四·三八八	四·五七九
快信發出	六八·四四三	七三·四七二	六八·三二二	八三·七六五	八六·〇〇九

(二)無錫民信局一覽表

局名	地址	成立年月	通信區域	收費規則	運送方法
寶順	北大街(天四圖)	同治初年	江浙兩省	至吳縣武進每信收錢六十文至上海常熟溧陽等地每信八十文至浙江省每信八十文	脚划船
永和	仝	仝	仝		仝
仝盛	笆斗弄	仝	仝	仝	仝
通順	北大街	光緒初年	仝	仝	仝
鴻源	仝	仝	仝	仝	仝
正大	笆斗弄	仝	仝	仝	仝

航空

(一)無錫航空

1.航空團體之組織　民國十七年六月組織中國航空同志會無錫分會。會長楊蹄嚴。副會長萬伯英。會員約百餘人。會址附設前無錫市行政局。後改設縣商會內。現已無形解散。無人負責。詳情無從查悉。

2.飛機站之組織　同年該分會曾呈請總會收買南門外京滬鐵路附近禾田二百餘畝作為停機場。惟苦無的款。遂以中止。本年十月間。蓉滬航空管理處曾有將前實業中學操場作為停機場之議。嗣經派員實地勘察。以不適用而止。將來仍盼其能設分站於本邑。以增進吾錫人士交通運輸上之便利也。

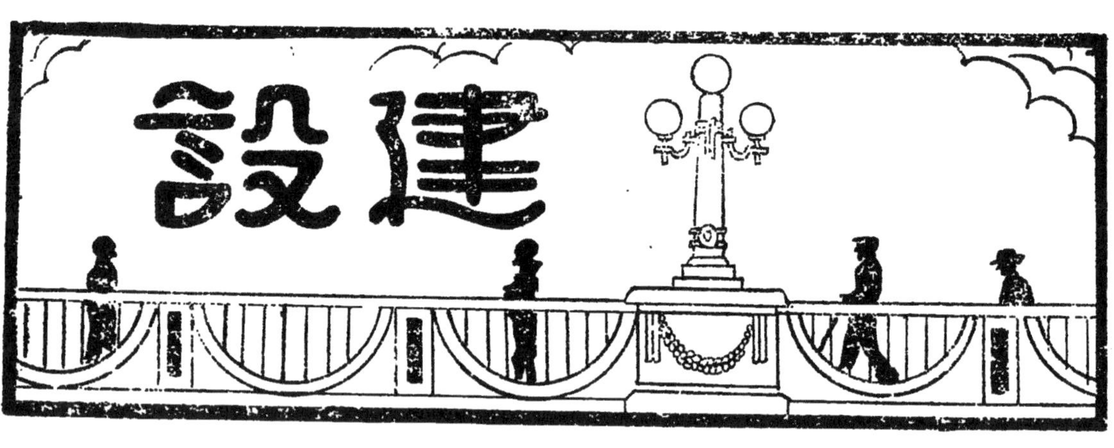

道路建設

（一）無錫縣道路建設之現狀

物質建設。首重交通。交通之於國家。猶血脈之於人身。交通靈便。則實業興盛。國家富强。血脈通暢。則精神振足。身體健全。交通之方法繁多。道路實推首要。道路者。文明之母。財富之源也。試觀歐美各國。道路縱橫。密如蛛網。文化實業之進展。幾有一日千里之勢。我國路政不修。交通遲緩。民智日漸低落。經濟竭蹶萬狀。先總理有鑑於此。手創三民主義。於民生主義中衣食住三端之外。復加之以行。際茲訓政開始。道路建設。刻不容緩。故本邑建設局自民國十六年十月成立以來。卽以興築公路爲前提。考察社會需要。斟酌地方形勢。詳細計畫。分爲省道縣道。塡列表格。具呈　建設廳。已奉核准。現方依照計畫。次第進行。冀於最短期間。由計畫而成爲事實。至鄉村道路。亦已通知區公所。會同建設指導員。着手擬訂。限期送局。通盤計議。復派員調查已成各路。以資參考。而便整理。茲分別說明於後。

一　已成公路　本邑原有道路。大半由地方或私人籌資興修。計畫既不甚周詳。工程亦未盡合原理。故已成道路。以數量言。固不可謂少。以品質言。殊難令人滿意。就中除開原幹綫及通惠二路。勉强可駛行汽車。以便乘客外。其餘則僅可通行人力車。以代步耳。已成公路之調查。已詳交通欄。茲不復贅。

二　全邑擬築之省縣道　全邑擬築之道路有九。省道凡二。縣道凡七。共計長約三百四十里。就中除錫澄公路南段已於本年春開工興築。完成在卽外。宜常路之宜錫段。錫常段及東廿綫三路。卽將於本年冬季。遵照　廳頒徵工築路暫行條例實施細則。切實建築。其他各路。亦擬分別緩急。積極進行。茲將各路名稱起訖地點及里程長短列表如左。

無錫縣應築省縣道路綫表

路名	地點	終點	經過地點	約計里數	類別	備註
宜常路宜錫段	無錫	武進界	榮巷鎮徐巷鎮楊灣	三三	省道	西經武進南鄉之分水墩可通宜興縣城
宜常路錫常段	仝	常熟界	東亭鎮查家橋安鎮	四〇	仝	東超常熟之糠塘而至常熟縣城
武錫路	仝	武進界	會龍橋鎮洛社鎮	四二	縣道	沿滬寧鐵路西北行經橫林戚墅堰通武進
澄錫路	仝	江陰界	塘頭鎮胡家渡堰橋	三一	仝	此路南接宜常省道北達江陰接鎮滬省道 由此渡江可達靖江
東廿路	東亭	廿露	梅村鴻聲里蕩口	四二	仝	西北銜接宜常省道錫常段
錫顧路	無錫	顧山鎮	張涇橋陳堰鎮	四九	仝	南通宜常省道東行可至常熟之西塘橋鹿苑等
蘇錫路	仝	吳縣界	新安鎮	二〇	仝	沿滬寧鐵路而東經望亭通吳縣
后綮路	吳縣界	江陰界	查家橋張涇橋	四〇	仝	北通江陰之祝塘鎮南通望亭車站
分暘路	江陰界	武進界	堰橋前洲鎮洛社鎮新瀆橋	四二	仝	南連宜常路之分水墩北至江陰之祝塘鎮 西北可至青暘鎮
總計	省	道	七十三里	縣	道	二百六十六里

三　興築中之錫澄公路南段　先總理於民國元年巡閱江陰要塞時。首先倡議建築錫澄公路。良以此路北通長江。南接京滬鐵路。本路完成以後。將來江北靖如通泰如一帶旅客之往來。商貨之運輸。悉以此路為樞紐。交通繁盛。自在意中。惟當時人民對於道路之利益。尚無深切之研究。未能遂行。民國七年秋。澄錫兩邑人士。雖有一度之提議。終以籌款無方而擱置。十二年冬省當局因念此路之重要。委派澄人鄭立三。邑人華藝三為籌備主任。負責進行。無如費鉅款絀。遂形停頓。至十四年春。無錫兵災善後局成立。兩邑士紳唐文治。祝廷華。以澄錫遭江浙兵燹之後。地方原氣大傷。呈請省方撥給賑款。經韓前省長核准。撥銀十二萬元。為是路工賑經費。並令促籌備處華鄭二主任。即日規畫。乃於四月二十三日在錫開澄錫省道工賑籌備進行會。即將路綫預測圖及經費概算書。呈送省署核示。於五月初推梅成章及李繼會實測。至九月下旬測竣。計全路長

七十一里又三六。估計約需洋三十八萬元。乃以時局不寧。軍事未定。撥款僅屬空言。實施遂致無期。嗣後國府定都南京。建設局成立。局長姚滌新。即以建築錫澄公路爲已任。積極規畫。頗具熱心。復荷廳縣兩長之贊助。民衆團體之宣傳。於十七年十月呈准建設廳舉辦測量。爲設計及估價之張本。十一月由局長率領技術員黃德純工務員嚴鍾英組織測量隊。出發勘測。至十二月中旬。即行竣事。復經局長督同技術員黃德純夏寅治擬具計畫。編造預算。工務員嚴鍾英繪製圖說。於本年二月呈廳核准。三月由技術員夏寅治工務員嚴鍾英依據圖說。釘立中心樁。爲實行施工之預備。並擬訂細則。招工承包。籌備既竣。即商承孫縣長道始。於四月三日在通惠路北柵口舉行開工典禮。於是十數年來兩邑人士熱烈盼望而議屢輟之錫澄公路。竟於是日起開始建築。至其他關於路綫所經村鎮。工程計畫等。分別說明於後。

甲、路綫　本路連絡澄錫兩縣。澄段位於北。曰北段。錫段位於南。曰南段。南段起無錫市通惠路之北柵口。靠梨花莊塘南橋之西。沿塘河至南塘頭之沈巷。再過落霞橋。經王家宕鍾巷之間。至西漳之陳家橋之東。穿陳巷費巷之間。過張塘河至胡古渡橋之北。經楊巷之東。西高山之西。達堰橋之張中丞廟。折至丁塔里。過丁塔橋。至界涇圩。沿圩岸直達錫澄交界之界涇河爲止。全段長一四．五四八公里。約合二十五華里。

乙、工程計畫

A路基　去冬十一月測量時。河內水位。大約爲最小中水位。標高約爲三公尺。(以黃浦零點爲準)據調查清宣統三年最大洪水位。較測量時水位約高出二公尺。故路面最低處標高定爲五公尺二公寸。俾大水時不致淹沒路基。妨礙交通。慎掘處側坡則俱爲一與一之比。蓋因本段填土甚多。而掘土甚少。所填之土。自兩旁農田掘取。較一與一．五之側坡相較。實可節省收用土地費及土方費不少。

B路寬　公路闊度。業經建設廳頒佈規定。省道爲九公尺(合英尺二十九尺六．三寸)縣道爲七公尺(合英尺二十二尺一一．六寸)本路雖經劃入縣道範圍之內。但預測將來交通需要情形。七公尺似覺不敷。故定爲八公尺(合英尺二十六尺三寸)。

C路面　路面鋪砌材料種類繁多。價值復高低不一。故於採用之前。需調查本地所產築路材料種類價值地方氣候交通運輸及經濟狀況。慎重考慮。何者最爲適用。最爲經濟。方可決定。查本縣境內雖有石山多處。可以開鑿應用。但工資頗昂運費亦鉅。且築路經費支絀心力有餘而力未逮。所幸市內工廠所用機器原動力之材料要以煤爲大宗。燃餘灰燼。藏之等於廢物拋之實屬可惜。若移以鋪蓋路面最爲經濟而相宜。故本路擬暫蓋煤屑一層厚三公寸。闊六公尺。兩旁各留人行道一公尺。其形態係圓弧形。中央高出兩旁三公寸。以便洩水。塡土之處任其流入兩旁之借土溝內。如在掘土之處。則於路旁各開一梯形之明溝。深五公寸。底闊五公寸。

D坡度　本路所經之處。均係農田地勢極爲平坦。茲參酌實測路綫縱斷面圖。規定最大坡度爲百分之三。

E曲綫弧度　圓弧內兩半徑所成之角。其對面弦長爲三十公尺。此角之度數。卽定爲圓弧度數。圓弧最小半徑及反向曲綫間距離。除在鐵市因受建築物等限制外。規定最小半徑爲八十六公尺五公寸(二十度弧之半徑)反向曲綫間最短距離爲五十公尺。

F橋梁　本路選擇各種設備材料。均以堅固耐久者爲原則。所有橋梁悉以鋼骨三和土建築。橋面闊二十呎。高度則視各河水上交通情形。水位之高低。河流之大小而定。活動及衝擊力以能載十五噸重貨車或每平方呎一百三十磅計算。橋分平板及甲板橫梁式兩種設計則參閱美國橋梁專家蓋氏所規定之三和土公路橋梁計畫標準。攷量材料性質。泥土種類。路車損益。力求適合施工地點情形。免貽張冠李戴之譏。橋墩用黃石駁砌水泥沙澆漿。全段橋梁凡十一座。第一、二、八號之橋各長十八呎。三、七號二橋各長三十呎。第四、六號二橋各長十四尺。第五號橋最長七十呎。第九、十、十一、號三橋各長十呎。

G涵洞　路綫所經之池塘水溝。研究水量多寡及地方情形。按設三和土水管數千呎。分別大小以便灌溉排洩而利農田。

丙、建築經費預算　全段建築經費預計約需洋十五萬五千元。平均每華里約需洋六千二百元。計收用土地費佔百分之三·〇五。農作物及房屋遷移費佔三·九。路基費佔一七·七。路面費佔五·六。橋梁涵洞費佔三一·八。紀里石及護欄費佔二·六。工程雜費佔三·五。預備費佔四·四。

丁、施工前之預備

(一)土方工程　路綫圖說呈廳核准後。卽出發施工測量。同時並調查農作物種類及應遷坟墓約數地點。編列號碼。

標插竹籤。以便爲發給遷移費之根據。測量既竣。由局長督率技術課將全段路綫劃爲四小段。（自錫市通惠路北柵口起至高田上爲第一小段。高田上至張塘河爲第二小段。張塘河至堰橋爲第三小段。堰橋至界涇河爲第四小段。）分製縱斷面圖。並估計土方確數。於三月十七日起遍登本邑各報招工標包。第一二小段土方工程二十四日下午當衆開標。由縣政府派員監視。第一小段到投者有常厚記工程處。大華營造廠。孫炳記。朱廣記。義泰營造廠。恆記工程處等六家。第二小段有大華營造廠。王實記。恆記工程處。常厚記工程處等四家。經詳細審查。決定第一小段得標人爲恆記工程處。候補人爲常厚記工程處及孫炳記。第二小段得標人爲恆記工程處。候補人爲常厚記工程處。限於五月二十日以前竣工。第三四小段則於四月十二日起登報招標。十九日下午仍由縣政府派員監視。當衆開標。第三小段到投者有實業建築公司。王仁記。恆記工程處。尤仲記等四家。第四小段有實業建築公司。王仁記。恆記工程處。朱廣生等四家。第三小段以尤仲記一標價目爲最小。第四小段以朱廣生一標價目爲最小。惟查核單價。實超出原預算範圍。不能認爲得標。嗣由該投標人尤仲記朱廣生用書面呈請。以時日漸近農忙。限期過於促促。招工較爲困難。工資不免稍貴。並自願削減包價。請予合併承包。審查結果。認爲尚係實在。即決予合併承包。限於六月十日以前完工。至坟墓棺木。則先期出示佈告。限期遷葬。規定（一）淺厝棺木每具給遷移費洋兩元。深葬坟墓不論棺木多少。每坟給遷葬費洋五元。（二）所給遷移費由各該坟主於遷葬後携帶編號竹籤。報由建設局派員查明屬實。隨發查勘證明書。即邀同公正殷實保人備具收據。向局領取。（三）凡逾限不遷者。由建設局代遷。

（二）涵洞工程　視過水量之多寡。敷設大小涵洞。洞以三和土爲之。預計內徑十二吋者約需二千尺。十八吋者約需一千餘尺。於三月十七日起登報招包。二十日截止。計有常厚記。李興記。信孚公司。崔益記等四家。審查結果。以常厚記包價最低。經驗尚佳。即由其承包。限與各該小段之土方工程同時竣工。

（三）橋樑工程　計劃圖表呈廳核准後。即將十一座橋樑分爲四組。第一組計第一號塘南橋。第二號塘北橋。第三號新木橋。第二組計第四號落霞橋。第五號張塘河橋。第三組計第六號楊樹園河橋。第七號堰橋。第四組計第八號丁埗里橋。第九號恆善閘橋第十號旺涇閘橋第十一號界涇河橋。於十月二十三日遍登本邑各報招工投標。二十八日下午當衆開標。由縣政府派員監視。第一組到投者有李興記。陸祥記。實業建築公司。恆記工程處等四家第二組計有李興記。實業建築公司。陸祥記等三家。第三組計有李興記。陸祥記。實業建築公司等三家。第四組計有李興記。陸祥記。實業建築公司等三家。審查各組標價。均以實業建築公司爲最低。且富有經驗。卽以該公司爲得標人。以恆記工程處爲第一組候補人。其他各組以各工程處與得標人標價相差太大。故未列候補此項工程。限於十九年三月底一律完工。

戊、施工情形

（一）土方及涵洞工程　自承包得人後。卽呈報省廳於四月三日動工。並函請各機關推派代表參加開工典禮。恆記工程處工人五百餘名。卽於是日開始工作。三四小段於五月初旬開工。涵洞亦同時敷設。全路工人約千人。由本局派員分段監督。指揮進行。尚稱順利。因時遇陰雨。故至七月間始行竣工。

（二）橋樑工程　第一二兩組橋樑。於十一月三日開始興築。三四兩組。日內卽可動工。預計十九年三月底完工。

己、未完工程　（一）路面。（二）記里石。（三）護欄。（四）紀念碑。此項工程。俟橋樑竣工時。卽可次第進行。大約至遲本年五月底。全路可以完工。同時當可通車矣。

四　已經釘立中心樁之宜錫路錫常路及東廿路　本邑縣建設局自奉省建設廳規定本縣應築公路。並發下路綫略圖。飭局釘立中心樁。以備徵工興築。當卽先後委派技術員夏寅治。嚴錚英。工務員張冉渠。帶同測伏儀器。釘立宜錫。錫常。東廿三綫中心樁。並擬由省公路局測量隊將宜錫錫常兩省道複測一過。卽將於十九年動工矣。

甲、宜錫路　宜錫路之無錫段。起自宜錫交界之周渡橋。經胡埭。張舍。劉塘橋。井亭。里石和尚山。徐巷鎭梅園接通開原路。稍加修改。經桑巷河埒口惠山而至通惠路。全長約二十一公里。東通錫常省道。西可直達宜興。十八年六月建設局派技術員夏寅治。工務員張冉渠。將周渡橋至石和尚山一段中心樁測釘完竣。復於八月再派技術員嚴錚英。工務員徐傳烈。將其餘自石和尚山至惠山之一段釘立中心樁。計須建橋樑十三座。該路寬度。擬定九公尺。平均填高一•四公尺。兩旁斜坡為一・五與一之比。路基左右各留步道一公尺。土方總數約為三六六三四〇立方公尺。合一二九三五四方。

乙、錫常路　西起無錫縣城經東亭鴨城橋。查家橋。安鎮。至錫虞交界之羊尖鎮。全長約二十六公里。西接宜錫省道。東貫常熟境內。與宜錫路同為宜常交通之捷徑。本年九月縣建設局派技術員嚴鋪英帶同伕役將全路中心椿釘立。橋樑約有十八座。路基之堆築。與宜錫路同。茲不贅述。

丙、東甘路　起自錫常路之東亭鎮附近。經梅村。茅塘橋。鴻聲里。蕩口而達甘露。為錫境東南鄉交通要道。十八年六月。建設局派技術員夏寅治工務員張冉渠釘立該路中心椿。計橋十八座。全長二十三公里許。擬於十九年徵工興築。路寬八公尺。土方總數約為三三六五三二立方公尺。合一一八八二九方。

五　未經測量之應築公路

甲、錫顧路　起自錫澄路堰頭埧附近。經東北塘八士橋。張涇橋。黃土塘。陳墅而達澄錫虞三縣交界之顧山鎮。北可通江陰。東可達常熟。為本縣東北鄉交通之中樞。全長約四十九華里。

乙、蘇錫路　自縣城沿京滬鐵路而東。經新安鎮而達吳縣界。全長約二十里。

丙、武錫路　沿京滬路西北行。經會龍橋。洛社鎮。而達武進界。全長約四十二華里。

丁、后宅路　南起吳縣界之望亭。北通江陰界之祝塘。經查家橋及張涇橋。縱貫錫境。全長約四十里。

戊、分暘路　西起宜興界之分水墩。經新瀆橋。洛社鎮。前洲鎮。至堰橋鎮。跨錫澄路而至江陰之祝塘鎮。全長約四十二華里。

(二)無錫市道路建設計劃

市政籌備處工務科

一　原有街道之現狀

錫市自光復以來。工商業之發達。大有一日千里之勢。是以人口增加。交通日繁。內有車輛運輸。外與鐵道相連絡。惟街巷狹隘。路線迂迴。頗呈擁擠紊亂之現象。查本市原有街道。約分三種。其建築材料。寬度及造價列如下表。

名稱			寬度	建築材料	價格	備註
原有街道	磚街	街邊	左右各三尺或一二尺	亂磚舖砌	每方工料約三元八角	
		街道	四尺至六尺	足六磚直砌	每方工料約十一元	繁盛處人力車禁止通行通行處擁擠不堪
		陰溝	約十二寸高八寸闊	亂磚砌方磚蓋	每丈工料約二元二角	多淤塞不通
	石片路	人行道	約三尺	側石用三、四、五、金山石面用石片舖砌	每方工料約十一元	因太狹已失其原旨
		車道	十五尺至三十尺	石片舖砌	每方工料約三元六角	
		陰溝	十二寸對徑	水泥瓦筒	每丈工料約五元	該項陰溝無底脚且多不全
	煤屑路	人行道	無	無	無	
		車道	二十尺至四十尺	面舖煤屑	每方工料約八角	
		陰溝	十四寸高十二寸闊	亂磚砌步石蓋	每丈工料約三元五角	該陰溝係橫溝每距四丈一條

表中磚街一項。現在城中各街道多屬之。城中最熱鬧最繁盛之街道。如北門通南門之大街及東西大街。爲城中南北東西之孔道。皆因寬度太隘。行人擁擠。致車輛不能通行。每遇節日或火警。益形紊亂。即徒步通行。亦非常艱難。陰溝多用亂磚砌蓋。淤塞之處甚多。大雨過後。積水盈街。與現在交通原則。實有天壤之差也。

石片路之最闊者。自車站至崇安寺一段。爲自車站通城中之要道。車道約三十尺。人行道約三尺。人行道因寬度既狹。與平日不切實取締。已失其原旨。兩旁店舖將櫃擡雜物等任意侵佔。行人車輛雜亂往來。路面因素不整理。崎嶇不平。總之錫市原有之街道。寬度及建築。在往昔似甚適用。今後工商事業。不再發展則已。我無錫市之人口。不再增加則已。但視現今之趨勢。工商事業日益發達。人口增多。每年逾萬。街道之整理。實刻不容緩矣。

二 整理街道系統及辦法

錫市原有街道之現狀。既如上述。自應加以切實整理。大加擴充。狹小者。拓寬之。需要者。新闢之。然工程浩大。經費無所籌措。民情習慣。一時轉移匪易。依目下之現狀。與今後之趨勢。定整理之方法如下。

(一)規定道路系統及寬度。道路系統之良否。直接影響於交通。如電桿電線之架設。水道溝渠之設置。以及各種公用設備。於交通上皆有莫大之關係焉。又如陵邱之起伏。川澤之交流。尤當因地制宜。規劃周詳。本市道路系統擬定如下。

甲、屬於舊城區者。爲方格子式。將北門通南門之大街。及東西大街定爲十字形甲等幹路。寬度十二公尺。(一公尺約合英尺三呎三吋)兩傍復定井字形之乙等幹路。寬九公尺。爲城中南北東西交通之中樞。

乙、屬於城外者。將城牆築爲環形馬路。寬十二公尺。根據該路再作同心圓式之第二第三第四之環形馬路。向外發展。四周復依據現在之城區爲中心。作放射綫式。接連縣道與省道。成爲一便利之交通網。茲將重要道路名稱及寬度列表如下。

(A)工業運輸大道。寬十八公尺。

工業運輸道爲本市最寬闊之大道。所以副本市工業都市之需要而設。擬貫穿本市東北新區。即以聯絡工業區商業區。以便輸送貨物於鐵路及運河。爲各工廠生熟貨物出入必經之路。車道寬十三公尺。使同時可並行汽車六輛。即備將來於道中於劃分輕便鐵道。電車道之外。尤能馳行運貨車以完成工業區之設施。人行道寬各二公尺半。並可植樹以資點綴。

(B)風景大道　寬十八公尺

在西鄉風景區內。沿太湖應設風景道。道內分車道人行道兩種。鋪填草地。樹植花木。道傍建設山莊新村以及店舖旅舍。另擇沿河餘地。開闢花園。游泳池。游船場。以資點綴湖山。而使行旅遊息。此外并可募建各種紀念建築物。以助觀瞻。

(C)第一公園道　寬十五公尺

公園路爲補充公園之不足。以資市民遊憩暢懷之大道。查現在本市公園。祇有三處。而幅員不廣。且失聯絡。亟求補充之方法。先開公園道。并擬定車道寬闊十公尺。道之中央。樹立電燈柱一列。柱式燈樣。用最新直線墩。以壯觀瞻。而便交通。兩傍人行道各寬二公尺半。道邊各植樹一排。揀選樹木。富有庇陰。而易於栽植者。相距約五公尺。以期綠蔭夾道。對峙成爲美化之大道。

第二公園道　另行規定

(D)甲等幹路　寬十二公尺

(A)第一環形路(環城馬路)環城四周內外城脚。均照城牆外綫向兩旁各讓六公尺。

(B)公園支道。通勤路廣勤路。直達于胥樂園。西門新馬路。經迎

龍橋。開原路。經梅園。到萬頃堂。跨塘橋下塘，經保安寺街。到

古蹟公園。西新路。經夾城裏。到城南公園。

(C)城內十字形路

(一)二下塘稅務前。鳳光橋直街。大市橋街。倉橋直街。打鐵橋直街。

(二)駁岸上。觀前街。寺巷。東大街，西大街。

(D)城外放射形路

北大街。北塘街，大三里橋。北長街。南長街，日暉橋街。南塘直街。熙春街。亭子橋直街。

梁溪路。圖書館路。

(E)乙等幹路　寬九公尺

(A)第二環形路　自東門亭子橋。經長坟上，興隆橋。羊腰灣路。跨運河。過黃泥橋，金鈎橋沿河。至南新橋。小鹽場。西新橋。過河。經迎龍橋。沿河直達興龍橋。丁港里。擺渡口。江尖。張成街。歷蔡家弄大河池。沿過四堡橋。荷葉村。經亮坦橋。大有棧沿河。至工運橋。廟埄橋。直達亭子橋。

(B)城內井字形路

三下塘。斜橋直街。盛巷。學佛路。堰橋直街。毛竹橋巷。周巷。駐聽橋街。黃石街，西河頭。縣前街。小河上。大河上。新街巷。七尺

渡，前西溪直街，

(C)城外

前社橋路，江陰巷。後祁街。顧橋直街。梁溪路。外黃泥橋。北大街。前太平巷。南新路，寶善橋。北沿河。吳橋。西沿河，廟巷。南倉門。北倉門。小三里橋直街。通濟路。業勤路。麗華路。槐古橋路。顧橋港。惠山鎮大街。搭塘下。帶鈎橋直街。伯瀆港。中正路。東新路。交際路。萬全路。廣勤路。第一二三四支路。

(二)整理辦法

(甲)逐步拓寬　查本處每月統計。市民呈報建築。約四五百起，內中在幹路上者。約四五十起。故自新路綫及寬度規定後。凡市民呈報建築者。多應照規定之路綫寬度讓進。蓋一能省去日後整個拓寬時。可不再更動。二能在無形之中。逐漸完成全路。查錫市現有建築。多係木造。預計在二三十年內。皆可依規定之寬度。拓寬也。

(乙)分期整個拓寬或新闢

茲擬定一期所費時間。約一年。視財力之多寡。而規定每年之工作。再由工作中視靦實上之緩急。規定拓寬街道之名稱，今將第一二三期之分配摘錄如下。

第一期路工　甲、第一環形路（卽環城馬路）

乙、南北幹路(即直貫城廂之南北馬路)

丙、公園道(由城廂貫通公園之要道)

丁、公園支路(由大倉至萬頃堂)

第二期路工　甲、東西幹路

乙、公園道及支道

丙、運輸道

丁、風景道

第三期路工　甲、第二環形路

乙、公園道及支道

丙、運輸道

丁、風景道

茲第一期路工已着手進行分班測量逐段繪製圖樣各路之長度。工程費及收用土地拆屋遷移費等列表如下。

甲、第一環形路　寬十二公尺

地點	長度	工程費	拆屋遷移土地收用費約計	設計
光復門至老北門	四九〇公尺	七〇〇〇元	八〇〇〇元	完成
老北門至西成門	九九〇公尺	一六五〇〇元	一五〇〇〇元	完成
西成門至南門	二一〇〇公尺	三五〇〇〇元	五〇〇〇元	測量中
南門至東門	一四五〇公尺	二四〇〇〇元	四〇〇〇元	測量中
東門至光復門	六三〇公尺	一〇五〇〇元	一〇〇〇〇元	測量中
合計	五六六〇公尺	九三〇〇〇元	四二〇〇〇元	

乙、南北幹路　寬十二公尺

地點	長度	工程費	拆屋遷移土地收用等費約計
吳橋至老北門	八九〇公尺	一五〇〇〇元	四五〇〇〇元
老北門至大市橋	四一〇公尺	六八〇〇元	二〇〇〇〇元

地點	長度	工程費	拆屋遷移土地收用等費	設計
大市橋至南門	六〇〇公尺	一〇〇〇〇元	一八〇〇〇元	
南門至清明橋	六三〇公尺	一〇五〇〇元	二〇〇〇〇元	
合計	二五三〇公尺	四二三〇〇元	一〇三〇〇〇元	

丙、公園道　寬十五公尺

地點	長度	工程費	拆屋遷移土地收用等費	設計
崇安寺至西成門	六五〇公尺	一三〇〇〇元	八〇〇〇元	完成
西成門至大倉	二五〇公尺	五〇〇〇元	二五〇〇元	完成
大倉至興隆橋	二四〇公尺	四八〇〇元	二〇〇〇元	測量中
興隆橋至錫山脚	四〇〇公尺	八〇〇〇元	二五〇〇元	測量中
惠山公園道	六〇〇公尺	一二〇〇〇元	一〇〇〇元	完成
合計	二一四〇公尺	四二八〇〇元	一六〇〇〇元	

丁、公園支道　寬度十二公尺

地點	長度	工程費	拆屋遷移土地收用等費	設計
大倉至小木橋	七八〇公尺	一三〇〇〇元	四〇〇〇元	已成
小木橋至梅園	七四〇〇公尺			已有路而一塊
梅園至萬頃堂	一八〇〇公尺	三〇〇〇〇元	三〇〇〇元	測量中
合計	九九八〇公尺	四三〇〇〇元	七〇〇〇元	

總觀上列各表之統計。第一期路工。總支額爲五十萬元。內拆屋遷移及土地收用等費爲大宗。占二十餘萬之多。此本處對於收用民產。特加優渥。以體恤民艱之厚意也。對於收入。則有拆下城垣之磚石料。約值二十萬元。填成裏城河基地。約五十畝。價值十萬元。人行

道。建築費之一部分。應由市民分担之。可收回工程費約十萬元。共計收入至少有三十萬以上。故第一期（卽一年內）所須籌集者。不過二十萬元。以十二月分配集款。月不過一萬六千元。按照省廳頒發之本處組織條例。可以發行市公債。以促成建設。則籌款更易。此外如徵收新捐。整理舊稅。每月亦可徵集數千元。收之盈餘。故此項分期實施拓寬街道辦法。爲最有把握之事業。卽徵收新稅。與發行公債。一時不能實現。則此二十萬之築路費。於其他方法。尙不至無法籌集。例如添放人力車一項。亦可收入二萬多元。公共汽車事業。公用事業等。均有集款之方法。總之。事在人爲。祗要有計劃。有方法。與有人才耳。

三　構造法

道路之構造方法。隨科學之進步而日繁。普通所用者。有柏油路。石塊路。砂石路。石片路。及煤屑路之分。而歐西各國。又有玻璃路。橡皮路等之特殊構造。本處開拓道路。務求實用。以財力及需要爲標準。不敢有所侈望。而耗費有用之民財。拓寬各道路時。因須開掘路身。按置溝渠。致路身鬆動。幾越月後。卽有陷落低窪之處。三數年後。路身方能堅實。故最初之築路法。應先築簡易而合用之車道。如石片路等。俟路身堅實後。再行重築路基。上舖優等路面。以利車行。茲決定構造法如下。

甲、車道　車道之構造。則以舊路面掘起。用土照規定高低。塡平壓實。後上蓋四寸厚煤屑。上舖砌蘇州金岩岩片。然後再用大滾路機滾實。

乙、溝渠　于車道下中心處。敷設十八吋對徑混擬土水管之總溝。每一百尺砌陰井一個。又用九吋對徑混擬土水管之掛溝由車道之旁。連接至陰井。

丙、人行道　人行道之構造。與車道交界處。置一二四混擬土。側石平石各一條。以利流水。人行道面較車道高六吋。以一二四三和土爲基礎。厚六吋。其上澆一二四水泥混擬土。厚二吋。再用一二水泥膠漿粉平後。加印花紋。以便人行。

四　各等道路工程預算表

（長三公尺合英尺約一丈爲單位）

名稱	寬度	石片路水泥人行道	柏油路水泥人行道	收用土地費每畝一千元爲標準
運輸道	車道十三公尺 人行道各二•五公尺	六五•〇〇〇元	一六〇•〇〇〇元	九〇•〇〇〇元

風景道	人行道各二•五公尺 草地三公尺 車道十公尺	七〇•〇〇〇元	一四〇•〇〇〇元	九〇•〇〇〇元
公園道	人行道各二•五公尺 車道十公尺	六〇•〇〇〇元	一三〇•〇〇〇元	七〇•〇〇〇元
甲等幹路	人行道各一•五公尺 車道九公尺	五〇•〇〇〇元	一一〇•〇〇〇元	五五•〇〇〇元
乙等幹路	人行道各一•五公尺 車道六公尺	四〇•〇〇〇元	八〇•〇〇〇元	四〇•〇〇〇元
甲等支路	六公尺	二〇•〇〇〇元	六〇•〇〇〇元	三〇•〇〇〇元
乙等支路	四公尺	一五•〇〇〇元	四〇•〇〇〇元	二〇•〇〇〇元

(三)公園道及支路之測量報告

工程實施。以經濟爲原則。欲其計劃精確。則非測量不可。測量之重要。尤貴精密。自不待言矣。道路測量。須先察勘路綫之方向與地形之狀況。及地方交通之情形。市政發展之大勢。審精核詳。然後定施測之法。按察勘已定之路程。以實施之。本處於路政方面。業經規定路線寬度。公佈在案。第一期道路測量。已告完竣。製就圖表者。計公園道及開原支路數段。茲分別縷述之。

一惠山公園道　惠山公園道係貫通通惠路五里街與惠山公園之交通。且以避去惠山鎮市廛之阻塞。路線方向係由通惠路東南越寶善橋而達五里街。所有地形早經前市政局製有平面圖。計長約二千呎。本處繼續施測縱斷面圖。所經多稻田。地平低窪。通惠路面已在高水住之下。全路高低最大相差至八呎之多。故填土需二千二百方。業經製成圖表。並呈奉江蘇省建設廳核准。於十九年二月起雇工填築。土方工程約計一個月可以完成。

一城內公園道　本處規定。光復門至崇安寺爲第一段公園道。崇安寺至西城門爲第二段公園道。此段所經路綫地形紆曲。向爲車輛擁擠之所。狹隘有不能兩車交叉之處甚多。測量時尤感困難。此段施測時。用測鍊支距直量之。測線之方位。用經緯儀定之角。向用方位角 Azimuth（且以避去電流感應之差誤）而以方向角 Bearing 較對之兩條地形。及於支巷。約十公尺測站用六吋長釘以識之。全線長二百五十公尺。業已製就一千分及二百分之一圖表。

城外公園道　公園道所以聯絡各公園之交通。路綫綿長。本處已測量者。爲西城門至大倉全線。計長五百公尺。一千分之一平面圖亦已告成。爲城外公園道第一段。

一開原支路由大倉南向以貫通開原路。西向以貫通五里街。西達通惠路。開原支路業經測量完成幹綫。用測鏈直量之。因地屬曠野。以平板儀施測之。兩傍各測至五十公尺。計長一千公尺。該段均屬田畝。施工時填土較多。一千分之一平面圖業經製成矣。

(三)整理通惠路計劃

市政籌備處工務科

填土一尺四千一百元

石片路面一萬三千四百元

側平石二邊共一萬二千八百元歸業主計算

錫邑運河兩岸。自民國五年由吳子敬先生捐資建築吳橋後。交通頓便。惟當時橋旁馬路尚未興築。車輪馬跡。尚不能由車站直達惠麓。殊爲遺憾。迨至民國七年。邑人榮陸二君。有鑒於斯。首先提倡捐資築路。於是測繪路線。收購地基。是年四月開工。越一年八月而工程完全告竣。共計三千九百公尺。寬十二公尺。全路用地約計七十餘畝。爲本邑偉大工程之一。即今日之通惠路是也。惟當時原定計劃。先填土方。再鋪石片。後因經費竭蹶。填土方後。暫舖煤屑。即行通車。至今已八九年。雖常加修理。惟石片路面迄未能舖砌。故天晴則塵沙撲面。天雨則泥濘難行。客歲冬。由前市行政局將惠農橋至工運路一段。加舖石片路面。闊四十呎。長約計千餘呎。中設十二吋徑水泥瓦筒爲總溝。兩旁設六吋徑水泥瓦洞爲支溝。費洋三千餘元。此段遂免陰雨泥濘之患。惟惠農橋以西仍係煤屑土路。且久經年月。路基漸低。加以未設溝管。一遇天雨。路中積水成潦。夏日霉雨之時。甚且一片汪洋。幾成澤國。是以非積極整理不可。姑就經濟可能之程度。作該路整理計劃之大概。茲分述如後。

一、橋梁　本路橋梁共有五座。除吳橋尺度較寬大外。其餘四座。寬度大約在二十呎左右。且坡度甚大。通行較難。又以橋面工程未週。駁蝕漸多。雖屢經修理。然仍高低不平。不特有損觀瞻。而且不便車行。故目下整理可分二種。

(甲)就節省經費而論。則因陋就簡。將橋境兩旁石片翻起。加填泥土。使坡度減小。橋面駁蝕處。亦可略爲掩沒平均。此四座橋之原有坡度爲八%。現以五%之坡度爲標準。例如下表所列。共約需填土三百餘方。連舖築及翻修石片路費。共約六百元左右。

橋名	橋墕 長度	寬度	高度	填土（每方以八角計）方數	價格	翻修石片路（每方以一元二角計）方數	價格	新砌石片路（每方以三元五角計）方數	價格
惠農橋	原長36呎 現增至90呎	平均30呎	4.5呎	4.5×30×(90−36) / 2×100 = 36.45方（此橋一面橋墕已填高）	29.16元	10.8方	12.96元	16.2方	56.2元
惠工橋	原長50呎 現增至100呎	平均31呎	5呎	5×31×2×(20−50) / 2×100 = 77.5方	62元	15.5方	18.6元	15.5方	54.25元
惠商橋	原長114呎 現增至604呎	平均30呎	8.2呎	8.2×30×2×(164−114) / 2×100 = 123方	98.4元	34.2方	41.04元	15方	25.5元
惠通橋	原長60呎 現增至呎120	平均30呎	6呎	6×30×2×(120−60) / 2×100 = 108方	86.4元	18方	21.6元	18方	63元
總計				344.95方	275.96元	785.5方	94.2元	64.7方	226.45元

(乙)作一勞永逸計。則以拆除另建爲佳，大凡橋樑之寬度最好與路面相等。與河流相交處宜成直角。而此路橋樑均與此原理不合。況目今新市區之建設以吳橋爲中心。該路又成新區幹路。是以橋樑之建築。尤宜雄偉精美。以壯觀瞻。各橋樑之約算。列表如下。總計約需銀四萬元左右。

橋名	河闊	間距	橋面寬度	橋墩	木椿	橋身	橋填土
惠農橋	一四七呎	共計三橋洞中間四〇呎兩旁各三〇呎	車道三四呎兩旁人行道各八呎	兩端金山石砌底脚厚七呎結面五呎高十八呎共計一〇八方約需銀二七〇〇元中間兩墩用鋼骨水泥溝造底脚五呎結面三呎約需洋一〇〇〇元	兩端用七吋經西木椿中心距一•五呎共約三三〇根每根連打五椿工以三•五元計約需洋二三〇元中間用鋼骨水泥椿一呎見方十五呎長共計一九八根每根連打以二〇元計共約需四〇〇〇元	用鋼骨水泥構造約需洋八〇〇〇元	$\frac{2\times90\times50\times45}{2\times100}=$ 202方 每方以七角計約需洋一百五十元
惠工橋	五〇呎	三〇呎	仝上	用金山石砌底脚厚五呎結面三呎高十六呎約計六十四方工料需洋一五〇〇元	用六吋經西木椿中心距一呎半每端用一百三十二根共約用二百七十根每根連打工約二元五角共需洋六百七十五元	構造法同上約需洋三〇〇〇元	$\frac{2\times100\times50\times5}{2\times100}=$ 350方 每方以七角計約需洋一百八十元
惠商橋	七一呎	四〇呎	仝上	用金山石砌底脚厚六呎結面四呎高十五呎計七十五方約需洋一九〇〇元	用六吋經西木椿中心距一呎半共約二百七十二根每根連打椿工以二元五角計約需洋六百八十元	構造法同上約需洋五〇〇〇元	$\frac{164\times8\times2\times50}{2\times100}=$ 656方 每方以七角計約需洋四百六十元
惠通橋	五〇呎	三〇呎	仝上	用金山石砌底脚厚五呎結面三呎高十六呎約計洋一千五百元	仝上用西木椿約需洋六百八十元	構造法同上約需洋三〇〇〇元	$\frac{120\times6\times2\times56}{2\times100}=$ 360方 約需洋二百五十元

合計約需洋37,000元

舖石片塊	總計	備註
$\frac{2\times95\times40}{100}=76$方 每方以三元五角計約需洋二百七十元	約一七四〇〇元	
$\frac{2\times110\times40}{100}=88$方 每方以三元五角計約需洋三百十元	約五八四五元	
$\frac{164\times40\times2}{100}=$ 131方 每方以三元五角計約需洋四百六十元	約八一〇〇元	
$\frac{120\times40\times2}{100}=$ 96方 約需洋三百四十元	約五七七〇元	

上表所列。不過概算而已。將來正式建築。當另具精密之計算。此外所當注意者。則爲吳橋。該橋爲下軌二橋(Through Bridge)。坡度等尙堪適用。惟材料單薄。不勝重載。近雖由本處加以修理。惟祇限於行駛輕載車輛。將來新區發達。交通上決不適用。苟拆除重建。則損失太大。且不合算。故將來對於此橋。或更換堅實平坦之橋面。通行輕載車輛。及行人爲限。另於吳橋西北若干公尺處。建一堅實之新橋。以便通行。重載車輛。使運河兩岸交通更便。將來夾運大道完成。亦可藉此多加聯絡矣。

二、路基　本路建築時。規定闊四十英尺。後因年久失修。土方漸爲風雨消蝕。加以兩旁農田灌溉。路邊塌陷。路面逐日漸狹窄。晚近通行汽車後。交通日繁。路面壓力加增。路基亦因之低陷。天雨積水難行。是以非將該路塡高拓寬不可。玆姑擬全路平均塡高一呎。路兩旁各放寬五呎。將全路分爲五段。除第一段(自通運路起至惠農橋止)之三百三十公尺業已完成路面外。玆將其餘各段分別。估計如下。

第二段　自惠農橋至惠工橋。計長七百八十公尺。計塡土一千二百八十五方。約需銀九百元。

第三段　自惠工橋至惠商橋。計長一千零八十公尺。計塡土一千七百五十方。約需銀一千二百三十元。

第四段　自惠商橋至惠通橋長計一千零二十公尺。計塡土一千六百七十方。約需銀一千一百七十元。

第五段　自惠通橋至惠山鐵計長六百九十公尺。計塡土一千一百三十方。約需銀七百九十元以上。四段總計需塡土五千八百餘方。約需銀四千一百元。

三、溝渠本路最初建築時幷無溝渠之設備。所幸路面初塡路基尚高。遇雨水較多時。悉由兩旁洩瀉。雖路中鮮見積水。而兩旁路邊已漸被冲陷。迨後歷時既久。路面低陷。積水不克外流。聚而成潭。路面浸潤。偶遇重載。立成深轍。路面遂呈今日祇窪之現象。是以非將渠溝亟加整理不可。况該路兩旁將來建築日多。舉凡居戶商店所流出之臭氣穢物。均須處理得宜。否則不特有損路面。且有礙公共衞生也。採用溝渠以前。須先擇定何種制度。按溝渠大概可分爲兩管制與合管制兩種。一則暴風雨水與普通穢水分二溝管流出。一則合併排洩。其分管排洩者暴風雨水可直接流入河道。而普通穢水則流入較小之沉澱池已足。其合管排洩者。則不能直接流入河道。非先排洩於較大之沉澱池不可。二者相較各有其長。惟採用之初。首須調查穢水與雨水數量之多寡。以及附近河道之交通狀况。錫邑河道縱橫。無暴風雨積聚之患。自以採用合管制爲宜。且地濱太湖。水流暢達。普通穢水。又無須經較大沉澱池之設備。逕可流入河道。於工程上。可節省費。茲將大概分述於下。

(甲)總溝管　式爲圓形。內徑十八英寸。厚二英寸。下面底脚闊三呎厚十二呎。用一、二、四灰漿三和土。每丈約計工料洋十四元。

(乙)支溝管　用六吋徑水泥管。底脚一、二、四灰漿三和土。闊一呎半厚六吋。傾斜三十度。使穢水得由邊井流入總陰井。每丈約計工料洋三元。

(丙)總陰井　方形五呎深二呎半見方。四周用八吋磚實砌。內外均塗一、二水泥漿。底脚用五呎見方十吋厚之一、二、四灰漿三和土。上覆二吋厚之水泥三和土。以防污水下滲。溝蓋用一、二、四鋼骨水泥二呎見方三吋厚。上綴鐵圈。以便隨時開閉。出清陰井內之沉澱。每具約計工料洋十六元。

(丁)邊井　十四吋見方。四周實砌五吋墻。內外均塗一比二水泥膠。深三呎。底脚用一、二、四灰漿三和土二呎九吋見方六吋厚。其上覆以二吋厚之一、二、四水泥三和土。井蓋用生鐵製。一呎見方。可隨時啓閉。且不易取下。以免偷竊。每具約計工料洋六元。

(戊)人行道接管　每條連生鐵蓋及底脚三和土等約計洋七八元。由人行道兩傍各業戶之需要者建築之。

由以上估計邊井及總陰井每百呎設置一具。兩旁交互排列。每一百公尺約需銀五百四十元。全路共計三千九百公尺。則全路裝置溝渠費約共需銀二萬一千餘元。

四、路面　本路一端已砌成石片路。自工運路起至惠農橋止。約計千餘呎。自此以西。尚未砌築。查砌築路面之材料頗多。初期道路之建築。要以石片爲最適當。此種路面一則建築時費用較省。且完成後易加修理。一則路基因之日漸堅固。對於將來更換較高等之路面時。便利良多。是以本路路面仍以取材石片爲宜。茲分別設計如下。

(甲)石片路面　先舖三吋厚煤屑。上砌四吋厚石片。每方約計工料洋三元五角。每百公尺約計洋三百四十五元。

(乙)平石側石　人行道側石用一、二、四水泥三和土澆成。長四呎寬六吋厚一呎。下面用下吋厚灰漿三和土做底脚。平石長三呎寬九吋厚三吋。下面灰漿三和土底脚厚九吋。側石平石外面均粉光。俾路面積水不易積聚。每丈約需工料洋五元。

(丙)人行道　底脚用一、二、四三和灰漿土。厚六呎。上覆二吋厚一、二、四水泥三和土。再粉刷二分厚一比二水泥漿。劃成方格。以便步行。闊約計八呎。每連丈底約計工料洋八元。

以上合計路面。連人行道每百公尺約需洋八百九十元。除人行道及石平石側。可由兩旁業戶分認外。全路舖路費用共需洋一萬三千四百餘元。

五、樹木　道路之植樹木既足以增加美觀。又可便利行人。使一望平坦之大道。綠蔭對峙。藉增天然風景。故樹木種類之選擇以及位置之支配。均須於事前有相當之設計。大概一省道兩傍每樹距離二十呎至三十呎。縣道二十五呎至三十五呎。目今省道規劃適經本路。植樹距離茲姑以二十五呎爲標準。全路約須植樹一千餘株。至於樹之種類。就本路情形而論。須吸水性微薄者。方爲適當。且樹根須不致橫生路中。以免妨害路面及溝渠。樹身宜挺直。且容易發育。增加美觀。樹葉宜濃厚或闊大。可多得陰蔽。且此種樹木。植於道路。缺乏保護。尤宜擇樹枝堅韌能禦風雨及蟲類者爲佳。故大都以梧桐一類爲最相宜。民國十四年春。奉軍畢庶澄旅駐錫。曾於本路兩旁栽植桐樹多株。惜當地人士不知愛護。任意摧殘。迄今存者不及十之一二。蓋被兩旁居戶任意擱置笨重鐵器。曬晾衣服。此種情形。雖由於人民缺乏公德觀念。然當地警士亦應負取締之責任也。茲爲節省經費起見。採用本國梧桐。將原有枯萎者更換之。缺少者添補之。全路以一千株計。約需洋四百餘元。

統觀以上橋樑填土溝渠路面樹木等各項預算。整理全路約需銀八萬三千餘元。則各項規模均可粗具矣。惟照目下經濟情形。萬難應付。祗可擇要舉辦。如橋樑一項。祗加修理。不予改建。可省費約四萬元。路旁建築尚少。暫溝渠綫裝置。可省費約二萬餘元。故全路最小限度之整理需銀二萬餘元已足。然道路之良否。雖由於設備之完全與否。然亦視使用者之公德心。與夫管理者之盡職與否為標準。試訊今日之通惠路隨處傾棄穢水。任意拖行笨重車輛。汽車乘客。動輒擠坐八九人。穿行橋樑風行疾馳。似此情形。雖最精緻之橋樑。最完備之路面。亦難於持久。今者本處籌集經費。擬將本路加以整理。現已着手測量。不日將招標興工。所望附近居戶。多加愛護。使吾邑惟一闊大之道路。得日益完善。一望平坦。綠蔭美道。置身其間。心曠神怡。是非特錫人之幸。亦錫市之光也。

(四)無錫市政籌備處拓寬原有街道辦法

十八年八月卅日公布

第一條　本市原有道路應行拓寬時。悉照本辦法處理之。

第二條　本章程內規定之尺度。以公尺計算。

第三條　本市原有道路。分左列各等級拓寬之。

(一)特等路　甲等寬度十八公尺。(工業運輸大道及風景道)

乙等寬度十五公尺。(公園路)

(二)幹路　甲等寬度十二公尺。

乙等寬度九公尺。

(三)支路　甲等寬度六公尺。

乙等寬度四公尺。

(四)絕巷　三公尺。

(五)水衖　二•五公尺。

第四條　其他道路。未經規定寬度。隨時調查規定之。

第五條　凡道路之現有寬度。其有超過本辦法之規定者。應保持其現狀。

第六條　道路寬度。於規定之外。遇道路之交叉口。及房屋參錯不齊之道路。如本處認為必要時。得增加其寬度。

第七條　交叉口之轉角半徑。其規定如下。

(甲)特等路與特等路六公尺。

(乙)特等路與幹路五公尺。

(丙)幹路與幹路四公尺。

(丁)特等路與支路三公尺。

第八條　戲院影戲院工場危險物堆棧及各種公衆集合所。其附近道路之寬度。依照本處取締建築章程規定辦理。

第九條　建築駁岸或碼頭。以高岸為標準。如係翻造。須照原址。凡在幹河上者。應收進〇•五公尺。碼頭無論如何不得僭出駁岸原有駁岸或碼頭之僭出者。祗准拆除收進。不得照原僭之位置修理。

第十條　凡原有道路。不及本處所規定之寬度者。除本處責令拆寬外。於建築房屋時須一律照規定寬度退讓。

第十一條　除特等路及甲等幹路外。凡修理臨街房屋。具有下列二項性質且經本處認為不妨礙路政者得免退讓。

(甲)臨街第一進不添換樑柱不動牆壁不裝斜撐者。

(乙)圍牆及圍牆同性質之物自地面起一公尺以上不動者。

第十二條　本市原有道路由本處分期逐段拓寬。凡在拓寬界綫以內。由本處指定日期。一律拆讓。如有藉故拖延。本處得直接僱工執行。其費用歸業主負擔。

第十三條　原有街巷拓寬尺數。每旁自舊建築綫向後退讓三公尺以上。由本處指令拆讓者。除公地外。由本處依照本辦法十五條辦理。

第十四條　人行道之建築費。由兩傍業主負担。其不領地價及遷移費者。准予免繳。

第十五條　收買土地。遷移房屋。依據內政部土地收用法徵收之。

第十六條　凡業主修理或建造房屋。圍牆。籬笆。駁岸等。須呈由本處派員勘丈。如本處有調查契據之必要時。業主須將契據繳驗。以憑勘查有無侵佔公地等情事。

第十七條　街巷寬度。依規定尺數之半。自本處規定之中心線向左右度之。其未經規定者。暫依現有街心為標準。

第十八條　沿河街道。其下岸房屋不及該街全長三分之一者。寬度自河岸起計算。

第十九條　凡馬路及新築街道兩旁房屋之陰溝管。須與市設總陰溝管連接者。其在公路界內之工作。須呈本處派人施工。工費由房主担任。

第二十條　凡建修臨街房屋。圍牆。籬笆等。違反下列各款者。除令拆讓外。處以十元以上一百元以下之罰鍰。

(一)避匿不報圖免拆讓者。

(二)興工後呈報者。

(三)經本處勘丈標簽後擅自變更標簽位置者。

第二十一條　本辦法呈由主管廳核准施行。

附規定道路等級一覽表

特等路寬十八公尺

一、工業運輸大道。路途特別規定。

二、風景大道。　仝上

公園道寬十五公尺

一、第一公園大道自城中公園經圓通路。光復路。漢昌路。工運路。通惠路。寶善橋。五里街。西門。新馬路。興應道巷。直達公園路。

二、第二公園道。另行規定。

甲等幹路寬十二公尺

一、第一環形路。（環城馬路）

環城四周內外城脚均照城牆外綫向兩旁各讓六公尺。

二、公園支道

通勤路。廣勤路。直達于胥樂園。西門新馬路。經迎龍橋。開原路。經梅園到萬頃堂。跨塘橋下塘。經保安寺街到古蹟公園。西新路。經夾城裏。到城南公園。

三、城內十字形路

（一）二下塘。稅務前。鳳光橋直街。大市橋街。倉橋直街。打鐵橋直街。

（二）駁岸上。觀前街。寺巷。東大街。西大街。

四、城外放射形路

北大街。北塘街。大三里橋。北長街。南長街。日暉橋街。南塘直街。熙春街。亭子橋直街。

五、梁溪路。圖書館路。

乙等幹路寬九公尺

一、第二環形路

自東門亭子橋。經長坟上。興隆橋。羊腰灣路。跨運河過黃泥橋。金鈎橋。沿河至南新橋。小鹽場。西新橋。過河經迎龍橋。沿河直達興龍橋。丁港里。擺渡口。江尖。張成街。經蔡家街。大河池。沿過四堡橋。荷葉村。經亮場橋。大有棧。沿河至工運橋。廟埠橋。直達亭子橋。

二、城內井字形路

三下塘。斜橋直街。盛巷。學佛路。壩橋直街。毛竹橋巷。周巷。駐縣橋。黃石街。西河頭。縣前街。小河上。大河上。新街巷。七尺渡。前西溪直街。

三、城外

前社橋路。江陰巷。後祁街。顧橋直街。梁溪路。外黃泥橋。北街。前太平巷。南新路。寶善橋。北沿河。吳橋。西沿河。廟巷。南倉門。北倉門。小三里橋直街。通濟路。業勤路。麗新路。槐古橋路。顧橋港。惠山鎮大街。塔塘下。帶鈎橋直街。伯瀆港。中正路。東新路。交際路。萬全路。廣勤路。第一二三四支路。

甲等支路寬六公尺

一、第三環形路

東亭鎮。六國橋。南橋。棠巷。惠山鏝橋。劉經橋。塘頭。回至東亭鎮。

二、第四環形路

張涇橋。安鎮。后橋。鴻聲里。大牆門。新安。華大房庄。方橋。周橋。南橋。棠巷。徐巷。萬塘橋。張鎮橋。洛社。秦巷。寺頭。東北塘。八士橋。回至張涇橋。

三、留郎橋直街。太平橋直街。迎迓亭。青果巷。虹橋直街。南市橋。上塘街。大婁巷。小婁巷。留芳聲巷。旱橋街。學前街。孤老院巷。南市橋巷。映山河。連元街。前書院街。道場巷。三皇街。後西溪直街。熙春街。八兒巷。花園街。顧家街。蘇家街。進士坊巷。捕衙街。察院街。沈果巷。藥皇廟街。虹霓橋路。睦親坊巷。棉花巷。襲衣浜。黃泥墋。放鴨灘。江陰巷。華盛街。壇頭街。長安街。後横街。松坟潭。後竹場巷。北水關橋街。北栅口。周師街。豆腐浜。烟筒頭浜。前太平巷。後太平巷。恆德里。四倉廳街。西門倉浜。跨塘橋。龍嘴。西門大街。目蓮巷。老棚下。中市橋巷。南下塘。歡喜巷。天主堂街。談渡橋直街。將園街。

乙等支路寬四公尺

福田巷。田基浜。神仙橋街。東河頭巷。沃官街。槐樹巷。百歲坊巷。大王廟街。許家巷。硝皮巷。堵家街。施街。清當巷。鎮巷。中市橋巷。新開河上。沙巷。希道院巷。挑寶巷。大成巷。石橋。皮營橋巷。小郲街。(城內)東鼓樓巷。孝貞女坊巷。毛桃。皂莢街。靈官廟街。小虹霓橋路。北禪寺巷。虹橋灣。愈線巷。升平巷。時郎中巷。育才街。太平巷。(城內)鼓樓巷。壩橋巷。西門大街。石灰巷。四郎君巷。孟淵街。長康里。民生里。秦棧街。蔡家街。祁棧街。唐棧街。小郲街。接官亭街。朱聽街。灣巷。小泗房街。芋頭沿河。貨街。混堂街。牛街。南門顧橋下。黃泥橋北街。北門新街巷。淘沙巷。丑街。

絕巷寬三公尺

附註　其他街道未經規定者。得隨時調查規定之。

(五)無錫縣建設局拓寬各鄉區街道暫行章程

第一章　總則

第一條　(範圍)本縣境內各鄉區鎮市上一切市街除省縣鄉道等各公路外均應遵照本章程拓寬之

第二條　(宗旨)本章程以拓寬各鄉鎮市街便利交通爲宗旨

第三條　(管理機關)遵照　廳令本章程管理權屬於縣建設局但爲便利計得委託各區及所會同各該區建設指導員執行之

第四條　(尺度)本章程內規定之尺度以公尺爲標準每公尺合營造尺三•一二五尺合英尺三•二八呎合十七年工

商部規定市尺三尺整

第二章　拓寬標準

第五條　（街寬標準）本縣各鄉區街道除省縣道另遵廳令規定外其應拓寬標準暫分左列五等

甲　八公尺

乙　七公尺

丙　六公尺

丁　五公尺

戊　四公尺

第六條　（擬定等級）各鄉區市街寬度應列等級由各該區公所派員會同各該區建設指導員查勘地方交通情形分別擬定列表送由縣建設局核定公佈之街道之範圍如左

甲　商店佔全街居戶二分之一者

乙　與鄉鎮或車站輪埠學校工廠名勝等往來要道者

丙、宜於開闢新市場者

第七條　（里街等寬度）凡未經規定之里街小巷其最小寬度爲二公尺

第八條　（准免拓寬之街）道原有街道寬度與本章程不相抵觸並未有公地被侵佔者准免拓寬惟原有街道寬度超過本章程之規定者亦不得收狹

第九條　增加寬度）各街道寬度除照本章程之規定外於街道之交叉轉角處及管理機關認爲需要之處得酌量增加其寬度

第三章　拓寬辦法

第十條　（改建拓寬）凡原有街道不及本章程第六條之規定者除必要時由管理機關責令拓寬外於改建房屋時一律照規定寬度收讓拓寬之

第十一條　（征收土地）遵照本章程之規定拓寬街道時兩旁建築物自舊建築物界綫起向內退讓闊在一公尺以內者概不給價在一公尺以外之地如係私有者須依照土地征收法由各該區公所給價收買之

第十二條　（捐地獎勵）收讓一公尺闊以外之地如係私有而業主仍願捐助者得按照人民贊助建設事業獎勵條例褒獎之

第十三條　（豁免賦稅）凡因拓寬街道縮讓之民地應核計畝分在地契戶冊中註明之並按月彙報縣政府轉報省政府豁免其賦稅

第十四條　（人行道建築費）街道兩旁之住戶應負担其房屋所

佔長度之人行道建築費之一半商店則須担任其房屋所佔人行道建築費之全部

第十五條　（拓寬期限）各鄉區所有規定之市街限自本章程公佈後十年內一律拓寬之如十年後仍未遵章拓寬者由管理機關僱工代拆拓寬之所需費用歸業主負担或以料抵工

第四章　勘丈辦法

第十六條　（丈勘立標）凡業主靠街有建築或翻修房屋圍牆等事應將地點契據呈由各該區管理機關派員照規定街寬丈勘收讓樹立標樁以免侵佔而杜轇轕如有避匿不報或私移標樁一經查出拆改外並交各該區公安局依律懲治之

第十七條　（丈勘標準）凡丈勘立標應依照規定街寬尺數之半自街之中心線向左右量之如原有街道灣曲不齊者其中心線由各該區管理機關察酌情形另定中心線引直之並報告縣建設局備案

第十八條　（街中心綫）以街道兩旁建築物界綫間距離執中之一點為街之中心點各中心點相連卽為街之中心線

第十九條　（沿河街道）凡一面完全靠河之街道其寬度應依照規定自起坡之直線起向內丈量之如河岸曲屈不齊者由各該區管理機關察酌情形劃直另定之並報告縣建設局備案如其中有一段為對面房屋者仍須依照第十七十八條辦理之

第五章　附則

第二十條　（違章處罰）凡違反本章程各條之規定者除勒令拆改外得交由各該管公安局依律懲罰之

第二十一條　（修改）本章程如有未經善處得隨時呈准江蘇省建設廳修改之

第二十二條　（施行）本章程呈經江蘇省建設廳核准公佈施行

橋樑建設

（一）無錫市橋樑計劃

市政籌備處
工　務　科

道路遇河。必藉建橋以過。故橋樑為道路系統中之不可缺之物。我國自古迄今。橋樑建築多取材于石材。造成階級。以其堅固耐久而利于行也。因橋下有舟楫之往來。故發明圓拱。增加高度。以利航行。其最高者。往往橋面與路面成四十五度角者有之。在昔運輸簡陋。往來稀疏之時。似尚適用。時至今日。人口之增多。交通之繁雜。迥異疇昔。故原有之橋樑。有階級者。車輛不能通行。橋面太高者。運輸艱難。今皆不能適用。故在整理道路系統以前。橋樑之整理。實不可缺之事也。

(一)本市原有橋樑之現狀

本市原有橋梁。類皆舊式。大多坡度甚大。而寬度狹小。茲將各橋之名稱寬度長度坡度及建築材料等列表如下。以備分期改造之。

道路名稱	橋梁名稱	跨度	寬度	坡度	建築材料	備註
第一環行路環成路	北水關橋	二四尺三寸	七尺三寸	一〇%	橋面用長條石	已塡平通車但構造簡陋寬度太狹卽擬改造
又	西水關橋	三二尺一〇寸	一八尺六寸	九%	石砌	未通車卽將拆除改建水泥橋
又	南水關橋	三三尺	九尺六寸	一〇%	仝	未改造因目下無經行之必要暫緩計劃
第二環行路	小粉橋	四四尺三寸	七尺一〇寸	一二%	木製	通行車輛 暫緩改建
	廟虹橋	一〇〇尺	一〇尺一〇寸	九%	洋松	仝上
	亮壩橋	二八尺六寸	一一尺六寸	一六%	洋松	能通行車輛惟一端爲荷葉村不通車輛故經行者甚少
	泗堡橋	二八尺六寸	一一尺六寸	一六%	石砌	舊式環洞石級
又	擬建新橋				鋼骨水泥	自北塘至江尖
又	擬建新橋				鋼骨水泥	自江尖至丁港裏
又	迎龍橋	二六尺三寸	八尺三寸	七%	石砌	已通車
又	顯應橋	四六尺十寸	九尺十寸	二三%	洋松橋面	一端通水仙墩不能通車
又	擬建新橋				鋼骨水泥	自西水仙墩至太保墩
又	南新橋	四六尺三寸	一五尺五寸	六%	洋松	通行車輛
又	金鈎橋	一四尺九寸	七尺七寸	平	石條平舖	仝上
又	擬建新橋				鋼骨水泥	自南上塘至羊腰灣

又

公園道

橋名	長	寬	坡度	構造	備考
東門興隆橋	一二九尺六寸	六尺一〇寸	一五%	石砌	兩端橋堍已填平通行車輛
新市橋	二五寸	一二尺六寸	四%	鋼骨水泥	通行車輛俟公園道建築時改造之
小木橋西成門口	一七尺八寸	一四尺	平	鋼骨水泥平橋	仝上
又小木橋	九尺六寸	六尺三寸	平	仝	仝上
西吊橋	六六尺	二六尺三寸	四、五%	鋼骨水泥	仝上
德新橋	四三尺六寸	一八尺	二、四%	石砌平舖	仝上
興隆橋	三八尺	三尺一〇寸	五%	石砌	已填平通行車輛俟再改建
大德橋	一六尺六寸	一二尺六寸	九%	舊式石環洞橋	兩端橋堍一半已填平通行車輛一半仍石級
寶蟾橋	三三尺一寸	三八尺	一二%	鋼骨水泥	已改建爲水泥鋼筋新式寬橋四十英尺
惠通橋	七〇尺	一二尺	七%	鋼骨水泥	通行車輛惟橋面太狹橋堍坡度太大
吳橋	二一六尺	二四尺	六%	鋼質梁架樋板寬面	通行車輛十八年冬加以大修理
惠商橋	七一尺	二一尺	八%	鋼骨水泥	通行車輛但坡度過大橋寬太小即擬改建
惠工橋	五〇尺	一二尺	六%	仝上	仝上
惠農橋	一四七尺	二一尺	一〇%	仝上	仝上
工運橋	一一五尺	三二尺	六%	仝上	已於十七年改造爲新式橋倘堪合用不再改造
光復橋	六五尺	二七尺	八%	仝上	仝上
新民橋	三三尺	一六尺	五%	洋松	倘堪通行車輛俟再改建

公園支道

橋名	長	寬	坡度	構造	備考
舞鳳橋	三九尺	一四尺	平	石條平砌	仝上
小木橋	二八尺	一二尺	平	洋松	仝上

橋名	長	寬	坡度	構造	備註
長寧橋	三〇尺	一四尺	平	石砌	南端已填平通行車輛
新迎龍橋	一一二尺	四〇尺	二%	鋼骨水泥	尚未動工
小木橋	九尺六寸	六尺三寸	平	洋松	通行車輛俟再改造
廟橋	九尺三寸	六尺一〇寸	四%	石條平舖	能通行車輛
南北甲等幹路					
大三里橋	四三尺	一一尺	一〇%	舊式石環洞橋	不通車輛
新三里橋	二六寸	一三寸	一五%	仝	已填平惟不通車
大橋	三二寸	一四尺	一六%	仝	不通車輛
北吊橋	一六尺	一五尺	八%	鋼骨水泥	能通行車輛惟不通車
打鐵橋	一四尺	九尺	四%	石輛	已填平惟不通行車輛
盛巷橋	一四尺九寸	九尺二寸	六%	石砌	仝上
鳳光橋	一一尺一〇寸	一〇尺一〇寸	一〇%	石砌	仝上
陳燕橋	一三尺二寸	八尺三寸	一〇%	石砌	通行車輛俟當改建
致和橋	二八尺三寸	一〇尺一〇寸	七%	洋松	仝上
南吊橋	三九尺五寸	一五尺二寸	七%	鋼骨水泥橋面	兩堍坡度太高俟即改造
黃泥橋	二〇尺四寸	一一尺二寸	一〇%	石砌	仝上
石灰橋	二六尺三寸	九尺一〇寸	五%	石砌	仝上
界涇橋	一四尺九寸	一二尺六寸	七%	石條平舖	仝
東西甲等幹路					
亭子橋	一〇四尺七寸	一五尺九寸	三五%	石環洞橋	石級尚未填平橋面由二木條車輛經此乘客徒步而過
東吊橋	一一九尺八寸	一〇尺一〇寸	二一%	木大料上舖磚地	通行車輛俟當改建

路別	橋名	長度	寬度	坡度	構造	備考
南北井字形路	吳德橋	五九尺一寸	八尺一〇寸	一三%	石砌	仝上
	環錫橋	三八尺五寸	六尺一〇寸	三八%	舊式石環洞橋	不通車俟再重建
	大市橋	一一八尺	一九尺	二一%	仝	仝上
	斜橋	一四尺六寸	八尺三寸	八%	石條平舖	通行車輛
	冉涇橋	一〇尺六寸	八尺六寸	七%	石砌	仝上
	駐驄橋	一七尺	六尺六寸	一四%	石砌	已塡平通行車輛
	鼓樓橋	一九尺	一三尺一〇寸	平	石條平舖	通行車輛
	茅竹橋	一一尺一〇寸	八尺六寸	平	石砌	已塡平通行車輛
	堰橋	二五尺一〇寸	六尺七寸	一〇%	石砌	仝上
東西井字形路	裏黃泥橋	七〇尺	九尺六寸	六%	石砌弧式	已塡平通行車輛俟即改建
	倉橋	一五尺五寸	一三尺二寸	二%	仝上	石級未塡不能通車輛俟再改造
	三鳳橋	二八尺一〇寸	一〇尺六寸	一〇%	洋松	通行車輛俟即改建
	水獺橋	一八尺五寸	三尺一〇寸	平	石條平舖	仝上

(二)規定設計標準

為求便利設計及有系統起見。不得不有規定之設計標準。如橋面寬度。坡度。建築材料式樣。任重。欄杆燈柱等皆須有相當之規定及式樣。茲將此項標準分述如下。

(甲)橋面寬度　橋樑既為道路之一部。故橋樑寬度應與路面寬度相同。始可使各種車輛有充分通行之可能。惟橋樑上無停駐車輛之必要。故為積省經濟計或有其他關係時。皆可斟酌以減寬度。工程家定橋樑寬度至少須在十六呎以上。又為橋身安全起見。寬度至少應有其長度之十分之一。總之橋樑寬度仍宜以路寬為衡。以適合車輛通行為要旨。本市所有橋樑寬度規定如下。

(A)寬十五公尺者　凡在第一環形路。第二環路公園道者。

多屬之。

(B)寬十二公尺者　凡在公園支道。南北甲等幹路。東西甲等幹路者多屬之。

(C)寬九公尺者　凡在南北井字形路，東西井字形路者。多屬之。

(乙)橋面坡度　Grade　橋樑坡度。事實上須有相當傾斜。坡度不足則輪舟無以交通。坡度太大。則車輛通行危險。是故有用懸橋式橋樑而調濟之。查近代橋樑坡度大都不過百分之五。如橋面過高。亦宜墳高兩端地平。以得適當之坡度。建築物地平不足。則可鋪板或墳土平之。相差在六呎以上者。可築地下屋以存貯貨物。故亦不致發生若何影響。吾錫橋樑坡度。各表所載其最大約有至百分之十以上。如通滙路上之惠農惠商等橋。又如南門吊橋及西門吊橋堍之坡度尤越常軌。或橋面高聳。或坡度灣曲。乘車者既感不適。常懷覆轍堪虞。即車夫亦疲於奔命。故本市將來所有橋樑坡度以百分之五爲標準。則於交通運輸自能安全迅速。而于工程原則亦能符合。

(丙)建築材料(Material)　橋樑之構造。材料有木石磚鐵骨混凝土鋼筋混凝土數種。木橋建築費雖廉。惟其易於破損腐朽。火災。其壽命至多不過二三十年。且須常加修理。故早爲工程界所不用。石橋雖堅固。然限於缺乏引張力(Tension)。宜於建築拱式橋樑。故原有橋樑均屬之。現今新式橋樑宜於跨度大而橋墩小。故石料已成强弩之末。且運輸不易。距產地較遠者。極鮮採用。鐵橋負重力强。耐久力大。便於建築。且跨度隨地通用。惟建築費過昂。一橋所費動輒鉅萬。更須時常檢查各部結構之處。有無弊病，拴釘有無鬆動。鋼質有無銹蝕。橋基有無裂隙沉陷。均爲鐵橋之弱點。且如鋼骨用材瘦小。縱能任重。亦失觀瞻。吾錫吳橋可爲明證。故建築費既大。更須有養橋費。當時修葺。工程界以經濟爲前提。亦少採用。其泥凝土橋。灣力引力。任重不大。祇限用於較短跨度之拱橋。用途至爲不廣。鋼骨足以濟其窮。故鋼筋混凝土橋。爲今日橋樑用途之最廣者。較之其他材料。均稱完善。其優點如次。

1。建築費比鐵橋經濟。

2。對於空氣之酸化抵抗力與石橋彷彿。

3。橋式可做任何式樣。

4。外觀整潔。內部堅實。

5。耐久力與鐵橋媲美。

6。材料易於運輸。

本市將來橋樑建築材料悉採用之。

(丁)式樣　System 橋梁之式樣有架式拱式樑式之別（(Truss bridge; Arch Bridge; and Girderbeam bridge)架式最爲壯麗建築費亦最大。拱式適用於較深之河道而不甚寬闊者。樑式用途最廣建築亦最廉適用於河道寬闊而易於柱椿者且計算簡便施工較易。本市將來橋樑對於跨度一百尺內河深不易柱椿者。採用拱式其他採用樑式架式等。

(戊)任重　Load 橋樑既爲道路之一部分。故其任重須能負道路所應經過之一切物件。蓋任重不足。傾圮堪虞。本市設計橋樑規定集中任重力 Concentrated Load. 定爲十噸至十五噸。務使十噸重以上之壓路機行經其上安全無礙。則將來電車公共汽車運貨車等。均能通過。橋基及其他各部樑柱。每方尺活重 LiveLoad 定爲一百五十磅內五十磅爲衝動重 Impact 死重 Dead Load 照實在情狀計算之。

(己)欄杆

橋樑之欄杆。爲防止行人墜落河道之保安構造。此乃已盡人而知之。惟近代都市。爲國際上觀瞻所係。期須美化。以壯市容。故保安構造而外。須具美術觀念。方能合式。而所謂美術者。並非如一般的美術指彫刻。繪畫。五彩等之富麗而言。祇須適合於該處需要之體裁。能引起人民之快感。又能表示一種既經濟而易結構之式樣而已。

本處擬於風景區內採用中國式。幹路上之橋樑。用近世式（Modern style)式工業區用前離派 (Secession style) 以各適其用。至材料則主用鐵料。鐵筋混凝土及自來水管等以期垂久焉。

(庚)燈柱

燈柱之式樣。須與欄杆一致。而其高度燈數。則須視各該橋之長度寬度與地位之重要與否而定。茲擬定長度五十尺以內者。斟酌情形而決定之。長五十尺以上一百尺以下者設柱四。一百尺以上二百尺以下者設柱六。二百尺以上者設柱八枝。以上每柱之燈數與燭光數則根據光學而計算之。大概每柱至少一百燭光一盞。以利照明。

(三)分期整個改建或建造　根據前期所刊之道路計劃整個拓寬之三時期。按期進行每一期約一年爲期。

甲、第一期　1.在第一環形路（環城馬路）上者

2.在南北幹路上者

3.在公園道上者（由城廂貫通公園之要道）

4.在公園支道上者（由大倉至萬頃堂）

乙、第二期　1.在東西幹路上者

2.在公園道及支道上者

3.在運輸道上者

4.在風景道上者

丙、第三期 1.在第二環行路上者

2.在公園道及支道上者

3.在運輸道上者

4.在風景道上者

丁、建築費 橋樑之建築費木質者。僅須鋼筋水泥混凝土三分之一。但木橋之壽命僅三數十年。而鋼筋水泥者可永久不壞。且其堅實之耐力與年代成正比例。故今日而言建築橋樑。無不賞用鋼筋水泥者。惟建造時工價較貴而一經澆成。即不易敲去改造。此爲最須注意者也。即於計劃。對於將來數十百年後之需要情況須詳細考慮。如寬度坡度任重既不能因經濟之限制而縮減之。即式樣。欄杆。燈柱之設計亦應斟酌而定奪。使造成以後決無改造之需要。方爲合式。此爲工程家所同鳴者也。夫某某橋之建築費。應須若干元。固須俟專家之設計圖製成後。方能估定。但平均橋面每方之工程費。總在三百元以上。若施工困難之河流上及裝飾精緻之地段。竟有每方超過五百元者。可知普通橋樑之建築費。較道路同面積貴十倍至五十倍之譜。其工費之浩繁。概可見矣。工程專家之擬具路綫。所以宜擇橋樑數較少。或所跨河面較狹者也。橋樑計劃之概要。幾如上述。今後本處之設計均擬以鋼筋混凝土爲之。其設計標準亦依據上述各點。以期可以永久夠用。而免累及後來者之重建。願工程專家有以糾正之。

(二)民國十八年無錫縣各市鄉請建橋樑一覽表 十八年十二月縣政府調製

橋名	建橋地點	建築方法	建築費用	指令辦法	呈請日期
方橋	開化鄉方橋鎮	改建石橋	工料千餘元由滬商認半數餘就地募	令區長查勘	十八年二月
西大橋	開化鄉南方泉鎮	將橋堍提高	就地籌集	准備案	十八年三月
洋涇橋	北上鄉與北下鄉之間	改築石堍幷加寬	由四三四四三七國民按畝攤派	給示保護	十八年六月
興隆橋	富安鄉	改建加寬放大幷用水泥鋼條			
慶惠橋	仝前	仝前	共一千三百元除榮紳德生担任餘地方籌集	照准給示保護	十八年七月

孟村橋	仝前	仝前	由就地集資興築	紹示保護	十八年十一月
月台橋	后宅鎮	改建加寬			
北街橋	后宅鎮北街	仝前			
陳家橋	懷上市	改建鋼鐵水泥橋	由築紳德生及地方人士捐助	仝前	十八年十月
西界涇橋	懷下市羊尖西鄉	改建石橋	由地方人士集資興修	仝前	十八年十二月

橋樑爲建設要政在公家經費支絀之時捐資興築不可或緩茲就一年來之請建橋樑情形製成斯表以備參考

水利建設

（一）無錫縣水利建設概述

水爲人生之命脈於農資以灌溉於工商賴以運輸。錫縣地處江湖之間水道縱橫溝洫網布農田交通之利甲於江南。惟自清政不綱。內政廢於戰爭人民習於苟安致先民苦心規畫之水政。日就廢弛。侵佔官河。私塡岸灘。司空見慣恬不爲怪更有建築橋樑。每多不顧水利任意束狹水流故遇潦宣洩不暢。農田有汎濫之患遇旱外水（江湖之水）又不能通暢內流。灌溉有不繼之虞。且在旱潦期間。船隻交通亦爲之阻塞。公私損失實難數計。際茲訓政期間。水利建設。事屬當務之急。祇以地方財力不裕。水利經費分文無着。無米爲炊。一籌莫展惟冀地方民衆共同設法俾此後得逐步進行。則本邑民衆之福也。

（二）全縣水道調查表

錫縣河道之多。不勝枚舉。茲參考圖籍。就其與水利交通關係重要者調查列表於后。其餘關係較微爲時間篇幅所限。姑暫從略。

河名	起訖地點	經流區域暨兩岸重要支流	河長	河流現狀	備註
江南運河	在錫境者西起橫林東之西沙港口東訖	河自橫林東南行入邑境分而南爲西沙港（入北陽湖爲錫武兩縣界）公港（亦入北陽湖）均南與直湖港相啣接經五枚分而北爲北大	七十餘里	河身大部尚屬寬深惟跨河諸環洞橋洞門過狹於水利交通均屬不敷再河身經過城市鄉鎮兩岸民	是河上起鎮江經武丹蘇錫入浙達杭州爲以前水運要道並於江南水利關係至重惟自外海通航津

	望亭西之通湖橋	河經洛社石塘灣皋橋分而北爲錫澄運河（北經江陰境出黃田港入江）經雙河口分而西爲雙河（即桑河）及至城西北之缸尖嘴分南北兩路南段繞缸尖嘴經西門吊橋與環城河合南行經太保墩分而南爲梁溪河至南門與北路經東門之環城河會合北路由缸尖嘴東行過蓮蓉橋再分二路一出黃埝橋沿城經東門至南門與西來之環城河會合南行至黃埝港一出通匯橋經工運橋亭子橋羊腰灣分而東爲冷瀆至黃泥埄與環城河及西來之談渡河合流爲南山塘經清明橋分而東爲柏瀆港經曹王橋分而南爲曹王涇蠡瀆經小白龍橋分而南爲陸莊河經北望亭分而東爲蠡河分而西爲沙墩港再東即入吳縣界		房駁岸碼頭等每都侵佔河面致河身日見狹隘浚年實洩固嫌不暢即在平日水流亦極急湍船隻交通每遇躑塞此種情形之最顯見而尤甚者以錫城北自蓮蓉橋至城南清明橋一段	渥致軌漕運漸廢浚治遂疎鎮丹境內受江潮之頂托內灌含沙停積漸就淤塞水利交通已兩失其用武進以下以離較遠江潮不達均尚能保持其原狀
梁溪河（原名梁清溪輿地記梁大同間重浚故名或言梁鴻曾居此）	起城西之顯應橋南訖五里湖之大渲口	梁溪河自大保墩與環城河分流南行經申新紗廠東有談渡河耕讀河先後來會至仙蠡墩分而南爲馬蠡港通五里湖由仙蠡墩折西行至小渲分而南爲小渲至大渲口入五里湖	十六里	該河在申新紗廠南闊處在千尺以上惟自西門橋至申新廠一段兩岸市廛櫛比工廠林立河面漸被侵佔早失原形西門橋雖經改建而橋東邵姓房屋仍未折除水流終不得暢	西門吊橋經前水利工程局改建顯應橋亦經本局改建疏浚工程已在進行其經過情形另詳於後

				行且該處附近河身尤淺於水利交通均嫌不暢自有浚治之必要	
錫澄運河（在錫境之南段舊稱高橋河亦稱五瀉水）	起城西沿運河之皋橋北訖江陰之黃何港在錫境者北至泗河口為止	是河之東有咸塘河與之平行其間互相溝通之支行極多是河之西在白蕩圩北端有萬壽河會石瀆拓塘西北諸來會在泗河口有芙蓉圩南之五龍涇合芙蓉圩諸水來會	在錫境之南段長二十三里	錫境之南段河身尚屬寬深惟皋橋暨北之鐵橋洞門過狹不敷宜洩江陰境之北因潮關係最易淤塞查是河與梁溪河隔運河互相啣接為江湖溝通要道水流或南或北視北湖之水位而定	是河與梁溪河因為江湖溝通要道且以江南運河在鎮丹境內淤塞之故所有太湖流域與江北及長江上游各地之船隻交通亦均取道於此故能不舉疏浚非惟有裨水利兩邑工商業與有利焉
蠡瀆	起運之北望亭東訖曹湖為蘇錫兩縣之分界	自北望亭運河分流東行經曹家渡楊家渡蠡瀆之水出顧市橋來合又東行華長涇亦來合及至曹湖伯瀆之水出方橋來會是河東通至常熟境	二十四里	是河上接沙墩港下經鵝眞蕩接常熟境之元和塘轉由白茆塘福山塘入江為太湖東北隅之通江要道	
沙墩港	起太湖濱之沙墩港口訖運河之北望亭為蘇錫兩縣之分界		三里	是河下接蠡河為太湖東北隅之大洩水道兼為無錫東南隅大雨時之洩水口惟北望亭橋之東與運河交會處因河墩港水流湍激運河船隻難行沿運南岸築有長壩一條將河墩港來水完全截斷北岸	北望亭沙墩港之長壩查考史書歷代或拆除或重建已有多次要之此壩與太湖水利關係頗鉅負太湖水利之責者應深加考慮者也

蠡瀆之轉河亦築一壩沙墩港水流繞道東之通湖港經過湖橋下入運河順水東流通湖橋橋門極狹水流被束在冬春枯水位時橋門南北水位相差達十生的以上於此可見太湖水由此東北流之大長壩之應否拆除或設法改造俾太湖之水可以分洩入江是極可研究者也

直湖港	北起北陽湖南訖太湖瀆之閭江口	是河由北陽湖南行化渡河自東來會過南星橋至東塘橋有北邦瀆自東來會過花沿橋南邦經張舍富安橋自東來會過胡埭橋張橋河自西北來會過西溪橋白石山西龍遊河自西來會再東南行至閭江口入湖	三十六里	是河上由西沙港志公港分導運之水入湖再錫境西南瀆湖帶山東自惠麓西訖胥山蜿蜒三十餘里其間並無通湖水道直湖港居胥山之西爲錫縣西境惟一大洩水道惟查西溪橋胡埭橋等橋門狹淺胡埭鎮市房又多僭佔官河江口又甚淤塞故一遇雨淫潦宣洩不暢逆流橫溢汎濫爲災如遇旱湖水又不得通暢內流祓錫縣

				西南部農田灌溉之重要問題也	
雙河（卽桑河）	自城西運河之雙河口卽桑河口起西行至梢塘營分為南北二邦溝分道會注於南陽湖	自雙河口西行經匯龍橋小雙河自北來合過錢橋為陽溪再西過藕塘橋至梢塘營自此而分為南北二支南支卽南幫溝西南行過張舍橋貫直湖港而西為花村河過陸墟橋轉北為寮亭橋河入南陽湖北支卽北邦溝由梢塘營西北行鄭店橋東塘橋貫直湖港而西過新瀆橋西北經長腰山之陰入南陽湖	自雙河口至梢塘營約二十一里南邦溝自梢塘營至南陽湖約二十里北邦溝同自梢塘營至南陽湖約十六里	是河繞西南濱湖諸山之北麓東通梁溪河西接直湖港分導開原富安之水田梁溪直湖兩河入湖惟張舍富安兩橋之門過狹耳	
馬蠡港（亦名中橋河）	北起仙蠡墩南至五里湖	自仙蠡墩南行經北橋中橋南橋入五里湖	五里半	是河分導梁溪之水入五里湖惟北橋中橋南橋等處河面極狹甚淤塞	
蠡瀆	起曹王涇訖太湖濱之小溪口	自曹王涇南行過蠡橋蠡口河自西來合又南行過蒲房莊至小溪港口入湖	十五里	河身淤淺殊甚疏浚之工程極大惟是河東南境入湖諸水中之重要者	該河東有大溪河一條自大白龍橋至大溪口長僅四五里浚之較易收效亦同惟大白龍橋陸莊橋須放寬橋門
伯瀆港（卽泰伯瀆亦名孟	起城南之清明橋東行訖錫吳	自城南運河之清明橋分支東流至學士橋東亭河自北來合王莊港自南來合又東行過北坊前蘇閶橋分	三十七里	是河分洩錫縣東南境之水入常熟縣之元和塘白茆塘入江其經過梅村等	

瀆因唐刺史孟簡嘗開之)	交界之曹湖	而南爲香涇經周涇巷通運河過梅村犂尖口胄茅塘橋至分流口(土名分龍口)分南北二支北支名張塘河經三讓橋走馬塘(又名外莊河)自北來合再經蘇舍蕩沈蘇蕩入鵝眞蕩南支名馬橋河經老馬橋廟庵橋入楊巷蕩至蠡沙口入曹湖		鎮河面較狹
轉水河	起城北之通匯橋訖黃埿頭北之五丫浜口	自通匯橋北行一直經亮壩一繞道泗保橋會合後出惠農橋鐵路橋分而北爲五步塘又東北行經黃埿頭至五丫浜由此分三支一支北行爲嚴埭河一支東北行爲北興塘一支東行爲南興塘	六里	此河爲太湖與東北諸水溝通要道兼爲船隻交通之總路惟滬寧路一六四號橋洞門過狹河身尤淺在旱潦兩期水流極爲湍激橋南北水位相差極大且在水小時重儀船隻每致擱淺無論爲水利或交通均有設法改良之必要 亮垻於民國十四春兵亂時拆除後於船隻交通既便於水利亦屬有益惟北之滬寧路鐵橋仍如鯁在喉耳
南興塘河	起黃埿頭北五丫浜口訖苑山蕩口	自五丫浜東行經新塘橋分而南爲東亭河又經鴨城橋石埭橋潭塘河自北來會再過九里橋爲九里河分而南爲奚山浜分而北爲横塘(折東經安鎭爲芙蓉塘合北興塘爲盛塘河)再過西安橋中安橋與走馬塘相交成十字形再東行入鵞山蕩	三十五里	是河爲錫境東部水道之中堅亦爲西部低區洩水之要道於農田交通均關重要惟石埭橋以下河淺橋窄復有駁岸碼頭斗入河心既妨水利又礙交通均水大宣洩不暢水小船隻難行

北興塘河	起黃泥頭北之五丫浜口訖懷上之東八字橋	自五丫浜東北行經桑園渡通津橋滙爲楊波圩分而北爲八字橋河再東過萬安橋至滙龍橋分而北爲張經過滙龍橋入鴨蕩圩分而南爲潭塘河（過查家橋入南興塘）再東行至東八字橋與南北向之走馬塘東之鮎魚塘會合	二十九里	是河與南興塘平行分洩西部諸水下經鮎魚塘盛塘河入鵞山塘滙注常熟縣境入江但自滙龍橋至東八字橋經行東膠山之北麓地勢既高河又淺狹有主疏浚潭河使水南註入南興塘以潭塘河河身較爲寬深工程較省非無由也
鮎魚塘	起東八字橋訖芙蓉橋之東		九里	是河上承北興塘河之水下注盛塘河
盛塘河	起芙蓉塘之芙蓉橋訖鵞山塘		三里半	是河上承鮎魚塘芙蓉塘之水東注復納北來潘市塘之水滙注鵞山塘每

河名	起訖	經過	長度	狀況	備考
				遇霪潦水流激湍奔放而下民國十二年大水衝新之大成橋竟被急流所衝坍於此可見水勢之豪大橋門狹小之有妨水利焉	
張涇河	起此興塘之滙龍橋訖晃山橋	自滙龍北行過三踰喬張涇橋東有蘇塘河（在陳家橋南東通潘墅塘南接走馬塘）來合再過陳家橋至晃山橋過此入江陰境之東青河通長涇及大河西接錫澄交界之包堰河	二十二里	該河縱貫懷上全市爲錫邑東北鄉澄邑東南鄉琴邑西鄉與錫城間交通要道惟經行張涇橋鎮之河身既狹又淺橋門又低船隻交通時感不便非拓寬浚深無以利交通	近聞張涇橋鎮市民擬集資深浚倘得實現非惟來往船隻受惠地方亦與有利焉
大河	起江陰縣長涇鄉東青河之南	在錫境者西起西華塘口東行經陳墅鎮港下鎮分而南爲楊梓河（南通潘墅河）再東經五莊鎮入常熟	在錫境約長十里	大河爲錫澄兩縣間之大動脈上承江陰境應天河之水下經常熟之尙湖轉	陳壞東之廟喬三門本甚狹淺經地方人士改建放寬（詳見後）

涸觀音堂訖常熟境之尚湖（俗名山前湖）

境達尚湖注白茆塘入江凡無錫之東北江陰之東南縱橫數十里之水均以此河爲經流惟五莊市河長約里許河身狹淺復有市橋之東縛水流益形不暢每遇潦年即漫溢之患陳墅大橋下亦極狹淺亦非加深浚無以暢水流而利交通

（三）民元以來本縣水利工程概況

鼎革以來。水旱並侵。農田連遭荒歉。民生漸現凋敝。有識之士。咸焉憂之。於是羣謀救濟之方。遂有無錫縣水利研究會之組織。凡屬會員。盡屬地方富有水利學識之士。對於全縣水旱癥結。確能澈底推求摘發無遺。又因研究結果。重在實施。遂有無錫縣水利工程局之設立。由水利研究會推選楊壽楣君爲主任。於民國十三年八月四日正式成立。暨經舉辦改建西門吊橋。開浚閶江口。測量梁溪河等工程。迨民國十六年春。國軍底定江南。水利工程局遂由無錫縣政府建設局接收。茲後國府遷都南京。省縣組織變更。無錫縣建設局於民國十六年十月正式成立。二載以來。對於全縣農田水利。時在策畫籌維。祇以水利經費迄無的款。致實施工程。未克一一進行。僅就以前移交水利餘款。舉辦駁築閶江口駁岸。暨改建顯應橋。放寬河面兩工程。近因西門外城河及直南之梁溪河。河身淤淺。不便交通。由本局募集商民捐款。從事疏浚。現工程尚未告竣。其餘四鄉農民自行舉辦之溝洫工程。暨溝洫糾紛案件等。亦經隨時指導辦理。茲爲醒目計。分疏浚河道。拆築閘壩。改建橋樑三種。分別列表調查如后。

疏浚河道一覽表

河道名稱	地點	疏浚原因	經辦人	疏浚年月	工程規畫	工款統計	工款來源	備註
閭江口	富安鄉閭江口	閭江口爲直湖港之尾閭關係萬安富安兩鄉之水利樞鈕惟江口因受太湖風浪之衝擊泥沙內灌既淺又狹殊不足宣洩之所需故有疏浚之舉	前無錫水利工程局	民國十五年七月開工至十二月完工	自港門外起經下轉灣上轉灣鳳凰橋西倉橋至橫河頭止計長四千八百七十五呎原有河面闊度自卅三呎至八十餘呎一律開闊至六十呎河底開闊至四十二呎原有深度自三呎至八呎（以當時水面爲準）一律開深至八共開去土方約一萬六千方兩岸農田切去十九畝四分五毫統由業主自願捐助未領田價開浚方法係分段築壩戽水後由人工挑挖之同時西倉東倉鳳凰三橋因連帶關係一律重建	築壩暨開浚費用共銀一萬二千五百八十二元改建西倉東倉鳳凰三橋經費共一千元	由水利工程局於忙漕帶征水利經費項下撥付之	
興龍橋	城西興龍橋至	因改建西吊橋須築壩斷流船隻交通必	同右	民國十五年	自興龍橋至迎龍橋一段長約二又四分之一	築壩暨開浚土方共	由水利工程局於忙	

名稱	地點	內容	主辦	日期	工程	經費	備考
	迎龍橋	須設法繞道開浚該河其最大原因即所以便利運河與梁溪河間之船隻且該河於潦年可以輔助西門吊橋城河分洩錫境西部之水由梁溪河入湖			里河床較淺重載船隻難於行駛浚深平均約二呎	計一千二百四十九元四角六分	濟帶征水利經費項下撥付
南吊橋附近環城河	南門外南吊橋附近	因改建西門橋須築壩斷流浚深該處環城河俾一部船隻可以繞道通行	同右	民國十五年	擇淺狹膠舟之處浚深拓寬之	築壩暨開浚費共計銀一千六百六十九元三角二分	同右
梁溪河	西門外顯應橋下暨南北埘近處	顯應橋在西門吊橋之直南而梁溪河之始點凡西門橋下南流之水直衝顯應橋故於潦年宣洩頗關重要自應加以疏浚	同右	民國十五年	橋下暨南北兩端淤淺處加以適當之疏浚	築壩暨挖掘土方共計銀五百九十元六角八分	同右
西門橋環城河暨梁溪	自西門橋起向南經顯	西門橋環城河暨梁溪河爲錫縣西境諸水入湖要道兼爲旱	無錫縣建設局	民國十八年十月動工	此事進行迫促本局又因籌備築路工作緊要且因水利經費無着故	工程尚未告浚工款未曾結算	一切經費統由豆商榮德生捐

河	應橋申新三廠仙蠡墩至大渲口	年湖水內灌之門戶於水利至關重要前因西門橋弊顯應橋洞門狹小先後經前無錫水利工程局無錫縣建設局改建放寬惟河身尚未深浚冬春水位低小重載船隻即遭擱淺交通為之阻塞工商直接受其影響茲經巨商榮德生熱忱公益慨任經費隨由建設局向蘇州太湖水利委員會借得靖湖挖泥船動工開竣		編製此稿時尚未竣工	事前未能加以詳細測量大約規畫於施工時逐段測點河身淤淺處即行開挖至深達五呎（水面下）為度		助	
清溪河	開原鄉榮巷鎮	河身淤塞交通不便河水混濁	榮澄鰲	十八年三月	河面闊二丈至三丈五尺浚長一百二十餘丈浚深一尺至三尺	一千餘元	榮梅青擔任	
郁家浜河	揚名鄉念五七圖	便利農田灌溉	陳錫九	十八年三月	河闊三丈河底闊一丈三尺浚長一百丈浚深五尺	連改建青石橋共五百餘元	按田攤派每畝十元	同時改建青石橋
洋龍浜	揚名鄉	便利農田灌溉清潔	屠海泉		開闊至三丈浚深五尺	七百餘元	接田認捐	同時改建馬路

漕河	念五七圖	飲料					外再由經辦人募集之	橋提高橋面二尺以便機船進去
大頭浜 蔣家浜	景雲市五八五圖	便利船隻交通並使飲水清潔	楊萬鎰	十八年十月	開闊五尺浚深四呎		捐募	
南房浜	北上鄉四四一圖	便利農田灌溉	浦嘉祥	十八年三月		約三百元	由業佃認捐	
後橋浜	北上鄉四四三圖年餘勒家巷之後	同 右	吳雲鶴 朱茂生	十七年十二月			按田攤工	
新開河	懷上市四五二圖	同 右	陸串容	十七年三月			同 右	並將新開河之老人壩一併開去
小萬塘河	懷上市四六四圖及四六六圖	利農	張培觀	十八年三月	河面闊二丈六尺浚長三百二十丈浚深三尺	三百八十元	按田派捐業佃各半	
萬娘子	懷上市	利農	萬根觀	十八年	河面闊二丈八尺浚長	一百八十	同 右	

浜	四六一圖萬巷			三月	一百二十丈浚深四尺	元	
楊河	懷上市四七一圖寨門	便利船隻交通	殷慰祚 殷仲儒	十三年二月	河闊二丈四尺浚長二里浚深五尺	一千四百元	就地募捐
古塘河	懷上市四七二及四七三圖	利農	華炳奎 徐景山	十四年三月	闊三丈二尺長三里深六尺	一千九百二十元	按田派捐每畝一元業佃各半
西河	懷上市四六四圖義裏	利農	顧茂忠 王致和	十五年三月	闊二丈八尺長三百丈深五尺	四百八十元	按田派捐每畝一元二角
中墑河	懷上市中墑上	利農	單大均 徐耀文	十六年一月	闊二丈四尺長二百二十丈深五尺	三百五十元	按田派捐
渡馬橋浜	懷上市周巷浦巷之間	利農	吳仁源	十七年三月	闊二丈二尺長五百二十丈深四尺	一千另四十元	業戶捐銀農戶捐工業戶捐每畝一元
李塘灣河	天下市條房橋附農	利農	過邦達	十五年	闊五公尺長三公尺深八公尺	一千五百元	按田畝徵工

三濠塲	天下市東房橋附近	利農	方紀生	十五年	闊五公尺長二公尺深七公尺	一千元	同右
查家橋浜	北下查家橋鎮背後	便利農田灌溉		十七年	闊一丈八尺長四十丈深五尺	約三百工	按田徵工
下塲浜	北下下塲	同右	華湧全等	十五年	闊二丈長五十丈深七尺	約四百工	同右
徐巷浜	北下徐巷	同右	錢二觀等	十五年	闊二丈三尺長一百丈深二尺	約百六十工	同右
謝家橋河	北下自謝家橋至周巷	同右	許小泉及顧壽寶等	十六年	闊二丈長三百丈深二尺	約三百多工	同右
禮社浜	青城禮社鎮	便利交通	薛旭輝	十五年二月	闊十丈至三丈長一百餘丈深四尺	除各戶門前各自負担不計外雇工四百工費洋三百元	捐集

修建橋樑一覽表

橋樑名稱	地點	修建原因	跨越河道名稱橋境河面闊度	修建年月	經辦人	建築材料	橋面闊度	橋洞數及各洞寬度	工款統計	工款來源	備註
西門吊橋（改建）	西門	西門城河爲錫境西部諸水入湖要道原有環洞橋寬僅十九呎東狹水流妨礙交通並潦年因宣洩不暢而致湧溢汎濫者數見不鮮故放寬橋門無論爲水利爲交通均極需要	環城河橋境河面寬約六十尺	民國十五年	前無錫縣水利工程局	橋面橋柱均用鋼骨三合土兩橋墩用舊石駁砌	二十六尺	橋洞二正洞闊四十五尺東端邊闊十五尺	拆除舊橋改建新橋築推搭架浮橋補助拆屋等費共銀一萬六百十四元	由前水利工程局於忙漕帶征之水利經費項下撥付之	橋東境南岸之邵姓房屋屢經交涉拆除未能實行該房屋將東邊十五尺之橋門洞完全阻塞故現僅中橋洞（四十五尺）通流

西倉橋 東倉橋 鳳凰橋	富安鄉之閶江	開浚閶江口放寬河身以暢水流	閶江港	民國十五年	同右	木橋面石墩			一千元	同右	
顯應橋	西門外	顯應橋位西門橋之直南南接梁溪河為潦年內水入湖捷徑原有石橋之橋門闊僅十七尺阻遏水流莫此為甚其東雖有城河可以繞道惟水流一經迂迴曲折則流速大減影響殊大自非拆除放寬不得	梁溪河橋塊原有河面闊僅有三十尺	民國十七年三月動工至八月完工	無錫縣建設局	橋面用洋松橋脚用鋼骨三合土橋墩用石	十尺	橋分三節各節長均二十尺	造橋及開挖兩岸泥土共銀一千三百四十元四角六分	由建設局於水利餘款暨漕留建設經費項下撥付之	橋塊東西兩岸挖去泥土十五尺闊放寬河面至五十尺

										以暢水流且西門橋一經放寬則此橋之改建更屬須要
通揚橋	南門外南新路		十七年七月	無錫市行政局	洋松			一千三百十六元	無錫市行政局	
南新橋	南門外南新路	橋堍河面闊四十六呎	十七年六月	無錫市行政局	洋松	十九尺	橋洞三個中間二十六尺兩旁各十三尺	一千三百十六元	無錫市行政局	
光復橋	光復門外	外城河河闊六十呎	十七年二月	同右	鋼骨水泥	二十六呎	橋洞凡三中間闊三十六呎兩旁各十二呎	六千六百二十元	同右	
虹橋	城內學前街口		十七年八月	同右	同右			一千五百四十六元八角	同右	
北吊橋	北門外	北門外城河闊十六呎	十七年十月	同右	同右	十五呎	橋洞一闊十六呎	一千零四十元	同右	

亮壩橋	北門外北柵口	橋堍河闊七十呎	十七年十二月	同右	洋松	十四呎	橋洞三中間寬三十呎兩旁各二十呎	一千二百元	同右	
新民橋	光復門內		十八年五月	同右	洋松			三百三十七元	同右	更換橋面板
錢橋	開原鄉錢橋鎮	蓮河闊四十呎	十五年三月	王唯一	石	十八尺	橋洞一寬二十尺	八十元	錢橋鎮各商號捐助	修理
八人渡橋	開原鄉孫蔣鄉孫巷	孫巷浜闊十九尺	十六年五月	榮棣輝	石	三十尺	橋洞一寬八尺	一百二十元	開原鄉經費	改建
夏虞橋	開原夏虞鄉蔣巷	蔣巷浜闊三十八尺	十四年五月	蔣菊延	石	十五尺	橋洞一寬十八尺	九十元	同右	改建
小木橋	開原周張鄉	小木橋浜闊三十尺	十七年七月	開原鄉行政局	木	二十五尺	橋洞一寬二十五尺	一百零五元	同右	改建
唐綠橋	開原鄉錢橋鎮	橋堍河闊三十五尺	十七年六月	王唯一	石	十五尺	橋洞一寬十二尺	三百二十元	地方捐款	改建
吉利橋	富安東南鄉與龍爪鄉之間后庄村	劉瀆港河面闊三丈五尺	十八年七月	曹金福	鋼骨水泥	六尺	橋洞一寬一丈八尺	四百元	堧近居民任認二百元餘由榮德生担任	

東孟村橋	富安河柳鄉與花堰鄉之間東孟村	毛橋河闊三丈	十八年十月重建	吳浩元 是林生	同右	一丈	橋洞一寬一丈四尺	三百元	坿近居民認擔半數 榮德生担任半數
周渡橋	富安西溪鄉之西南	龍游河闊十五丈	十七年重建	錢伯清 臧哲敬	鋼鐵水泥 黃石	一丈六尺	橋洞一寬六丈	五千元	榮德生任担二千五百元餘由地方募集
護村橋	富安沙灘鄉沙灘頭	菴前河闊五丈	十七年重建	周克勤 姚斐然	鋼鐵水泥	一丈	橋洞三寬各一丈二尺	一千元	榮德生担五百元餘由地方募集
城裏新橋	富安沙灘鄉城裏村	水溜江闊七丈	十七年重建	將洪玉	鋼鐵水泥	一丈二尺	橋洞三寬各一丈六尺	三千元	榮德生擔任一千五百元餘由地方募集
盛店橋	富安盛店鄉盛店鎮	盛店塘闊五丈	十四年冬重建	張國香	陽山石鐵欄杆	一丈	橋洞一寬一丈七尺元	一千五百	坿近居民分担
廟橋	富安盛店鄉廟橋	上舍河闊二丈六尺	九年冬重建	張伯安	陽山石	七尺	橋洞一寬一丈二尺	五百元	張伯安認担半數餘坿近居民分認

黃土橋	富安稍塘鄉與盛店鄉之間	虎流溝河闊三丈	十年冬重建	同	右同	右七尺	橋洞三寬各一丈	六百元	張伯安認擔三分之一餘塒近居民分認
張舍橋	富安張舍鎮	張舍塘南刊溝河闊五丈	四年冬重建	曹阿二	同	右一丈	橋洞一寬二丈三尺	三千元	王耀祖認担四百元餘由地方募集
永安橋	富安興隆鄉與龍爪鄉之間埄灣里	劉瀆港闊五丈	十八年八月	周志法	鋼鐵水泥	七尺	橋洞一寬二丈八尺	四百元	榮德生担任一百五十元餘由地方募集
青雲橋	富安沙灘鄉與興隆鄉之間	龍游河闊五丈	十七年一月動工至十二月竣工	姚斐然	鋼鐵水泥黃石	一丈一尺	橋洞三寬各丈餘	五千元	榮德生二千五百元王耀祖一千元地方募集一千五百元
慶會橋	富安河柳鄉與興隆鄉之間	孟橋河闊四丈	十八年八月	楊志高周友定呂逵甫	同	右同	右	橋洞一寬一丈五尺	四百元	榮德生二百元區公所五十元餘由地方募集

孟村橋	富安花堰鄉與河柳鄉之間孟村	孟村河闊三丈五尺	十八年九月	同右	同右	同右	橋洞一寬二丈八尺	五百元	同右
興隆橋	富安庵前村	臧家橋河闊二丈五尺	十八年十月	同右	同右	同右	橋洞一寬一丈八尺	四百元	同右
南星橋	富安大橋衖	刊溝河闊三丈五尺	二年至三年二月竣工	王耀祖	金山石	一丈	橋洞一寬一丈五尺	三千五百元	王耀祖担任
大成橋	北上鄉常邑歸感鄉	長塘河	十五年至十六年六月完工	陳彤甫	同右	九尺	環洞一個寬一丈三尺	三千元	募捐
關橋	北上鄉	宛山塘	七年十月	周月山	橋面金山石橋墩黃石	九尺	橋洞一寬一丈五尺	一千元	周月山出資修造
對航橋	北上太平太東兩鄉之間	九里河	九年十月	安卓卿	同右	八尺	橋洞一寬一丈二尺	一千元	募集
橫塘橋	北上與懷下交界處	安鎮市河	十四年二月	司馬炳順	金山石	八尺	同右	一千五百元	募集

河口橋	北上泰安鄉	西倉市河	九年九月	費恂如 單紹文	同	右八尺	同	右一千元	費恂如與單紹文出資	
芙蓉橋	北上芙蓉南鄉	芙蓉河	三年八月	陳晉康	同	右八尺	橋洞一寬一丈六尺	一千二百元	由陳義莊經董陳晉康莊款修造	
集義橋	泰伯市后宅鎮與省口鄉交界	橋境河面闊四丈八尺	八年	鄒茂如	石	二丈二尺	橋洞一寬	一千七百餘元	公款四百元其餘捐募	
永安橋	泰伯市坊橋鎮	橋境河面闊五丈六尺	十年	張麟閣 錢義卿	石	二丈二尺	橋洞一寬	一千四百餘元	公款三百元其餘捐募	
陳家橋	懷上市四七一圖	錫常大河闊五丈四尺	十八年十一月	徐碩卿 徐鳴臯	鋼骨水泥	一丈二尺	橋洞三中洞一丈八尺側洞各一丈四尺	三千九百六十八元	七區公所補助一百元餘由榮德生及坍近八民認捐	
士銘橋	懷上市四六五圖	錫常大河闊四丈八尺	十三年五月	陸勝鴻	石	一丈一尺	橋洞三中洞二丈側洞各一丈二尺	三千六百五十元	陸士銘獨出私款	原名七房橋以士銘出資建造故更名士銘橋

利農橋	懷上四六四圖	西河闊一丈六尺	十七年八月	王錫田 王文卿	石	七尺	橋洞一寬一丈六尺	四百十元	就田派捐每畝一元	
靑石橋	揚名鄉五七圖		十八年三月	陳錫九	木			連浚河共銀約五百元	按田攤派每畝十元	
聚龍橋	天下市上舍鄉	攔渡口十公尺	民國九年	里人公建	金山石	三公尺	四•三公尺	二千元	向各鄉鎮募捐	
聚雲橋	天下市東房橋鄉	黃泥㘭	民國十五年	過邦達	楊松板	二公尺	三•一公尺	二百元	向附近村募捐	
樊七橋	天下市朱巷鄉	樊七橋港	民國十六年	華永千	金山石三合土	四公尺	五•一公尺	三千元	向各紳戶募捐	
旺家橋	北上安吉鄉	旺家橋港○十尺七寸	十八年四月	浦玉堂 浦鳳來 浦維聞	金山石	一尺七寸	環洞一寬五尺	二千五百元	浦玉堂浦鳳來負担一千五百元其餘向各處勸募	上列尺寸以公尺計算
周洞橋	北上嵩山鄉	走馬埭闊八尺	九年三月	浦芍舟 僧德潛	同	右二尺六寸	半橋洞一寬四尺三寸	一千元	嵩山寺僧担半數餘勸募	上列尺寸以公尺計算
永安橋	北下東亭	大西橋河	十七年	華少純	石頭三和土	一丈	橋洞一寬一丈四尺	約一千餘元	就地籌捐不足由鄉行政局資助	

查家橋	北下查家橋鎮	查家橋河	十八年	錢炳文	石頭工合土	一丈八尺	橋洞三中洞一丈二尺邊洞均八尺	約三千餘元	募捐不足由鄉行政局補助	
小木橋	北下圩田裏	徐巷上河浜	十七年	錢二觀	石塊木面	約五尺	橋洞一寬一丈二尺	二百九十元	募捐	
圩巷橋	北下徐巷邊	同右	十七年	錢二觀	石	約五尺	橋洞一寬一丈二尺	四百七十元	募捐	
廟橋	北下鄉官路上西首	廟橋港	十七年	錢根祥等	石	約六尺	橋洞一寬一丈二尺	約六百元	募捐	
翰林橋	甘露鎮北街	甘露橋北市河寬約五公尺	十一年二月	薛蔚蓀	石塊木面	一·九公尺	橋洞一寬四公尺	四百八十元	在本鎮募集	修建

拆築閘壩一覽表

壩名或閘名	地點	拆除或建築	拆築原因	拆築年月	經辦人	閘壩長闊高度	閘壩建築材料	工程統計	工款來源	備註
河埒口水壩	河埒口	拆除	便利農田灌溉	十七年二月	蘇國祥	闊八尺長八尺高四尺	石	二百餘元	蘇國祥與開原行政局各任半數	
陸小壩	北下鄉四三二圖	移築原壩南約廿步	同右	十八年三月	王佐廷等		七壩		按田攤工	

老人壩	懷上市四栟五二圖	拆除	同右	十七年三月	陸申容	長約三丈 闊約一丈 高約五尺	土壩		同右	並開浚壩內新開河
楊河壩	懷上市寨門	拆除	便利船隻交通	十三年二月	嚴慰蒼 嚴重儒	長二丈四尺 闊八尺二寸 高九尺	泥土	十五元	就地募捐	
馬坟壩	同右	拆除	同右	十三年二月	嚴慰蒼 嚴重儒	長二丈八尺 闊八尺二寸 高一丈一尺	泥土	十七元	同右	
滸村大壩	懷上市滸村	拆除	便利農田灌溉	十四年三月	華炳奎 徐景山	長四丈六尺 闊二丈 高一丈	黃石	六十元	按田派捐業佃各半	
西河壩	懷上市曩裏	拆除	同右	十五年二月	顧茂忠 王致和	長三丈一尺 闊一丈六尺 高九尺	泥土	十八元	同右	
荷花塘壩	懷上市中壩上	拆除	同右	十五年三月	單大鈞 徐耀文	長四丈八尺 闊一丈二尺 高一丈一尺	泥土	四十元	同右	
三瀉壩	第六區東房橋鄉	拆除	疏浚河道便利灌溉農田	民國十五年	方紀生	長五公尺 闊一公尺 高五公尺	黃石	五十元	按田畝徵工募捐	

季塘灣	第六區東房橋鄉	拆除	疏橋河道便利灌溉農田	民國十五年	過邦達	長七公尺闊三公尺高四公尺	黃石	七十元	按田畝徵工募捐	
下場壩	第十區北下場	拆除	為通行戽水船	民國十三年	周培記	長三丈闊一丈四尺高五尺		約二十工	按關係各田及住戶收捐	壽芝鄉屬地
永稔閘	青城市八三圖潛家圩東港	建築	農田水利	民國八年十月	曹子培	共闊四丈餘門闊七尺餘深度丈餘一丈八尺高	石質	六百八十元	按田攤派歸業主負担	小工佃農負責
界涇閘	青城市八四圖莫家埨前	建築	農田水利便利交通	民國十一年二月	莫桂亭莫五福	共闊四丈餘門闊六尺五寸深三丈餘高丈餘	石質	二千〇七十元	莫同信捐助洋六百元餘按田攤派歸業主負担	小工佃農負責
扇子壩	青城市八四圖	修理	農田水利	民國十三年二月	莫家埨孫家村沈亭橋秦家村衆姓經管	闊六丈餘深三丈餘高丈餘	石質	三十五元	保圓堂貼洋十五元餘田主攤派	小工佃農負責

（四）興修無錫全縣水利計畫大綱 建設局

錫縣河道。以其宣洩尾閭而論。約可分為入江入湖兩系。惟江湖水位或有差異。各河水流方向。亦隨之而稍有變更。大約西南隅各溪河兼承武進東南境之水。由直湖港出閭江口入湖。一部順運河東流。至中部各河之水。或由梁溪河入湖。或由錫澄運河入江。或順流東行，須視江湖水位之差易而定。其東南隅諸河之水。一部順運河東流。一部由蠡瀆暨大小溪入湖。北方及東北各河流。兼承江陰東南境之水。東流入常熟境。經白茆塘等入江。但使入江入湖諸本道。通暢無阻。除江湖水位同時陡增陡減外。錫縣可永無水旱之災。然細察各河情形。或河身淤淺。或橋樑低狹。或房屋碼頭侵佔官河。節節阻遏。旱潦之患。自在意計之中。治潦之法。當以疏浚入湖入江諸河。使通暢無阻為主。其入手辦法。當分三步。第一。宜由省廳訂立沿河建築取締專章。責令縣局嚴厲執行。使以後沿河新興建築。再不得侵佔官河。妨礙水利交通。同時將現有公私建築之防礙交通者。次第折除或改建之。第二。將重要河道實施精密測量。依照科學方法。規畫疏浚工程。務使河身各部。俱有適宜之縱橫斷面。第三。依照規劃次第施工。倘能確定的款。逐步進行。定可計日收效也。

疏浚規劃　上述三項入手辦法。第一項訂立沿河建築取締專章。雖經建設局草擬呈請建設廳修正頒發。惟迄今未見批發。再折除沿河現有妨礙水利交通之公私建築。事實上頗屬困難。惟是項工作。極關緊要。蓋此項妨礙水利交通之建築物。如不折除。則河道其他各段。雖經疏浚宣洩。仍不得通暢。收效殊微。此非全縣民衆共同努力不為功。第二。第三兩步。祇須經費有着。即可着手進行。茲就本縣河道中有關水利交通而須疏浚者。規劃大綱。列表如后。

無錫縣急須疏浚水道一覽表

應疏之河道	長度	測量及開浚經費之約略估計	應折讓或改建之建築物	折改建築物經費之約略估計	附註
直湖港	三十六里	測量經費每里約需銀二十元三十六里共需銀七百二十元開浚經費每里約以千元計三十六里需銀三萬六千元	胡埭橋南之市房若干間橋北石駁岸若干丈改建西溪橋胡埭橋富安橋誌公橋四座	拆除市房駁岸約需津貼銀千元改建橋四座每座以三千元計需銀一萬二千元	錫縣西南濱湖自城西惠麓沿湖至胥山其間約長三十餘里一路羣山峙立直湖港實為錫縣西部惟一之大洩水道且常州東部之水亦均東注由此入湖每遇潦年羣水會歸但因節節阻遏宣洩不暢橫溢兩岸錫縣西部及常州東南部即遭汎濫之患且在鎮丹兩縣境之運河現正由江蘇省建設廳籌劃疏浚一經實現

					則滌年由運河西來之水先至錫縣西部汎濫更屬迅速故此河急於疏浚者也
轉水河	六里	漏甯路一百六十四號橋下堍其南北附近最爲狹淺於水利既感不暢於交通亦屬妨碍疏浚經費約估千元	漏甯路一百六十四號橋洞門過狹不敷宣洩因商請路局將該橋兩旁橋洞設法開通既利水流復便交通		此河南接梁溪北通興塘爲旱年湖水流入東北境之要道且該處商業繁茂船隻往來極多坍近商民疊經呈請開浚惟公家以經費拮据未克實行殊爲憾事
南興塘河	三十五里	測量費每里以二十元計三十五里需銀七百元 此河下游自横塘河口至關橋一段長十里淤淺最甚其餘尚可此段約估需去土十三萬方每方以八角計約需銀十萬四千元	石埭橋東之房屋駁岸及碼頭均應折除應改建石埭橋西安橋中安橋太平橋及關橋五座	折除房屋駁岸碼頭津貼銀約估千元改建橋五座每座以三千元計需銀一萬五千元	是河爲錫縣東半部水道之中堅兼洩西部諸水且爲錫邑至常熟之大塘河往來蘇常之重載船隻亦帮經行此河故水利交通均屬重要惟因河身淤淺橋洞狹小遇潦逆流横溢遇旱船隻難行非次第疏浚改建不可
大河	錫境自陳墅鎮至王莊鎮約長十里	此河大部在常熟境應會同常熟縣辦理測量費約二百元開浚陳墅鎮及王莊鎮	王莊之市河兩岸之市房均應折讓數尺該鎮市橋及港下橋應改建放寛	折屋津貼及改建橋樑費約估六千元	此河上游界錫澄兩縣下游經常熟縣西境注於常熟縣東境之白茆塘凡錫縣北境江陰東南境縱横數十里間之水均經此河東注入江惟王

四八五

		之市河約估銀四千元			莊市河狹而且長整治極屬周折地方人士有主另闢新河以代王莊市河可免許多糾紛實屬釜底抽薪之計
梁溪河	十六里	測量費每里以二十元計需銀三百二十元 開浚自西門橋至五洞橋舊址約需銀五千元	折除西門吊橋南首東吊沿城邵姓等房屋	折除房屋津貼約計四百元	此河為水利計能將西門吊橋東堍南首邵姓等房屋折除並自吊橋至五洞橋舊址之河身開浚已能蕆事惟為工商計能浚至大渲口為最妙現此河疏橋工程已由榮德生進行至今尚未完工
鮎魚塘塍塘河	十二里	測量費二百四十元 開浚約一萬五千方每方以八角計需銀一萬二千元	已被水冲坍之大成橋重建時須多造橋洞放寬流水斷面兼改上游橫河兩端之璿為木橋	木橋二坐約銀一千元	是河在北興塘河下游兼承芙蓉塘潘墅塘之水需酌量裁狹撈淺上游橫河兩端之璿改為木橋
大溪河	五里	測量費連蠡瀆十五里約估銀四百元 疏浚費約估五千元	改建大白龍橋旺星橋陸莊橋三坐	改建橋樑三坐約估銀九千元	蠡瀆為錫邑西南境入湖水道之重要者長約十五里疏浚之工程較大其東之大溪河較短疏浚之亦可得同一功效故捨蠡瀆而浚大溪
運河	在錫境長約七十餘里	據聞前江南水利局已經測過在錫境者尚屬寬深似無須疏浚之急要惟跨河橋	北門外之蓮蓉樑（俗名大橋）兩岸房屋駁岸最好各折讓數尺橋亦須改建此		此河應由國省水利機關負責辦理

樑之洞門恐嫌過狹耳	
外亭子橋清名橋洛社橫林新安諸橋倘能放寬橋洞亦屬最善	

此外諸河於水利尙無妨碍疏浚似可較緩故未列入至於小河小港何處應開何處應塞非舉行全縣精密測量無從考查且關係少故暫從略

上述應疏浚諸河統計約須測量經費銀三千三百四十元開浚經費十九萬九千元折除房屋及改建橋樑經費銀五萬三千四百元三共約估銀二十萬五千七百四十元外加因開浚而須收買土地等費共以三十萬元計

經費之籌劃上列諸河如能依照科學方法次第疏浚則旱潦之災可免農田收穫自可增益考錫縣除清宣統三年洪水漫溢農田盡被淹沒秋收全無至民國以來旱潦之災亦已數見不鮮如八年十二年之大水每以水旱之災每畝農產平均減收以五斗計則全縣田一百二十萬畝共減收六十萬石每石以最低市價八元計共損失銀四百八十萬元即假定此項損失每二十年遇一次每年平均損失亦須二十四萬元今全縣疏浚經費約僅三十萬元以一百二十萬畝因平均分配每畝僅須任二角五分若再分五年征收則每畝僅須年征五分已足倘屬輕而易舉而暗中因旱潦災浸之減免其護益不知數十百倍此事直接受益固屬地主而間接則全縣民衆均與焉或謂農田負擔之重至今已極如築路帶征也教育帶征也警餉帶征也若再增加將何以堪不知修治水利事關切身担負既輕獲益尤宏至於築路等費衡情度理似宜與工商兩界共同分擔才屬平允事在我人之自爲耳

結論　錫縣水利之急宜興修已如前述但目下的款毫無帶征又未易舉辦計劃雖具徒等高調惟冀地方父老昆季共同勉力期能次第舉辦遂水利修明之日

(附註)錫縣東北境諸水如南北興塘河等均東流入常熟境由白茆塘等入江如此常熟河道爲錫境諸水之尾閭其通塞頗關重要故修浚計劃兩縣自宜通力合作收効較易　(完)

(五)無錫市整理河道計劃

市政籌備處工務課

河流水道各有其用。治之與否。利害立見。交通灌溉。公用水之利也。

查本市河道。運河環繞。支河傍流。縱橫紛岐。吾人受水之惠。漫不經。意不加愛護。任意侵佔。或傾棄垃圾。遂使河身日狹，河床日高。流既不暢。淤塞日甚。交通因以梗阻。濁流無以宣洩。貨運艱困。疫癘叢生。其妨碍商市。有關衛生至重。且大。自宜亟謀整理之道，茲分別縷述而討論之。

一、規定整理河道章程及擬定幹河計劃圖

河道既爲水上交通之命脈。且爲農田灌溉之源流。其供給人民飲料公用等。猶其餘事。故整理河道。亦爲市政建設之要圖。本處早經厘訂專章。公布在案。制止人民侵佔河道傾棄垃圾，與水爭地之惡習。所以維護水道之意。至爲明曉，並規定本市幹河計劃圖。擬定永久保存之幹河。以便運輸。更就水上交通之現狀。及船舶之繁密。而拓寬之。凡在未拓寬以前。沿河建築者。由本處簽立標記。以便依址縮讓，逐步拓寬。茲規定幹河之寬度。不得小於六公尺。(即二十尺。)則普通船隻可以往來無礙。大於六公尺者，與水流之宣洩量有關係。亦須保持其原有寬度，且便船舶之停留。

二、整理交通

本市工商發達。運輸繁密。道路迄未衛達。且道路交通。有時而窮。故水上交通。無論何時。不可盡廢。城北一隅。商賈輻輳。道路狹隘。素賴船只運輸貨物。大橋一帶。尤多蝟集。而河身狹小。故多阻塞之患。往往擁擠待數小時之久。始獲通行。設統計其損失之大。誤時失程。殊堪驚異。類此情形，於城區河道。亦已司空見慣。爲市政上一大弱點。然整個的拓寬河道。經濟既有所不能。辦理則尤多枝節。前擬有補救治標之策。分述如下。

(甲)限制船舶行駛往來之路徑　城區河道之狹隘者。有不能往來行駛運輸船二艘。故應限制路徑。使往來不同一道。例如在江尖附近，自北而南之船隻。應限令行駛江尖之南。自南而北之船隻。限令行駛江尖之北。往來既不繞道。而阻塞之患。可以免矣。

(乙)整理城北市河船舶擁擠　本市城北商賈輻輳，故侵佔河道。較他處爲尤甚。河身之狹隘，有如蚯蚓。故吳稚暉先生曾主將黃埠墩稅務分所移往吳橋之西。既可擴張錫市之區城，向西發展，挽救城廂混雜之弱點。並可將城北擁擠之船只分散。河身廣闊之處。而免阻塞之患。本處擬呈請財政部辦理之。又京滬車站。相距市廛甚近。而貨站與工運橋幾相毗連。貨物運卸。與城北市河擁擠。關係甚大。本邑商會曾主將貨站遷至吳橋。貨物運輸，可免繞道大橋。並可爲開闢吳橋新市場之一助。而工運橋畔之市容。且可大加整理。旅客之出於斯途者。益增好感。本處亦擬將此種計劃呈請鐵道部辦理之。

(丙)規定停船及竹木筏之處　查本市停泊船只。慢無限制。在行駛繁密之市河。猶多停留。招待主顧。阻塞河中。殊屬非是。貨物之運卸。亦無一定時間。已卸貨物。空船亦任意隨處停泊。皆爲阻塞之原因。河身稍寬之處。又有竹木筏蜿蜒數十丈。停駐其中。佔踞河面幾及大半。若此情形。而欲行駛通暢。自屬不能。本處於整理河道章程中。早經規定取締辦法。無如該業人等。每多視爲具文。從不經心。亟應設立水上交通警察。切實照章執行之。

(丁)折除妨碍交通之建築物　河傍碼頭。在駁岸線以外者。或於河灘搭蓋房屋。停歇船只者。建豎木架。晒晾衣服者。闢爲晒場者。濫圈魚簖者。類此情事。數見不鮮。其妨碍水利。阻塞交通。至爲重大。應規定期限。勒令折除之。

(戊)規定商市地點　市廛龐雜。市政無以修明。而市容凌亂。亟須加以整理。故規劃市政。有分區之計劃。本市工商蝟集。初無治市之政。更無區域之分。商市地位。任意混雜。將來市政之措置。關係非細。例如批發貨棧。竹木商賈。設立鬧市。足使河面擁擠。務須一律遷至吳橋左右。河寬在二百尺以上之處。貨船運卸。亦較便利。其他各染坊色水。棄傾河中。有碍衛生。亦須遷出鬧市。

三、清潔河水

河水雖非飲料。而在今日人工飲料水源未臻普遍之時期。事實上不能不暫時使用之。故清潔河流。更屬重要。且今工業發達。吐絲廠染織廠等日見增加。其放出之濁流。如注入河內。混入飲料中。供市民之汲飲。殊堪憂慮。故本處設有專條限制之。茲更將其辦法概述如下。

(甲)工廠之濁流　凡含有毒質。色素。臭氣。及附有傳染病徽菌之水流。如工廠中之用剩水流。醫院中之物件等。均不能傾棄河中。以免傳染而礙衛生。如有類此情事者。責令遷往河流下流。方准營業。

(乙)市民之排泄　市民之日常排泄物。如便溺。柴灰。煤屑。以及垃圾。均不得任意拋棄於河道之中。以保持河水之清潔。查該項排泄物。均有廢物利用之處。爲有價物品。而無識之徒。均傾之河流。卽爲了事。而不知該河流。卽自己仰爲生活者。該次傾入垃圾之一部分。仍還歸自己汲食。則既屬違法。抑且害人而自害矣。是應加以注意者也。

(丙)保護魚類　河流雖能挾雜質以宣洩。而魚類亦爲維護清潔之恩物。夫排泄之物。沉入河中。端賴魚類之吸食。而消滅之。故古制捕魚有時。並限制捕殺魚秧。以免竭澤。近今生活日艱。捕魚者漫無限制。內河魚類。殆將捕盡。實於河流清潔上。不無關係也。

四、塡塞河浜

河浜少則流力增强。流力强則宣洩之功益著。查本市河道。除幹河外。應分爲暫時保留河道。及塡塞河道而處理之。暫時保留河道。爲陸路交通未發達以前。凡運輸貨物。不能仰給於車輛之時期。利用此項河道。以運輸之即填塞支河。小浜。亦宜以運輸及洗滌方面無所妨礙。方能進行。填塞河道。指迂廻曲折之小浜。距離較短之斷河以及無用之池塘等而言。其實施之大要辦法如下。

(甲)會集該河流附近之瓦屑雜土。以填築之。將填成之地。闢為公共場所。如停車場。大小便所。或兒童運動場等。以增進市內之設備而便利市民之應用。

(乙)填以垃圾雜物。上鋪草地。種植樹木花菓。闢為小公園。以便人民休憩之所。

(丙)招工填平。暫為公地。以備拓寬道路時。全折讓路各戶之交換基地。

(丁)招工填平。改築新路。以利交通及運輸貨物之車道。

(戊)招工填平。改為基地。以裕市產。

五、建造公共碼頭

本市各處駁岸因河寬未經明令規定。人民於建造時。無所繩準。僭佔填塞情事。在所不免。故駁岸線大都參差不齊。且寬河各戶之私築碼頭。往往祗顧一家之便利。建造老式木石碼頭。任意僭佔。妨碍水流。濫收公捐。毫無限制。貨物上下。既感不便。侵害公用事業。莫此為甚。亟應切實整頓。本處已派員先行調查適當地點。擬築水泥鋼骨碼頭。以示模範。然後將各處河道。規定碼頭建築線。將各種碼頭之地位與建築法。繪具圖說。以便集資建造。而利應用。

(甲)公共用碼頭　此項碼頭。專供市民公共汲水。及洗滌之用。宜廣闊而平坦。以供多數人同時作用。地位宜以市民之多寡而定。至少每半里建築一處。構成材料。宜以永久耐用之石材。或水泥鋼骨。以免損壞修理之周折。

(乙)船舶用碼頭　此項碼頭。專供各種船舶之停留。為上下貨物及旅客往來所用。其長寬應按照船舶之種類而定。坡度與結構方法。應以貨物之大小重量而別。例如裝載大號貨物。不便槓運者。應裝置新式起重機。以起卸之。其他可以槓運而尤屬笨重者。則宜築和緩之斜坡式。最次則可築踏步式。凡此項碼頭。均應由本處按照情形而設計建造之。其實施之大要辦法如下。

(一)該建築費。先由各商戶攤派認墊。集資建造。後由本處按月在所徵集之租捐項下。攤還墊款各商戶。

(二)由本處所募之公債項下。撥款建造。後將所收取之稅捐費內。按期攤還公債。

(三)由各該商戶向本處租地。照本處規定圖樣建築之。

六、定期禁止飲用城廂河水

飲料為人生必需之要素。而清潔與否。其關係於身體之健康者。殊大。查本市所用飲料。除仰給於少數自流井外。餘大多取之於河。而本市之河流。因溝渠制不備。濁水積流。任其注入河中。使河水穢濁。不堪問津。而尤以城廂一部分爲尤甚。一入冬季。水色黝黑。臭氣撲鼻。祇宜灌溉。若用之爲飲料。則有碍於衛生。已不待言。故擬由本處積極開闢自流井。以供飲用外。至相當時期。按段禁止飲用河水。藉以免防疫癘。而維公衆衛生。

無錫市政籌備處整理河道章程

十八年十月二十三日公布

第一條　本章程以整理河道。限制兩岸建築物。清潔河流。便利水運爲宗旨。

第二條　本章程適用於無錫市內一切河道。

第三條　凡屬於永久保留之幹河。河道闊度不得小於六公尺。至河道交叉處更得放寬形成圓角。其有不合於此項規定者。如因兩旁建有房屋或駁岸時。應卽照章折讓。其讓進之尺度。應自河心向左右折半度之。

第四條　除前項規定之河道外。其餘河道之闊度。得暫維原狀。

第五條　凡未得本處之許可者。無論何人。不得搭架橋樑及跨出水面之建築物。如水關碼頭等。侵佔河道。其現有一切懸架物。認爲有礙交通者。本處得隨時折除之。

第六條　除城外廣闊河道。依據本章程之規定。並得本處之許可者外。其城內河道及運河中。一律不准安置木排竹排等障礙物。

第七條　凡在城外河道中安置竹排木排者。須在河寬十二公尺以上之河傍。其使用河面不得超過河寬五分之一。如有違背章程任意放置者。得視情形之輕重。酌量懲戒之。

第八條　凡停泊船舶所占地位。不得超過河寬二分之一。其有妨碍交通者。本處得隨時取締之。

第九條　凡公用碼頭由本處規定建設者外。其餘私築碼頭裝設踏步。須經本處核准。發給建築執照後。方可建造之。

第十條　凡沿河開闢門窗。裝設晒衣木架及[illegible]入河道中之物件等。未經本處許可。不得擅自興築。

第十一條　凡大小便所不得排洩入河道內。

第十二條　凡柴灰煤屑及垃圾。均不得任意拋棄於河道中。

第十三條　凡含有毒質臭氣色素及附有傳染病黴菌之物件便溺器具等。不得在河內灌洗。

第十四條　在本市河道內。不得裸體沐浴。

第十五條　凡違背本章程之規定者。除由本處予以相當之懲戒外。仍當勒令照章辦理。如不遵守。强制執行。

第十六條　本章程自公布日起施行。

拆城築路

(一)拆城之進行

古代戰鬥利器僅恃刀兵弓矢故築城垣以禦敵歷代視爲要政今則鎗炮之利無堅不摧斗大方城甯有保障安全之效力如往年軍閥盤踞武昌以抗國軍全城幾爲灰燼是城不特無保民之利反足以爲民之害矣且都市之中限以城門車馬阻塞行人擁擠更爲妨害交通之明證苟拆除之而以城基爲環城之大道則障礙既除交通復便一舉兩得善莫大焉吾邑人口繁密工商輻輳拆城築路尤爲當務之急執政者固已籌之數年而贊成者有之反對者有之齊盧之役倖賴城垣以禦兵匪反對者遂以此爲藉口十八年一月前縣長孔憲鏗復倡拆城之議由建設局擬具計劃預算未及實行七月中現任縣長孫祖基復令建設局擬具拆卸無錫縣月城計劃說明書及工程經費收支預算書逮市政籌備處成立更覺拆城之急不容緩復擬具新計劃勢在必行將來拆城以後裨益民衆良非淺鮮茲將前項各種計劃附列於后。

(二)無錫拆城築路工程計劃概算書

建設局

查無錫縣城現闢城門六處自新北門至老北門自老北門至西門城內外商市最繁且與鐵路運河關係上亦較爲密切故現擬先行拆除自新北門起經老北門至西門一帶城牆並築新式道路以利交通惟城牆基礎僅有六尺益以城外現有街道十尺左右兩共十六尺之譜路寬斷不敷用參照各縣城牆建築及吾邑東門荒僻等處城脚兩兩比較可知內外護城河之間俱爲城牆附屬地(即官河)事跡照然極爲明顯現在附近內外一帶房屋其基地非取諸城根即係自護城河內塡出總之俱爲公地可無疑義惟此種房屋現在俱係熱鬧場所全體破壞亦非人情所願今擬酌中辦法自城牆算起內外各讓出二十五尺總計路寬爲五十六尺(路面四十尺可容四輛汽車並行)可與需要相合矣茲將城牆現況及築路計劃分述於後。

(一)城牆狀況

甲、城牆之磚石　城牆之斷面大小高低雖稍有出入平均計算。如下

每尺城牆

磚 $\frac{4'+6'}{2}\times 16=80$ 立方尺

$1'\times 5' = 5$

總數 $=85$ 立方尺 $=.85$ 方

石 $6\times 5'=30$ 立方尺 $=30$ 方

乙、城牆之長及泥土　光復門至北門約一九〇〇尺。城內所有泥土已大部爲傍牆居民挖去。所餘無幾。自北門至西門長約三〇〇〇尺。其泥土則每尺約有一〇〇立方尺（卽一方）

丙、城外道路　城外現有道路。其闊度如左。

光復門至吉祥橋	平均約二十尺	以下作十尺扯算
吉祥橋至北門	平均約九尺	
北門至西門	平均約十尺	

丁、城內情形　城內堆土原至裏城河爲止。惟本段則概被居民佔有。所有城根之土。幾全數掘去。一面以駁岸等再佔裏城河。故城牆內至裏城河。現有七八十尺之多。俱由市民僭佔。起造房屋。成爲熱鬧場所。其所執產權。係租自台營官地局（現稱武錫官產事務所）既稱租賃。（其時租價甚廉。每畝不過數元）當然非絕賣性質可比。似可酌定官價。一律收回。惟目前則暫用二十五尺。餘仍轉租與現住居戶。

（二）現擬計劃

甲、拆除城牆　先將本段（光復門至西門）約長四九〇〇尺之城牆投標拆除。（擬分五段標拆。以免壟斷）限一個月竣事。其挑去泥土須包括在內。施工細則另訂。其價目大約拆除城牆一尺須銀八角。挑去泥土一方。須銀一元二角（一方卽一〇〇立方尺。）細數另詳概算書。

乙、磚石出售（或作價）　城牆每尺約有磚〇・八五方。石〇・三〇方。每方磚以七元計。石以五元計。可得銀七・四五元。出賣磚石最好與拆城合併投標。以免繁瑣。爲免除壟斷計。亦須分作五段（每段約一〇〇〇尺。）

丙、築路　築路經費。擬卽將磚石售得之價充之。其闊度定爲五十六尺。中四十尺鋪尺以路面。兩旁各八尺。爲人行道。路之基礎。卽以原基夯實。中砌二十四寸大水泥陰溝（支溝爲十二寸水泥溝）路面用煤屑四寸。上鋪碎石片。或卽以舊城磚側砌。則合價較高矣。人行道則以舊城磚或石砌之。

丁、拆讓房屋　今定路寬爲五十六尺。則城外各須讓進二十五尺。（城外可除原有街道。祇須讓進十餘尺不等。）在拆城時。須同時通知各房主照界拆讓。其官價俟查明給與。其不拆讓者。由公家代拆。須與拆城同時完畢。在此期內。一面投標築路工程。其築路開始日期與拆城（及房屋）完畢日期。互相銜接。大約一個月爲拆除時期。二個月爲築路時期。三個月可以一律完竣。蔚成康莊通衢矣。

（三）拆城築路概算書　工程計劃。須輔以經濟預算。方克有成。現在城牆磚石無論出賣與否。統列入收項。築路或購新料。或以舊磚

石作用。但爲支出則一、故均列支項。下爲拆城築路收支概算書

收項　共銀三六•五〇五元

1. 舊磚　四一六五方每方七元計銀二九一五五元

(註)城牆每尺計磚〇•八五方共長四九〇〇尺

2. 舊石　一四七〇方每方五元計銀七•三五〇元

(註)城牆每尺計石〇•三〇〇方四九〇〇尺如上數

支項　共銀三五、九一八•五元或三九、八三八•五元

1. 拆城　共銀七、五四四•五元

(a)拆城四九〇〇尺每尺〇•八〇五元計銀三九四四•五元

(註)每尺磚石共一•一五方每方工銀七角

(b)挑去城內泥土長三〇〇〇尺每尺一•二〇元計銀三六〇〇元

(註)每尺約一方每方工資一•二〇元

2. 築路　共銀二五、三七四元或二九、二九四元

(a)平成土基四九〇〇尺每尺〇•二五元計一二二五元

(註)每尺半方每方工資五角

(b)車道四九〇〇尺每尺工料價一•六〇元計銀七八四〇元或如用舊磚砌每尺工料價二•四〇元計銀一一•七六〇元

(註)路面鋪以碎石片下用煤屑四寸四十尺寬每長一尺計四十方即〇•四•〇方每方鋪工物料共價四元即每尺長工料價一•六〇元

如路面以舊城磚六寸側砌每方須工料價六元即每尺長(.40×6=2.40.)須二•四〇元如上列第二項

(c)行人道四九〇〇尺每尺工料價〇•九六元計銀四七〇四元

(註)每邊八尺寬兩共十六尺以舊城磚側砌兩邊每尺計〇•一六方每方六元每尺合銀〇•九六元

(d)行人道旁側石(車道人行道交界)用舊城石砌四九〇〇尺每尺價〇•一五•元計銀七三五元

(註)每邊一尺計共二尺每尺需石一•五立方尺則兩尺需石三立方尺(即〇•〇三方)每方五元計每尺長合銀一角五分

(e)溝渠　二十四寸大水泥溝四九〇〇尺每尺〇•九〇元計銀四四一〇元

又　十二寸水泥支溝四九〇〇尺每尺〇•四〇元計銀一九六〇元

(f)橋樑　北水關橋改建三十尺闊鋼骨混凝土橋一座約計銀四五〇〇元

3.地價　收進地基三十畝每畝一百元約貼洋三〇〇〇元

(註)路長四九〇〇尺城內收進二十五尺城外除原路收進十五尺共四十尺以一中畝合六六一三英方尺算共計

$$\frac{4900 \times 40}{6013} = 29.63\text{畝}$$

(四)結論照以上所列。如車路用碎石片煤屑鋪築。尚可餘銀五八七•五元爲預備費。

若車路用舊城磚六寸側砌。則須加三九二〇元。收支相抵。反缺銀三三三二•五元。需設法籌集之。

以上所列尺度俱爲英尺。

(三)拆卸無錫縣月城計劃說明書　建設局

各縣縣治舊建城垣。所以察奸究禦炮火。復築月城屯兵卒司守衞。今則戰器有鎗炮之利。交通亦日益發達。城垣既失保障之效力。月城更無保留之必要。是則城垣與月城之亟須拆除。已無疑意。惟沿城民房旁城建築。一旦城垣拆除。交通繁盛。原有街道。必須拓寬民房一部。勢必拆讓。則所需建築經費。爲數頗巨。拆除民房。又須給價。苟非通盤籌劃。集有款項。實難舉辦。查月城突出橋樑臨前（見圖示）交通既有迂緩之苦。車輛復有傾覆之虞。我錫邑東南西北四城。除北門月城內房屋由毘連。拆除較難。暫行緩辦外。其餘東南西三處月城各有警衞一所。月城拆除以後。適當交通之衝。均在拆除之列。所有月城拆除工資。警衞所遷移經費。則擬以城磚變賣充用。收入支出。尚能適合。惠而不費。何樂不爲。茲擬收入支出預算書如下。

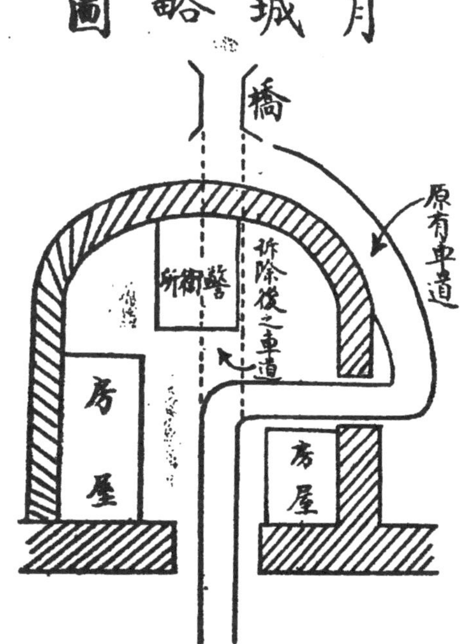

拆除無錫縣東南西月城工程經費收入預算書

科目	收入預算數	備考
城磚變賣價	四四〇〇・〇〇〇	東門約三百方南門約四百十方西門約三百九十方共計約一千一百方每方以售四元計如上數

拆除無錫縣東西南月城工程經費支付預算書

科目	支付預算數	備考
第一款　拆卸工程經費	四四〇〇・〇〇〇	
第一項　拆卸及整理經費	二二〇〇・〇〇〇	
第一目　拆卸及整理經費	二二〇〇・〇〇〇	
第一節　拆卸工資	一一〇〇・〇〇〇	每方以一元計一一〇〇方合計如上數
第二節　整理工資	一一〇〇・〇〇〇	拆除以後城磚上所有一切附着物必須清除整理後方能出售每方工資以一元計一一〇〇方合計如上數
第二項　警衛所遷移費	一八〇〇・〇〇〇	
第一目　警衛所遷移費	一八〇〇・〇〇〇	
第一節　警衛所遷移費	一八〇〇・〇〇〇	東南西月城內各有警衛所一處住居吊橋與城門之間均在拆除之列須另覓相當地點重行建築每所遷費約六〇〇元合計如上數
第三項　鋪砌街道費	二〇七・〇〇〇	
第一目　路基費	八一・〇〇〇	

科目	金額	說明
第一節　土方	八一・〇〇〇	城外吊橋之墩與城門內街道高度相差約五尺路闊十尺須用土十八方每方運費及工資以一元五角計三處合計如上數
第二目　路面費	一二六・〇〇〇	
第一節　碎石子	八四・〇〇〇	照前列尺寸每處須鋪石子七方每方工料銀以四元計三處合計如上數
第二節　夯滾費	四二・〇〇〇	三處共二十一方每方以二元計合計如上數
第四項　工程雜費	五二・〇〇〇	
第一目　薪水	三〇・〇〇〇	
第一節　監工員薪水	三〇・〇〇〇	監工員一人月支三十元以一月計如上數
第二目　車資	一二・〇〇〇	
第一節　車資	一二・〇〇〇	技術員監工員來往人力車資等每日約以四角計一個月如上數
第三目　雜支	一〇・〇〇〇	
第一節　雜支	一〇・〇〇〇	
第五項　預備費	一四一・〇〇〇	
第一目　預備費	一四一・〇〇〇	
第一節　預備	一四一・〇〇〇	拆除工資有漲落售價收入或有不足之處列預備費如上數

（四）無錫市建築環城馬路計劃

市政籌備處工務科

查無錫市之現狀。以城爲中心。沿城北東南三面。皆有運河。因交通之便利。工商業日臻發達。而城北一帶。尤以對外商業名。東南隅工廠林立。進展之速。大有一日千里之勢。城西有惠山太湖之勝景。住戶均趨向之。故十年前之曠地田野。今漸成爲廠址新市村矣。回溯十年前無錫市人口不過十萬。今已增加一倍。如再逾十年二十年。而至六十年後。人口將逾百萬以上。其聚居之趨向。必仍以交通便利之運河附近地點。及風景優美之西區爲最有希望。然考其大勢。則圍繞現在之城垣。逐漸發展而已。人口增加。交通愈繁。南北與東西之交通。均須經過城區。方爲便利。而已定之南北及東西幹路。在經濟上不能立時拓寬。不得不求救濟之策。以應需要。故須先闢築環城馬路。以貫通之。夫城垣乃封建遺物。其阻礙交通及工商業之發展。並失防禦之效。盡人皆知。急應拆除。無待豫疑。且拆除以後。能得大宗舊料。堪充築路經費。所有城基。亦足供闢路車道之用。故就工程方面言。較之拓寬南北或東西幹路爲易辦。而效易著也。茲經審察情形。實地丈量。決定分段拆除。改築環城馬路如下。

第一段、自光復門至西成門止。共長一千四百八十公尺。

第二段、自西城門至西水關止。共長六百六十公尺。

第三段、自西水關至南門止。共長一千四百二十公尺。

第四段、自南門至東門止。共長一千四百五十公尺。

第五段、自東門至光復門止。共長六百三十公尺。

第一段、自光復門至西成門止。爲西北隅。即商市繁盛之處。且與鐵路運河相近。擬先行拆除。改築新式道路。以利交通。現城牆基礎寬約六呎。加以城外現有街道。約十呎。城內護城泥幾呎。合共二十餘尺。尚不足路之寬度。故擬定酌中辦法。依據城牆外城脚爲馬路中心。線內外各讓至七公尺半。（即二十五呎）總計十五公尺。並分人行道兩邊各一。七五公尺。車道十一公尺半。以備同時駛行汽車四輛而有餘。則堪稱適用矣。茲更將城牆現狀。及築路計劃工程預算。分述於後。

（一）城牆現況

甲、城牆之磚石現狀　城牆之橫斷面大小高低。雖稍有出入。茲以其平均址算之橫斷面圖計算之。如附圖。計每呎磚石料如下。（城磚最大者每塊約14''×7''×4''）

每尺城磚

城磚 $\frac{5.\times 11.2'\times 144''\times 12''}{14''\times 7''\times 4''}=246$ 塊

城垛 $\frac{1.2'\times 4.2'\times 144''\times 12'}{14''\times 7''\times 4''}\times 2.5=17$ 塊

共計263塊

石料65'×7.2'=47方尺

乙、城牆之長及泥土　光復門至北門長約四百九十公尺、城內所有泥土。已大部爲築牆居民挖去建造住屋。築足城牆。故所餘無幾矣。自北門至西成門長約九百九十公尺。其泥土則城牆每尺有半方而已。此次泥土擬卽塡塞內城河之一部。以增加餘地。而利植樹、開闢路傍小公園用。

丙、城外現有道路及本段城垣平面圖　城外現有道路及本段城垣平面圖。已由工務科測量製成。圖樣其約略如左。

光復門至吉祥橋　寬平均約二十呎

吉祥橋至北門　寬平均約九呎

北門至西成門　寬平均約十呎

丁、城內情形　城內堆土原至裏城河爲止。惟本段則概被居民佔有。所有城根餘土。幾全被挖去建屋居住。故城牆內至裏城河止。所有七八十尺之地。俱爲市民僭佔矣。

附城垣現狀圖一紙

（二）拆用城牆辦法

甲、拆除城牆　先將第一段共長一千四百八十公尺之城牆。分三段登申錫各報投標拆除。以免壟斷。限一個月竣事。其工程說明書估價單另訂之。其價目大約拆除城牆一英尺須洋一元五角。挑去泥土半方約須洋六角。

乙、磚石之利用　城牆每英尺約有石料四十七立方尺。每立方尺以洋七分計。可得大洋三元二角九分。計自光復門起至西成門止一段計全長四千八百六十英尺。共計可售洋一萬五千餘元。

查拆下之城磚。計每塊長約十三吋半。寬七吋。厚三吋半。較現在市上所售之每五塊厚七吋半之新仿。（長八吋寬四吋）約大七倍。目下新仿每塊售洋七厘（卽每萬售洋七十元。）則每塊城磚應値洋五分。故擬定每塊最低價售洋三分。查城牆每一英尺長。除石料外。約有磚二百六十三塊。共計可得一百廿七萬塊。卽以每塊値洋三分計。則可得洋三萬八千餘元。如該項城磚出售。價格太廉。不能合本處預算時。則可移築人行道。及側石平石之用。其做法如下圖。

丙、拆讓房屋　環城路路寬十五公尺。約依城牆外城脚爲中心線。向左右各讓七公尺半。在拆城時。同時通知各業主租戶。照中心線各自拆讓至七公尺半。由市處給與官價外。並給與免費改造門面建築執照。以便該段市民翻造新式市房。藉整市容。如遲延不自拆讓者。由處雇工代為改除之。但不另給官價矣。

丁、內城河之利用　查本處所擬環城馬路寬度為十五公尺。(約合五十英尺)故城垣拆除後。將外城河加以整理而便市民使用。外內城河距外城河甚近。無存在之必要。可將城基泥土填塞之。則除路寬外。尚有寬曠餘地。該項餘地。可按照市價出賣。並可於路旁每隔相當距離。設立公共廁所。垃圾箱小公園及停車場等。予市容觀瞻大有俾益也。

(三)建造環城路即第一環形路

甲、路中心及寬度之擇定

第一環形路係拆除城垣。利用城基而改造者。查無錫城全部城外原有街道可以環繞通行。城內沿牆城有泥土輔助以利防禦。晚近雖為市民漸漸僭佔。而失其原形。然既指定拆城改築道路。則此路之格式。當仍照城垣形狀。略加整理。路中心線應在城基內。(即以外城脚之邊綫)根據造路原理而作有規則之曲線也。

寬度本定為十二公尺。因奉民建二廳指令以十五公尺為最小限度。故較原定加增三公尺。人行道每邊寬一、七五公尺。車道寬十一、五公尺。全寬為十五公尺。

乙、辦理拆城築路工程程序表

拆城築路。較單純之築路工程手續為多。蓋須兼理拆除城垣。出賣城磚石料。拆讓房屋。給價收用民地。及套城一帶之整理等事宜。非僅測繪路線。填土築路所能了事。茲將辦理程序列表如下。　附表

辦理拆城築路工程程序表

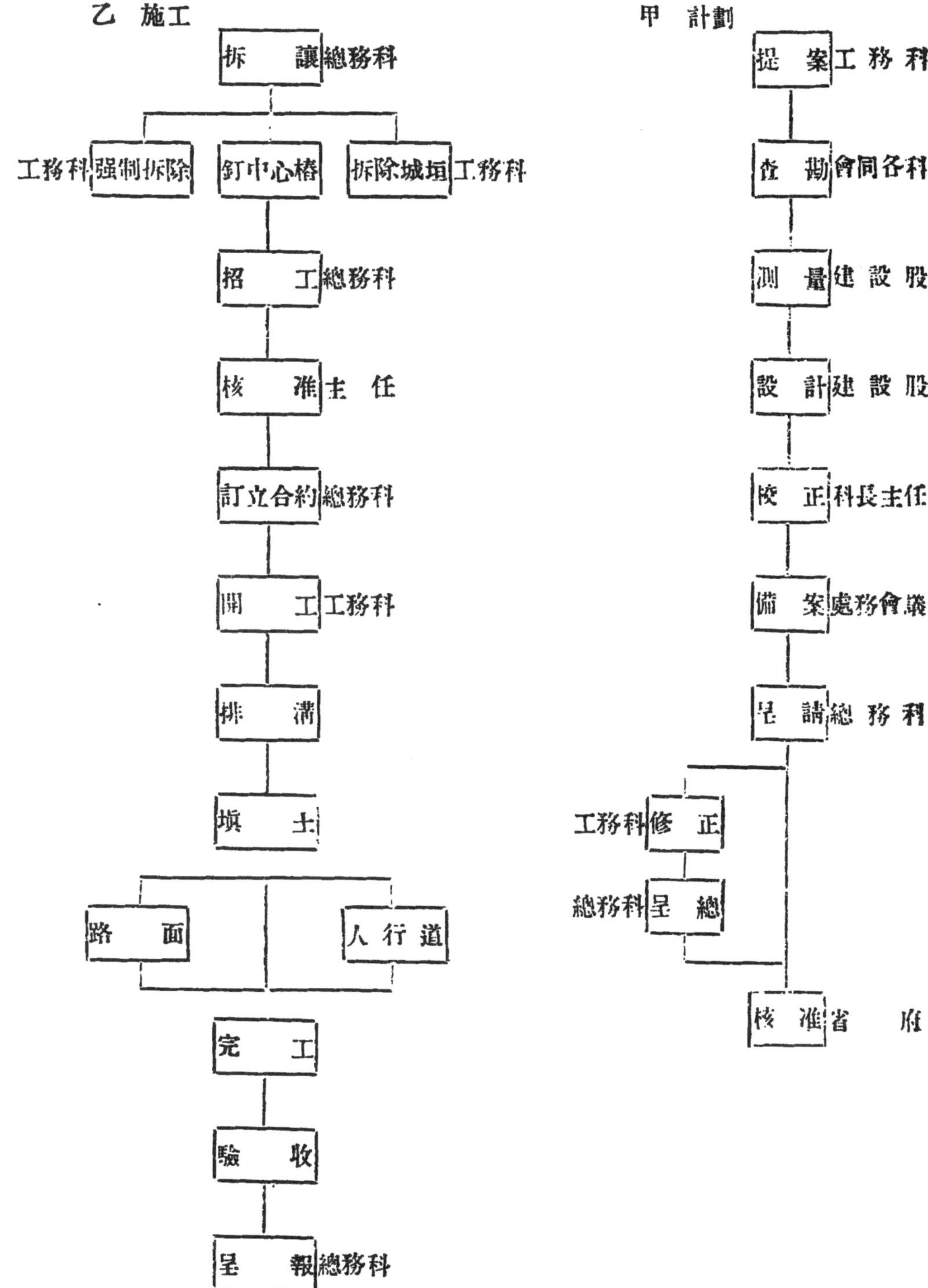
甲 計劃
提案 工務科
查勘 會同各科
測量 建設股
設計 建設股
校正 科長主任
備案 處務會議
呈請 總務科
修正 工務科
呈總 總務科
核准 省府
乙 施工
拆讓 總務科
強制拆除 工務科
釘中心樁
拆除城垣 工務科
招工 總務科
核准 主任
訂立合約 總務科
開工 工務科
排溝
填土
路面
人行道
完工
驗收
呈報 總務科

丙、拆用民房屋面積估價概算

查城基原有範圍。自外城河起至裏城河為止。但後生齒日繁。基地之需要漸大。故城牆兩傍之餘地。乃亦供人民之建築。數百年來。附郭幾無隙地。錫地尤甚。如北城脚一帶。屋宇毗連。嚴如街巷。故自城牆除拆外。不能不將民房拆除。方能至規定寬度。茲由本科派員按段詳細調查。列表於下。凡每段之應拆房屋。分樓屋平屋草屋三種。樓屋每十平方公尺。平均給拆屋遷移費洋十元。平屋照樓房折半計算。草屋不給價。基地之收用方法。除按照本處拓寬原有街道辦法第三條辦理外。視地段之情形。分別等級。估定價格。核算發給之。

計拆屋遷移費第一段七千二百六十二元。

第二段一千四百五十元。

共計大洋八千七百十二元正。

——附表二紙——

環城馬路第一段拆屋面積估價概算表（自光復門至西成門共計長一千四百公尺）

地點	路長	縮讓平均尺數	應拆樓屋	應拆平屋	面積總計	價格總計	備註
光復門至吉祥橋	二百五十公尺	平均約二公尺	二百五十公尺	無	五百方公尺	五百元	公安第二分局局址拆進一公尺半
仝上城內	仝上	平均約四公尺	七十公尺	一百八十公尺	一千方公尺	六百四十元	光復門警衛所院址拆讓過半
吉祥橋至北門	二百二十公尺	平均約四公尺	一百十公尺	一百二十公尺	九百二十方公尺	六百八十元	
仝上城內	二百三十五公尺	平均約五公尺	二百公尺	三十五公尺	一千一百七十五方公尺	一千另八十七元	
北門至西成門	九百公尺	平均約五公尺半	七十五公尺	八百二十五公尺	四千九百五十方公尺	二千六百八十元	
仝上城內	九百公尺	平均約五公尺	二百公尺	二百七十公尺	二千三百五十方公尺	一千六百七十五元	電話公司拆讓共二百五十方公尺內城基空地約四百三十公拆楊氏小學空地平屋共二百五十方公尺
總計	二千七百六十五公尺		九百另五公尺	一千四百三十公尺	一萬另八百九十五方公尺	七千二百六十二元	共合一六・三四三畝按照內政部頒布市尺制核算

環城馬路第二段拆屋面積估價概算表（自西成門至西水橋止共計長六百六十公尺）

屋別	縮讓平均尺數	長度	面積	估價	備註
樓屋	一公尺半	一百八十公尺	二百七十方公尺	二百七十元	城內（城外無樓屋）
平屋	二公尺	五十公尺	一百方公尺	一百元	城內
平屋	八公尺	二百七十公尺	二千一百六十方公尺	一千另八十元	全拆者一千四百方公尺（城外）電壓所一處拆讓共二十八方公尺
草屋	七公尺	一百五十公尺	一千另五十方公尺	不給價	城外草屋全拆
總計	路線長六百六十公尺	拆屋長六百五十公尺	三千六百五十方公尺合五，四八畝	一千四百五十元	按照內政部頒布市尺制核算

丁、投標章程說明書已刊入第二期無錫市政工程計劃中各段工程估價單。暫不能公布。以便招工投標者之估計。茲僅將本處拆除城牆工程說明書附後。

無錫市政籌備處拆除城牆工程說明書

第一條　本工程自光復門公安分駐所起至西成門西邊止。計分三段如下。

（一）自光復門至老北門止。計長四百九十一公尺。

（二）自老北門至楊氏小學球場北面。計長四百六十三公尺。

（三）自楊氏小學球場北面至西成門止。計長五百三十七公尺。

第二條　本工程由承包人按段分別投標。一段或幾段。均聽承包人自擇。惟得標後。均須依限繳費開工。不得托故推諉。

第三條　本工程不論晴雨。每段限三十天竣工。逾期每日罰洋五元。

第四條　城垣拆下之城磚石料。由承包人照實估價收買之。如不欲收買而但承包拆卸工程者。須經本處同意。得准許給標。

第五條　本工程拆卸範圍。指各該段地面以上之城磚石料及泥土。及地面以下深四尺止之城脚。其他均由本處收用之。承包人不得托故私自收用或藏匿。

第六條　城內外舊道路之磚石料。均不能任意拆卸。否則責令賠復之。

第七條　磚石泥土須隨掘隨運。不得堆積街面阻碍交通。

第八條　磚石料除承包人即時運往外。其安置地位。均由本處指定之。其有堆積於不准堆積之處。得責令於一日內遷去。

第九條　本工程內拆卸及掘取之磚石。由承包人收買者。除拆工運土工費外。承包人應繳本處城磚石料洋若干元。分三期繳納。

(一)動工前繳納全數三分之一。(二)城牆拆卸至一半時。繳納全數三分之一。(三)城牆拆平開始掘取基礎時。繳納定數三分之一。

第十條　工程進行中不准故意損壞道路及建築物。

第十一條　工程進行中不得斷絕交通。

第十二條　承包人應有殷實舖戶二家具結擔保。

第十三條　本工程進行中承包人中途停工或其他不能履行工程說明書所規定時。應由擔保人代負一切責任完成之。

第十四條　本說明書如有未盡之處。在工程合約中酌定之。

(四)實施測量報告

甲、第一段測量報告

附廓基地居民潛佔甚多。屋與城垣毗連者有之。屋築於城垣上者亦有之。此次測量。係由城外及城垣上用經緯儀度方位角支距及長度。均用公尺直量之。而測閉塞圈由光復門至西門全線共長約三千餘公尺。城垣狹仄。僅可容足。施測困難。測是時期約二星期。城垣橫斷面石磚高低稍有參差。僅測斷面概况以為標準。

乙、第二段測量報告

自西成門至西水關為環城馬路第二段。全長計六百六十公尺。此段沿城基地居民侵佔甚少。且無車輛通行。施測較第一段為便利。自西成門吊橋舊有樁點上。賡續測量沿河繞至城垣上。回至吊橋作閉塞圈。所有地形均用經緯儀視矩 Stedia method 而改正其傾斜差。閉塞差為一千五百分之一。沿城泥土高約十二呎。寬約廿四呎至十五呎。約計二千八百土方。內城河沿城共長一千一百呎。深度自七呎至十呎。寬約廿呎至廿六呎。約需填土二千五百方。即以沿城土方填入城河云。

(五)拆除無錫四門月城計劃書

市政籌備處工務科

查無錫城垣。業經本處計劃拆除。四門月城。亦在其列。本無庸另擬計劃，祗以去冬四郊多故，匪盜潛滋，未克即時實行。而各月城地近商場，商賈輻輳，交通頻繁，月城橫梗其間，道經吊橋之往來車輛，必須繞越，偶有不愼，每多衝撃之患，市民受切身之苦，希冀拆除，尤爲殷切。前經縣建設局據公民之請求，呈請拆除，旋奉廳令，另擬計劃呈核。比以市處成立，市民又復紛紛請求在城垣未拆以前，先將四門月城拆去，以利交通。本處迫於輿情之熱望，當由工務科分別測算，詳察市民所需，周諮博詢，僉請先從南門入手，西東北按次實行。蓋以南門月城，適當南吊橋境，車輛入城，必須沿橋經二三十度陡坡，下駛轉輾入月城，危險最多，雨後濘滑，車輛顛覆，時有所聞，就緩急言，實有先拆之必要也。茲將拆除月城及築路等工程分別依據本處實測月城平剖面圖，評爲核計如左。

拆除月城預算書

(一)月城概況　月城城根較城垣爲厚，附廓房屋櫛比，施測非易。姑就城門寬厚，按照實測斷面圖，計每呎磚石料如次。

每呎月城磚 $= \dfrac{5'\times 11.2'\times 144\times 12}{14''\times 7''\times 4''} = 246$塊

城垛磚 $= \dfrac{1.2'\times 4.2'\times 144\times 12}{14''\times 7''\times 4''}\times 2.5 = 17$塊

兩共263塊

石料 $= \dfrac{10.5+5.5'}{2}\times 7.2 = 57.6$立方呎

(二)拆除月城預算支出表

項別	月城長度	磚料	石料	拆卸工費	運送及堆理工費及監工出勤費等	總計工程費	備註
南門	一七一呎	四四九七三塊 合一〇二•二方	九八•五方	二〇〇•七〇元	二〇〇•七〇元	四〇一•四〇元	每二工合拆磚石扯合一方清除灰泥運送堆積監工出勤等費每方估計乙元工價每工洋五角
西門	一三四呎	三五二四二塊 合八〇•九方	七七•一八方	一五八•〇〇元	一五八•〇〇元	三一六•〇〇元	
東門	一四五呎	三八一五三塊 合八六•八方	八三•五二方	一七〇•一二元	一七〇•一二元	三四〇•二四元	
北門	一五七呎	四一二九一塊 合九三•八方	九〇•四四方	一八四•二四元	一八四•二四元	三六八•二八元	
統計	六〇七呎	三六三•七方	三四九•六四方	七一三•〇六元	七一三•〇六元	一四二五•九二元	

(三)拆除月城預算收入表

項別	磚料價	石磚料價	出售石共價	備註
南門	一三四九·一九元	六八九·五〇元	二〇三八·六九元	城磚每塊估洋三分每方城磚
西門	一〇五七·二六元	五四〇·〇〇元	一五九七·二六元	四百四十塊城磚每方十三元
東門	一一四四·〇五元	五八四·六〇元	一七二八·六五元	二角石料均爲青石而非花崗
北門	一二三八·七三元	六三二·六〇元	一八七一·三三元	岩估石料每方洋七元
統計	四七八九·二三元	二四四六·七〇元	七二三五·七二元	

又拆卸後磚石料均有損壞。其不完整磚石料。祇可折扣出售。故實收售價。約計八折。

總計收入舊料價洋五千七百八十七元四角四分。

收入相抵。當餘整理費洋四千三百六十一元五角二分。月城既經拆除。自應從事整理。即爲將來甲等幹路之一段。而與環城馬路相銜接。所有月城內外橋坡路面以及埋置水管陰溝等工程。均須舉辦。至於房屋在月城範圍內者。先行拆除。不涉月城者。亦計劃及之。以備將來建設環城馬路時。完成之各月城內警衛所。亦在遷徙之列。全部整理工程。約分三項。分述如下。

(一)築路工程　月城適當幹路衝途。車道因以曲折。今爲拆除月城。則屏障已去。自可修築直貫大道。以利行駛。該路爲本處會經計劃之甲等幹路。寬度這爲十二公尺。在月城範圍內者。先行建設。其他則暫緩實施。以符整理月城之本意。又北門月城一帶。向爲市廛中心。月城兩旁。又爲交通孔道。大橋一段。將來車輛必甚擁擠。故計劃來往路綫非一。寬度定爲九尺（內人行道一公尺半）。人行道亦各分來往。如是則原有店面不致障塞。而月城中民房。亦可拆除。稀少將來交通狀況。益覺有序不紊。至東西南門各月城民房。僅一二所。面積狹小。大半猶是空地。即全行拆去。所費無幾。即以吊橋及城門中心爲幹路中心。築寬十二公尺之甲等幹路一段。以待將來南北東西二幹路築成時相連接。

(二)遷移工程　月城內警衛所五所。均須遷移城內。以讓路綫。拆用民房之超過全屋一半者。即以月城內基地酌量調換之。而給以遷移費。核計房屋每方公尺給遷費洋乙元。

月城築路面積計算表

門別＼項目	拆除後城基之面積	築路須用月城基地面積	築路須用民房基地面積	應交換與民房基地之面積
東門	〇•五八八一畝	〇•三三二畝	〇•〇九四七畝	〇•〇九四七畝
南門	〇•七四八畝	〇•四〇〇畝	〇•一二五二畝	〇•〇九九一畝
西門	〇•七〇五七畝	〇•六七九七畝	〇•三〇一七畝	〇•三〇一七畝
北門	〇•八〇九四畝	〇•〇九三七畝	〇•一一〇九畝	〇•一一〇九畝

(三)清理工程　吊橋橋堍坡度太陡。車行不利。均須填高改平。加以整理。又修補城垣拆口。以及清除一切垃土瓦礫等工程。亦應同時舉辦。始臻完備。

綜上各款。爲月城拆除後必須之整理工作。茲估計工費以及各月城拆用民房面積等。分別列表如下。

整理月城工程費表

項目	門別	東門 路面長一〇一呎	南門 路面長一一三呎	西門 路面長七二呎	北門 路面長二〇九呎	備攷
甲 築路費	陰井	二七·〇〇元	二七·〇〇元	二七·〇〇元	二七·〇〇元	用磚砌二½方陰井一個洋十六元邊井二个洋十一元
	水泥管	一四一·四〇	一五八·二〇	一〇〇·八〇	二九二·六六	用呎半徑溝管二料及三和土底脚每丈洋十四元
	碎石子	五五·七〇	六六·八〇	六二·五〇	二〇九·〇〇	每方彈街工料洋三元五角
	人行道	二四四·四二	二七三·四六	一七四·二四	一九八·五五	二面人行道寬二公尺半每丈工料洋十二元一角但北門寬一公尺半每丈工料洋九元五角
	共計	四六八·五二元	五二五·四六元	三六四·五四元	七二七·一五元	
乙 遷移費	警所遷移費	三〇〇·〇〇	三〇〇·〇〇	三〇〇·〇〇	三〇〇·〇〇	每所約估計洋三百元
	民房遷移費	六四·五〇	一一一·五四	一一四·六二	三九·七六	每方公尺給洋一元
	共計	三六四·五〇元	四一一·五四元	四一四·六二元	三三九·七六元	
丙 清理費	塡土舖橋堍	七一·三〇	八五·五〇	八〇·〇〇	〇	視各門情形酌定估計如上數
	修補城牆拆口	三〇·〇〇	三〇·〇〇	三〇·〇〇	三〇·〇〇	月城拆除接途城牆處拆口應分別拆補估計如上數
	共計	一〇一·三〇	一一五·五〇	一一〇·〇〇元	三〇·〇〇元	
	統計	九三四·三二元	一〇五二·五〇元	八八九·一六元	一〇九六·九一元	三九七二·八九元

以上統計甲乙兩項收支相抵。結淨餘大洋三百八十八元六角三分。

取締建築

一　無錫市取締建築計劃

市政籌備處工務科

緒言

建築物之淩亂無章。不但物質上受莫大之損失且足引起社會上複雜之問題。本處自成立以來。對于市內公私各項建築。已定有取締建築章程及拓寬街道辦法。（已刊入第一期無錫市政）公佈在案。俾全區市民遵照辦理。乃近有少數市民。仍未能週知。以致時時發生錯誤。其發生最多者。莫如未經呈報領照。擅自動工。致有礙路政。或租戶未得業主之許可。而自行建造。致發生種種糾葛。或建築中途變更計劃。未經來處聲明。聽候辦理。而自行動工者。爲特編製『請領建築執照手續說明』『業主須知』『租戶須知』『營造人須知』等各一種。擬再分別頒發。以便完全明瞭。而免再起糾葛。

請領建築執照手續說明

凡市民欲領建築執照者。應於開工十日前。先至工務科領取『呈請查勘建築執照報告單』按項詳細填註。（一）建築物之地址坐落門牌號數及方向。（二）業主姓名及通訊處。（三）營造人姓名及通訊處。（四）開工日期及完工日期。（五）工程概況。（甲）建築物之種類。如樓房平房圍墻駁岸籬墻等。（乙）特建築物之用途。如住宅商店戲院茶館等。（丙）建築物之面積長短如房屋間數及圍牆駁岸等之尺數。（六）計開（如建築物係公共建築。章程上須繳圖樣者。應附繳圖樣二份）（七）具呈營造人娃名均須詳細填明。俾本處丈簽員稽查員可以按址調查。本處收到此項報告單後。除登記外。當即填具查勘單。交丈簽員前往營造地點查勘。按照本處規定之路寬等級。訂立標簽。示以建築線與路之界限。訂立標簽後。將丈簽員之報名。（或有圖樣須更改者。由總務科通知更改之。或有須檢驗契據後。再行複勘者。亦由總務科通知呈驗契據）呈科長主任核准。然後填照蓋印。由業主備具照費。交營造人到處領照。如延不來領。當再由總務科通知催領。營造人領照動工後。當由本科再派稽查員復查路界。如不遵標簽建造。任意僭佔者。或建造不合有礙定章者。所用建築材料薄弱。有礙公衆安寗者。當即由總務科吊銷執照。或通知拆除。或重建。如鋼骨水泥等建築。復由本科派技術員前往復查。以昭鄭重。工程完竣後。由營造人將照繳還本處。其有因故不能如期完工者。則營造人當人先期來處聲明。請求展期。聽候辦理。

附本科辦理建築執照程序表呈請查勘建築報告單。

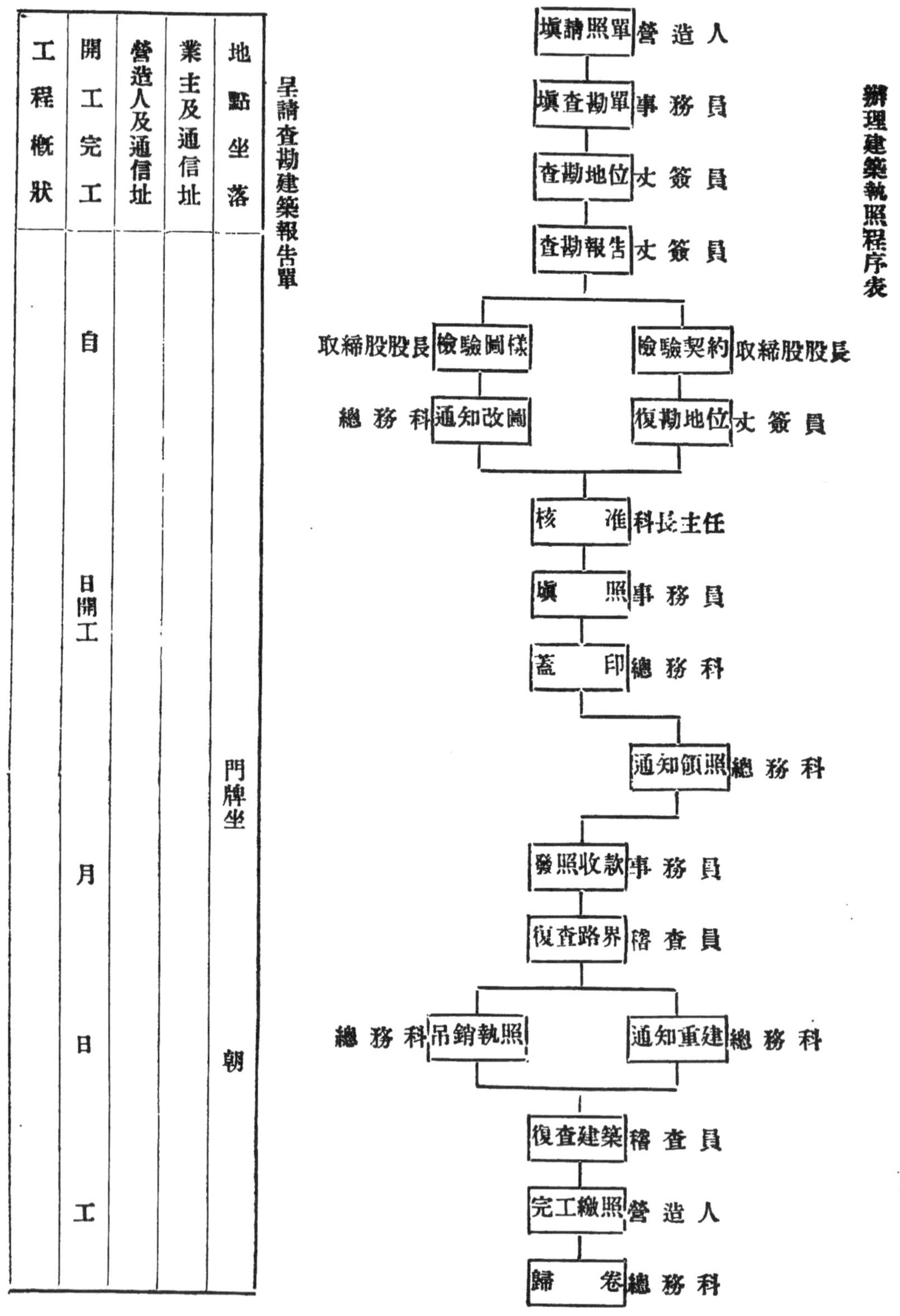

呈請查勘建築報告單

地點坐落	業主及通信址	營造人及通信址	開工完工	工程概狀
門牌坐　朝			自　日開工　月　日　工	

辦理建築執照程序表

務科換取登記執照隨繳印花費半元。

(四)營業現狀一項須詳細塡註。

(五)如有不明瞭登記手續及章程者應親自來本處工務科或用書面詢問切勿轉託他人免滋流弊。

(六)保證人中至少須一人住居本市區內如登記人有違反本處定章因而發生事故者由保證人負責。

戊　丈簽須知

(一)不能丈簽者。

一、曠地內無可依據者。

二、二面以上有路未經詳細問明有無糾葛或陳說者。

三、界石不符者。

四、路中心不確實者。

五、圍牆內距路中心無眞確尺寸者。

六、舊有房屋未拆除不能丈量者。

七、業主强有主張者。

八、有糾葛者。

九、不易丈簽者可請技術員指導之。

十、近本處規定路綫而尚未立中心樁者。

(二)不必丈簽者。

一、除公園道及甲等幹路上之修理工事。

二、關窗戶等及不動下部三尺者。

三、內造距路中心已足規定尺度者。

四、路寬超過規定者照原址。

五、大建築之內部與路政無礙者。

六、本處指定拆讓者另派專員丈簽者。

(三)丈簽後。

一、標簽號數日期。

二、距標準物之距離或門前路之全寬。

三、標簽須指示與業主或營造人負責。

四、三日內來處領照方能動工。

五、已動工者須報明。

二　無錫市政籌備處取締建築章程

十八年九月十日公布

第一編　通則

第一章　總綱

第一條　本章程以限制建築預防危險便利交通適合衞生保持公安維持市區美觀爲宗旨。

第二條　本章程對於在本市區內起造、改造、增築、修理、及拆卸公私建築物。均適用之。

第三條　本章程內所用尺度以公尺爲標準。以英尺爲輔助。

第二章　取締建築物

第四條　本市區域內。左列各種建築物，不准建造。

一、草屋。

一、過街及跨河建築物。(私弄例外)

一、巷門及其他同樣之物。

一、其他侵佔公路。妨碍交通之一切建築物。

第五條　凡屋頂表面舖蓋材料。除本處特許外。不得用木板、松皮、稻草及其他易於惹火之物。

第六條　凡房屋鄰接處。不得借用他人所有之牆壁。

第七條　檐口或其他伸出物不得挑出至他人基地上。

第八條　舊法空斗牆及土牆。非得本處許可。不得建造。

第九條　高十八公尺以上之建築物。須裝避雷針。

第十條　檐口須設水落管。於建築綫內直通至地面。不得滴水於街面。

第十一條　建築物之招牌披水板屋檐等。在距地面十尺以內。不得伸出建築綫以外。十尺以上者。照下列二種規定。

(甲)街闊六公尺以上者。挑出二英尺半。

(乙)街闊六公尺以下者。挑出一英尺半。

第十二條　階石牆身以及一切任何裝修。一概不准突出建築線外。

第十三條　涼棚遮陽等。非經本處核准。不得掛用。

第十四條　凡違背以上各款之規定者。除强制拆除外。并處以五元以上二十元以下之罰金。

第十五條　凡建築物之一部或全部有傾斜龜裂腐朽等危險情形。經本處查勘認爲危及公衆或居住人之安全者。本處得照下列辦法通知業主限期照辦。違者由本處雇工執行。所有費用仍向業主追繳。或以該屋舊料充公抵償工價。

(甲)圍築籬笆出空房屋。臨時設法支撑。以防不測。

(乙)危險部分。如無碍路線。倘堪修理者。限期修理。

(丙)危險部分。如有碍路線及河道。或不堪修理者。限期拆卸。

第十六條　本處派員檢查危險建築物。任何人不得加以阻撓。

第十七條　凡下列之建築物。如遇頹壞。祇許拆除。不得藉口舊有。重行建築。

(甲)面臨河道或公共溝渠之建築物。侵佔填築或樹樁建屋跨出水面者。

(乙)過街棚過街樓及與上列同性質之建築物。

(丙)未經政府明令規定之寺廟及與寺廟同性質之建築物。

(丁)違反本章程之一切建築物。

第十八條　凡危險建築物。如本處認爲其危險之程度甚爲迫切。而不及通知業主拆除者。本處得隨時拆除之。

第三章　建築執照

第十九條　凡本市區內一切建築物。無論建造、改造、增築、修理、拆卸、公私建築物之全部或一部。於興工前將建築物之地點、用途面積連同圖樣說明書等。呈報本處領取建築執照後。方准興工其手續規定如次。

(一)呈領建築執照人。須用本處所製呈請書逐項填寫。送本處收發處聽候查勘。

(二)本處查勘後。如認有查閱契據之必要時。業主須將有關係之契據一併繳呈。以憑勘驗。

(三)本處查勘後。如有調查及校正之必要時。建造人須來處聽候辦理。

(四)本處派員實地勘驗。如在臨街之處。由處簽立標簽。規定建築線。簽立後如有遺失、應即繳手續費洋肆角。呈請補簽。如隱匿不報。作私移標簽論。

(五)本處查勘該准後。即由領照人到處繳納執照費、領取建築執照。准予動工建築。

(六)既給執照後。如發生違背定章情事。或其他轇轕時。本處得吊銷憑照。制止建造。

(七)本處核准發給之執照。不得爲產業所有權之證明。

第二十條　繳納執照費規定如左。

(甲)住宅　平屋每間納費五角、樓屋每間納費七角。

(乙)市房　平屋每間納費六角。樓屋每間納費一元。

(丙)廠房　紡紗、麵粉廠廠屋。不論多寡。一律納費一百元。(工房均在外)

繅絲、織布、榨油廠廠屋。不論多寡。一律納費五十元(工房均在外)

碾米、滯頭、織襪等廠廠屋。不論多寡。一律納費二十元(工房均在外)

(丁)圍牆駁岸每十五公尺(約五十呎)納費五角。不滿十五公尺者。照十五公尺計算。

(戊)房屋牮直或修理五間以內納費一元。五間以外每間加二角。

(己)改建門面及裝修。每間納費一元。

(庚)碼頭每座納費五角。

第二十一條　免除繳納執照費規定如左。

(甲)本處查勘後。如認改造程度極輕微者。

(乙)學校及公共建築。

(丙)關於公共衛生及交通者。

(丁)拆卸建築物。

第二十二條　凡領照報勘後。如增加建築物之面積。應先呈報本處。聽候查勘。補繳照費。加給憑照。

第二十三條　領照後。經過三個月尚未動工者。該執照卽歸無效。

第二十四條　凡過期或遺失建築執照。得聲明理由。經本處調查屬實。准予繳納手續費壹元。補發執照。如不呈請補領。作無照動工論。

第二十五條　承造人領照後。應將該照懸掛建築處。以便隨時稽查。

第二十六條　凡工程完竣後七日內。承造人應將所領執照繳回本處。報請勘驗。如與圖說及執照符合者。於執照上加蓋驗收圖記。由本處編立門牌。

第二十七條　凡未經繳費領照。擅自建造。或以多報少者。按應繳照費三倍罰繳。

第二十八條　以賄賂欺詐及其他不正當方法領得執照者。一經查出屬實。除吊銷執照。將承造人送交法庭按律懲處外。得令拆壞已成建造物之一部或全部。

第四章　興工建造

第二十九條　凡臨街築建物。街闊在八公尺以上者。建築物之高度。不得超過街闊之一倍半。街闊不及八公尺者。不得超過街闊之二倍。但業主願將房屋自行退後。得以退後之數。加入該街原有之寬度內計算。

第三十條　凡建造臨街房屋。應於臨街部分圍以籬笆。防止磚瓦等物墜落。以免發生危險。

第三十一條　建造所用之臨時小屋、料房間、棚欄支架。或所用之物料磚瓦砂石等。均不得搭蓋或堆置於街面。其有特殊情形。經本處之許可者。得在建築線外一公尺範圍內使用。但夜間須懸紅燈。便行人注意。

第三十二條　新建築物之基地。較人行道面。(未有人行道者。以路冠爲準)至少應高出三寸。

第三十三條　屋所鋪之地板。至少須高出人行道六吋。

第三十四條　因建造房屋損及道路橋樑。及附近房屋等情事。由承造人負責賠償之。

第三十五條　營造中如發生事故。有坍塌崩潰之危險時。本處得隨時勒令業主或承造人。拆除建築物之一部或全部。

第五章　材料

第三十六條　凡營造人運送材料。或拆卸舊料時。均不得阻礙交通。如有零落路上者。應隨時清除之。

第三十七條　磚瓦須用燒透堅實者。如用舊磚。須將舊灰刮淨。

第三十八條　經潮濕或結團塊之水泥。不得使用。

第三十九條　未燒透或小塊不能水化之石灰。不得使用。

第四十條　水泥混凝土所用之砂石不得含有泥質、貝殼、及其他植物性等質。

第四十一條　枯朽木材。不得用以建造。

第四十二條　其他材料。如因品質不良。認爲有發生危險者。本處得禁止其使用。

第六章　構造

第四十三條　地基掘土不得淺過三呎。如非實土。須加打木椿。或其他有效物料。

第四十四條　基礎寬度。不得少過該建築物下層墻厚之三倍。厚不得少過二倍。但鐵筋混凝土基礎。得根據計算而規定之。

第四十五條　磚石墻壁。高八尺以上十五尺以下者。及二層以上之最高層牆壁。厚不得少過九寸。但鐵筋混凝土。或鋼鐵爲骨架之墻。不在此限。

第四十六條　藏於墻內之水管或煙突。不得大於牆厚三分之一。否則將該部分之牆加厚。

第四十七條　以磚石砌作柱用者。須用水泥灰砂砂漿砌結。該柱之徑。不得小過柱高十二分之一。

第四十八條　磚牆直長三十呎以上。而無橫牆協助者。又高度在二層以上者。均須增加牆之厚度。或須用鐵夾板鐵牽條等制之。

等四十九條　室內採光面積。連天窗在內。須有該室地板面積十分之一以上。

第五十條　窗門均須可以開閉。但其面積多過前條比例者。不在此限。

第五十一條　凡幹路臨街房屋。其每層高度規定如左。

（一）樓下層　十四尺。

（二）二層樓　十二尺。

（三）三層樓　十三尺。

（四）四層樓　十一尺。

第五十二條　樓面地板用木板者厚至少一寸。

第五十三條　露台或窗口或屋頂上之欄杆高不得少過三尺。空隙至多不得過六寸。

第五十四條　屋頂上舖材料須用磚瓦洋鐵或其他不易燃燒之物料。

第五十五條　建築物之煙突應照次列諸條規定。

（一）煙突不得與木造部分接觸。

（二）煙突須垂直煙道不得有百二十度以下之彎曲。

（三）煙突高出屋頂面以三尺為最少限度。

第五十六條　開鑿新井應照下列規定。

（一）凡鑿井不得使鄰屋基礎發生危險。

（二）鄰近五十尺以內有溝渠及污水池者不得鑿井。但祇供灌溉用者不在此例。

（三）井之周圍應設圈欄以免危險。又井口須有凸緣及小溝以免污水流入。

第五十七條　凡違反本章程第一編各項規定。經本處通知後。不依限遵辦者除勒令修正或拆除外并科以罰金。

第二編　分則

第七章　特種建築

第五十八條　次列各種建造物。應於動工前。來處繳呈設計圖、詳細圖、計算書說明書及附近房屋配置圖各二份經本處審定後。一份存本處一份懸掛工場後。始得興造。

（一）特等路及甲等幹路兩旁之建築物。

（二）三層及三層以上之房屋。

（三）學校寄宿舍、商場、百貨店、及各種公衆集會所。

（四）醫院、戲院、影戲院、遊戲場、旅館、飲食店、浴室及公衆便所等。

（五）工廠及堆棧。

（六）木造建築物。其梁之開間在廿四呎以上者。

（七）建築物設有地下室者。

（八）鐵骨及鋼條混凝土構造物。

（九）圍墻長四十五呎。高二十呎以上者。

(十)橋樑、駁岸、碼頭、水池。

(十一)其他本處認爲重要之建築物。

第五十九條　關於前項特種建築所呈圖樣。須一律用日光晒藍印紙。

第六十條　呈請圖樣及說明書。如有不合格式或不完全或錯誤時得發還更正補充後再行呈請核辦。

第六十一條　凡核准之圖樣。須懸掛建築作場。以備本處稽查員之查驗。

第六十二條　距市房屋一百公尺內。不得設坟墓。距鬧市一千公尺內。不得設火油池等同樣危險建築物。

第六十三條　城內及繁盛區域。不得建設染坊及肥絲廠、漕頭廠等妨害衛生處所。其在靜僻處而准予建造者。應另設排水管通過濾過池。不得直接排洩至河道內。

第八章　營業廚房

第六十四條　凡營業用廚房。其所佔地位。須用防火材料建築樓地板。

第六十五條　凡營業用廚房。面積不得小過四十方尺。地面或樓面板面並須舖水泥膠漿或磁磚。四圍牆脚。須塗至少半英寸厚之水泥膠漿。高一呎六吋。

第六十六條　凡營業用廚房之窗戶。至少二扇可以向屋外開閉。

第六十七條　凡營業用廚房之煙突。內徑至少八寸。通出屋面高至少三呎。倘左右建築物有較高者應酌量增高之。

第六十八條　凡營業用廚房地面。須做斜坡。設陰溝管向外出水。

第九章　公衆便所

第六十九條　無論大小男女公衆便所。均應遵照本章規定。繪具詳圖。呈准本處方得建造。

第七十條　公衆便所。不得直接建於街道之兩旁。或本處視爲不適當之場所。

第七十一條　公衆便所之周圍。須闢一公呎以上之空地或通路。

第七十二條　公衆便所內之地面踏板糞窖等處。須用防水材料。

第七十三條　公衆便所之採光面積。照第四十九條之規定。窗之下口距地面至少須五呎。

第七十四條　公衆便所之屋頂。須裝設換氣窗至少二個。

第七十五條　公衆便所內之楞角牆脚。均須圓形。以不易積聚垃圾。而便於洗滌者爲合式。牆脚須塗至少半吋厚之水泥膠漿。高二尺。

第七十六條　劇場、工廠、學校、旅館、茶館、飲食店、浴室、商場、公衆集會場所等。應擇相當地點。分別添設公衆廁所。

第七十七條　浴堂之廁所。不得附設於浴室內。但水冲式者不在此例。

第十章　樓梯及走廊

第七十八條　凡建築物之樓上。居住二十人以上者。須設太平梯。

第七十九條　公共建築物之樓梯及梯上走廊。均須用防火材料構造。

第八十條　公共用之樓梯。其踏步不能高於七吋。踏面不能狹於十吋。又十五步以上之樓梯。應於中央設四呎長平臺一處。

第八十一條　公共用之太平梯。寬至少三呎六吋。其踏步不能高於八英寸。踏面不能狹於九英寸。又十五步以上者。於中央應設三呎六吋長平臺一處。并註明太平梯字樣。

第八十二條　凡梯級梯口。不準堆置器物。或設座容人停留。

第八十三條　凡樓梯之位置。須直接可通至屋外或通路。或接近出入口。

第八十四條　公共用之走廊。其寬度須在四呎以上。及充分光綫之設備。

第十一章　劇場（遊藝場）

第八十五條　凡以人或獸類演唱技藝歌劇或電影。以供人娛樂爲營業之場所者。概稱爲劇場。劇場（遊藝場）均須先呈准本處立案。再行呈報建築。

第八十六條　劇場之周圍。須闢三公尺以上之空地或通路。

第八十七條　劇場外牆窗戶之總面積。不得少於其他面面積六分之一。如外面牆壁不敷開窗時。得以天窗代之。

第八十八條　建築物收容人數在五十人以上者。應設太平門。其規定如次。

五十人至百五十人。設四呎寬太平門一處。

百五十人至三百人。設四呎寬太平門二處。

三百至五百人。設五呎寬太平門二處。

五百人以上。每增二百五十人。增設五呎寬太平門一處。

第八十九條　太平門裝自動轉鉸鏈。須能外開。附近不得堆積物件。妨礙交通。上裝紅底白字之太平燈。字體不能小于六英寸見方。

第九十條　凡劇場每層收容人數在一百人以上者。應設太平梯。其規定如左。

一百人至二百人。設四呎闊樓梯一座。三呎半闊太平梯一座。
二百人至四百人。設四呎闊樓梯二座。三呎半闊太平梯二座。
四百人至六百人。設四呎半闊樓梯二座。三呎半闊太平梯二座。
六百人以上每增二百人增太平梯一座。

第九十一條　樓梯及太平梯之取締辦法。除依照第十章規定外。並須呈繳詳細圖樣。以備審核。

第九十二條　座位每位寬不得少過一呎五吋。深不得少過二呎四吋。座位傍所留通路。不得少過四呎。

第九十三條　凡大水缸之設備。規定如次。

(一)收容人數在四百人以下者。須有消防水桶二十四個。常貯清水。分置四隅。四百人以上者類推增置。並常備水龍一具或幷鑿井一口。

(二)電影院映片室內須備常濕之毛毯一張。水桶四個。

(三)配影之劇場須另於戲台設人力噴水管。或化學滅火機二具。水桶八個。

第九十四條　映片室應用防火材料構造。不得直接與觀覽席交通。

第九十五條　屋內須設適當之換氣孔。或其他換氣裝置。

第九十六條　廁所須分男女。依照第十章之規定各別設置。並須每日掃除之。

第九十七條　凡違背本章之規定。除勒令照章修改或設置外。得處以五元至五十元之罰金。

第十二章　旅館茶館及公衆集會所

第九十八條　旅館、茶館、及公衆集會所等。先須呈請本處核准後。再行呈報建築。

第九十九條　凡樓梯太平門太平梯之設置。照第八十九條至九十一條辦理。

第一百條　走廊照八十四條辦理。

第一百零一條　室內採光面積須有該室地板面積八分之一以上。

第一百零二條　便所照第九章辦理。

第一百零三條　凡收容一百人以上之旅館。二百人以上之茶館。須於適當地點闢自流井一所。

第十三章　工場

第一百零四條　建築物之周圍。須闢二公尺以上之空地或通路。

第一百零五條　外牆窗戶之面積。不得少於地面或樓面面積六分之一。如外牆不能開闢窗戶者。得以天窗代之。

第一百零六條　工人在三百人以下之工廠。除正門外。須另闢寬四尺以上之太平門一處。三百人以上至六百人設二處。以下類推。太平門之裝置。照本章程八十九條辦理。

第一百零七條　二層以上之工場。須照前條比例。每層分設太平門。置太平門梯。直接通至地面。太平梯之構造。照本章程第十章規定辦理。

第一百零八條　凡關於工場消防之設備。應照本章程第九十三條第一款辦理。並應添設噴水管。或化學滅火機。

第一百零九條　鍋爐間之煙突。高出地面至少五十呎。須繪具詳細圖樣。連同計算書。呈繳本處。以備審核。

第一百十條　工作物料或製造品。其容易燃燒。或爲引火媒介者。如石油、汽油、自來火、酒精、及其他危險品之工場及堆棧。應照下列諸條規定。

(一)建築物之周圍。須闢八公尺以上之空地或道路。

(二)建築物之任何部分。須用防火材料構造。

第一百十一條　本章罰則。照本章程第十四條辦理。

第十四章　學校

第一百十二條　教室之窗戶面積。不得小於其地面或樓面面積七分之一。但教師座位後方之牆壁上。不得開闢窗戶。窗戶之高度。須設於離地面或樓面三尺高左右。

第一百十三條　教室內高度。不得少過十三尺。

第一百十四條　學生座位。每人闊不得少過二尺九吋。深不得小過三尺三吋。但小學校得酌減之。

第一百十五條　小學校舍。不得高過二層。

第一百十六條　學校廁所。照本章程第九章規定辦理。

第一百十七條　樓梯照第十章規定建造。

第一百十八條　凡違反本章程第二編各項規定。經本處通知後。不依限遵辦者。除勒令停止營業以待修正或拆除外。并科以罰金。

第十五章　附則

第一百十九條　建築物改換用途時。（如以住屋改設遊戲場旅館或製造廠等）應先報告本處。查勘核准後。始得使用。

第一百二十條　本章程自公佈日施行。並呈請主管廳備案。

三　無錫市政籌備處工務科取締股辦理建築執照報告

本處自八月一日成立後、即由建設局將建築執照事務、移交本處工務科取締股繼續辦理、所有給照手續。悉照舊無錫市建築章程辦理。凡二越月。此二月中。從事整頓。關於建築之變通上。衛生上。公安上。美觀上。以及危險等問題、均經詳細考核。逐項增删。重訂本處取締建築章程。公佈施行。以期市政日趨進步。迄今又屆三月、章程既經明訂。路寬亦已確定、建造任何房屋。苟能按照定章。決不再須拆讓。以致損失、故人民均可安心建造。以垂久遠。所以呈報建築件數、日有增加。在十一月中、竟有五百件之新紀錄。足徵人民均能遵照本處規定辦法。而樂於從事、十二月內因雨雪交加。不能工作。呈報建築者驟少。而本處五個月來。辦理取締建築件數。總計有一千五百十二件之多。即平均每日有十幾件。亦可見錫市人事之日繁矣。

附表一

本處自八月成立。屆指五月。辦理取締建築。爲數已頗可觀。總計人民呈報建築一千五百十二件。平均每日約十三件、發出執照計一千三百六十七件。平均每日約十一件。其間相差者、或因違章扣留。或因糾葛未領。均經本處分別作廢。或通知催領。違章建築三百二十五件。佔發出執照數百分之二十三、其中尤以無照動工爲多數、大約佔三分之二、不遵章收讓者約佔三分之一、違章建築已辦者。計二百九十六件。佔違章總數百分之九十一、危險建築四件。已修正者三件、

附表二

本處自八月至十二月內、呈報建築計平屋二千二百七十一間、樓屋一千四百十三間。圍牆及駁岸二千二百三十四件。修理及雜項四百件。統計房屋及圍牆建築、此八、九、十、十一、四月中、互有增減。至十二月份、因天氣嚴寒以及陰雨連綿、故建築數大減。至於修理一項。在前四月中、逐漸遞增。因工務科取締辦法漸臻完備。而辦事員復認眞辦理。有以致之。故十一月份呈報修理照數竟增至二百十二件。

附表三

本處所列呈報建築、及發給執照、在八、九、十、十一、四月中、平均增長。此係取締手續逐漸完備之現象。十二月份之低落。完全因天時及氣候關係。至該月發給執照之件數反而超過呈報建築者。因已報之執照。當然領出。而未報之建築。或因鄰縣生變。時局不寧、或因陰雨連朝、不便開工。故件數遂驟形低落。違章建築之在前四月亦日

漸增高。爲取締周密之效果。迨十月十一日施行標籤後。各處建築。均先由本處工務科派員插立標籤。因此十二月份違章建築數遂大減。違章之已辦者。各月份亦漸次增高。與違章件數不相上下。十月份曾一度强制執行。故解決件數獨多。計達一百十一件之數。

附表四

此表可與附表三相對照。呈報建築以十一月份之第四星期爲最多。一週內計有一百廿件。十二月份之第三星期。因天氣寒雨雪關係。遂大減至十四件。爲全期最稀之一週。違章建築及已辦者上下交錯相距並不過遠。可證明違章建築。隨時解決。積存爲懸案者甚少也。

附表五

表中黑綫爲建築執照費收入總計。五月內共收二千八百七十七元一角。九月份有絲廠三所。故收數較多。十二月份之第二三四週亦因氣候關係。收數隨呈報件數而大減。至於下端紅綫係罰款。最多時計達一百元之譜。迨後漸減。則由營造人漸明章程之故。至十二月份第四週遂減至二元。實爲取締之好現象也。

無錫市政籌備處十八年度辦理取締建築統計表

月份	週次	呈報建築件數	發給執照件數	違章建築件數	已辦違章建築件數	危險建築件數	已辦危險建築件數
（八月份）	一	八二	五三	一六	四	三	二
	二	五〇	五六	一一	五	〇	〇
	三	五七	四五	一二	八	〇	〇
	四	六一	五一	四	四	〇	〇
（九月份）	五	六〇	三八	一一	四	〇	〇
	六	七七	六五	一〇	四	〇	〇
	七	八一	六六	二三	八	〇	〇
	八	七六	八三	二五	二五	〇	〇

（十月份）（十一月份）（十二月份）

	九	六九	六八	一五	二一	〇	〇
	一〇	六七	五二	二一	二〇	〇	〇
	一一	八八	六四	二七	二八	〇	〇
	一二	七九	六七	二〇	三〇	〇	〇
	一三	九〇	八三	一九	一六	〇	一
	一四	一一五	八四	二九	一五	〇	〇
	一五	一二〇	一一四	二〇	二七	〇	〇
	一六	一一三	一一六	一八	一八	一	〇
	一七	一〇四	八七	二三	一九	〇	〇
	一八	六二	九四	一五	一三	〇	〇
	一九	四五	四六	五	一一	〇	〇
	二〇	一四	一五	一	五	〇	〇
	二一	四二	二〇	〇	一一	〇	〇
統計		一五五二	一三六七	一三二五	二九六	四	三

四 無錫市政籌備處營造業登記章程

十八年十一月八日公布

第一條 凡無錫市區內以營造廠建築公司及水木作等營業者均應遵照章程向本處請求登記

第二條 凡請求登記者應先至本處工務科塡具登記表格二份並須經同業二人之保證隨繳登記費乙元聽候審查不准者發還

第三條 經本處審查准予登記之營造廠等應繳印花費半元領取登記執照

第四條 凡未經登記之營造廠等在本市區內概不得承包各項

圖表八：此處原爲《無錫市政籌備處十八年度辦理取締建築統計表》，見書後。

圖表九：此處原爲《無錫市政籌備處十八年度呈報建築類別表》，見書後。

圖表十：此處原爲《無錫市政籌備處十八年度辦理取締建築統計表》，見書後。

圖表十一：此處原爲《無錫市政籌備處十八年度取締建築執照收費統計表》，見書後。

工程

第五條　凡登記人有左列事項之一者本處得酌量情形暫予註銷其登記時期以三個月至一年為限

(甲)以登記號數或所領執照私自冒充頂替者

(乙)不遵照本處核准圖樣營造者

(丙)偷工減料因此發生危險者

(丁)違犯本處定章屢經通知仍不遵照者

第六條　登記人應每年呈驗執照一次由本處工務科蓋章發還

第七條　登記人自行停止業務者應繳銷登記證如有變更地址時應以書面通知本處工務科

第八條　登記人如遺失執照應即登報聲明並呈請本處補給新照隨納手續費一元及印花費半元

第九條　凡未經登記之營造人等冒頂他人名義混領建築執照希圖承包各項工程者一經查出定予懲辦

第十條　凡營造人在取銷其登記資格之時期內仍私自冒充頂替營業者一經查出定予懲辦

第十一條　本章程自公佈之日施行

附登記須知

(一)填寫本表格須用墨筆正楷不得任意塗改

(二)本表格填就後連同登記費一元送交本處工務科製給收據

(三)本處通知准予登記後應於兩星期內持該項收據來本處工務科換取登記執照隨繳印花費半元

(四)營業現狀一項須詳細填註

(五)如有不明瞭登記手續及章程者應親自來本處工務科或用書面詢問切勿轉託他人免滋流弊

(六)保證人中至少須一人住居本市區內如登記人有違反本處定章因而發生事故者由保證人負責

無錫縣建設局取締各鄉區建築暫行章程

第一章　總則

第一條　(範圍)無錫縣各鄉區一切建築均須遵照本章程辦理之

第二條　(宗旨)本章程以改良鄉鎮建築預防危險便利交通適合衛生為宗旨

第三條　(管理機關)遵照廳令本章程管理權屬於縣建設局但為便利計得委託各區公所會同各該區建設指導員執行之

第四條　(尺度)本章程內所有尺度以公尺為標準每公尺合營

造尺三・一二五尺合英尺三・二八呎合十七年工商部規定市尺三尺整

第二章　建築標準

第五條　（臨街建築）凡臨街新建或翻修任何建築物除遵照拓寬街道暫行章程辦理外須依照下列各項

（一）建築樓屋不得將樓面向規定街寬限度以內挑出但業主自願將建築向後退讓至規定街寬界線以外者得挑出至界線爲止

（二）招牌披水屋檐等距地面二公尺以上者得挑出六公寸

（三）階級石牆身及一切任何裝修概不得突出建築界線以外

第六條　（臨河建築）凡臨河新建或翻修任何建築物除臨街一面須遵照拓寬街道暫行章程辦理外並須依照下列各項

（一）駁築駁岸碼頭等不得填塞岸灘侵佔公地

（二）不得樹樁河邊將建築物向河面挑出舊有者祇可拆除不准再建

（三）與水利交通有重要關係之河道如現有河面寬度管理機關認爲不敷水利交通之所須者得令業主收讓至適度爲止其所讓土地在一公尺闊以上查係私有者須按征收土地法給價收買之

第七條　（拆除侵佔河面之建築物）沿河建築物如管理機關認爲有妨水利交通而急須折除者得隨時飭令業主照辦其所讓土地在一公尺闊以上查係私有者須按照土地征收法給收買之

第八條　（橋樑建築）建築橋樑所用質料之優劣各部尺寸之大小橋面之闊狹務須適合當地之交通情形其橋門洞之淨寬及與河流所成之角度亦須不妨水利與船隻交通爲標準事前應先將位置結構等圖呈由各該區管理機關轉送縣建設局核准後方得動工

第九條　（建築材料）在鎮市上房屋鱗接屋面舖蓋材料除由管理機關特許外不得用木板松皮稻草等易於引火之物

第十條　（茅屋草棚）茅屋草棚之建築每所至多不得過五間其距離他項建築物至少三公尺

第十一條　（過街棚凉棚）過街棚及沿街臨時之凉棚遮陽等非經管理機關之特許概不准搭建

第十二條　（屋檐）屋檐及其他伸出物不得挑出至他人基地上

第十三條　(房屋高度)舊式樓房牆中用木柱負重者其高自地面至屋檐不得過十公尺新式樓屋用實磚牆負重其內部用木柱或木欄柵或地板等不能隔火者其高不得過二十公尺

第十四條　(空斗牆泥牆)樓房或平房檐高在三・五公尺以上者不得用舊法空斗牆及泥牆

第十五條　(牆及基礎)建造房屋不得借用他人所有之牆壁樓房四周磚牆厚度不得小於二・五公寸牆下基礎深度不得小於牆厚之三倍闊度不得小於牆厚之二倍如土質鬆軟不實者牆基下須加打木樁或其他有效物料

第十十條　(公共建築之設備)公共建築物如戲院旅館菜館浴堂茶室學校工廠及公衆集會所等其設備應照下列之規定

(一)建築物之四周須留二公尺闊以上之空地或通路

(二)收容人數在五十人以上一百五十人以內者應裝設一公尺闊以上之太平門及太平梯一處以上每增一百五十人增加一公尺闊以上之太平門及太平梯一處太平門上須裝設紅燈附近不得堆積雜物妨礙交通太平梯須平坦用防火材料構造

(三)須有相當之救火設置扶梯及出入要道旁不得放設爐灶及推積引火之物

(四)室內採光面積須在該室內面積八分之一以上

(五)建築面積不得過所有地十分之七

第十七條　(危險建築)公私建築各因質料低次結構不合或年久失修一部或全部發生傾斜腐朽等情形經管理機關查勘認爲有危及公私安寧者得隨時責令業主拆除或修理之

第十八條　(煙突)建築物之煙突其位置不得與木造部分接觸並不得貼近街道其高出屋頂面至少一公尺倘左右建築物有較高者應酌量增高之工廠鍋爐間之煙突高出地面至少十五公尺

第十九條　(封火牆)並排或連接之建築物每距二十公尺左右須用磚實砌厚二十五公分以上之封火牆一道高出屋頂五公寸

第二十條　(排水布置)建築房屋須設置相當陰溝接通街底總

溝或接通附近河池對街房屋檐口須設置水落水管直通至地面不得滴水街面

第二十一條 （油池）油池等危險建築物距離鎮市至少五百公尺

第二十二條 （便所）公私便所不得直接建於街道之兩旁或管理機關認為不適當之場所舊有者祇准拆除不許再建

第二十三條 （損害賠償）開鑿池井挖築牆基等工程不得使鄰建築物之基礎或任何部分發生危險如有損害由業主及承包人賠償

第二十四條 （工地限制）任何建築其工程進行時應遵照下列之規定

（一）凡靠街施行工作如無餘地放置材料需借用公路或公地時應先請得管理機關及各該管公安分支局之許可酌量交通情形指定地點與時間借給之但不得有損害路基等情事

（二）凡靠街建築須於路旁在自己地範圍內設立竹籬或木板等之屏障物勿使物料墜入公路有碍公安

（三）運卸材料不得有妨碍公安等情事材料泥水有留落路上者須隨時清除之

（四）業主或承包人對於工人之一切越軌行動應負責取締之

第二十五條 （檢驗建築）公私建築物管理機關於必要時得先期通知業主派員檢驗之如驗得有與本章程各條規定不符或認為有危及公安者得令業主拆除或修理之

第二十六條 （營業請驗）建築物更改作用時如住宅改作旅棧館貨棧等須先期呈請管理機關派員檢驗認為無危險時始可改用如不能改用或須修理者處依照檢驗員之指示辦理之

第三章 建築執照

第二十七條 （領照建築）凡本縣各鄉區內一切建築工程除另有（二十八條）規定外無論新建或翻修均須先行赴各該管理機關將建築地品種類面積暨承造人等照表詳細填具建築呈請書聽候派員查勘給照後方得動工如為二十九條所載各建築物須附呈設計圖樣計算書工程說明書等各兩份由各該區

建設指導員轉呈本局審核之

第二十八條 (免照建築)左列各項工程准予免照

(一)室內隔板粉飾補壁揭瓦築漏等輕微修改

(二)鄉村農民建築草屋土房等

(三)拆卸舊建築物

第二十九條 (呈送圖樣)左列各項建築須將設計圖樣計算書說明書等同樣兩份呈由各該區管理機關轉送本局經審核修正後一份發交各該區管理機關派員查勘如不背定章即發給執照連同修正圖樣一併懸掛工地

(一)三層及三層以上之建築物

(二)學校工廠貨棧戲院浴堂旅館菜館茶館及各種公共建築

(三)橋樑駁岸涵洞等

(四)鋼筋三合土建築

第三十條 (呈驗契據)管理機關如認有查閱契據之必要時業主須將一切契據繳呈以憑勘驗

第三十一條 (建築執照費)業主呈領建築執照應照左列規定繳納照費

(一)住宅平房每間納費銀五角樓房每間納費銀七角

(二)市房平屋每間納費銀六角樓房每間納費銀一元

(三)紡紗廠或麵粉廠不論間數多寡一律納費銀一百元工房在外

(四)繅絲廠織布廠榨油廠磚瓦廠貨棧不論間數多寡一律納費銀五十元工房在外

(五)碾米廠滯頭廠織襪廠等不論間數多寡一律納費銀三十元工房在外

(六)圍牆及駁岸每長十五公尺納費銀五角不滿十五公尺者照十五公尺計算

(七)碼頭每座納費銀五角

(八)市房修改門面每間納費銀兩角

(九)茶菜酒館戲院浴堂旅館等營業用者概照市房繳納照費

第三十二條 (免費執照)左列各項建築得免費領照

(一)學校醫院等公共建築

(二)關於公共街生及交通者

（三）經管理機關派員查勘認為改造程度極輕微者

第三十三條 （增加面積）凡報勘領照後如須加增建築物之面積時業主須先呈報管理機關聽候派員查勘補納照費加給執照

第三十四條 （工地懸照）承造人於工作期間應將執照暨核准圖樣懸掛工作地點以便隨時稽查

第三十五條 （限期動工）領照後過三月尚未動工者該照卽歸無效

第三十六條 （延期或遺失補照）凡過期或遺失執照時得聲明理由經調查屬實准予繳納手續費銀五角補給執照如不呈請補領者以無照動工論

第三十七條 （無照動工）凡未經繳費領照擅自動工建造或以多報少者按應繳照費三倍罰繳

第三十八條 （吊銷執照）如有不遵規定私移標樁希圖侵佔已讓公地或以賄賂欺詐等不正當方法朦領執照者一經查出除吊銷執照責令拆除已成建築物外得交各該管公安分局依律懲治之

第三十九條 （執照效用）管理機關核准發給之執照不得為產業所有權之證明

第四章 附則

第四十條 （違章處罰）凡有違反本章程之規定者得由管理機關責令修正外並交各該管公安局依律懲治之

第四十一條 （修改）本章程有未盡善處得隨時呈准江蘇省建設廳修正之

第四十二條 （施行）本章程呈奉江蘇省建設廳核准施行

無錫縣各鄉區領發建築執照順序單

一、各區民衆如有建築工程由業主赴各該區管理機關（區公所）或其代理處領取建築呈請書

二、業主領得建築呈請書後應依照呈請書內所列詳細填載字跡務須清楚不可添註塗改填就後卽行交還管理機關（區公所）或送交其代理處轉送之

三、各管理機關（區公所）收到呈請書後於一星期內卽行派員查勘有無違章（拓寬街道及取締建築暫行章程）情事如無不合卽行通知業主照章繳納照費領取執照

四、業主接到通知後卽向管理機關或其代理處繳納照費領取執照

五、各區管理機關查得呈請之建築物係屬取締建築暫行章程

第二十九條內所列各項之一者應責令呈請人附呈設計圖樣計算書暨工程說明書等同樣各二份轉送縣建設局審核修改後一份存局一份送區塡就建築執照一併發交業主懸掛工地

六、各區管理機關如查勘後認爲有背定章者應通知業主更正後再發給執照

無錫縣　　區建築呈請書　　第　　號

一、業主姓名　　住址　　職業

二、承造人姓名　　住址

三、建築地點

四、建築物種類及數量

五、建築物式樣及材料　必要時須附呈圖樣計算書等

六、建築物四址及面積

七、建築工料價格

八、預定建築時期民國　年　月　日動工完工計　日

呈請人

中華民國　　年　　月　　日

查勘報告　民國　　年　　月　　日查勘員

無錫縣第　　區建築執照

業主姓名

承造人姓名

建築地點

建築物四址

建築物種類及數量

建築時期　年　月　日動工　年　月　日完工

建築執照費

附註

中華民國　　年　　月　　日

區長　　蓋章

建設指導員　　蓋章

縣掛工作處

築字第　　號

無錫縣第　　區建築執照主存根
業名姓名　　建築物種類及數量
承造人姓名　　完工日期
建築地點　　建築執照費
建築物四址　　附註
中華民國　　年　　月　　日

附註　上圖所註尺寸均以公分(生的)為單位

無錫縣建設局各鄉區建設指導員服務細則

第一條　遵照　建設廳第六四號訓令每區視事務之繁簡設立建設指導員一人或二人由縣建設局（以下概稱本局）委任之

第二條　建設指導員秉承建設局長協助各該區區長辦理區內一切建設及本局委辦事宜

第三條　每區內如有建設指導員二人由該區區長就區內劃定地段分任職務劃定後仍函知本局備查

第四條　建設指導員遵照　廳令概為義務職惟視其工作之多寡得由各該區在建築照費內酌給津貼

第五條　建設指導員經本局之委派調查或視察案情時務須親履該地詳細勘查博訪周咨據實呈復

第六條　建設指導員經本局之委派調查或視察所須旅費由本局核實支給之

第七條　建設指導員經本局之委任從事於建設工程時其常川駐工者得於工程項下支酌外勤費每日以半元為度

第八條　建設指導員對於本局公佈之一切建設章則如農田溝洫暫行章程拓寬街道暫行章程暨取締建築暫行章則等宜時加注意如人民有不諳各章則之規定者應隨時切實開導之

第九條　建設指導員對於建設事業應盡力宣傳俾民衆瞭解建設事業之重要共負建設之責任

第十條　建設指導員協助區長辦理各該區建築執照事務宜遵照「領發建築執照手續」各條處理之

第十一條　人民有違章建築建設指導員應協助區長照章秉公糾正之

第十二條　建設指導員應將各該區內建築工程暨所發建築執照按週列表呈報本局以備統計（表式另定）

第十三條　建設指導員對於建設事業有具體計劃或意見者可用書面呈報本局以備採納如民衆有計劃或意見該員亦得訪求代陳

第十四條　建設指導員應將每週工作狀況呈報本局以備考核其格式另定之

第十五條　本細則自呈奉　江蘇省建設廳核准後施行

無錫縣第　區建築統計表第　號自　年　月　日至　年　月　日

建築地點	業主姓名	建築物種類及數量	建築材料及式樣	建築物價格	執照號數	給照日期	附註

民國　年　月　日　建設指導員

（此係式樣報告時應照式劃寫）

無錫縣第　區建設工作報告書第　號自　年　月　日至　年　月　日止

（此係式樣報告時應照式劃寫）

工作類別	工作概要	附註
建築		
宣傳及指導		
調查或視察		
監工		

新興建築

（一）建築新行政署之計劃

本邑原有縣公署二。新縣署爲前金匱縣者在城中倉橋之東。舊縣署卽前無錫縣署。在西門內註驄橋之西。自國軍到錫以來。卽以舊縣署爲公安局所及水上公安隊之屯駐地。仍以新縣署爲縣政府。惟前隸縣政府之公安、財務、建設、教育四局。分散各處。對於行政方面。未免有所隔閡。在孔前縣長時。曾有將新縣署標價出售。改闢市場。而就舊縣署地基改造新縣政府之議。當事特請上海工程師蔡棐來錫測量新舊縣署事未竣。而孔前縣長奉調赴省。原稿遺失無存。乃現在孫縣長繼任。乃令縣建設局派員將新舊縣署地基房屋重行測出。並由各局將需用房屋繪製草圖。逕送建設局。俾便擬就具體計劃。將集四局於一處。而爲行政之便利計也。自市政籌備處成立以來。復於吳橋附近計劃新行政區。一面擬具整理縣政府基地計劃。呈省待核。於是建築新公署之議。益形具體化矣。茲將整理新縣署基地圖說附後。以供參攷。至新行政區建設計劃。則尙在詳密設計中也。

整理縣政府基地計劃圖說

建設爲立國要圖。値此訓政時期。地方事業。尤宜力求革新。行政區爲一方之表率。自不能因陋就簡。荷氣象窳敗。何以示勵治之精神。吾錫値建市初期。原有行政衙署佔地祇十畝而强。且年代湮遠。屋宇破舊。規模狹隘。不敷辦公。爲謀市政之發展計。現由當局勘定通惠路與後路之間空地五六十畝。爲新行政區。謀建築一巍峨之巨廈。以壯觀瞻。所有縣政府原有地基。實行闢路爲通環形路之捷徑。更可聯貫書院衖與新縣前之交通。減少將來南北幹路之擁擠。所有餘地。以地位衝要。且與北門市廛相距咫尺。可建立爲模範之新市場。所有建築。須一律三層樓屋。不得稍有參差。以整市容。又購地者將來儘可照現有面積。毋須縮讓。時期可至百年之久。茲分別核算價値列表如下。

區別	面積（方）	價格（元）	價値（千元）	備註
1	一二•二	二〇〇•〇	二•四四〇	
2	九•五	一八〇•〇	一•七一〇	
3	九•五	一八〇•〇	一•七一〇	
4	七•五	一八〇•〇	一•三五〇	
5	二九•一	二〇〇•〇	五•八二〇	
6	二二•五	一六〇•〇	三•六〇〇	
7	一九•八	二〇〇•〇	三•九六〇	
8	一九•八	一八〇•〇	三•五六四	
9	二一•四	一六〇•〇	三•四二四	
10	二一•五	一六〇•〇	三•四四〇	
11	二一•五	一六〇•〇	三•四四〇	
12	二四•四	一六〇•〇	三•九〇四	
13	一〇•三	一二〇•〇	一•二三六	

圖表十二：此處原爲『縣政府基地計劃圖』，見書後。

14	三一・〇	一六〇・〇	四・九六〇
15	三一・〇	一六〇・〇	四・九六〇
16	三一・〇	一六〇・〇	四・九六〇
17	三一・〇	一六〇・〇	四・九六〇
18	一七・五	一六〇・〇	二・八〇〇
19	一一・二	一六〇・〇	一・七九二
20	二九・一	一六〇・〇	四・六五六
21	二五・〇	一六〇・〇	四・〇〇〇
22	二五・〇	一六〇・〇	四・〇〇〇
23	二五・〇	一六〇・〇	四・〇〇〇
24	二〇・〇	一二〇・〇	二・四〇〇
25	二五・〇	一二〇・〇	三・〇〇〇
26	二五・〇	一二〇・〇	三・〇〇〇
27	二一・五	一二〇・〇	二・五八〇
28	三九・六	一六〇・〇	六・三三六
29	三六・〇	一六〇・〇	五・七六〇
30	三七・五	一六〇・〇	六・〇〇〇
31	三八・五	一六〇・〇	六・一六〇
32	二〇・六	一八〇・〇	三・七〇八
33	二〇・〇	一八〇・〇	三・六〇〇
34	二四・六	一八〇・〇	四・四二八

總計七百九十四萬（合十一畝弱）十二萬七千六百五十八元

籌備建築中山大禮堂之經過

起因　一、中山先生為民衆導師。舉世景仰。允宜特建禮堂。以資紀念。不特吾黨同志。從此有所矜式。即全邑人民。亦可壹其視聽。現在總理紀念週舉行者。祇及各機關團體。因陋就簡。何以廣布主義。昭示來茲。是則禮堂之設。萬無可緩者也。

二、國策底定東南。旌旗易色。日月重光。軍事時代雖重誅伐。而訓政伊始。要在集合民衆。共圖建設。主義如何推行。工農如何救濟。他若協助外交。開發生產。謀勞資之互助。聯四民為一家。舉宜集合英俊。從容討論。使禮堂早日觀成。則廣座便可集會。

三、吾邑教育實業。既藉聲聞。社會事業。亦復不後他邑。公園。圖書館。民衆教育館。莫不應有盡有。而此偉大之中山禮堂則付闕如。實為美中不足。觀夫歐美各國都市中樞。必有瑰麗瑰偉之建築。以代表全市之莊嚴。市民之能力思想。覘國者每於此卜之。今假禮堂之興築。示全邑以規範。矗之中樞。蔚為巨觀。模範縣之名。乃益彰矣。

四、吾邑既著聲譽。復便交通。偉人巨子。時有往來。或以工商發展、特為調查、或蒐山水清幽、專意遊覽、便道過從、亦可請其指導、耕謀交換、禮堂既成。則演講有所。聽衆有座。既聆偉論。復少擁擠、向時恨抱向隅者。至此亦可得一席地。而各界正當娛樂、如舉行遊藝會等。需要亦正相同。禮堂之築、庸可已乎。

初次籌備　綜觀上列各端。則建築中山大禮堂。誠有刻不容緩之勢。爰有本邑各機關團體。於十七年之二月聯合組織無錫民衆建築中山大禮堂籌備委員會。議以二萬元為建築經費。除將三皇街同善社基地拍賣作價五千元外、不敷之數。由會向民間勸募、地點擇定駐驊橋下縣苗圃。並由縣建設局設計繪圖。擬即積極籌備、早觀厥成。不意本邑政局驟遭變動。籌備會負責無人。而建築中山禮堂之議。遂成過眼雲烟矣。

二次籌備　十八年六月。無錫國民救國會第八次執行委員會議決在救國基金項下暫撥銀一萬元。充建中山大禮堂經費、並推定建築籌備委員十五人。組織建築中山大禮堂籌備委員會、冀有以續十七年本邑各機關未竟之志、嗣因救國基金奉省令指定的用於是。中山大禮堂經費無着。空有計劃。至今猶未實現也。

建築警鐘樓計劃

市政籌備處工務科

緣起

消防為市區治市之最重要事業、而警鐘樓實為消防之耳目、本市辦理消防漸臻完備、救火會會員。尤能熱心工作、久為地方人士所稱道。惟警鐘樓一項、至今尚付缺如。每有火警、因消息未能迅速傳遞。因致延燒多數市房。故警鐘樓之設、實刻不容緩。俾任何區城。一有火警。即可鳴鐘報告、使遠近救火隊。能於同時聞悉。在幾分鐘內。即能集合馳救矣。

位置

為便利起見。擬在舊城區各新區設一座。屬於舊區者、擬設在崇安寺附近。以其在城之中央也。屬於新區者、擬設在吳橋附近。為新市區之中心地點。

屬於城區者。採古意大利哥悉克式（Gothic）。計分七層、下面五層。四面均設窗、用備管理人之休憩及住宿。第六第七層。四周皆有欄杆。以便瞭望、最上設六柱圓頂之亭一只。以備置鐘。全體形如寶塔、

屬於新區者、採近代式（Modern Style）、共計六層。每層四周皆設窗戶欄杆、第六層設有挑出陽台、以其便於瞭望而美觀瞻、置鐘之最上層。為六柱圓頂之圓亭。全樓築在二尺半高之石砌階台上、

面積及高度

屬於舊城區者。下部七呎半方、上部十三呎九吋方。由地面至圓亭頂共計高度一百呎零六吋、屬於新區者。階台四十呎方、下部二十

五呎方。上部十六呎三吋方。由地面至圓亭頂。共計高度一百呎。

構造

以鋼骨三合土爲主體。其他門窗則視經濟狀況而定。採用木質或鋼質。

經費

工程費約每座七千餘元。

管理

由公安局派負責人員。常駐輪流瞭望。並以鐘聲之緩急及聲數以示火警之地址。

鐘

鐘須用合金鑄。鳴時至少以華里五里內能聞得者爲合格。

建造時間

半年可以竣工。

附記

本建設效用特大。經費不多。且急宜建造。以應需要。如有熱心之士。慷慨捐建。可於樓上加捐建者之名號。以誌不忘。

建設經費

無錫縣建設經費之來源及分配

本縣建設經費約可分拆爲二類。(一)爲建設行政經費。(二)爲建設事業經費。

(一)建設行政經費　此項經費。即屬本縣之原有實業經費。於民國十七年十月份。前事實上本與內務經費相混。自建設局於十六年十月成立以來。迭經磋商。至十七年十月份起。財務局獨立。始將此項經費劃分清楚。經常項下。有忙銀蘆課漕米契稅及牙帖營業等附稅。忙銀及蘆課每兩帶征附稅銀三角。漕米每石帶征附稅銀一元。契稅及牙帖營業附稅。全年收入建設經費均占百分之二。臨時項下。有忙銀蘆課漕米等之滯納罰金。忙銀及漕米之帶征五分地方費。忙銀蘆課滯納每兩加征銀二角零五厘。漕米滯納每石加征銀五角。(十六十七兩年度。以加征北伐經費每石兩元。故漕米滯納每石加征亦多二角)建設經費均占百分之二十六。忙銀及漕米帶征之五分地方費。建設項下亦占百分之二十六。總計全年額收約銀九千七百元。實收統扯以九成計。約銀八千七百三十元。自民國十八年一月起。復奉省令規定。將全額撥出三分之一。充作農林經費。剩全額三分之二。約計銀五千八百二十元。充作建設局行政經費。按月支用。不足之數。則由省建設經費項下補助。

無錫縣原有實業經費調查表

項目	歲入約數	備考
忙銀附稅	五七六元・〇〇	按照十八年度額征上下忙銀十四萬三千九百四十二兩縣稅每兩三角計銀四萬五千一百八十三元建設占三分之二內之三分之二列開如上數
蘆課附稅	二・〇〇	按照十八年度額征蘆課銀三百四十九兩縣稅每兩三角計銀一百零五元建設占三分之二計如上數
漕米附稅	一〇〇六・〇〇	按照十八年度額征漕米七萬五千四百六十六石縣稅每石一元計銀七萬五千四百六十六元建設占三分之二內之三分之二開列如上數
契稅附稅	五四・〇〇	此項附稅無定額查照十六年度全年收入計四千零七十四元建設占三分之二內之三分之二開列如上數
牙帖營業附稅	一一・〇〇	此項之稅無定額查照十六年收入計八百四十九元建設占三分之二內之三分之二開列如上數
忙銀滯納罰金	一二七九。〇〇	按照十八年度額征上下忙滯兩數逾限者以五成計算每兩加價二角零五厘計銀一萬四千七百五十六元除一半解省外建設占百分之二十六內之三分之二開列如上數
蘆課附納罰金	三・〇〇	逾限者亦以五成計算每兩加價二角零五厘計銀三百五十七元除一半解省外建設占百分之二十六內之三分之二開列如上數
漕米滯納罰金	一六三元・〇〇	按照十八年度額征各漕數逾限者以五成計算每石加價五角計銀一萬八千八百六十七元除一半解省外建設占百分之二十六內之三分之二開列如上數

項目	金額	說明
忙銀帶征地方費	一二四七•〇〇	隨忙銀每兩帶征地方費銀五分計七千一百九十七元建設占百分之二十六內之三分之二開列如上數
漕米帶征地方費	六五四•〇〇	隨漕米每石帶征地方費銀五分計三千七百七十三元建設占百分之二十六內之三分之二開列如上數
總　計	六四六七•〇〇	每年實收照上額統扯以九成計約共銀五千八百二十元

(二)建設事業經費　本縣事業經費共分三種(一)五分築路畝捐(二)加漕准留建設經費(三)建設特捐。

五分築路畝捐由省廳通令各縣於十七年度起上忙帶征。嗣以奉令之日上忙早已開征爰呈奉核准暫由十七年漕米帶征每石銀八角三分三厘自十八年起卽遵令由上忙帶征計額收銀六萬二千八百六十三元。此項經費爲築路專款。不能移作他用。

加漕准留建設經費係冬漕每石銀五角奉省令規定十一分之二•五作建設經費計額收銀八千五百七十五元。本年度冬漕帶征北伐經費已奉令取消。於改征畝捐六分地方費內。以資抵補業已呈奉核准仍由冬漕帶征。此項經費仍有着落。貯作裝置四鄉電話及改建東水橋樑之用。

建設特捐本奉省令由屠宰稅牙帖營業稅及賣典契價項下帶征屠稅每猪一只。征捐一角。每羊一只。征捐八分照認商包額四萬三千元。正稅以四分之一計算除去准支征收費五厘外。全年約可征銀一萬零二百十二元。現已由十八年十二月份起征暫行減半收費至十九年二月份止。三個月內作爲試辦時期。自十九年三月份起卽照額征收。至十九年六月底會計年度終了。本年度約可征銀四千六百七十五元。牙帖項下短期帖於領帖時每張征捐一元長期帖除領帖時征捐一元外又另於每年營業稅項下帶征一元。此項收入無定額統扯每月以八十元計。全年約征銀九百六十元。賣典契項下按價帶征百分之一。此項收入亦無定額統扯每月以五百元計全年約征銀六千元。三項共計銀一萬一千六百三十五元。貯作興築公路預備費及其他一切建築之用。

無錫縣建設事業經費調查表

項目	歲入約數	備考
五分築路畝捐	元六二八六三•〇〇	按照十七年度冬漕帶征每石八角三分三厘額收如上數
漕留建設費	八五七五•〇〇	按照十八年度額征冬漕七萬五千四百六十六石加價二元內四分之一留作地方費計每石五角合銀三萬七千七百三十三元奉省令規十一分之二•五作建設費開列如上數
契價帶征建設特捐	六〇〇〇•〇〇	契稅帶征百分之一每月統扯收入五百元全年合計如上數
牙帖帶征建設特捐	九六〇•〇〇	牙帖帶征每帖一元每月統扯收入八十元全年合計如上數
屠宰稅帶征建設特捐	四六七五•〇〇	屠稅帶征自十八年十二月份起至十九年二月份止減半收捐十九年三月份起至爲六月份止本年度照正稅包額四萬三千元之四分之一計算除去五厘辦公費開列如上數
縣計	八三〇七三•〇〇	上列總數係屬照額征收實收統扯以九成計共計銀七萬四千七百三十三元

建設經費之保存支辦法

本縣建設經費由財務局按月徵收。撥交縣地方公款公產管理處。轉交建設局。除行政經費按月留用外。所有事業經費遵照　廳頒建設經費保管存支暫訂辦法。分交各銀行專款存儲。並逐月造具收支報告表。呈報　建設廳備案。支用時則由建設局擬具工程計劃。編造預算書表。繪具圖樣等件。呈由建設廳核准。方再填具請款憑單。呈請簽發支票。交由縣政府建設局會蓋印章。方可特向銀行支用。並將收到銀款數目日期。專案呈報查核備案。

圖表一

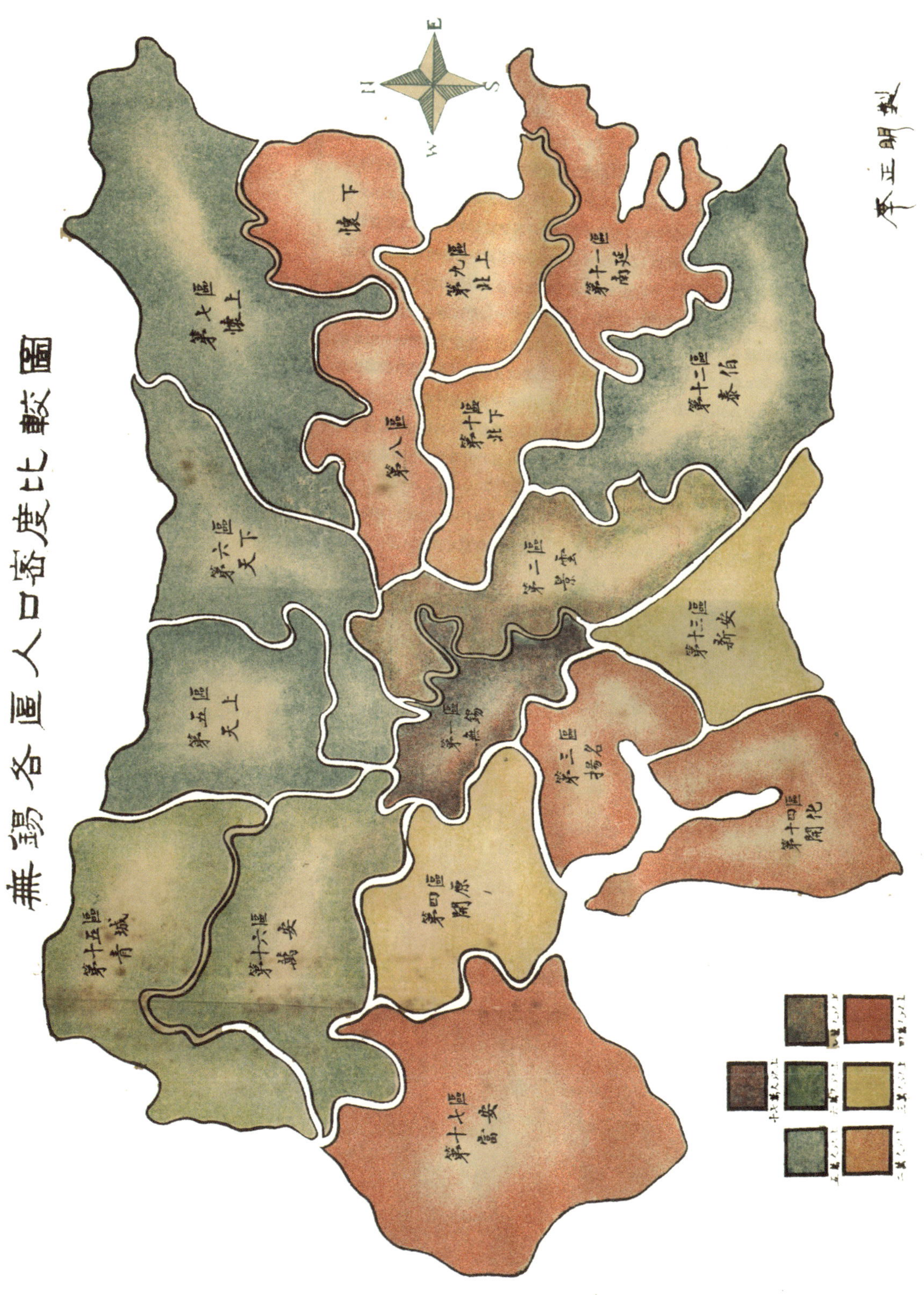
無錫各區人口密度比較圖
第十五區 青城
第五區 天上
第六區 天下
第七區 懷上
第十六區 萬安
懷下
第八區
第十七區 富安
第四區 開原
第一區 無錫
第十區 北下
第九區 北上
第二區 景雲
第三區 揚名
第十一區 南延
第十三區 新安
第十二區 泰伯
第十四區 開化
N
W
E
S
李正明製

圖表二

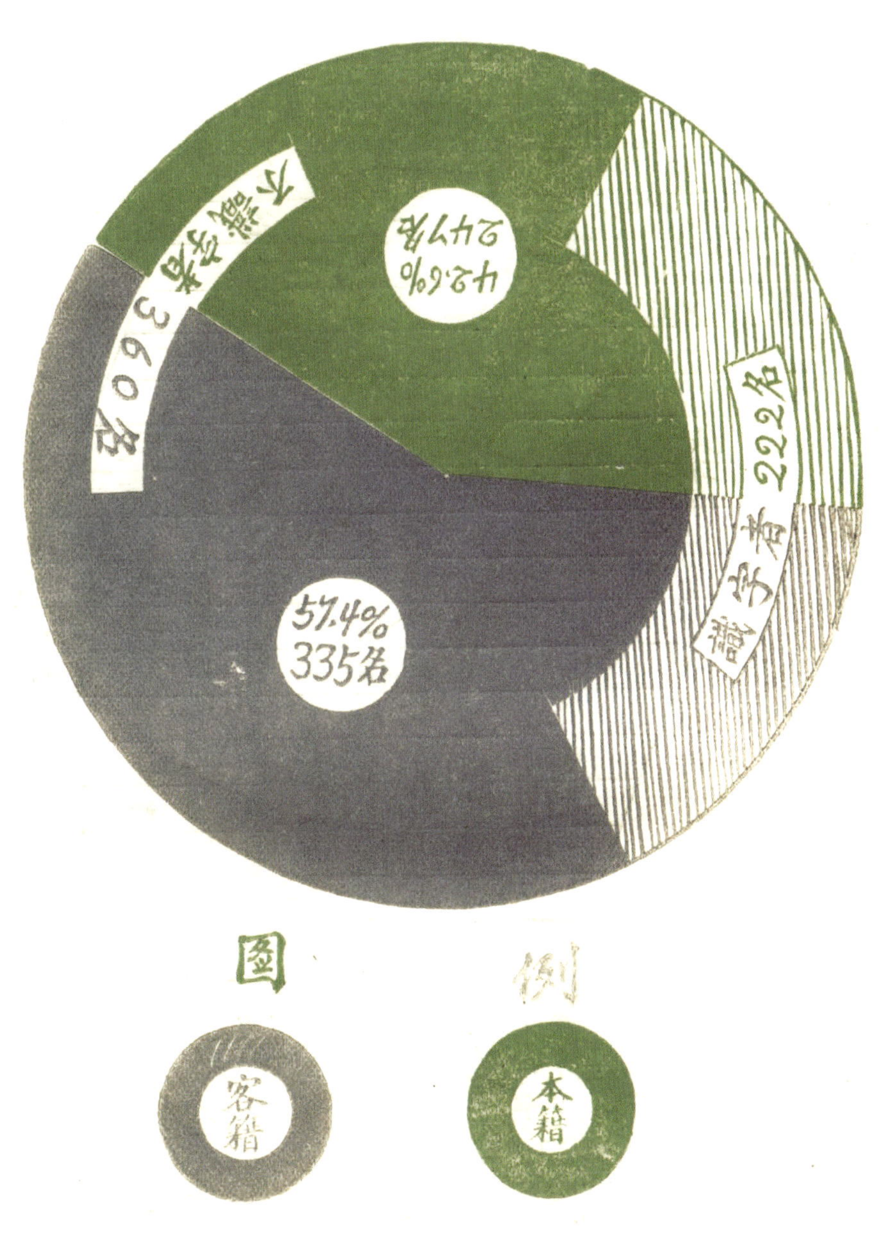

無錫縣十八年監獄罪犯籍貫及教育程度統計圖(一)

圖表三

甲　本縣防區。沿京滬線。則有中央軍隊駐防。運河太湖各要口。則有水警駐防。故本隊對以上各處之防務。得減一肩之擔負。查考縣之東北鄉。地屬荒僻。素爲共盜出沒之區。十六年十月十六日。逆黨暴動時。該鄉被害尤深。本隊鑒往思今。視該鄉警衛之業務。亦較他處爲嚴重，應環境之需要。察防務之輕重。地位之重要。而配備警力之多寡。如城區爲一邑之樞鈕。精華之所萃。故宜常駐一中隊以上之警力，專任警衛調遣之勤務。東北鄉防務。亦不得不分別配備。以一中隊以上之警力。以期維護地方於萬全。俾人民則樂業而安居。茲將城鄉警備圖略如下。

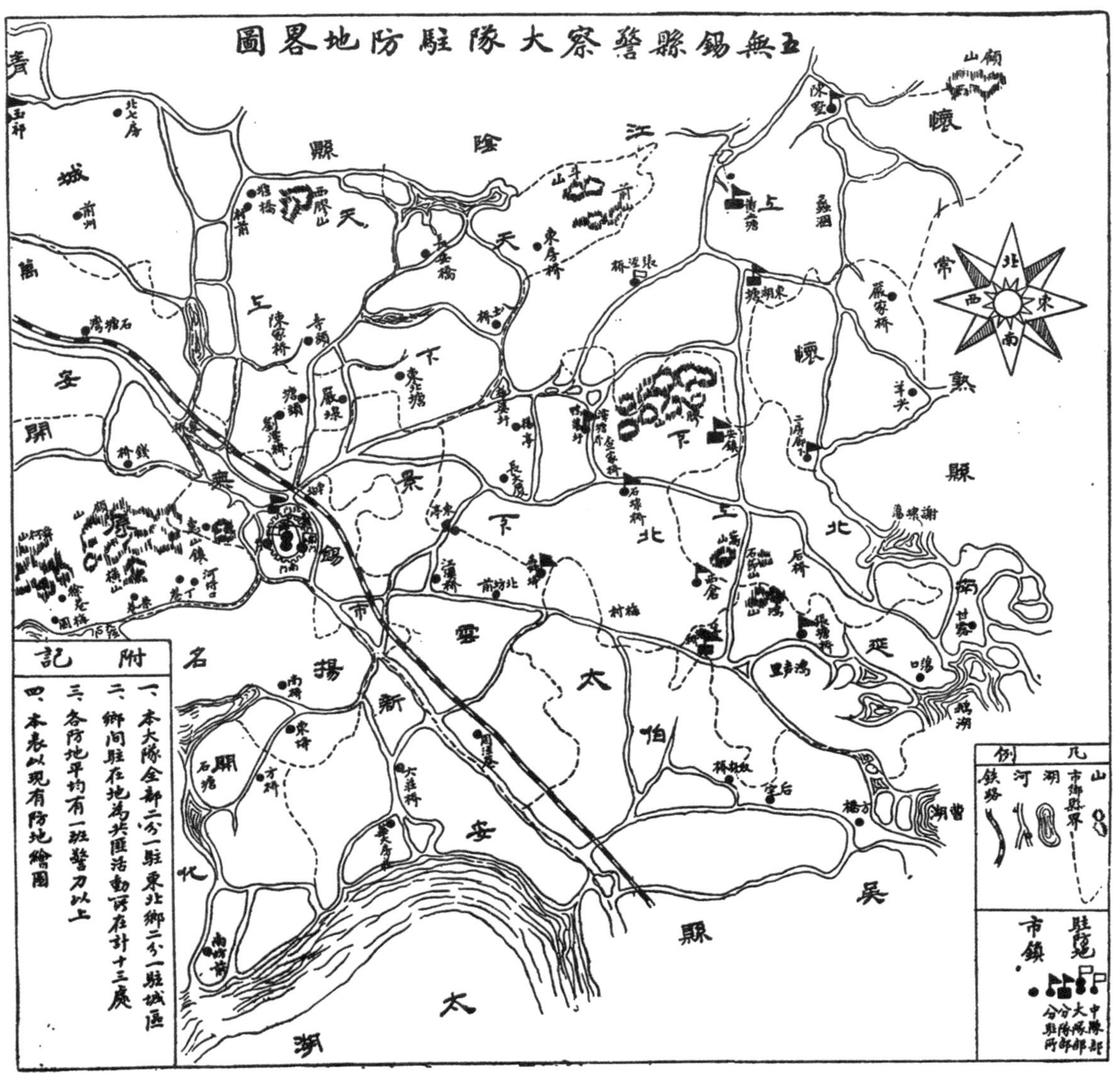

圖表四

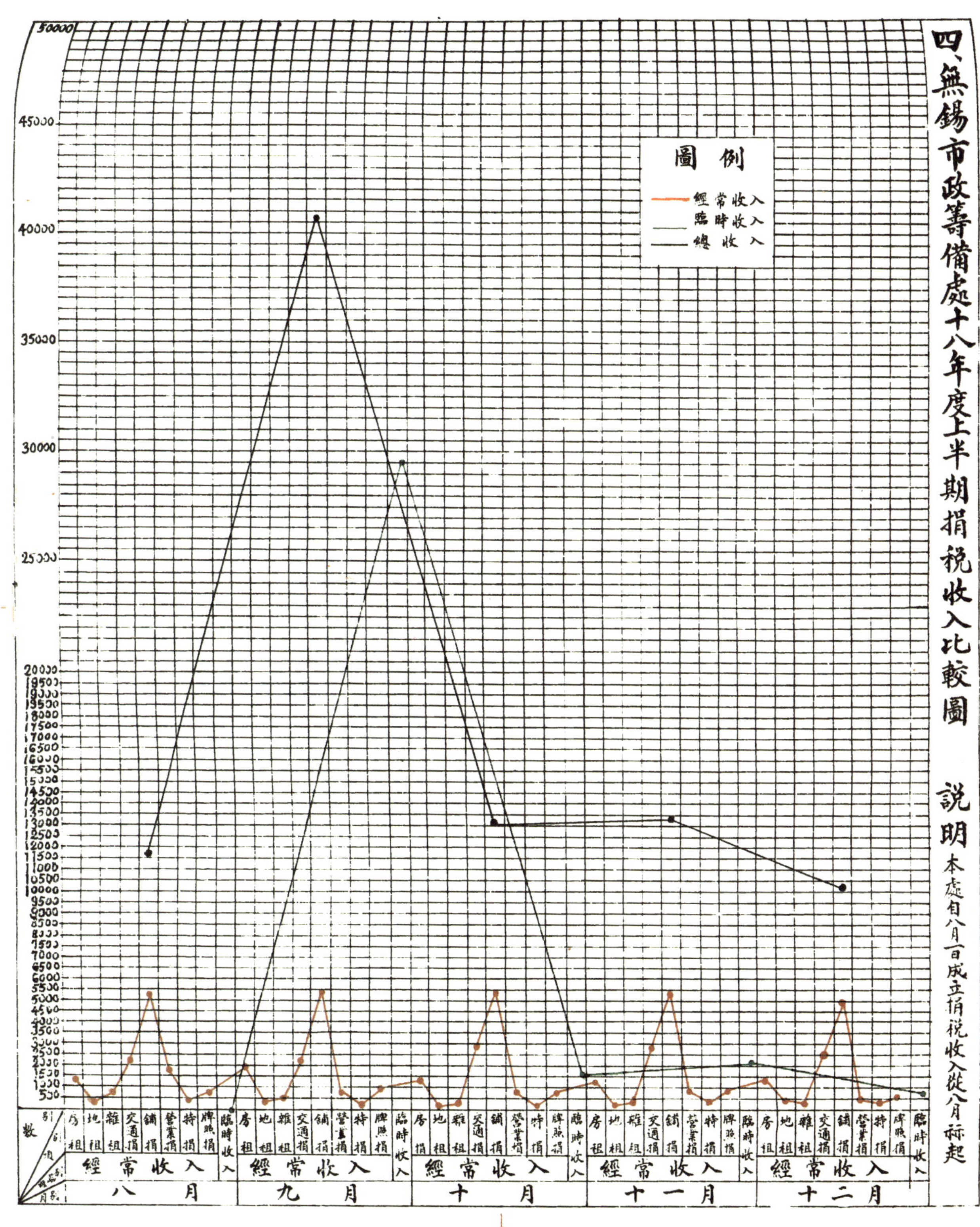
四、無錫市政籌備處十八年度上半期捐稅收入比較圖
說明
本處自八月一日成立捐稅收入從八月份起
圖例
經常收入
臨時收入
總收入
50000
45000
40000
35000
30000
25000
20000
房租
地租
雜租
交通捐
舖捐
營業捐
特捐
牌照捐
臨時收入
經常收入
八月
九月
十月
十一月
十二月

圖表五

無錫市（五）

行政費與事業費每月收支比較圖

無錫市政籌備處財政科調製

自十八年一月至十二月

圖例

行政費　事業費

銀元數

五萬　四萬　三萬　二萬　一萬五　一萬　九千　八千　七千　六千　五千　四千　三千　二千　一千

一月　二月　三月　四月　五月　六月　七月　八月　九月　十月　十一月　十二月

圖表六

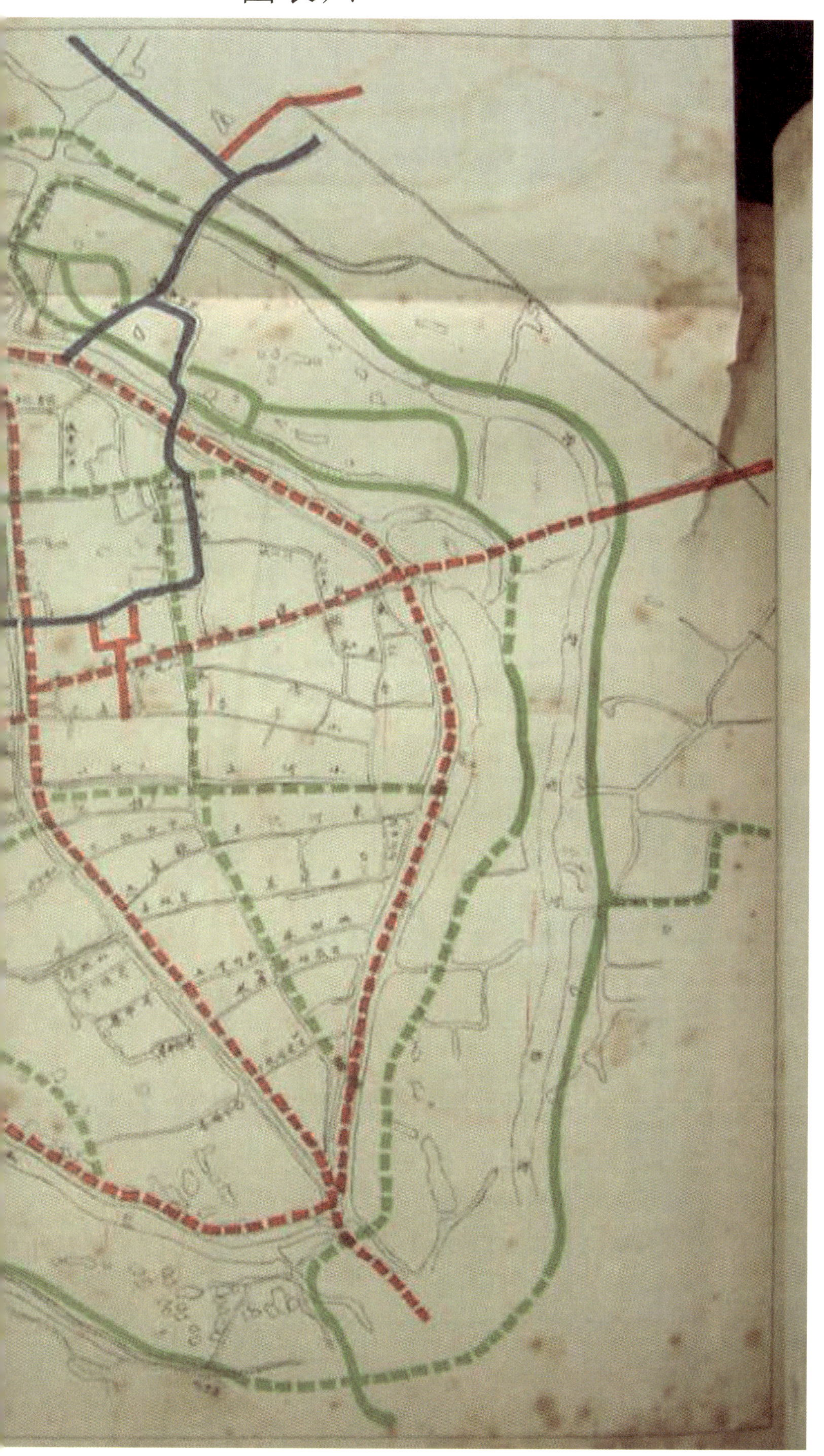

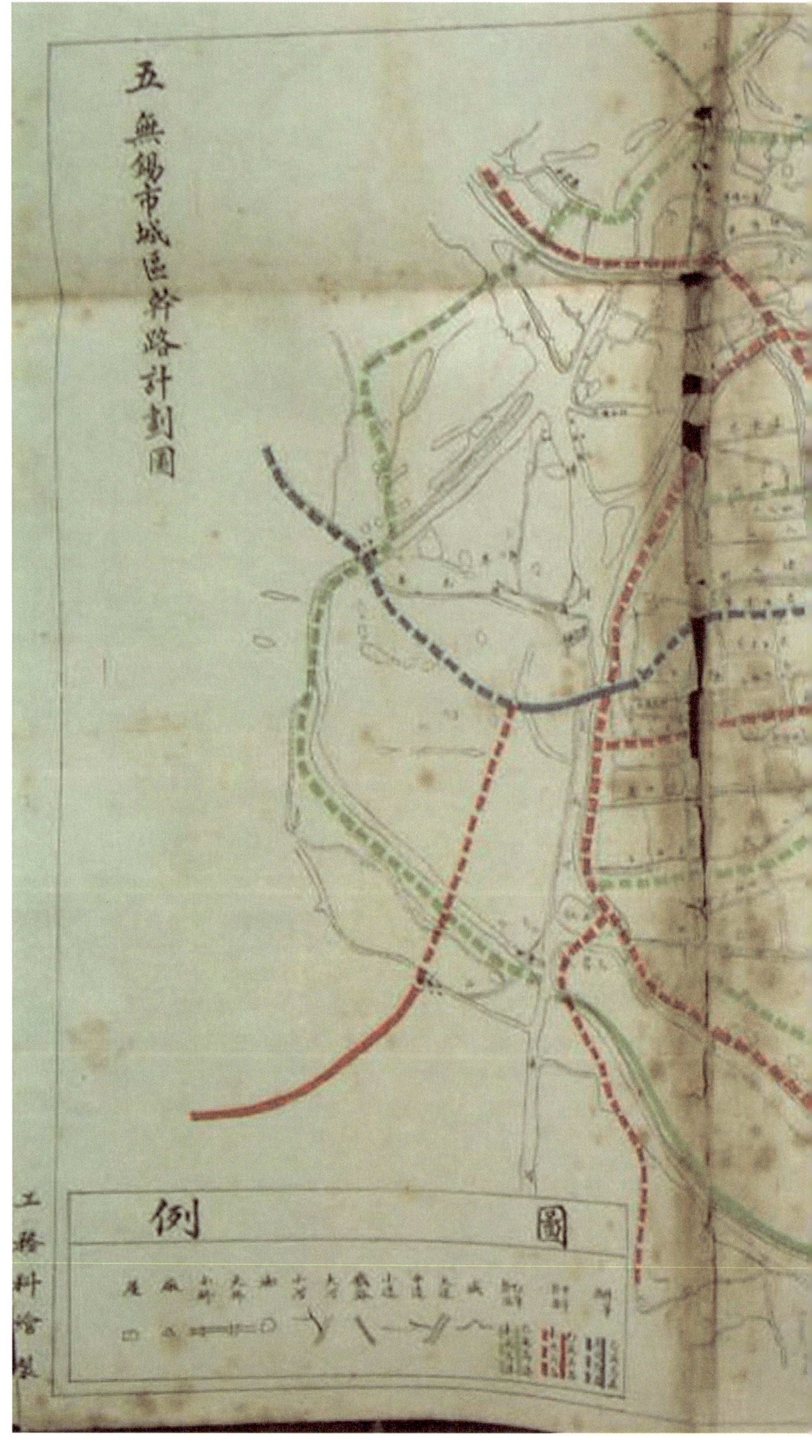
五
無錫市城區幹路計劃圖
圖例
工務科繪製

圖表七

(二)無錫縣內河小輪一覽表

公司名稱	公司地址	船名	執照號數 部照	執照號數 關單(江海關)	本局登記號數	現行航線 起	現行航線 訖	現行航線 經過地點	全程里數	噸數	尺數 長	尺數 廣	尺數 吃水	燃料	馬力匹數	每時速率	本埠停舶地點	備註
振記	梁溪路	振源	一一七一	二五五八	一	無錫	上海	直達	三六〇	一五·〇〇	六一	一〇·五	三·五	煤	四五	三〇	工運橋堍振記碼頭	貨班
		新利泰	八五九	二五二八	四一	仝	仝	仝	三六〇	九·五〇	五八	一一	四	煤	五四	三〇	仝	仝
		新振興	三三一	二三四〇	四二	仝	仝	仝	三六〇	一三·〇〇	六〇	一三	三·五	煤	二四	三〇	仝	仝
協興	梁溪路	協豐	二二九	一七二〇	二	仝	仝	仝	三六〇	一三·七二	六〇	一二·二	四·五	煤	一四	三〇	工運橋堍協興碼頭	仝
		協盛	二二八	一九一八	三	仝	仝	仝	三六〇	九·八〇	六〇	一一·五	四	煤	一六	三〇	仝	仝
		協裕	三九五	二三四二	四	仝	仝	仝	三六〇	一六·〇〇	六三	一二	四	煤	一六	三〇	仝	仝
		協茂	二二七	二四八〇	五	仝	仝	仝	三六〇	一三·〇〇	六〇	一一·五	四	煤	三〇	三〇	仝	仝
泰昌豐記	梁溪路	新瀛洲	一七一〇	二六二二	六	仝	仝	仝	三六〇	三五·五〇	六五	一二	四·五	煤	五〇	三〇	工運橋堍泰昌碼頭	仝
		南龍	八四〇	二五四四	四三	仝	仝	仝	三六〇	一七·〇〇	六三	一二	四	煤	一六	三〇	仝	仝
		源泰	七三四	二四〇八	四四	仝	仝	仝	三六〇	三五·五〇	六五	一二	四·五	煤	五〇	三〇	仝	仝
公茂	梁溪路	春申	一一九	一〇〇	三六	仝	仝	仝	三六〇	二〇·九四	六四·七	一三·三	四	煤	五〇	三〇	工運橋堍公茂碼頭	仝
		大吉	一一六	六四九	三七	仝	仝	仝	三六〇	一七·三三	六六·六	一二·四	四	煤	四〇	三〇	仝	仝
		福星	一一八	二三〇	三八	仝	仝	仝	三六〇	二五·八九	六六	一二·一	四	煤	五〇	三〇	仝	仝
		大利	一一七	四二九	三九	仝	仝	仝	三六〇	一八·〇一	六五	一二·五	四	煤	五〇	三〇	仝	仝
		滙利	一〇一	二〇四七	四〇	仝	仝	仝	三六〇	三二·〇〇	六五	一二·六	四·六	煤	二五	三〇	仝	仝
招商	梁溪路	新安	一八〇	二一一七	一二	無錫	溧陽	宜興等處	二四〇	四·〇七	四〇·六	八·六	四·三	柴油	六	二五	工運橋堍招商碼頭	客班
		建元	一七三二	二六四八	一三	仝	仝	仝	二四〇	九·八〇	五六	一〇	四	柴油	六五	四〇	仝	仝
		裕江	一五三三		五四	無錫	江陰	石幢 青暘 月城橋 南閘	七〇	八·四〇	四五	九·五	三·二	柴油	四〇	三〇	仝	仝
太湖	梁溪路	太湖	八五六	二五一二	四九	無錫	湖州	大渲 西山 大錢	一八〇	一四〇·〇〇	一二五	二〇	四	煤	二五〇	四〇	工運橋堍太湖碼頭	仝
		飛雲	一〇三四	二二八一	五〇	仝	仝		一八〇	四·二八	四二	九·二	三·五	煤	八	三〇	仝	仝
新商	梁溪路	新江南	八一八	(蘇州關)四八	一四	無錫	溧陽	宜興等處	二四〇	五·五〇	五〇	一〇	三·五	柴油	五〇	四〇	工運橋堍新商碼頭	仝
永固	梁溪路	永固	一〇三五	二五五二	一五	無錫	溧陽	洛社 戴溪橋 華渡橋 運村 和橋 宜興 徐舍	二四〇	六·八〇	四六·〇六	九·〇二	四·七	柴油	五〇	三八	工運橋堍永固碼頭	仝
		永興	一七六五	二六四三	四五	仝	仝	仝	二四〇	八·四〇	五四	九·八	四	柴油	七五	四〇	仝	仝
中華新裕恆記	梁溪路	新裕福	四四五	二五〇六	二五	仝	仝	仝	二四〇	·五·二五	五一·〇三	一一·〇六	三·六	煤	四〇	三〇	工運橋堍新裕碼頭	仝
		華恆	一二五四	(蘇州關)四五	二六	無錫	周鐵橋	錢橋 藕塘橋 稍塘橋 張舍 胡埭 雪堰橋 周橋 潘家橋 分水墩	一〇〇	二·五〇	三四	八	二·六	柴油	一七	三〇	仝	仝
		華新	一九二七	(杭州關)九五	三三	仝	仝	仝	一〇〇	六·〇〇	四五	八·五	二·五	柴油	四〇	三〇	仝	仝
		華裕	一五二六	二五七七	三四	無錫	漕橋	錢橋 藕塘橋 陸區橋 新瀆橋 大鴻 戴溪橋 天井橋 華大橋 許莊橋		四·〇〇	三五	八	二·五	柴油	二〇	二〇	仝	仝

		恆發	一六五〇	二六二七	三五	無錫	溧陽	見前	二四〇	一〇•七五	五七	一〇•五	五•二	柴油	七五	三〇	仝	仝
錫南公共	附設永固公司內	惠風	臨時船照一一六	（蘇州關）七九		無錫	吳塘	北[illegible]中橋 南橋 蠡園 石塘 丁石橋 葛埭橋 南方泉	四〇	三•五〇	三七	九•四	三	柴油	二五	三〇	永固碼頭	仝
南達	招商局內	華勝	一九四一	二七一二	五三	無錫	南方泉	北橋 中橋 南橋 石橋 丁石橋 葛埭橋	三二	三•五二	二五	七	三•八	柴油	二〇	二〇	招商碼頭	仝
公商		公商		（蘇州關）二七	五二	無錫	陸區橋	洛社 高明橋 楊墅園 北新橋 新瀆橋 鴻橋	四〇	六•〇〇	三三	七•五	二•五	柴油	一二	二〇	永固碼頭	仝
利澄	梁溪路	飛鯨	一七七三	二六五九	一六	無錫	江陰	見前	七〇	四•五〇	五二	九•五	三•五	柴油	五〇	三〇	工運橋堍利澄碼頭	仝
		利澄	五七五	二五六三	一七	無錫	周莊	張涇橋 陳家橋 晃山橋 長涇 陸家橋 瓠岱橋	八〇	六•〇〇	四六	八•四	三•五	煤	一〇	三〇	仝	仝
		飛鵬	一三〇七	二五八八	一八	仝	仝	仝	八〇	三•〇〇	三八	八	三	柴油	二八	三〇	仝	仝
		新飛龍	一七九四	二六五〇	一九	無錫	華墅	張涇橋 陳家橋 晃山橋 習禮橋 北澗 南新橋 郁家橋	七〇	二•五〇	三四	七	二•六	柴油	一七	三〇	仝	仝
		飛鴻	一二五五	（蘇州關）四六	二〇	無錫	河塘橋	八士橋 西暘橋 門村 河湘橋	五〇	二•五〇	三四	八	二•六	柴油	一七	三〇	仝	仝
		飛虎	一七七四	二六五一	二一	無錫	雲亭	嚴埭 胡家渡 堰橋 北漍 璜塘 長壽 茂墅橋	七〇	二•五〇	三四	七	二•六	柴油	一七	三〇	仝	仝
		利達	五七七	二五二九	二二	仝	仝	仝	七〇	四•〇〇	三五	八	三	煤	八	三〇	仝	仝
		飛艎	五七九	二四七五	三二	無錫	江陰	見前	七〇	七•〇〇	四九	九	四	煤	一二	三〇	仝	仝
東北祥記	梁溪路	祥源	一四一六	（蘇州關）六〇	一〇	無錫	華墅	見前	七〇	二•〇〇	三二	七	三	柴油	二五	二五	工運橋堍東北碼頭	仝
		祥裕	臨時船照	暫行船牌	四六	無錫	周莊	見前	八〇	三•〇〇	三九	三•五	七	柴油	四〇	三〇	仝	仝
		學利	一二一九	同	二七	無錫	東萊鎮	張涇橋 陳家橋 晃山橋 習禮橋 北澗 欄杆橋 新莊港	一〇〇	一•五〇	三二	七	三	柴油	一六	二五	仝	仝
		新追利	臨時船照	同	二八	無錫	華墅	見前	七〇	一•五〇	三〇	六•五	三•五	柴油	一六	二五	仝	仝
		祥興	一二二〇		四七	無錫	東萊鎮	見前	八〇	二•〇〇	三二	七•五	三	柴油	二五	二五	仝	仝
嚴東	附設永固公司內	飛鳳	一六九四	一二七六	四八	無錫	江陰	見前	七〇	五•〇〇	四〇•三	九•四	三•八	煤	一二	三〇	永固碼頭	仝
	梁溪路	益利	一四四六	（蘇州關）六六	二九	無錫	江陰	見前	七〇	九•〇〇	三二	七	三	柴油	二五	二五	工運橋堍嚴東碼頭	仝
		永利	一一七五	（蘇州關）七三	三〇	無錫	祝塘	八士橋 方村橋 聚龍橋 白境橋 西洋橋 塘石燕	五〇	九•〇〇	三〇	七	三	柴油	二五	二五	仝	仝
		美利	九一六	（蘇州關）七二	三一	無錫	羊尖	張涇橋 東湖塘 嚴家橋	五〇	九•〇〇	三二	七	三	柴油	一六	二〇	仝	仝
新濟	梁溪路	新濟	一九一七	（蘇州關）六五	九	無錫	顧山	張塘橋 陳家橋 晃山橋 習禮橋	六〇	五•五〇	三〇	六	三	柴油	二五	二五	工運橋堍新濟碼頭	仝
		新康	一九二〇	（蘇州關）七五	二三	無錫	東萊鎮	見前	八〇	五•五〇	三〇	六	二•五	柴油	二〇	二〇	仝	仝
		新潤	一九一九	（蘇州關）七四	二四	無錫	常熟	張涇橋 陳家橋 晃山橋 陳墅 顧山 王莊 大河	一〇〇	五•五〇	三〇	六	三	柴油	二二	二五	仝	仝
惠商	附設利澄公司內	惠源	一二六一		五六	無錫	雲亭	見前	七〇	二•四七	三一•七	六•六	三•七	煤	九	二四	利澄碼頭	仝
安利	附設永固公司內	安利	一四九八	（蘇州關）七六	五一	無錫	安鎮	新塘橋 鴨城橋	三五	五•〇〇	二八	六•五	二•五	柴油	一二	二〇	永固碼頭	仝
普益		永盛	一四三九	（蘇州關）四二	八	無錫	常熟	新塘橋 鴨城橋 安鎮 太平橋 馬口 廊下 羊尖 練塘	一〇〇	二•〇〇	三一	八	二	柴油	一六	三〇	工運橋堍大有碼頭	仝
		福新		（蘇州關）四一	五五	梅村	蘇州	茅塘橋 老馬橋 廟庵橋 瞻橋 坊橋 黃埭	五〇	二•〇〇	二九•三	七•六	二•六	柴油	一六	二五		仝
華新		華新二號	九九二	（蘇州關）四〇	七	無錫	蕩口	江陂橋 坊前 梅村 茅塘橋 張塘橋 新造橋	四〇	一•〇〇	二九	五•一	二	柴油	一二	二〇	永固碼頭	仝
濟商	附設東北公司內	永裕	一四一八	（蘇州關）六七	一一	無錫	玉祁	洛社 五牧 蔣莊 禮社	五〇	二•五〇	二七	五•五	•三	柴油	一六	二〇	東北碼頭	仝

圖表八

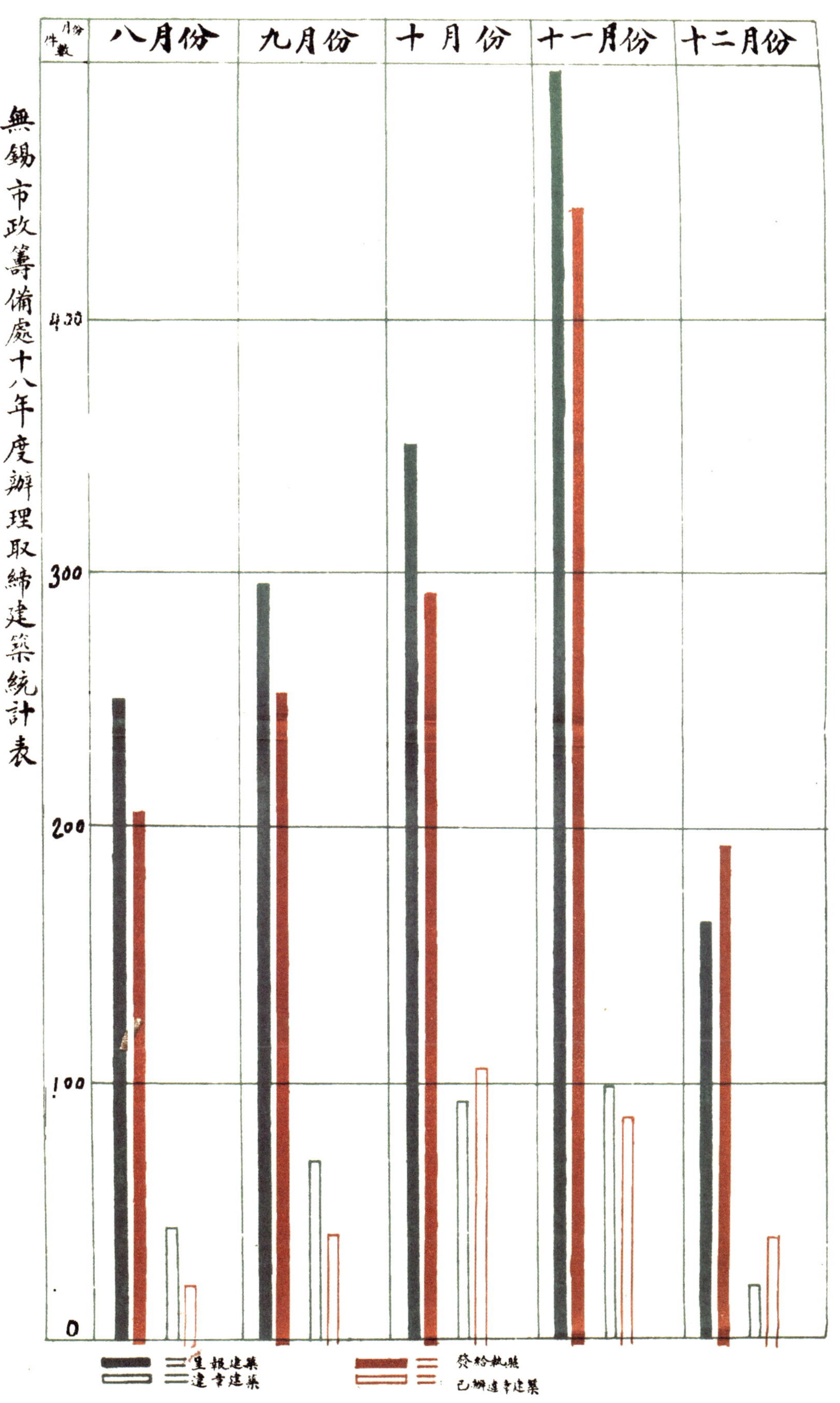

無錫市政籌備處十八年度辦理取締建築統計表
月份
件數
八月份
九月份
十月份
十一月份
十二月份
400
300
200
100
0
呈報建築
違章建築
發給執照
已辦違章建築

圖表九

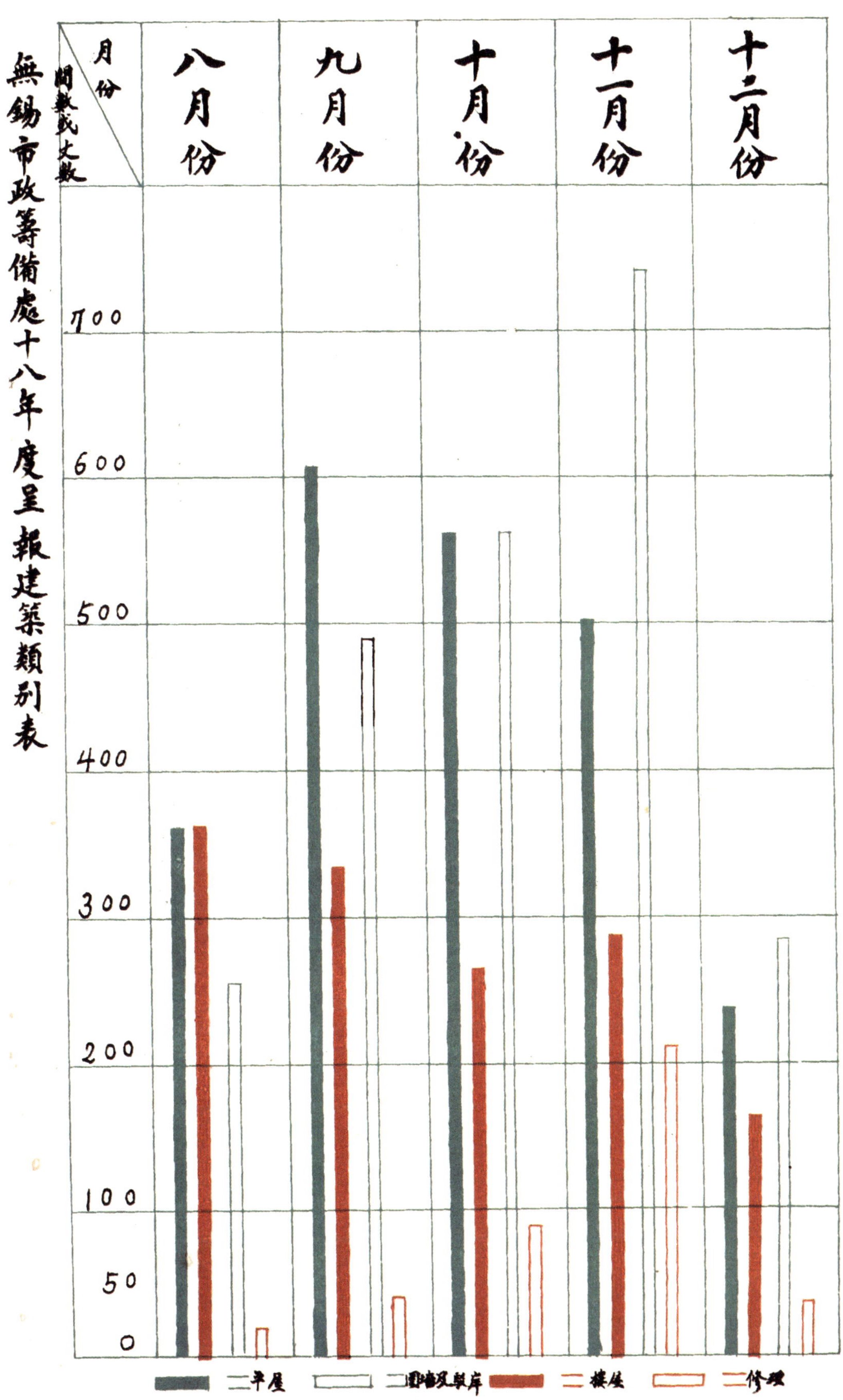
無錫市政籌備處十八年度呈報建築類別表
月份
間數或丈數
八月份
九月份
十月份
十一月份
十二月份
700
600
500
400
300
200
100
50
0
平屋
圍墻及與廂
樓屋
修理

圖表十

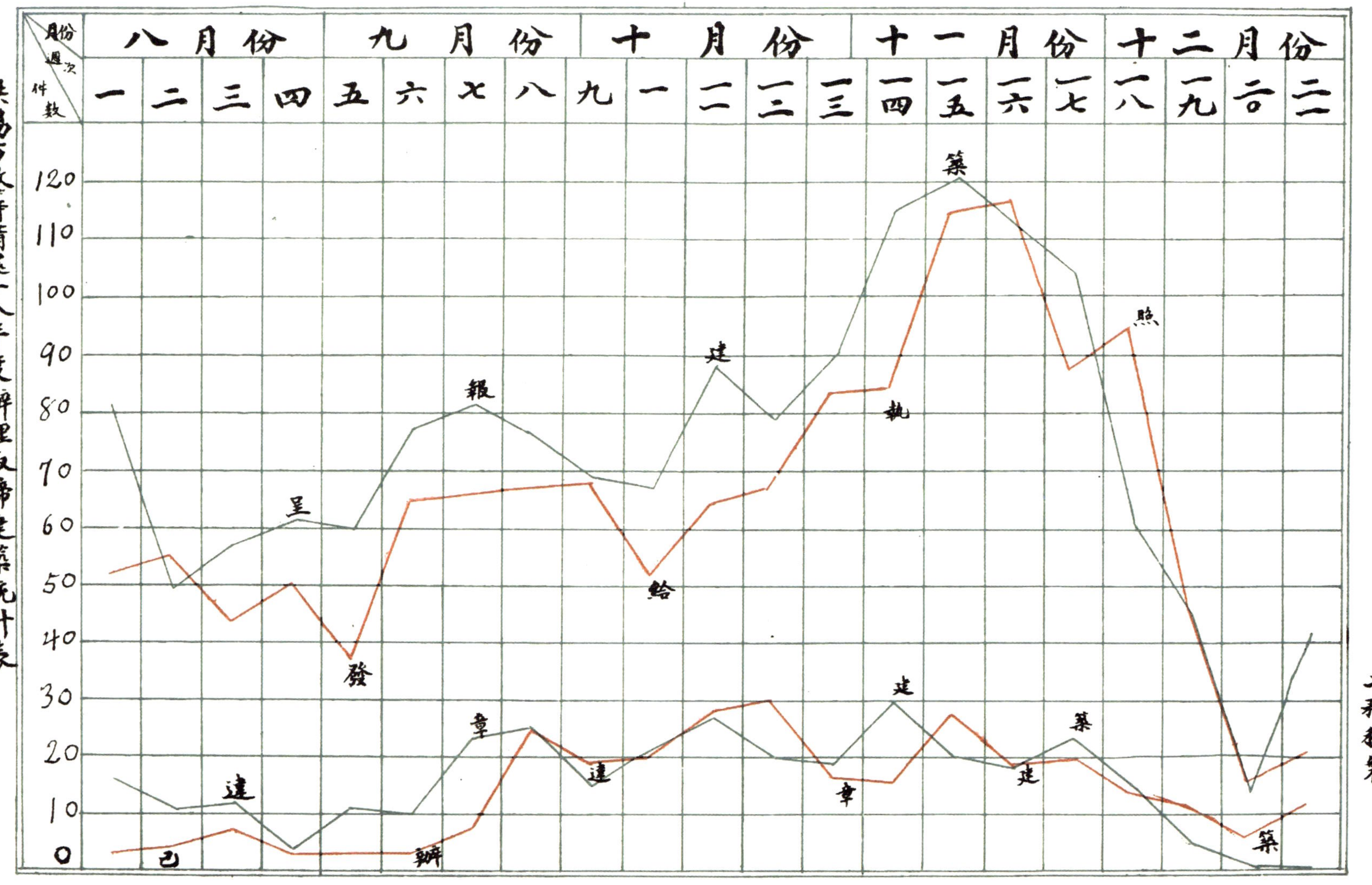
無錫市政籌備處十八年度辦理取締建築統計表
工務科製
月份
週次
件數
八月份
九月份
十月份
十一月份
十二月份
一 二 三 四 五 六 七 八 九 一〇 一一 一二 一三 一四 一五 一六 一七 一八 一九 二〇 二一
0
10
20
30
40
50
60
70
80
90
100
110
120

圖表十一

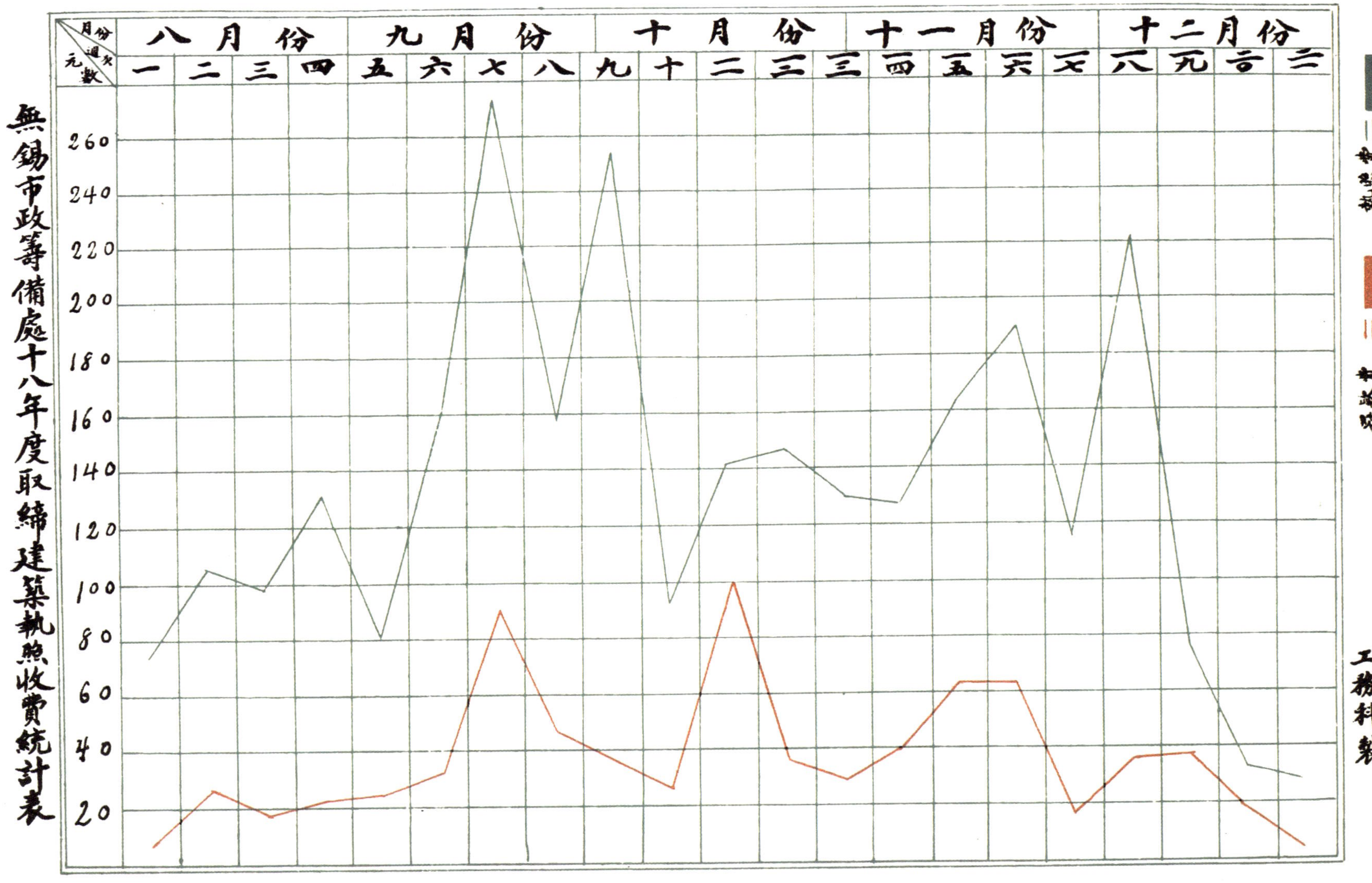

無錫市政籌備處十八年度取締建築執照收費統計表
八月份
九月份
十月份
十一月份
十二月份
20
40
60
80
100
120
140
160
180
200
220
240
260
工務科製

圖表十二

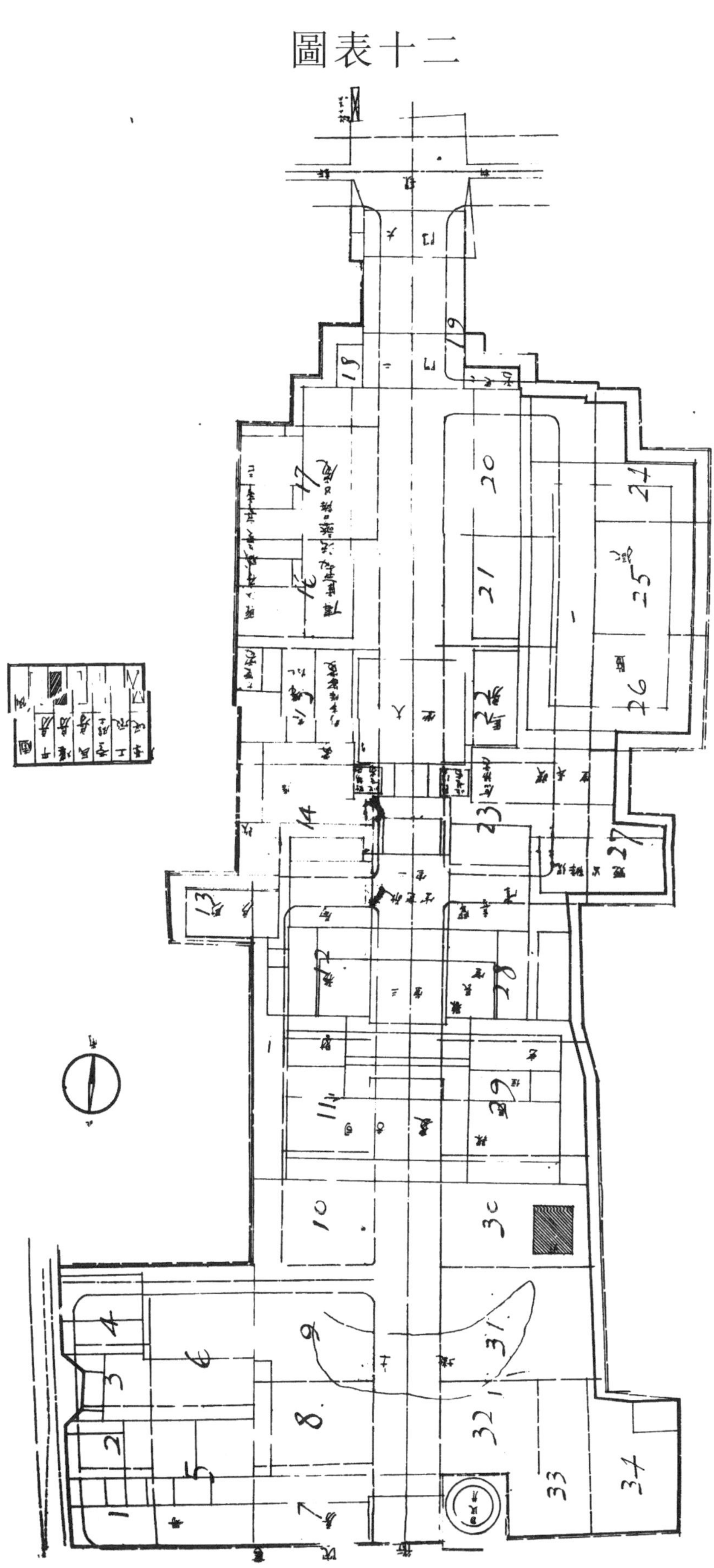

無錫文庫

第二輯

無錫年鑒（二）

鳳凰出版傳媒集團
鳳凰出版社

目録

無錫年鑑（二）

無錫縣政府無錫市政籌備處　主編

無錫縣農業概況

無錫水鄉也。南濱太湖。運河貫其中。為通江達湖之孔道。地勢卑窪。形如釜底。圍圩治田。土壤肥沃。為江南魚米之區。惟境內河浜縱橫。江流東下。經運河南流而灌入太湖。湖水高漲。則逆流而北。每逢洪潦。圩田盡淹。歷代以來。建隄置閘。以防宣洩。旱則啓閘決水以資灌溉。潦則提戽出塘以抽積水。故農田以平田為多。約占百分之九十强。較高之田。均以種麥。年穫二熟。最低之田。年可一熟而不麥。產稻多晚熟。產量亦豐。米圓滿有精華。富維他命。二麥產量亞于粳稻。近來利用機器戽水。一熟之田。可以種麥。而滿田亦可種稻。自無錫闢為商埠。邑民趨重工商。絲繭為主要出產。農民競將高田改藝桑柞。從事育蠶。產穀之田。近年減少。近五年內。繭價低落。而桑價亦降。桑田改作稻田。為各村普遍之傾向。現有之桑田與稻田。約為一與四之比。農民勤于力作。境內無不毛之地。婦女多投身絲廠。四鄉之民。類多儉樸。薄于飲食。善于經紀。故凶歲寡流亡之患。近山之區。多藝果木。而湖濱一帶人民。習漁擅水產之利。故農產及附產品。足供全縣及別埠之需要。惟農民狃于故習。墨守成法。種植施肥。仍本舊規。新式方法。不甚信用。公家每有所建設。輒生阻礙。是非由從事農民教育者善為指導。使其信用科學。則不足以言農業之改革與產量之增加也。

農事機關及團體

一　江蘇省立蠶桑試驗場

江蘇省立蠶業試驗場係江蘇省政府農礦廳設立。場址在錢橋。面積一百八十畝。內分總務、蠶桑、蠶絲檢驗、推廣六部。專以試驗研究為目的。

二　無錫全縣公私立農事機關一覽表

名稱	地址	省立縣立或私立	開辦年數	職員人數	會員人數	面積畝數	植種物品	收獲價值	成績
華氏私立農事試驗場	南延市蕩口鎮	私立	民國八年	三人		十畝	桑麥為主	試驗性質	佳
榮氏私立公益農事試驗場	開原鄉榮巷	私立	民國七年	三人		十畝	小麥棉花等	試驗性質	佳
縣立農場	周涇巷	縣立	民國十二年	四人		四十畝	蠶桑	試驗性質	佳
附屬農場	學前	省立無錫中學附設	民國九年	二人		五畝	林果	試驗性質	佳
農業第三分場	通惠路惠農橋	私立	民國十五年	二人		八畝	林果及桑	試驗性質	佳
小麥試驗場	開原鄉藕蕩橋	私立	民國十年	二人		七十五畝	小麥	試驗性質	佳
堎實植果試驗場	黿頭渚	私立	民國八年	三人		十畝	桃果	試驗性質	佳
植棉場	廣勤路	私立	民國七年	四人		五畝	棉	試驗性質	佳
我華種植試驗場	胡棣	私立	民國八年	二人		十畝	研究除虫為主	試驗性質	佳

三 無錫全縣蠶種製造場一覽表

縣境蠶戶競育改良蠶種。製種家應時勢之需要。羣起組合製種場。茲將已成立及在籌備中之蠶種製造場。列表如左。

場名	地址	主任或經理	資本		成立年月	備註
			固定	流動		
安定	北鄉村前	胡永和	五•〇〇〇	三•〇〇〇	十五年	私人組織
民生	青城市後造	袁揆一	二•〇〇〇	五〇〇	十七年春	同志合作
新華	堰橋	胡逸湖	二•〇〇〇	五〇〇	十七年二月	

惠農	天上市北西漳牌樓下		五•○○○	一•○○○	十七年十二月	合資經營
三五館	天上市三七圖旺莊	陸子容	四○•○○○	一○•○○○	十五年春	家庭兄弟合作
興華	張涇橋	顧梅韻	七•○○○	三•○○○	十七年十一月	私人集資經營
大生	梅村	張哲聲				
永生	坊前	倪子成				合資經營
錫山	桐江橋	過祚遠				籌備中
大新	青城市新橋					
大成	玉祁					
惠農製種所	東門外塔影橋下	張正候				
裕昌製種所	周新鎮				十六年	

四　無錫全縣合作社一覽表

區別	社名	組織	股本	成立年月	地址
第五區	惠農有限運銷合作社	社員三十二人設理事監事會處理社務	壹萬元	十八年二月	北西漳牌樓員
第十六區	施家宕村無限責任信用合作社	社員十二人以上組織負無限責任	二百元	十八年三月	萬安市施家宕村
第十五區	利農有限運銷合作社	有限責任	三千元	十八年壹月	青城市第二、三村
第十五區	惠農無限責任信用兼養蠶生產合作社	社員十二人以上組織出社員費無限責任	五百元	十八年三月	青城市第三十五村丁虎生家內
第十五區	第一、二、三村養蠶生產有限合作社	有限責任	一千元	十八年三月	玉祁章氏宗祠

第十五區	菱村養蠶生產有限合作社	有限責任	一百元	十八年四月	菱村孫氏宗祠
第十六區	楊墅園無限責任信用合作社	社員十二人以上組織負無限責任	四十五元	十八年五月	楊墅園鎮
第十五區	第二、三村養蠶合作社	社員十二人以上組織爲有限責任	七十八元	十八年七月廿二日	方巷章家宗祠內
第二區	黃張巷鄉村信用合作社	社員十二人以上組織負無限責任	二十元	十八年八月	景雲市黃巷無錫市張巷民衆教育院實驗區辦事處
第四區	藕蕩橋無限責任信用合作社	社員三十六人組織爲無限責任	八十二元	十八年九月七日	藕蕩橋鎮
第七區	張經橋無限責任信用合作社	社員十二人以上組織負無限責任	無定額	十八年七月廿七日	張涇橋中心茶園
第十七區	陸區橋無限責任信用合作社	社員十二人以上組織之	八十七元	十八年九月三日	陸區橋沙洪茂號
第六區	第一信用無限合作社	社員至少十二人社員負連帶無限責任設社務委員會	無定額	十八年十一月廿六日	塘頭橋縣立農民教育館
第五區	堰橋無限責任信用合作社	社員以十二人以上組織負無限責任	未詳	十八年十月	堰橋青年自治會
第十五區	唐家塘有限責任養蠶合作社	負有限責任	未詳	十八年十月	唐家塘唐氏宗祠
第十四區	南鄉萬思橋有限責任蠶業合作社	社員十八人組織社務委員會下設理事會及監事會分別處理社務	一百十五元	十八年十一月卅日	開化鄉萬思橋
第五區	第二鄉倉橋消費合作社	十二人以上組織爲有限責任	陸百元	十八年十一月五日	倉橋中市
第七區	黃土塘養蠶生產有限合作社	有限責任	未詳		懷上市黃土塘
第一區	謝巷鄉村信用無限合作社	社員二十八人組織之	一百四十元	十八年十月	省立勞農學院農民教育館
第十五區	七寶鄉有限責任養蠶合作社	社員七十二人組織爲有限責任	一百七十四元	十九年一月十五日	七寶觀音堂內
第十四區	吳塘門農業保證合作社	設社務委員會負保證責任社員至少十二人	六百元	十九年二月三日	吳塘門

農田及農產物

一 無錫農田及農產物概况

無錫古水區。地勢卑窪。土壤黏粘。宜插禾種稻。全境地身東南較高于西北。故東南各鄉多高田。夏麥秋稻。歲可兩熟。西北隅多圩田。年計一熟。每值水年。積水成渚。或盡不穀。近四十年來。農民競事蠶桑。高田多改植湖桑。據民國十六年之調查。水田約占十之六。桑田約占十之三。園藝約占十之一。桑田之利厚。收入可三倍于他田。往年桑田年有增植。惟農民對于桑樹培植。不甚注意。飼蠶仍墨守古法。絲繭出產。色質不良。數量不豐。加之日本絲商競爭甚烈。歷年銷場減替。繭價大跌。農民多伐去桑株。改插秧苗。惟無錫為工商重埠。蠶桑居農業上之重要地位。纖織原料。胥取于此。改良蠶桑。實為當務之急也。據最近之調查。桑田為二五一・〇三七畝。稻田為八四〇・九七七畝。菜田為六二・七五九畝。瓜菓田為三七・六五五畝。而十八年度農產品富力價值之估計。約四・一〇〇・〇〇〇・〇〇〇元。遜于他年。因六月間發現蝗蝻。捕撲盡絕。幸未成災。八月中禾受螟災。收獲數量不佳。較十七年度約減百分之二十。本邑社會素重視農業。公私立農場林立。指導提倡。不為不力。惟農民富守舊性。囿于成見。就調查工作而論。頗感困難。每有所咨詢。非祕不以實告。卽虛詞以搪塞。且畝制以無統一之度量。及歷代以分家、租佃、典、押、買賣等習俗之影響。大小各殊。據國立中央研究院社會科學研究所之精密調查報告。就無錫各市鄉中二十二村調查之結果。畝之差異。有一百七十三種之多。最大之畝合八・九五七公畝。大于工商部所定之標準畝約二・二九〇公畝。而最小之畝合二・六八三公畝。小于標準畝三・九八四公畝。同一村中。且有大小懸殊之別。最少者亦有五種。最多者如富安鄉邵巷村。乃有二十種。小畝與大畝之差。為二・九三三公畝。最大之畝。亦小于標準畝一・〇五一公畝。畝之差異。距離太遠。產量之估計。亦難于統計比較。加之量器亦有大小之差異。是不能以一二鄉村概括全縣也。卽就稻個言。普通為二十四棵。然最多者有四十二棵。最小者有十二棵。如懷上、懷下、北下、南延、泰伯、新安、開化、青城、景雲、楊名等市鄉。差合稻個之標準棵數。者萬安、富安、開原等市鄉。相差甚遠。而每畝之稻個數。亦因田而異。多者至一千。少者僅二百七十。雖依稻個而估計產量。似較準確。然農業關乎天時、地利、人事三者。且灌溉之先後。施肥之適否。亦繫焉。農田每年之收穫豐歉之數量。固非可以預計而得。而每年實產之幾何。是非經農村改革度量制度統一後。亦難以得比較正確之數量也。茲將無錫各市鄉農田畝數及十八年度調查所得農產品數量。約數分別列表于左。

二　無錫縣各區田畝數統計表

區別	畝數	百分率
第一區(無錫市)	三一•九九二	二•五%
第二區(景雲市)	八六•一九一	六•八%
第三區(揚名鄉)	五三•〇二五	四•二%
第四區(開原鄉)	五〇•四八八	四•〇%
第五區(天上市)	六六•三〇六	五•三%
第六區(天下市)	六五•六九九	五•二%
第七區(懷上市)	一〇四•三一四	八•四%
第八區(懷下市)	八三•八〇〇	五•八%
第九區(北上鄉)	五四•一二一	四•三%
第十區(北下鄉)	四三•五五八	三•七%
第十一區(南延市)	八三•一三一	六•六%
第十二區(泰伯市)	一一四•九八〇	九•二%
第十三區(新安鄉)	七一•六二二	五•七%
第十四區(開化鄉)	六三•二八二	五•二%
第十五區(青城市)	八三•六一〇	六•六%
第十六區(萬安市)	九七•二五〇	七•七%
第十七區(富安鄉)	一一一•八一七	八•八%
合計	一•二五五•二一七畝	一〇〇%

三　無錫主要農產物及副產物品名稱表

稻之屬

品名	備註
香粳米	邑之惠山產有此項香粳米粒小圓長韌而堅用以煮粥香膩可口
糯米	邑之南鄉揚名等處所產糯米色白而韌用以釀酒最佳
紅蓮稻	米多紅粒味香可口產處甚夥
香秔稻	此稻種宜傍湖本邑湖濱產之稀貴較紅蓮尤香
烏野稻	
雪裏棟	米色最白
軟稈青	
時裏白	
六十日稻	米小色白四鄉皆產之
百日稻	芒赤米白
金城稻	
舜耕稻	有兩翅四鄉皆產之
烏粒稻	其眼黑米質韌
籼白稻	
趕陳糯	米粒最長可口且成熟亦早鄉間多樂種之
杜交糯	成熟亦早
禾草稻	一名香穲稻粒小色斑雜

烏鬚稻　早者七月熟晚者十月熟湖濱間產之
中秋稻
紫芒稻　殼白芒紫四鄉皆產之
早白稻　粒赤皮芒白
鐵桿早黃糯　其稈至熟不倒四鄉產之
蘆黃糯　粒大色白芒長釀酒最佳
黃梗秈　稭細可用織屨
細子秈　四鄉多產
觀音秈　四鄉多產

麥之屬

大麥　古名來早熟四鄉皆產
穲麥　有赤白二種熟在二麥之間
蕎麥　七月種九月熟赤莖白花黑子得霜即枯無霜大熟四鄉皆產
紫稈麥
元麥　磨粉可充食料四鄉產之

豆之屬

蠶豆　以蠶時熟故名惠農產者尤佳
黃豆　有早晚二種晚名戴霜黃西北鄉間產之
中秋豆　八月熟
青豆　有早晚二種晚名十一月青
紫豆
綠豆
豇豆
雁來紅
赤豆
豌豆
白藊豆

雜品類

芝蔴　有黑白二種
芡實　俗稱雞豆近年萬安市龍塘岸所產尚佳
油菜　味美春季開花取其子搾油味香而清四鄉皆產
楊梅　楊梅有三四種產於湖濱
西瓜　味甘美又名三白瓜者尤佳
黃瓜　以生時青熟時黃得名城鄉皆產之
香瓜　亦名熟瓜產萬安市石塘灣
菱　產梁鴻溪畔之四角菱質美可口
蓮子　產於楊園者最著名
蘭花筍　產膠山萬玉亭前清香似蘭
冬瓜　六七月成熟附廓多產之
南瓜　亦名飯瓜食之可以充飢
燕竹　燕來時發筍鄉間多產之

護居竹
淡竹　葉及竹瀝可入藥
茭白　產北郊之梨花莊
桂花栗　其味香甜而細膩
松菌　產惠山之前燦山味甚鮮美
薄荷　產南門外保安寺者最著名
紫蘇
茶葉　太湖濱之雪浪山多産茶樹
梅　以梅園爲著名
蔛草　細韌可爲繩
紫蘇　可作藥品
車前子　仝上
益母草　以花白者最佳
石菖蒲
蟬蛻
鯽魚　味鮮美太湖運河及溝塘多產
青魚　開原鄉揚名鄉產尤多
金眼鮊魚　產北塘之江尖西口味極鮮美
白魚　太湖產最多

鱖魚　多產太湖運河
銀魚　湖濱入口處之小港均產之
鱠魚　俗名湖鱭濱湖之區多產之
鰱魚　池塘可蓄養開原等鄉產之
鱔　本縣各鄉區多產脆鱔有名
玉爪蟹　以產青城市玉祁鎮西龍潭爲佳
無底螺　產華藏山之華藏寺
村前黃雀　產天上市之村前肉味香厚
鴻山花紅　產東北之鴻山山麓味甘而實大
油麪筋　質清而軟爲錫邑有名之食品
惠泉酒　以惠泉釀之色白味清亦有名
泥人　亦爲錫邑特產頗有名
磚瓦　以南門清名橋所產者既多且佳
羅篩紗　錫邑亦產以小機組成之
黃布草　產邑之南鄉盛夏時人多購用之
龍鬚蓆　亦爲本邑之出產
弦線　亦爲本邑出產品銷售上海等處
絲線　本邑產量亦多爲縫衣必需之物
蜆　多產於運河湖濱

圖表十三：此處原爲《五　無錫鮮繭産額最近三年之百分率比較圖》，見書後。

螺螄　仝上
雉　四鄉田野多產之
野鴨　多產於太湖中味頗香美
蜜蜂　邑境間有畜養之

陳酒　俗名黃酒邑境產品亦佳
白酒　本邑出產亦佳
蝦　太湖中產者尤鮮美
遠八蘭　邑中西北各鄉多產色澤甚佳

無錫縣十八年農產品產量調查表

植物類

植物種類	全年收穫情形					每畝平均情形	
	畝數合計	量數合計	總價值	較去年增減百分數	銷售地	收穫量	價值
米產	八四〇・九七七	二九・四三四・一九五	三二三・七七六・一四五	減百分之二十	本地	平均八折	每石十一元
麥產	八四〇・九七七	二三・四四七・三五六	一四・一二八・四一四	減百分之二	本地	平均九八折	每石六元
豆類	六二・七五九	一八八・二七一	五六四・八三一	相等	本地	佳	每石三元
蔬菜	六二・七五九	一、八八二・七一〇	五、六四八・三一〇	相等	本地	佳	每担三元
瓜類	三七・六五五	一八八・二七一	三七六・五四二	相等	本地	佳	每担二元
桑葉	二五一・〇三七	五・〇二〇・七四〇	一・〇〇二・四八〇	相等	本地	佳	每担二元
合計	一、二五五・一八七 麥與稻同種	六〇・一六一・五四三	三四五・四九六・七二二				

動物類

動物種類	每種數目	價值元數	銷往何處	副產種類	每種數目	價值元數	銷往何處
豬	三五、四三五只	四・〇二五・二二〇元 每只一一二元	本地	無	無	無	無

牛	一九·四六八只	二、〇二四·六七二元 每只一〇四元	本地	無	無	無	無
羊	三八·九三〇只	一五五·七二〇元 每只四元	本地	無	無	無	無
雞	三八九·三六四只	三八九·三六四元 每只一元	少數上海	鷄蛋	二五·六九八·〇〇〇個	七七〇·九四〇元 每個三分	半銷上海
鵝	六四·八九四只	六四·八九四元 每只一元	少數上海	鵝蛋	四·二八三·〇〇四個	一四九·九〇五元一角四分 每個三分半	半銷上海
鴨	一九四·六八二只	二三三·六一八元 每只一元二角	少數上海	鴨蛋	三·八四九·〇一二個	三二一·二二五元三角 每個一分半	半銷上海
合計	一·〇四二·七七三只	六·八九三·四八八元		合計	四一·八三〇·〇一六個	一·二四二·〇七〇元四角四分	

蠶桑類

養蠶戶數	桑田畝數	本年出繭 斤數	本年出繭 價值	本年出絲 斤數	本年出絲 價值	製絲戶數 人口	製絲戶數 機器	繭之銷處	絲之銷處
一六一、八〇九	三五一、〇三七	一四〇、〇〇〇	一三、〇〇〇、〇〇〇	三六、六六六	三七、三三三、四〇〇	無	有絲廠四十五處合計有絲車一萬二千七百另六部	本地	上海轉外洋

水產類

水產種類	每種斤數	價值元數	銷往何處
魚	約萬餘担	約三十餘萬元	本地
蝦	約八千餘担	約二十六萬餘元	本地
蟹	約千餘担	約五萬餘元	本地
蚌	約一百五十担	約七百五十餘元	本地
海絲	約三百六十五担	約千餘元	本地

甲魚	少數		本地
絲螺	少數		本地
黃蟬	約千餘担	約四萬餘元	本地
合計	約五萬另五百十五担	六十二萬元	本地

農田溝洫

一　無錫之農田溝洫糾紛

錫境河道雖極縱橫錯雜。惟因地勢有高低之不齊、致農田有內外塘之區別。大概外塘田畝較低。且接近大河。故灌溉戽水。直接取諸大洞。內塘田畝較高且遠離大河。灌溉戽水。在雨澤調勻之年。內塘蓄水已足敷用。但遇雨澤稀少之年。則必由大河提灌內塘。再由內塘戽入農田。轉折既多。糾紛易起。且時勢變易。昔用人畜今用機械。因此壩閘之存廢。又爲糾紛之一種。按壩閘之作用。所以調節水位。便利灌溉。其存廢之取捨。當以多數農田灌溉之便利與否爲準。惟一般農民。不顧他人之艱難。但求自己之利益。爭訟因之而起。大抵內浜農民。希望拆除外浜閘壩。外浜農民。則堅決反對。故每因一壩之存廢而訟爭達數十年者。再有爲進出過水。而致爭訟者。縣建設局有鑑於此。爰經制定農田溝洫暫行規程。經縣政會議通過。呈奉建設廳核准施行。此後關於農田溝洫。自可依照規程。循序辦理。訟爭或可稍減。茲將農田溝洫糾紛調查列表。並附錄溝洫暫行規程於後。

二　無錫縣農田溝洫暫行規程

第一條　範圍　凡本縣境內農田溝洫事宜均須遵照本規程辦理之

第二條　宗旨　本規程以改良本縣農田灌溉解除糾紛爲宗旨

第三條　執行機關　本規程由縣建設局執行之如遇有關他項縣政執行困難時呈請縣政府執行之

第四條　開浚河渠　不論大河浜溝如於農田灌溉以及船隻交通確有疏浚之必要者應由該處鄉民呈請縣建設局派員查勘屬實核准給示後始可動工其浚疏經費由主事人用適當方法籌集之如專爲灌溉之需者應由受益田畝均攤之業佃各半工程告竣後主事人應將工程經過以及經費決算呈送建設局備案並宣示公衆以清手續

第五條　岸堤坡度　岸堤坡度宜取平坦以防奔潰如遇開浚工程兩邊河岸應作坡度最大以與水平成四十五度為限

第六條　收用土地　開浚河道拓寬河面或其他開溝築壩等工作須收用附近民田者經建設局察勘明確呈由縣政府核准照收用土地法給價收買之其所需經費與開浚經費同法籌集之

第七條　禁止壙塞　無論大河浜溝兩岸農佃不得藉故侵佔官河壙塞岸灘如有故違一經告發查勘屬實除責令侵佔人挖除恢復原狀外並呈請縣政府予以相當之懲罰

第八條　橋壩之取捨　內浜橋樑涵洞以及水閘土壩之取捨應以浜內多數田畝之利害為準事前應呈由建設局派員察勘或測量核准給示後始可興工如未經呈請派員勘查核准給示擅自動工經人告發者建設局於必要時得勒令停工解決之

第九條　提高橋面　內浜橋樑如因便於戽水機船進出而須提高橋面者准於不妨交通及他人利益範圍內酌量提高任何人不得藉故阻撓至所須工程經費由受益田畝担任之

第十條　護岸　沿岸樹木可以保護岸堤非遇必要不得任意斬伐挖掘樹根尤足以鬆動岸基應絕對禁止至因捕捉野畜而開挖之洞窟捕捉後應仍由挖掘人壙滿打實

第十一條　農田起水過水　農田起水過水應按照習慣成例辦理無故不得變更藉免糾紛但遇有不鄰河池之田畝而無確定起水過水地點者（俗謂天落坵）得請求本市鄉行政局或建設局派員查勘代為確定相當起水池址及過水田畝其被擇定之過水田畝應按照委員之指定於其田內築一過水路不得藉辭阻拒

第十二條　用機戽水　用機船或馬達戽水其起水過水應察酌地勢妥慎辦理務以不妨他人利益為主鄰近田主不得藉口成例故加阻撓

第十三條　塡濬　在乾旱年份內塘蓄水不足資灌溉須由外河戽水注入時其戽水工作應由內塘起水田畝按畝攤任藉昭公允不得從中取巧或故生事端

第十四條　罱泥　內地池塘河泥應歸該池塘主罱用如無主者由池旁田畝罱用至官塘大河公共使用毫無限制

第十五條　獎懲　拓浚河身如工程重大地方財力不能舉辦而對於農田灌溉關係極鉅確難延緩者經建設局察勘屬實當酌量情形予以經濟之補助以示提倡如有地

方人士熱心公益額外捐助者得由建設局轉呈建設廳就捐助之多寡與以相當之名譽褒獎如有地方土劣恃勢把持地方農田灌溉事業者經人告發查勘屬實得由建設局呈請縣政府依法懲治之

第十六條　施行　本規程由本縣縣政會議議決施行並呈請江蘇省建設廳核准備案

三　無錫縣農田溝洫糾紛一覽表

糾紛案件	地點	兩方主張	糾紛經過	最後解決	備註
長浜埧尨屑埧之存廢案	懷上市九四六圖	內浜農民張順福等為便利內浜農田灌溉要求將該埧拆除改橋外浜農民胡茂齋胡茂修等以外浜農田地勢極高且長浜河底亦較大河高出四五尺要求將長浜河埧保留	長浜尨屑兩埧歷年已久不意癸亥以後連年乾旱內浜農田灌溉必由長浜埧戽提大河之水轉輾提戽內浜再戽灌入田當時戽水全用人畜數力不大惟內浜農田衆多長浜地位狹小故內浜農田因灌溉之困難致有乾涸之災歉於是內浜農民於丙寅年三月投呈縣署暨水利研究會農會等請求拆除長浜埧尨屑埧當蒙核准給示於同年九月動工拆除並諭令同時將長浜河底開深平能大河底同高惟埧拆除以後開浚長浜河工程未能澈底而外浜農田以地勢高峻水位低降戽水灌田昔用車一度者須增至二度三度且因開浚不深過旱年大河水位低小時長浜河即現乾涸外浜農田即遭荒歉外浜農遂於十六年五月重將長浜埧填築並互相毆釁內浜農民張順福等又具呈縣政府暨建設局要求責令外浜農民仍將土埧拆除	建設局據張順福等呈訴後即委派技術員會同懷上市政籌備員前往實地勘查據報長浜河底高出大河底四呎半尨屑埧南大房河經河底高出大河底六呎半再南家東河划船屑等河底與長浜河底高度互相伯仲且內浜各支河均逐段築埧以備節蓄兩水便利灌溉綜觀各河底均高出大河底數尺非至大河水位大漲大河水殊難向內倒灌長浜尨屑兩埧拆除後浜內河水勢將傾瀉外流反有妨害農田等情據上所述可知兩埧拆除以後內浜農田遇旱年提戽大河之水入內浜較爲直接惟外浜農田岸頭高峻戽水灌田永受其累爲求兩方利害平允計照折衷辦法兩埧存留惟於埧下設置閘堰與河底齊如此則大河水高可閘堰內灌水小可閉堰戽提且自戽水機興戽水迅速自非人畜之力可及故內浜農田雖多旱年提灌內浜無不濟之廢是項拆衷辦法經縣政府於十六年十一月核准令飭照辦	十八年八月內浜農民陳根林等又聚衆拆毀長浜埧半段當經建設局派委查勘屬實呈經縣政府拘案處罰並勒令修復原狀
水獺霸及馬樹埧之存廢案	懷上市九四五	內浜農民劉福等主張將兩埧拆除改建橋樑外浜農	該兩埧由來已久前清嘉慶五年曾由地方人士詳請藩府飭縣給示勒令遵守迄今一百餘載直至民國十五年始	無錫縣建設局遵令派員勘得水獺橋埧以東地勢高峻在大塘河兩岸之農田高出查勘時大河之水位達一丈八	

闔

民席銀壽等主張維持原有土埆

由顧懋功等呈由前無錫縣知事張轉函水利工程局派員勘測將兩埆拆除由唐舜周出資改建橋樑當時附近農民僉起激烈之反抗雙方互毆成傷訴驗有案至十七年春外浜農民席銀壽等復呈緣秦前縣長親履驗勘認恢復原狀並於埆底添建石堰大河水位較高時可由堰洞內灌六月劉福等又具呈民建兩廳請求飭縣毀埆改橋經廳令飭無錫縣建設局查覆核辦

尺左右門前河暨大塘河之河底又較大河底高但至大塘埆以東地勢反較平坦門前河暨大塘河兩岸農由頼有水獺埆可以增高水位保扉灌較易且可節蓄冬春雨水以省人工設廢此埆則內河之水位勢與大河相等內河水深既淺河岸倍見高竣灌溉勢涵困難在內浜地勢較低河塤亦較深閤雨水調勻之年內塘蓄水已足資溉溉任旱年如大河水位高水可由壩洞內灌大河水位低卽廢埆外水亦不能流入故綜觀內外各情形水獺埆確無廢除之必要當卽按照實情呈覆建設廳奉指令如擬恢復水獺埆以利農田

芙蓉圩之西禹蕩圩出水糾葛案

青城市之芙蓉圩

吳承圭等擬變更舊章西禹蕩圩改由甘家閘出水陶光瑞等堅決維持舊章西禹蕩圩仍由尤家閘出水

查芙蓉圩地勢低窪形如仰釜西禹蕩圩之出水向章徑東蘭港由尤家閘扉入大河吳承圭等以陶姓管業之西禹蕩圩滌年每以滲透入吳姓管業之東西溪家圩錢家圩爲計不負扉水之責暨廿家閘與尤家閘距離之遠近扉水度數之多寡等理由於民國十年九月具呈縣署請求將西禹蕩圩改由廿家閘出水陶光端等仍即出而反對經前知事趙汝梅判決仍照舊章由尤家閘出水吳承圭等不服卜訴經蘇常道尹決定維持原判吳圭等又提起再訴仍由於省署奉委會勘決定撤銷道判重爲縣署酌地勢水道及兩方意見決定顧處分二十年四月前知事沈廷琦服決由廿家閘出水陶金初等又稱不服秦前縣長任內又經判決仍由尤家閘出水吳承圭等又不服縣判提起訴顧於民政廳民政廳咨請建設廳令飭無錫武進縣縣建設局會同查勘呈覆茲因兩縣建設局查勘後呈覆意見稍有出入廳令舉辦測量以憑科學之方法爲

兩縣建設局以籌辦征工築路事務繁忙測量尚未進行故最後之解決須稍緩時日

懷下市南胖巷地方開闢過水溝糾紛案	懷下市五五九圖南胖巷附近	浦壽寶等以附近農田一百六十餘畝距河遙遠灌溉為難擬購用戽水機開闢水溝以資便利馮模以所闢水溝經過其私地事前未經商准同意遽行開闢認為任意侵佔妨碍產權加以阻擋	浦壽寶等以開闢水溝事屬便利農田灌溉具呈建設局請求給示保護馮模亦呈請制止	最後之解決	建設局據呈後即派員查勘得開闢水溝對於農田灌溉確屬須要應即勸諭馮模毋加阻撓一面飭令浦壽寶等向馮模善言磋商俾得兩全

農村經濟

一 無錫農村金融流通概況

農村經濟。在少數之自作農。為可足衣足食。而在佃農。則除向人借貸外。直無經濟之可言。加之農村毫無組織。缺乏互助精神。終年勤勞。尚不足以溫飽。大都寅吃卯糧。其借貸賒欠。均以繭市為約期。故農村金融。均於繭市結束。至其金融之流通方法。大別之為

（一）聚會。

（二）借貸。

（三）典當。

（四）預約賒欠及抵賣。

聚會　有七子會及十子會等名目。自首會。至末會。其收點利息均相等。不若城市之首會。收過後點本不點利也。七子會一年一舉。十子會一年兩舉。普通以陰歷五月底十一月底為會期。會之大小。有五十元者。有七十元者。有一百元二百元者。凡集會之時。由首會宴請會脚。各將應點會款交齊。然後擲色。以點多者得會。會款不齊。則責之首會。決無徇情拖欠者。故農村對於會之信用。咸能牢守勿替。設或會期不能交款。則其人自後凡經濟信用。完全損失。且為鄉里所不齒。實古風也。應保存之。

借貸　農村除購置不動產外。原無大宗開支。故佃農借款。均為五元至十元之小借款。放款機關。除鄉村富戶外。則有地方公款。如水龍存款。或一姓之祭款。及一巷之公款等名目甚多。其借款以五元至十元為限。常以一定之日期。為收放款項之期。歷年不爽。至期

必將上年放出之本利。如數清償事畢。仍放出之其利息大都爲週年二分。凡放公款。普通無抵押品。至若向富戶借貸。則必以不動產爲抵押品。其利率不一。按月自一分至三四分不等。

典當　無錫凡鄉鎮皆有典當。抵押品除衣飾外。兼當木器穀米。月利二分。衣服十八個月滿期。穀則以每年穀雨爲滿期。米以白露爲滿期。滿期則不得回贖矣。

預約賒欠及抵賣　有一種投機者。常於冬春之間。賒放白米或衣料等。約期以繭市清還。而其價值。則常較時值增十之二三。故俗稱賒白米曰一粒米頭。蓋言一粒米價值一粒米也。更有所謂青桑票者。貧困之家。難以卒歲。於是將桑葉出票預賣。其價值常在普通時價半數以下。至清明可回贖。借三還四。過清明則必需以青桑抵當。此飲鴆止渴。較之二月賣新絲。五月糶新穀。其慘爲尤甚矣。

綜觀上述農村金融流通情形。惟聚會一項。含有貯蓄性質。然凡聚會。均由首會。審察其能力而定去取。其對於貧困者。則恐至期無力交款。以重首會之責。常屏棄之。故貧困者雖有入會之心。而難成事實。即有盈餘。因無貯蓄機關。且素乏貯蓄能力。不能保存。一旦需要。仍不得不出於借貸。或典當。及預約賒欠抵賣之一途。然借貸等事。亦不能隨時而得。此所以肥料欠施。而田園日就於荒蕪也。救濟之道。惟在普設農業貯蓄銀行耳。

二　無錫縣農民經濟狀況調查表

每畝全年收入

產品		數量	價格
春熟	麥	七斗	四元九角
秋熟	米	二石	共十六元

備註　所產稻草麥桿二担計值二元餘約三担

每畝全年支出

名目		數量	價值
種籽	稻	六斤	共七角
	麥	七升	
肥料	荳餅或佳肥		三元
人工		七工	三元
畜工			五角
農器修理及購置費用			三角
戽水			一元五角

畝每全年繳租納糧支出

繳租次數	冬夏各一次
普通租額	冬租米六斗夏租廿二斗
最高	八斗
最低	四斗

漕糧	上等田	完漕米六升二撮六圭一粟零完上下忙各五分七厘三毫一絲另
	中等田	完漕自四升七合六勺零
	下等田	
完組納糧時之費用		完租時無費用　納糧時費百分之百手續料
備註	附稅冬漕帶征	串捐　地方費　築路費　普及教育畝捐　公安費（計每石共銀一元八角七分）
	上下忙每兩各帶征	地方費　普及教育經費（計銀九元九分七厘五）

生活狀況及借貸情形

生活狀況	每家平均人口	五口
	每人每年食糧	三石
	每人每年衣服醫藥雜用費	十五元
	婦女下田否	婦女多數下田
	婦女有否副業	織襪做花邊
農家生活總評	富者尚可自得其樂貧者已告貸無門	
借貸方法	將糧單向人執押或向商店欠賬	
	普通利率	年利一分八厘
	最高利率	年利三分
	最低利率	年利一分

對於該市鄉農民濟經總評

本邑農民自耕農佔多數。半自耕農次之。佃農又次之。除春秋二熟收入外育蠶所得（春蠶夏蠶秋蠶）亦屬不少。每戶可獲利三四十元不等。但生活應有之需要極不充分。未達適可之程度。加以捐稅之繁重盜匪橫行。土劣地痞欺弄鄉民。（如拜老頭子收徒弟開香堂等）農產品（賤）與機製品（貴）價格之不平。故民生仍極凋敝。似亟應設法救濟也。

三　農民生活費用調查表

類別	每月費用	百分數
食物	二十元	六六%
衣服	五元	一六·五%
房租	一元	三·三%
行路	一元	三·三%
另用	二元	六·六%
儲蓄	不定	
教育	半元	一·七%
衛生	一角	〇·三五%

娛樂	五分	○•一七%
迷信	二角	○•六六%
其他	一角五分	○•九九%
合計	三十元	一百分

備註　本表以一家五口爲標準

四　農民平均工銀調查表

工人別		農作日給	養蠶日給	繅絲日給
男	供食	三角	四角	
	不供食	四角	五角	
女	供食	二角	四角	六角至七角
	不供食	三角	五角	
孩	供食	一角	二角	二角至三角
	不供食	二角	三角	

農民教育

鄉村農民。終歲勞苦。爲社會造衣造食。其工作最辛勤。而其酬報又最菲薄。加以僻陋寡聞。智識幼稚。除求神問卜外。幾無所謂娛樂。除賭博賽會外。幾無所謂消閒。諸如此類。足以覘農民程度之低下。去歲本邑調查戶口之結果。計得學齡兒童十萬餘人。其中入學者僅十之三。而失學者占十之七。以此例成人。則失學之多。自可意想得之。此輩未受教育者。大多數爲鄉村農民。近年來錫邑四鄉共禍迭起，雖係少數匪類鼓煽。而農民愚蠢無知。易受蠱惑。亦爲最大原因。故欲解除農民痛苦。除改良生產。寬展生計外。對於教育方面。尤不得不三致意焉。本邑農民教育機關。有中央大學區立之勞農學院。於十八年度開辦。以培養各縣農民教育人材爲宗旨。去夏縣教育局亦在第四區劉潭橋地方設農民教育館一所。設施亦稱完善。深望以後各鄉區陸續添設。俾一般農民在勞苦生活中。稍得知識方面之慰藉也。

一　中央大學區立民衆教育院勞農學院

概況

沿革

民衆教育院原名江蘇大學民衆教育學校。民國十七年二月。江蘇大學聘任擴充教育處處長俞慶棠兼任校長。就蘇州前省立醫專校舍着手籌備，三月八日在南京招考學生。三月十七日開始授課。四月一日正式舉行開學典禮。六月。江蘇大學改稱國立中央大學。該院亦即改稱中央大學區立民衆教育院。七月。俞院長因公忙辭院長兼職。改聘趙叔愚繼任。八月。該院由蘇州遷至無錫榮巷。借用前私立公益工商中學校舍。九月。趙院長病故。十月。改聘高陽繼任。一切事業。賡續進行。十一月俞處長及高院長代表中央大學負責購置無錫通惠路社橋前私立東吳大學實業中學校舍及基地。爲該院之院址。旋加修葺。並增建大禮堂與宿舍樓房。於十八年一月。

郎由棨巷遷入此新院址焉。該院第一屆學生一百二十名於十七年冬季在院修業期滿。各回本縣依照該院所定實習規程從事工作矣。勞農學院亦爲中央大學區舉辦。當時中央大學區行政院。以吾國民衆業農者最多。故於十八年度決定開辦勞農學院。以圖改良農民生活而以該院事業與民衆教育有密切之關係。故中央大學校長張乃燕聘任民教院院長高陽兼任該院院長。院址與民教育院。同十八年二月下旬招考第一屆農民師範班。該屆已於十八年冬季修業期滿。畢業回縣實地工作矣。

組織

勞農學院。與民衆教育院同爲中央大學直轄之教育機關。有同等之獨立地位。但爲事實便利起見。院長由一人兼任。農民教育部設主任一人。其他教職員或延聘專任。或與民衆教育院合聘兼任。均由院長聘請之。茲附組織系統表於左。以明各部股之統屬及兩院相互之關係。

國立中央大學民衆教育院勞農學院組織系統表

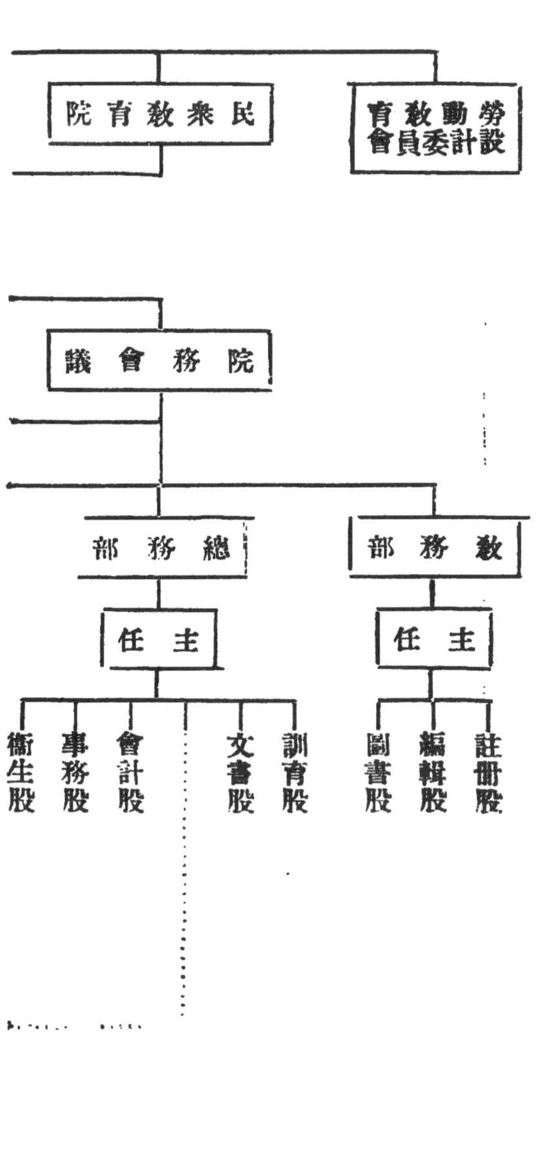

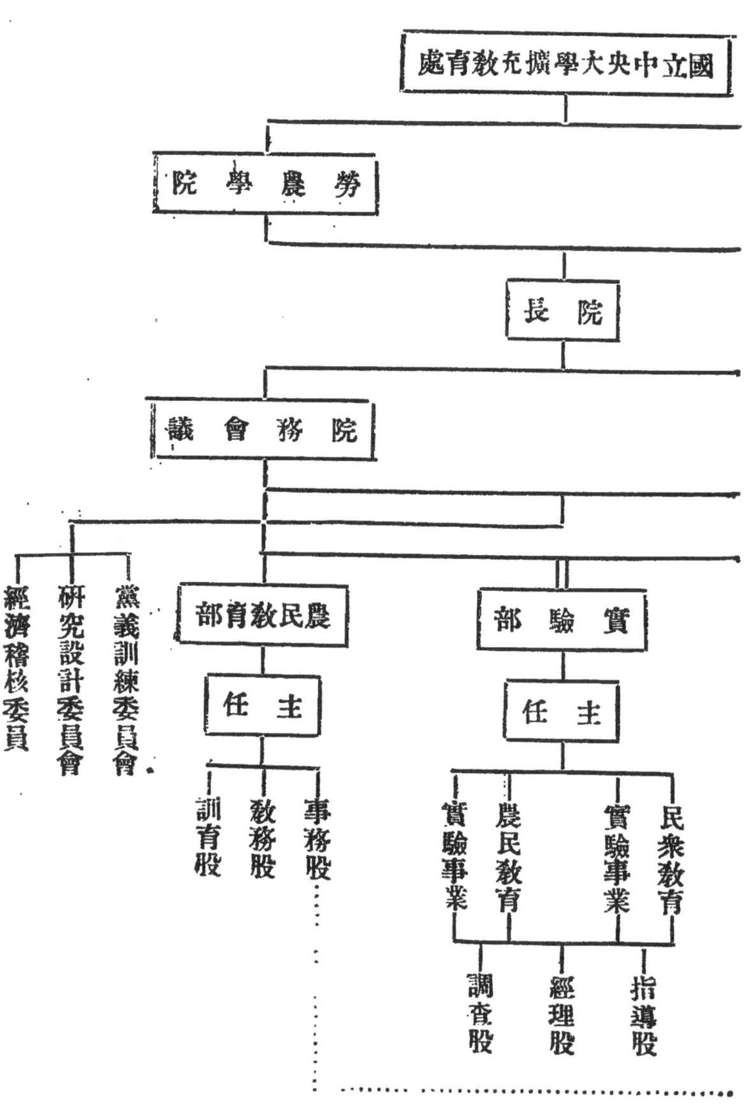

實驗概況

民衆教育院勞農學院實驗部從事各種實驗事業。抱有兩大目的。第一。爲該院學生創造種種機會。使各人就個人經驗中學習民衆教育之實施方法。第二研究民衆教育之理論與實驗。由實驗而發現問題及解決問題之方法。爲求達到上項目的計。實驗部在該院及學校附近地點黃巷爲實驗區域。開辦民衆學校二所。民衆圖書館三所。民衆茶園二所。婦女民衆教育處及民衆衛生教育部各一所。此外並設民衆武術團。政治宣傳隊。農業推廣隊。民衆劇團。民衆音樂團。民衆小叢書編輯會及民衆報等。計實驗事業共十三種。學生每人須選任二種以上之事業。實地試驗。結果甚爲圓滿。

二　無錫縣立農民教育館實施概況

無錫縣立農民教育館。設于無錫北鄉。介于堰頭鎮與劉潭橋之間。距城約五里許。錫澄公號可以直達。十八年五月杪。開始籌備。歷時半載。而內外設施已臻完善。前將其實施概況。列表分述于後。

無錫縣立農民教育館實施概況表

無錫縣立農民教育館實施概況
- 文藝教育方面
  - 1 農民學校
  - 2 書報室
  - 3 問字處
  - 4 壁報
- 生計教育方面
  - 1 信用合作社
  - 2 合作農田
  - 3 植物園
  - 4 動物園
- 公民教育方面
  - 1 陳列室
  - 2 問事處
  - 3 聯村自衛團
  - 4 陳巷消防隊
  - 5 垃圾箱
  - 6 標語牌信條牌及路牌
  - 7 各種集會
- 健康教育方面
  - 1 民衆運動場
  - 2 武術團
  - 3 醫藥室
- 休閒教育方面
  - 1 民衆茶園
  - 2 娛樂室
  - 3 民衆劇社
  - 4 民衆舞臺

民衆文藝教育

無錫縣立農民教育館。鑒于家國爲全世界文盲最多之國。一般民衆知識程度不足。『愚民百萬謂之無民』。民智不充。民權亦難以伸張。僉以爲設施民衆文藝教育。爲提高民衆知識。解除民衆文盲痛苦最急切之基本工作。其已經舉辦之事業。爲農民學校。書報室。問字處。及壁報四種。茲分述于左。

1. 農民學校

無錫縣立農民教育館農民學校。于十八年九月間開始籌備。鄉村農民。初甚懷疑觀望。報名者寥寥。後經多方設法。詳細說明。努力勸導。學生就學者漸見踴躍。于十月一日正式開學。男女生計六十餘人。現在除正式學生均能按日到校上課外。村中翁媼前往旁聽者亦甚衆。平均每日缺席者至多四五人。較之他邑民衆學校。現象優越多矣。國語書籍。則採用芮麟謝樹屏合編之無錫民衆讀本。常識黨義算術娛樂等科。均由担任該項課程之教員選材擬撰。不用坊間教本。學生年齡。均在十五歲以上。平均約在二十三四歲左右。農民占十分之八。

2. 書報室

書報室附設于民衆茶園內。置有日報三種。一種爲上海新聞紙。其他兩種皆本地新聞報紙。書籍亦分兩種。一種爲民衆圖書。一種爲參考圖書後者因經濟關係暫未置辦民衆圖書約有一百餘種三百餘冊陳列方法圖書置于櫥內報紙懸于壁上交由茶園勤務負責保管指導員按時前往指導。

3. 問字處

問字處卽附設于書報室內由指導員解答一般閱書報者及不識字者之疑問。

4. 壁報

壁報設于民衆舞台之前地點適中爲過往必經之路由該報按日將國內外及本地重要新聞摘錄于壁報以供未出入報室者之閱覽。

民衆生計教育

縣立農民教育館對于民衆生計教育方面之實施已辦者有四信用合作社合作農田植物園及動物園是也茲分述于左。

1. 第六區第一信用合作社

第六區第一信用合作社以農民教育館服務區域內之塘頭、劉潭橋、任巷及陳巷四處爲界域十八年六月江蘇省農礦廳第二合作社指導員莅館召集地方人士宣傳合作社之利益遂由該館籌備主任胡覺清氏發起組織于十一月二十七日正式成立社員共二十四人皆係本地農民第六區區長蘇智賓氏熱心贊助由該區公所補助二百元作爲基金。

2. 合作農田

合作農田爲因該館無農場特與農戶約定田畝由該館發給種籽並授以管理種植方法作改良各種農作物之試驗試驗之結果優良其利益概歸農戶享受倘試驗失敗其損失由該館負責賠償現在該館已約定者雖有六畝但以種籽不敷實際上只什美國白皮與日本赤皮兩種各半畝。

3. 植物園

植物園設于該館天井中闢園之目的一則備植改良棉麻一則藝林花木前者使農民可藉以與土種作一比較後者供農友工餘欣賞。

4. 動物園

動物園亦設于館內畜養雞鴨兔金魚鴿子及蜜蜂等動物藉以引起農民興趣且園內飼養良種家畜足以鼓勵農民選擇良種及改善飼養方法以求收入之增加而寬裕其經濟。

民衆公民教育

縣立農民教育館頗注意民衆公民教育培養農民道德以爲訓政之實驗其對于公民教育方面之設施甚多茲分述于左。

·東訓館

陳列室內設置於農民有切身關係之各種植物種子、標本、儀器、掛圖及農具等物。指示周詳。常派有管理員駐守負責指導一切。

2.問事處

問事處附設陳列室內。專為解答農民之疑難問題。及對于陳列品之名稱與用法不明瞭之詢問。亦由陳列室管理員負責主持。

3.聯村自衛團

農民教育館附近各村。由該館指導組織自衛團。然後聯絡各村自衛團而組成一大規模之聯村自衛團。現已組織完成者。祇劉潭橋、塘頭與任陳兩巷。則正在組織進行中也。惟以鄉村經濟艱于籌集。皆未能置辦新式槍械。

4.陳巷消防隊

陳巷原有水龍局一所。偶值火警。則鑼聲集衆到場灌救。惟組織散漫。秩序紊亂。自農民教育館成立。即注意及此。將就原有之組織。加以改革指導。使成為組織完密而健全之團體。

5.垃圾箱

縣立農民教育館以其服務區域內露天糞坑及垃圾到處皆是。特備垃圾箱十餘隻。分置附近各村。勸導農民將垃圾傾倒入箱內。並酌定管理者一人。專司其事。而以此種垃圾充作肥料。為其享受之權利。

6.標語牌信條牌及路牌

縣立農民教育館。于附近農村緊要路口。設置信條牌、標語牌、路牌若干塊。以引起農民之注意與同情。俾能促進農村之改善。路牌專備指示路徑。信條牌則繕寫各種信條。而標語牌則書寫有益身心之古諺及格言。每逾半載更換一次。

7.各種集會

每值紀念日。由該館召集附近劉潭橋、岸底裏、任巷、塘頭、朱巷、嚴埭等各小學。舉行盛大之紀念會。聽任農民自由參加。而予以深刻之印象。

民衆健康教育

鄉村方面對于攝生最不注意。農民罹有疾病。非求神問卜。即束手無策。每值時疫流行。傳染尤速。縣立農民教育館對于此項教育之設施方針。一面指導農民作正當之預防。使鍛鍊其肢體于疾病未發之前。一面指導農民以適宜之療治方法。使有病者恢復固有之健康。其實施情形分述于左。

1.民衆運動場

民衆運動場設置地點適中。面積甚大。惜經費不足。運動器械太少。現有者除球類外。僅鐵槓、軒輊板二種。

2.武術團

任巷與陳巷農民對于武術。向有根底。該館特聘國技專家王龍章先生指導組織。每週蒞館二次。學者甚衆。

3.醫藥室

醫藥室設于該館辦事室旁。特約中醫尤學周先生西醫范鼎臣先生定期到館。爲病人診治。簡單藥品由館購備。廉價售與病者。

民衆休閒教育

農村民衆息游之暇。殊缺乏正當娛樂方法。易爲惡習慣所引誘。而趨于烟酒賭博之途。農民教育館思有以救濟之。關於此方面之設施。計有四種。即民衆茶園、娛樂室、民衆劇社及民衆舞台是也。

1.民衆茶園

民衆茶園成立最早。由該館按月津貼四元。招人包辦。其中一切辦法。由該館派員指揮。並附設書報室及娛樂室。每日茶客多則百餘人。少亦二三十人。夏季多于冬季。說書者由承辦者聘定。經該館認可。于茶園開放時間。常川有職員留守指導。並檢查說書有無傷風敗俗及違反黨義之言論。

2.娛樂室

娛樂室附設于民衆茶園內。置有中西音樂及橦球、象棋、圍棋、軍棋等娛樂物品。并有奕棋研究會及音樂研究會之組織。均由該館職員領導。

3.桑聲民衆劇社

桑聲民衆劇社。爲農民教育館聯合附近各小學教師及農友所組織。十二月十七日開始籌備。二十二日成立。內分總務、研究、表演三部。社員已有三十六人。加入者仍絡繹不絕。

4.民衆舞台

民衆舞台原係戲樓。經修葺後。煥然一新。位于民衆運動場之前。每逢紀念會。游藝會之舉行。演扮戲劇。最爲適當。場坪能容納多數觀衆。尚不虞擁擠。

農林行政

本邑農林行政。屬於縣政府第二科主管。另於周涇巷地方。設縣立蠶桑場一所。除試驗育蠶及種植外。並負改進全縣農林事業之責。茲將該場進行計劃書錄後；又去年夏間本邑邊遠各市鄉。先後發現蝗蝻。由縣政府督飭各行政局盡力防治。幸告肅清。所有發生地域及防除經過。亦另立一表於左。此外關於農林行政方面。均以遵行省令。適應地方爲主。茲不復贅及。

無錫縣縣立蠶桑場進行計劃書

吾蘇爲著名產絲之區。每年所入。不下數十萬金。平民生計所繫。社會經濟所關。國家財政更復賴以挹注。惟年來因品種之龐雜。病毒之蔓延。及飼育方法之陳腐。遂致絲質日劣。產量日減。又以製絲販賣之老守成法。備受國際市場之指摘。最近報載美國交易所有華絲不列入標準之說。此而實現。則我國蠶絲事業前途。勢必大受打擊。而农民生計。社會經濟。國家財政。均將同蒙影響。當此千鈞一髮之際。非積極圖謀蠶業之改良推廣。不足以挽狂瀾于將倒。夫日本蠶絲事業傳自我國。品質既不能與我相提並論。產量又不及我國三分之一。但自明治維新後。因感受國際貿易之壓迫。及农民生計之窮困。對于蠶桑事業。始力圖改良推廣。費三十餘年之經營。其生產數量。自一千數百萬金。驟增至八萬萬金。現在生絲出口總量。亦已四倍于我矣。至其生絲品位之高。遠非我國所能望其項背。其能操全世界蠶絲事業之霸權者。非偶然也。我國今日急宜仿其成法。努力改良。積極推廣。以我國土地之膏腴。氣候之溫和。與人工之低廉。而努力從事。則前途發展。未可限量。失之東隅。因可收之桑榆也。無錫為蘇省蠶業中心。人所共知。年來生產之絲。品質惡劣。不可與向日比擬。夫絲質惡劣。莫不歸咎于蠶種之不良。然葉量之不足。與葉質之惡劣。實亦有極大關係。蓋今日邑境所有之桑。均係數十年前之老樹。產量既少。品質又劣。蠶兒因食葉不足及營養不適之故。影響于絲質者。殊非淺鮮。又以飼育方法之陳腐。養蠶設備之簡陋。遂致病毒蔓延。產量日減。形成今日衰頹凋敝之象。今後除改良品種業務由省場負責辦理外。本場當本精力所及。努力推廣種桑區域。增加桑葉之供給。研究老桑更新。改進桑葉之品質。指導飼育方法。改善養蠶之技術。實施病毒防止。消弭營業之失敗。本此四義。努力進行。不求其功之速。不殫其事之費。期有補於實際。而弭向日之缺憾。

本場組織系統

場務會議（主任）
- 推廣部（助理）
  - 調查
  - 宣傳
  - 指導
  - 合作
  - 賽會
  - 代辦
  - 交換
  - 詢問
- 技術部（助理）
  - 研究
  - 示範
- 事務部（助理）
  - 管理
  - 文書
  - 會計
  - 庶務

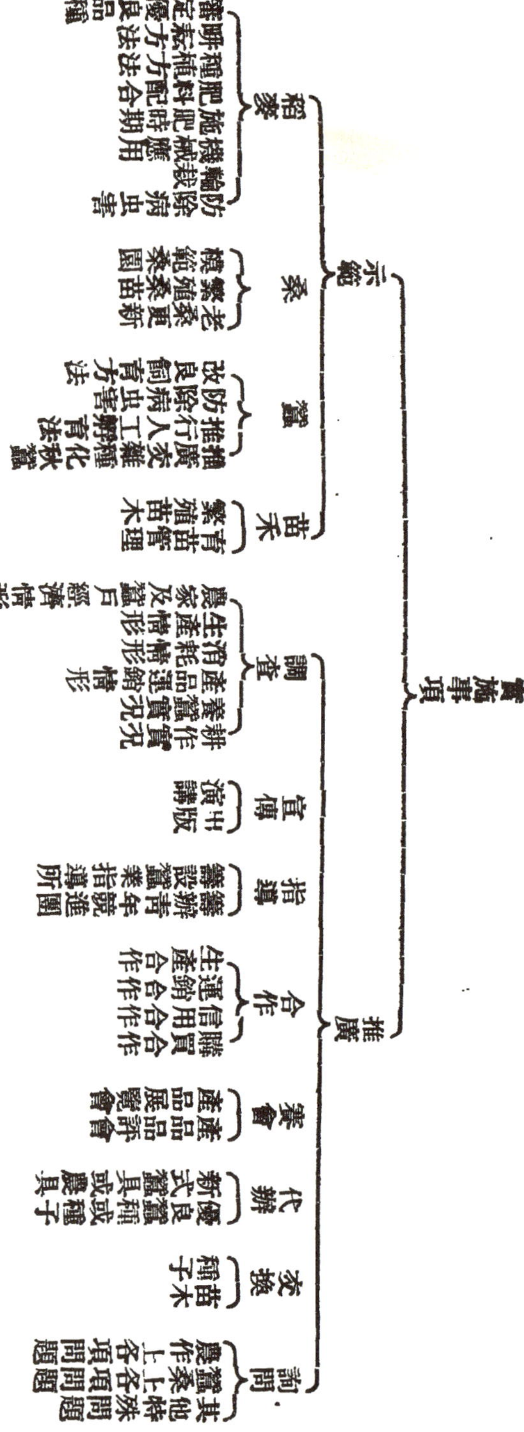

示範　無論提倡任何新興事業。徒憑空言宣傳。不若用實事示範之較爲確切而令人深印于腦海。農民知識淺近。生性好疑。非示之以實事。决不能引起其同情心及信仰心。又以農民富于仿効性。故須揭示範圍。促其改善。茲分述擬行示範者如下。

一、稻麥　錫邑爲產米之區。人所共知。但年來生產不足自給。其原因雖由于水旱之頻仍。與病蟲之交侵。然耕種方法之不合科學原理。實亦有極大關係。

（1）審定優良品種　一方徵集本地優良品種。用科學方法。比較其孰優孰劣。一方引用他處優種。使之服習當地風土。爲將來繁殖推廣之用。

（2）耕耘方法　耕耘方法之得失。直接關係稻麥之發育。擬用合乎科學。切于實用之耕耘方法而示範之。俾資鄉人之仿效。

（3）種植方法　種植方法關係重大。擬用最合實用之種植方法而示範之。

（4）肥料配合　肥料中所含之成分。視種類而不同。即含量之多寡。亦不一律。故配合之法。頗關重要。擬定一最經濟而合乎稻麥發育之配合分量而示範之。

(5)施肥時期　施肥時期。于稻麥之生長。極關重要。本場擬訂定一適當時期。以資鄉人仿效。

(6)機械應用　採用各項新式農具之切于實用者。應用而示範之。俾資提倡。

(7)輪栽　輪栽之重要。人盡皆知。如何着手輪栽。本場擬定一適合標準而示範之。

(8)防除病蟲害　擬將防除病蟲害之方法。應用而示範。俾資鄉人仿效。

二、桑樹　邑境桑樹。日就衰廢。產量既少。品質又劣。其原因為品種之惡劣。然與樹身之過老。栽培管理之不得其法。要亦不無關係。

(1)設立模範桑園　農民知識淺近。生性多疑。故擬劃場地一部。設立模範桑園。並能適于實用。合乎經濟學理之栽培管理方法。實地種植。以資仿效。

(2)繁殖桑苗　錫邑雖為蠶業中心。而所需桑苗。均由浙省輸入。一年所出。為數殊鉅。年來苗價日貴。而小販只圖近利。不顧利害。每有雜入劣種之事。若聽其自然。則影響于蠶業前途。殊大。本場擬設立桑苗圃。繁殖桑苗。一則為供給農民之需求。一則藉以示範而提倡。

(3)老桑更新　生絲品質之優劣。與桑樹年齡之老幼。有極大關係。前已言之。本場擬將場中原有老桑。劃區更新。以資提倡推廣。

三、養蠶　錫邑蠶戶。對于養蠶方法。默守成規。不加改良。遂致絲質日劣。產量日減。其原因雖由於品種之惡劣。然飼育方法之不合蠶兒生理。亦有極大關係。本場對于合理的飼育方法。擬先行示範。促其仿效。應注意者如下。

(1)改良飼育方法　飼育方法之得失。關係蠶兒發育之健否。與事業之成敗。新法飼育。有實地示範。鼓勵仿效之必要。

(2)防除病害　錫邑年來因蠶病之流行。而所蒙之損失。為數不貲，卽以去年而論。各鄉因自荒病之流行。遂致合邑絲繭生產。減少數十萬元。其關係之大。不可言喻。故于防除病害之法。不得不示範而提倡。

(3)推行人工孵化秋蠶　自人工孵化秋蠶輸入錫邑以來。當以飼育適值秋日農閒。飼料又係廢物利用。且絲質優良。價值又高。因之羣起飼育。年來亦佔生產之大宗。茲擬盡力推行。以資地域擴大。產額增加。

(4)推廣交雜種　交雜種絲質雖較粗劣。然以絲質較細之原種製之自可避免此弊。且飼育簡便。產量豐富。確有提倡之價值。故仍擬繼續推廣。以資蠶業之發展。

四、苗木　錫邑荒山荒峯。遍地皆是。當此木材缺乏。薪料昂貴之時。有提倡造林之必要。然造林當先有苗木之供給。本場擬用經濟方法。育成苗木。以應社會之需求。

(1)繁殖苗木　錫邑向無供給苗木之處。造林需苗。均須自外徵求。手續繁瑣。往來需時。本場擬劃場地一部。闢作苗圃。擇適合當地風土之樹。繁殖而推廣之。

(2)育苗管理　除由本場育成苗木。供給社會需求外。同時更用適當育苗管理法。示範而提倡之。以冀苗木供給增加。

推廣　推廣云者。即將研究所得之方法。及結果。於最短期間。傳佈於農民。披我國講求蠶業教育。蠶桑事業者。十有餘年。學校自小學至大學。蠶場自縣立至國立。無不應有盡有。國家金錢。耗費不為不鉅。教師光陰。犧牲不為不多。然而農民之受其益。有幾十餘年後之蠶業。與十餘年前之蠶業。果有何異。飼育仍舊法也。病毒仍蔓延也。此無他。只知顧及自身之研究。而不與農民聯絡。不知實地推廣耳。故本場除努力研究及示範工作外。並擬集中精力於推廣。茲將擬定組織如下。

一、調查　吾人欲改進任何事業。在事實前不得不詳細調查。明瞭其實在情形。而作研究之材料。與改良之標準。故調查工作極關重要。茲擬調查者如下。

(1)蠶戶經濟狀況

(2)農作蠶絲生產情形

(3)農作蠶絲消耗情形

(4)農作蠶絲運銷情形

(5)養蠶實況

(6)耕作實況

二、宣傳　宣傳之重要。人盡皆知。辦法如下。

(1)演講　研究所得之優良方法。以及試驗之優良成績。不得不賴演講而傳佈擴大。以冀蠶戶知所改進。

(A)巡廻演講　巡廻各鄉村演講新法養蠶及其應注意或改良諸點。

(B)特殊演講　栽桑養蠶上臨時發生之問題。如病害等。本場當酌量情形。派員前往演講補救方法。

(2)出版　本場擬發行刊物如下。

(A)報告　如業務報告調查報告等。

(B)淺說　如蠶業淺說蠶桑叢刊等。

三、指導　本場爲切實促進蠶戶養蠶方法之改進起見，擬設法指導。期於短期內。將新方法傳佈各處得收改良之實效。擬訂辦法如下。

(1)設立蠶業指導所　本場于養蠶期間在各鄉設立蠶業指導所。將切于實用合乎學理之飼育方法實地指導。促其改良。同時並協助蠶戶實施消毒。必要時並擬代爲催青及代育稚蠶。

(2)籌辦青年競進團　擬于稻麥新品種審定後。組織青年競進團。利用農家兒童。以感化老農。其辦法另訂。

四、合作　合作事業于蠶戶經濟上及蠶業之經營上均有極大之供献。當此農民生計困難。社會經濟枯澁之際。更有提倡之必要。本場擬以全力提倡蠶戶共同合作。以冀消費少而利益多。並擬着手進行者如下。

(1)運銷合作　蠶戶運銷產品時。每以爲數不多。及崇經濟壓迫之故。時受奸商之壟斷。而利爲人奪。本場擬幫助蠶戶組織運銷合作社。共同運銷產品。以期多得利益，

(2)信用合作　資本爲事業之母，有鉅大之資本。方能經營鉅大之企業。養蠶亦然。錫邑蠶戶。以歷年受軍事影響。以及奸商之壟斷。不能多得利益之故。十九生計困迫。故于養蠶之時。每多缺乏資本。本場擬竭全力扶助蠶戶。組織信用合作社。以期蠶戶之資本充足。事業得以盡量發展。

(3)生產合作　無論舉辦任何生產事業。共同合作。可以節省消耗費用。增加生產數量。同時更可改進事業之本身。養蠶亦然。本場擬設法扶助蠶戶組織生產合作社。共同合作。俾消費少而利益多。

(4)購買合作　無論購買任何物件。大宗批發。總較零星購買爲廉。本場擬扶助蠶戶組織購買合作社。以避免商人之壟斷。

五、賽會　以鼓勵蠶戶之改良飼育爲目的。

(1)展覽會　彙集優良產品而展覽之。增長蠶戶之見識。而啓發其仿效之觀念。

(2)品評會　彙集一地或各地產品。以比較的性質而品評之。藉以引起其競進之心。

六、代辦　農民因缺乏常識。及與外界接觸較少之故。于購買蠶種及置辦蠶具之時。每苦無從着手。或竟受市儈欺騙。本場擬代辦事業如下。

(1)代辦新式蠶具農具

(2)代辦優良蠶種及種子

七、交換。擬舉辦交換如下。

(1)交換種子

(2)交換苗木

八、詢問　農民知識淺近。缺乏常識之故。如遇蠶事上發生疑難問題時。每多不易解决。本場擬設詢問一股。備農民之詢問。其範圍如下。

(1)蠶桑上發生之問題

(2)農作上發生之問題

(3)其他特殊問題

以上所述。均係急切要圖。惟恐限於經濟及精神。一時不及盡量進行。然當抉擇簡而易行者先行着手。循序漸進。以底于成。

附今後四年進行計劃大綱

十七年度

一、籌設桑苗圃

二、建築蠶室

三、籌設天上天下萬安富安四蠶業指導所

四、籌設模範桑園

五、添置儀器

六、蠶業上農業上各項調查

七、育蠶示範

八、扶助蠶戶組織合作社

九、代辦農具蠶種蠶具

十、審定稻麥優良品種

十一、稻麥各項示範

十二、籌設苗圃

十三、宣傳新法養蠶及新法耕作

十四、籌辦產品展覽會及品評會

十八年度

一、將原有老桑三分之一實施更新

二、完成模範桑園

三、籌設靑城開原開化懷下四蠶業指導所

四、育蠶示範

五、蠶業上農業上各項調查

六、扶助蠶戶組織合作社

七、代辦蠶種蠶具

八、審定稻麥優良種子

九、稻麥上各項示範
十、苗圃管理
十一、宣傳新法養蠶及新法耕作
十二、籌辦產品展覽會及品評會
十三、答覆蠶業上之咨詢
十四、交換種子苗木

十九年度

一、完成桑樹更新工作
二、籌設揚名懷上新安景雲四蠶業指導所
三、育蠶示範
四、繁殖及供給稻麥種子
五、蠶業上農業上各項調查
六、組織合作社
七、繁殖及供給優良桑苗
八、繁殖及供給樹苗
九、審定稻麥優良品種
十、代辦蠶種蠶具
十一、稻麥作各項示範
十二、宣傳新法養蠶及新法耕作
十三、交換種子苗木
十四、籌辦產品展覽會及品評會
十五、答覆蠶業上農業上各項問題

二十年度

一、籌設北上北下泰伯南延四蠶業指導所
二、育蠶示範
三、蠶業上農業上各項調查
四、繁殖及供給優良桑苗
五、繁殖及供給樹苗
六、審定稻麥優良品種
七、繁殖及供給優良種子
八、稻麥作各項示範
九、代辦優良種子農具蠶具蠶種
十、宣傳新法養蠶及新法耕作
十一、交換種子苗木
十二、籌辦青年競進團
十三、籌辦產品展覽會及品評會
十四、答覆蠶業上農業上各項咨詢

二　民國十八年無錫全縣治蝗情形一覽表

地區	夏蝗卵塊	跳蝻	秋蝗飛蝗	被害狀況	防除經過
第一區（無錫市）	無	無	無	並未受害	
第二區（景雲市）	無	無	無	並未受害	
第三區（揚名鄉）	無	無	無	並未受害	組織治蝗分會
第四區（開原鄉）	無	無	無	並未受害	
第五區（天上市）		區境界經圩村前西漳寺頭長安橋等處發現大批跳蝻		並未受害	組織治蝗分會
第六區（天下市）	無	無	無	並未受害	組織治蝗分會
第七區（懷上市）		區境蠡園鎮收買得五六斤張緣舍收買得三百餘斤		並未受害	1.由縣府委專員前往指導 2.組織治蝗分會
第八區（懷下市）	無	無	無	並未受害	1.由縣府委專員前往指導 2.組織治蝗分會
第九區（北上鄉）		區境石節山及嵌山稍有發現		並未受害	1.由縣府委專員前往指導 2.組織治蝗分會
第十區（北下鄉）	無	無	無	並未受害	組織治蝗分會
第十一區（南延市）		區境廿露蕩口一帶略有發現		並未受害	
第十二區（泰伯市）	無	無	無	並未受害	
第十三區（新安鄉）	無	無	無	並未受害	
第十四區（開化鄉）	無	無	無	並未受害	
第十五區（青城市）		區境任環圩浮舟村發現大批跳蝻		並未受害	1.由縣府委專員前往指導 2.組織治蝗分會給價收買督率農民兜捕
第十六區（萬安市）	無	無	無	並未受害	
第十七區　富安鄉）			區境徐城頭蘆革區發生土蝗	並未受害	1.由縣府委員陪同省昆蟲局專員前往視察 2.組織治蝗分會

（附註）　縣政府除委派專員四出指導外。另行依照省令。組織縣治蝗會並購備捕蝗網等發交各市鄉應用。（秋蝗未有發生從略）

工業

飲食工業

一　碾米廠

錫邑爲蘇省米糧薈萃之區。故碾米一業。在無錫實業上。占重要地位。廠址俱在西門外一隅。而在江尖者更占半數。該業始創於遜清宣統元年。迄民國十八年止。計有十四家之多。如寶新。餘新。德新。鎮新。洽新。益新。永茂。永源。永和。新源。益源。民益。鄒成泰。仁昌裕等是。內如餘新。益新。益源。民益等四廠。均係附設於堆棧。營業資本滿萬元者。首推寶新。餘新二廠。餘者五千元三千元不等。以獨資經營者。祇益源。成泰二廠。餘均合夥。內部機器種類。約分米機與機礱二種。多者六機六礱。少者四機四礱。有米機而無機礱者。祇民益成泰二廠。轉動力賴電力與柴油者。各居半數。所碾原料係稻與糙米。來源大多屬於安徽及本省。將其軋成白米。分售各處。以充民食。工人工資以担計算。平均每担約三分半。由碾米公會議定各廠循行之。工人統計約五百人。工資約五千元。每年每人雖扯百餘元。然捨正工外。尚有下腳礱糠種種收入。故生活問題。尚可敷衍。每年營業最發達者。莫如寶新。蓋年須原料十萬石。計出白米九萬石左右。爲各廠冠。統查各廠。每年用稻與糙米總數。當在八十五萬石左右。年出白米七十二萬石左右。平均每月六萬石。每月有二千石之譜。蓋以闔邑民衆。數近百萬。碾米出數。固宜乎其如此。不過事業不進則退。碾米米機。宜採用西貨。庶出貨多而人工省。然該業中人。往往購置東貨。殊覺非宜。尚望執是業者注意焉。

茲將各廠資本地址及創辦年月列表如左。

無錫碾米廠一覽表十八年九月製

廠名	性質	經理或廠長	資本	地址	創立年月	備註
寶新礱米廠	合夥	錢鏡生	一〇、〇〇〇元	茅蓬沿河	前清宣統元年	
餘新礱米廠	公司	談星南	一〇、〇〇〇元	北門外石舖頭	民國十七年	附設餘新堆棧內
德新礱米廠	公司	楊融春	五、〇〇〇元	醬園浜	民國七年	附設德新堆棧
鎮新礱米廠	合夥	倪子成	三、〇〇〇元	茅涇浜	民國十五年八月	
治新礱米廠	合夥	殷鳳歧	五、〇〇〇元	江尖上	民國十七年	
益新礱米廠	合夥	陸竹卿	五、〇〇〇元	江尖上	民國十六年三月	
永茂礱米廠	合夥	沈桂卿	五、〇〇〇元	蓉湖莊	民國十七年	
永和礱米廠	合夥	李蘭溪	四、〇〇〇元	江尖上	民國十五年一月	
永源礱米廠	合夥	謝維翰	五、〇〇〇元	丁缸裏	民國十八年三月	
新源礱米廠	合夥	馮渭臣	四、五〇〇元	江尖上	民國十四年二月	
益源礱米廠	獨資	唐泳鎮	三、〇〇〇元	蓉湖莊	民國九年	附設益源堆棧
民益礱米廠	合夥	蘇曉齋	三、〇〇〇元	西門外壩橋	民國九年九月	附設民益堆棧
仁昌裕礱米廠	合夥	陳耀祖	六、〇〇〇元	江尖上	民國十四年	
鄒成泰礱米廠	獨資	鄒頌範	五、〇〇〇元	江尖上	前清宣統二年	

二　麵粉廠

我國以農立國。而長江南北。尤爲米麥出產之所。無錫夙以產米麥稱。且于水利之特長。以是麵粉廠之設立極早。然因資本過鉅。國民經濟力之薄弱。工業人才之缺乏。幷以近年來政局之腐化。因之農產歉收。原料價昂。外國麵粉乘機輸入。致麵粉事業未見如何蓬勃。茲據調查所得。逐項敍述如下：

一、歷史　無錫麵粉廠之設立最早者。厥爲茂新一廠。尙爲遜清光緒二十七年。初名保興。後改組爲今名。次九豐。成立於遜淸宣統元年。次泰隆。成立於民國三年十二月。茂新二廠原名惠元。由邑商合資創辦。民國九年讓渡與茂新公司。改併第二廠。

二、資本額　茂新一二廠資本額共一百二十萬元。九豐資本額為二十萬兩。泰隆資本額為二十萬元。

三、負責人　茂新一二廠經理榮德生。九豐總理蔡緘三。泰豐經理孫華伯。

四、機械數　茂新一廠共有鋼磨三十六部。惟現祇用三十四部。茂新二廠現有鋼磨二十四部。九豐現有鋼磨三十五部。泰隆現有鋼磨十一部。麥篩粉篩等附屬機械均全。

五、原動力　茂新一二廠俱用電力由申新二廠發電機所輸送。計一廠有馬達四座。馬力五百匹。二廠有馬達一座。馬力七百五十匹。九豐引擎馬力四百五十匹。每日用煤十二三噸。另馬達一座。馬力三百匹。泰隆引擎馬力二百八十匹。每日用煤十噸。

六、原料及出品　茂新一二廠每年各用小麥四十萬石。出產麵粉各一百萬元。麩皮各十二萬包。各值銀三百四十萬元。九豐每年用小麥三十萬石。出產麵粉七十萬包。麩皮十萬包。值銀二百四五十萬元。泰隆年用小麥二十萬五千石。出產麵粉五十一萬六千石。麩皮七萬五千包。值銀一百八十二萬六千五百元。

七、出品商標　茂新一二廠俱為紅綠兵船。九豐為山鹿及五福。泰隆為鷹球及龍船。

八、運銷情形　各廠出品。大都運銷本國江蘇浙江河北遼東等地。歐戰時期外國工業停頓。南洋羣島等處有紅綠兵船麵粉銷售市上。該時銷路既暢。營業自會發達於一時也。

九、職工待遇　茂新一廠有職員三十三人。工人最多時用三百人。待遇職員每月高二百元。最低六元。工人每月最高一百十七元六角。最低十三元二角。茂新二廠有職員二十七人。工人二百十五人。待遇職員每月最高五十元。最低四元。工人每月最高四十五元。最低十三元二角。九豐有職員五十餘人。工人二百十餘人。律遇職員每月最高四十五元。最低六元。工人每月最高四十八元。最低十二元五角。泰隆有職員二十四人。工人八十八人。待遇職員每月最高五十元。最低六元。工人每月最高四十四元。最低十二元。此外職員膳食由廠供給。年終紅利照規定成數分配。工人除酌給津貼外。年終另給雙薪一月。

十、困難情形　據各廠陳述。困難情形極多。彙集之可分下列三端。

(一)近年農產歉收。原料出品稀少。惟特價格騰貴。抑且供不應求。最近五六年一歲中停機之日幾及其半。

(二)生活程度增高。薪金工資疊加。一切捐稅全由廠方負担。

袋皮燃料五金附屬品價格日見高漲。而麥粉價因受外粉輸入影響。不能增加。以最近麥價最高七元五角與粉價比較。除去各項開支。幾無餘利。

(三)工人罷工。工人囂張。不服節制。風潮屢起。最近同盟罷工。幸獲縣政府調解。始行復工。

無錫麵粉廠一覽表

廠名	廠長經理姓名	職員工人人數	資本	出品商標	機械數	原動力	開辦年月	廠址	備註
茂新第一麵粉廠	榮德生	職員三十三人 工人三百人	一百二十萬元	紅綠兵船	鋼磨三十六部	電汽馬達四座馬力五百匹	遜清光緒廿七年	西門外太保墩	
茂新第二麵粉廠	榮德生	二十七人 二百十五人	附屬第一廠	仝右	鋼磨二十四部	電汽馬達一座馬力七百五十匹	民國九年	惠山浜	
九豐麵粉有限公司	蔡緘三	五十八人 二百十八人	二十萬兩	山鹿五福	鋼磨三十五部	引擎馬力四百五十匹電汽馬達一座馬力三百匹	遜清宣統元年	蓉湖莊	
泰隆麵粉公司	孫伯華	二十四人 八十八人	二十萬元	鷹球龍船	鋼磨十一部	引擎馬力二百八十匹	民國三年十二月	西村裏	

三　榨油廠

無錫榨油廠一覽表十八年十二月製

廠名	經理姓名	地址	性質	資本	職工人數	出品總值	開設年月	備考
潤豐油廠	唐保謙 陳湛如	無錫南尖	合夥	二萬元	職員十五人 工人一百人	七〇〇、〇〇〇元	民國三年	
恆德油廠	浦文汀	無錫梁溪東路	獨資	十萬元	職員十九人 工人四十人	一、三〇〇、〇〇〇元	民國九年	
湧寶仁油廠	尤瑞芳	無錫西門外	獨資	一萬元	職員十八人 工人五十人	五〇〇、〇〇〇元	民國四年	
三和油廠	劉廣卿	無錫洛社	獨資	二萬元	職員二人 工人四十八人	二〇〇、〇〇〇元	民國四年	

圖表十四：此處原爲《無錫各麵粉廠全年出品及總值比較表》，見書後。

儉豐油廠	良初	無錫石塘灣	合夥	二萬元	職員十三人 工人四十人	五○、○○○元	民國四年
莊源大油廠	莊蘭芳	無錫錢橋	獨資	一萬元	職員二人 工人二十五人	九○、○○○元	民國五年
張元大油廠	張錫堂	無錫西門吊橋	獨資	二千元	職員三人 工人十四人	七○、○○○元	民國十八年
大昌油廠	周培揚	無錫西門吊橋	合夥	一千元	職員三人 工人十二人	一○、○○○元	民國十八年

衣服工業

一　紡織廠

一、導言　無錫之紡織廠共有業勤。振新。廣勤。申新第三。豫康。慶豐六廠。內振新自民國十六年冬停工以來迄未復業。此外業勤。豫康二廠專營紡紗。廣勤。申新第三。慶豐三廠。紡紗以外。兼營織布。

二、歷史　業勤紗廠。創設最早。尚在遜清光緒二十年。惟今爲復興公司租賃營業。次振新。創設於遜清光緒三十一年。廣勤創設於民國六年八月。申新三廠創設於民國八年。豫康創設於民國十年十一月。慶豐創設於民國十一年。

三、資本額　業勤廠創設時之資本額。未與調查。今復興公司之營業資本額爲二十一萬元。廣勤廠資本額一百萬元。另有公積金二十萬元。申新三廠資本額三百萬元。豫康廠資本額一百十五萬元。慶豐廠資本額八十萬元。

四、負責人　復興公司經理楊伯庚。廣勤廠總理楊翰西。申新三廠經理榮德生。豫康廠經理楊冠常。慶豐廠長唐保謙。

五、機械及原動力　業勤廠引擎馬力四百匹。每日用煤十四噸。紗錠一萬八千八百三十六枚。廣勤廠引擎馬力六百匹。每日用煤二十五噸。紗錠二萬枚。織布機七十架。申新三廠有發電透平二座。馬力四千匹。除自用外。尚供給茂新一二廠及開原電燈廠之用。此外有紗錠五萬一千零八枚。布機五百零四架。豫康廠引擎馬力五百匹。每日用煤十六噸。紗錠一萬八千枚。慶豐廠透平馬力一千三百四十匹。每日用煤二十六噸。每匹馬力每小時用煤二、四磅。全廠紗錠一萬二千四百枚。織布四百架。各種附屬機械各廠均全。

六、原料及出品　業勤廠每年用棉二萬五千担。出產十支十二支十四支十六支棉紗六千至七千件。值銀一百四十萬元。廣勤廠每年用棉四百七十四萬五千斤。出產棉紗一萬二千箱。布二萬五千匹。值銀二百零八萬零七百五十兩。申新三廠每年用棉七萬二千一百五十一担。產紗四萬六千八百件。布一百萬九千二百匹。值銀九百萬元。豫康廠每年用棉二萬三四千擔。產紗七千件。值銀一百三四十萬元。慶豐廠每年用棉四萬担。產紗一萬二千件，絨布二萬五千疋。布六萬疋。值銀三百六十萬元

七、出品商標　業勤廠爲四海昇平。廣勤廠爲織女。飛鷹。申新三廠爲人鐘。平達。好做。握手。美女。豫康廠爲月娥。九龍。慶豐廠爲雙魚牧童。

八、運銷情形　各廠產紗及布。大都運銷本省各縣。間有推銷至安徽。河北。廣東。陝西。甘肅。南洋者。

九、職工待遇　復興公司有職員四十名。工人男子二百名。女子八百名。童子七十名。待遇職員每月最高一百元。最低十二元。工人男子每月最高六十元。最低十二元。女子每月最高二十四元。最低六元。童子每月最高十五元。最低六元。廣勤廠有職員五十六人。工人男子(連童子)四百八十五人。女子一千四百七十八人。待遇職員每月最高六十元。最低六元。工人男子每月最高八十三元。最低十元八角。女子每月最高二十七元。最低六元。童子每月最高九元。最低六元。申新三廠有職員一百零五人。工人男子七百五十五人。女子三千二百二十一人。童子一百五十八人。待遇職員每月最高二百元。最低十二元。工人男子每月最高一百五十元。最低九元。女子每月最高三十元。最低七元五角。童子每月最高十元五角。最低六元。豫康廠有職員五十三人。工人男子二百五十二人。女子九百九十二人。童子一百四十人。待遇職員每月最高五十一元。最低二元。工人男子每月最高六十元。最低十一元。女子每月最高二十四元。最低六元三角。童子每月最高十五元六角。最低六元。慶豐廠有職員一百十五人。工人男子三百五十人。女子一千四百六十人。童子一百九十人。待遇職員每月最高一百五十元。最低二元。工人男子每月最高三十六元。最低十元五角。女子每月最高二十八元五角。最低四元五角。童子每月最高九元六角。最低四元五角。職員膳食俱由廠供給。紅利或分總數十三分之一。或分總數十分之一。工人膳食俱行自備。紅利無規定。獎勵亦無定。教育及娛樂組織。廣勤廠有廣勤小學。于胥樂公園。體育場。通俗教育館。申新三廠有俱樂部及運動場。業勤廠在籌備中。餘均付缺。

十、困難情形一般　各廠困難情形。可彙併爲數點，(1.)原料昂貴。(2.)捐稅繁重。(3.)工價比前增加。(4.)出數比前減少。(5.)工人知識薄弱。易受人愚弄。尚有一點。爲業勤廠特有者。機械老舊。祇能產粗紗。且出品遲鈍。粗細不勻。售價較新廠出品有十餘元之高下是也。

圖表十五：此處原爲《無錫紗廠全年輸進原料及出品銷路最旺區域圖》。

十一、結論　生活程度。織長增高。工人待遇。固宜增加。但同時宜提倡增高工作能力。夫改良農產不論政府或私人。俱已加以注意矣。獨對此點。尚未慮及。竊意工人待遇增高。資方負担加重。苟工作不增加。出品不改良。資方受損過鉅。勢必人人束手。此有關於工業前途至鉅。據廣勤廠稱。該廠現改計工制爲計件結價制。初改變時。工人不知底蘊。曾起風潮。但自改制以後。工人之能力強者工資增加甚多。竊意此法寓獎賞於勸勉。苟研究無弊害。他廠當亦不妨試行也。

無錫紗廠一覽表 十八年八月製

廠名	廠址	性質	經理或廠長	資本	廠屋機械總值	共有紗錠	職工人數	每年出品件數總值	成立年月	商標
業勤紗廠	東門外興隆橋	公司	楊伯庚	三〇〇、〇〇〇元	六〇〇、〇〇〇元	一八、八三六錠	一、一二〇人	七、〇〇〇件 一、四〇〇、〇〇〇元	前清光緒二十年	四海 昇平
廣勤紗廠	廣勤路長源橋	公司	楊翰西 戴笙甫	一、〇〇〇、〇〇〇元	一、〇〇〇、〇〇〇元	三〇、〇〇〇錠	二、〇二九人	一三、〇〇〇件 二、六〇〇、〇〇〇元	六年八月	織女 飛鷹
申新三廠	西門外迎龍橋	公司	榮德生	三、〇〇〇、〇〇〇元	六、〇〇〇、〇〇〇元	五一、〇〇八錠	四、三三九人	四六、八〇〇件 一〇、七〇〇、〇〇〇元	八年創辦十年成立	人鐘、平蓮、好做、握手、美女
豫康紬廠	廣勤路梨花莊	公司	楊冠常	一、一五〇、〇〇〇元	一、一五三、〇〇〇元	一八、〇〇〇錠	一、四三七人	七、〇〇〇件 一、四〇〇、〇〇〇元	十年十一月	月娥 九龍
慶豐紗廠	周山濱	公司	唐保謙 蔡兼三	八〇〇、〇〇〇元	九九〇、〇〇〇元	三四、〇〇〇錠	二、一二五人	一三、〇〇〇件 二、六〇〇、〇〇〇元	十一年	雙女 牧童
振新紡廠	西門外太保墩									

（註）一　業勤紗廠於本年租辦任復興公司營業

二　振新紡織廠於十五年冬停工

二　染織廠

（一）導言　無錫現有染織廠麗新。勤工。南昌。瑞生祥。麗華。大生。光華。[illegible]鑫。[illegible]華。九綸。恆豐。新華。大華。[illegible]華。十五家。又正在籌備開工者有振華。九華二家。前經開設中途停業。現已籌備復工者有怡盛一家。前經開設現已停業者爲華成森一家。內已開設或正在籌備之十八家中。設於城廂者十家。設於鄉區者八家。資本額以麗新爲最鉅設備亦稱周其餘設備均不全。資本最小者僅二三千元。

(二)歷史　勸工廠成立於遜清宣統元年爲最早。瑞生祥南昌廠俱設於民國二年。麗華光華俱設於民國六年。麗新廠成立於民國九年一月。新藝廠成立於民國十一年。新華廠成立於民國十五年一月。恆豐九綸競華廠俱成立於民國十五年。蘊華廠成立於民國十六年。華豐廠成立於民國十七年八月。大華大生二廠俱成立於本年。

(三)資本額　勸工廠資本額四萬元。瑞生祥資本額九千元。南昌廠五千元。麗華廠四萬元。光華廠一萬元。麗新廠六十萬二千八百元。新藝廠七千五百元。恆豐廠三千元。九綸廠五千元。競華廠一萬元。蘊華廠二千五百元。華豐廠三千元。大華廠一萬元。大生廠一萬〇二百元。

(四)負責人　勸工廠經理吳玉書。瑞生祥經理陳倬雲。南昌廠欒子輝。麗華廠吳仲炳。光華廠蔣鏡海。麗新廠經理唐驤廷。副程敬堂。新藝廠陳仲藩。新華廠高修彥。恆豐廠黃蔚如。九綸廠吳慕陶。競華廠吳純如。蘊華廠任士記。華豐廠徐子周。大華廠諸寶珊。大生廠徐湧潮。

(五)機械數及原動力　各廠資本微薄。除麗新廠有引擎馬力三百匹。另馬達二十座共馬力四百匹。麗華廠有馬達四座。馬力二十五匹。恆豐廠有馬達一座。馬力三匹。外餘俱用人力。至機械數計勸工廠有木機一百五十座。鐵木機五十座。瑞生祥有木機五十七座。南昌廠有鐵機二座。木機十八座。麗華廠有木機一百五十二座。鐵木機四十二座。光華廠有鐵木混製機四十座。木機六十座。麗新廠有鐵織機五百十二座。鐵木混製機一百五十座。絲布紗綫機全副。漂染整理機全副。餘提花機漿紗機等附屬機械均全。新藝廠有木機七十五座。新華廠有鐵木機四十座。恆豐廠有鐵織機二十二座。九綸廠有木機五十座。競華廠有木機二百座。蘊華有木機五十座。華豐廠有鐵木機二十五座。搖車十一部。筒紆機各一部。大華廠有鐵木機二十座。大生廠木機六十座。

(六)原料及出品　各廠所用原料。大概爲二十支三十二支紗及四十二支六十支雙股線。每年需用原料總數。勸工廠每年用原料四百四十件。出布二萬疋。值銀二十四萬元。瑞生祥每年用原料一百十件。出布七千匹。值銀四萬元。南昌廠每年用原料三百七十五件。出布三千匹。值銀二萬一千元。麗華廠每年用原料三百四十件。出布二萬匹。值銀二十萬元。光華廠每年用原料一百件。出布五千萬匹。值銀六萬元。麗新廠每年用原料二千件。另用顏料約值銀十二元。出布十萬五千匹。值銀一百二十萬元。新藝廠每年用原料紗綫七十件。人造絲一箱。出布七千匹。值銀四萬元。新華廠每年用原料二百件出布七千匹。值銀十萬元。恆豐廠每年用原料一百件出布四千匹。值銀六萬六千元。九綸廠每年用原料紗綫五十件。人造絲五箱。出布五千匹。值銀二萬元。競華廠每年用原料一百六十件。出布六千匹。值銀八萬元。蘊華廠每年用原料四十件。出布四千匹。值銀二萬元。華豐廠每年用原料八十件。出布四千匹。值銀四萬至五萬元。大華廠每年用原料八十件。出布四千匹。值銀四萬七千元。大生廠每年用原料五十五件。出布三千八百匹。值銀一萬七千元。

(七)出品商標　勤工廠爲小金山及勤工牌。南昌廠爲牛郎織女。麗華廠爲雙飛童。麗新廠爲雙鯉。司馬光。天孫織錦。鯉星。惠泉山。千年如意。新華廠爲壽星。甜蘆。華豐廠爲蝴蝶。萬象。餘均尚未訂定。

(八)運銷情形　各廠出品。大都運銷本省各縣市間。有運銷至南洋者。

(九)職工待遇　勤工廠有職員三十八人。工人男子二十八人。女子一百五十八人。童子三十八人。待遇職員每月最高三十元。最低三元。工人男子每日最高八角。最低四角。女子每日最高六角。最低三角。童子每日最高二角五分。最低一角五分。瑞生祥有職員五人。工人男子五人。女子八十人。待遇職員每日最高一元。最低二角五分。工人男子每日最高五角。最低二角。女子每日最高四角。最低二角。南昌廠有職員四人。工人男子三人。女子二十六人。待遇職員每月最高十六元。最低六元。工人男子每月十元。女子最高每匹布給工資一元二角。最低每匹布給工資五角。麗華廠有職員二十六人。工人男子二十八人。女子一百九十八人。童子三十八人。待遇職員每月最高三十元。最低三元。工人男子每日最高八角。最低四角。女子每日最高六角。最低三角。童子每日最高二角五分。最低一角五分。光華廠有職員十二人。工人男子十八人。女子一百十八人。童子十人。待遇職員每月最高三十元。最低三元。工人男子每日最高七角。最低四角。女子每日最高五角。最低三角。童子每日最高二角五分。最低一角五分。麗新廠有職員六十三人。工人男子二百五十八人。女子四百人。童子二十八人。待遇職員每月最高一百三十元。最低五元。工人男子每日最高二元五角。最低三角。女子每日最高一元一角。最低三角。童子每日三角。內外新藝廠有職員男子十八人。女子二人。工人女子七十五人。童子三十八人。待遇職員男子每月最高二十元。最低十二元。女子每月最高十元。最低八元。工人女子每日最高五角。最低三角五分。童子每日最高二角。最低一角。新華廠有職員十四人。工人男子四十八人。女子四十五人。待遇職員每月最高二十元。最低三元。工人男子每日最高八角。最低四角。女子每日最高四角。最低二角。恆豐廠有職員七人。工人男子三人。女子三十八人。待遇職員每月最高四十元。最低六元。工人男子每月最高十八元。最低十元。女子每月最高十四元。最低九元。九綸廠有職員男子六人。女子二人。工人女子五十八童子二十五人。待遇職員男子每月最高十元。最低五元。女子一人。月支七元。一人月支五元。工人女子每日最高五角。最低三角。童子每日最高三角。最低二角。競華廠有職員十三人。工人男子十二人。女子二百人。童子三十人。待遇職員每月最高二十元。最低三元。工人男子每日最高七角。最低三角。女子每日最高五角。最低二角。童子每日最高二角五分。最低一角五分。蘊華廠有職員四人。工人男子四人。女子六十人。童子七人。待遇職員每月最高十二元。最低二元。工人男子每日最高七角。最低三角。女子每日最高五角。最低二角。童子每日最高二角五分。最低一角五分。華豐廠有職員十一人。工人男子十五人。女子三十六人。童子三人。待遇職員每月最高二十元。最低一元。工人每日最高一元。最低三角。童子每日三四角不等。大華廠有職員男子十二人。女子二人。工人男子三十人。女子二十人。童子五人。待遇職員每月最高二十元。最低十元。女子各月支銀十元。工人男子每日最高九角。最低六角。女子每日最高三角。最低二角。童子每日最高二角。最低一角五分。大生廠有職員十二人。工人女子五十四人。童子三十人。待遇職員每月最高二十元。最低五元五角。工人女子每日最高三角。最低二角。童子每日最高一角八分。最低一角二分。職員膳食俱由廠供。紅利或分十成之二。或分十四成之二。或無規定。工人膳食俱行自備。紅利麗新廠規定百分之五。餘無規定。教育及娛樂組織。麗新廠有補習夜校及娛樂部。餘均付缺。

(十)困難問題一般　綜合各廠所述困難問題。可彙合爲數點。(1.)染織原料俱須仰給外國。(2.)缺少整理工場。除麗新外。各廠俱因資本微薄。不能自行設立。(3.)染織爲專門工業。有經驗而曾受訓練之工人不易招聘。(4.)工人能力薄弱。外國工人一人可司機五六座。(指電動機鐵織機而言)而無錫各織廠工人。祇能司機一座。

(十一)結論

(1.)宜增設細紗廠。A.江浙染織業就抵制時期抽取基金所組織之濟生細紗廠資本短絀。急宜設法擴充。B.獎勵開設細紗廠。

(2.)宜獎勵設立製造硫酸硝酸鹽酸及顏料工場。三酸及顏料於工業上需用至鉅。而現所用者皆係外貨。

(3.)宜設整理工廠。裝置刷毛。燒毛。煮布。漂白。上絲光。染色。烘布。去水。撑布。砑光。捲布。碼布等機。專代各小廠整理出品。

(4.)訓練工人。俾瞭解自身對於國家之地位。並提高其生產能力。

無錫染織廠一覽表 十八年八月製

廠名	性質	經理或廠長	資本	地址	創立年月	備註
勤工染織廠	獨資	吳玉書	四〇、〇〇〇元	第一廠圓通路口 第二廠蔡圓弄內 第三廠光復門內	遜清宣統元年	批發處光復門裏黃泥橋
瑞牛祥布廠	合夥	陳倬雲	九、〇〇〇元	北門外　樹巷里	民國二年	
南昌布廠	公司	龐子煇	五、〇〇〇元	清名橋　下牌樓	仝　前	
麗華織布廠	合夥	吳仲炳	四〇、〇〇〇元	光復門　映山河	民國六年	
光華織布廠	獨資	蔣　鏡	一〇、〇〇〇元	公園路　盛巷口	仝　前	
麗新染織股分公司	公司	唐驤廷 程敬堂	六〇二、八〇〇元	通運路　惠商橋	民國九年一月	
新藝染織廠	合夥	陳仲蕃	七、五〇〇元	北下鄉　新塘橋	民國十一年三月	
新華染織廠	合夥	高修彥	一〇、五〇〇元	通匯橋西後竹場巷	民國十五年一月	
恆豐布廠	獨資	黃蘚如	三、〇〇〇元	學前街　學佛路	民國十五年	
九綸染織廠	公司	胡嘉陶	五、〇〇〇元	天上市　新塘里	仝　前	
競華織布廠	合夥	吳純如	一〇、〇〇〇元	仝　上	仝　前	
蘊華織布廠	合夥	任士記	二、五〇〇元	天上市棋杆宋巷	民國十六年	
華豐染織廠	公司	徐子周	三、〇〇〇元	光復路	民國十七年八月	
大華染織布廠	合夥	邵實珊	一〇、〇〇〇元	北棚口　顧橋下	民國十八年	

大生啓記染織廠	合夥	徐湧潮	一〇、二〇〇元	北門外北西漳	民國十八年二月	
怡盛織布廠				洛社鎮		因虧本停息於本年復業
振華織布廠				西漳		於本年八月新開
九綸織布廠				新塘里		仝上

三 繅絲廠

無錫在江蘇省以產繭最豐著稱。以交通利便。山水清幽。以故繅絲工廠。邇年來蜂起雲湧。紛紛設立。計無錫現已成立繅絲工廠四十五處。而正在鳩工建築者。尙甚多也。茲將調查所得。羅列於下。

一、導言　無錫繅絲工廠四十五處中。設於無錫市區者。有三十七處。餘八處散設於各鄉區。良以無錫市區交通利便。人口集中故也。但在籌建之六七處中。位於鄉間者多。而位於無錫市區者少。意者無錫縣工商業。現將由城市而漸擴展至鄉區也乎。

二、實業與營業之關係　繅絲工廠。有實業與營業之關係。何謂實業。即集款建築廠屋與購買機械者也。何謂營業。即向實業方面租用廠有各件。開工營業者也。茲調查所得。大多爲營業情形。惟實業戶名及廠屋機械總值之曾經查得者。亦一併附列。

三、歷史　裕昌絲廠成立於遜清光緒三十年。乾甡絲廠。源康絲廠。俱成立於遜清宣統元年。振藝協記。誠記。兩廠俱成立於遜清宣統二年。錦記絲廠成立於民國元年。乾豐絲廠成立於民國八年。愼昌。餘盛二廠俱成立於民國九年。瑞昌絲廠成立於民國十年。泰孚絲廠成立於民國十二年。義豐絲廠成立於民國十三年。元豐絲廠成立於民國十四年。振豐澄豐永泰乾豐第二四廠俱成立於民國十五年。覺成。永孚。潤二二廠成立於民國十六年。瑞孚。義生。源益。永泰豐。萬益。瑞豐。鎭綸。公記。盛裕。餘綸。新綸。十廠俱成於民國十七年。德盛。恆記。福成。泰豐。鼎昌。泰和。愼永。裕久記。瑞昌。鎰豐。興記。三新。泰記。天成。緯成。豐德。大裕。裕豐。錦泰。義生第二。民豐模範製絲廠。十六廠俱成立於本年。

四、資本額　裕昌絲廠資本額規元四萬兩。乾甡絲廠資本額規元十萬兩。源康絲廠資本額六萬元。振藝協記絲廠資本額規元五萬兩。振藝誠記絲廠資本額十萬兩。錦記廠資本額五萬元。乾豐廠資本額四萬兩。愼昌廠資本額三萬兩。餘盛廠資本額三萬兩。瑞昌廠資本額五萬元。泰孚廠資本額三萬兩。義豐廠資本額五萬元。元豐廠資本額三萬兩。振豐廠資本額四萬元。澄豐廠資本額五萬兩。永泰廠資本額七萬五千元。乾豐第二廠資本額四萬兩。覺成廠資

圖表十六：此處原爲《無錫各染織廠出品之數量價格比較表》，見書後。

圖表十七：此處原爲《無錫各染織廠男女工資比較表》，見書後。

本額三萬兩。永孚潤廠資本額六萬元。瑞孚廠實業營業資本額共四萬餘兩。義生廠資本額六萬元。源益廠資本額三萬元。永泰豐廠資本額三萬元。萬益廠資本額三萬元。瑞豐廠資本額四萬五千兩。鎭綸公記廠資本額規元五萬兩。盛裕廠資本額四萬元。餘綸廠資本額三萬兩。新綸廠資本額四萬五千兩。德盛恆記廠資本額三萬兩。福成廠資本額三萬兩。泰豐廠資本額三萬兩。鼎昌廠資本額三萬兩。泰和愼廠資本額三萬元。永裕久記廠資本額四萬兩。瑞昌廠資本額五萬兩。鎰豐興記廠資本額二萬元。三新泰記廠資本額四萬元。天成廠資本額三萬兩。緯成豐廠資本額二萬兩。德大裕廠資本額五萬兩。義生第二廠資本額銀四萬元。民豐模範製絲廠資本十萬元。錦泰廠資本二萬五千兩。裕豐廠資本額五萬元。

五、負責人　裕昌廠主周肇甫。乾甡廠經理程炳若。源康廠經理何夢蓮。振藝協記廠經理許受益。振藝誠記廠經理鍾志彝。錦記廠經理薛壽萱。乾豐第一第二廠經理單有先。愼昌廠鼎昌廠經理張湛華錢鳳高。餘盛廠餘綸廠經理王佑蓀。瑞昌廠經理鄭子卿。泰孚廠經理王頌魯。義豐廠經理陳彤黼。元豐廠經理黃卓儒。振豐廠泰豐廠經理張子振。澄豐廠經理吳汀鷺。繆少卿。永泰廠經理薛潤培。覺成廠經理曹有聲。永孚潤廠經理殷樂森。瑞孚廠經理王頌魯。義生第一第二廠經理安鹿苹。源益廠經理華調甫。永泰豐廠經理吳世榮。萬益廠經理季雲初。瑞豐廠經理王卷藏。鎭綸公記廠經理陸頌詒。盛裕廠經理張叔平。新綸廠經理范權輿。德盛恆記廠經理惠烈臣。福成廠緯成廠經理曹少臣。泰和愼廠經理陶緝敬。永裕久記經理朱竹賢。瑞昌廠經理鄭炳泉。鎰豐興記廠經理徐遂初。三新泰記廠經理祝筱亭。天成廠經理張韻清。德大裕廠經理史馨生。民豐模範廠經理朱靜菴。錦泰廠經理徐朗聲。裕豐廠經理張趾卿。

六、機械及原動力　各絲廠所用引擎馬力大致極小。惟因養熱水關係。用煤亦多。絲車除泰豐民豐二廠用日本式。振藝誠記廠永泰廠參用日意二式外。餘均用意大利式。計裕昌廠引擎馬力二十四匹。平均每日用煤八噸。絲車三百卅部。乾甡廠引擎馬力十六匹。平均每日用煤十八噸。絲車五百五十六部。源康廠引擎馬力十六匹。平均每日用煤九噸。絲車三百二十部。振藝協記引擎馬力十四匹。平均每日用煤八噸。絲車二百五十六部。振藝誠記廠引擎馬力二十八匹。平均每日用煤十六噸。又馬達二座馬力二十四匹。絲車意大利式五百二十部。又日本式四十四部。錦記廠引擎馬力十五匹。平均每日用煤十一噸。又馬達四座馬力二十匹。絲車四百十部。乾豐廠引擎馬力八匹。平均每日用煤五噸半。絲車二百五十六部。愼昌廠引擎馬力十八匹。平均每日用煤七噸。又馬達一座馬力二十四匹。絲車二百七十二部。餘盛廠引擎馬力八匹。平均每日用煤七噸。絲車二百三十二部。瑞昌廠引擎馬力八匹。平均每日用煤六噸。又馬達一座。馬力十二匹。絲車二百七十六部。泰孚廠引擎馬力十四匹。平均每日用煤八噸。絲車三百八十四部。義豐廠引擎馬力十二匹。平均每日用煤八噸。絲車二百四十部。元豐廠引擎馬力十六匹。平均每日用煤九噸。絲車三百五十二部。振豐廠引擎馬力十二匹。平均每日用煤八噸。絲車二百五十六部。澄豐廠引擎馬力四匹。平均每日用煤八噸。又馬達一座。馬力四匹。絲車三百二十八部。永泰廠引擎馬力十四匹。平均每日用煤十一噸。又馬達一座。馬力十五匹。絲車意大利式三百十二部。日本式九十六部。乾豐第二廠引擎馬力十匹。平均每日用煤六噸。絲車二百七十二部。竟成廠引擎馬力十六匹。平均每日用煤七噸。絲車二百六十二部。永孚潤廠引擎馬力十六匹。平均每日用煤六噸半。絲車二百五十六部。瑞記廠引擎馬力十匹。均每日用煤三噸。絲車一百二十部。義生廠引擎馬力八匹。平均每日用煤八噸。又馬達一座。馬力十二匹。絲車二百六十四部。源益廠引擎馬力十匹。平均每日用煤七噸。又馬達一座。馬力十匹。絲車二百四十四部。永泰豐廠與萬益廠合用引擎二副。其馬力一副為十六匹。又一副為六匹。平均每日用煤十噸。絲車永泰豐與萬益各二百四十八部。瑞豐廠引擎馬力十匹。平均每日用煤六噸。絲車二百四十部。鑛綸公記廠引擎馬力三十匹。平均每日用煤七噸。絲車三百零四部。盛裕廠引擎馬力十五匹。平均每日用煤七噸。絲車二百六十四部。餘綸廠引擎馬力十二匹。平均每日用煤五噸。絲車二百零八部。新綸廠引擎馬力八匹。平均每日用煤五噸半。絲車一百十二部。德盛恆記廠引擎馬力十六匹。平均每日用煤八噸。又馬達一座。馬力八匹。絲車三百十二部。福成引擎馬達十二匹。平均每日用煤六噸。絲車二百五十六部。泰豐廠引擎馬力十二匹。平均每日用煤四噸。絲車一百六十部。鼎昌廠引擎馬力三十二匹。平均每日用煤六噸。絲車二百五十六部。泰和慎廠引擎馬力十匹。平均每日用煤七噸。絲車二百四十八部。永裕久記廠引擎馬力二十四匹。平均每日用煤五噸。絲車二百四十部。瑞昌廠引擎馬力十二匹。平均每日用煤七噸。又馬達一座。馬力十二匹。絲車三百二十部。鎰豐興記廠引擎馬力二十四匹。平均每日用煤四噸。絲車一百四十四部。三新泰記廠引擎馬力十二匹。平均每日用煤七噸。絲車二百六十四部。天成廠引擎馬力十四匹。平均每日用煤六噸半。絲車二百四十部。緯成豐廠引擎馬力八匹。平均每日用煤五噸。絲車一百六十部。德大裕廠引擎馬力八匹。平均每日用煤十五噸。絲車四百八十部。義生第二廠引擎馬力十匹。平均每日用煤六噸。絲車二百零八部。民豐模範製絲廠引擎馬力十八匹。平均每日用煤四噸。絲車二百八十八部。重繅車一百三十六部。錦泰廠引擎馬力十六匹。平均每日用煤七噸。絲車二百八十八部。裕豐廠引擎馬力十二匹。平均每日用煤六噸。絲車二百七十二部。

七、原料及出品　裕昌廠每年須用乾繭三千擔。產絲約五百擔。乾甡廠每年須用乾繭五千擔。產絲約千擔。源康廠每年須用乾繭三千五百擔。產絲約六百擔。振藝協記廠每年須用乾繭三千擔。產絲約五百擔。振藝誠記廠每年須用乾繭六千擔。產絲約千擔。錦記廠每年須用乾繭四千擔。產絲約六百五十擔。乾豐廠每年須用乾繭二千擔。產絲約四百擔。慎昌廠每年須用乾繭三千擔。產絲約四百六十擔。餘盛廠每年須用乾繭三千担。產絲約四百擔。瑞昌廠每年須用乾繭三千担。產絲五百担。泰孚廠每年須用乾繭三千担。產絲約五百担。義豐廠每年須用乾繭三千担。產絲約五百擔。元豐廠每年須用乾繭三千担。產絲六百担。振豐廠每年須用乾繭二千四百担。產絲五百担。澄豐廠每年須用乾繭四千担。產絲六百餘担。永泰廠每須年用乾繭三千擔。產絲約六百担。乾豐第二廠每年須用乾繭二千担。產絲約四百担。覺成須每年須用乾繭二千五百擔。產絲約四百担。永孚潤廠每年須用乾繭三千担。產絲五百担。瑞孚廠每年須用乾繭一千二百擔。產絲一百八十餘担。義生廠每年須用乾繭三千五百擔。產絲約五百餘擔。源盛廠每年須用乾繭二千三百担。產絲三百五十担。永泰豐廠每年須用乾繭三千担。產絲約四百四十担。萬益廠每年須用乾繭三千担。產絲約四百四十担。瑞豐廠每年須用乾繭三千担。產絲約四百餘擔。鎮綸公記廠每年須用乾繭三千五百擔。產絲約五百五十担。盛裕廠每年須用乾繭三千担。產絲四百餘擔。餘綸廠每年須用乾繭二千擔。產絲三百餘担。新綸廠每年須用乾繭二千担。產絲三百餘担。德盛恆記廠每年須用乾繭四千担。產絲約六百担。福成廠每年須用乾繭二千二百担。產絲約四百擔。泰豐廠每年須用乾繭一千四百擔。產絲二百餘担。鼎昌廠每年須用乾繭三千擔。產絲四百五十担。泰和慎廠每年須用乾繭二千擔。產絲三百六十擔。永裕久記廠每年須用乾繭三千擔。產絲五百担。瑞昌廠每年須用乾繭三千六百担。產絲六百餘擔。鑫興記廠每年須用乾繭一千五百担。產絲二百三十担。三新泰記廠每年須用乾繭二千餘擔。產絲四百餘担。天成絲廠每年須用乾繭二千担。產絲三百五十担。緯成豐廠每年須用乾繭一千六百擔。產絲二百五十擔。德大裕廠每年須用乾繭三千七百擔。產絲約六百擔。義生第二廠每年須用乾繭二千一百擔。產絲三百五十擔。民豐模範廠每年須用乾繭三千一百擔。產絲五百五十擔。錦泰每年須用乾繭三千三百擔。產絲四百四十擔。裕豐廠每年須用乾繭三千擔。產絲約五百擔。綜計各廠每年須用乾繭數在一百三十萬擔以上。本邑所產者佔三分之一。餘均採自宜興溧陽各地。產絲約二萬一千餘擔。以絲每擔值銀千兩計。當值銀二千一百餘萬兩。關係於國計民生者。實至鉅也。

八、出品商標　裕昌慎昌鼎昌三廠爲ｃｇｃ。錫山。二泉。松柏。乾甡廠爲三跳舞。福綸老人。乾甡源康廠爲甡鹿。七星。振藝協記誠記二廠爲雙鷹花船。錦記永泰二廠爲金雙鹿。月兔。乾豐第一。第二廠爲楓樹翠鳥。餘盛廠爲龍馬。戰勝。瑞昌廠爲斑鳥。公園。爲雙鷹。泰孚廠爲金杯。日魚。金馬。義豐及義生第一第二三廠均爲進行。古錢。元豐廠爲球。三羊。振豐廠爲進行。澄豐廠爲跑馬。天福端成廠爲旭日東升。永孚潤廠爲飛泉。龍國花。瑞孚廠爲海豹。源益廠爲雙喜。鵲山羊。長虹。永泰豐廠爲跑狗。忠孝。萬益廠爲月鶴。紅鶴。瑞豐廠爲海象。麒麟。河馬。鎮綸公記廠爲大上海。福神。陸園。盛裕廠爲蘆雁。天鵝。餘綸廠爲餘綸。雙象。龍馬。戰勝。新綸廠爲金牛。銀牛。紅牛。德盛恆記廠爲龍馬。福成廠爲一团。泰豐爲蜂雀。泰和慎廠爲九鼎。永裕久記廠爲童鶴。童麟。鼠牛。瑞昌廠爲斑馬。公園。鎰豐興記廠爲荷鳥。三新泰記廠爲雙橋。電聲。五燕。天成廠爲郵務。緯成豐廠爲一男二男。德大裕廠爲谷穗。星花。民豐模範廠爲新世界。五蝠。錦泰廠爲八駿。金桑樹。飛鷹。裕豐廠爲七星。水仙花。

九、運銷情形　各廠所產絲經。大都運上海各洋行。轉運歐美。以偌大產品而不能直接在歐美各市場佔一地位。殊可惜也。

十、職工人數　各繅絲廠職工人數。統計職員共有男子一千六百餘人。女子二十餘人。工人共有男子八餘萬人。女子二萬二千八百餘人。童子六千一百餘人。惟機爐工人各絲廠或以併入男職員人數中。或以併入男工人數中。童工數間亦有併入女工人數中者。至各廠職員人數細數。目可依各該廠範圍大小絲車多少而推測。恕不詳列。

十一、職工待遇　繅絲廠中工人大部係爲婦女。女工工資曾經各絲廠協定。故女工工資最高額大致相同。計每日六角六分者一廠。在六角二三四分之間者二十九廠。日計六角者一廠。日計五角九分者二廠。日計五角七分者十一廠。日計五角六分者一廠。最低額或四角或三角。其最低額爲二角者。僅泰豐一廠耳。童工資最高額大都爲三角六分。間有高至四角餘者。最低額或三角或二角五分。男工資除機工外。最高額俱在九元至十四元間。最低額俱在五元至八元間。其最低額爲三元者。僅一廠耳。職員薪給最高額自二百元至三四十元不等。最低額自三四元至八九元不等。不復詳述。膳食職員及男工俱由廠方供給。女工除民豐模範廠每日由廠給膳貼七分外。餘均自備。獎勵除福成廠稱零有特派獎金外。餘均不論。職工每月工作完全無缺者升薪四工。紅利爲職員及男工所獨得。泰孚廠規定爲一成半。瑞豐廠規定職員十三成之一。男工二六成之一。餘綸廠規定十三成之一。泰豐廠規定十二分之一。永裕久記廠瑞昌廠均二成。義生第二廠規定一成半。民豐模範廠規定十三成之三。餘均無規定。又据益裕廠稱職員薪金之外。另有蠶蛾一項按月加給原薪三四成。半廠司加裕原薪之三成。此外每年另加雙薪二月。蠶蛾各廠中俱有之。想此項當必為各廠所同也。教育及娛樂組織除捐資由總工會設立醫院學校。為各廠所同外。除乾甡廠錦記廠乾豐一二廠瑞昌廠豐盛與記廠裕豐廠。俱設有俱樂部。振藝廠設有培工小學校民豐模範廠每月由廠演影戲三四次並設備有籃球及檯球等。

十二、實業戶名及全廠機械廠屋總值　裕昌廠機械廠屋總值七萬兩。萬甡乾機械廠屋總值二十萬兩。源康廠機械廠屋總值六萬五千兩。振藝協記誠記兩廠俱向振藝地產公司租賃營業。協記機械廠屋總值七萬兩。誠記十四萬兩。錦記廠實業屬辞務本堂。機械及房屋總值十二萬兩。乾豐廠機械及廠屋總值六萬兩。愼昌廠機械及廠屋總值八萬兩。餘盛廠機械及廠屋總值六萬兩。瑞昌廠實業戶名宏餘。機械值銀二萬七千兩。泰孚廠機械及廠屋總值七萬七千兩。義豐廠實業戶名永吉。機械值銀二萬五千兩。萬豐廠實業戶名振元。機械及廠屋總值九元兩。振豐廠實業戶名。永盛機械及廠屋總值八萬五千元。澄豐廠原名隆昌。機械及廠屋總值九萬兩。永泰廠向治興地產公司租賃營業。機械及廠屋總值八萬二千八百兩。乾豐第二廠機械及廠屋總值十萬兩。覺成廠機械及廠屋總值八萬兩。永孚潤廠原名泰和潤。機械及廠屋總值六萬五千兩。瑞孚廠實業戶名恆益。機械及廠屋總值六萬五千兩。義生廠實業戶名乾源。機械及廠屋租總值九萬七千兩。源益廠又名興盛。機械及廠屋總值五萬兩。永泰豐廠萬益廠合向萬源租賃營業。機械及廠屋總值十二萬兩。瑞豐廠實業戶名賡餘。機械及廠屋總值十萬兩。鎮綸公記廠屋向實業方面租賃加記營業者。機械及廠屋總值十萬兩。盛裕廠機械及廠屋總值七萬一千兩。餘綸廠機械及廠屋總值六萬兩。新綸廠機械及廠屋總值九萬兩。德盛恆記廠實業戶名永昌。機械及廠屋總值八萬二千兩。福成廠實業戶名寶豐。機械及廠屋總值十二萬兩。泰豐廠原名禾豐。機械及廠屋總值十萬兩鼎昌機械及廠屋總值十四萬五千兩。泰和愼實業戶名福潤。機械及廠屋總值八萬五千元。永裕久記廠機械及廠屋總值八萬五千兩。瑞昌廠係由鼎盛廠所讓渡。機械及廠屋總值十二萬兩。鎰豐與記廠機械及廠屋總值二萬四千兩。三新泰記廠實業戶名福成。機械及廠屋總值六萬兩。天成廠實業戶名潤德。機械及廠屋總值六萬兩。緯成豐廠機械及廠屋總值三萬兩。德大裕廠實業戶名錦豐。機械廠屋總植十萬兩。義生第二廠實業戶名裕生。機械及廠屋總值四萬五千兩。民豐縝綸之廠房屋機械。均歸天同產業公司置備。機械及廠屋總值十七萬兩。錦泰廠向泰昌地產公司租賃營業。機械及廠屋總值九萬兩。裕豐廠實業戶名宏緒。機械值銀二萬七千兩。

十三、困難問題　綜合各廠所稱述。可彙集爲數點。

甲、原料方面．農民安於習慣。老桑不忍更換。飼育墨守舊章。悉任天時氣候之轉移。爲產量豐歉之標準。原料不能改良。此各工廠所感受困難者一也。

乙、出品方面　1.捐稅綦重。每絲一担須負担捐稅銀一百元之多。2.工人皆沾染歐化。對於工作時間則力主減少。對於所得工資。則要求增加。權義不等。心力不專。且各工人大概缺乏教育。對於工作方面指導改進。益覺困難。捐稅綦重。工人缺乏責任心及教育程度低下。此各工廠所感受困難者二也。

丙、運銷方面　生絲爲我國出口貨品之大宗。但我國運輸設備未週。必須經由各洋行轉運。層層剝削。而絲市漲落。權又操之於外商。營業不能自由。此各工廠所感受困難者三也。

此外據覓成絲廠稱。日人收買我國廠絲。改換牌子。推銷紐約。以致華絲銷路日疲。不識果有其事否。實亦大可注意也。至若新綸廠稱受地痞騷擾。此在鄉間之工廠。固不免或有之。但竊意此關係於地方治安。其關係尚小。其處理方法。當亦尚不難也。

十四、結論

甲、關於原料者　1.切實指導農民改良蠶桑。2.監督商辦營業製種機關。不得混售劣種。

乙、關於出品者　1.限制童工年齡。2.提倡工人教育。改進工人能力。

丙、關於運銷者　1.厘治內政。擴張國威。俾商民得有所庇護。2.勸導工廠改良出品。並在出口地點。設立檢驗機關。藉免劣貨混售。而便與外貨競爭。

以上所列。一律根據調查所得。確當與否。非所知也。

無錫繅絲廠一覽表　十八年十月製

廠名	性質	資本	廠長或經理	成立年月	廠址
裕昌繅絲廠	公司	五六、〇〇〇元	周肇甫	遜清光緒三十年	南門外周新鎮
乾甡絲廠	公司	一四〇、〇〇〇元	程炳若	遜清宣統元年	工運橋堍

源康絲廠	合夥	六〇、〇〇〇元	何夢蓮	仝　上	黄埠墩
振藝協記絲廠	公司	七〇、〇〇〇元	許受益	遜清宣統二年	南門清名橋
振藝誠記絲廠	公司	一四〇、〇〇〇元	鍾志彝	仝　上	仝　上
錦記絲廠	公司	五〇、〇〇〇元	薛壽萱	民國元年	西門外倉濱裏
乾豐繅絲廠	合夥	五六、〇〇〇元	單有先	民國八年	治坊場
愼昌絲廠	獨資	四二、〇〇〇元	張湛華 錢鳳高	民國九年	南門外金鈎橋
餘盛絲廠	獨資	四二、〇〇〇元	王佑孫	仝　上	南門外跨塘橋下塘
瑞昌絲廠	獨資	五〇、〇〇〇元	鄭子卿	民國十年	東門亭子橋
泰孚絲廠	合夥	四二、〇〇〇元	王頌魯	民國十二年	南門外塔塘下
義豐絲廠	公司	五〇、〇〇〇元	陳彤黼	民國十三年	東門亭子橋
元豐繅絲廠	合夥	四二、〇〇〇元	黃卓儒	民國十四年	南塘
振豐絲廠	合夥	四〇、〇〇〇元	張子振	民國十五年	東門外亭子橋
澄豐絲廠	公司	七〇、〇〇〇元	吳汀鷺 繆少卿	民國十五年	仝　上
永泰絲廠	公司	七五、〇〇〇元	薛潤培	仝　上	南門知足橋
乾豐第二繅絲廠	合夥	五六、〇〇〇元	單有先	仝　上	北新橋
竟成絲廠	公司	四二、〇〇〇元	曹有聲	民國十六年	惠工橋
永孚潤繅絲廠	公司	六〇、〇〇〇元	殷樂森	仝　上	東亭鎮
瑞孚絲廠	公司	二八、〇〇〇元	王頌魯	民國十七年	南門羊腰灣
義生絲廠	公司	六〇、〇〇〇元	安鹿苹	仝　上	惠商橋麗新路

源益絲廠	合夥	三〇、〇〇〇元	華調甫	仝上	廣勤路長豐橋
永泰豐繅絲廠	合夥	三〇、〇〇〇元	吳世榮	仝上	廣勤路梨花莊
萬益繅絲廠	合夥	三〇、〇〇〇元	季雲初	仝上	仝上
瑞豐絲廠	公司	六三、〇〇〇元	王卷藏	仝上	西門外迎龍橋
鎮綸公記絲廠	合夥	七〇、〇〇〇元	陸頌詒	仝上	開原鄉陡莊
盛裕絲廠	公司	四〇、〇〇〇元	張叔平	仝上	南橋鎮
餘綸繅絲廠	公司	四二、〇〇〇元	王佑蓀	仝上	南門外鐵樹橋
新綸絲廠	合夥	六三、〇〇〇元	范權輿	仝上	青城市玉祁鎮
德盛恆記絲廠	合夥	四二、〇〇〇元	惠烈臣	民國十八年	南門外張王廟
福成絲廠	合夥	四二、〇〇〇元	曹少臣	仝上	工運橋東首
泰豐絲廠	公司	四二、〇〇〇元	張子振	仝上	西門外龍船濱
鼎昌絲廠	獨資	四二、〇〇〇元	張湛華 錢鳳高	仝上	南門外通楊橋北堍
泰和愼繅絲廠	合夥	三〇、〇〇〇元	陶緝敬	仝上	東門外廟港橋
永裕久記繅絲廠	公司	五六、〇〇〇元	朱竹賢	仝上	羊腰灣
瑞昌繅絲廠	合夥	七〇、〇〇〇元	鄭炳泉	仝上	周山浜
鑫豐興記	合夥	二〇、〇〇〇元	徐遂初	仝上	光復門外
三新泰記繅絲廠	合夥	四〇、〇〇〇元	祝筱亭	仝上	惠工橋
天成絲廠	公司	四二、〇〇〇元	張韻清	仝上	北新橋
緯成豐絲廠	合夥	二八、〇〇〇元	曹少臣	仝上	洛社鎮

圖表十八：此處原爲《無錫各繅絲廠絲車數統計表》，見書後。

圖表十九：此處原爲《無錫各繅絲廠全年出品（絲）數統計表》，見書後。

圖表二十：此處原爲《無錫各繅絲廠全年出品總值統計表》，見書後。

德大裕絲廠	合夥	七〇、〇〇〇元	史馨生	仝上	周山浜
義生第二繅絲廠	合夥	四〇、〇〇〇元	安鹿平	同上	商門外羊灣腰
民豐模範製絲工廠	合夥	一〇〇、〇〇〇元	朱靜菴	仝上	南門外窰莊浜
錦泰絲廠	公司	三五、〇〇〇元	徐明聲	仝上	南門外跨塘橋
裕豐絲廠	公司	五〇、〇〇〇元	張趾卿	仝上	東門外亭子橋

四　織綢廠

無錫織綢廠祇一家。開設於民國十七年七月。廠名爲『無錫織綢廠』。資本額一萬元。廠址在西門外棉華巷。職員四人。工人五十五人。原料用梅村香山絲（非廠絲）每年約三十六担。出品爲跌機洋縐及錦地縐。以月華爲商標。每年出數鐵機縐六百匹。錦地縐一百二十匹。價值約共二萬六千餘元。大都銷售於本地。廠內現有捲絲電機一部。人力鐵機十部。又二匹馬力之馬達一座。工人工資以件計。大約每織一尺。工資六分。該業營業近來差可維持。因出品不多。故亦無甚出入。此其大概也。

五　織襪廠

無錫織襪廠一覽表　十八年十二月製

廠名	性質	廠址	經理	資本	襪機	商標	成立年月
永吉利襪廠	獨資	東大街二九號	金聿修	二千元	六十部	地球	民國元年
營業襪廠	合夥	西門城脚二九號	徐雲階	七千元	一百三十部	葫蘆	民國二年
新華襪廠	合夥	財神弄內	秦伯青	二千元	一百部	馬球　劉海	民國四年
人餘襪廠	公司	開原鄉沿冰池頭	乾竹屏	五萬元	三百部	三羊　金雞　鳳美　立狗	民國五年
中華襪廠	獨資	西門棚下顯應橋	戈子祺	八千元	九十部	魚日花籃國恥	民國八年

廣連襪廠	獨資	城內大成巷一四號	陶季芳	二千元	七十部	雙龍	民國八年
義成襪廠	合夥	東門外東亭橋	周厚培	一千五百元	二十四部	星牌	民國十年
錫滬襪廠	獨資	周思弄	孟　佐	二千元	六十部	和合	民國十年
保新永襪廠	合夥	通匯橋堍	孟　佐	二千元	八十四部	寶鼎牌	民國十二年
德興襪廠	獨資	外黃泥橋堍	費菊生	三千元	十二部	五子	民國十三年
大有恆襪廠	獨資	西門西鼓樓巷底	吳桀之	一千元	二十部	恆字牌	民國十三年
永興襪廠	合夥	西鄉楊樹下	季長桀	一千五百元	二十四部	禾	民國十五年
申興襪廠	合夥	西鄉張舍裏	杭錫淇	一千五百元	二十四部	獅	民國十五年
興華襪廠	合夥	西鄉張舍裏	楊繼興	二千元	四十八部	蓮	民國十五年
明記襪廠	合夥	駐總橋九號	陳仲銘	一千五百元	二十五部	三兔	民國十五年
豫泰襪廠	公司	梨花莊	胡鏡若	五萬元	電襪機八部、到綫機二部、手搖機五百部、路紋機二部、縫頭機四部、打線機一部	年年如意	民國十五年
豫泰分廠	合夥	天上市堰橋西高里	胡福生	三千元	二百部	如意	民國十五年
南橋襪廠	公司	布巷街十二號	金儀臣	三千元	一百部	雙喜	民國十五年
履成襪廠	獨資	南門虹橋魚腥巷	張守仁	二千元	六十部	大炮牌	民國十五年
中南襪廠	獨資	西門外棚下	曹國鈞	七百元	二十四部	三猫	民國十五年
久益襪廠	合夥	胡棣（富安鄉）	葉全生	七千元	一百三十二部	三魚	民國十六年
福興襪廠	合夥	西門外城脚	吳愷堂	四千元	六十部	紅嘴　鷹鐘	民國十六年
豫成襪廠	合夥	天上市胡家渡中街	胡福生	一千五百元	一百部	如意	民國十六年

圖表二二：此處原爲《無錫各襪廠工人數及年出襪數統計表》，見書後。

圖表二二：此處原爲《無錫繅絲工人男女童工人數比較圖》，見書後。

中華分廠	獨資	天上市堰橋東街	朱駿生	三千元	二百二十部	魚日	民國十六年
福綸機廠	獨資	西門外城脚	朱福明	二千元	八十部	大喜	民國十六年
裕豐機廠	獨資	沈果巷二八號	倪肇安	一千元	二十部	鳳凰	民國十六年
家庭機廠	獨資	周思巷	劉恭亮	一千元	機機二十四部、電機四部	仙桃 壽綠	民國十六年
新興機廠	合夥	徒門裏	王銀寶	一千八百元	三十部	球	民國十七年
瑞記機廠	合夥	西門外壩橋下	胡祖蔭	三千元	八十部	雙魚	民國十七年
緯綸機廠	合夥	天上市堰橋東街	胡伯岐	一千元	四十部	雙舞	民國十七年
勝利機廠	合夥	天上市堰橋西河沿	吳葵初	一千五百元	五十部	漁翁得利	民國十七年
興業機廠	獨資	江陰巷三七鏂	路仁章	二千元	六十部	火車	民國十七年
福綸機廠	獨資	天上市堰橋東街河商村	過晉華	一千二百元	七十部	大吉	民國十七年
公盛機廠	合夥	富安鄉胡棣	葉全生	八百元	十二部	未定	民國十八年
大興機廠	合夥	徒門裏	王銀寶	一千元	十八部	未定	民國十八年
營美機廠		東門延壽師殿東	王三藝	一千五百元	二十五部	花	民國十八年
三友機廠	獨資	周四弄一九號	劉慕亮	五千元	電機機四部機頭機二部路紋機三部到線機一部	仙桃	民國十八年

機械工業

一　機器翻砂廠

無錫製造機器工廠共有六十六家。以類別言之。可分機器廠。翻砂廠。機廠。五金工廠。電鍍抛銅廠五種。其創設最早者。自民國元年起。有太平巷口。潤鑫機器翻砂廠。及復源機器廠二家。其後逐年開設。先後不一。惟大多資本薄弱。設備簡單。僅公益無錫工藝合衆震旦等五廠。資本約在二萬元以上。設備亦較爲完備。各廠機器原動力大多用馬達。用引擎者僅十二之一二。各廠出售馬力每匹自六十元至一百元亦不一律。全年出品合計約值銀六十二萬二千三百元。總計工人有一千一百餘人。組有工會。廠主方面亦有協會組織。惟廠主而兼工人者居其多數。茲再依種類分述於下。

一、機器廠共計五十四家。獨資營業者不及十之一二。合夥者居十之八九。資本額均在三五千元左右。出品以吸水機。碾米機。繅絲車等爲大宗。吸水機一種全年銷數在三百部以上。此項工廠資本總額約十九萬二千五百四十元。全年出品約值四十二萬四千八百八十元。

二、翻砂廠本邑共十一家。範圍較機器廠爲小。其出品以翻做各種毛配機件爲主體。資本總計二萬四千四百元。全年營業總額在十八萬一千八百元左右。

三、機機廠僅三家。廠址在光復門露華弄一帶。專造織機機器。設備簡單。資本僅二千二百元。全年營業亦不過大。出品共值七千五百元左右。

四、五金工廠二家。專造邦浦燈油杯及零星銅件等。資本約計四千元。而全年出品僅八千一百元。

五、電鍍拋銅廠全邑二家。廠設於光復門露華弄內。專以代客拋鍍爲營業。資本極薄。全年營業極難統計。

縱觀各廠範圍狹小。設備簡陋。工作場所亦即飲食起居之所。塵灰滿室。臭氣觸鼻。仍不脫手工業時代之窠臼。殊難以工業革命後之工廠目之也。

無錫銅鐵機器翻砂廠一覽表 十八年十一月製

廠名	性質	地址	經理或廠長	資本	成立年月	備註
潤鑫機器廠	獨資	漢昌路	胡珊海	三千元	民國元年	機器
復源機器廠	獨資	光復門	陳錦甫	六千元	民國二年	機器
恆豐協記機器翻砂廠	公司	前太平巷	孫鐘鳴	四千元	民國十三年	機器翻砂
馮順錩機器翻砂廠	獨資	東新路南倉口	馮貴生	三千元	民國八年	仝上
工藝機器廠	合夥	東門外亭子橋	薛壽萱 陳子寬	二萬元	民國八年	機器
陳瑞昌機器廠	獨資	廣勤路錦豐路	陳金奎、	七百元	民國八年	仝上

協興機器翻砂廠	公司	前太平巷	孫虎臣	五千元	民國八年	機器拋砂
顧聚興機器廠	獨資	光復門外城脚	顧增祥	一千元	民國八年	機器
成泰機器廠	獨資	通惠路	張成德	一萬元	民國十八年	仝上
沈興記機器工廠	獨資	通惠路	沈阿根	一萬元	民國八年	仝上
謝順興機器廠	獨資	光復門外	謝根和	一千二百元	民國八年	仝上
蕭熾昌鍋爐廠	獨資	光復路口	蕭雲祥	八百元	民國十年	鍋爐
雲龍機器廠	獨資	光復門新民橋	王阿根	一千元	民國十年	麪機
永興機器廠	獨資	前太平巷	謝仲璋	五千元	民國七年	機器
榮昌銅鐵機器廠	獨資	露華弄	邱榮湖	八百元	民國十一年	仝上
陳金記機器廠	獨資	惠農橋北首	陳阿金	二千元	民國十一年	仝上
俞寶昌機器廠	獨資	廣勤第二支路	俞寶蘭	五千元	民國十六年	機器
瑞昌機器廠	合夥	光復門外	范錫章 徐榮昌	二千五百元	民國十六年	機器
萬昌機器廠	合夥	通惠路	胡金林	一千四百四十元	民國十六年	機器
達鑫機器廠	合夥	廣勤第一支路	過仲清	一千四百元	民國十六年	機器
協昌機器廠	獨資	通惠路	薛順南	四千元	民國十七年	機器
新公記翻砂廠	合夥	通惠路	周叙根	二千元	民國十七年	翻砂
震旦機器廠	獨資	工運橋北	薛震祥	二萬元	民國十七年	機器
周鴻鑫機器廠	合夥	東新路	周玉泉	六百元	民國十七年	修理機器
廣勤鐵工製造廠	公司	華盛弄	江玉山	一萬元	民國十七年	機器

久興協記鐵機廠	公司	惠農橋東境北首	張耀祖 徐士根	一千五百元	民國十七年	機器
華錫鐵工廠	合夥	惠農橋東首	徐順金	四千五百元	民國十八年	機器
華豐機器工廠	獨資	光復門東城脚	陳錫卿	一千五百元	民國十八年	機器
晉豐機器廠	合夥	東新路南倉口	奚寶棨	一千三百元	民國十八年	機器
祥興機器翻砂廠	獨資	東新路	朱壽根	四千元	民國十八年	機器翻砂
立茂鑫記機器廠	合夥	後陳白巷	吳浩昌	二千元	民國十八年	機器
合衆鐵廠	公司	光復門北首	談家駿 陶志良 袁孟直	九千元	民國十八年	機器
莊興記機器翻砂廠	獨資	廣勤路錦豐路	莊沈茂	二千五百元	民國十一年	機器翻砂
熾大機器翻砂廠	獨資	光復門外	顧雲倬	一千五百元	民國六年	機器
邵公發銅鐵機器廠	獨資	光復門外城脚	邵公生	一千二百元	民國十三年	機器
戴惠源鐵工廠	獨資	通惠路	戴金芳	一千元	民國十三年	機器
合興機廠	獨資	光復門外	陳逸珊	七百元	民國四年	機器
張茂昌機器廠	獨資	光復門外	張茂生	四百元	民國四年	機器
高鎔興機器廠	獨資	光復門外	高錫棨	五百元	民國十五年	機器
黃永昌鐵廠	獨資	公園路	黃永芳	一千五百元	民國十五年	鍋爐水管
無錫鐵工廠	公司	學前街	吳培麟 毛祖鈞	二萬五千元	民國十五年	機器
普明機器廠	獨資	通惠路	倪明岐	四千五百元	民國十五年	機器
發興機器廠	合夥	通惠路	李富明	五千元	民國十五年	機器
陸恆興機器廠	獨資	通惠路	陸叙根	二千元	民國十五年	機器

實業鐵工廠	合夥	前太平巷	方友鶴	五千元	民國十五年	機器
瑞源鐵機廠	獨資	通惠路	沈榮錦	一千五百元	民國十五年	機器
成昌機器廠	獨資	通惠路	辛洪生	六百元	民國十五年	機器
怡生工廠	獨資	通惠路	楊怡生	八百元	民國十五年	修理機件
華興機器廠	獨資	通惠路	謝霖發	三千五百元	民國十六年	機器
裕興機器廠	獨資	光復門外	劉和生	一千二百元	民國十一年	機器
源泰機器廠	獨資	光復門外	朱榮根	六百元	民國十五年	襪機
錦新襪機廠	獨資	光復門外	孫耀華	四百元	民國十七年	襪機
王鑫昌翻砂廠	獨資	光復門外東城脚	王增泉	九百元	民國十二年	翻砂
永興翻砂廠	合夥	光復門外東城脚	謝仲璋	二千元	民國十二年	翻砂
竟成翻砂廠	獨資	光復門東城脚	周德奎	一千四百元	民國十七年	翻砂
廣勤翻砂廠	合夥	華盛頓路	范九根	二千元	民國十七年	翻砂
鑫萬昌翻砂廠	獨資	通勤路	許錫坤	三百元	民國十七年	翻砂
三新翻砂廠	公司	惠農橋	曹聽泉	八百元	民國十八年	翻砂
同興翻砂廠	合夥	廣勤第二支路	桑志桂	五千元	民國十八年	翻砂
永興翻銅廠	獨資	通惠路	陸憲章	一千二百元	民國十五年	翻銅
章大昌五金工廠	獨資	前太平巷	章建元	六百元	民國十七年	五金
上海永成五金工廠	獨資	廣勤路	董耀長	八百元	民國十七年	五金
順裕五金機器工場	合夥	後太平巷	陳寶興	一千四百元	民國十八年	五金

公協抛鋼廠	合夥	光復門外	張啓華	五百元	民國十六年	抛鋼
永泰電鍍廠	合夥	光復門外	張老四	一千五百元	尚未開幕	抛鋼
利農鐵工廠	公司	北栅口	鄒雙喜	二千五百元	民國十六年	機器

建築材料工業

一 磚瓦廠

嶸昌磚瓦廠為袁兆莆君獨資開設。成立於民國四年三月。廠址在周新鎮。出品為機製青紅磚瓦。每年出數計洋式磚瓦約三十萬塊。本地磚瓦約五十萬。又火磚約兩萬。行銷於上海一帶。出品總值僅八千元。贏利亦微。該廠有工人三十名。原料用本地黃白泥。有軋瓦機一具。

二 石灰廠

無錫第一石灰廠為薛明劍所創辦。成立於民國十七年一月。廠址西門外大常巷。資本一萬元。有職員五名。工人四十九名。該廠原料用嵩山青白石。每年出灰十二萬担。每担舊價自八角至一元。總值九萬六千元左右。運銷本邑及江陰常熟南通各處。現有舊式窰五座。聞正擬改用德國式機窰。力謀擴充也。

日用品工業

一 皂鹼廠

無錫皂鹼廠一覽表 十八年十一月製

廠名	地址	性質	資本	廠長或經理	成立年月	備註
豫昌肥皂廠	梨花莊	公司	二五、〇〇〇元	胡鑑若	民國八年	
隆昌肥皂廠	周山浜永安街	公司	二、〇〇〇元	章裕康	民國十五年三月	
太平洋肥皂第三廠	西門外小尖上	公司	一〇、〇〇〇元	祝有青	民國十六年九月	
福利復記肥皂廠	黃埠墩塘岸上	公司	五、〇〇〇元	王寶卿	民國十七年三月	

圖表二三：《無錫銅鐵機器翻砂廠最高工資及工作時間比較表》，見書後。

順昌肥皂廠	北柵口沿河十五號	公司	二、〇〇〇元	丁耀九	民國十七年三月
慎記造碱廠	周山濱永安街	公司	一、〇〇〇元	章裕康	民國十五年三月
泰記造碱廠	前太平巷	獨資	三、〇〇〇元	繆楚珊	民國十八年六月

二　製鎂廠

中國第一製鎂廠廠址在無錫惠商橋。經理陳栩園。於民國八年十月所成立。資本三萬元。另有公積金二千一百元。專事購進純碱苦滷。精製成炭酸鎂。每年須用純碱二千担。苦滷一萬二千担。每年出炭酸鎂一千五百担。商標無敵牌。年來日本炭酸鎂價步跌。而該廠因原料昂貴工價增高。成本浩大不能隨與競爭。故實際該廠出品。祇能供上海家庭工業社所自用。他處絕少購用者也。內部設備有鍋鑪水汀磨粉機抽水機等、共有馬達三座。馬力二十五匹。職員五名。工人男子十八名。女子八名。待遇職員每月最高三十元。最低十六元。工人男子每月最高二十四元。最低十三元。女子最高十元。最低六元。膳俱自備。

三　造紙廠

利用造紙廠廠址同製鎂廠。經理陳蓉軒。成立於民國十五年七月。資本二萬一千九百元。蒐集廢紙及竹料製造連史及毛邊。有厚薄二種。每日能出薄紙十萬張，或厚紙六萬張。品殊精良。惟因不用外國木漿。每令原料成本核至三元。加以煤火人工電力雜費及包裝運輸。每令成本需五元以上。而日本改良連史貶價競爭。每令售價只四元餘。致不勝其壓迫。兼以國人不加注意。政府未與提倡。今已停辦。尚擬改造厚紙。專供製牙粉袋之用。不識果能繼續開工否也。原有商標『利用』。職員五人。工人男子二十二名。女子六名。設備造紙機。切紙機。打漿機。抽水機等。俱其體而微。

四　石筆廠

進化石筆廠廠址在西門外五里街大德橋。經理宋聿祥。成立於遜清宣統元年。資本二千元。專事用本地產泥燒製石筆。有工人六名。土窰一具。已使用二十一年。每年出石筆約二百箱。每箱一百匣。裝筆百枝。售價為一角一分。出品總值約二千三百元。商標為大拇指。尚能暢銷。

印刷工業

無錫印刷所一覽表 十八年五月製

印刷局名稱	所在地	開辦年月	性質	印刷種類	機件	引力	主體人	經理人	工人數目	資本金額	營業數目	備考
錫成印刷公司	無錫書院弄	民國元年	公司	鉛石印	十二付	馬達	股東	吳襄卿	一百餘人	三萬元	十萬元	
五大印務局	漢昌路	民國十二年	獨資	鉛石印	十四付	仝上	錢振民	仝上	八十餘人	一萬五千元	二萬餘元	
中華印刷公司	交際路	民國六年	仝上	仝上	十二付	仝上	鳳錫良	仝上	七十餘人	一萬元	三萬元	
理工印刷局	倉橋下	民國五年	仝上	石印玻璃板	三付	人力	黃子俊	仝上	三人	一千元	一千餘元	
振新印刷局	公園路六號	民國十年	仝上	石印	三付	人力	林守銘	仝上	五人	五百元	一千元	
協成印刷局	盛巷口	民國十七年五月	公司	鉛石印	六付	人力	唐鳴鳳	仝上	二十七人	四千元	六千元	
游藝齋	盛巷橋下	前清宣統元年	獨資	鉛石印	四付	人力	楊氏	吳錦昌	七人	一千五百元	二千元	
文苑閣	推官牌樓下	前清光緒年間	私人	木印		人力	華兆雲	仝上	八人	一千元	二千元	
大文齋	寺後門南首	仝上	私人	鉛石印木	五付	人力	楊壽伯	仝上	十五人	一千五百元	二千元	
西園林	北塘街	民國十三年	私人	仝上	三付	人力	許伯棨	仝上	六人	五百元	一千元	
潘錦豐	江陰巷北塘街	前清同治年間	私人	仝上	五付	人力	陶文彬	仝上	十六人	二千元	三千元	
華東	光復路	民國十八年	公司	鉛石印	八付	馬達	華亞辰	仝上	三十餘人	一萬元		初辦
繆恆茂	新縣前	民國十七年	私人	石印	二付	人力	繆潤培	仝上	三人	三百元	五百元	
新文華	寺後門	十七年一月	私人	石印	二付	人力	杭賓	仝上	二人	五百元		

圖表二四：此處原爲《一、無錫各種工廠廠數統計圖》，見書後。

圖表二五：此處原爲《二、無錫各種工廠資本比較圖》，見書後。

圖表二六：此處原爲《三、無錫各種工廠資本分配圖》，見書後。

圖表二七：此處原爲《四、無錫各種工廠工人人數比較圖》，見書後。

圖表二八：此處原爲《五、無錫各種工廠最高最低工資圖》，見書後。

圖表二九：此處原爲《六、無錫各種工廠十八年營業狀況比較圖》，見書後。

圖表三十：此處原爲《七、無錫各種工廠歷年發展情形圖》，見書後。

圖表三一：此處原爲《八、無錫歷年增設工廠數統計圖》，見書後。

勞資爭議

無錫民國十八年勞資爭議一覽表

業別	糾紛原因	經過	調解者	結果
絲廠	絲廠職工聯合會與工整會改選發生糾紛絲廠工人自動罷工一日	由縣政府召集開會并奉建廳密令即諭知絲廠職工一律復工工會寄押三人暫行交保後由省方委員來錫調解	調解委員會	於五月二十七日一律復工
	德大裕絲廠工人被搗亂份子鼓動無故罷工	由縣政府令飭公安局將煽動工人之嫌疑犯解案迅辦一面集女委員及各組長調解並勸導	絲廠職工會	自願復工
	鑫豐絲廠工人要求二五工資從輕處罰	資方不允要求而勞方因此怠工經絲廠職工會調解息事	仝右	廠方擔認一工女工承認半工
	錦記絲廠苛待女工遂發生怠工	召集勞資雙方協議辦法七條(從略)遵守復業	仝右	履行議決辦法七條
成衣	勞方要求資方改善待遇并提出數項條件資方不肯完全承認	工整會於十一月十八日在會召集雙方代表討論良久資方僅承認日夜工各加一成其他概不接受復於十一月廿六七日由縣府召集勞資雙方到府開會議決協約由雙方簽字承認	縣政府工整會	工資每天日工加一成夜工加二成每月十五日停夜工一天工資照給
估衣	勞方要求改善待遇資方不允	五月廿二日縣黨部召集勞資雙方代表開會調解未有結果雙方各走極端於二十八日由縣政府召集調解委員會秉公處理並勞資雙方代表到會經委員會極力勸諭均肯服從當場成立協定條約十二條由各代表分別簽字承認	調解委員會	雙方履行協定條約十二條
鞋	義和祥帽鞋店主無故停歇工友勞方要求繼續工作資方不允	十二月七日下午二時召集勞資雙方開會調解	縣政府	由鞋業公所調解復業
布廠	勤工布廠於五月廿二三兩日罷工為已停業工人所唆使鼓動	勤工布廠于五月廿二日罷工該廠歇業工人陸有成被拘解公安局經兩度復工風潮後終于廿四日一律正式復工勞資調解委員會妥協辦理提出協定大綱七條討論結果遂根據大綱消弭一切糾紛	縣政府與勞資調解委員會	五月廿四日雙方諒解廠工一律於是日復工

類別	原因	經過	調解機關	結果
麵粉	茂新九豐泰隆各麵粉公司之工人因工資微薄及受人從中唆使挑動致起罷工	先經黨部召集勞資代表開會調解無效復經縣政府於七月三日函知各方召集勞資調解委員大會調處而勞方代表并不出席未果率因迭奉省方電催從速處置乃訓令工總會等限于六日晨一律復亦以延抗不果最後始商定于八日下午二時任縣府再開調解大會當經議決辦法九條雙方承認并于當日下午及翌晨各廠先後復工矣	縣黨部與縣政府	依照勞資協約九條雙方簽字泰隆廠于八日下午即行復工茂新九豐均于九日晨全體復工
車	車夫因車輛不敷常有三五人合拉一輛之苦衷要求車行添製車輛及減少租金未邀允許	車行與車夫間因勞資關係不明眞諦屢請縣府轉呈批明由此相持自十一月十九日起至十二月廿五日始奉工商部批明兩者係賃貸性質并無勞資關係所以車夫要求減租不成事實同時添製車輛亦以街道狹窄未便多添	縣政府	車夫要求多歸失敗（兩者實爲勞資關係）
柏燭	工資問題待遇問題雙方堅執致起糾紛	勞方對于加薪之爭執由來已久自民十五冬民十七冬十一月五日勞方苛求加薪并條例提出資方僅許爲修改在十八年一月八日訂立雙方待遇條例廿八條于十二月二日開調解委員會中提出討論并解決資方剋扣薪水一節當經議決協約廿五條新約既定雙方同意雖又有資方代表三人拒絕蓋章不遵新約情事然隨即消弭	縣政府與調解委員會	十二月二日簽定新條例廿五條勞資遵守

錫邑商業繁盛工廠林立勞資糾紛較他處爲甚一二年來份迭乘無有寧日茲集其爭點綜共因果特製此表以資關心工商業者參考焉

商業

無錫市商業調查表

一 米業

號名	號主經理姓名	職員人數	商品	地址	備註
隆茂	趙子新	三十人	雜糧	無錫北塘	
宏昌	季耀祖	五人	雜糧	無錫北塘	
廣盛	沈懋林	五人	仝上	仝上	
信茂	陳仲芳	十五人	仝上	仝上	
吳長春	吳邦俊	十人	仝上	仝上	
陳合茂	陳錫如	十人	仝上	仝上	
寶源	劉蘭溪	二十人	仝上	仝上	
趙正大	趙希正	五人	仝上	仝上	
豐森裕	張之彥	二十人	仝上	仝上	
兆豐	湯永良	五人	仝上	仝上	
信昌源	王子明	三十人	仝上	仝上	
立鑫	沈遠甫	十五人	仝上	仝上	
裕茂盛	劉燮卿	五人	仝上	仝上	
源茂昌	敖恩治	五人	仝上	仝上	
生茂義	徐叔衡	十人	仝上	仝上	
寶興昌	吳少卿	十人	仝上	仝上	
同泰	王祖培	十五人	仝上	仝上	
胡振泰	胡鳳笙	十人	仝上	仝上	
永大生	過仰爽	二十五人	仝上	仝上	
正源昌	黃少卿	十人	仝上	仝上	
大豐盛	許燮章	三十人	仝上	仝上	

隆昌	章寶銘	五人	雜糧	無錫北塘
正鑫昌	凌樸泉	十五人	仝上	仝上
恆義	鄺雲翔	二十五人	仝上	仝上
源裕亨	許耀楣	五人	仝上	仝上
永隆	馮竹舫	五人	雜糧	無錫北塘
謙裕	葛子謙	三人	仝上	仝上
泰昌祥	朱少蘭	十五人	仝上	仝上
寶豐	鄒少坪	三十人	仝上	仝上
義興祥	張超萬	三人	仝上	仝上
恆潤復行	許榮卿	十五人	糧食	北塘
恆源生仁記行	沈子才	十八人	糧食	又
仁大行	徐錦堂	五人	又	又
裕大生	蔡哲民	十五人	又	又
裕康潤	馬子仁	三人	又	又
永慎豐	華耀芹	二人	又	又
恆大昌	胡保訓	二十人	又	又
長豐昌	江菊亭		又	又
德成	錢頌均	十三人	又	小三里橋
恆大發	胡惠吉	十人	又	又
生大	許燮章	七人	又	又
勤餘	沈震初	七人	又	三里橋
源生	倪鎮千	十人	糧食	三里橋
隆大後記	張吏文	二十五人	又	又
寶大	潘慕周	十五人	又	又
長裕泰	强步山	二十五人	又	又
德大裕	許志和	二十人	又	又
久禾	吳耀庭	三十五人	又	又
永豐	陶念萱	十一人	又	又
永源生	朱少卿	二十二人	又	又
慎豐昌	葉叔宜	十七人		又
永大昌	張兆昌	六人		又
源昌	謝維翰	三十一人		又
永盛	馮子延	二十一人		又
協昌	黃啓祥	十一人		又
鑫記	陳鴻泉	十七人		又
甡泰昌	糜仲華	十七人	糧食	三里橋
福康	徐少卿	二人	又	又
宏昇	華子良	七人	又	又

福和祥	許文炳	二人	又	又	
益昌	楊翰庭	八人	又	又	
源餘	倪耀山	三人	又	又	
恆源	范鵬雲	二人	又	又	
義泰永	夏伯周	十七人	又	黃泥橋	
長泰	陶蔭甫	十二人	又	又	
恆興盛	顧建章	十人	又	又	
元大	陶子明	十七人	又	又	
福新盛	張潤身	十一人	又	又	
彙豐	高卒甫	十一人	又	又	
天豐	舒雋齋	十一人	又	又	
長源	股東代表朱瑞耘	十人	又	又	
協興恆	鮑曙初	十人	又	又	
瑞豐	股東代表孫景蘇	八人	又	又	
同德	龔範我	念五人	又	北柵口	分行惠農橋
張寶泰	張一中	念一人	仝上	又	仝上
王源盛	王定安	十一人	又	又	仝上
泖記	單念華	十三人	又	石灰場	仝上
德源	江佐虞	九人	又	惠農橋	

福新	張潤身	八人	又	又
鼎大	姚錫仁	十人	又	又
周叙元	周盛德	七人	又	北新橋
恆豐泰	朱惠芬	七人	又	又
長源	朱瑞雲	五人	又	又
源聚	于惠容	九人	又	惠農橋
協興恆	鮑聚初	五人	雜糧	北新橋
王源興	王樹淵	三人	仝上	石灰場
王裕生	王菊慶	三人	仝上	樹巷里
邱裕生	仲宣、叔祜、麟祥	五人	米麥荳	南上塘
大隆	黃浩卿	五人	仝上	南上塘
萬昌祥	黃煥珠	四人	仝上	仝上
裕豐協	倪子成	五人	仝上	仝上
新泰昌	浦新世	五人	仝上	仝上
湧泰昌	許燕庭	四人	仝上	仝上
公茂	糜耀廷	二人	仝上	仝上
聚昌	馮云忠	三人	仝上	仝上
廣添泰祥	虞志卿	七人	又	南門外黃泥埒
陳恆益	陳士錦	五人	又	又

許聚成	許景達	六人	又	又
元茂豐	胡賡堯	五人	糧食	又
瑞昌	張才初	四人	又	又
永源裕	陶耀庭	六人	又	又
張裕昌	張秀芳	六人	又	又
萬盛	陶耀文	七人	又	南門外南新路
同和治	張順昌	五人	又	南門外南橋鎮
昇泰治	王仲茂	六人	又	又
新昇泰	王仲謀	四人	又	南門外葛埭橋
新順泰	過念修	四人	又	南門外周新鎮
源昌仁	鮑叔彰	四人	糧食	南門外南橋鎮
聚昌愼	何建侯	四人	又	南門外周新鎮
聚昌餘	何建侯	四人	又	南門外南橋鎮
殷利昌	殷行素	六人	又	南門外伯瀆港
德康	陳德蕃	五人	又	南門外伯瀆港
朱長康	朱長康	五人	糧食	又
惠益昌	惠光杰	六人	米	又
李正泰	李補仁	六人	糧食	又
錫泰	姚錫皋	七人	米	又

振裕	龔仁和	七人	雜糧	又
恆泰	陳炳泉	六人	米	又
童萬泰	童毓麒	七人	糧食棉子	又
大有裕	劉大猷	六人	又	又
陳豐泰	陳錫洲	四人	米	又
源裕	朱鼇龍	三人	雜糧	又
元大裕	周叔良	八人	糧食棉子	又
李正豐	李寶善	三人	糧食	又
朱李泰	朱洪	五人	米	又
儉昌	殷尊陛	五人	雜糧	又
楊復泰	楊福溶	三人	米	南門外伯瀆港
振源昌	朱肇基	五人	雜糧	南門外清名橋沿河下塘
儉益	殷學達	五人	糧食	又
源盛興	殷錫卿	四人	米	又
溫慶泰	溫雋賢	十人	雜糧	西塘
三泰	楊仲滋	十人	又	又
鼎昌	李仲臣	七人	又	又
一大	楊竹雲	六人	又	又
嘉泰	陳紹森	九人	又	又

裕盛泰	顧雲山	四人	又	又
恆興	孫仲歧	七人	又	又
鼎盛	錢念莪	六人	又	又
恆順豐	錢念莪	六人	又	又
恆豐祥	徐嘉祥	七人	又	又
德義盛	糜叔嘉	八人	雜糧	西塘
謝元豐	謝仲濤	三人	又	又
恆大鴻	朱鴻翔	三人	又	又

二 糧食業

號名	號主經理姓名	職員人數	商品	地址	備註
恆益	盧星耀	三人	糧食	大市橋	
恆春雲	吳雲初	二人	糧食	大市橋	
恆盛	周念耕	四人	糧食	大市橋	
鼎豐	唐翰洲	四人	糧食	大市橋	
恆興盛	鮑曙初	二人	糧食	三鳳橋	
楊恆泰	楊履冰	四人	糧食	大市橋	
章震豐	章漢歧	二人	糧食	對寺巷	
陸右豐	陸翼生	二人	糧食	寺巷	
全昌中	周陸庭	二人	糧食	崇安寺	
周洵昌	周紹棠	無	糧食	觀前街	
鴻興裕	邢鴻皋	一人	糧食	觀前街	
生泰	湯子明	無	糧食	公園路	
恆大	陸秀峯	無	糧食	克寶橋	
沈義生	沈仲華	無	糧食	華德橋	
正源昌	趙潤之	三人	糧食	東門亭子橋	
源大	徐述祖	三人	糧食	東門亭子橋	
德大	顧庭良	三人	糧食	東門小粉橋	
協成	浦洪祥	二人	糧食	廣勤路四支路	
和豐	張和根	一人	糧食	周山浜錦豐路口	
新餘豐	蘇麟祥	二人	糧食	廣勤路周山浜	
新泰盛振記	蔡鳴皋	二人	糧食	廣勤路周山浜	
鼎泰	陸晨文	二人	糧食	廣勤路中市	
永孚	趙鏡清	一人	糧食	廣勤路	
許惠豐	許浩林	無	米	惠農橋	
通源	任渭記	三人	糧食	工運橋	
源康	宋楚珍	四人	糧食	工運橋	
利昌	梁友美	無	糧食	通匯橋	
源盛	許棨卿	二人	糧食	周師弄口	

協泰昌	杜錦山	無	糧食	東城門口
恆春昇	童子仁	一人	仝上	盛巷橋
恆泰裕	楊履永	二人	仝上	倉橋下
恆隆	曹榮濤	無	仝上	倉橋下
協興盛	楊卓如	二人	仝上	新市橋
三豐	許樊張	無	仝上	斜橋下
陶東昇豫	陶冠時	無	仝上	仝上
盛康	童子仁	無	仝上	喜春街
華興茂	華菊初	無	米	仝上
華慎裕	華琮麟	又	米	仝上
濟昌	蔣伯增	又	米	仝上
東源	諸耀西	無	米	仝上
朱公裕	朱耀庭	無	米	仝上
昇源永	陳永秀	二人	米	仝上
邵恆裕		一人	糧食	西吊橋
恆豐	高念萱	二人	仝上	西直街
楊恆泰潤記	楊潤山	二人	仝上	大倉弄口
吳大昌	吳虎丞	一人	仝上	棉花巷
陸右豐	陸共照	一人	兼米	外吊橋
胡振鑫	胡文山	無	糧食	棚下
源泰	曹琴山	事	米	西新橋
同興	黃書祥	無	米	迎龍橋
恆泰	吳湧泉	無	糧食	仝上
隆泰	周子明	無	仝上	仝上
裕茂	陳錫章	二人	仝上	顯應橋
儉源	任少庭	二人	米	仝上
萬豐	朱仲初	二人	米	仝上
德昌	朱聽泉	無	糧	迎龍橋
久大	唐寄望		糧食	北門外小四房弄
中孚	汪鼎銘		糧食	北門外張成弄底
義源	汪浩清	二人	又	北門外北塘
恆記	尤旭初		又	北門小三里橋內
聚興	陳富泉		米	北門小三里橋內
大昌	錢鈺齊		米	又
恆源	范欽儀		米	三里橋
永義和	馮　祥		米	黃埠墩
夏弈盛	夏坤生		米	黃埠墩
振昌仁	陳國華		米	又

華公信	陳柏雲		米	三里橋
陳順泰	陳鎮潮		米	三里橋
汻正源	汪楚卿	二人	米	
振　興	徐子賢		米	
達　源	吳　達	一人	糧食	北　塘
劉湧興	錫　臣		又	北　塘
恆　茂	周念耕	二人	又	又
萬　亨	倪晴川	一人	又	又
振昌源	王洪祥	一人	又	又
楊叙盛	永　清		又	又
泰　豐	李子厚		又	長安橋
源茂榕	廉少山	二人	又	巴斗弄
王復昌	王寶瓚		又	黃泥橋
俞壽豐	俞蘊青	三人	又	黃泥橋
久　豐	周蔭庭	二人	又	太平巷
萬豐順	施爾厚	二人	又	太平巷
公　興	楊國翔	二人	又	又
恆　昌	過玉麟	二人	又	中正路口
萬茂恆	桃子岡	一人	又	光復門外東新路
豫　豐	蔣淦卿	二人	又	光復門外東新路
萬昶生	鄧萬記	三人	又	又
源　豐	唐贊臣	二人	又	光復門外南倉門
元　昌	何德裕		又	光復門外南倉門
王鑫昌	王嚴叟		又	光復門口
周生泰	周仲康		又	吊橋下
顧恆康	顧俊良		又	吊橋下
鴻盛俊	淩濮平	一人	又	南黃泥橋
丁和泰	丁世熙	三人	又	跨塘橋
恆　春	張達三	一人	又	跨塘橋
元　豐	陳鑑方	三人	又	跨塘橋
蘇恆泰	蘇松庭		又	清明橋
宋恆康	祖　康		又	清明橋
劉順記	劉光基		又	清明橋上塘
楊復泰	楊聽春	二人	又	清明橋下塘
馮義茂	馮國梁	二人	又	伯瀆橋
裕　眞	許佩卿		又	清明橋
大有裕分號	劉鴻烈	二人	又	清明橋
豐　潤			又	小鹽場

永興	朱祺寶	又	南市橋
鎮大		又	南市橋
季恆盛	根大觀	又	又
湧泰祥		又	又
寶豐仁		又	虹橋
亦春		又	惠山鎮
徐龍球		又	惠山鎮
立興		又	長甯路
源餘		又	長源鎮

三 飲食物業

業別	號名	號主姓名	地址
菜館	馬聚興	馬鳳和	倉橋下
菜館	大新樓	蘇守仁	通運路
又	衛生素菜館	劉阿九	公園路
又	福興園	高子云	通運路
又	杏莊酒店	錢洪義	公園內
又	大慶樓	陳北溪	通運路
又	福興順酒店	高光斗	大市橋
又	悅賓樓	龔永甫	通運路
又	龔公興酒店	龔伯偉	寺巷內
又	敘商館	袁明善	通運路
又	公園飯店中菜部	過子剛	公園路
又	永興館	張堯山	萬前路
又	船菜公司	朱阿畔	北城脚
又	新太和	程雨芝	萬前路
又	杏林春	薛文卿	西直街
又	太和園	汪永福	交際路
又	吳福記	吳阿壽	西直街
又	馬福興	馬忠順	漢昌路
又	聚豐園	胡伯英	北門外城脚
又	便宜居	鄭鴻章	漢昌路
又	惠泉菜館	孫阿富	惠山橫街
又	福慶館	鄒根和	公園內
又	順興館	彭錦棠	吳橋
又	天樂園	朱二泉	崇安寺
又	新福怡	吳春山	財神弄口
又	聚樂園	周仲卿	寺巷內
又	聚鑫園	劉阿蘭	混堂弄门

又 樂和園 王景成 寺巷內
又 聚鑫館 趙阿根 三里橋
又 劉振興 劉鳳珊 崇安寺
又 華盛頓飯店 陳榮泉 廣勤路
菜館 杏花村 孫頌範 壩頭弄
又 新世界旅社西菜部 張德卿 通運路
又 李錫記 李錫榮 同上
又 大新春 陳玉山 漢昌路
又 鐵路飯店西菜部 毛鑑清 通運路
又 大新館 股份公司 漢昌路
飯店 三怡樓 馬炳齋 北吊橋
飯店 呂愛記 呂愛保 惠秦園弄
又 錢順興 錢濟訓 笆斗弄口
又 迎溪樓 張浩泉 顯應橋堍
又 洽興 漢傑 同右
又 吳興記 吳高氏 棚下
又 項飯店 項壽根 同右
又 蔣云記 蔣氏 棚下
又 邵長興 邵阿本 壜頭弄

又 陳壽記 陳友 棚下
又 朱順興 朱順左 同右
又 丁福記 丁浩 直西街
又 復興園 虞正陽 灣巷口
又 鐘記 鐘記全 棉花巷
又 孫福興 孫根初 同右
又 宋順茂 宋阿仁 南下塘
又 李仁記 李紀生 同右
又 王福記 王阿福 灣頭上
又 王桂記 王國章 接官亭口
又 尤萬興 尤阿六 灣頭上
又 徐順興 徐耀先 三里橋下
又 單義興 單靜興 黃泥峰
又 仁和園 俞阿根 同右
又 正豐 胡海喬 同右
又 趙錦記 趙阿狗 同右
又 吳洽興 吳興奎 惠山龍頭場
麵店 得月軒 張阿榮 灣巷內
麵店 龍暢灣 單阿龍 南下塘

又　朱復興　朱錫和　仝右
又　宋公茂　宋景峯　仝右
又　長春閣　林榮高　仝右
又　錢永興　錢馮氏　仝右
又　義昌復　朱仝林　北塘街
又　殷義興　殷老四　仝右
又　周德興　周金文　接官亭
又　季榮鑫　季林寶　灣頭上
又　李隆興　李隆三　三里橋下
又　蘇榮泰　蘇耀山　仝右
又　張金記　張金寶　顯應橋下
又　高聚興　高阿林　南新路
又　合興恆記　張仁貴　西門棚上
又　魯隆盛　魯共華　南下塘
又　焦義和　焦云浦　仝右
又　孫裕興　孫龔氏　仝右
又　義興　顧祥林　魚行頭街
又　福興　朱順良　熙春街
又　雲興　薛小姊　仝右

又　候萬昌　候錦福　黃垷橋
又　洪茂興　陸阿根　西直街
又　拱北樓　李永盈　尤弄內
又　聚福園　江進福　仝右
又　亦興園　王瑤琨　色斗弄
又　德興　謝阿大　仝右
又　王慎昌　蘭小姐　仝上
又　俞仁興　俞福仝　棉花巷
又　復園　徐寶晉　大橋下
又　陳漢記　陳漢金　惠山秦園弄
又　朱金記　朱金林　惠山香花橋
又　高金記　高金榮　吳橋
又　惠泉麵店　孫阿福　惠山横街
點心店　王義興　王阿梅　南下塘　包子店
點心店　義興和　石漢卿　南下塘　餛飩店
又　錢記　張梅泉　南下塘　包子店
又　順興祥　王生泉　跨塘橋下　餛飩店
又　過記　過阿二　南下塘　餛飩店
又　協記　鄧阿敏　南下塘　餛飩店

又	同茂和	彭義瑞	頭灣上	餛飩店
又	李義興	李志純	南下塘	餛飩店
又	高益盛	宋浩春	黃埒橋	餛飩店
又	張記	張阿六	黃埒橋	餛飩店
又	義興齋	朱金福	黃埒橋	糕糰店
又	馬復興	馬忠順	交際路	教門館
又	便宜居	鄭洪章	仝右	教門館
又	曹永茂	曹天佑	迎龍橋	餛飩店
又	焦義和	焦義生	市直街	餛飩店
又	范聚興	范金品	西直街	又
又	新鳳昌	陸阿金	新馬路	

四　鮮肉業

號名	號主姓名	地址	物品	每日銷數	備註
鴻茂順	廉升周	西吊橋	猪肉	二隻	
西春陽	鄭晉康	西門街	猪肉	半隻	
楊合記	楊阿川	又	又	半隻	
立昌盛	孫煥章	西吊橋	又	一隻	
陳龍記	陳二觀	西栄場	又	半隻	
程南陽	程榮觀	顧橋	又	一隻	
裕和興	吳叙法	西倉橋	又	一隻	
西陸稿	溫全根	又	又	半隻	
新春陽	王三觀	顯應橋	又	半隻	
陳源昌	陳桂官	油車弄	又	半隻	
龍球	龍仁生	惠山	又	半隻	
協記	邵根泉	惠山	又	半隻	
許培記	許培記	第二菜場	又	半隻	
公大	丁順發	顯應橋	又	一隻	
周鳳春	周錫官	棉花巷	又	半隻	
徐錦記	徐全金	培西弄	又	半隻	
陸廣昌	陸宗儀	馬路上	又	一隻	
潘復記	潘阿全	馬路上	又	一隻	
周聰記	周聰記	太平巷	又	一隻	
瑞泰盛	王玉綸	中正路	又	一隻	
陸稿荐德記	朱錫凡	馬路上	又	一隻	
陸稿荐義記	蔣鴻章	馬路上	又	一隻	
王龍記	王桂龍	又	又	一隻	
周仁記	周根榮	吉祥橋	又	一隻	
三珍	王阿榮	馬路上	又	一隻	

公義記	施丹旭	中正路	又	一隻	
義興順	毛寶泉	吉祥橋	又	一隻	
王義興	王定相	馬路上	又	一隻	
振興	余全林	惠農橋	又	一隻	
順興協記	祝小弟	黃泥橋	又	一隻	
吳榮記	吳炳奎	東門	又	半隻	
周順興	祝大弟	東門	又	半隻	
劉洪興	劉壬海	又	又	一隻	施丹旭合股
順記	周青榮	東門	又	半隻	過榮泉合股
聚昌	周青榮	又	又	半隻	
吳恆記	吳小麒	又	又	半隻	
潘復記分號	潘阿全	工運橋	又	一隻	
永興昌	費順泉	東新路	又	一隻	
便宜居	鄭洪章	漢昌路	牛肉	二三十斤	
馬復興	馬宗生	漢昌路	牛肉	四十五斤	
鴻義順	蔣廣銓	北大街	豬肉	四隻	
新三珍	任叔瀛	北大街	豬肉	三隻	
新鴻順	周枚生	笆斗弄	又	一隻	
東森陽	邵根培	北吊橋	又	一隻半	
吳順興	吳阿鶴	長安橋	又	一隻	
公興	潘仁桂	長安橋	又	一隻半	
昇昌復	王雲青	大橋下	又	三隻	
鴻興順	蔣廣銓	灣巷口	又	二隻半	
源昌興	陸叙福	周師弄	又	一隻半	
同協興	袁壽福	顧橋下	又	一隻	
義珍齋	過金魁	北棚口	又	一隻	
楊洪興	楊元官	顧橋下	又	一隻	
蔣鴻泰	鴻鴻章	三里橋	又	一隻	
治順春	施丹旭	接官亭	又	一隻半	
陶洪泰	陶杏春	接官亭	又	一隻	
黃裕源	黃聽元	又	又	一隻	
蔣榮泰	蔣廣銓弄	糧場	又	一隻半	
恆泰裕	周鶴山	三里橋	又	一隻半	蔣鳴章合股
陸正記	陸阿榮	黃埠墩	又	一隻	
新三珍分號	任叔瀛	大河池	又	一隻半	
鴻興順分號	蔣廣銓	大河池	又	二隻	
昇昌分號	王雲青	又	又	一隻半	
義興恆	許竹友	又	又	一隻	

裕茂恆　王雲青　又　又　一隻
倪大官合股
王裕興　王子建　南長街　又　二隻半
魏順記　魏其昌　黃泥埄　又　一隻
冀陞稿　陳其良　南長街　又　二隻半
王綿記　王阿榮　又　又　一隻
昇　裕　徐二本　黃泥埄　又　一隻
益　昌　華洪濤　南長街　又　半隻
邵振記　邵仁根　南長街　又　一隻
魏福記　魏福記　南新路　又　半隻
魏祥泰　魏子炳　清明橋　又　一隻
蔣裕興　蔣厚齋　清明橋　又　一隻
朱振昌　朱藹生　大油街　又　一隻
顧恆泰　顧寶璜　清明橋　又　一隻
同　錩　張繼觀　清明橋　又　一隻
宋雲記　宋祖康　清明橋　又　半隻
曹洪興　曹茂培　又　又　半隻
永康盛　邱亦平　又　又　一隻
朱寶記　朱大官　又　又　半隻
朱三記　朱大三　又　又　半隻

朱根福　朱根福　又　又　半隻
德興昌　費順全　大場上　又　半隻
東　陽　任仲模　大市橋　又　四隻
義元昌　蔣壽官　大市橋　又　一隻
林桂記　林仁金　第一菜場　又　半隻
華胖觀　華胖觀　第一菜場　又　一隻
任俊記　任祥龍　新市橋　又　一隻半
味純齋　徐贊臣　大市橋　又　二隻半
慎　餘　王雲記　三鳳橋　又　二隻
高壽根　高壽根　第一菜場　又　一隻半
弋仁義　大阿根　第一菜場　又　半隻
秦文記　秦升寶　又　又　半隻
協　昌　姚仲卿　寺巷口　又　二隻
范福記　范福記　寺巷口　又　一隻半
謝雲記　謝和尚　第一菜場　又　一隻半
義興永　許竹友　倉橋　又　一隻
鶴　記　鐘根寶　青當巷　又　一隻
昇　昌　浦元清　大市橋　又　二隻
陳合記　陳三根　斜橋　又　半隻

王榮記	王阿榮	第一菜場	又	半隻	
黃俊記	黃桂根	倉橋	又	一隻	
任義興	任全福	第一菜場	又	半隻	
金萬興	金得才	崇安寺	牛肉	五六十斤	
劉元興	劉萬桐	大市橋街	牛肉	三五十斤	
李萬興	李萬甫	第一菜場	又	五六十斤	
劉仁記	劉阿福	大河池	猪肉	一隻	
祝順興	高根全	大河池	猪肉	一隻	祝永華合股
正美齋	孫養齋	又	又	二隻	
裕興順	細阿榮	又	又	一隻	毛禮泉合股

五　魚行業

魚行牌號	行主姓名	開設地點	資本數目	過儎魚類約數 鮮	冰	醃	乾	行傭數目	每年盈利約數
陳公泰	陳仲軒、	南門外黃泥埄	三百元	正業	無	副業	副業	每元五分	每年銷數約有三四千元盈利有一二百元
同豐春	吳三樂	南門外黃泥橋	四百元	又	又	又	又	又	每年銷數約四五千元盈利約有二百餘元
謝公順	謝根寶	南門外界涇橋	三百元	又	又	又	又	又	每年銷數約有二三千元盈利約有一二百元
徐公記	徐俊培	南門上塘	三百元	又	又	又	又	又	每年銷數約有二千餘千盈利約有百餘元
章協泰	章仲泉	北門吳橋	二百元	又	又	又	又	又	每年銷數約有二三千元盈利約有一二百元
協順	周明源	北門大橋下	三百元	又	又	又	又	又	每年銷數約有二三元千盈利約有一二百元
公記	邵全福	又	二百元	又	又	又	又	又	每年銷數約有二一千元盈利約有百餘元
公泰裕	陳雲記	西門外	五百元	又	又	又	又	又	每年銷數約有六七千元盈利約有三四百元
劉同豐	劉振記	又	三百元	又	又	又	又	又	每年銷數約有三四千元盈利約有二百餘元
王協聚	王福祥	西門外西倉橋	五百元	又	又	又	又	又	每年銷數約有五六千元盈利約有二三百元
洪茂慎	胡燮仁	北塘	二千元	又	又	正業	正業	無	每年盈利約有七八百元
元茂	陳竹祺	又	一千元	又	又	又	又	又	每年盈利約有三四百元

通茂裕	周戟奎	又	二千元	又	又	又	又	每年盈利約有五六百元
正茂裕	浦竹卿	又	二千元	又	又	又	又	每年盈利約有三五百元
元大	王景山	又	五百元	又	又	又	又	每年盈利約有二百餘元

（備考）本市魚行業純粹係代客賣買性質以是資本甚少往往須待貨價收回後再付魚價每年各魚行營業狀況銷數多者約有六七千元少者僅千餘元而已本市冰鮮醃乾魚行業均係山貨行之副業所有冰鮮醃乾魚均由上海江陰青浦等處轉來並非與客帮直接交易是以無行佣

六　山貨業

號名	號主姓名	地址	物品	每月銷數	備註
洪茂記慎	胡燮仁	北塘	土貨水菓鹹貨	十萬元左右	
元茂	陳竹祺	又	又	十萬元	
元大	王景山	又	又	五六萬元	
公茂	蕭仲厚	又	又	三萬元	
順茂	陳子雲	又	又	三萬元	
洪泰盛	韓坤泉	南門北長街	又	約五千元	
徐鴻順	徐根生	又	又	四千元	
通茂裕	周斌奎	北塘	又	十餘萬元	
正茂仁	秦竹卿	又	又	十餘萬元	
永茂祥	韓溪舟	又	又	三萬元	
敘茂	王亦濤	又	又	二萬元	
裕茂順	金惠生	又	又	三萬元	
順興協	馬仲純	又	又	四千元	
立昌	文袁奎	老三里橋	又	二千一百餘元	

七　南貨業

號名	號主經理姓名	職員人數	資本	商品	地址	備註
萬生	繆棟臣	二十六人	二萬元	南北貨	北大街	
一大	程鴻齋	十五人	一萬八千元	仝上	桃棗沿河	
仁號	黃雲章	二十人	一萬元	仝上	仝上	

立大	汪雲鵬	二十二人	八千元	仝上	北塘
永茂	朱皓亭	二十四人	一萬五千元	仝上	仝上
益泰昌	廉繼鄉	八人	三千元	仝上	仝上
楊乾泰棧	楊澍勳	十一人	一千元	南貨香燭	仝上
大昌元	尤良宗	九人	三千元	南貨	仝上
元大恆	錢長法	十二人	二千元	仝上	桃棗沿河
如號復	顧榮甫	十三人	二千五百元	仝上	仝上
源義	顧維雲	十一人	二千元	仝上	•頭•
曹會豐	曹貫吾	十四人	一千元	南貨茶食	仝上
過日生	過盾清	十五人	三千元	南貨香燭	仝上
孫春陽甡記	王立照	九人	三千元	南貨茶食	吊橋堍
萬春	陳煥章	十八人	四千元	南北貨	老北門口
正大	顧汝舟	二十人	二萬元	仝上	北大街
三陽	過海如	十八人	五千元	仝上	大市橋
萬順裕	朱榮庭	十二人	三千元	南貨香燭	南門外
三茂	王亭雲	十二人	三千元	仝上	仝上
協大	李仲海	九人	一千元	仝上	長安橋
聚大	蓋耀祖	七人	一千元	仝上	把斗街
悅來	陳亦明	九人	二千元	仝上	露華街

八 水菓業

業別	號名	號主姓名	地址	物品	每月銷數	備註
水菓店	廣和公司	朱贊夫	周師弄	水菓	一千五百餘元	鹹貨附內
水菓店	周鴻盛	盛周發	老三里龍橋堍	又	二百四十元	鹹貨附內
又	永昌	王志奎	大橋街	又	一千五百元	又
又	協昌	顧元釗	棚口裏	又	六百餘元	又
又	仁昌裕	包根魁	棚口裏	又	六百餘元	又
又	李洪興	李根泉	願橋堍	又	二百餘元	又
又	一盛恆記	蔣炳生	又		一百餘元	又
又	王興茂	王氏	又	又	二百七十元	
又	合茂	趙桂林	又	又	一百八十元	鹹貨附內
又	立昌祥	夏永祥	太橋堍	又	一千一百餘元	又
又	大昌	顧少雲	亭子橋	鮮菓兼鹹貨等	一百五十元	仝上
又	錢沐源	錢濟和	吉祥橋	鮮菓鹹貨蛋等	三百餘元	附賣鹹貨
又	朱合興	朱金發	吉祥橋	鮮菓等	二百元	
又	永豐盛	丁菊軒	寺巷口		三百元左右	附賣鹹貨
又	蔣宏記	蔣榮林	寺巷口		三百元左右	附賣鹹貨
又	怡昌順	喬阿春	大寺橋		二百元左右	附賣鹹貨
又	洪泰	吳根川	東大街		一百元左右	附賣鹹貨

又	裕　昌	張大官	倉橋下		一百元左右	附賣鹹貨
又	聚　順	許仲夫	公園路		五十元左右	附賣鹹貨
又		劉阿三	公園路		九十元左右	
又		吳青史	虹　橋		一百元左右	
又		王福林	斜橋下		八十元左右	
又		張文錦	大市橋		七十元左右	
又		陳阿奎	崇安寺		九十元左右	
又		衛二保	鳳光橋		七十元左右	
又		朱桂興	蘇家弄		一百元左右	
又		王杏生	崇安寺		一百元左右	
又	德興祥	陳以常	西直街	水菓	約二百元	
又	蔣仁記	蔣仁林	西直街	水菓	約二百五十元	
又	宏　元	陳漢泉	西直街	水菓	的三百元	
又	永　慎	胡紀良	魚行頭	水菓	約三百元	
又	復　茂	張阿二	棚　下	水菓	約四百元	
又	裕　茂	張桂大	棚　下	水菓	約二百四十元	
又	鮑阿仁	鮑仁記	棚　下	水菓	約六十元	
又	解順昌	解世根	顯應橋	水菓	約三百元	
又	義泰隆	陳全金	顯應橋	水菓	約三十元	

又	丁興昌	丁阿全	西新橋	水菓	約一百元	
又	劉天昌	劉天昌	迎龍橋	水菓	約三十元	
又	隆順興	沈嚴生	迎龍橋	水菓	約三十元	
又	陳茂興	陳茂興	惠山浜口	水菓	約九十元	
又	徐元茂	徐小寶	南長街	水菓	三十元左右	附賣鹹貨
又	陸裕茂	陸阿金	塘跨橋	仝	九十元左右	
又	劉阿福	劉阿福	又	仝	九十元左右	
又	江榮昌	江和尙	界經橋	仝	一百廿元左右	
又	喬順興	喬阿二	又	仝	三百元左右	
又	王順興	王肇三	南下塘	仝	一百廿元左右	附賣鹹貨
又	沈鴻興	沈長生	又	仝	三百元左右	仝上
又	陸福興	陸福興	又	仝	三十元左右	仝上
又	劉福昌	劉福昌	又	仝	六十元左右	仝上
又	郭阿二	郭阿二	又	仝	六十元左右	
又	徐源泰	徐二本	黃泥埄	仝	三十元左右	附賣鹹貨
水菓攤	林金記	林榮金	煤場弄口	水菓	六十餘元	
又		王阿二	泰棧弄對面	又	六十元	
又	周昌記	周培林	江陰巷口	又	九十元	
又		徐阿三	通匯橋	又	四十八元	

又	合記	陳鳳青	大橋街	又	三百餘元、	
水菓店	協鑫	張基浩	大橋街	水菓	二千三百餘元	附賣鹹貨
水菓攤	正申祥	徐子林	太平巷口	仝上	二百元	
水菓攤	湯炳泰	湯炳泰	通運路	仝上	五十元	
仝上	曹順興	曹根寶	廣勤路	仝上	七十元	附賣鹹貨
仝上	華子記	華子泉	仝上	仝上	一百元	附賣鹹貨
水菓攤	沈根壽	沈根壽	老三里橋	又	九十元	
又		趙廳大	老三里橋	又	六十元	有時流動
又		張雙金	又	又	三十元	有時流動

九　油行業

號名	號主經理姓名	職員人數	商品	地址	備註
王源來	王梅修	十人	桐荳油	桃棗沿河	電話一五〇
源春隆	楊幹卿 顧杏初	九人	桐荳油	桃棗沿河	電話七七
源大	諸鴻逵 吳意誠	八人	仝上	桃棗沿河	電話二七八
源順	夏敬與	八人	仝上	通匯橋	電話五四一
王源長	王耀千	八人	仝上	竹場巷	電話六二六
源祥	周秉仁	八人	仝上	竹場巷	電話三三七
源昶新	錢鳳臯 俞慕英	八人	仝上	通匯橋	電話五二九
湧泰	楊經笙 嵇建勳	十人	桐荳油 醬園糟坊	長安橋	電話一四〇
福源隆	浦鴻儒	七人	桐荳油	通匯橋	電話四五九
源記	陳柏生	六人	桐荳油	長安橋	電話四七七
源泰昌	陸甫仁	八人	仝上	蔴餅沿河	電話五六四
高同昌	沈少初	十人	油餅	三里橋	電話一四九
源興	王國範	七人	棉子油餅	南尖	電話九二六

十　糟坊業

號名	號主經理姓名	職員人數	商品	地址	備註

全昌總號	周蔭庭	十人	酒、醬油、油醋、等	城內西大街	電話四〇八
全昌中號	則蔭庭	五人	酒、醬、油、醋、等	城內崇安寺	電話八〇三
全昌盈號	又	五人	又	北門外小三里橋	九四二
全昌北號	又	五人	又	北門外大河池沿	九二四
全昌西號	又	五人	又	西門外棚下	三一三
湧　泰	楊仲滋	八人	又	北門外長安橋	一四〇
東　泰	竇魯圻	七人	又	北門外江陰巷口	二二九
陶東昇盈記	陶冠時	七人	又	北門外大橋下	一三七
陶東昇豫號	陶冠時	六人	又	城內斜橋下	八六六
陶東昇南號	陶冠時	五人	又	南門外黃泥𡍲	六四八
陶東昇西號	陶冠時	四人	又	西門外柵下	七五三
陸右豐中號	陸翼生	五人	又	寺巷內	五四二
陸右豐東棧	陸翼生	四人	又	醬園浜	二八六
陸右豐西棧	陸翼生	四人	又	三里橋	七五三
陸右豐南號	陸翼生	四人	又	南門外吊橋	三五七
陸右豐北號	陸翼生	五人	又	北門外惠農橋	二七二
楊　恆　泰	楊履冰	八人	又	東門內駁岸上	六八六
楊　恆　泰	楊履冰	六人	又	大市橋	一九四
楊恆泰北號	楊履冰	五人	又	北門外惠農橋	二一八

陶恆泰南號	楊履冰	五人	又	南門外跨塘橋	八七七
陶謙益泰	陶君石	五人	又	北門外笆斗弄	四九一
大有裕	朱梅亭	六人	又	南門外伯瀆港	
鴻泰祥	尤厚卿	六人	又	西門外棚下	一七六
鴻泰祥南號	尤厚卿	五人	又	西門外五洞橋	一一八
鴻泰祥北號	尤厚卿	五人	又	北門外惠農橋	八五八
源長鴻	王安伯	四人	又	北門外北閘口	四八
萬祥	過子範	四人	又	北門外北閘口	六五七
福來和	錢少卿	五人	又	西門外棚下	三三四
福來和	錢少卿	四人	又	要門外五洞橋	九三四
源豫	陸浩鑣	四人	又	南門外黃泥埄	三六七
復昌昇	丁頌威	五人	又	南門外南塘	四八七
胡萬生	陳佐庭	五人	又	西大街	
吳裕昌	胡世卿	七人	又	青菓巷	七九六
裕昌南號	胡世卿	四人	又	南門外伯瀆港	四五八
萬祥盈	過子範	四人	又	北門外三里橋	三八一
吳大昌	吳虎臣	五人	又	西門	
大有福	劉蓑生	六人	又	南門外清名橋	六六四
協泰昌子記	糜俊千	六人	又	北門外小三里橋	四七〇

協泰昌南號	糜俊千	五人	又	南門外南長街	二一一
協泰昌分號	糜俊千	四人	又	北門外大河池沿	九三二
可　大	楊道三	六人	又	小三里橋	
楊錦昌	范豐昌	五人	又	小三里橋	
陶長豐	陶星華	七人	又	吳橋下	二三七
陸聚茂	陸庠生	五人	又	小三里橋	四七二
永泰豐	王錫成	四人	又	西門外棚下	二四六
萬順恆	張宏勳	四人	又		
丁和泰	丁世軒	五人	又	南門外跨塘橋	六五六
恆　泰	王炳泰	二人	又	長安橋	
恆泰裕	楊履冰	七人	又	倉橋下	五五二
協泰昌酒行	許瀚初	八人	酒類	小三里橋	六〇二
昇昌酒行	范慕如	八人	又	芋頭沿河	五三一
瑞興仲記酒行	陳伯英	八人	又	外黃泥橋	二六〇
怡豐義酒行	范煥章	七人	又	三里橋	七一一
源豐酒行	鄭肅範	七人	又	又	三三一
瑞興伯記酒行	陳伯雅	八人	又	外黃泥橋	一五一
倪正陽燒酒行	倪蓉初	八人	又	通匯橋	七七一

十一　牛乳業

牌號	經理人姓名	開設地址	開設年月	奶牛 黃母牛	奶牛 水母牛	總數	每日產乳量數	牛乳價格	備註
聚興	陸三官	三皇廟街	民國十二年	二隻	二隻	四隻	十五斤	每斤一角六分	
煜記	錢應根	映山河	民國十二年	一隻	一隻	二隻	十二斤	每斤一角二分	
日新	薛根生	圖書館前	民國七年	一隻	三隻	四隻	十五斤	每斤一角二分	
順興	費壽泉	圖書館前	民國七年	一隻	五隻	六隻	念八斤	每斤一角六分	
永興	錢泉林	七尺場	民國十年	五隻	三隻	八隻	五十六斤	每斤一角六分	內有外國乳牛一隻
興業	周金堦	西門石灰巷底	民國十四年	一隻	二隻	三隻	念斤	每斤一角六分	
長興	俞阿泉	罟煤濱	民國十八年十月	一隻	二隻	三隻	念四斤	每斤一角六分	
	錢阿勝	西門外財神堂	民國十八年十月	一隻	一隻	二隻	十二斤	每斤二角五分	
	王阿林	北門外潘家橋	民國五年	一隻	二隻	三隻	十五斤	每斤一角五分	
	王雙全	南門外清明橋邱裕興鶴坊	民國十八年十月	一隻	一隻	二隻	十斤	每斤一角五分	
	王培森	天下市鐵巷上	前清三代業此	二隻	一隻	三隻	十八斤	每斤一角六分	
	錢金祥	仝上	仝上	一隻		一隻	八斤	每斤一角四分	
	石長根	天上市東天池巷	民國五年	一隻	二隻	三隻	十六斤	每斤一角五分	
	孟盤金	天下市冷水灣	前清	一隻	一隻	二隻	九斤	每斤一角五分	
	楊泉寶	天上市寺頭劉家塘	民國十二年		二隻	二隻	十斤	每斤二角	
	錢阿三	天下市錢巷上	前清		一隻	一隻	五斤	每斤二角	
	王金根	仝上	前清		一隻	一隻	五斤	每斤二角	
	冷又根	天下市後嚴棣冷陳巷上	民國十四年		一隻	一隻	七斤	每斤二角	

孟根林	天下市冷水灣	民國十三年		一隻	一隻	六斤	每斤一角六分	
殷榮金	天下市殷巷上	民國十四年		一隻	一隻	五斤	每斤一角五分	
孟榮根	天下市冷水灣	前清		一隻	一隻	六斤	每斤一角五分	尚有一隻未生小牛
陸阿二	天下市寺頭劉家塘	民國十二年		二隻	二隻	十斤	每斤一角六分	
尤荷根	天下市西北塘	民國十一年	一隻	一隻	一隻	八斤	每斤二角	
尤荷根	仝上	仝上		一隻	一隻	八斤	每斤二角	
王祥寶	天下市錢巷上	前清	一隻	一隻	二隻	十斤	每斤一角五分	
徐杏寶	天上市天池巷	民國十五年	一隻	一隻	二隻	十斤	每斤一角五分	
錢茂榮	天下市錢巷上	前清	一隻		一隻	八斤	每斤一角五分	
錢荷根	仝上	民國十四年		一隻	一隻	五斤	每斤一角五分	
錢秀棋	仝上	前清		二隻	二隻	十斤	每斤一角六分	
孫根寶	天下市嚴埭	仝上		三隻	三隻	二十斤	每斤一角六分	
孫泉寶	仝上	仝上		一隻	一隻	六斤	每斤一角六分	
林阿友	天下市後嚴埭殷巷上	仝上	一隻	一隻	二隻	十二斤	每斤一角六分	
石菊泉	天上市天池巷	民國十年	一隻	一隻	二隻	十二斤	每斤一角六分	
石菊春	仝上	民國八年	二隻	四隻	六隻	三十六斤	每斤一角五分	
尤世根	天下市寺頭壢巷上	民國十年		三隻	三隻	九斤	每斤一角五分	尚有一隻未生小牛
過根和	天下市毛竹橋後巷裏	民國十三年		二隻	二隻	十三斤	每斤一角二分	
王順林	仝上	民國十一年	一隻	一隻	二隻	十四斤	每斤一角二分	

胡定興	天下市東北塘大胡巷	民國五年		一隻	一隻	六斤	每斤一角二分
徐寶泉	天上市天池巷	民國十三年		二隻	二隻	十四斤	每斤一角
徐貴寶	仝上	民國十八年		一隻	一隻	八斤	每斤一角
王湧根	天下市東北塘後長槽上	民國十四年		一隻	一隻	七斤	每斤一角
程阿三	天下市東北塘後俞欒巷	民國十一年		二隻	二隻	十六斤	每斤一角
程阿大	仝上	仝上		一隻	一隻	八斤	每斤一角
王順金	天下市長槽上	民國十三年		一隻	一隻	八斤	每斤一角五分
華根寶	天下市壩裏	前清		二隻	二隻	十五斤	每斤一角五分
顧克勤	仝上	仝上		一隻	一隻	七斤	每斤一角五分
顧順餘	仝上	仝上		一隻	一隻	八斤	每斤一角五分
華申寶	仝上	仝上		二隻	二隻	十五斤	每斤一角五分
胡順福	天下市大胡巷	民國三年	一隻	二隻	三隻	念五斤	每斤一角六分
華和林	天下市李家橋	民國十一年		二隻	二隻	十四斤	每斤一角五分
朱春寶	天下市冷水灣	前清		一隻	一隻	七斤	每斤一角五分
朱阿大	天下市西北塘	民國十三年		一隻	一隻	六斤	每斤一角五分
顧旭初	天下市錢巷上	前清		一隻	一隻	九斤半	每斤一角六分
鄧福泉	天下塘東北塘	民國三年		一隻	一隻	七斤	每斤一角二分
董錫根	天下市大胡巷	民國十二年		二隻	二隻	十二斤	每斤一角五分
鍾阿林	天下市西北塘	民國十三年		一隻	一隻	七斤	每斤一角四分

顧鳳和	仝　上	民國七年		一隻	一隻	八斤	每斤一角五分
顧春和	仝　上	民國十二年		一隻	一隻	七斤	每斤一角五分
顧學寶	仝　上	前清		一隻	一隻	七斤	每斤一角五分
顧全金	仝　上	民國十五年		一隻	一隻	七斤	每斤一角五分
王福泉	仝　上	民國十四年		一隻	一隻	八斤	每斤一角五分
錢學進	天下市錢巷上	前清		一隻	一隻	九斤	每斤一角五分
李仁貴	天上市天池巷	民國十一年		一隻	一隻	六斤	每斤一角五分
徐金寶	天上市東天地巷	民國十年		二隻	二隻	十三斤	每斤一角五分
徐根寶	仝　上	民國十年	一隻	二隻	三隻	十八斤	每斤一角五分
徐阿泉	仝　上	仝　上	一隻	一隻	二隻	十三斤	每斤一角五分
王福培	天下市西北塘	民國七年		一隻	一隻	七斤	每斤一角五分
華細大	仝　上	民國十八年		一隻	一隻	九斤	每斤一角五分
毛阿泉	仝　上	民國十一年	一隻	一隻	二隻	十三斤	每斤一角五分
王鳳林	仝　上	民國十六年		一隻	一隻	七斤	每斤一角五分
顧錫章	天下市壩裏	民國十八年		一隻	一隻	十斤	每斤一角五分
陳阿榮	天下市冷水灣	民國十三年		一隻	一隻	八斤	每斤一角五分
楊盤根	天下市西北塘	民國八年		一隻	一隻	五斤	每斤一角五分
楊盤生	仝　上	民國十八年		一隻	一隻	五斤	每斤一角五分
時和泉	天上市惠巷	民國五年		一隻	一隻	七斤	每斤一角五分

胡阿泉	天下市東北塘	前清		一隻	二隻	八斤	每斤一角二分
高仁榮	天下市冷水灣高巷上	民國十四年		一隻	一隻	九斤	每斤一角二分
高泉寶	仝上	民國三年		一隻	一隻	六斤	每斤一角二分
石順泉	天上市天池巷	民國十五年		一隻	一隻	五斤	每斤一角二分
徐阿菊	仝上	民國五年	一隻	一隻	二隻	九斤	每斤一角二分
胡金榮	天下市東北塘	民國七年	一隻	一隻	二隻	十二斤	每斤一角五分
胡士高	仝上	前清	一隻	二隻	三隻	十四斤	每斤一角五分
胡士明	仝上	民國十年		一隻	一隻	八斤	每斤一角五分
范又根	天下東北塘葉家裏	民國十二年		一隻	一隻	四斤	每斤一角五分
孟大寶	天下市冷水灣	前清		一隻	一隻	九斤	每斤一角五分
胡泉寶	天下市東北塘小胡梅	民國十八年		一隻	一隻	五斤	每斤一角
徐阿盤	天上市天池巷	仝上	一隻	一隻	二隻	七斤	每斤一角
梅盤根	芙蓉山平渡梅巷上	仝上		一隻	一隻	七斤	每斤一角五分
殷鴻宜	天下市嚴埭殷巷上	民國五年		三隻	三隻	十五斤	每斤一角二分
俞耀初	天下市東北塘俞婺巷	民國十五年		一隻	一隻	五斤	每斤一角五分
王小弟	天下市西北塘	仝上		一隻	一隻	・六斤	每斤一角四分
錢榮根	天下市嚴埭	民國十八年		一隻	一隻	五斤	每斤一角六分

十二　絲繭業（附繭行）

號名	號主經理姓名	商品	地址	單灶數	備註
江洽盛	江導山	繭	五洞橋	十二具	
永泰隆	薛求志堂	繭	川暉橋	三十二具	

華人和　華繹之　繭　南水仙　三十六具
同福昌　余炳文　繭　南棉花巷　二十八具
平和　糜子輝　繭　清名橋　十六具
張裕泰　張趾卿　繭　周山浜　二十具
顧乾昌　源康絲廠　繭　黃埠墩　十具
顧乾餘　協成絲繭棧　繭　工運橋　十具
餘昌　振藝絲廠　繭　北長街　十六具
春沅　元豐絲廠　繭　南水仙　十六具
恆豐　吳仁卿　繭　五洞橋　十二具
興昌　薛求志堂　繭　熙春街　八具
吳公順　吳登瀛　繭　玉祁　四十四具
黃公和　振藝絲廠　繭　五牧　三十二具
永豐昌　陳錫泉　繭　玉祁　二十四具
公利　陳芳泉　繭　玉祁　十二具
通和祥　高子敬　繭　北七房　三十具
增益　楊經笙　繭　石幢　二十具
恆泰昌　薛堯封　繭　新橋　二十具
亦昌　薛葉亭　繭　禮社　二十二具
謙復泰　薛伯謙　繭　禮社　八具

永和裕　薛星甫　繭　禮社
嚴廣茂　丁祥龍　繭　五牧　二十八具
載源昌　繭　載巷　十具
永涵順　薛星甫　繭　雙廟　八具
乾盛泰記　孫子褰　繭　秦巷　十六具
乾順　孫濟汝　繭　北新橋
成昌　俞時雍　繭　前洲　十八具
恆泰　唐以誠　繭　前洲　十四具
保長　劉鍾俊　繭　前洲西塘　十二具
萬和洽記　袁黼臣　繭　北新橋　十二具
和成　三和油廠　繭　玉祁　十二具
豐泰潤　薛星甫　繭　禮社　十二具
保昌　華貢臣　繭　前洲　十二具
永昌祥　高子敬　繭　黃石街　十具
永益　杜雲閣　繭　石幢　二十具
糜源和　糜子褰　繭　新橋　十二具
李芳　李錚雄　繭　玉祁　十四具
金禮和　周梅坡　繭　黃新橋
過泰順　過錫良　繭　宋巷

蔡合和	蔡緘三	繭	石新橋	三十八具
永泰豐	薛求志堂	繭	西河頭	三十二具
鴻順	薛求志堂	繭	殿埭	二十具
邵怡昌	邵芳谷	繭	茅竹橋	二十四具
叙昌永	平梅生	繭	寺莊	
惠祥泰		繭	八士橋	
萬鎰	黃耀良	繭	劉潭橋	
成鎰	黃松森	繭	劉潭橋	十六具
恆昌裕	王紹先	繭	東房橋	十二具
徐永豐	徐滋若	繭	滸塘橋	十六具
公信成	過接三	繭	西河頭北莊	十六具
聚泰	過康伯	繭	茅竹橋	
怡成昌	李振華	繭	三房橋	十六具
叙誠和	過信成	繭	茅竹橋	十二具
增源	楊孟千	繭	東房橋	二十具
允濟	濟通典	繭	長安橋	十六具
公益昌	許洪之	繭	太平橋	二十具
裕豐恆	吳日永	繭	古莊	
廣成	孫雲亭	繭	堰橋	二十四具
公泰隆	薛求志堂	繭	寺頭	四十二具
求泰祥	薛求志堂	繭	前站頭	三十二具
利生	楊祖勳	繭	旺莊	十六具
胡協成	胡澍棠	繭	胡家渡	十二具
永利	楊曉先	繭	寺頭	十二具
隆昌	葉頌青	繭	姑亭廟	二十四具
盈億	偶劉安	繭	長安橋	二十六具
廣豐	孫雲亭	繭	蔴圻	二具
廣裕	孫雲亭	繭	丁塔里	二具
廣大	孫雲亭	繭	北西漳	二具
錫豐	陳世貞	繭	楊巷	十六具
九豐	江涵秋	繭	張村	十六具
源益	高葆生	繭	蘇家橋	十六具
集成	胡壹修	繭	堰橋	二十四具
其恆	許子芳	繭	大鴻橋	二十具
永泰和	薛求志堂	繭	胡埭	三十二具
永泰成	薛怎志堂	繭	六區橋	三十二具
孫德盛	孫雲亭	繭	胡埭	
賈協和	賈子明	繭	胡埭	十六具

既濟	廣達源	繭	富岸上	二具
德和永	王文怡	繭	陸區橋	二十具
協興恆	廣達源	繭	西漕	
錢其順	錢國華	繭	黃大岸	十具
永昌	袁黼臣	繭	張華橋	二十四具
榕大	匡仲謀	繭	稍塘橋	二十八具
張乾昌	袁黼臣	繭	丁村	
有成	馮雲初	繭	張舍	二十八具
鼎豐	張兆生	繭	盛店橋	十六具
錦記	汪景侯	繭	新瀆橋	二具
恆昌祥	許子芳	又	寨亭橋	十六具
泰源	張翔祝	又	寨亭橋	十二具
協成	章振聲	又	大鴻橋	二具
錢其隆	錢國華	又	新瀆橋	十六具
協大成	陳冠英	繭	胡埭	
仁昌	孫濟汝	繭	洛社	二十八具
通裕	孫伯芬	又	潘葑	
隆昌	費遜軒	又	葑莊	二十四具
濟源	孫濟汝	又	搖頭浜口	
中興	蔡竹君	又	南西漳	十二具
孫乾成	袁黼臣	又	下皋	二十具
通義	唐葵蓀	又	南西漳	十六具
公和	呂國輔	又	高明橋	二十具
和豐	劉鍵俊	又	洛社	二十八具
利豐	袁黼臣	又	楊園墅	十六具
世昌洽	錢伯藩	又	楊園墅	二十具
泰昌	張儒卿	又	新開河	十六具
洽源	黃希賢	又	張鎮橋	二十具
張茂昌	張子剛	又	洛社	十六具
大昌	袁黼臣	又	大孫巷	
裕泰	華伯安	又	鵝子岸	十二具
滙通	孫萃農	又	蠡口橋	十六具
禮昌	鄭子卿	又	錢橋	二十二具
公益	吳侍梅	又	仙蠡墩	十六具
徐公興	徐亮初	又	大徐巷	二十四具
徐裕昌	徐亦周	又	藕塘橋	二十四具
徐興昌	徐寶成	又	錢橋	三十二具
九昌	孫定安	又	會龍橋	

振業	蔣鎬卿	又	河埒口	十六具
陸恆益	鎮綸絲廠	又	陸莊	二十具
綸源	唐癸生	又	藕塘橋	十六具
乾源治記	朱伯祺	又	藕塘橋	十六具
公泰豐	裕昌絲廠	又	周潭橋	十二具
永泰昌	薛求志堂	又	石塘橋	三十二具
公泰昌	薛求志堂	又	南方泉	三十二具
朱春和	朱鑑涵	又	北莊	二十具
周公興	倪翔青	又	錫鐵橋	
隆昌生	薛幼安	又	燒香浜	十二具
寶成興	楊孟千	又	南方泉	
開泰	滕元伯	又	東浜	十六具
信裕	張望椿	繭	太平橋	二十具
滕震昌	滕可亭	繭	謝埭橋	
華勤益	華景範	又	老西莊	十四具
公泰順	華楚蘭	又	曹墓蕩	十六具
鴻昌	陳紹良	又	北小巷	二十四具
浦公和	浦怡生	又	鄭家橋	
民益	孫仲輝	又	中安橋	十六具
雙姓	華楚蘭	又	澤塘橋	十六具
鴻聚	徐述祖	又	新塘橋	三十二具
公泰和	薛求志堂	又	石埭橋	三十二具
綸和成	薛求志堂	又	東亭	十四具
公泰祥	薛求志堂	又	東亭	三十二具
義昌	徐述祖	又	東亭	三十二具
錫昌	胡迪園	又	梅村	四具
鴻運	蔡紹先	又	西倉	
義源	徐華珊珍	又	查家橋	八具
泰綸	高叔方	又	梅村	十六具
公和泰	華少純	又	毛道橋	二十具
公綸	沈文貴	又	九里橋	十六具
裕成	陳啓祥	又	東亭	八具
平和	丁紹虞	又	東亭	四具
永孚潤	强卓人	又	又	四具
聚源	高克明	又	梅村	八具
恆興	顧蘊生	又	張涇橋	十六具
恆益	顧蘊生	又	張涇橋	二十四具
蘇經元記		又	三壩橋	二十四具

蘇經利記		又	陳家橋	二十四具
元仁貞記	過杏江	又	八士橋	十六具
顧東新		又	戴店	二十具
恆昌	楊奎侯	又	黃土塘	二十四具
恆源豐	許燕庭	又	港下	二十具
恆和	戴履安	又	張繆舍	二十八具
恆裕	楊仁卿	又	東湖塘	二十二具
過協昌	過廷勳	又	八士橋	二十具
仁昌祥	裕昌絲廠	又	陳墅	二十八具
公泰康	薛求志堂	又	蠡漍	三十二具
恆德隆	鄧星伯	蘭	晃山橋	二十四具
餘昶永	唐倉廳	蘭	八士橋東	十六具
成裕	唐屏周	又	東湖塘	二十具
同和	丁佩紳	又	張涇橋	二十四具
須同興	須季常	又	上村	十六具
源源	俞菊如	又	二房廊下	二十八具
泰昌祥	須煜泉	又	嚴家橋	三十具
德仁興	唐保謙	又	嚴家橋	二十八具
范祥和	范魯齋	又	興塘	二十八具

洽盛	薛求志堂	又	楊亭	二十六具
永興	陳倉廳	又	羊尖	二十四具
華仁昌	華宏仁	又	蠡橋	
同利盛	周岵瞻	又	謝家塘	
利生	朱仲寅	又	安鎮	十二具
彙源	張漱石	又	安鎮	二十八具
厚生	陳彤黼	又	又	二十四具
悅和	安師石	又	又	二十二具
洽昌祥	裕昌絲廠	又	南橋頭	二十具
周洽昌	須煜泉	又	南橋頭	
朱源茂	朱祺和	又	鴨城橋	二十八具
倪履昌	倪履記	又	長大廈	十六具
華豐和	華書城	又	蕩口	二十八具
華稙昌	華懷珍	又	蕩口	二十四具
華元昌	程仲漣	又	夏蓮橋	二十四具
陳義隆	陳彤黼	又	張塘橋	三十具
長泰昌	龔長明	又	茅塘橋	二十四具
純和	陳燕三	又	東濠橋	三十二具
禮和	陳德三	又	鳳墩橋	二十四具

長泰祥公記	施仲篪	又	茅塘橋	二十四具
王永昌	王若卿	又	雙板橋	十二具
程裕昌	程仲漣	又	雙板橋	十六具
恆康	陳友竹	又	茅塘橋	二十四具
陸義昌	王若卿	又	沈瀆	二十具
新泰昌	鄒遂初	又	新安	八具
裕和	錢純齋	又	宅基上	
裕昌祥	裕昌絲廠	又	東港	二十具
華彰	裕昌絲廠	繭	南橋	四具
錢敦厚	錢旭昇	繭	薔念橋	二十四具
張久大	祝月洲	又	嚴瀆裏	二十具
萬同昌	王倬雲	又	北橋	十六具
錢中和	馬晉三	又	中橋弄	二十七具
恆泰源	蔣文偉	又	北橋	二十四具
裕源	芸芸山	又	南橋	十二具
金平	胡浩金	又	高車梁	
丁聚昌	丁翰齋	又	六店橋	十六具
同餘	劉耀文	又	羊橋頭	十二具
元聚	倪子成	又	坊前	二十具
復昌祥	朱壽亭	又	前旺	十六具
萬生和	江涵秋	又	白兔橋	八具
益生	陳彤輔	又	大牆門口	二十四具
晉生	鄒子忠	又	西宅	十六具
協大	鄒炳撓	又	北莊	
福裕	華懷珍	又	方橋	十二具
裕豐	程仲漣	又	瞻橋	十六具
協和祥	陸元祥	又	小橋頭	十二具
義茂隆記	秦琢如	又	大牆門口	二十四具
泰昌		又	后宅	十六具
協順	尤俊德	又	小橋頭	四具
廣勤	楊保滋堂	又	長豐橋	十二具
永裕	永裕絲廠	又	羊腰灣	八具
恆記	乾甡絲廠	又	工運橋	六具
公茂	蕭增華	又	玉祁	十二具
仁裕		又	浮舟村	八具
永仁	章鶴泉	又	横港	十六具
新綸	新綸絲廠	又	玉祁	八具
慶豐	章成康	又	雙巷	十具

第一回無錫年鑑

協昌	龔秋泉	又	龔家日	六具
公泰祥協記	佘贊平	又	石板頭	十二具
合順		又	溪村	二具
振豐	馮煥章	又	誌公橋	十具
協成	佘秋笙	又	施家宕	十二具
公協昌	袁黼臣	又	歐墟裏	四具
協成	孫祥仁	蕩口	印橋	十六具
新昌	季敬德	蕩口	陡門橋	十六具
興昌	胡鳳儀	又	姑亭廟	四具
興記	高金	又	張村	二具
惠農	趙耀章	又	北西漳	二十四具
合興	惠義興	又	張村	六具
志新	蔡竹君	又	胡家渡	四具
振華	季仲康	又	長安橋	六具
益成	季雲初	又	長安橋	六具
協興昌	高叔方	又	西村頭	四具
協興		又	南村頭	八具
復昌	王裕廷	又	孫劉王	二具
益源	楊仲滋	又	長安橋	四具

至仁	薛魯勤	又	李巷	一具
裕興盛	李培	又	長安橋	一具
同興		又	後辛巷	八具
豐泰		又	長安橋	二具
耀記	錢耀廷	又	長安橋	四具
合興	張季廷	又	西河頭	六具
永昌		又	邵巷	一具
裕興	尹寶康	又	西漕	一具
植記	馮植培	又	六區橋	一具
錢義興	錢國華	又	新瀆橋	八具
順興	袁茂盛	又	六區橋	二具
永源	李世生	又	刁莊大巷	二具
餘源	李世生	又	察亭橋	
合記	高廷樑	又	榮張巷	一具
新得鳳記	陳鳳麒	又	八士橋	六具
義泰	錢國華	又	盛典橋	一具
裕隆	張鑑棠	又	張涇橋	四具
公和	過炳均	又	八士橋	四具
南興	盛蔭清	又	蕩灑西莊	四具

民益		又	村東	三具
源昌	安鹿平	又	安鎮	八具
南昌	盛裕絲廠	又	南橋	十二具
順昌榮記	茹榮培	又	西橋港	十具
大昌合記	王鳳佩	南門	中橋	十二具
華昌		南門	夏家邊	四具
興業	虞循眞	南門	青祁	八具
德大昌		南門	高車梁	六具
華盛	夏仲康	南門	夏家邊	八具
仁昌	邵正福	南門	南坊前	一具
合泰	沈雲陞	南門	廿四二圖	一具
合昌		南門	後洪村	一具
泰豐	陸士良	南門	寺頭	一具
聚昌		南門	油車頭	一具
合泰	沈雲陞	南門	許巷上	一具
協昌盛		南門	南坊前	一具
合豐盛	鮑榮生	又	鮑家莊	一具
茂昌盛	邵茂昌	又	邵巷上	一具
仁昌公記	董佑青	又	裕村里	一具
合昌源	陸交生	南門	南巷上	一具
禎祥泰	薛禎祥	又	上梁上	一具
益民	王生榮	又	古隆橋	一具
合興源	陸子赳	又	楊公祠	一具
公昌盛	楊維高	又	站頭上	一具
永隆協記	王永隆	又	堂前	一具
公協豐	鮑鳴球	又	杭公祠	一具
協昌祥	朱得元	又	楊墅園	一具
協泰		又	周笆斗里	一具
德興	沈鳴臯	又	上水浜	一具
協豐	邵德良	又	邵巷上	一具
協興	朱文連	又	前漳	一具
協昌隆		又	菴堂里	一具
安西	薛福培	又	安西村	一具
協興隆		又	俞巷上	一具
瑞昌盛		又	談巷	一具
合昌隆	楊月甫	又	菴堂里	一具
公興	黃旭初	又	吳巷上	二具
正泰	楊宗南	又	北橫山	一具

號名	經理	商品	地址	灶數
永公益		又	顧巷上	一具
協興泰	丁潤康	又	錫鐵橋	一具
益農		又	許舍裏	二具
同興		又	月樓巷	一具
公益順		又	許舍	一具
興記		又	張巷上	一具
堯歌		又	堯歌里	一具
民協		又	楊巷上	二具
宏緒	滕甫卿	又	甘露	十六具
宏裕		又	蕩口	十八具
大豐		又	六步橋	十八具
龔協昌	龔亮吉	又	馬烽下	十二具
茂業	張雲鵬	又	前南漳	十二具
通盛	高叔方	又	坊前	二具

(附註)凡遇調查表內未註明號主經理者此行素無稽考凡如未註明灶數者此行尚未倒換繭帖

十三　綢緞業

號名	號主經理姓名	職員人數	商品	地址	備註
德茂森	范旭如	十二人	綢緞布疋呢絨嗶嘰	北塘	電話三二二
協大森	朱廷槐	十二人	又	又	六九一
大和祥	方勤生	十四人	又	又	三〇九
鴻大	陸子範	十二人	綢緞布疋	北塘	四八二
源餘	華質珊	十人	又	又	九六
同泰昌	徐仲嘉	十人	又	大橋街	三七二
祥餘	方勤生	十五人	又	又	二三四
日新	蔣谷順	十八人	又	又	六一
方瑞和	方孟棲	十四人	又	又	一六五
祥豐	高子堅	十五人	又	又	八五二
時和	陳蕙生	十八人	又	又	六一〇
大豐	范少翰	十七人	又	又	六五三
永昌	嚴志一	十八人	又	又	三二一
九餘	蔣景海	十八人	又	又	四九
鼎餘	守銘	十二人	又	又	四四二
天錦	尤叔英	十一人	又	北門內大街	七〇五
九綸	吳仲炳	十八人	又	又	八五〇
協成永	錢魯卿	十五人	又	又	五一〇
懋綸	徐湘文	十八人	又	又	四六
天綸	楊念裕	十人	又	又	七四四

丁豐盛	丁荷生	十二人	綢緞布疋	大市橋	二五
丁源盛	丁杏初	十四人	又	大市橋	三〇五
世泰盛	錢保稚	十四人	又	又	九
同和	胡冠傑	十四人	又	南門黃泥橋	四八九
源昌	過仁嘉	十三人	又	又	七一六
恆源泰	王仲起	十三人	又	又	八五一
泰綸	孫子山	八人	又	又	
昇泰	楊文彬	十一人	又	又	
大成祥	陳祺良	九人	又	南門黃泥橋	
協昌	陳明柳	十二人	又	南門張家弄	七三五
慎大	袁仲英	十一人	又	南門清名橋	
公興祥	孫蘭亭	十二人	又	又	
申大	楊仲康	七人	又	又	
昇昌	蔣厚齋	十三人	又	又	
南昌裕	丁魯望	十四人	又	又	
鄧鴻順	鄧根海	六人	又	又	
潤裕新	糜廷章	六人	又	南門清名橋下塘	
裕豐	陳伯良	六人	又	又	
糜潤裕	糜葵初	九人	又	又	
鴻茂	鄒少侯	五人	綢緞布疋	南門清明橋下塘	
絢萬生	唐信甫	五人	又	又	
裕大	丁紹棠	四人	又	南門黃泥橋	
九康	陳鹿坪	十三人	又	西門棚下	
天盛	陳錫泉	五人	又	西門魚行街	

十四 棉紗業

號名	號主經理姓名	職員人數	商品	地址	備註
李茂記	李硯臣	五人	棉紗	北塘東街	
張全泰	張勉之	三人	又	前竹場巷	
源餘	華幹臣	三人	又	北塘東街	
晉豐	蔡樹農	三人	又	北塘東街	
永康	吳佩秋	三人	又	北塘東街	
大昌	榮顯鏞	五人	又	北塘東街	
公裕	殷明齋	三人	又	北塘東街	
益大	朱組綬	三人	又	北塘東街	
復昌	劉鳳岐	三人	又	北塘東街	
宏裕	范錫祺	四人	又	北塘東街	
源大	吳宇青	五人	又	北塘東街	
祥裕	范錫祺	四人	又	北塘東街	

號名	號主經理姓名	職員人數	商品	地址	備註
太裕	張仲華	三人	又	北塘東街	
源成	許衡之	三人	又	北塘東街	
豫記	高巾北	三人	又	北塘東街	
益裕	殷明齋	三人	又	北塘東街	
大新	郁榮寶	五人	又	北塘東街	
公記	沈菁淮	四人	又	江陰巷	
澄豐	許振英	四人	又	江陰巷	
協泰	殷敬安	三人	又	前竹場巷	
隆昌	何培芝	五人	又	前竹場巷	

十五 布業

號名	號主經理姓名	職員人數	商品	地址	備註
茂記	李硯臣	十人	土布	北門外財神弄口	
王隆茂	王仰高	六人	又	前竹場巷	
仁茂源	華孟英	十人	又	前竹場巷	
源茂	過叔臣	五人	又	前竹場巷	
義仁聚	沈俊懷	六人	又	樹巷裏	
源泰	華孟英	四人	又	塘上	

十六 帽鞋業

號名	號主經理姓名	商品	地址	備註
松茂祥	江樂山	帽鞋	北門內打鐵橋街	
賜福堂	丁鳳山	仝上	同上	
嘉福堂	沈念君	仝上	同上	
新永年	潘秀山	仝上	同上	
西天寶	錢佩珊	仝上	北城門口	
天福	高春榮	仝上	露華弄	
慶新	潘耀祖	仝上	北吊橋堍	
陸永和	陸仲英	仝上	太橋街	電話六一九
福祥興	許麗川	仝上	仝上	
老陞福	許叔亭	仝上	北塘	
新陞福	王榮泉	仝上	仝上	
恆茂祥	許金槐	仝上	同上	
協新和	朱忠臣	仝上	外黃泥橋	
鼎昇昌	王德寶	仝上	同上	
永泰昌	劉軒亭	仝上	外黃泥橋	
新美華	沈煜庭	仝上	通運路	
公平	沈榮庭	仝上	同上	
天生和	陸甫卿	仝上	同上	
周乾泰	周渭泉	仝上	北門內打鐵橋街	

裕興祥	湯子軒	仝上	打鐵橋上
義和祥	朱甫林	仝上	北大街
朱義生	項少卿	仝上	同上
嘉樂	錢益初	仝上	同上
同新和	張明生	仝上	盛巷橋堍
同慶和	王開明	仝上	南長街
聚興祥	虞耀俊	仝上	清明橋
德裕祥	朱仁川	仝上	仝上
顧仝記	顧元芳	仝上	外黃泥橋
杜恆昌	杜鏡明	仝上	外黃泥橋
新甡和	陸仲應	仝上	通運路
新天寶	許繼根	仝上	漢昌路
天祿	朱雲初	仝上	盛巷橋堍
怡茂祥	顧金桂	仝上	推官牌樓下
福昌	陳佩龍	仝上	西門橋下
五福	孫乾洪	仝上	推官牌樓下
洽昶仁記	郁勤業	帽莊	盛巷橋
新三進	朱昌海	帽鞋	北塘大街
沈新昌	沈寶器	仝上	崇安寺
隆昌祥	費明錫	皮鞋	北門內大街
泰昌	孫榮仁	仝上	北門內大街
福隆興	劉巧金	仝上	北門內大街
永泰昌	劉軒廷	仝上	北門外黃泥橋
復勝泰	豐根榮	仝上	北塘
恆裕興	祝世昌	仝上	北塘
裕昌	匡和尚	仝上	盛巷橋堍
陳順興	陳阿虎	仝上	塘家街口
朱順興	朱三寶	仝上	推官牌頭
元興	謝阿青	仝上	北門香場碼頭

十七 苧蔴業

號名	號主經理姓名	商品	地址	備註
恆大	馮瑞康	蔴線	北塘大街	
聚興祥	張仲英	仝上	北塘三里橋	電話六三九
恆泰祥	華菊泉	仝上	大橋下	
甡昌	喬宇澄	仝上	北橋中市	電話八二八
立泰	陳旭明	仝上	大橋下	
廣義源	張雲瑞	仝上	北塘三里橋	
裕和	杜子良	仝上	北塘大街	

富鴻昌	杜筱佩	仝上	大橋下	
瑞泰	周瑞庭	仝上	北塘大街	
大愼	沈文煥	仝上	北塘大街	
仁泰	江通海	仝上	煤場弄	
正泰源	張貴川	仝上	煤場弄	
朱永大	朱臥雲	仝上	張成弄	電話八三九
裕泰	丁文官	仝上	北塘中市	
泰昌	薛子瑜	仝上	小泗房弄口	
洪泰	陳旭明	仝上	南橋鎮	
協昌祥	周子明	仝上	仝上	
南昌恆	張步雲	仝上	周新鎮	
福昌	沈昂青	仝上	周新鎮	
聚興盛	張念祖	仝上	楊鐵巷	
順昌新	張際雲	仝上	石塘	
恆愼	鄒靜波	仝上	同上	
震昌盛	陸友文	仝上	仝上	
協源	惠嵩泉	仝上	方橋	
協興盛	高鶴鳴	仝上	仝上	
協昌仁	周松泉	仝上	仝上	
瑞豐	沈叙寶	仝上	仝上	
瑞昌	周金魁	仝上	仝上	
愼昶	杜樂水	仝上	板橋	
鎰萬昌	王錦山	仝上	仝上	
寶泰潤	喬宇澄	仝上	板橋	
協盛恆	錢中選	仝上	葛埭橋	
振昌	沈辛華	仝上	葛埭橋	
義豐	薛盤春	仝上	南方泉	
立成	李立成	仝上	仝上	
公興	許子寶	仝上	老塢橋	
愼餘	錢二寶	仝上	華大房庄	

十八 煤鐵業

號名	號主經理姓名	職員人數	商品	地址	備註
裕昌	楊仲滋	十二人	煤	通惠路口	
開灤	吳燧榮	十二人	煤	梁溪路	
義泰興	嚴鋆樵	十二人	煤	漢昌路	
新興記	陳蓉江	八人	煤	工運橋下	
元泰	余豫卿	十一人	煤	交際路	
周餘昌	沈榮輔	三十八人	煤鐵	壇頭弄	

號名	經理	職員人數	商品	地址	號名	經理	職員人數	商品	地址
鄒祥壽	鄒莘勳	二十六人	煤鐵	南長街	裕昌	孫馥麒	四人	煤炭	吉祥橋
廣昌	胡士達	三十八人	煤鐵	長安橋	裕泰	王仲賢	三人	煤鐵	跨塘橋
三益	趙士鶴	三人	煤球	工運橋	丁公興	丁藎軒	六人	煤鐵	清明橋
大有	席鼎如	三人	煤	太平巷	洽順昌	華兆棠	五人	煤鐵	界涇橋
大來	梁季展	三人	煤炭	通濟橋	恆昌	張文軒	五人	煤鐵	北塘
公泰	程賢之	三人	煤炭	光復橋	福昌	華蘭亭	八人	煤鐵	北塘

十九　竹業

號名	號主或經理姓名	職員人數	資本	每年營業總額	商品	地址	備註
王源隆三房號	王中和	二人	五百元	四千元	淡竹毛竹蕎竹雜竹	黃埠墩	
王源隆二房號	王韻笙	四人	一千元	九千元	淡竹毛竹蕎竹雜竹	北塘	
王源隆承記號	王仲英	五人	一千元	九千元	淡竹毛竹蕎竹雜竹	新三里橋	
萃泰號	張宗匯	三人	八百元	六千元	淡竹毛竹蕎竹雜竹	黃埠墩	
新復源號	惠菊初	五人	六百元	六千元	淡竹毛竹蕎竹雜竹	竹場巷	
張恆豐號	張子恆	一人	五百元	四千元	淡竹毛竹蕎竹雜竹	竹場巷	
源興號	倪耀山	二人	三百元	三千五百元	淡竹毛竹蕎竹雜竹	新三里橋西首	
裕隆昌號	許仲良	二人	四百元	三千五百元	淡竹毛竹蕎竹雜竹	南水仙廟	
長興泰號	嚴維鏞	二人	五百元	五千元	淡竹毛竹蕎竹雜行	清明橋下塘	
李恆盛號	李養吾	五人	七百元	九千元	淡竹毛竹蕎竹雜竹	大橋下	
李宏裕號	李雲青	三人	三百元	三千元	淡竹毛竹蕎竹雜竹	大橋下	

李宏盛號	李宗漢	五人	五百元	九千元	淡竹毛竹蒿竹雜竹	大橋下
德盛號	李宗漢	三人	八百元	六千元	淡竹毛竹蒿竹雜竹	新三里橋
張仁泰號	張承治	一人	三百元	三千元	淡竹毛竹蒿竹雜竹	竹場巷
張恆昌號	張十懷	二人	五百元	四千元	毛竹蒿竹淡竹雜竹	南門下牌樓
邵裕豐號	邵耀章	二人	三百元	三千五百元	毛竹蒿竹淡竹雜竹	吳橋
陸裕豐號	陸雲亭	二人	五百元	四千元	淡竹毛竹蒿竹雜竹	南門下牌樓
吳萬隆號	吳順生	一人	三百元	三千五百元	淡竹毛竹蒿竹雜竹	黃埝墩
劉洽茂號	劉承譚	一人	一百元	九百元	淡竹毛竹蒿竹雜竹	南門外日暉橋
楊鴻泰號	楊三寶		五十元	九百元	淡竹毛竹蒿竹雜竹	北門外石灰場
王正泰行	王仲達	三人	四百元	三千元	淡竹毛竹蒿竹雜竹	西門西倉橋下
錦萬裕行	門理華	三人	五百元	五千元	淡竹毛竹蒿竹雜貨	南門外黃泥降

二十 漆業

號名	號主經理姓名	職員人數	資本	商品	地址	備註
德興瑞記	蔣壽松	八人	二千元	漆、顏料	城內打鐵橋	
義興桐記	殷桐軒	七人	二千元	又	北門外大橋街	
義盛興記	吳耀華	七人	二千元	又	城內打鐵橋	電話六五五
義大祥記	汪煦堂	八人	二千元	又	書院弄	電話八九〇
恆潤	尤叔荃	五人	一千五百元	又	老北門尤街	
同興潤記	吳松盛	六人	一千五百元	又	又	

號名	經理姓名	人數	資本	商品	地址	備註
方祥記	方義卿	五人	一千五百元	又	城內太市橋	電話七七二
復興	吳吉昌	五人	一千元	又	南門黃埿埄	
萬和	吳永殿	五人	五百元	又	城內青菓巷	
德源	祁哲甫	六人	一千元	又	銀糧碼頭	
正昌	吳耀華	三人	一千元	又	城內青菓巷	
黃永泰	黃秀培	四人	五百元	又	南門外清名橋	
德泰盛	袁子琴	四人	五百元	又	南門外黃泥橋	
周茂順	張起鳳	三人	五百元	又	南長街	
恆昌	胡立勳	三人	五百元	又	北門外露華弄	

二十一 磁器業

號名	號主經理姓名	職員人數	商品	地址	備註
裕源	鄧仲廉	七人	磁器	北門內大街	
鄧裕順	鄧伯安	八人	磁器	南門外黃泥橋	
鄧裕隆	鄧雲發	八人	又	南門外清名橋	
允盛	陸國賦	六人	又	北門內大街	
泰康	陶企周	五人	又	倉橋下	
恆信厚	錢菊官	五人	又	北城門口	
楊恆興	楊德初	七人	磁器	露華弄口	
源隆	顧昌侯	七人	又	北門外大街	
協泰成	黃玉山	十人	又	北塘	
恆泰祥	曹餘成	七人	又	北塘	
興業	顧少坪	五人	又	老戲館	
茂生協	梅錦山	四人	又	西門棚下	
嚴祥發	嚴老大	三人	又	崇安寺	
萬豐裕	顧廣圖	三人	又	北門外黃泥橋	
黃萬源	黃瑞寶	四人	又	南門外界涇橋	
新振錩	楊根培	四人	又	南門外清名橋	
鄧裕隆德記	鄧德祺	五人	又	南門外清名橋	
義興	金仲瑚	二人	又	圖書館路	

二十二 五金業

號名	號主姓名	職員人數	商品	地址	電話	備註
振華	徐槐卿	二十四人	五金及機器零件	通運路	三九〇號	兼售電料電器
振元	蔣折卿	二十人	五金及機器零件	光復路	四四四號	兼售電料電器
振祥	鄧伯荃	十八人	仝上	光復路	一六一號	仝上
光華	王伯如	十五人	仝上	漢昌路	九八五號	仝上
信昌祥	許仲倩	十八人	仝上	漢昌路	八七五號	仝上
興昌	李少棠	十八人	玻璃五金	書院弄口北首	三七五號	
永豐祥	鄒祖琴	八人	玻璃五金	書院弄口南首		
祥豐	尤洪泉	五人	仝上	監弄口		
錫山	高仰之	七人	仝上	監弄口		
祥源	唐祥泰	十人	仝上	漢昌路	八四三號	
同昌	季慕蓮	八人	仝上	通惠路		
裕茂昌	錢耀茂	二人	仝上	書院弄口		
德和	余豫卿	十二人	仝上	書院弄口	三三三號	
新昶	黃金濤	三人	仝上	推官牌樓		
協豐	朱金生	三人	仝上	寺後門		
潤豐	尤幹卿	一人	仝上	北長街		
慎昌	丁子愼	二人	仝上	北長街		

號名	經理	人數	商品	地址	備註
方仁茂	方仁才	二人	仝上	南長街	
新順興	包天生	二人	仝上	南門外棉花巷	
趙隆泰	趙壽根	二人	仝上	清名橋	
裕康	朱福明	五人	仝上	大橋街	
恆吉生記	劉焕琪	三人	仝上	北塘	
奚萬興	奚萬田	三人	仝上	周山浜	
恆泰元記	蔣哲卿	二人	仝上	光復路	振元分號
順興	包焕章	四人	仝上	笆斗弄	
詒泰祥	宋祥和	六人	仝上	外黃泥橋	
利大永	鄒克明	六人	仝上	外黃泥橋	
益大	唐竹慶	六人	仝上	外黃泥橋	

二十三 百貨業

號名	號主經理姓名	職員人數	商品	地址	備註
裕康	朱福明	二五人	百貨	北門大橋街	電話三七八
永康	劉厚甫	二二人	又	仝上	電話三八九
實生	徐雲階	十人	又	仝上	
人餘	陳仲賢	八人	又	仝上	
祥和	王景暉	二〇人	又	仝上	電話八五六
實新	費勝根	五人	又	仝上	
中外	華樹棠	十人	又	北塘大街	電話六四四
張同興	張子銘	二三人	又	仝上	電話六四二
周豐泰	周律甫	八人	又	大橋堍	
源昌祥	藍季濤	一八人	又	北城門口	
振興	張仲慶	六人	又	通運路	
南洋襪廠	朱光耀	五人	又	仝上	
冷永昌	冷安全	八人	又	仝上	
同和泰	王文卿	五人	又	仝上	

豐泰源 吳文軒 一四人 又 通運路
新美華 沈煜庭 一二人 又 仝上
公平 沈榮庭 三人 又 萬全路
新新商店 吳文軒 四人 又 通運路
利康 胡文寶 七人 又 大橋街
尤萬祥 尤鳳祥 六人 又 通運路
聚興祥 陸仁壽 八人 又 江陰巷口
周同泰 周伯琴 二人 又 三里橋
一言堂 陳明三 五人 又 張成衖口
新華瑞記 胡祖蔭 七人 又 祝棧衖口
泰興 周景德 五人 又 糖棧衖口
浦祥興 浦曉庭 三人 又 接官亭
慎昌海 陳繼芳 二人 又 顧橋下
鴻裕榮 范榮伯 六人 又 仝上
中南洋貨 呂浩深 四人 又 交際路
儉茂 孫仲言 二人 又 周山浜
福綸 陳福根 二人 又 仝上
永豐 朱祥生 二人 又 仝上
湧裕 王曉初 二人 又 仝上

趙永泰 趙雲坡 三人 又 北黃泥橋
鎮大 吳少雲 八人 又 仝上
一言堂 袁浩清 二人 又 仝上
新同泰 周芝珊 二人 又 北塘大街
德興 費樸勤 三人 又 北黃泥橋
周源盛 周利顯 四人 又 周師衖口 電話六六一
協源祥 劉仲英 五人 又 南門黃泥橋
祥豐裕 沈成書 二人 又 清明橋
卜義昌 卜根祥 一人 又 仝上
洪益昌 洪茂生 二人 又 清明橋
趙隆泰 趙壽根 二人 又 仝上
祥大 馮子明 三人 又 南長街
公和民 袁洪茂 二人 又 仝上
查萬興 查復昌 二人 又 仝上
美華商店 陳錦雲 一人 又 界涇橋
周信昌 周耕原 一人 又 清明橋
榮昌祥 榮姚根 八人 又 南門黃泥橋電話四八四
德興 費莉生 二人 又 仝上
添興祥 周文尹 一人 又 黃泥降

美豐	過雲順	三人	又	南長街	
仁昌	朱宗仁	二人	又	仝上	
高永昌	高玉世	一人	又	大有街口	
餘康	唐根榮	一人	又	南長街	
大有豐	劉智山	二人	又	界涇橋	
南新華	胡篤安	二人	又	薛家街南新橋	
大昌	王記仝	一人	又	黃埿絳	
寶大	殷春庭	一人	又	仝上	
南華商店	張福仝	四人	又	界涇橋	
許廣裕	許近仙	三人	又	西門	
協昌祥	馬公義	六人	又	迎龍橋	
楊裕祥	楊伯英	五人	又	棚下	
瑞源裕	吳建庭	五人	又	仝上	
源祥	楊仲海	四人	又	西門橋下	
王順興	王裕喜	五人	又	棚下	
慶雲公司	浦雲淸	三人	又	南門下塘	
王裕興	王竹甫	二人	又	伯瀆橋	
亞洲商店	陸亞洲	二人	又	南門下塘	
大有昌	劉百仝	一人	又	仝上	
正泰祥	戴宗洋	一人	又	仝上	
源泰	奚廷甫	一人	又	鐵樹橋	
陳同興東號	陳蓮生	一人	又	東門亭子橋	
瑞昌成	楊瑞成	二人	又	南新路	
新新書局	蔣錫康	十人	又	公園路	電話七三七
李增興	李鶴士	五人	又	大市橋	
協康	趙雲聲	五人	又	仝上	
中和興	陳茂慶	六人	又	青菓巷	
立新	龔叔明	六人	又	北城門口	
永新	戚振坤	四人	又	書院弄	
求新	朱鑑夫	念人	又	仝上	電話七九三
世界書局	周贊臣	八人	又	仝上	電話九〇三
老源利	藍仲和	十人	又	打鐵橋	電話一三三
鄧源利	鄧錫君	十二人	又	仝上	電話一八九
鄧聚隆	鄧旭初	九人	又	書院弄	電話九六〇
徐順興	徐勤民	二人	又	寺後門	
王仁泰	李鋭淸	四人	又	仝上	
陳同興	陳喜林	二人	又	仝上	
惠豐公司	胡潤生	五人	又	盛巷橋下	

興昌	陸耀庭	七人	又	崇安寺

二十四 電料業

號名	號主經理姓名	職員人數	商品	地址	電話號數	備註
華明	陳菊軒	七人	電料電器	北門大街書院弄南	七〇七號	
永明	欽厚培	八人	仝前	倉橋下	八二四號	
明麗	李啓明	十八人	仝前	北門外城脚	九二號	
福利	徐福培	三人	仝前	前太平巷		
新明	俞金標	三人	仝前	寺後門		
華新	張靜安	十三人	仝前	通運路八十八號	三〇六號	
新華	施翼青	五人	同前	書院弄口	八二〇號	
耀新	俞阿根	三人	同前	圓通路口		
永興	欽厚培	四人	仝前	西門		

二十五 照相業

號名	號主姓名	職員人數	資本	地址	備註
新新	蔣錫康	九人	二千元	城中公園路	
老寶華	俞耀中	十八人	一萬元	仝上	
容芳	季佩芳	五人	二千元	仝上	
明星	謝煥文	七人	五千元	崇安寺	
天眞	謝竹君	八人	六千元	公園路	
鋭芳	薛以恆	五人	二千五百元	大河池沿頭	
兄弟	張夢生	六人	二千元	公園路	
惠生	羅鑫濤	五人	二千元	漢昌路	
活佛	張子眞	六人	一千元	盛巷	
三民	費磊奄	四人	一千元	公園內	
新芳	馬君德	五人	一千元	公園路	
永春	盛伊奎	三人	二千元	南門大街	
老寶華分館	張九之	二人	五百元	惠山忠烈祠	
天眞分館	謝竹君	二人	五百元	惠山秦園	
梅園	徐浩泉	二人	一千元	開原鄉梅園	
黿頭渚	朱雲寶	二人	一千元	太湖黿頭渚	
容芳分館	季佩芳	二人	一千元	蠡園	
惠芳	張覺明	四人	二千元	惠山公園內	

二十六 銀樓業

號名	號主經理姓名	職員人數	商品	地址	備註
恆孚	邵涵人	三十八人	金銀飾物	北門內大街	電話五八一號

老寶成	周子佩	三人	金銀飾物	北門內街二三號
麗仁	穆襄卿	四人	仝上	北門內大街二二號
麗誠	方義卿	三人	仝上	北門內上塘街四九號
老裕仁	段友儉	三人	仝上兼製景泰藍徽章	北門煤場弄西街六號
寶豐裕	錢翼祥	四人	金銀飾物	北大街六五號
寶潤	單安吉	四人	仝上	北大街六三號
元元	徐秋庭	五人	仝上	北大街四九號
蔣天義	蔣卓卿	二人	仝上	老北門大街一三號
老天寶	浦秀芹	二人	仝上	老北門大街一五號
慶雲	馬培卿	六人	仝上	老北門大街九號
新鳳祥	馬培卿	四人	仝上	老北門內大街三號　電話九三三號
源豐	惠保燕	二人	仝上	北門內上塘街七三號
麗和	朱頌和	二人	仝上	北門內上塘街三五號
榮興	郭錦濤	三人	仝上	大市橋街九四號
陳萬興	陳靜峯	二人	仝上	南門北長街八六號
新慶雲	浦雲清	二人	仝上	南門北長街八七號
天祥	楊祖陞	二人	仝上	南門南長街一號
鳳祥久記	丁南溪	四人	仝上	跨塘橋南長街五〇號
鮑萬來	鮑國荃	二人	仝上	清明橋上塘一八九號

源源	王景山	二人	仝上	清明橋上塘一二三號
裕興	張雲初	一人	仝上	城中大市橋西首九號
永和	顧桂庭	二人	仝上	城中青菓巷十號
宏孚	章文郁	一人	仝上	南門外棉花巷五號
萬昌	華念恩	一人	仝上	南門外上塘街七四號
寶孚	蘇鳳山	二人	仝上	南門黄泥夅一七一號
陸源長	陸湧岡	一人	仝上	南門黄泥夅一二五號
寶興	楊松年	二人	仝上	南門黄泥夅一二六號
馮寶成	馮耀椿	一人	金銀飾物	西吊橋大街五三號
天成	孫錦舒	一人	仝上	西吊橋大街十七號
老天吉	陳志祥	一人	仝上	西吊橋大街十一號
萬孚	重東衡	一人	仝上	南上塘街
章源茂	章德滋	一人	仝上	南、上塘街
惠裕泰	惠培衡	一人	仝上	西吊橋大街
信源	顧筱庭	一人	仝上	東門亭子街
新匯豐	陸雲軒	一人	仝上	東門橋子街
恆昌	成同根	一人	仝上	周山浜
天順	楊文裕	一人	仝上	北柵口
寶源	宿梅官	一人	仝上	江陰巷

楊慶和	張善卿	二十四人	仝上		北門內大街	
新寶成	傅雲生	二十四人	仝上		書院弄口	

二十七 書業

號名	號主經理姓名	職員人數	資本	商品	地址	備註
新新書局	蔣錫康	十二人	五千元	書籍文具	公園路	電話七三七
文華	陳菊軒	十二人	八千元	書籍文具	倉橋下	
樂羣	邵辛樂	八人	八千元	又	寺巷裏	電話七四一
學海堂	宋少雲	八人	六千元	又	大橋街	電話六〇八
大同	沈仲安	九人	四千元	又	寺後門	電話六二八
日升山房	王文榮	六人	四千元	又	書院弄	
日升山房	王文榮	四人	二千元	又	北城門口	
文元	史桂生	四人	一千五百元	又	北塘大街	
經綸堂	宋少雲	五人	三千元	又	北塘大街	
無錫書店	施子達	六人	四千元	又	寺後門	電話五九四
世界書局	周贊臣	十人	八千元	又	書院弄	電話九〇三
啓新書局	韋樂山	三人	五百元	又	南門大街	
鴻文齋		三人	四百元	又	盛巷橋下	

二十八 紙業

號名	號主經理姓名	職員人數	商品	地址	備註
恆源昌	彭宏遠	二十四人	紙	桃棗沿河	
同信昌	彭仲培	二十四人	又	北大街	

恆源隆	魏之麟	十八人	又	桃棗沿河
恆源滄	吳汝棠	十八人	又	大橋下
瑞源滄	華鳳丹	十七人	又	三里橋
瑞豐盛	劉叔棨	十七人	又	仝上
同源	周銘正	十五人	又	桃棗沿河
源裕	朱再卿	八人	又	檀頭弄
永春潤	李秋翔	一四人	又	大市橋
大昌恆	許秉佐	八人	又	外黃泥橋
利生	錢光沛	六人	又	接官亭
源通	陳輔丞	五人	又	大市橋
久孚	華子孚	三人	又	南長街

二十九　筆墨業

號名	號主經理姓名	職員人數	資本	商品	地址	備註
得元堂	周朗夫	十八人	五百元	筆墨硯	書院弄北首	
文魁齋	鄒全馨	一人	一百元	仝上	書院弄內	
施鳳林	蔣國明	二人	二百元	仝上	倉橋下	
垂露齋	奚鑑初	三人	二百元	仝上	盛巷橋南首	
謝奇峯	謝亨榮	六人	三百元	仝上	堵家弄口	
湘雲閣	章興源	二人	二百元	仝上	推官牌樓	
三元堂	劉金林	三人	二百元	仝上	推官牌樓	
中書館	楊樹庭	四人	三百元	仝上	寺後門	
生花齋	王天成	三人	二百元	仝上	崇安寺	
錢寶興	錢寶善	三人	二百元	仝上	南門外黃泥橋	
益源堂	陳連善	一人	一百元	仝上	北門橫浜口	

三十　香業

號名	號主經理姓名	職員人數	商品	地址	備註
孫思泉	孫振球	二十五人	香	城中觀前街	
孫思泉	孫殿英	十五人	又	大橋上	
永泰馨	孟士章	十八人	又	北閘口	
顧日昇	顧鳳剛	十七人	又	北閘口	
謝源益	謝荇州	十八人	又	接官亭	
歸永泰	歸錫卿	五人	又	三里橋	
一天馨	張錫卿	三人	又	梨花莊	
孫恆盛	孫國堂	十人	又	西門外	
謝源益	謝俊峯	八人	又	上牌樓	
熊萬餘	熊心栽	五人	又	跨塘橋	
陳慶雲	陳鶴年	十八人	又	黃埿埓	
謝雲峯	謝大房	十七人	又	清明橋	

朱德發	朱煥卿	十八人	又	伯瀆港
趙天馨	趙寶卿	四人	又	石灰橋

特種商業調查表

（說明）下列各表除典業包括鄉區在內外餘均在無錫市區內。

一 運輸業

號名	號主經理姓名	職員人數	資本	地址	備註
恆泰	邵葆楚	四人	流動資本	工運橋北	
永順	代理	四人	仝右	同上	
中和	代理	四人	仝右	同上	
同益	孫鴻卿	八人	一千元	同上	
利興	代理	八人	流動資本	同上	
清記	代理	八人	仝右	同上	
永泰隆	宋植吾	七人	一千元	同上	
瑞泰恆	袁錦璋	三人	流動資本	同上	
公益	陳子堃	四人	仝右	同上	
匯通	蔡漢民	四人	仝右	同上	
華盛義	呂錫坤	四人	仝右	同上	
提運	盛仁葆	三人	仝右	同上	
通達	周旭初	五人	仝右	同上	
協豐	代理	五人	仝右	仝上	
鼎通	趙鈺初	五人	同右	工運橋南	
中國運輸	葉錦源	四人	仝右	同上	
義興	趙岳生	四人	仝右	同上	
悅來	賈潤山	四人	仝右	同上	
大中華	李仲臣	八人	仝右	同上	

二 糧食堆棧業

號名	號主經理姓名	職員人數	商品	地址	備註
益源	唐保謙	三人	堆積糧食	蓉湖莊	
錫豐	阜豐公司	四人	又	仝上	
生和	唐叔堯	四人	又	仝上	
復成	顧頌武	三人	又	仝上	
增益	周梅坡	四人	又	仝上	
和豐	顧莼湖	三人	又	李家浜	
福源	唐保謙	四人	又	蓉湖莊	
廣仁	華繹之	五人	又	丁埄裏	
成泰	鄒頌範	二人	又	缸尖上	
福康潤	薛禮泉	五人	又	龍船浜	
達源	顧康伯	二人	又	仝上	

隆源	趙子初	三人		缸尖上
聚成	邵有成	四人	又	缸尖上
興仁	華繹之	五人	又	船浜
宏仁	華繹之	六人	又	財神堂
德新	華堯賓	四人	又	醬園浜
南穗生	楊學周	四人	又	財神堂
民益	蘇養齋	五人	又	壩橋下
餘新	談文明	二人	又	石坡頭
資豐瑞	祁潤	四人	又	茅涇浜
同仁	江蘇銀行	五人		仝上
北穗生	王晉生	三人	又	仝上
元益	陳湛如	三人	又	蓉湖莊
復生	蔡秉三	三人	又	小三里橋
慎復	浦文汀	二人	又	西村裏
振益	黃卓儒	二人	又	南門
振南	黃卓儒	二人	又	南門
黃萬益	黃浩卿	二人	又	南門

三 絲繭堆棧業

號名	號主經理姓名	職員人數	容積	商品	地址	備註
瑞祁潤	葛菊人	六人	五萬包	堆存絲繭	西梁溪路	每月每包絲繭租費二角六分 電話五五〇
瑞生	汪廷法	六人	四萬包	又	工運橋沿河	每月每包絲繭租費二角六分 電話一三四
大有	周梅坡	六人	三萬包	又	又	每月每包絲繭租費二角六分 電話六
怡新	辛寄塵	六人	四萬包	又	亮壩上	每月每包絲繭租費二角六分 電話九八三
永大	陳品三	六人	三萬包	又	周山浜	每月每包絲繭租費二角六分 電話九九〇
宏泰	華叔琴	五人	二萬包	又	東門外亭子橋	每月每包絲繭租費二角六分 電話六四〇
寶豐	陳士鏡	五人	二萬包	又	東門外廟港橋	每月每包絲繭租費二角六分 電話九四三
協成繭[illegible]	顧厚卿	五人	一萬五千包	又	工運橋沿河	每月每包絲繭租費二角六分 電話三八五

福裕	祝筱亭	五人	三萬包	又	治坊場	每月每包繭絲租費二角六分	電話二三九
源慎	秦琢如	五人	二萬五千包	又	又	每月每包繭絲租費二角六分	電話一七一
振裕	張子振	五人	一萬包	又	龍船浜	每月每包繭絲租費二角六分	電話八九四
乾益	單安吉	六人	三萬二千包	又	治坊場	每月每包繭絲租費二角六分	電話 三〇
慎德	浦文汀	六人	八千包	又兼堆糧食	西村裏	每月每包繭絲租費二角六分	電話五五三

四　典業

號名	號主經理姓名	職員人數	資本	地址	備註
裕源	秦琢如	十五人	七萬五千元	觀前街	
公順	吳子筠	二一人	七萬元	營橋巷	
濟通	陳頌勛 江歲山	二三人	八萬元	西河頭	
濟順	丁佩卿	二一人	七萬元	中市橋	
和濟	張敬生	一一人	十萬元	小四房街	
保康	秦琢如	十六人	六萬元	接官亭	
惠通	陳肇卿	十七人	八萬元	壇頭街	
保興	徐漢臣	十一人	八萬元	竹場巷	
保仁	溫小庵 竇慕儀	二一人	十萬元	棉花巷	
瑞大	張煥文	十三人	五萬元	仝上	
春華	汪小峯	二一人	六萬元	黃泥埣	
保泰	王仲幹	二三人	十萬元	清明橋上塘	
保隆	徐漢臣	十九人	五萬元	清明橋下塘	
同和	秦仲芳	二一人	八萬元	漢昌路	
同順	華聿修	二八人	六萬元	安鎮	
同濟	唐申伯	一九人	五萬元	嚴家橋	
通源	孫子松	一八人	三萬五千元	玉祁	
濟恆	孫麗堂	九人	三萬五千元	葑莊	
永興	孫蘊南	一二人	四萬五千元	楊墅園	
永裕	須沛若	二六人	二十萬元	蕩口	
永豐	陸聽初	一四人	四萬元	東亭	
保和	王念椿	一九人	四萬五千元	南橋	
保和代	凌景叔	二二人	七萬元	胡埭	
保誠	華信候	一八人	四萬元	華大房莊	
保昌	安翔三	一七人	四萬元	東埣	
保源	王續卿	一七人	四萬元	梅村	

元吉	何士英	二四人	九萬元	張涇橋
大成	陳善若	一九人	四萬元	后宅
濟源	孫雲庭	九人	三萬元	前洲
咸德	汪勉成	二二人	五萬元	堰橋
允濟	陸伯英	十九人	四萬元	長安橋
溥興	唐虎臣	七人	二萬元	秦巷鎮
協順	孫仲英 過仲節	十六人	四萬元	八士橋

（說明）所填各表資本係活動的而非固定的。各典對於固定資本。保守非常祕密。雖職員亦難知悉。是以各典固定資本若干。實難得其確數。活動資本典業謂之架本。

五 旅棧業

號名	號主經理姓名	職員人數	地址	備註
新世界旅社	張德卿	七人	通運路工運橋堍	電話五七三 五七四
無錫飯店旅社	沈錫鈞	七人	通運路工運橋堍	電話六五〇 六五二
鐵路飯店旅社	蔣仲良	六人	火車站通惠路口	電話五八三 五八四
華盛頓飯店	胡晉階	三人	廣勤路口	電話四五三
太湖飯店	張德卿	二人	梅園	電話三五九
上海旅館	張淇龍	四人	通運路中市	電話四一
東湖旅館	顧錫琴	四人	交際路	電話三一八
梁溪旅館	李茂林	五人	通運路	電話五〇四
新旅社	鄭鑅如	六人	通運路	電話五四〇
惠中旅館	程寶如	三人	又	電話三一七
孟淵旅館	程邦振	三人	孟淵弄	電話二四三
啓泰棧	王君惠	五人	通運路	電話二六九 八七〇
大東旅社	張兆鎮	五人	通運路	電話八〇九
第一旅社	華鶴皋	三人	漢昌路	電話三一九
新蘇臺旅館	陳德昌	三人	漢昌路	電話三五三
陞昌旅館	朱昌壽	三人	漢昌路	電話二二三
中華旅館	石燕昌	三人	通運路	電話四一四
無錫旅館	楊蔭棠	三人	通運路	電話五六一
華商旅館	吳伯歧	三人	又	電話二七七
新天保棧	章鴻圖	二人	吉祥橋	
交通旅館	顧念椿	二人	工運橋堍	
吉陞棧	胡順林	二人	外黃泥橋堍	
惠商旅館	毛雲珊	二人	壇頭弄	電話六〇六
公園飯店	華秉麾	四人	公園路	電話三〇八
泰康棧	顧金官	二人	壇頭弄	

六 報館業

號名	號主經理姓名	職員人數	地址	備註
新無錫報	楊楚孫	十一人	書院弄	
錫報	吳驥德	十三人	沙文井	
民報	楊重遠	十八人	後太平巷	
國民導報	姚心垂	八人	書院弄	
大公報	倪涵生	八人	萬前路	

金融機關

一 銀行

號名	號主經理姓名	職員人數	地址	備註
中國銀行無錫分行	行長葉瀛仙	十七人	北門外布行街	總行資本二千萬元
江蘇銀行無錫分行	行長田樹泉	十二人	北門外竹場巷	總行資本一百萬元
中央銀行無錫分行	行長唐紀雲	十八人	北門外竹場街	總行資本無限
交通銀行無錫分行	行長伍撝伯	二十人	北大街	總行資本一千萬元
上海商業銀行無錫分行	行長華少雲	十三人	北大街	總行資本二百五十萬元
農民銀行無錫籌備處	主任顧述之	四人	籌備處附設西門外倉浜裏蠶桑試驗場	已集資本二百五十萬元

二 錢莊

號名	號主經理姓名	職員人數	地址	備註
復元	江煥卿	十八人	大橋下北塘	
瑞昶潤	吳步洲	十八人	又	
元昌	錢永清	十七人	又	
福昌盛	陳頌勳	十七人	又	
永吉潤	王慰曾	十八人	又	
信元	陳夢樵	十七人	又	
慎餘	楊仲卿	十五人	又	
德昌	丁翰齋	十七人	又	
永恆豐	錢贊卿	十五人	又	
瑞裕	蔡有容	十七人	又	
寶康潤	祝者金	十七人	又	
源豐	張敬生	十三人	又	

德豐	范熙臣	十二人	又
福裕	龔楚門	十四人	又
允裕	范子樹	十二人	又
大昌永	孫君顯	十二人	又
永甡	鄒泳卿	十四人	又
天成	楊鳳鳴	九人	笆斗衖
謙豫	吳建人	十人	大橋下
再豐	張再梁	六人	大橋下
久餘	周縉臣	七人	三里橋
萬源	陳翊唐	六人	盛巷橋
洽昌	許佑之	七人	財神衖口

無錫錢業公會入會同業錄

端祀潤銀號　復元莊　德昌莊　信元莊　大昌永莊　福昌盛莊　永吉潤莊　愼餘莊　元昌莊　永恆豐莊　瑞裕莊　永甡莊　寶康潤莊　源豐莊　德豐莊　福裕莊　允裕莊

十八年無錫錢業公會議決息價表

月份	存息	欠息
正月	無	九厘
二月	無	九厘
三月	一毫半	三毫半
四月	二毫半	四毫半
五月	三毫	五毫
六月	二毫	四毫
七月	二毫	四毫
八月	二毫	四毫
九月	三毫半	五毫半
十月	三毫半	五毫半
十一月	三毫半	五毫半
十二月		

(附註)本年息價係陰歷計算明年起概照國歷

無錫錢業十八年營業概況

錢業爲百業之樞紐。調劑金融。發展工商。關係甚重。無錫錢業素以穩健著稱。而近年尤甚。良以近數年來時局多故。一有警訊。錢業即首當其衝。以故各莊對於放款。均以謹愼二字爲法。本年雖新創數家。然營業狀況。仍各抱穩健主義。所惜者年歲歉收。冬季米稻出貨甚稀。曩所視爲錢莊冬季放款之大宗銷路者。今則異常清淡。以故各莊年終結賬。雖無虧耗。然欲多獲盈餘。恐亦甚難。大約不過平平而已。

商會

一 無錫縣商會概略

無錫居水陸要衝。綰轂甯滬。四方輻湊。商賈雲集。在最近二十年間。商市之發展。頗呈突飛猛晉之象。以時代之需要。於是乃有商會之創設。考錫邑商會之成立。始於清季。其時皖商孫蔭庭昆季暨吾邑旅滬鉅商周君廷弼。既在滬組織上海商務總會。而吾邑之楊君仁山、唐君郛鄭。適先後自北京歸。與故董單先生粹坡集議。發起創辦無錫商會。旋經呈准商部。公推周君弼廷爲總理。時光緒三十一年也。繼經四度改選。中以薛君翼運、華君文川、單君潤宇任事最久。至民國四年。孫君鳴圻、蔡君文鑫選任會長。事業逐漸擴充。蓋商會於草創之始。規模初備。經費均由歷任總理相繼籌墊。會所則假竹場巷錢絲兩業公所之一部分房屋應用。至是會務日繁。經費亦稍寬裕。除歸還前董墊款外。餘銀三千餘元。孫蔡二君以賃廡而居之非計。乃亟謀建造新居。以垂久遠。於是各出資若干。以爲倡。更由歷任會長或獨輸鉅金。或募款協濟。各會員亦聞風興起。量力輔助。乃購地於光復門外。鳩工庀材。歷數月而落成。輪奐一新。卽今之商會會所是也。嗣後復經兩度改選。薛君翼運、王君勍先後任會長。至十六年春。其時地方歷經兵事。商市凋敝。會務乃無形停頓。迨十七年秋間。全國商會聯合會擬定商會改組大綱。呈奉工商部批准。咨行省府轉令建設廳飭縣。俾商會改組。期收整齊畫一之效。當由全體商界儲棧、染織、繭棧、紙箔、錢莊、酒醬、礱米、南貨、柏燭、米荳、麵粉、綢布、五金、典當、肉、烟、漆、陶器、轉運、旅棧、花邊、糧食、電料、紗廠、銅錫、夏布、油廠、紗號、蓆、簍、電話、藥材、機器、翻砂、皂、鹼、襪廠、印刷、輪船、皮貨、金珠、衣莊、煤炭、絲、吐、煤油、絲廠、電氣、油行、銀樓、洋廣貨、書局、茶食、染坊、豬行、木行、帽鞋、山貨、冶坊等各業。於是年十二月四日在會集議。決先組織籌備改組委員會。推選單潤宇、陳作霖、薛壽萱、楊壽楣、蔡文鑫、蔡容、趙燮、程敬堂、秦玉書、繆棟臣、錢鑑瑩、陶鳳圻、陳頌勳等十三人爲籌備委員。並推陳作霖爲主席委員。卽日籌備。從事改組。並擬訂會章。呈奉工商部批准。旋經徵集會員凡六十八業。共二百二十人。並由籌備委員會議決於十二月三十日選舉執行監察委員。計蔡容、錢基厚、陳作霖、陳錫詒、程祖慶、吳士枚、錢鑑瑩、李錦雲、唐炳源、程文蔚、戈淵亮、華昌壽、吳士枏、趙燮、蔣麟閣、薛學濂、藍瑛、孫毓燮、單宗璞、陶賡基、江祖岷、錢翼振、陶鳳圻、蔣祖耀、楊景煥等二十五人當選執行委員。楊壽楣、唐星海、榮宗銓、蔡文鑫、江耀文、秦玉書、蘇鎭寰、單潤珊、唐藩鎭、李錦鑾、張鍾麟等十一人當選爲監察委員。繼於十八年一月十日選舉常務委員及主席。計當選常務委員錢基厚、陳作霖、蔡容、程祖慶、陳錫詒等五人。並互選錢基厚爲常務委員主席。楊壽楣爲監察委員主席。商會改組。於焉就緒。在此一年間之工作。如勸募各稱庫券經費徵集西湖博覽會及工商部國貨展覽會陳列物品籌辦本邑國貨展覽會調解各業糾紛代陳商民痛苦組織鄉區分會改組同業公會等總期有利商民達到解除痛苦之目的惟錫邑迭經兵事人民喘息未定影響所及遂致商市衰落百業凋敝維持現狀深感困難商會職在謀商家幸福亦惟有依照立法院頒布商會法付予職權隨時努力工作而已。

二 無錫縣商會暫行章程

第一章 總綱

第一條 本會以無錫縣爲區域定名爲無錫縣商會

第二條 本會會所設在無錫光復門外前太平巷

第二章 會務

第三條 本會之會務如左

一、謀各業之安全改進

二、關於商工法規及商業事項建議於行政官廳

三、答覆官廳或其他團體或個人所諮詢商業事項但對于個人或非法人團體除會員外得不置答

四、調查商工業之狀況及統計

五、調查或證明官廳或其他團體及個人委託商業之事項但對于個人或非法人團體除會員外得不予辦理

六、受商人之委託辦理商業登記

七、辦理商品查驗事項

八、辦理商事公告事項

九、調處本會區域內當事人或官廳委託之商事爭議

十、受當事人或官廳之委託辦理商業清理事項

十一、關于市面恐慌等事得請求地方行政官署維持之

十二、提倡國貨設置商品陳列所及促進商業教育設辦商業學校

十三、辦理其他關于商工業一切事項

第三章 會員資格

第四條 會員無定額凡在本縣內之本國商人具有下列資格之一者皆得爲本會會員

一、公司本店或支店經理人

二、自己經營商工業或商工業之經理人

三、各業之代表爲各該業商店或公司經理人者

第五條 有左列各款情事之一者不得爲會員

一、褫奪公權者

二、受破產之宣告確定後尚未撤銷者

三、有精神病者

第四章　會員權限

第六條　會員之權限如左

一、會員有選舉及被選舉權

二、會員有表決權

三、會員有建議權

第五章　會員之出會入會

第七條　凡具有第四條所列各款資格之一者由該業或公司及商店填具姓名年歲籍貫住址函送本會審查合格後即認爲本會會員

第八條　會員欲出會者應由各該業或公司及商店具出會書送本會備案

第九條　會員有左列各款情事之一者經會員舉發查有實據由執行委員會議決令其出會

一、有第五條所列各款之一者

二、有破壞本會之行爲者

三、欠繳會費至一年以上者

第六章　委員會之組織

第十條　本會設執行委員會以執行委員二十五人組織之並置候補委員七人

第十一條　本會設常務委員會以常務委員五人組織之以一人爲主席

第十二條　本會因事務上之必要得設置各股委員會委員人選由常務委員會提提交執行委員會決定之

第十三條　本會設監察委員會以監察委員十一人組織之以一人爲主席並置候補監察委員三人

第十四條　本會商事公斷委員會之組織簡章另定之

第七章　委員之職權及任期

第十五條　執行委員依本章程之規定及會員大會之議決事項行使職權

第十六條　常務委員依本章程之規定及執行委員會之議決事項行使職權

第十七條　常務委員會對外代表本會

第十八條　常務委員其有延聘雇用及辭退辦事員之權

第十九條　監察委員會有監察本會職員及審查本會預算決算之權

第二十條　執監委員均以二年爲任期每年改選半數第一次改

選之委員以抽籤法定之再被選者得連任

第二十一條　常務委員以一年爲任期再被選者得連任

第二十二條　執監委員出缺由候補執監委員遞補常務委員出缺舉行補選均至前任任滿之日爲止

第二十三條　候補執監委員照例開會時可列席有發言權建議權無表決權如常會有執監委員缺席得臨時頂補其缺至該次會議終了時爲止

第八章　辦事員

第二十四條　本會設總務主任一人辦理執行委員會及常務委員會議決之事項

第二十五條　本會酌設辦事員其員額視事務之繁簡定之

第九章　選舉

第二十六條　執監委員由會員投票選舉常務委員由執行委員投票互選常務委員及執監委員選定後聲請地方行政官廳轉報國民政府工商部及江蘇省政府建設廳備案

第二十七條　選舉用記名連記法由選舉人到會行之

第二十八條　選舉以得票較多者當選票數相同時以抽籤法定之

第十章　會議

第二十九條　會議之種類如左

一、會員大會　每年舉行一次由執行委員會定期召集預算決算及其他重要事件

二、執行委員會議　每月舉行兩次由常務委員會召集議決執行本會一切事務

三、常務委員會議　由主席召集之

四、監察委員會議　由監察委員會主席定期召集之

第三十條　前條各項會議遇必要時得由常務委員會或執行委員會委員三分之一或全體委員十分之一以上之請求召集臨時會議

第三十一條　會員大會有會員三分之一以上之出席卽得開議出席會員二分之一以上之同意卽得議決但變更會章之決議應以全體會員三分之二以上之出席出席會員三分之二以上之同意行之

前項所書規定若到會會員不足法定數時得以出席會員三分之二以上之同意議定草案後通知未到會會員並于十日內召集第二次會員大會若仍不足法定人數卽以第二次到會會員三分之二以上之同意作爲議決

第三十二條　執行委員會有三分一以上之出席即得開會出席會員二分一以上之同意即得議決但左列各議案須有全體委員三分之二以上之出席出席委員三分二以上之同意始得議決

一、本會辦事規則案

二、本會預算決算案及特別重要事項

第三十三條　監察委員會須有二分一以上之出席方得開會出席委員三分之二以上之同意方得議決

第十一章　會費

第三十四條　會員每年納會費銀三十元於入會時先行繳納嗣後由本會每年收一次

第三十五條　會員出會時會費概不給還

第十二章　會計

第三十六條　本會經費以會員會費充之

第三十七條　會計年度以七月一日始至翌年六月三十日止

第三十八條　常務委員會應依會計年度分別編製預算案及決算案提交執行委員會通過後移交監察委員會審查完竣仍交執行委員會提付會員大會議決

第三十九條　會員大會對于預算有增減刪除之權

第四十條　預算得設預備費

第四十一條　會計年度屆滿新預算尚未成立時常務委員會得照上年度預算施行但因大會不足法定人數新預算不能議決時執行委員會得代行議決

第四十二條　本會遇有非常事項或舉辦重要事業預算不敷時經會員大會議決得特別籌募

第四十三條　本會支款除主席外須經常務委員二人以上之簽字方爲有效

第四十四條　會費收據須經常務委員全體簽字方爲有效

第十三章　附則

第四十五條　本章程之修改須經會員大會決議幷聲請地方行政官廳呈奉國民政府工商部及江蘇省建設廳核准始生效力

第四十六條　本章程自聲請地方行政官廳呈奉國民政府工商部及江蘇省建設廳核准公布之日施行

國貨展覽會

一 無錫國貨展覽會商場游藝場全圖

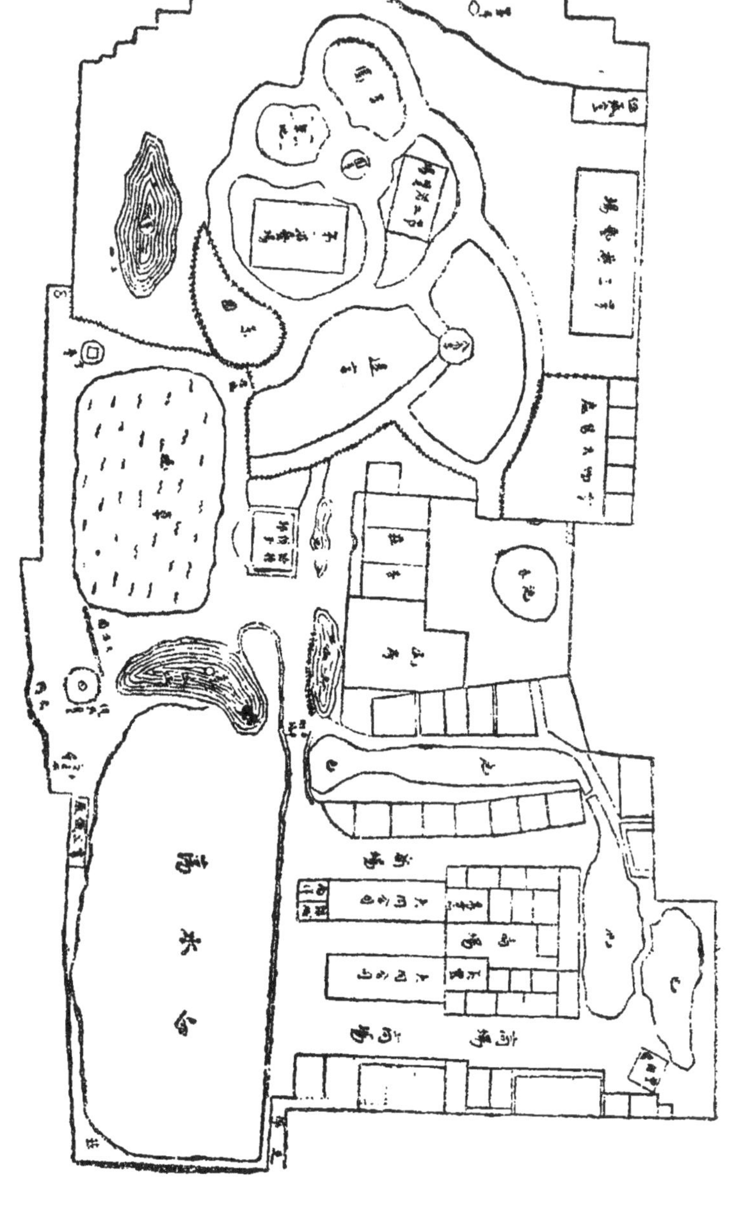

二　無錫國貨展覽會會場地點一覽表

部	地點	開放時間
工業商品陳列部	縣商會	下午一時至八時
教育藝術陳列部	公園多壽樓	上午九時至十一時半下午一時至八時止
特種出品陳列部	民衆教育館	上午九時至十一時半下午一時至五時止
營業部	公園東部	下午一時至九時
遊藝部	公園西部	下午一時至九時

▲遊客須知　遊衆不得攜帶禽獸及危險品入場參觀人須照規定路線進行。陳列室內不准吸烟及隨意唾咳談笑。參觀人不得手觸陳列品。遊衆如有損壞場內物件均須照價賠償。瘋顛醉漢及認為有礙秩序者得拒絕參觀。凡不遵守本規則者得令其退出。

三　國貨展覽會工業商品陳列部出品一覽表

紗布類

出品	廠名	出品	廠名
紗三架	慶豐紗廠	紗三鏡匣	申新三廠
紗布三匣	廣勤紗廠	紗二匣	豫康紗廠
紗四匣	業勤紗廠	布三匣	慶豐紗廠
布三疋四件	中新三廠	布二百四十疋	麗新布廠
布三匣	茂記布行	毛巾九匣	通源廠
線襪兩匣	豫泰襪廠	襪樣五合	中華襪廠
襪十七盒二盒	福興襪廠	絲光襪毛絨線襪四盒	實生公司
布兩件	恆豐布廠	絲光布四十疋	勸工布廠
棉織圖一架	勸工布廠	鏡框一件	麗新布廠
鏡売兩只	恆豐布廠		

絲織類

出品	廠名	出品	廠名
絲織品二疋	絲織綢廠	絲廿八盒	絲廠協會
繭二盒	又	肥絲一盒	唐恆豐
長吐滯頭一盒	美昌蠶蛾工場	絲樣五種	晉大絲行
絲棉一盒	世泰盛	經絲綢一盒	源記絲廠
羅篩一盒	世泰盛		

化學工藝類

出品	廠名	出品	廠名
漿糊廿盒	明劍工業社	石灰一件	無錫第一石灰廠
白燭一對	鴻昇	蓮菊二幅	天眞

藥水二箱　賀天元堂　中藥二匣　又　鋼板標本一架　美新　艾一瓶　華達廠
大小墨八匣　曹素功　明礬一盒　萬泰　活鹿一只　張大年
和合粉一盒　萬泰　樣皂壹座　豫昌　飲食類
藥品一箱　泰康成　樣皂一盒　福利廠　瓜子一瓶　萬大　水菓彩蛋花生白果六瓶　洪茂愼
名漆一盒　德興漆廠　藥品鏡廚　王大生號　餅干五打　天祿　餅干十四件　泰豐公司
藥品四鏡匣　廱濟壽號　藥片壹種　誠昌貿易所　善兩瓶　源福泉　豈油一瓶　恆德廠
中藥三盒　大吉春　內外象皮胎六條　陳嘉庚　母油二瓶　怡豐義　米樣十四件　米業公所
樣皂一廚　太平洋皂廠　龍鳳燭兩匣　朱萬生三房　茶食二盒　許喜和　南貨七瓶　萬大
照片卅架　麗新布廠　套鞋九雙　大新廠　母油十六瓶　萬豐昶　豆油一瓶　萬豐昶
五色風景片二幅　明星照相館　鏡框一盒　五九工業社　茶食二匣　稻香村　茶樣五只　義生昌
中藥鏡匣三具三只　泰山堂　漿糊一匣　利華公司　茶葉二盒　老俞泰　橄欖半打　三樂公司
化裝品十三件　志香寶　眼藥一匣　經鶴齡　糖果六種　三樂公司　酒醬油五瓶　許協泰昌
卅二寸放大照相二副　老寶華　長片風景一副　老寶華　辣油精一打　三樂公司　酒醬油二瓶　鴻泰祥
眼藥一箱　童保和　藥品一箱　仁壽康號　酒醬油三瓶　楊恆泰　酒醬油十瓶　陶東昇
皮毛角骨油四匣　昌裕德　源潤生　藥品九種　同豐　酒醬油[illegible]瓶　和泰　酒八瓶　陳瑞興
香粉一盒　時新昌　菊花五盆　時新昌　衛生母油一瓶　大有裕　陳年錫紹一瓶　大有裕
紙樣三刀　鎂樣一匣　利用廠　大豆餅二座　潤豐油廠　樣魚四瓶　王協泰　粉樣二瓶　九豐公司
化裝品一打　福華公司　龍鳳燭一對　萬昌　粉樣一廚　茂新廠　蜂蜜二打　華氏農場
鏡匣六只　陳嘉庚　牙器骨器四匣　華得利　桂花栗子一匣　朱順興　粉樣六瓶　泰隆公司

餅干十四件　泰豐公司　蜂蜜三種　誠昌貿易所
米樣三鏡匣　楊復泰

機械類

足踏繅絲機全部　薛明瑞堂　碾米機一架　工藝傳習所
彈棉機一架　毓蒙廠　邦浦一具　工藝傳習所
柴油引擎一座　工藝傳習所　柚木檢尺器一具　實業木器廠
電爐一副　振元五金店　養蜂具三件　華氏農場
立式柴油引擎機件四種十付　實業鐵工場　食鍋三只　王源敍
大小古銅十五件　三曹房

手工業類

武裝同志耍貨一座　周文盛　五卅慘案一座　美最時
鐘馗一座　章振記　耍貨一件　陳福茂
耍貨一件　陳敍成　耍貨一件　陳敍興
耍貨一件　胡萬成　泥人二種　美景華
臨江宴一座　胡萬成　出師伐金一座　胡萬成
大有秋一座　龔源盛　劉海得寶一座　龔源盛
牧童騎牛一　顧萬春　總理遺像一　景新
連環計一套　蔣德茂　項羽舉鼎一座　惠品商店
農夫耕田一　惠品商店　三娘教子一　陳順興

象一只　嘰永興　關公看春秋一座　鮑順興
桑園寄子一座　廣福成　四郎探母一座　章振記
耍貨四十件　平民習藝所

手工業及工業原料類

銀盾銀杯一件　恆孚銀樓　銀器四件　新寶成
銅錫器八十三件　合茂　銅錫器廿件　唐順興
鼎杯果盤鹿四件　楊慶和　鑲売古鼎一只　新寶成
鏡架一只　丁開泰　剪刀四把　張小泉
鉛樣一合　錫成公司　鉛字一架　錫成公司
石印本一　錫成公司　鏡盒二只　新寶成
徽章一座　新寶成　麒麟一只　新寶成
白象一只　新寶成　花盆一對　新寶成
蜘蛛架一對　新寶成　花缸一只　新寶成
小堂鐘一只　新寶成　成文金玉燭一只　鳳祥
花邊四鏡壳　沈杜毓珍　柚木椅檯榻六件　實業木器廠
楷黑板二件　競美工藝社　銀器十七件　金銀公所
銀器五件徽章二架　老裕仁　皮鞋二雙　隆昌祥
絲竹樂器卅三件　鳳義興　象棋五副　樂群書局
油木椅檯榻六件　實業廠　繩圍兩個草鞋兩雙　平民習藝所

品名	出品人	品名	出品人
草紙一件	無錫第一石灰廠	牙刷一件	梁新記
筆四盒	吳垂露	片刷一種	誠昌貿易所
皮箱皮包十件	馮振泰	磚瓦二架	利農公司
寫字櫓一只	實業	帽鞋二件	嘉福堂
帽鞋三件	嘉福堂	紅木鏡箱六件	華新昌
窰磚十三種	窰業協會	窰貨廿二件	蔣仁茂
磚瓦二架	利農公司	磁器一盒	鄧裕順
磁器二合	源裕號	算盤二把	施萬昌
鏡梳頭器二座	施萬昌	金牌架 裝算盤八把	嚴義昌
大理石屏插一件	嚴義昌	花邊五鏡架	義利花邊公司
柳安大廚一只	郞順興	大椅二張 鏡檯一張	郞順興
美人榻一張	三民木器公司	麻立書椅二張	三民木器公司
房椅四張 圓檯一張	三民木器公司	大廚一具 寫字檯一張	新順昌
小机檯一張	新順昌	柚木茶机四張	又
西式牀一張	又	蠶繭七件	亞賓場
壽星一件	胡萬成	柳安木器四件	郞順興
洋式木器十件	三民木器店	紅木器五件	新順昌
紅木器八件	榭順興	密餞十六件	紫陽鄉
紅木器六件	天泰	棉花二合	全泰花莊
石粉二合	成大 成泰	青石一匣	允利錫記石礦公司

教育藝術陳列品

書畫類

類別	件數	出品人	類別	件數	出品人
畫	二件	錢潮模	對聯	十二件	錢潮模
美人屏	四件	周鳳興	刻竹扇骨	一件	薛佛印
墨拓留痕	一冊	薛佛印	白描人物	二件	陸復齋
金蓮歸院	一件	陸復齋	山水立軸	一件	張伯楷
猴子鏡框	一種	趙竹銘	小孩鉛畫	一種	趙竹銘
墨竹梅	二軸	孫輯	墨銘屏條	四條	孫輯
萬戶草堂圖	一幅	美專校	人物立軸	一幅	美專校
清供圖立軸	一幅	又	翎毛花卉	一幅	又
鹿	一幅	又	壽者相	一幅	又
翎毛花草	一件	又	翎毛草卉四堂	一件	又
墨竹立軸	又	又	絨條山水	一件	又
合作立軸	又	又	金魚立軸	又	又
絕谷棧道	又	又	山水立軸	又	又
荷花鴛鴦	又	又	鏡框畫片	拾種	又
繆海岳草書	一幅	又	繆海岳屏條	四條	又

品名	數量	出品人
五候九伯立軸	一件	陸復齋
梅花立軸	一軸	縣女中
雙青圖	一軸	又
秋夜燭影圖	一軸	又
曲廊秋月	一軸	又
秋千夜落	一軸	又
墨畫梅莊	一軸	裔後亭
花卉翎毛	又	蔣英漢
山水	二軸	競志女學
立秋圖	又	又
圖案畫	一幅	又
人物	一軸	涼爽社
五候九伯圖	又	又
山水	一幅	又
字	四幅	又
四尺對	一副	又
南極星輝	一件	高枕
刺繡類		
自由神像	一件	中西女學
人物斗方	三張	陸復齋
金魚	一軸	縣女中
詞意圖	一軸	又
梭宿一角	又	又
仕女圖	又	又
海棠圖	又	又
墨梅屏條	四條	裔後亭
菊花	二軸	競志女學
國花	一幅	又
西畫鏡框	二個	又
金石	二幅	涼爽社
封候圖	一軸	又
虎	一軸	又
月夜	一幅	又
畫	九幅	又
畫立軸	十一件	又
總理遺像	一件	程華貞
盤金繡片	一件	程華貞
麻姑獻壽	一件	汪蕙芬
歡喜無量	一件	顧佩英
八段遐齡	一件	楊勤英
壽字中堂	一件	李韻芬
岳飛聖像	一件	秦華明
絲繡百壽圖	又	第一繡工會傳習所
劉海洒金錢	又	倪端英
賣身葬父	又	李毓琴
人物	一件	振秀女學
漁翁中堂	一件	又
踏雪尋梅	又	又
蒹葭鴛鴦	又	學藝女學
麻姑獻壽	又	又
花邊類		
花邊猛生活	二種	胡鶴年
花邊細線	一種	又
紙工造八架七架	二件	縣女中
機械圖		
昭君出塞	一件	又
耄耋圖	一件	惠霞芳
延年吉慶	一件	薛陳張
南極星輝	一件	吳福珍
山水橫片	一件	唐玉華
翎毛花卉尺頁	一件	中西女學
濟顛僧	又	奚素梅
太白醉酒	又	馬婉冲
水彩畫月	又	曹慧林
三笑圖	一件	振秀女學
田家樂	又	又
慈航普陀	又	學藝女學
茱藤鸞鷺	又	又
花邊寶花	一種	胡鶴年
花邊手工	一種	又

溫熱帶紡織屋頂構造圖　一張　申新職員養成所

紡織機桃子盤各種形式圖　一張　又

圖案亞文名　一張　又

一萬錠子紡織廠設計　一張　又

紡織廠開花機圖　一張　又

特種出品陳列部(民衆教育館)

無錫雜誌社出品　三件

私立無錫蠶種製造所蠶種　一匣

私立無錫蠶種製造所秋蠶繭簇　一件

協成印刷公司風景圖樣書　二件

攝影照片　五十件

以上爲新徵集者

部別	類別	種數	件數	價值估計
娛樂	電影	三	九七	八九·五〇
	音樂	一七	六七	一七一·二五
	弈棋	四	九	二·三九
	美術	三	一六二	二三·九九
博物	動物標本	一四五	三〇一	一二〇·一〇
	動物掛圖	二四	七四	一五·八〇
	植物標本	三二一	三二二	三八·二〇
	植物掛圖	二七	九八	一〇·二四
	礦物	二二	四〇三	一〇七·四八
實業	農業標本	二七	一二〇	六六·八〇
	農家副業標本	八	三二	一二·五三
	工業標本	一三	六七	二四·四五
衛生生理	生理衛生掛圖	一四	七二	一五·六二
	生理衛生模型	二一	二六	五一二·〇〇
教科	教科	二一	九五	四四·二四
天文	天文	一九	二七	一五·三二
歷史	泥人	六四	七九	二三·八六
	歷史掛圖	一五	三五	一〇·三〇
	錢幣	一	四七	二·五〇
地理	地理	四〇	八九	四八·六八
理化	電學	六〇	六六	二五六·九四
	力學	四二	四二	六八·二二
	水學	三一	三一	六二·〇七
	熱學	一〇	一〇	五八·九〇
	光學	二二	二二	六八·八八

氣	學	一六	一七	七二•五〇	以上為民衆教育館原有陳列品		
聲	學	一一	一五	三八•三七	繹之各種養蜂照片	四十種	陳列公園清風茶墅
化	學	二一	二二	六一•二五	震日工廠打水机	全副	陳列公園池邊
軍器	子彈	八	三七	五四•九〇	江蘇省立農具製造所出品		陳列公園池旁
總計	二九類	一〇三〇種	二四八四件	二一〇七•六元			

四 國貨展覽會營業部商號一覽表

商店名稱	經售物品	租賃間數及地點	聲請人姓名	保證人姓名	通信處
協祕	綢緞	地上草堂一間	程俊臣		上海畫錦里
蘇新	綢緞	同庚廳一間	李益民	大昌莊	蘇州北寺
老介綸	綢緞	同庚廳一間	顧鴻培	陸永和	蘇州
袁震和	綢緞	同庚廳前面兩間	朱錫榮	杭州	上海南京路冠羣坊發行所
經緯	綢緞	蘭巷旁一間	馬希賢	陳定九	廠在江寧分號設上海虹口
皆大	綢緞	同庚廳兩間	馮敬之	陳定九	蘇州平門
美豐	綢緞	同庚廳前面兩間	胡金玉	程敬堂	廠設杭州分號設上海三馬路景和里一百六十五號
久成	又	同庚廳靠東旁邊一間	俞慶榛	邵東記	本邑新市橋
華豐	又	同庚廳靠東旁一間	王雪瑩		廠設杭州分號設上海北山西路太安里三十六號
祥泰	布匹	同庚廳旁乙等一間	張崇偉	曾泰豐	上海
偉成	布匹	靠河橋下一間	王國樑		新市橋南
麗新	又	池上草堂三間	程敬堂	姚鴻治	本邑社橋頭

聯　　益	絲　巾	同庚廳旁一間	楊翰雲		
大　　同	百　貨	同庚廳前面及蘭慈共十間	藍仲和公所	吳文軒	本邑大同行
惠　　豐	洋　廣	同庚廳前面一間	胡潤蓀	范保康	本城倉橋下
羅　　克	化裝品	橋下轉角一間	張步云	陸慕祥	
嘉　　祿	銅　牀	同庚廳中一間	周駕山	沈濟之	本城外黃泥橋
稻香村	茶　食	池上草堂旁邊一間	徐福保	徐錦文	書院弄
成　　裕	又	同廳庚旁靠西一間	張子才	秦慰祖	打鐵橋
朱寶昌	古　玩	同庚廳靠西一間	朱子麟	洽源珠號	推官牌樓
五金電料公會	電　料	西社一間	蔣漢卿		
大同書局	書籍文具	同庚廳前面靠西一間	學海堂		推官牌樓
馮振泰	皮　革	同庚廳前面又一間			書院弄
老雙成	銅　錫	又　又　又一間	陸金標	龔幹庭	北門內
兆　　豐	琺　瑯	又　又　又一間	陳均壽	張保太米行	薛烱蔚
日　　新	山　貨	同庚廳前面一間	張毓卿	章仲清	北門外
明　　華	銅鏡架	同庚廳後面一間	楊慕蘇	永新百貨公司	書院弄
永　　新	線　毯	同庚廳前面一間	嵇正坤	同　上	書院弄
中　　南	洋廣香烟	同庚廳後面一間	呂浩深	協泰源烟號	交際路
南洋兄弟烟草公司	香　烟	同庚廳靠河一間	華勤安	黃耀星	交際路
李毓豐	彈棉機	同庚廳靠西一間	韓定揚	陳仞千	上海法界

仁昌永	料器	同庚廳前面一間			上海
聚興齋	小菜茶食	八角亭一間	葛金生	吳瑞銓	西門內恆成南貨號
李慕貞	又	方亭一間	李慕貞	張蘊華	縣下塘四號
鏡芳	照相館	同庚廳西首靠河一間	張鏡叔	劉兆豐	住營業橋巷
華昌	鋼精	天韻社旁一間			
元元	鞋帽	池上草堂中一間	吳子林	敦義昌	住溜龍橋
明和	化粧品	同庚廳靠東後一間	吳子林	郭義昌	上海七浦路
竟成	絲襪	蘭簃北旁丙等一間	吳少禮	高雲軒	
李永興	剪刀	西社南旁一間	鄭嘉祿	公園飯店	
中發	絲襪	天韻樓南旁一間	張義本	鄧紹年	

五　國貨展覽會籌備之經過

(一)籌備會

自八月下旬由本邑十三公團組織籌備委員會。從事籌備至雙十節正式開幕。共計開會十次。議決事項甚多。茲將其重要者列下。

(一)決議登報招工承包本會會場各種建築如搭蓋游藝場蘆棚。園造竹籬等項。(二)決議由程委員敬堂負責請商會召集各業領袖談話接洽。(三)議定每隔一日開會一次。時間在下午四時。(四)議決遊藝場內茶資每壺增加銅元十枚。卽將此款充作本會經費。(五)議定本會營業場租金分甲乙丙丁四等。甲等每間二十元。乙等十五元。丙等十元。丁等五元。(六)議定本會會徽以錫山圖案為標準。(七)本會場電燈由無錫電料業公會承包。(八)議決本會會場竹籬蘆蓆棚等概由楊金龍承包價格如下。單蘆蓆每方丈一元六角。雙蘆蓆每方丈二元五角五分。竹籬每方丈一元一角。(九)特聘薛明劍先生主編本會紀念刊。(十)決議十月九日開幕。十日開始游覽及營業。(十一)議定日刊辦法。甲、每日出四開刊一張。乙、編輯部附設總辦事處。丙、價目每張銅元兩枚。丁、由宣傳委員會擬定詳細計劃。交本會討論。戊、經費由本會酌量籌墊。(十二)決議。(一)各機關職員來會游覽游藝。均須購票。概不贈送。(二)組織票務處。

設正副主任各一人。下設賣票員九人。驗票員九人。(十三)議定開幕典禮地點。在游藝部新劇場。舉行日期十月九日上午十時。同時呈請建設廳省政府省黨部工商部派員出席。(十四)議定商請救火會商用大號水龍一座。請派員負責會場消防事宜。(十五)議決獎狀章紀念章圖案。交設計委員會辦理。(十六)議決所有各委員會擬聘職員。須送交本會通過後聘任。(十七)議決組織票務委員會。請華少純、華念祖、陳祥春、吳紹基、薛明劍、程敬堂、姚鴻治等七人為委員。

(二)設計委員會設計情形

設計委員會於九月十三日起。迭經開會。義定一切進行事宜。茲將重要者錄下。(一)推定江應麟、龔政旋、嚴鍾英擬定大門牌樓圖樣。(二)議決裝置電燈計劃。(三)決議請周寄湄、沈濟之担任西部游藝場建築。推定嚴鍾英設計獎章式樣。莫善樂設計獎狀式樣。(四)沈濟之設計紀念章式樣。

(三)宣傳委員會工作概略

先後開會七次。議決重要事項如下。

一、布股建議請設計委員會將公園佈置計劃。從速規定。以便早日遵循佈置案決議照轉。二、編纂股提出日刊經費預算表。請付討論案決議交籌備委員會審查。三、決議組織遊藝委員會。四、推定萬步臯、秦俠儂、沈濟之、姚心垂、孫君修五人為游藝委員會委員。五、議定新劇部有給幹事劉龍產、陳炳元、義務幹事潘心一、鄧詩亭、乙、電影部有給幹事俞雲鶴、嚴艦榮、劉三官、義務幹事趙吉甫、張應運、丙、雜耍部有給幹事俞雲紀、朱文卿、義務幹事陳宗善、陳尊友、佈置幹事黃耀星、(兼電影廣告)薛光燾、義務幹事顧奇卿、馬映暉、六、議定有給幹事車馬費每人十元。七、建議籌備會發行月季劵。

(四)游藝委員會議決事項

宣傳委員會組織游藝委員會。議定游藝接洽辦法多項。並推定沈濟之為新劇部主任。孫君修為電影部主任。萬步臯為雜耍部正主任。秦俠儂、姚心垂副主任云。

六　國貨展覽會中之設備

莊嚴燦爛之牌樓　會場門首（即公園門首）。建一偉大牌樓。由江應麟、龔政旋、嚴鍾英繪成圖樣。計有三個發圈。中發圈上面用電燈製成無錫國貨展覽會字樣。其餘四周亦均以電燈裝置。顏色亦支配適宜。大有美術思想。他如工業商品部特種陳列部等處門首。均扎牌樓一座。以壯觀瞻。公園草地上立有旗杆。上懸萬國旗。間以五色電燈。河池內用電燈裝無錫國貨展覽會七字。水面上滿裝荷花燈。及各織動物模型燈彩。

美麗曲折之美術路　自民衆教育館之特種陳列部門首起。至縣商會工業商品部止。沿途均用鉛絲懸掛紅綠燈籠。及三角標語。花色紙燈白布標語等相間曲折於左右電桿木上。形成爲無數三角線。備極美觀。

簡單美觀之臨時屋　會中因租賃營業場之踴擠。房屋不敷應用。特於同庚廳前及兩旁造臨時房屋數十間。游藝場方面將原有中央影戲院不再更動外。籃球場全部闢爲新劇場。籃球場旁闢雜耍場。

詳細設計之消防器　會中對於消防事宜。非常注意。特請東區救火會將新造國貨自動消防器一輛。日夜到會消防。

七　國貨展覽會服務人員名單

無錫國貨展覽會籌備委員會組織機關及代表姓名

縣黨部	姚鴻治	縣政府	周翥山
縣商會	程敬堂	救國會	張恨天
工整會	劉啓迪	市政籌備處	莫善樂
建設局	秦向陶	財務局	郭鈞一
公安局	尤勵	教育局	沈顯芝
警察大隊	陸慕祥	陸軍十八旅	
教育會	許卓人	共十三公團	

無錫國貨展覽會籌備委員會常務委員名單

姚鴻治　程敬堂　周翥山　張恨天　劉啓迪

宣傳委員名單

桂沃臣　姚心垂　蔣翼　范保康　沈顯芝　王志明
孫君修　萬步皋　馮天農　楊重遠　周含茹　周辛伯
徐赤子　秦俠儂　馬映暉　姚鴻治　錢作民　沈濟之
孫春圃　顧奇卿　宋泳蓀　石清麟　朱冰蝶

顧問名單

胡念倩　强杰孫　榮德生　楊翰西　薛明劍　孫祖基
陳品三　趙子新　江煥卿　蔡有容　藍仲和　吳襄卿
程炳若　沈維棟　胡彬　蔡秉三　錢孫卿　姚滌新
華念祖　張恨天　陳子寬　華繹之　唐星海　李公威
張錫昌　陸起　吳士梅　陳湛如　黃貞白　朱一鳴
薛壽萱　陳亮東　錢鳳高　蔣鋭海　周寄湄　邱鳴九
孫文杰　陸仁壽　陳祥春　朱士圭　吳玉書　莫善樂
嚴鍾英　孫和生　黃心栽　嚴仰斗　江導山　華少純
胡桐蓀

祕書處職員名單

祕書　錢涵宇

文書 高振 章駿豪
會計 嚴保滋
文書助理 徐用楫
事務員 章階平 徐蕁芳
書記 薛萃章

徵集委員名單

蔣鏡海 吳少之 程敬堂 吳玉書 段有儉 陳品三
薛明劍 孫荷生 陸鎮宇 蔣東孚 鄭振凡 趙子新
李仲臣 邵涵人 張善卿 傅雲生 樂聯芳 陶冠時
糜俊千 陳湛如 浦文汀 陳進立 孫伯英 藍仲和
王爾臣 劉鴻坤 李介亭 吳邦周 吳襄卿 蔣緘三
程炳若 鄭炳泉 錢鳳高 浦子敬 陸輔臣 李硯臣
邵任鴻 張仲英 陳子寬 華少純 江導山 薛壽萱
唐星海 華繹之 江樂山 戈子祺 張啓明 黃君輿
陳述甫

設計委員名單

嚴鍾英 張明歐 龔政旋 江應麟 周寄湄 沈濟之
陸起華 胡桐蓀 秦向陶 郭鈞一 莫仲夔

主幹陳列委員名單
薛明劍 吳玉書 戈子才 糜俊千 陳進立 陳子寬
錢保稚 李石庵 吳邦周 王爾臣 孫炳如 王君輿
陸輔臣 鄭炳泉 徐志彬

日刊編輯主任

馮天農(正) 孫春圃(副)

會刊編纂主任

薛明劍

無錫國貨展覽會會場工作人員一覽表

祕書 徐用楫 事務主任 嚴保滋 文書主任 錢涵宇
文書 高振 事務員 周鑫鎮 事務員 陳定九
文書 章駿豪 書記 薛萃章 事務員 徐蕁芳
事務員 呂少煌 事務員 張伯鈞 事務員 王秉均
事務員 章階平 交際員 孫子堅 事務員 王耀星
售票員 王鴻錫 繪圖員 邢仲卿 遊藝部幹事朱文卿
事務員 胡尚文 售票員 過子祥 收票員 葉鳳春
遊藝部幹事趙吉甫 遊藝部幹事俞雲基 收票員 凌嘯濱
售票員 王鴻基 遊藝部幹事俞雲鶴 遊藝部幹事劉龍生
遊藝部幹事張應雲 遊藝部幹事陳寶善 遊藝部幹事陳鶴友
遊藝部幹事潘心一 遊藝部幹事鄧詩亭 日刊編輯 趙鵬霄

日刊編輯 孫春圃 日刊編輯 徐叔豪 日刊編輯 王振新
日刊編輯 華世浦 日刊編輯 楊擎卿 日刊編輯 范逸庭
日刊編輯 王志堅 日刊編輯 計錫麟 日刊編輯 孫伯亮
書　記 浦一匡 事務員 嚴漢生

八　無錫國貨展覽會各部出品審查報告書

染織工業類

廣勤紗廠 申新紗廠 勸工布廠 恆豐染織廠 麗新染織廠 平民習藝所 慶豐紗廠 乾甡絲廠 永泰絲廠 裕昌絲廠 源康絲廠 瑞綸絲廠 振藝絲廠 乾豐絲廠 亞賓蠶桑場 繭業協會 絲廠協會 豫康紗廠 源記絲織廠 無錫絲織綢廠 福興襪廠 豫泰襪廠 中華襪廠 華福帽廠 通成紡織公司 美昌長吐絲行

以上特等獎

沈廣茂染廠 萬鎰絲廠 振豐絲廠 餘綸絲廠 天成絲廠 瑞豐絲廠 三新泰記 永泰豐絲廠 泰和絲廠 義生絲廠 泰豐絲廠 德盛絲廠 永豐絲廠 民豐絲廠 旣裕絲廠 錦泰絲廠 永裕絲廠 澄豐絲廠 振元絲廠 泰孚絲廠 德大裕絲廠 鎮綸絲廠 鎰豐絲廠 義豐第一絲廠 義豐第二絲廠 源益絲廠 瑞昌絲廠 業勤紗廠 晉大絲行 唐恆豐木車絲行 通源毛巾廠 恆大蔴線號 勞業襪廠 茂記布行 九綸布廠

以上優等獎

晉大木車絲 美昌滯頭 樂天農場 私立無錫蠶種製造所

以上一等獎

潤生骨棧 德源鵝羊毛 中昌裕藥水皮 世泰盛

以上褒獎狀

化學工業類

陳嘉庚 利用鎂廠 福利肥皂廠 大平洋肥皂廠 大同公司火柴廠 敬業石筆廠

以上特等獎

王大生西號 經鶴齡眼藥 泰康成 仁壽康 王大生東號 龐濟壽 大吉春 泰山堂 同豐 利華公司漿糊 錫成公司 豫昌肥皂廠 美新照相 老寶華照相 無錫第一石灰廠 成大成泰石粉廠 明劍工業社 福華 江陰映紅照相 嚴二茂 史墨林漿糊 張大年

以上優等獎

賀天元堂 童保且堂 萬昌燭號 李萬生三房 鴻昇燭號 老香室 時新昌 華達艾絨 萬大 天眞照相 明星照相

協成公司

以上一等獎

電機工業類（附木器）

實業鐵工廠　工藝傳習所　實業木器廠　江蘇省立農具製造所　震旦工業廠　大新昌

以上特等獎

薛明瑞堂絲車　毓業鐵廠彈棉機　曹三房冶坊　天泰木器　謝順興木器　新順昌木器　邰順興木器　三民公司木器

以上優等獎

王源吉　王源聚　振元　朱泰昌

以上一等獎

飲食工業類

米業公所　九豐麵粉廠　泰隆麵粉廠　茂新麵粉廠　潤豐油廠　恆德油廠　華繹之養蜂場　三樂公司　陳嘉庚　公大油餅廠

以上特等獎

煙業公會　萬豐昌母油　湧泰母油　陶東昇醬油　鴻泰祥醬油　許協泰昌醬油　楊恆泰醬油　怡豐義母油　丁和泰母油　大有裕母油　徐嘉禾　稻香村　徐谷香村

以上優等獎

誠昌雲洱茶　楊復泰麥精粉　湧泰紹酒　陶昇東紹酒　鴻泰祥陳全福　許協泰昌花露酒　楊恆泰高粱　陳瑞興酒

以上一等獎

老俞泰隆　義生昌　洪茂慎　萬大　和濟公司　泰豐餅乾　德興漆莊　萬泰　紫陽觀　徐谷香村　黃協聚　復源泉　朱順興

以上褒獎

手工製造類

新寶成　恆孚　楊慶和　上海梁新記　陳嘉庚　大中華義利花邊　恆昶花邊　沈桂毓珍花邊　老裕仁　金銀業公所　利用紙廠　無錫老鑑頭　利用磚廠　平民習藝所

以上特等獎

馮振泰　徐森隆　鳳祥久記　嘉福堂　松茂祥　隆昌祥　馮變堂　曹素功　得元堂　奚垂露　誠昌貿易所　五九工業社　競美工業社　老裕仁　新鳳祥　金銀業公所　慶雲　老麗仁　老寶成　胡萬成大房　虞福茂　鮑順興　陳順興　景華　蔣德茂　第一石灰廠　福興盛　謝奇峯　汪仁壽

以上優等獎

樂羣 華得利 老香室 裕源 鄧裕成 張小全 唐順興
合茂 龔源盛 惠品 章振記 周文盛 美最時 胡萬成二
房 嚴永興 陳福茂 顧萬春 陳聚成 丁開泰 蔣義茂
嚴義昌 施萬昌 華新昌 鳳義興 胡鶴年花邊

以上一等獎

新景 時新昌 蔣仁義 允利錫記石礦公司

以上褒獎

教育藝術類

書畫品

繆海嶽 字 陳斐文 花鳥 汪凌歐 荷花清趣 胡汀鷺
竹 錢松嵒 雪山 李光祖 壽者相 劉佩琪 油畫 楊小
柳 松猴 陳旭旦 虎石 徐厚臣 山水 吳縣金石 王寬
人物 陸復齋 莽諸葛 裘心禪 手繪圖章 申新職員養成
所

以上特等獎

繆宏 六曲欄杆 徐祖培 荷花鷺鷥 胡玉書 鳥 錢松嵒
竹 糜朝旭 山水 季蘭初 字 汪震 雪霽圖 趙鴻勳
猴柏 張振 夜笛 裔敬亭 梅花 錢潮模 篆字 高靜芬
山水 顧雲 山水 龔麗雲 菊 無錫雜誌

以上優等獎

金銘秋 花鳥 汪翁 字 堯南 山水 宋轉坤 月夜 朱
雲擷 孫志南 愛蝶生 合錦 周鳳興 美女屏條 華采惠
花鳥 張伯楷 山水 孫緝 梅花 朱堅如 靜物 朱玉成
靜物 顧鐵凡 無錫南郊 蔣英漢 花鳥 胡琦珍 山水
張韻花 校舍一角 錢菊仙 紅梅 顧佩鎰 曲廊秋月 唐
婉 文 蜻蜓 龔素淵 菊 倪翠芳 字 藍佩珍 字 莊
以治 字 顧佩鎰 字

以上一等獎

工藝品

薛佛影 刻竹(特等) 工織學校 花綢 縣女中 紙工造花
胡鶴平 花邊 競志女學 花籃

以上優等獎

縣立四校 兒童工藝

以上一等獎

刺繡品

程華貞 總理遺像 糜閨雄 自由神 奚素梅 濟顛僧 倪
瑞英 劉海 馬婉仲 太白醉酒 陳戚婉貞 喜慶大來 陳
秀貞 虎谿三笑 繡工會 百壽圖

以上特等奬

李毓琴　賣身葬父　曹慧林　水彩月季　楊勤英　八百遐齡
李韻芬　南極星輝　祝景芳　蟾宮折桂　婁瑞君　花蝶　惠
霞芳　汪蕙芬　華麗娟　麻姑獻壽　蒯珩　人物　振秀女學
踏雪尋梅　靜珍　田家樂　薛芹芬　花蝶

以上優等奬

林蘭　漁翁　顧佩英　歡喜無量　吳藹珍　壽字　唐玉華
山水　秦華明　岳飛　如珍　薏芬　平安眉壽　王玉英　來
道文虎　競化女學　縫繡　志成女學　丹鳳朝陽

以上一等奬

審查委員

楊壽滔　蔡緘三　裘昌年　姚滌新　李道威　孫鴻始　姚公治　錢孫卿　張仁天　陸恨壽　華藝三　榮德生　華繹之

吳侍梅　李石庵　藍仲和　宋少雲　曹衡之　桂沃臣　繆棟臣　陸起華　范谷泉　蔣鏡海　高叔方　華張應秀

十一月二十日

無錫新世界

旅社之攝影

本旅社自經火災以後翻造新式四層樓洋房專設西式旅社自向外洋定造新式銅床柚木紅木各種器具綢綿被褥床帳房間清潔空氣充足應酬周到價目比別家格外克己每間每天自四角二分起至三元止任憑揀選另派接客於車站輪埠專接往來客商開辦以來商豪官商許贊有口皆碑並於下層設中西餐間精烹各色中西大菜定價克己如蒙諸君光顧毋任歡迎

電話（五七三）（五七四）

無錫復新公司新世界謹啓

民報

民報八大特色

記載詳實　編製醒目
消息靈通　持論正大
小品通俗　批示完備
市情詳細　廣告克己

本報的信條——精新眞

448

閱報諸君！
尊寓附近發生新聞，君可
請電話四四八號，通知本報館，
立派記者前來採訪，
此可贈加諸君之閱報興趣不少！
民報編輯部啓

要知道國家社會的情形
要知道商業的狀況
就要每天看消息最靈、商市最確、批示最詳的民報
每天看報是好國民應有的良好習慣
你已看過民報麼？
如果已經看過，請你繼續的訂閱下去
因爲民報明年更有新計劃、新改革
如果還沒有看過，請訂閱一份吧，保你事業發達、知識增高、工作輕鬆愉快
民報館啓

館址無錫光複門外大車巷口
電話第四百四十八號長途[illegible]

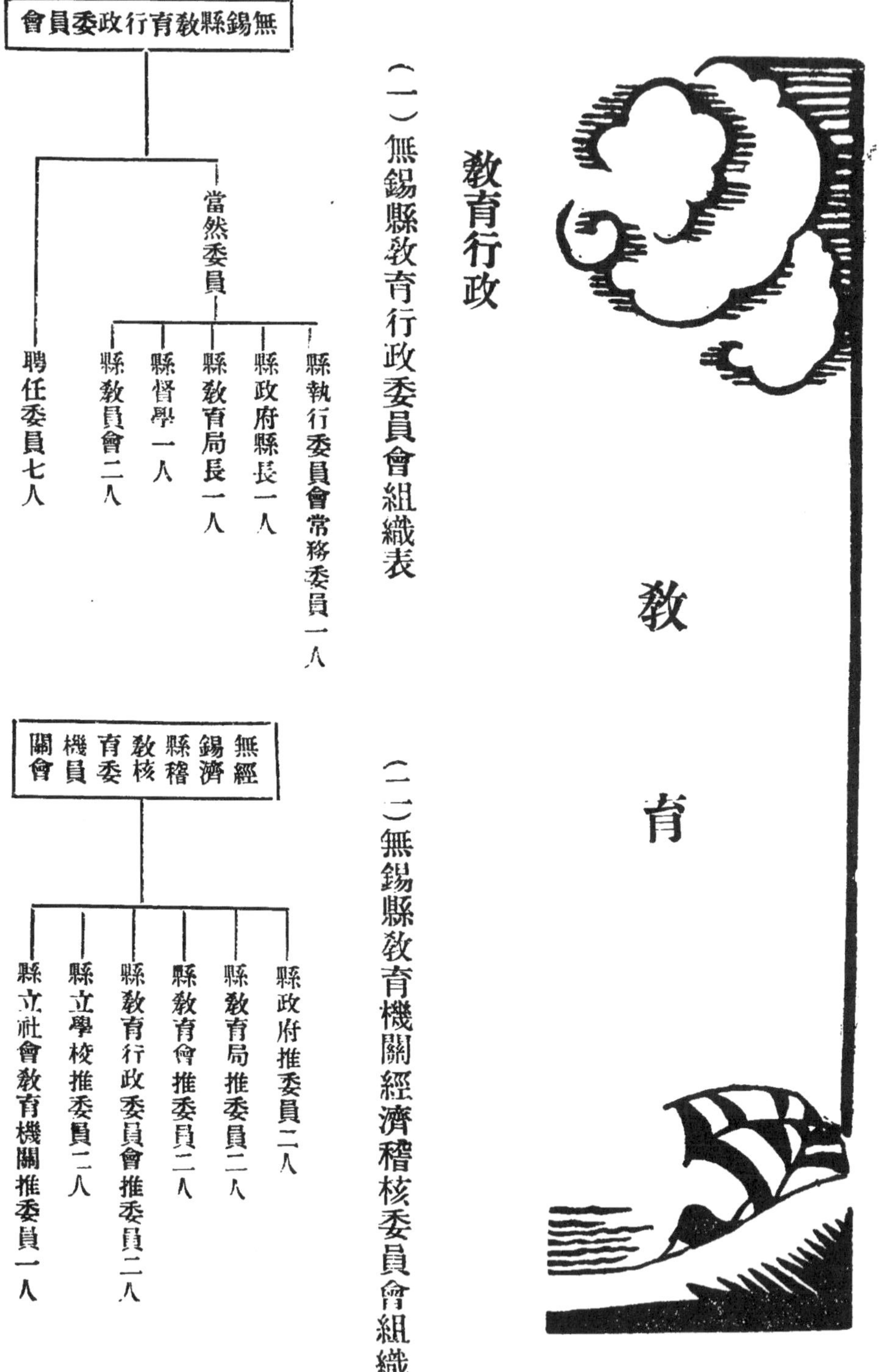

教育行政

(一)無錫縣教育行政委員會組織表

- 無錫縣教育行政委員會
  - 當然委員
    - 縣執行委員會常務委員一人
    - 縣政府縣長一人
    - 縣教育局長一人
    - 縣督學一人
    - 縣教員會二人
  - 聘任委員七人

(二)無錫縣教育機關經濟稽核委員會組織表

- 無錫縣教育機關經濟稽核委員會
  - 縣政府推委員二人
  - 縣教育局推委員二人
  - 縣教育會推委員二人
  - 縣教育行政委員會推委員二人
  - 縣立學校推委員二人
  - 縣立社會教育機關推委員一人

（三）無錫縣教育局分區經濟稽核委員會組織表

- 無錫縣教育機關經濟稽核委員會
  - 第一學區經濟稽核委員會
    - 中心小學校長
    - 通滙橋小學校長
    - 棉花巷小學校長
    - 三皇街小學校長
    - 治坊橋小學校長
  - 第二學區經濟稽核委員會
    - 教育委員
    - 劉潭橋小學校長
    - 寺頭小學校長
    - 楊巷小學校長
    - 長安橋小學校長
  - 第三學區經濟稽核委員會
    - 教育委員
    - 禮社小學校長
    - 洛社小學校長
    - 石塘灣小學校長
    - 玉祁小學校長
  - 第四學區經濟稽核委員會
    - 教育委員
    - 鴻聲小學校長
    - 南荷小學校長
    - 膽橋小學校長
    - 秦南小學校長
  - 第五學區經濟稽核委員會
    - 教育委員
    - 楊亭小學校長
    - 興塘小學校長
    - 張膠舍小學校長
    - 涇皋小學校長
  - 第六學區經濟稽核委員會
    - 教育委員
    - 新瀆橋小學校長
    - 河埒口小學校長
    - 陸區橋小學校長
    - 錢橋小學校長
  - 第七學區經濟稽核委員會
    - 教育委員
    - 陸莊小學校長
    - 南橋小學校長
    - 南方泉小學校長
    - 燒香浜小學校長
  - 第八學區經濟稽核委員會
    - 教育委員
    - 東亭小學校長
    - 普福庵小學校長
    - 查家橋小學校長
    - 馮胡巷小學校長

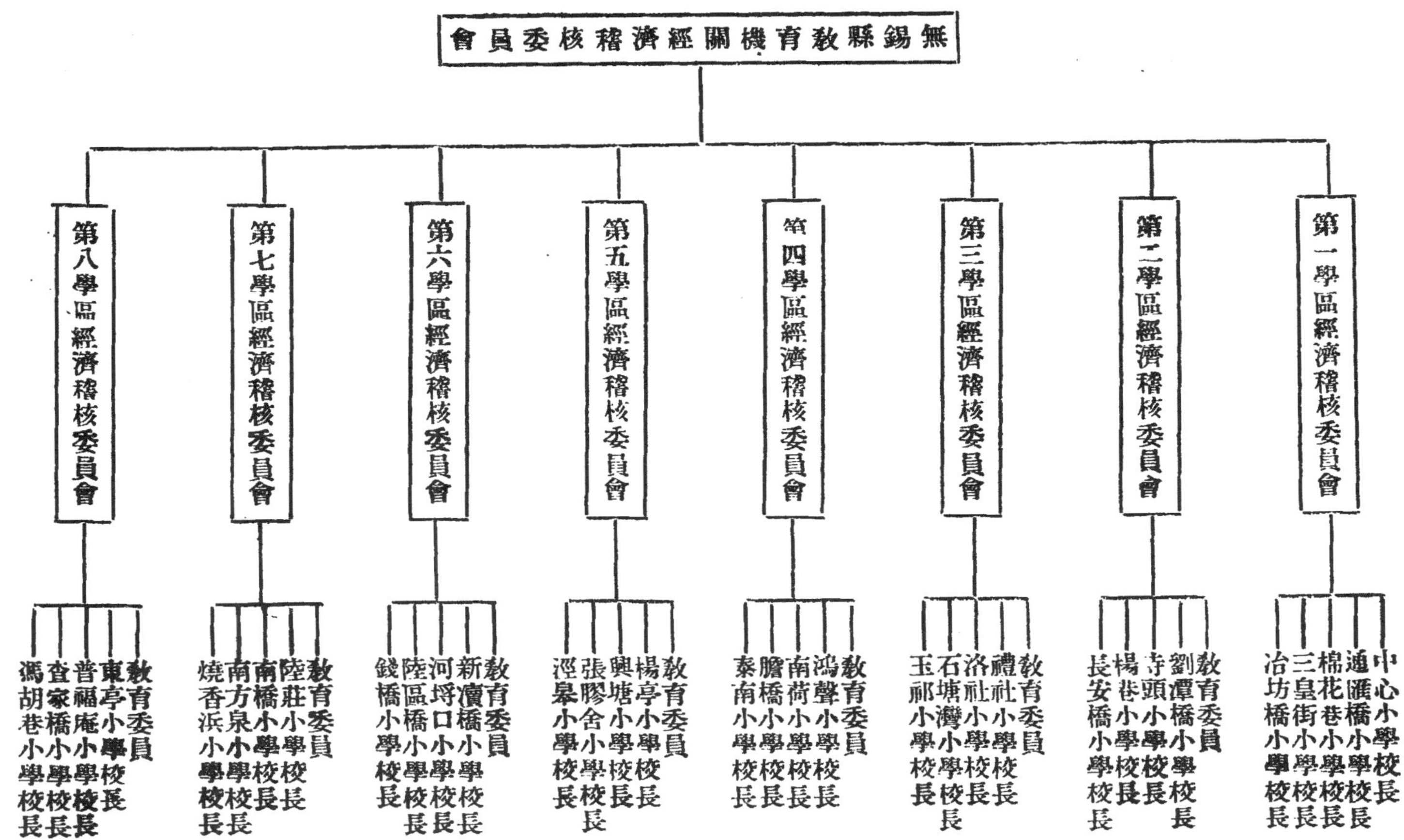

（四）無錫縣教育局各種委員會表

無錫縣教育局

- 獎勵教師自製教具委員會
- 職業指導所籌備委員會
- 整理私塾委員會
- 縣立鄉村師範計劃委員會
- 無錫縣中小學藝術成績展覽會籌備委員會
- 無錫縣小學教具展覽會籌備委員會
- 無錫縣中小學黨義演說競賽會籌備委員會
- 課程研究委員會
- 訓育標準審查委員會
- 全縣教育機關房屋設計委員會
- 無錫縣教育局經濟審核委員會

（五）無錫縣教育機關各種會議表

無錫縣教育行政會議

- 無錫縣教育局局務會議
- 無錫縣教育委員會議
- 無錫縣校長會議
- 無錫縣社教機關聯席會議
- 無錫縣私立學校校長會議

（六）無錫試行中心學校區規程

第一條　本縣爲試行中心學校區制起見自十八年度起指定第一學區各校先行試驗。

第二條　就中心學校區內擇定一地點適中交通便利規模較大之學校爲中心學校。

第三條　中心學校校長兼本區指導員凡中心學校區內各學校受中心學校校長之管轄。

第四條　中心學校校長之資格如左、甲、師範學校本科或高中師範科畢業曾任教育職務二年以上著有成績且富試驗精神者。乙、中等以上學校畢業曾任小學校長三年以上或曾任小學正教員四年以上著有成績且富試驗精神者。

第五條　中心學校校長禀承縣教育局長管理本校行政外並負協助指導及研究全區學校教育擴充教育一切事宜並得辦理局長所委託區內教育行政事宜其重要者如下。

（甲）關於行政方面者

（一）會商學校教育課調查學齡兒童數督促學齡兒童就學並許可學齡兒童免除或展緩就學。

（二）會商學校教育課規定應設小學校校數及其位置並酌擬分年推廣之次序。

(三)每年度調製本中心學校區教育費預算決算暨審核各學校經費用途並督令隨時公布。

(四)考核區內學校校長及教育服務狀況。

(五)攷核區內學校學生成績准許其升級或畢業。

(乙)關於指導方面者

(一)會商學校教育課訂定區內學校學級組織課程編制。

(二)會商學校教育課規定區內學校關於訓育教學設備及校外活動事項之實施方法。

(三)聯合區內各學校舉行成績展覽會學藝競賽會運動會等。

(四)訂定試驗新教育方法之主張與步驟領導區內各學校試驗。

(五)提出教育上重要問題召集區內學校教員開各種研究會（此項研究會每月至少舉行一次）

(六)計劃區內各學校交互參觀辦法並主持之。

(七)指導並研究全區擴充教育事宜。

第六條　中心學校校長除駐校辦公外每月至少周歷考察區內各學校一次並將考察狀況擇要報告於縣教育局局長。

第七條　本條例由局務會議通過呈請中央大學行政院核准施行。

中心小學在行政上之地位。

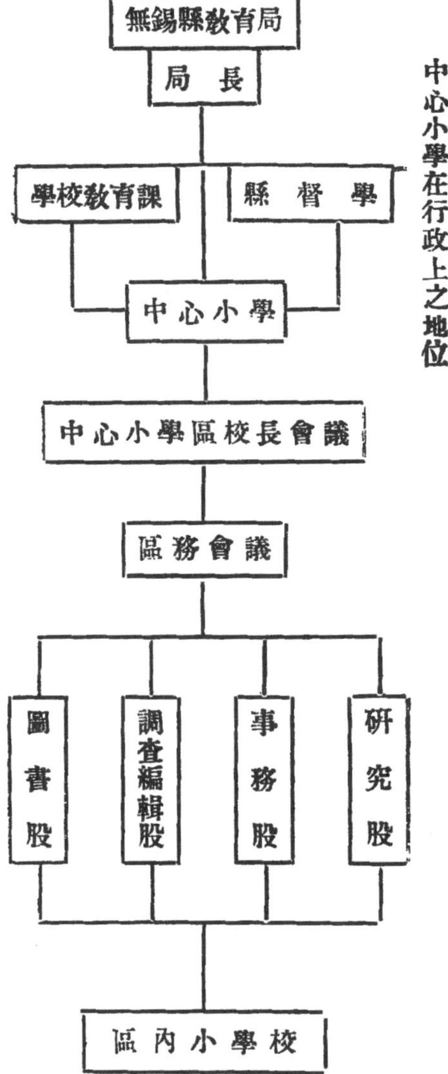

中心小學區內各學校

中心學校：寺後門（幼稚園低年級）、崇安寺（中年級）、白水蕩（初高年級）

長安橋小學　惠山小學
玉帶橋小學　清名橋小學
通匯橋小學　冶坊場小學
亭子橋小學　三皇街小學
棉花巷小學　尤渡里小學
冉涇橋小學　黎莊小學

（七）小學優良教員獎勵金規程

一教育局爲獎勵優良小學教員起見特設獎勵金額若干名

二凡現任小學校長教員均有享受獎勵金之機會

三凡合於左列條件者得享受獎勵金

甲辦理教育有特殊成績經教育委員縣督學及教育局評定評點在八百分以上者（評點標準另訂之）

乙有相當著作曾在教育刊物（如教育局出版之無錫教育等）發表者

丙在一校連續任職二年以上對於教育確有切實信仰者

四凡合於上列諸條件之校長教員於學期開始時得由教育委員縣督學或教育局長提出局務會議決定之

五獎勵金加入月俸中計算每月規定五元以一學期爲限其細則另訂之

六凡受獎勵金之校長教員如中途不稱職或有其他情事發生時得停止獎勵

七本條例經本邑教育行政會議通過呈請中央大學核准後施行

（本規程已經中央大學核准）

（八）無錫縣十七年度下學期各區優良教師獎勵金姓名表

區別	五元者姓名	三元者姓名	每月共撥銀
一區		嵇儲琛　黃清廉　許靜霞　華冠音	十二元
二區	楊性初	辛蔭棠　嚴欽允	十一元
三區		任寶銓　毛宗言　唐季祥	九元
四區		濮源琛　殷維新	六元
五區	蔣英倩	胡吾千　黃聖時　周之藩	十四元
六區		張詠千　秦寶光　華琴珍	九元
七區	徐志冰	錢允中　錢同之	十一元
八區		倪協和　趙紹之	六元
共計	三人	廿一人	七十八元

備註　全合條例者「評點在八百分以上」者「在一校連續服務二年」「有相當著作曾在教育刊物上發表」兩項有任一項合格者

（九）津貼師範生參觀費暫行規程

一津貼參觀費以第四中山大學直轄中學本年度將畢業之師範科本縣籍貫之學生爲限

二凡欲享受津貼參觀費之師範生須確實出發參觀並須經本校書面證明者

三各校將畢業之本籍師範生須於本年四月底以前將學生總數正式用書面通知本局請求津貼

四本局每年度酌列津貼參觀費若干元根據各校請求津貼學生總額之多寡酌量津貼參觀費每名大洋五元至十元

五將畢業之師範生於參觀完畢後須作一簡要之參觀報告由本校彙集轉交本局

六本條例於本局教育行政會議通過施行

（十）無錫縣委託籌備義務教育聯合辦事處代辦不合格師資訓練函授部辦法

一・宗旨　以適應時勢需要養成健全之地方小學師資爲宗旨

二・編制　暫定（若干）名

三・期限　訓練期限以半年爲期但屆時如課程不能結束時得酌量延長之

四・資格　受檢定試驗未及格而確堪造就者應受檢定試驗而未及與試者

五・課程　課程分爲下列數項

甲・教育理論

子・黨義教育

丑・教育哲學大意

寅・教育心理學大意

卯・教育社會學大意

辰・教育思潮概觀

巳・農村教育原理

午・做學教之普通原則

乙・教育行政及組織

子・教育行政

丑・學校行政

寅・生活指導

卯・成績考查

辰・複式教育之理論與實際

丙・材科及方法之研究

子・各科做學教之目的及其在全部課程之位置

丑・各科做學教之特殊研究

寅•各科選材的詳細研究

丁•基礎科目

子•農村社會學大意

丑•農村改造問題

寅•農業通論大意

卯•農業經營法

辰•農村合作社之研究

六•入學　合於第四條規定志願入學者應塡具志願書備文呈請教育局審查錄取

七•待遇　訓練期內原有職務者得暫兼職務訓練期滿試驗合格後繼續分派服務不合格者辭退

八•畢業　訓練期滿訂期呈請中央大學派員或另委託相當人員舉行考試及格者給予許可狀或證書

九•經費　每名定訓練費十二元

十•附則　本辦法呈請中央大學核准施行

(十一)無錫縣小學教員暑期學校記事

六月十九日　縣教育局第二十五次局務會議通過本校簡章。

七月十八日　縣教育局局長聘請辛尊輝張錫昌薛仲達華錫胤華洪濤倪丕烈江濰之七人爲本校校務委員。

二十四日　開本校第一次校務委員會議請宋泳蓀等十九人爲講師。倪錫英等六人爲指導員。

二十五日　函聘講師指導員及職員發開學通告(學員)。

二十九日　開本校校務委員指導員第一次聯席會議通過做學教大綱。

三十一日　發開學請柬。學員到校。招收小朋友開第二次指導員會議。通過學員實習分配法小朋友生活表學員生活表。

八月一日　上午舉行開學典禮。下午開談話會。

二日　上午舉行小朋友分班測驗下午舉行測問題討論會新民村第一次全體大會選舉村長及各部職員。第一次學員實習分組舉行分組會議。小朋友編級會議。

三日　上午舉行晨會舉行國語常識唱遊教學實施參觀及討論批評會。下午請費錫胤先生演講學編編制問題。宋泳蓀先生演講各科教學法舉行新民村村政會議。通過各部規則

四日　上午舉行晨會舉行國法算術藝術教學實施參觀及討論批評會下午請倪錫英先生演講國語教學實際問題。宋泳蓀先生演講各科教學法新民村各部開始工作。

五日　上午舉行總理紀念週。舉行國語常識唱遊教學實施參觀又討論批評會。下午請王亮豐先生演講合作概論。

六日　上午舉行晨會舉行國語算術藝術教學實施參觀及國語討論會下午舉行算術藝術討論會。請王亮豐先生演講合作概論宋泳蓀先生演講各科教學法。舉行第二次村民大會。

七日　上午舉行晨會。舉行國語常識唱遊教學實施參觀及國語常識教學批評會。下午舉行唱遊教學討論會。請劉子靜先生演講醫學常識。舉行第二次實習分組。及第二次分組會議。舉行新民村第二次村民大會。

八日　上午舉行晨會。中心教學——稻的害虫。開始。舉行常識國語藝術教學實施參觀。舉行常識教學批評會。下午舉行國語教學批評會。藝術教育討論會。請秦抑芳先生演講小學教師與民衆教育。

九日　上午舉行晨會。請儲子潤先生演講國語教學用具問題。舉行常識算術唱遊教學實施參觀。舉行常識教學批評會。下午舉行算術唱遊教學批評會。請顧子靜先生演講醫學常識。全體學員打防疫針。

十日　上午舉行晨會。舉行常識國語藝術教學實施參觀及批評討論會。下午請宋泳蓀先生演講各科教學法。請辛曾輝先生演講單級編制問題。

十一日　上午舉行晨會舉行常識算術唱遊教學實施參觀及批評討論會。下午舉行鄉村教育實際問題討論會。

十二日　上午舉行總理紀念週。舉行常識國語唱遊教學實施參觀及常識國語教學批評討論會。下午繼續舉行國語教學討論會及唱遊教學批評會。請宋泳蓀先生演講各科教學法。開同樂會籌備委員會。

十三日　開始實施單級教學。上午舉行晨會。舉行一二年算。三四年讀。一二三四年常。算一二三四年讀寫一二年藝術三四年珠算教學實施參觀。下午舉行批評會。請沈顯芝先生演講算術教學法。

十四日　上午舉行晨會。舉行一二年常。三四年讀。一二三四年算常。一二三四年讀算。一二年唱遊。三四年藝術教學實施參觀。舉行批評會。下午繼續舉行批評會。請錢俊瑞先生演講「一個正在試驗中的現代學校」

十五日　上午舉行晨會。舉行一二年讀。三四年讀。一二三四年算常。一二三四年讀作。一二年唱遊。三四年珠算教學實施參觀。舉行批評會。下午繼續舉行批評會。請陸局長（仁壽）演講日本教育近況及日本人的生活和國民性。

十六日　上午舉行晨會。舉行一二年讀三四年讀。一二三四年算常。一二三四年常算。一二年藝術。三四唱歌教學實施參觀。舉行批評會。下午繼續舉行批評會。請宋泳蓀先生演講各科教學法。新民村第一遊湖隊出發。

十七日　上午舉行晨會。舉行一二年常。三四年藝術。一二三四年算讀。一二三四年讀算。三四年常識教學實施參觀。舉行批評會。下午繼續舉行批評會。請劉鴻志先生演講國音字典。舉行鄉村教育實際問題討論會。新民村第二遊湖隊出發。

十八日　上午舉行晨會。舉行一二年讀。三四年讀。一二三四年算常教學實施參觀。及批評會。下午舉行休業典禮。舉行同樂會。

教育經費

（一）無錫縣十八年度教育經費來源一覽表

名稱	全年教育經費收入總數	征收方法及支配成數
忙銀附税	三二〇一二元	全縣有額田一百二十五萬五千一百八十七畝每畝應征上下忙起各五分七厘三毫每忙銀一兩附税三角縣教育費占24/100市鄉教育費占56/100再打九折
漕米附税	五五八六九元	每畝應征漕米六升每石附税一元縣教育費占24/100市鄉教育占56/100再打九折
忙漕滯納罰金『忙漕加價』	四〇三〇元	忙銀每兩加價二角五厘漕米每石加價五角一半解省一半留地方全年加價一半之收入約銀一萬六千七百元僅縣教育費占領24/100
忙銀帶征地方費	二六三〇元	忙銀一兩漕米一石各帶徵銀五分全年收入約銀一萬九百六十元僅縣教育費占領24/100
普及教育畝捐	一〇〇四一三元	每田一畝征上忙下忙各二分漕米四分全年收入約如上數擴充教育費占30/100市鄉義教費占70/100
冬漕加征	一〇一六七元	十六年份起漕米每石加征銀五角地方教育費占一角五分全充市鄉教育費
契税附税	四三三二七元	契價百元附税一元縣教育費占42/100市鄉教育費占70/100

項目	金額	說明
牙帖附稅	八九九元	分長期短期兩種縣教育費占三成市鄉教育費占七成
屠宰附稅	八七八九元	每猪一頭附稅一角縣教育費占四成市鄉教育費占六成
二成中資	九七七二元	契價每百元提中資二元全充市鄉教育費
公產租金學田租	八〇〇〇元	田分學田義田賓興田三項另設收租處經理一切事務此項收入全充縣教育費
契紙特捐	六〇〇元	契紙每張特捐三角全充縣教育經費
雜捐(市鄉轉撥)	一二七三〇元	繭捐為大宗每乾繭一擔捐銀四角五分名為公益捐係由各區區公所經管遇有本市鄉教育經費不敷時酌予補助全年約計如上數
寄附金及其他補助	五一五六元	在市鄉地方人士之補助費及公產息金撥補區立學校經費全年收入約計如上數
經懺捐	七一一四元	全年收入約計七千一百十四元縣教育費占二成市鄉教育占八成
錫箔捐	二四二六元	遵照訓令百分之七十五用作社會教育部份農民教育館經費百分之二十五用作學校教育部份改進師資獎勵研究經費
鹽釐加價	七二〇〇元	鹽釐加價項下提撥一釐縣教育費占七成餘三成補助私立學校經費
學費	八五八五七元	縣立學校年收約計二萬一千七百七十二元區立學校年收約計六萬四千〇八十五元
宿費	二六四五元	縣立學校宿費收入全年約計如上數
券資	四五元	縣立民衆教育館券資收入全年約計如上數
積聚金利息	一四八三元	歷年關於教育方面之收入及其他之收入全年生息如上數
教員遺族扶助金利息	一三五三元	上款共存基本銀一萬三千三百九十三元四角四分三釐全年生息合計如上數
合計	三六三五二九元	

(二)無錫縣十八年度教育經費收入預算表

歲入經常門		歲入臨時門	
1.忙漕契附稅特稅	30,439	1.帶征地方費	2,630
忙銀附稅	10,361	忙銀帶征	1,727
漕米附稅	18,078	漕米帶征	903
契稅附稅	2,000	2.滯納罰金	4,032
2.雜稅附稅	4,018	忙銀加價	1,770
蘆課漁課附稅	25	漕米加價	2,260
牙帖附稅	463	蘆課加價	2
屠宰附稅	3,530	3.契紙特捐	600
3.特捐	8,281	4.持籌數	12,778
鹽厘加價	5,040		
經懺捐	1,422		
錫箔捐	1,819		
4.款•租息	10,836		
學田租	8,000		
各項積聚金息銀	1,483		
教育遺族助金息銀	1,353		
5.學宿費及券資	24 462		
6.畝捐提撥師範經費	4 200		
合計	82,236	合計	20,040
經常臨時共計	102,276		

(三)無錫縣十八年度縣教育經費支出預算表十八年七月至十九年六月

機關類別		經常費							臨時費		歲出總數
		薪津	工資	文具費	購置費	消耗費	工程費	雜支費	建築費	購置費	
學校教育	初級中學	13,239	288	345	480	1,348	364	398	1,400		1,7862
	女子初中	8,523	420	324	444	665	180	444	400	400	1,1800
	女中附小	5874	420	308	368	455	180	395	70	250	8,320
	第一小學	5,266	408	283	374	1,638	120	租金224 326	780	432	9851
	第二小學	4,812	300	294	280	1,505	230	301	1,200	370	9,292
	第三小學	2,910	128	180	150	887	100	172	130	290	4,947
	第四小學	3,152	154	180	250	996	116	402	240	305	5,795
	第五小學	2,520	120	100	110	821	60	131	1,000	200	5,065
	第六小校	3,500	128	170	,150	1151	40	租金415 260	860	190	6,864
	合計	49,796	2,366	2,184	2,606	9,466	1,890	3,471	6,080	2,437	79,796
社會教育	圖書館	1,404	126	與工程合	400	336	300	租金24 240	430	228	3,488
	民衆教育館	1,308	144		與工程合	504	100	租金120 290	263	208	2,937
	公共體育場	732	240			與薪工合	250	220	310	90	1,842
	農民教育館										1,819
	合計	3,444	510		400	840	650	894	1,003	526	10,086
教育行政	縣教育局	4,032	264		120	144		租金90 720			5,376
	縣督學	1.440						旅費 720			2,160
	衛生專員							旅費 72			72
	合計	5,472	264		120	144		1608			7,608
補助教育		縣教育會 400									400
其他教育		聯合運動會 300 暑期講習會 500 週刊津貼 400				各種學術競進會 100 暑期民衆教育研究會 50 教育局添置裝修 200					1,550
儲存積聚金		儲存積聚金 1,483									1,483
教員遺族扶助金		教員遺族扶助金 1,353									1,353
									共	計	102 276

(四)無錫縣十八年度各區教育經費收入預算表 十八年七月至十九年六月

區別 / 項目	第一學區	第二學區		第三學區		第四學區		第五學區		第六學區		第七學區			第八學區			合計	說明
	無錫市	天上市	天下市	青城市	萬安市	南延市	泰伯市	懷上市	懷下市	開原鄉	富安鄉	楊名鄉	開化鄉	新安鄉	景雲市	北上鄉	北下鄉		
忙漕附稅	1468	3138	3116	3957	4582	3942	5458	4954	3505	2390	5278	2518	3010	3398	4090	2570	2069	59443	照額征數再九折
契稅附稅	1196	82	53	100	68	33	46	38	24	112	66	1112	178	70	82	16	30	2327	最近三年平均數
牙帖附稅	201	12	8	18	14	34	11	27	18	13	17	11	10	6	19	1	16	436	同上
二成中費	4576	327	215	437	464	181	237	196	144	492	356	638	743	281	249	74	163	9773	同上
屠宰附稅	2246	182	205	261	159	364	205	250	205	136	148	159	182	148	114	68	227	5059	照上年度
義數畝捐	304	631	625	796	925	791	1094	993	702	490	1064	505	602	682	820	515	414	11943	照上年度實征數
經徵特漕	1690	276	030	323	300	346	276	200	138	284	223	330	323	192	292	92	177	5692	照額征數八折
冬漕加征	259	537	522	677	788	673	931	845	598	409	906	430	513	580	698	438	353	10167	照額征數九折
學費	12510	3756	3996	4833	5619	2170	2880	2474	2160	3070	4122	2251	4431	2281	3188	1334	3010	64085	細數詳另表
市鄉轉撥	3600	840	840	1800	100	700	250	1800	480	480	720	100	600	100	100		220	12730	照上年度
寄符金	400	100	350	430		1656	50	480		720	400		100		60	100	310	5156	
其他			懷上補助252				延轉撥180											432	
其他			天上補助268															268	
待籌數		165	214	989	159		204	57	1090	228	1186	505	1394	766	225	178	165	7825	
合計	28451	10046	10904	1464	13178	10890	11822	12314	9064	8814	14486	7589	12086	8504	9937	5386	7454	195546	
各區合計	28451	20950		27799		22712		21378		23300		28179			22777			195546	

共計 195546 內待籌數 78257

(五)無錫縣十八年度各區教育經費支出預算表 十八年七月至十九年六月

區別 項目	第一學區	第二學區		第三學區		第四學區		第五學區		第六學區		第七學區			第八學區			合計
	無錫市	天上市	天下市	青城市	萬安市	南延市	泰伯市	懷上市	懷下市	開原鄉	富安鄉	揚名鄉	開化鄉	新安鄉	景雲市	北上鄉	北下鄉	
教育行政費	360	360	360	360	360	360	360	360	360	360	360	252	252	252	240	240	240	5076
學校經常計	26440	9058	10324	13951	12568	10007	10617	10904	8254	8254	13986	6907	11314	7842	9001	4846	6964	181232
學校臨時費	1300	156	100	200	200	300	200	460	220	160	100	150	200	100	200	200	150	4340
擴充教育費		408					530	360				180	140	230				1948
集會費	行政臨時費 400	60	60	50	50	60	60	170	170	40	40	40	40	40	40	40	40	1400
補助教育費		60	60	60		60	60	60	60			60	40	40	456	60	60	1136
準備費	311					103												414
合計	28451	10046	10904	14621	13178	10890	11822	12314	9064	8814	14488	7589	12086	8504	9937	5386	7454	195546
各區合計	28451	20950		27799		22712		21378		23300		28179			22777			195546
															共計			195546

(六)無錫縣十八年度各學區添設學校一覽表

校名	學級數	全年經費	地方補助	局撥經費	備註
第一學區黃巷小學	1	554.000		376	各校學費收入未列
第二學區平家渡小學	1	420.000		252	
第三學區浮舟村小學	1	384.000	42.000	180	
第四學區桐橋小學	1	504.000	151.000 堆金寄	234	
第四學區荆村小學	1	416.000	150	60	
第四學區高田小學	1	28.000	150	48	
第五學區東莊小學	1	414.000	200.000	104	
第五學區大通橋小學	1	171.000		81	
第五學區下莊小學	1	184.000		94	
第六學區廟橋小學	1	612.000	120.000	240	
第七學區過巷小學	1	384.000		220	
第七學區西林小學	1	400.000		263	
第八學區新塘橋小學	1	408.000		380	
第八學區門樓下小學	1	408.000		66	
共計	15	5687.000	814	2538	

（七）無錫縣十八年度各學區增添學級一覽表

區別	學校	增添學級數	增加經費數	備註	區別	學校	增添學級數	增加經費數	備註
1	惠山小學	1	168		4	南前小學	1	162	
	通匯橋小學	1	96			碩望小學	1	54	
	長安橋小學	1	60			方橋小學	1	144	
	尤渡里小學	1	96			北張小學	1	144	
2	寺頭小學	1	108			黃士塘小學	1	167.6	
	八士橋小學	1	120			陳墅小學	1	175.6	
	劉潭橋小學	1	120			東湖塘小學	1	139.6	
	官前頭小學	1	60		6	陸區橋小學	1	180	
	旺莊小學	1	60			胡埭小學	1	120	
	古莊小學	1	60		7	方湖寺小學	1	128	
3	玉祁小學	1	272			新安小學	1	138	
	洛社小學	1	160			陸莊小學	1	126	
	會龍橋小學	1	96			廟橋小學	1	132	
	青墩小學	1	96			章家橋小學	1	184	
	尖溪小學	1	60			堰下小學	1	220	
合計	15校	15級	1632		合計	15校	15級	2234.8	

共　計 30 校添級 30 個增撥經費 3866.8 元

十、徵收折扣　一、五四六三元
十一、提存金　一〇二九元

（八）無錫縣十八年度普及教育經費動用計劃表

共銀一〇〇〇四一三元

甲、義務教育部份　銀七、〇二八九元

一、固有義務教育費之劃撥　一、四七二七元
二、整理固有學校教職員待遇　一、九五七〇元
三、整理固有學校設備　四〇〇〇元
四、添級添校　八〇〇〇元
五、不合格師資函授　一二〇〇元
六、優良教師獎勵金　一〇〇〇元
七、師範經費　四二〇〇元
八、義敎行政費　六〇〇元
九、其他支出之準備　五〇〇元
十、徵收折扣　一、五四六三元
十一、提存金　一〇二九元

乙、擴充教育部份　銀三、〇一二四元

一、整理固有社教機關　二三〇〇元
二、民衆學校　三二〇〇元
三、民衆閲書處　一八〇〇元
四、民衆閲報處　一〇〇〇元
五、民衆教育院本縣學員津貼　二二五二元
六、擴充教育行政費　六〇〇元
七、各項研究會等費　五〇〇元
八、籌設民衆職業學校之提存金　三〇〇〇元
九、其他支出之準備　五〇〇元
十、征收折扣　六六二七元
十一、提存金　八三四五元

學校教育

(一)無錫全縣學校統計表 十八年上學期

校名		學校數	學級數					學生數										教職員數			全年經費
			高中	初中	高級	初級	合計	高中		初中		高級		初級		合計		男	女	合計	
								男	女	男	女	男	女	男	女	男	女				
中等學校	縣立	2		14			14			469	269					469	269	44	10	54	2.9662
	私立	4	11	20			31	156	62	568	256					724	318	77	10	87	6.6148
完全小學	縣立	7			30	15	45					1082	266	468	263	1550	529	77	27	105	5.0143
	區立	12			15	57	72					433	170	1713	620	2146	790	74	39	113	3.2928.8
	私立	30			49	86	135					1409	680	3004	1670	4413	2350	213	73	286	7.5674
初級小學	區立	252				426	426							14138	2948	14183	2948	622	100	722	17.5207.8
	私立	26				51	51							1981	491	1981	491	70	14	84	2.0332.1
總計		333	11	34	94	635	774	136	62	1037	525	2924	1116	21349	5992	25466	7695	1177	273	1450	45.0086.7

(附註)教職員每月每人加薪二元及本學期添級添校經費均不在區校經費項內又未立案之私立因無從調查故不在私立項內

(二)無錫縣公私立中等學校概況統計表

(本表未立案私立中小學不在內)

校名	學級數			學生數							教職數			全年經費預算			備註
	高中	初中	共	高中			初中			合計	男	女	共	經常費	臨時費	合計	
				男	女	共	男	女	共								
縣立初中		9	9				469		469	469	30	2	32	1,6462	1400	1,7862	
縣立女初中		5	5					269	269	269	14	8	22	1,1000	800	1,1800	
私立無錫中學	3	5	8	79		79	268		268	347	28	1	29	1,4197	1130	1,5627	
競志女學	5	6	11		62	62		256	256	318	20	8	28	1,6104	2900	1,9004	小學經費在內
輔仁中學	3	6	9	77		77	226		226	303	19	1	20	2,5070	300	2,5370	
胡氏初中		3	3				74		74	74	10		10	6148		6148	
合計	11	34	45	156	62	218	1037	525	1562	1780	121	20	141	8,9281	6530	9,3811	

(三)無錫縣公私立完全小學校概況統計表

校名	學級數 高	學級數 初	學級數 共	學生數 高級 男	學生數 高級 女	學生數 高級 共	學生數 初級 男	學生數 初級 女	學生數 初級 共	學生數 合計	教職員數 男	教職員數 女	教職員數 共	全年經費預算 經常費	全年經費預算 臨時費	全年經費預算 合計	備註
(縣立)																	
縣立女中小	4	5	9		196	196	59	181	240	436	7	14	21	8000	320	8820	
縣立一小	6	3	9	353	2	355	149	19	168	523	16	1	17	8639	1212	9851	
縣立二小	6	2	8	291	4	295	92	18	110	405	13	2	15	7722	1570	9292	
縣立三小	3	2	5	106	2	108	70	7	77	185	6	3	9	4527	420	4947	
縣立四小	4		4	147	3	150				150	10	2	12	5250	545	5795	
縣立五小	3	1	4	79	31	110	40	15	55	165	11	5	16	3865	1200	5065	
縣立六小	4	2	6	106	28	134	58	23	81	215	14		14	5814	1050	6864	
(區立)																	
一區中心小學	2	18	20		65	65	468	261	729	794	11	19	30	1,0816	500	1,1316	
二區八士橋小學	1	5	6	23	10	33	157	67	224	257	7	2	9	1774		1774	區校臨時
二區長安橋小學	1	2	3	16	11	27	62	13	75	102	4	1	5	1196		1996	費各區僅
二區西漳小學	1	1	2	41	1	42	40	4	44	86	3		3	816		816	列
三區玉祁小學	2	4	6	94	25	119	118	50	168	287	6	3	9	2340.8		2340.8	總數詳預
三區禮社小學	1	4	5	39	10	49	80	11	91	140	9		9	2182		2182	算總表
四區蕩口小學	2	3	5	84		84	132		132	216	8		8	3008		3008	
五區膠南小學	1	3	4	21	11	32	84	47	131	163	4	2	6	1542		1542	
五區嚴家橋小學	1	3	4	16	15	31	115	35	150	181	6		6	1428		1428	
六區河埒口小學	1	4	5	35	4	39	117	3	120	159	6	3	9	2304		2304	
六區新瀆橋小學	1	5	6	23	[illegible]	29	121	36	157	186	5	4	9	2346		2346	

八區東亭小學	1	5	6	41	12	53	219	93	312	365	5	5	10	2676		2676
(私立)																
私立敦睦小學	1		1	33	3	36				36	5		5	1160		1160
私立競志女學	4	8	12		170	170	45	242	237	457	9	15	24	詳中	學部	
私立明德小學	2	3	5	100		100	193		193	293	12	1	13	2320	80	2400
私立唐氏小學	1	2	3	46	8	54	85	39	124	178	8	1	9	1847	112	1959
私立楊氏小學	1	2	3	39	5	44	104	21	125	169	6		6	1636	300	1936
私立蔡氏小學	2	4	6	9	50	59	74	184	258	317	5	6	11	3433.8	385.2	3819
私立廣勤小學	1	2	3	29	2	31	154	15	169	200	7		7	2868	12	2880
私立振秀女學	2	3	5		42	42	31	174	205	247	5	6	11	2492	400	2892
私立侯氏小學	1	2	3	24	5	29	60	33	93	122	5	1	6	1234	174	1408
私立積餘小學	4	6	10	202		202	410		410	612	17		17	6891		6894
私立榮氏小學	2	4	6	1	89	90	47	158	205	295	5	6	11	4406		4406
私立中西女學	1	1	2		46	46	12	71	83	129	6	7	13	1418	90	1508
私立胡氏小學	3	6	9	120	31	151	330	70	400	551	20		20	7290		7290
私立樹德小學	1	3	4	40	7	47	1.1	39	150	197	6		6	1800		1800
私立懷芬女學	1	3	4		27	27	5	109	114	141	1	9	10	2086		2086
私立保滋小學	2	2	4	43	5	48	91	4	95	143	7		7	2458	190	2648
私立經正小學	2	0	2	68	15	83				83	3		3	990	370	1360
私立公益一小	2	5	7	91		91	234	1	235	326	11		11	3720	196	3916
私立尚德小學	2	4	6	115	3	118	191	32	223	341	19		19	3500	240	3740
私立江陂小學	1	3	4	28	3	31	137	36	173	204	7		7	1972	2,00	2172
共計	81	135	216	2503	947	2450	4495	2111	6606	1,0056	315	433	433	12,9770.6	9,566.2	13,9336.8
(尚未核准之私立)																
私立德慧女學	1	4	5		28	28	9	115	124	152		7	7	2800		2800

私立城區小學	1	2	3	48	3	51	75	29	104	155	5		5	1082		1082
私立崇文小學	1	2	3	51		51	71	21	92	143	4	2	6	169	405	2035
私立績成小學	2	2	4	67	4	71	129	9	138	209	11		11	2460	240	2700
私立正業小學	2	2	4	84	3	87	121	28	149	236	8		8	1996	280	2276
私立志成小學	1	2	3	16	75	91	4	35	39	130	2	4	6	1320		1320
私立競化女學	1	3	4		27	27	7	141	148	175	3	4	7	1810	241	2051
私立志海小學	1	2	3	26	19	35	110	25	135	170	3	2	5	1450		1450
私立裕成小學	1	1	2	84	11	95	26	3	29	124	4		4	700		700
私立光華小學	1	2	3	22	9	31	90	25	115	146	6	1	7	1026		1026
私立培本小學	1	1	2	13		13	48	11	49	72	3		3	1900		1900
共　計	13	23	36	411	169	580	690	442	1132	1712	49	20	69	1,8234	1166	1,9400
總　計	94	158	252	2914	1116	4030	5185	2553	7738	11768	364	138	562	14,8004.6	1,0732.2	15,8736 8

(四)無錫縣公立初級小學校概況統計表

校名	學級數	學生數			教職員數			全年經費預算			備註
		男	女		男	女	共	經常費	臨時費	合計	
(中心小學區)											
通匯橋	6	191	64	255	5	5	10	2652	全區共17000	2652	添級費不在內
冶坊場	4	116	64	180	2	5	7	2208		2208	
三皇街	4	130	53	183	6	2	8	1800		1800	
玉帶橋	3	140	12	152	2	2	4	1344		1344	
棉花巷	3	103	49	152	3	2	5	1464		1464	

惠山	3	102	24	126	3	1	4	912		912	添級費不在內
長安橋	3	92	26	118	4	1	5	1056		1056	同　上
清明橋	2	60	13	73	3		3	924		924	
梨莊	2	52	7	59	3		3	936		936	
亭子橋	2	86	14	100	3	2	5	912		912	
冉涇橋	2	67	36	103		3	3	912		912	
尤渡里	2	80	2	82	2	1	3	504		504	添級費不在內
黃巷	1	31	3	34	2	1	3				詳添校經費
合　計	37	1250	367	1617	38	25	63	15624	1700	17324	
（第二學區）											
胡家渡	2	58	15	73	3		3	606	全區共200	606	
旺莊	2	63	12	75	2	2	4	444		414	添級經費不在內
張村	1	64	11	75	1	1	2	420		420	
毓歧	2	71	5	76	3		3	372		372	
陳家橋	3	103	32	135	4		4	834		834	
許巷	1	41	7	48	2		2	420		420	
戴圻	1	35	3	38	1	1	2	420		420	
倉横	2	66	6	72	3		3	660		660	
龍岸橋	3	131	13	144	5		5	540		540	

寺頭	3	102	20	122	3	1	4	712	712	
新塘裏	1	37	10	47	2		2	420	420	
官前頭	2	70		70	3		3	420	423	添級經費不在內
楊巷	1	45	5	50	2		2	420	420	
胡巷	1	39	3	42	2		2	420	420	
大馬巷	1	57	5	62	[illegible]		2	366	366	
嚴埭	1	45	5	50	2		2	366	366	
石家浜	1	44	7	51	2		2	444	444	
十房巷	1	35		35	2		2	438	438	
南水渠	1	28	2	30	2		2	366	366	
朱巷	1	36	5	41	2		2	390	390	
高樹下	1	36	4	40	2		2	444	444	
後辛巷	1	51	8	59	2		2	442	442	
東北塘	2	61	9	70	3		3	666	666	
任巷	1	40	4	44	2		2	384	384	
劉潭橋	3	128	29	157	3	2	5	642	642	添級經費不在內
古荒	2	68	4	72	3		3	444	444	同上
平家渡	1	34	4	38	2		2			詳添校經費
東房橋	2	92	11	103	3		3	630	630	
岸底裏	2	81	16	93		3	3	690	690	

塘頭	2	90	9	99	3	1	4	642		642	
尤家坦	2	66	18	84	2	1	3	858		858	
合　計	50	1917	282	2199	73	12	85	19382	200	19582	
(第三學區)											
浜口	1	38	6	44	2		2	353.8	全區共400	353.8	
施家岩	2	46	7	53	1	2	3	688.4		688.4	
青墩	3	104	15	119	4		4	780.4		780.4	添級費不在內
梅涇	1	38	7	45	1	1	2	464.4		764.4	
楊墅園	2	63	16	79	3		3	758.4		758.4	
齊家社	1	33	6	39	2		2	456.4		456.4	
吳家港	1	35	3	38	2		2	400.4		400.4	
張鐘橋	2	62	14	76	3		3	694.4		94.4	
印橋	1	38	4	42	1	1	2	420.4		420.4	
南雙橋	2	69	15	84	3		3	622.4		622.4	
北新廟	1	37	8	45	2		2	414.4		414.4	
黃泥墒	1	44	4	48	2		2	400.4		400.4	
北七房	2	65	7	72	3		3	592.4		592.4	
貝沙橋	1	38	8	46	2		2	321		321	
前洲	5	163	27	190	8		8	1808.4		1808.4	

西塘	1	62	2	54	2		2	464.4	464.4	
任環圩	1	35	3	38	2		2	412.4	412.4	
高明橋	2	62	8	70	3		3	800.4	800.4	
洛社	5	159	46	205	7		7	1650.4	1650.4	添級費不在內
浮舟村	1	52	5	57	2		2			詳添校經費
新橋	2	52	13	65	3		3	672.4	672.4	
楊家圩	1	41	5	46	2		2	402.4	402.4	
胡椒巷	2	91	17	108	4		4	792.8	79[illegible].8	
蔣巷	1	25		25	2		2	419.4	419.4	
潘葑	1	57	9	66	2	1	3	743.4	743.4	
會龍橋	2	82	11	93	2	1	3	450.4	450.4	添級費不在內
新開河	3	94	19	113	5		5	918.4	918.4	
秦巷	3	107	21	128	3	2		962.4	962.4	
石幢	2	62	13	75	3		3	592.4	592.4	
西漳	2	52	16	68	3		3	682.4	682.4	
蠖塘橋	1	53	10	63	2		2	402.4	402.4	
鵝子岸	2	87	16	103	4		4	748.4	748.4	
周徐巷	2	67	6	73	3	1	4	492.4	392.4	
莊巷橋	1	26	4	30	2		2	405.4	405.4	

合　計	61	2129	318	2510	95	9	104	26519.8	400	26919.8	
（第四學區）											
南前	2	62	9	71	3		3	456	全區600	456	添級費不在內
王宅弄	1	40	15	55	2		2	432		432	
繆宅弄	1	33	3	36	2		2	480		480	
湖橋	1	30	10	40	2		2	483		483	
馬橋	1	31	4	35	2		2	480		480	
南巷	1	31	4	35	2		2	480		480	
芽塘橋	1	34	7	41	2		2	480		480	
新浦巷	1	35	5	40	2		2	480		480	
鴻聲	2	47	15	62	3		3	816		816	
北張	3	97	24	121	5		5	804		804	添級費不在內
雪典	1	29	8	37	2		2	528		528	
桐橋	1	28	4	32	2		2				詳添校經費
金娥	1	32	2	34	2		2	504		504	
西宅	1	70	6	76	2		2	522		522	
泰南	1	38	3	41	2		2	504		504	
何家里	1	43	5	48	2		2	528		528	
瞻橋	1	27	11	38	2		2	532		532	

須望橋	2	72	14	86	4		4	600		600	添級費不在內
坊橋	2	52	8	60	3		3	552		552	同　上
后宅	3	81	21	102		5	5	1230		1230	
强家橋	2	53	13	66	2	1	3	762		762	
畢家橋	2	55	12	67	3		3	762		762	
大牆門	4	122	34	156	5	2	7	1548		1548	
甘露	4	118	46	164	4	2	6	1752		1752	
西典	2	69	2	71	3		3	732		732	
汝上	1	29	4	33	2		2	480		480	
竹橋	1	38	7	45	2		2	504		504	
高田	1	53	11	64	2		2				詳添校經費
荆村	1	48	8	56	2		2				同　上
合　計	46	1497	315	1812	71	10	81	20619	600	21219	
（第五學區）											
朱村	1	31	5	36	2		2	426	全區680	426	
羊尖	2	54	18	72	3		3	648.4		648.4	
楊亭	3	96	26	122	4		4	966		966	
二房廊下	1	34	16	50	2		2	366		366	
倉下	1	32	9	41	2		2	441		441	

談村	1	21	4	25	2		2	390	390	
長大廈	3	71	7	78	4		4	630.4	630.4	
喬巷	1	33	7	40	2		2	336	366	
興塘	2	53	8	61	3		3	612.4	612.4	
鴨城橋	1	34	4	38	2		2	432	432	
黃士塘	3	98	14	112	4		4	666.4	666.4	添級費不在內
陳墅	3	91	30	121	3	1	4	684.4	684.4	同上
張繆舍	2	71	14	85	5		5	678.4	678.4	
巷裏	1	35	10	45	2		2	448	448	
高田	2	55	10	65	3		3	426	426	
戴巷	1	41	7	48	2		2	378	378	
北莊	1	28	6	34	1	1	2	408	408	
廟橋	2	50	12	62	3		3	402	402	
五房莊	2	47	14	61	3	3		588.4	588.4	添級費不在內
東莊	1	35	7	42	2		2			詳添校經費
周家閣	1	41	2	43	2		2	382	382	
東湖塘	2	81	35	116	3		3	642.4	642.4	校級費不在內
寨門	2	60	26	86	2	1	3	744.4	744.4	
逕皋	5	146	90	236	5	4	9	2262	2262	

蠡漍	2	58	11	69	3		3	604.4		604.4	
方村	1	31	8	39	2		2	414		414	
席祁	1	25	7	32	2		2	432		432	
下莊	1	39	11	50	2		2				詳添校經費
大通橋	1	27	3	30	1		1				詳添校經費
趙巷	1	43	13	56	2		2	450		450	
合　計	51	1561	434	1995	78	7	85	19159	680	19839	
（第六學區）											
石埠	1	29		29	2		2	480	全區260	480	
陸區橋	4	81	37	118	6		6	968		968	添級費不在內
徐城頭	1	36	4	40	2		2	304		304	
張舍	2	56	19	75	3		3	1380		1380	
胡埭	3	123	33	158	5		5	758		758	添級費不在內
福山	3	94	20	114	5		5	1140		1140	
劉塘	1	30	6	36	2		2	474		474	
岸前	1	32	2	34	2		2	464		464	
劉莊	1	31	8	39	2		2	456		456	
后宅	1	31	3	34	2		2	368		468	
夏瀆	3	88	17	105	4	1	5	1064		1064	

盛店橋	2	51	8	59	3			704		704	
蓮干	2	45	9	54	3		3				詳添校經費
大鴻橋	1	37	6	43	2		2	462		462	
閭江	2	52	8	60	3		3	704		704	
尹城	1	36	1	37	1		1	462		462	
楊家村	1	27	11	38	2		2	462		462	
倏浦	1	34	6	40	2		2	464		464	
陽灣	1	20	4	24	2		2	256		456	
錢橋	3	103	21	124	3	2	5	1176		1176	
水渠上	1	46	4	50	2		2	490		490	
蘇廟	1	38	3	41	2		2	480		480	
藕塘橋	3	94	25	119	4	1	5	1044		1044	
仙蠡墩	3	100	19	119	4		4	778		778	
嚴家棚	1	33	8	41	2		2	512		512	
青蓮	1	37	3	40	2		2	504		504	
大孫巷	1	36	10	46	2		2	486		486	
沙灘	1	35	8	43	2		2	456		456	
廟橋	2	64	22	86	3		3				詳添校經費
合計	49	1521	325	1846	79	4	83	22240	260	22500	

（第七學區）

盛新	2	69	9	78	4		4	672	全區452	672	
西邵巷	1	23	12	35		2	2	448		448	
金城灣	2	47	19	66	2	1	2	654		654	
施灣	1	31		31	2		2	432		432	
盧村	1	32	2	34	2		2	436		436	
北橋	1	27	10	37	2		2	418		418	
東邵巷	2	60	12	72	3		3	726		726	
徐來	1	42	1	43	2		2	412		412	
南橋	3	95	25	120	4	2	6	1168		1168	
西園弄	2	54	25	79	2	1	3	669		669	
陸典橋	1	50	8	58	2		2	436		436	
章村	1	37	4	41		2	2	436		436	
嘉禾	1	25	5	30		2	2	426		426	
曹墩	1	37	4	41	2		2				詳添校過巷經費
元塘橋	1	34	10	44	2		2	408		408	
西橋灣	1	46	7	53	2		2	426		426	
廟橋	2	56	9	65	3		3	420		420	添級不在內
過巷	2	52	7	59	3		3	642		642	

石基	1	56	6	62	2		2	408	408	
南張	2	59	13	72	3		3	614	614	
張巷	1	37	3	40	2		2	366	366	
新安	2	45	18	63	3		3	424	424	添級不在內
惠灣里	1	31	4	35	2		2	408	408	
華莊	2	46	12	58	3		3	684	684	
毛文橋	1	40	6	46	2		2	396	396	
惠家里	1	32	2	34	2		2	390	390	
陸莊	3	95	10	105	4		4	618	618	
郁家里	1	36	10	46	1	1	2	408	408	
車上橋	1	29	3	32	2		2	408	408	
杜家里	1	26	7	33	2		2	396	396	
許舍	3	94	22	116	4		4	1006	1006	
周潭橋	2	64	7	71	3		3	576	576	
張巷	1	40	11	51	2		2	396	396	
坊橋	1	43	4	47	2		2	426	426	
楊鐵巷	1	42	6	48	2		2	378	378	
堯歌	1	45		45	2		2	384	384	
方胡寺	2	79	6	85	3		3	402	402	添級不在內

燒香浜	2	80	17	97	3	1	4	576		576	
王村莊	1	42	8	50	2		2				石巷分
釣橋	1	30	4	34	2		2				董家弄分
鮑家莊	1	47	3	50	2		2	408		408	
董家弄	1	33	5	38	2		2	702		702	
吳塘門	2	41	8	49		3	3	592		592	
裕村菴	1	29	4	33	2		2	384		384	
仙河頭	1	30	4	34	2		2	372		372	
石塘	2	51	19	70	3		3	684		684	
黃泥田	2	56	2	58	2		2	402		402	
石巷	1	31	6	31	2		2	850		850	
陶菴	2	45	18	63	1	2	3	684		684	
西林	1	50	17	67	2		2				詳添校經費
前章	3	106	126	132	2	3	5	1016		1016	
南方前	4	135	55	190	3	2	5	1076		1076	
合　計	79	2562	513	3075	113	22	135	26063	450	26513	
(第八學區)											
梅村	4	114	18	132	4	3	7	976	全區500	976	
華憤	2	42	14	56		3	3				由局撥每月36元代辦

南錢	1	41	12	53	2		2	464	464
塘西	1	28	5	33	2		2	488	488
馮胡巷	2	64	10	74	2	1	3	732	732
曹墓塘	2	53	9	62	3		3	720	720
后橋	2	76	19	95	3		3	750	750
莫巷	1	25	5	30	1		1	336	336
章家橋	2	72	17	89	3		3	714	714
柏木橋	1	50	2	52	2		2	468	468
欽家里	1	37	5	42	1		1	364	364
后暘	2	85	5	90	3		3	708	708
潮音庵	2	78	14	92	3		3	744	744
馬家橋	1	57	3	60	2		2	468	468
嵩山	1	38	2	40	2		2	486	486
盛家橋	1	38	8	46	2		2	494	494
陶典	1	45	6	51	2		2	480	480
吳蔣巷	2	85	11	96	3		3	762	762
北坊前	3	89	18	107	4		4	1020	1020
前旺	1	19	11	30		2	2	462	462
大西園	2	61	3	64	3		3	666	666

小西莊	1	42	9	51	2		2	480		480	
周涇巷	1	38	14	52	2		2	468		468	
白吐橋	3	73	27	100	5		5	708		708	添級費不在內
新塘橋	1	22	8	30		2	2				詳添校經費
陳四房	2	61	20	81	3		3	396		396	添級費不在內
查家橋	2	53	12	65	3		3	734		734	
西倉	2	37	12	50	3		3	680		680	
東周巷	1	38	6	44	2		2	372		372	
下甸橋	1	43	3	46	2		2	492		492	
普福庵	1	44	6	50	2		2	468		468	
蓉西	1	19	6	25	2		2	468		468	
黃土涇	1	47	3	50	1		1	339		339	
門樓下	1	26	7	33	1		1				詳添校費
合　計	53	1740	331	2071	75	11	86	20811	500	21311	
(已立案私立)											
培新	4	178	62	240	5	1	6	1756	200	1956	
益友	4	97	32	129	3	1	4	1364		1364.4	
秦氏	3	132	43	175	5		5	1345.4		1345.4	
工職	2	38	16	54	2	3	5	844	50	914	

崇實	3	88	29	117	4		4	846	50	896
啓明	1	71	12	83	1	2	3	400		400
培西	3	82	33	115	4		4	744	36	780
顧氏	1	43	10	53	2		2	536		536
端初	2	83	13	96	3		3	520		520
又新	2	77	9	86	3		3	700	200	900
溪南	2	63	12	75	3		3	473.7		473.7
景華	1	28	9	37	2		2	338		338
共　計	28	980	280	1260	37	7	44	9887.1	536	10423.1
（呈請立案尚未批覆之私立）										
雅言	3	264	2	266	4		4	1390		1390
大椿	1	54	15	69	2		2	530	25	555
菁莪	3	131	29	160	5	2	7	1362		1362
崇正	2	62	11	73	2	1	23	515		515
養民	1	50	7	57	2		2	380		380
鎮南	2	24	4	28	3		3	340	30	370
化新	2	5	93	98		3	3	1104		1104
公益二校	1	60		60	2		2	778		778
公益三小	2	52	4	56	3		3	860		860

公益四小	1	48		48	2		2	820		820
培之小學	1	42	4	46	1	1	2	400		400
安中二小	1	50	7	57	2		2	320		3204
慕光	1	57	7	64	2		2	380		380
熙春	2	102	28	130	3		3	700		700
共　計	23	1001	211	1212	33	7	40	9879	30	9909
總計278校	477級	16164人	3439人	19564人	662人	114人	806人	190183.9元	5356元	195539.9元

(五)無錫城廂內外學校一覽表

校　　名	校　　長	地　　址
無錫中學校	陳　綸	學　前
實驗小學校	高鯉庭	同　上
縣立初級中學校	秦覺鈞	同　上
縣立女子初級中學校	顧毅齋	小婁巷底
縣立女初中附設小學校	嚴寅初(主事)	同　上
縣立第一小學校	程恩九	連元街
縣立第二小學校	嚴少陵	蘇家弄
中心小學區中心小學校	費錫胤	崇安寺
中心小學區長安橋初級小學校	韓浚明	北門外長安橋
中心小學區王帝橋初級小學校	丁子玉	南門外虹橋

中心小學區通匯橋初級小學校	奚敬亭	通匯橋
中心小學區亭子橋初級小學校	王道南	東門外亭子橋
中心小學區棉花巷初級小學校	章爾威	西門外棉花巷
中心小區冉涇橋初級小學校	葉　潤	南門外冉涇橋
中心小學區惠山初級小學校	戴　邦	惠　山
中心小學區清明橋初級小學校	楊卓仁	南門清明橋
中心小學區治坊場初級小學校	蘇澄漪	北門通匯橋
中心小學區尤渡里初級小學校	周冠雄	東門外尤渡里
中心小學區梨花莊惠梨初級小學校	顧召棠	梨花莊
中心小學區三皇街初級小學校	顧　堅	三皇街
中心小學區黃巷初級小學校	秦柳芳	黃　巷
私立無錫中學校	唐文治	南門外羊腰灣
私立無錫國學專門學院	唐文治	學　前
私立競志女學校	侯葆三	北禪寺巷
私立輔仁中學校	楊四箴	東門將軍橋
私立榮氏女學校	程宏遠	城內棋杆下
私立積餘小學校	龔笠如	北門外大河池
私立蔡氏小學校	嚴慰蒼	北塘蔡家弄
私立益友小學校	孫家復	游泗弄

私立培新小學校	曹　銓	崇安寺
私立唐氏小學校	秦　權	小婁巷
私立秦氏小學校	秦振鍔	大河上
私立侯氏小學校	許有成	駁岸上
私立明德小學校	岳錫光	南門外棉花巷
私立廣勤小學校	唐　泳	廣勤路
私立楊氏小學校	姚　炯	永定橋
私立美術專門學校	吳稚輝	西水關堰橋
私立振秀女學校	吳王鏡	北門外貝巷上
私立積成小學校	林叔顯	同　上
私立工職女學校	沈　濤	旱橋弄
私立陳氏小學校		東河頭巷底
私立勉强小學校	孫春圃	小河上
私立志成女學校	王廷槐	南門外定勝橋下
私立德慧女學校	許雪英	南門外虹橋
私立正業小學校		南門外清明橋
私立光華小學校		南門三下塘
私立學藝女學校	王韶樓	映山河南陽里
私立崇實小學校	方仲容	顧橋下

私立雅言小學校	瞿相成	中正路
私立啓明小學校	廉建中	東門外
私立昌盛小學校		亭子橋
私立中西女學校	程華貞	營橋巷
私立中山小學校	姚詢芻	西大街
私立菁莪小學校	周錫璜	西門倉浜裏
私立培西小學校	秦　權	西門太保墩
私立勞工第一小學校		崇安寺萬松院
私立勞工第二小學校		周山浜裕泰繭行
私立勞工第三小學校	王獨醒	南門外張元庵
私立勞工第四小學校	徐芝雲	西門外西新橋
私立勞工第五小學校	余振初	高埠墩
私立大椿小學校	郁寶鐘	南門伯瀆港
私立崇正小學校		北門外普濟橋張巷上
私立利民小學校	楊鼎炎	北門外長安橋橫浜口祝場弄
私立類思小學校	楊念農	東門外南倉稿
私立雅訥小學校	茅本荃	小三里橋天主堂
私立業勤小學校		同　上
私立培工小學校		南門外清明橋下塘

（六）無錫縣已立案私立學校一覽表

學區	校名	校址	核准立案日期	通信處	學校等級：中學	學校等級：完全小學	學校等級：初級	備註
（一）	無錫中學	羊腰灣	十七年一月二十九日	無錫南門外羊腰灣	×			
	競志女學	北禪寺巷	十七年一月二十九日	無錫城內北禪寺巷	×	×		
	俟氏小學	駁岸上	十七年十月一日	無錫東門駁岸上		×		
	培新小學	崇安寺	十七年十一月六日	無錫崇安寺			×	
	益友小學	游泗弄	十八年一月十二日	無錫城內游泗弄			×	
	明德小學	棉花巷	十八年一月十二日	無錫南門外棉花巷		×		
	蔡氏小學	蔡家弄	十八年一月二十一日	無錫北塘蔡家弄		×		
	積餘小學	大河池	十八年一月二十九日	無錫大河池沿頭		×		
	唐氏小學	大婁巷	十八年一月二十九日	無錫城內大婁巷		×		
	秦氏小學	大河上	十八年一月二十九日	無錫城內大河上			×	
	廣勤小學	廣勤路	十八年一月二十九日	無錫廣勤路		×		
	輔仁中學	將軍橋	十八年二月二十日	無錫東門將軍橋	×			
	榮氏女學	旗桿下	十八年三月十八日	無錫北門旗桿下		×		
	楊氏小學	永定橋	十八年三月二十三日	無錫北門裏城脚永定橋		×		
	振秀女學	貝巷上	十八年六月二十五日	無錫北門外貝巷上		×		
	工職小學	旱橋弄	十八年六月二十五日	無錫城中旱橋弄			×	

崇實小學	王巷上	十八年六月二十五日	無錫北柵口願橋下			×	
啓明小學	東門外	十八年六月二十五日	無錫東門外米猪業公所			×	
中西女學	營橋巷	十八年六月二十五日	無錫城中營橋巷		×		
培西小學	太保墩	十八年七月十七日	無錫西門太保墩			×	
(二)胡氏初中	村前	十八年六月十九日	無錫堰橋村前	×	×		
(三)樹德小學	前洲	十八年一月十九日	無錫前洲		×		
(四)懷芬女學	後倉	十八年月月十八日	無錫蕩口		×		
顧氏小學	九房往基	十八年三月二十五日	無錫望亭大牆門碩望橋			×	
端初小學	蕩口	十八年六月二十五日	無錫蕩口			×	
又新小學	七房橋	十八年六月二十五日	無錫鴻聲里七房橋			×	
(五)保滋小學	楊家莊	十八年一月十二日	無錫陳墅轉楊家莊		×		
經正小學	寨門	十八年一月十二日	無錫寨門		×		
(六)公益一校	榮巷	十八年一月十八日	無錫榮巷		×		
(七)慈南小學	曹婆橋	十九年一月二十一日	無錫南門外南長弄新宋園內當			×	
尚德小學	大潘巷	十八年十月廿三日	無錫楊名鄉陸典橋轉		×		
(八)景華小學	江溪橋堰下	十八年一月二十九日	無錫江溪橋堰下			×	
江陂小學	江溪橋	十八年七月十七日	無錫江溪橋		×		
共計 三三校				四	一九	一二	競志胡氏兩校兼辦小學

(七)無錫縣已呈請立案尚未批覆之私立學校一覽表

學區 校名	校址	通訊處	學校等級 中學	學校等級 實小	學校等級 初級	備註
(一)大椿小學	伯瀆港	無錫南門伯瀆港			×	
正業小學	花園弄	無錫南門外清名橋下塘花園弄		×		
光華小學	三下塘	無錫南門三下塘			×	
菁莪小學	倉浜裏	無錫西門倉浜裏			×	
志成小學	定勝橋	無錫南門外定勝橋		×		
崇正小學	後祁裏	無錫北塘後祁路			×	以上尚未批准以下爲已呈請
德慧女學	虹橋	無錫南門外虹橋		×		立案尚未核准之私校
城區小學	三皇街	無錫城中三皇街		×		
崇文小學	三皇街	無錫城中三皇街		×		
雅言小學	中正路	無錫光復門外中正路			×	
績成小學	貝巷上	無錫北門外貝巷上		×		
(三)養民小學	魏家宕	無錫玉祁魏家宕			×	
(四)鎮南小學	甘露	無錫甘露			×	
(六)競化女學	榮巷	無錫榮巷		×		以下尚未批准
化新小學	河埒口	無錫河埒口			×	
公益二校	梅園	無錫梅園			×	
公益三校	大渲	無錫大渲			×	
公益四校	下余巷	無錫惠山下余巷			×	

培之小學	東大池	無錫東大池		×
安中二校	牌樓下	無錫陸區橋轉牌樓下		×
(七)裕成小校	張橋頭	無錫楊名鄉陸典橋轉	×	
志海小學	陳大巷	無錫楊名鄉陸典橋轉	×	
慕光小學	于鑾裏	無錫南橋轉于灣裏		×
培本小學	青祁	無錫揚名鄉玉祁	×	
熙春小學	安鎮	無錫安鎮		×
共計	二五校		一〇	一五

(八)無錫全縣未立案私立學校表

(第一學區)美術專門　勉强小學　陳氏小學　學藝女學　昌盛小學　勞工一校　勞工三校　勞工四校
勞工二校　勞工五校　類思小學　利民小學　培工小學　雅訥小學　業勤小學
(第二學區)蓉陽小學　斗北小學　三樂小學　中山二校
(第三學區)蓮溪小學　匡村小學　養正小學
(第四學區)勉友小學
(第五學區)公揚小學　志成小學　仁濟小學
(第六學區)丁氏小學　作新小學　華利小學　育志小學　匡村第一分校　景山小學　王氏初小　新民小學
聿新小學　歸山小學　培本小學　花村小學
(第七學區)廷弼小學　培高小學　振華小學　作新小學(楊宝裏)　化醒小學　尚志小學　及時小學
黃氏小學

（第八學區）莫巷小學　集成小學

（九）無錫縣區立中小學校教職員待遇統計表

（一）縣立中學

月薪（連膳）	人數
一七元	一人
一九元	一人
二三元	一人
二五元	一人
二六元	一人
二七元	二人
二八元	一人
三三元	二人
三八元	二人
三九元	一人
四四元	二人
四五元	二人
四七元	一人
四八元	二人
五一元	一人

（二）縣立小學

月薪（連膳）	人數
一六元	一人
一七元	一人
二〇元	五人
二一元	三人
二二元	三人
二三元	一人
二四元	三人
二五元	四人
二七元	四人
二八元	六人
二九元	五人
三〇元	五人
三一元	一一人
三二元	六人
三三元	八人

（三）區立小學

月薪（連膳）	人數
六元	一人
七元	三人
八元	八人
九元	一人
一〇元	一四人
一一元	三三人
一二元	四一人
一三元	八六人
一四元	八七人
一五元	七四人
一六元	一〇五人
一七元	一〇六人
一八元	六一人
一九元	二一人
二〇元	四〇人

月薪	人數
五四元	一人
五五元	一人
五八元	一人
六五元	一人
七〇元	二人
八三元	一人
一〇〇元	二人
共計	三三二人
平均數	四二・〇九
中數	四一・五七

月薪	人數
三四元	二人
三五元	五人
三六元	一人
三七元	三人
四二元	一人
四三元	二人
四五元	一人
五〇元	一人
五三元	一人
五五元	一人
共計	八四人
平均數	三〇・三
中數	三〇・〇九

月薪	人數
二一元	一八人
二二元	三六人
二三元	六人
二四元	一一人
二五元	四人
二六元	二人
二七元	二人
二八元	四人
二九元	一人
三〇元	七人
三一元	一人
三五元	二人
三九元	一人
共計	七七六人
平均數	一六・一四五
中數	一六・三八

（註）1. 凡兼課、兼職、及義務職者。均不列入。
2. 區立小學教職員于畝捐項下。每人平均加月薪二元。上表未列入。

（十）無錫縣區立中小學校教職員資格統計表

(一)縣立中學

資格	人數
大學畢業	一一人
專門學校畢業	五人
中等職業學校畢業	一人
師範二部畢業	一人
高中師範科畢業	三人
本科師範畢業	七人
後期師範畢業	二人
甲種師範畢業	一人
初級中學畢業	二人
檢定合格	一人
其他	七人
共計	四一人

(二)縣立小學

資格	人數
大學畢業	六人
專門學校畢業	三人
中等職業學校畢業	一人
師範二部畢業	一人
高中師範科畢業	一〇人
本科師範畢業	二五人
後期師範畢業	二人
農村師範畢業	五人
前期師範畢業	七人
師範講習科畢業	一人
幼稚師範畢業	一人
甲種師範畢業	一人
高級中學畢業	三人
舊制中學畢業	一五人
體育專門畢業	八人
美術專門畢業	二人
初級中學畢業	一人

(三)區立小學

資格	人數
大學畢業	一人
專門學校畢業	五人
師範專科畢業	二人
中等職業學校畢業	三六人
師範二部畢業	三人
高中師範科畢業	七人
本科師範畢業	二九人
後期師範畢業	一〇人
高中畢業	二一人
舊制中學畢業	一五五人
體育專門畢業	二八人
農村師範畢業	三八人
師範講習科畢業	一五人
甲種師範畢業	一三人
乙種師範畢業	一五人
乙種實業畢業	三人
美術專門畢業	一五人

中等學校肄業	五人
檢定合格	三人
其地	五人
共計	一〇五人

（十一）無錫縣縣立學校學歷總表

（十八年度第一學期）

十八年八月二十二日　三小開學。

二十四日　一小四小五小開學。五小編制學級。

二十六日　六小開學。

二十七日　孔子誕生紀念休業。上午舉行紀念式。

二十八日　一小補行始業式。二小開學。下午編制學級。三小寄宿生自治團成立。

二十九日　女中小行開學典禮。

三十一日　五小中山村改組。

九月一日　三小公布教學中心問題。

幼稚師範畢業	一人
前期師範畢業	四九人
初中畢業	六二人
中等學校肄業	一四一人
小學畢業	三〇人
檢定合格	二八人
其他	八七人
共計	八〇四人

二日　縣初中縣女中開學。三小課外作業開始。五小早操開始。

三日　三小公布訓育中心問題。

四日　六小健身操開始。

五日　縣初中補考上學年不及格學生。

六日　三小蠡濱市市政府成立。

八日　三小開假期作業展覽會。

九日　一小學生自治會改選各部委員。二小補充課開始。六小課外運動開始。

十日　一小戊祭休業。

十二日　四小梅光露布五小舉行教育測驗。

十三日　二小各級自治會寄宿生自治會成立。

十四日　四小三讓村正式成立。
十七日　秋節休業。
十八日　女中小合作村開始工作。
十九日　一小選習科開始。
二十日　四小舉行寫字競賽。
二十一日　一小五小開假期作業成績展覽會。二小東林市政府正式成立。六小學級聯合會改組成立。
廿三日　三小月考開始。
廿五日　一小開始檢查體格。
廿六日　六小補習科開始。
廿七日　六小舉行算術競賽。
廿八日　二小三小舉行演說競賽會。五小檢查體格。
卅日　一小第一學月結束測驗開始。
十月一日　二小五小第一次月考開始。
四日　四小舉行閱讀競賽。
五日　五小舉行演說競賽會。
十日　武昌首義紀念休業舉行紀念式。女中小二小演講中華民國開國史。
十一日　一小二小五小舉行遠足。
十二日　一小童子軍露宿。縣中五小舉行書法競賽會。縣中明倫市各機關工作人員聯合就職。四小舉行時事測驗。
十五日　四小開始檢查體格。
十九日　一小學級聯合會小學藝會開始。二小書法競賽會。女中小三小舉行遠足。
廿六日　三小球類比賽。五小新校舍落成典禮開成績展覽會及遊藝會。
廿七日　四小舉行各級聯合會運動會。
廿八日　三小月考開始。
廿九日　五小二次月考開始。
卅日　二小檢查體格。
十一月一日　二小開校紀念休業。
二日　縣中舉行國文會考。
四日　一小二小第二月結束測驗開始。
五日　二小選舉模範兒童。六小開始檢查體格。
六日　地方光復紀念舉行紀念式。
八日　四小舉行文藝競賽。
九日　縣中舉行學術演講。五小舉行秋蟲展覽會。
十一日　一小開始舉行各級比賽分等運動。

十二日　總理誕生紀念。休業。舉行紀念式。女中小二小演講總理革命史。
十五日　女中小開始舉行國語算術常識大競賽。
十六日　二小舉行文藝競賽會。五小常識競賽會。
廿二日　四小舉行形藝競賽。
廿三日　縣中舉行國語演講競賽會。三小舉行學藝比賽。
卅日　四小開懇親會。五小舉行文藝競賽。
十二月一日　二小第三次月考開始。
二日　一小開始舉行學藝競賽。五小第三次月考開始。
六日　四小舉行演講競賽。
九日　一小第三學月結束測驗開始。
十四日　縣中舉行算學會考。五小舉行演說競賽會。
十五日　全國衛生運動日。一小全校大掃除。
二十日　四小舉行算術競賽。

廿一日　縣中舉行英語演說競賽大會。二小舉行藝術展覽會。
廿五日　雲南倡義擁護共和紀念開紀念會。
廿八日　五小檢查體格。
卅一日　四小師生大同樂。
十九年一月
一日｛年假元旦舉行祝賀式。三小舉行小遊藝會。五小同樂玩具
二日｛賀年片展覽會。
三日
四日　縣中明倫第三小蠡濱市各機關停止辦公。五小學期測驗開始。
六日　女中小合作村結束。一小學期結束測驗開始。
十三日　縣中縣女中學期試驗開始。
十八日　一小二小三小四小五小六小寒假休業。
二十日　縣中縣女中女中小寒假休業。

（十二）無錫縣十七年度高中畢業生出路調查統計表

校名	畢業生數			畢業後狀況														備註
				升學				就業									家居	未詳	
	男	女	共	大學	職校	其他	共計	農	工	商	學	軍	政	醫	其他	共計			

私立無錫中學	8		8	7			7			1						1			
私立競志女學		7	7															7	調查表缺
私立輔仁中學	7		7	3	1		4			1			2			3			
共計三校	15	7	22				11			2			2			4		7	

（十三）無錫縣十七年度初中畢業生出路調查統計表

校名	畢業生數			畢業後狀況															
				升學					就業								家居	未詳	
	男	女	共	高中	師範	職校	其他	共計	農	工	商	學	政	警	其他	共計			
縣立初中		60	60															60	
縣立女子初中		40	40	8	4			12				23	1			24		4	
私立無錫中學	14		14	13				13				1				1			
私立競志女學		19	19															19	
私立胡氏初中	19		19															19	
共計五校	33	119	152	21	4			25				24	1			25		102	

(十四)無錫縣十七年度完全小學畢業生調查統計表

校名	畢業生數			畢業後狀況													家居	未詳	已故
				升學					就業										
	男	女	共	中學	師範	職業	其他	共計	農	工	商	學	政	警	其他	共計			
縣初中附小	68		68															68	
縣立女中附小		49	49	42		4		46									3		
縣立一小	129		129	98		1	11	110			10	1				11	5	3	
縣立二小	105		105	70		2		72			8			1	3	12	13	8	
縣立三小	24		24	9		1		10			5					5	6	3	
縣立四小	39	1	40	22	2	1	1	26			3					3	6	5	
縣立五小	32		32	14		4	3	21		1	5					6	3	2	
縣立六小	34		34															34	
第一中心小學		34	34	14		3		17									8	7	2
二區八士橋小學	5	6	11	5		4		9									1	1	
二區長安橋小學	7	7	14	10				10			2	1				3	1		
二區西漳小學	8	2	10	3				3			4					4		3	
二區禮社小學	11		11	4				4	1		2	1				4	3		
四區蕩口小學	25		25	5			6	11			2					2	6	6	
五區膠南小學	9		9	3				3	1		3					4	2		
五區嚴家橋小學	5	1	6	2				2			2					2	2		

六區河埒口小學	8		8	4			4					4	4		
六區新瀆橋小學	7		7	5			5					2	2		
私立競志女學		28	28											28	
私立明德小學	17		17	15			15		1			1		1	
私立唐氏小學	21		21	15			15		2			2	4		
私立楊氏小學	11		11	4		2	6		3			3	1	1	
私立蔡氏小學	6	14	20	14	1		15						5		
私立廣勤小學	5		5	2			2		2			2			1
私立振秀小學		14	14	3			3			4		4		7	
私立侯氏小學	9		9											9	
私立積餘小學	81		81	37			37		11		1	12	30	2	
私立榮氏小學		33	33	19	1		20						13		
私立中西小學		8	8	2	4		6			1		1		1	
私立德慧小學		6	6	3	1	2	6								
私立光華小學	7	2	9	7			7		2			2			
私立崇文小學	5		5	5			5								
私立積成小學	25		25	14		5	19	2	1			3		3	
私立正業小學	23		23	9		2	11		10			10	2		
私立志成小學	1	7	8	3			3		1			1	3	1	

圖表三二：此處原爲《（十五）全縣學齡兒童入學與失學人數比較圖》，見書後。

私立胡氏小學	40		40														40	
私立樹德小學	11		11	6			1	7	2		2				4			
私立懷芬小學		8	8	4				4									4	
私立保滋小學	13		13	5	1		4	10	1		2				3			
私立經正小學	21		21														21	
私立公益一校	19		19	3		13		16			1				1	1	1	
私立化新小學		12	12	1		1		2									10	
私立敦睦小學	10	1	11	3			2	5	3		2				5		1	
私立尚德小學	29		29	15		6	1	22			6				6	1		
私立志海小學	5	1	6	2				2	2	1					3	1		
私立裕成小學	11		11	1			4	5		1	4				5		1	
共計　校	886	234	1120	502	3	47	44、	596	10	5	96	8	2	3	124	126	271	3

民衆教育

（一）無錫縣民衆教育概況統計表

學區 \ 市鄉 \ 事業		民衆學校		民衆閱書處		民衆閱報處		備註
		地址	職員	地址	職員	地址	職員	
第一學區	無錫市	崇安寺中心小學校	謝樹屏	崇安寺公園路	陳獻可	崇安寺公園路	陳獻可 范葆元	閱書處閱報處即縣立圖書館及民衆教育館

第二學區	天上市	龍潭岸 西漳	嚴頌勳 顧滌生	堰橋 寺頭	華梅軒 嚴欽允	堰橋 胡家渡 尤家坦 新塘里 張村	華梅軒 番鑑如 缺 朱霖澤 楊夢樓	
	天下市	劉潭橋 古莊	楊性初 辛梅美	八士橋 塘頭	過望先 莊玉山	長安橋 嚴埭 辛巷 東房橋 岸底裏	過志成 楊渠 錢光怡 程杏魁 吳茗蘊	
第三學區	青城市	北七房 禮社	儲焜 謝冶英	南雙廟 秦巷	王錦榮 李柏林	南雙廟 禮社 北新橋 秦巷 玉祁	王錦榮 謝冶英 毛宗言 李柏林 許笑岑	
	萬安市	洛社 楊墅園	趙王龍 周太歧	洛社 西漳	榮文光 周作新	胡椒巷 周徐巷 鵝子岸 潘葑 會龍橋	唐克仁 王伯仁 楊松生 孫昌越 孫苓蓀	
第四學區	南延市	南巷 繆家弄 馬橋	鄒仲良 馮季恆 畢連茹	鴻升里 甘露 蕩口	黃鴻山 周潤生 須頌周	蕩口 甘露 鴻聲里 南錢 茅塘橋	惠浩乾 顧仲穎 黃鳴山 華茂萱 黃一新	民衆學校民衆閱書處均增一處經費照預算平均支配
	泰伯市	碩望橋 桐橋	歐振遠 薛炳生	大牆門 后宅	沈約先 蘇志揚	雙板橋 北張 碩望橋 雪典 方橋	殷維新 許滄粟 歐振遠 侯悲紅 華學達	
第五學區	懷上市	張緲舍 朱村	蔣英倩 龐翼蒼	陳墅 張涇橋	黃墅時 周一清	張緲舍 蠡擱 黃土塘 東湖塘 寨門	蔣英倩 陸法泉 蔣柏森 朱秉如 沈價人	

學區	懷下市	嚴家橋 長大廈	金有喬 萬景韓	膠南 長大廈	胡吾千 萬景韓	楊亭 羊尖 嚴家橋 膠南 長大廈	曾竹美 華偉生 金有喬 胡吾千 萬景韓
第六學區	開原鄉	錢橋 河埒口	高鴻勳 倪丕烈	藕塘橋 錢橋	高鴻勳	藕塘橋 徐巷	殷永如
	富安鄉	連干村(張舍) 閶江	吳培德 王家棟	新瀆橋 陸區橋	呂渭文 許秉鈞	新瀆橋 盛店橋 稍塘橋 修浦 上舍	鄭少鴻 張逸青 恆昌祥 胡研光 馮吉奎
第七學區	揚名鄉	陸典橋 周新鎮	陸士銘	南橋 周新鎮	許岱青	南橋 周新鎮 徐來橋 夏家邊 陸店橋	許岱青 沈顯芝 徐振新
	開化鄉	方湖寺 南方泉	陸克昌 錢同之	石塘 南方泉	浦浩泉 錢同之	南方泉 方橋鎮 石塘鎮 許舍里 板橋鎮	錢同之 沈阿坤 浦浩泉 朱伯年
	新安鄉	華大房莊 陸莊	糜伯和 秦承模	華大房莊 新安鎮	糜伯和 倪復初	華大房莊 新安鎮 周潭橋 蠡橋鎮 廟橋	糜伯初 倪復初 朱叔均 范濟時
	景雲市	下甸橋 陶典	倪誠一 嚴生和	北坊前 胡家巷	倪鑑清 胡育良	下甸橋 白吐橋 湖音菴 馬家橋 后陽	倪誠一 趙紹志 王丕顯 朱維善 惠犀龕

學區	鄉						
第八學區	北上鄉	小西莊	倪協和	后橋 馮家巷	須衡平 馮卓夫	后橋 盛家橋 趙家東橋 曹慕塘 陳家巷	須衡平 王卓章 倪協和 周仲英 劉光烈
	北下鄉	東亭 梅村	浦心嚴 浦漪人	東亭 西園	浦心嚴 華詠南	東亭 西倉 查家橋 石埭橋 堰下	浦心嚴 夏仁慶 陳鳳威 吳石園

（二）無錫縣立民衆教育館概況

（一）職員姓名

范昱（館長） 魏效徵（總務部主任） 許玉輝（幹事） 魏君斐（研究部主任） 汪播聲（幹事）

朱仲周（推行部主任兼藝術指導員） 王實恨（演講員）

（二）組織系統表

民衆教育館
- 館長
  - 總務部——主任——幹事
  - 研究部——主任——幹事
  - 推行部——主任
    - 指導員
      - 科學指導員
      - 藝術指導員
      - 特約指導員（義務）
    - 幹事員
    - 演講員
      - 專任演講員
      - 特約演講員（義務）
  - 館務會議

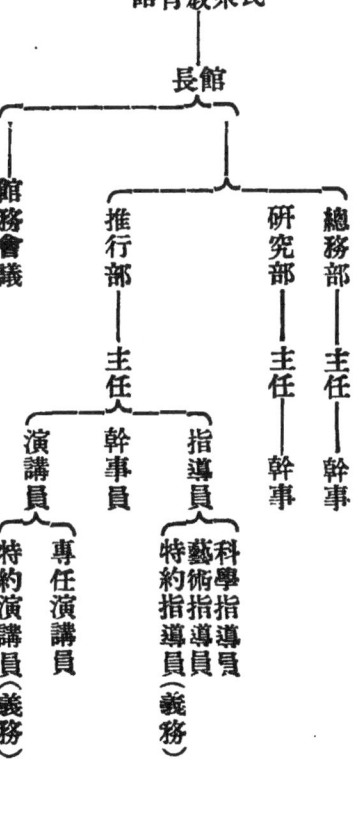

（三）設施概況表

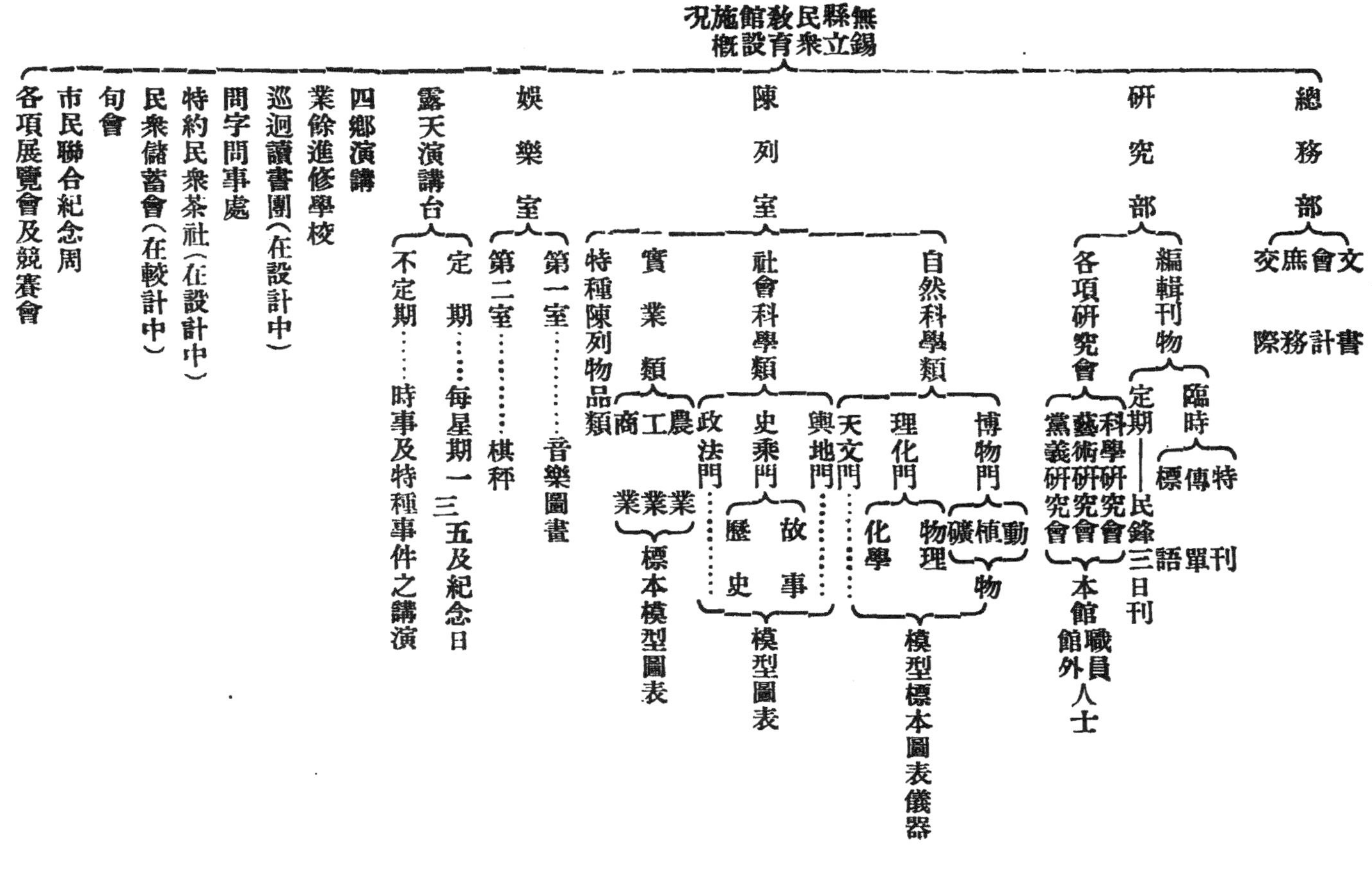

無錫縣立民眾教育館設施概況
總務部
文書
會計
庶務
交際
研究部
編輯刊物
臨時
特刊
傳單
標語
定期
民鋒三日刊
各項研究會
科學研究會
藝術研究會
黨義研究會
本館職員
館外人士
陳列室
自然科學類
博物門
動物
植物
礦物
理化門
物理
化學
天文門
模型標本圖表儀器
社會科學類
輿地門
史乘門
故事
歷史
政法門
模型圖表
實業類
農業
工業
商業
標本模型圖表
特種陳列物品類
娛樂室
第一室……音樂圖畫
第二室……棋枰
露天演講台
定期……每星期一三五及紀念日
不定期……時事及特種事件之講演
四鄉演講
業餘進修學校
巡迴讀書團（在設計中）
問字問事處
特約民衆茶社（在設計中）
民衆儲蓄會（在較計中）
旬會
市民聯合紀念周
各項展覽會及競賽會

(四)陳列物品統計表

部別	類別	種數	件數	價值估計
娛樂	電影	三	九七	八九•五〇
	音樂	一七	六七	一七一•二五
	弈棋	四	九	二•三九
	美術	三	一六二	二二•九九
博物	動物標本	一四五	三〇一	一二〇•一〇
	動物掛圖	二四	七四	一五•八〇
	植物標本	三二一	三二二	三八•二〇
	植物掛圖	二七	九八	一〇•二四
	礦物	二二	四〇三	一〇七•四八
實業	農業標本	二七	一二〇	六六•八〇
	農家副業標本	八	三二	一二•五三
	工業標本	一三	六七	二四•四五
用理衛生	生理衛生掛圖	一四	七二	一五•六二
	生理衛生模型	二一	二六	五一二•〇〇
教科	教科	二一	九五	四四•二四
天文	天文	一九	二七	二五•三二
歷史	泥人	六四	七九	二三•八六
	歷史掛圖	一五	三五	一〇•三〇
	錢幣	一	四七	二•五〇
地理	地理	四〇	八九	四八•六八
理化	電學	六〇	六六	二五六•九四
	力學	四二	四二	六八•二二
	水學	三一	三一	六二•〇七
	熱學	一〇	一〇	五八•九〇
	光學	二二	二二	六八•八八
	氣學	一六	一七	七二•五〇
	聲學	一一	一五	三八•三七
	化學	二一	二二	六一•二五
軍器	子彈	八	三七	五四•九〇
總計	二九類	一〇三〇種	二四八四件	二一〇七•二八九

(三)無錫縣立圖書館概況

(一)職員姓名

陳獻可(館長)　范壽仁(編校彙管理員)　李小圃(庶務員)

過懿瑾(女)(指導員)　趙鈞　李哲先(助理員)

(二)組織系統表

圖書館—館長
- 委員會
- 館務會議
- 購置部、文牘部、推廣部—館長自兼
- 編目部、典藏部—編校兼管理員
- 出納部—助理員
- 會計部、事務部—庶務員
- 兒童部—指導員

(三)概況一覽表

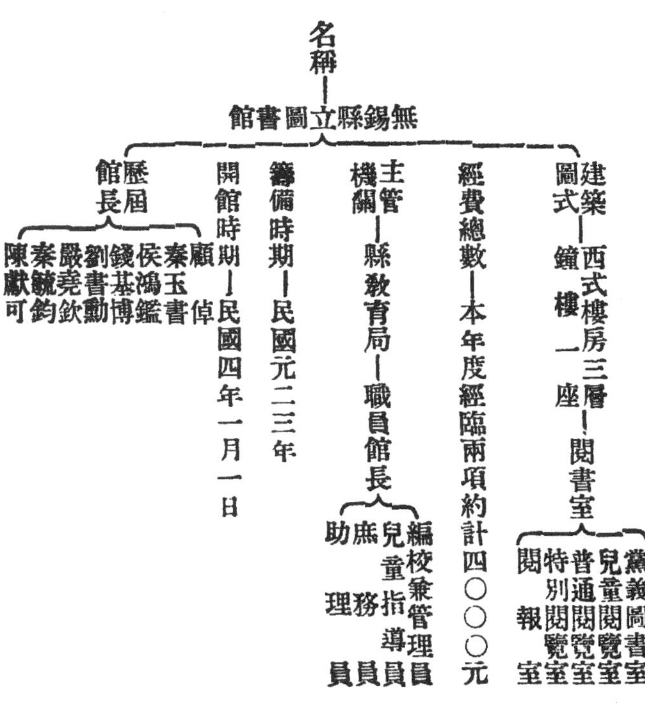

(四)藏書一覽表

藏書	文別	新舊籍	種數	冊數
書籍	中文	舊籍	18495	32712
		新籍	5695	17917
	東西文		1128	2649
	總計		25418	53278
報紙				1239
分類法	圖書分類採用杜定友氏世界圖書分類法另製書 命文庫以編列關於黨義書籍			

(四)無錫縣立農民教育館概況

(一)職員姓名

芮麟(館長)　胡覺清(總務主任兼成人部主任)　謝樹屏(婦孺部主任)　錢作民(兒童部主任)　王達奎(民衆運動場指導員兼農校教員)　蔣增(農校教務主任兼總務部主任)　范鼎仁(特約西醫)　尤學周(特約中醫)

(二)組織系統表

農民教育館—館長
- 館務會議
- 總務部主任
- 成人部主任
- 婦孺部主任
- 兒童部主任

（五）無錫縣立實驗民衆學校概況

（一）職員姓名

謝樹屏（校長兼教員）　芮子玉（教務主任兼教員）　江灘之（訓育主任兼教員）

（二）組織系統表

校長——事務主任——事務會議
校長——教務主任——教務會議
校長——訓育主任——訓育會議
事務會議、教務會議、訓育會議——校務會議

（三）學生數

1. 男生——三十三　2. 女生——十三

（四）課程

1. 國語習字　2. 算術記賬　3. 黨義常識　4. 娛樂

（六）無錫縣立社會教育機關民衆閱覽人數統計表

機關名稱	五月	六月	七月	八月	九月	十月	備註
	每月總數						
無錫縣立立圖書館	四七三二	三六二二		四七六五	四八一〇	六九九四	
無錫縣立民衆教育館	二〇九四	二一八一		二二五	一九二	三九〇〇〇	
無錫縣立農民教育館				八一〇	二〇九八	一四一三	農民教育館於本年八月開幕

（七）無錫縣四鄉圖書館一覽表

名稱	涇濱民衆圖書館	泰伯市圖書館	天上市圖書館	大公圖書館
性質	公立	市立	市立	私立
館址	懷上市張涇橋	泰伯市后宅鎮	天上市堰橋西街天上市公園	開原鄉榮巷館街
館長姓名	廉翼蒼	王頤田	蔣浩如	嚴慰功
職員姓名	馬廷棟	王右英	姜成州	許震李壽彭
經費來源	地方籌備開辦費400元教育局年撥288元又圖書費100元	泰伯市教育經費每月40元	教育局月撥41.6元基息240元	由館主榮宗銓撥充

（八）無錫縣定期刊物類調查表

名稱	發行地點	文字	類別	頁數	銷行約數	編輯或總經理	性質	附註
無錫雜誌	西門外橫街十八號	論說	雜誌	不定	八千份	薛明劍	雜誌	
民衆週報	中央大學區立民衆教育院勞農學院農民教育館出版	灌輸常識	週報	一張	四千份	方天游	教育	
教育與民衆月刊	民衆勞農二院出版委員會	民衆教育	月刊	七十頁	二千冊	雷賓南徐九衢	仝	
勞農季刊	勞農學生	勞農常識	季刊	?	?	學生	仝	尚在編輯中
實驗報告半年刊	民衆教育院實驗部	實驗報告	半年刊	一五〇頁	一千份	李雲亭趙步霞	仝	
無錫民衆週報	通俗教育館	常識	週報	四開一頁	一千份	薛伯華謝致和	仝	
縣政公報	無錫縣政府	政令及其他	旬刊	約四十頁	一千份	無錫縣政府	政治	

無錫教育	縣教育局	教育	週刊	十頁	一千份	縣教育局	教育	
救國半月刊	國民救國會	新體文字	半月刊	四開一頁	八百份	華梅軒	宣傳	已停刊
無錫市政	無錫市政籌備處	市政研究及報告	月刊	約二百頁	一千份	無錫市政籌備處	市政	
市政旬刊	仝上	市政	旬刊	四開一頁	贈送一千份	仝	宣傳	已停刊
懷上週報	第七區公所	自治	週刊	四開一頁	?		自治	

（九）無錫縣新聞紙調查表

名稱	發行地點	文字	類別	版數	銷行約數	主筆或經理	派別	附註
民報	太平巷	報章	日報	一大張	一千份	楊重遠	新聞	
錫報	沙文端	仝	仝	仝	二千八百份	吳驥德	仝	
無錫商報	交際路口	仝	仝	仝	九百份	孫春圃李景周	仝	已停刊
國民導報	書院衖	仝	仝	仝	一千份	徐赤子	仝	
大公報	萬全路	仝	仝	仝	一千份	宋叔琴	仝	十九年二月出版
新無錫報	書院弄	仝	仝	仝	一千八百五十份	楊楚孫	新聞	
大無錫報	沙文端一號	仝	仝	四開一頁	五百份	秦松石	仝	已停刊
橄欖報	東新路二號	小品文字	三日刊	四開一頁	三千份	楊素吾	小品	已停刊
鞏報	沙文端一號	仝上	仝	仝	五百份	徐冠傑	仝	已停刊
無錫晶報	毛道人弄	仝上	仝	仝	一千五百份		仝	已停刊
報報	王道人弄	仝上	日刊	六開一頁	五百份	諸大覺	仝	

（十）無錫新聞記者聯合會之沿革及現況

無錫之有新聞紙類刊物。始於清季之白話報及五日新聞。惟其內容均因陋就簡。且均為定期刊物。迨民國元二年間。錫報新無錫報相繼發刊。日報始逐漸發達。降至本年本縣出版之日報。計有錫報、新無錫報、民報、國民導報、商報、橄欖報等六種。及小報等各小報。銷數最多者達三千五百份。少亦數百份。前途之發達。方興未艾。氣象之蓬勃。在內地報界中。堪稱首屈一指。至報界組織之團體。在民國十年十一年間。各報曾有報界公會之組織。但不久即無形消滅。迨民國十六年。國民政府定都南京。各報記者。覺於時代刷新。新聞家所負責任。同時加鉅。同業間亟應切實聯絡。自求進步。藉以適應新環境。遂迭次開會。決定由各報館聯合組織報界協會。各報記者聯合組織新聞記者聯合會。均以謀同業之團結。宣揚三民主義。發展新聞事業為宗旨。是年夏秋之交。各報記者分別推定負責人員。從事籌備。迨同年十月。兩團體先後組織成立。迄今迅已三年。報界協會以主其事者意見不一。組織未能健全。新聞記者聯合會則從三年餘之奮鬥。會務蒸蒸日上。其精神之團結及組織之健全。在吾國內地報界團體中。名稱首屈一指。茲將其組織內容及現況分誌如下。

▲組織　無錫新聞記者聯合會。於十六年十月十日組織成立。是日下午。假公園多壽樓開成立會。同年十二月間。分呈縣黨部縣政府公安局核准備案。其組織採委員制。由會員用記名連記法選舉之。委員之任期為一年。連舉得連任。至委員之數額。因會章迭經修改。年有變更。大致第一屆為執委十一人。候補執委二人。監委二人。並由執委互推常務委員三人。主持會務。第二屆改為執委五人。候補執委二人。更由執委互推主席委員一人。第三屆又改為執委七人。候補執委二人。監委三人。分別組織執行委員會及監察委員會。其執監兩會之組織。執委會設常務三人。更由常委互推主席委員一人。另設總務文書宣傳三股。各股主任。均由執行委員兼任之。監委會設主席一人。關於會務之處理。均以會議行之。計規定每季舉行會員大會。常會各一次。每月舉行執監聯席會各一次。遇必要時。各得舉行臨時會。此外會員入會之資格。規定凡現任各日報新聞記者及外埠各報駐錫通信員。或曾任各日報記者及外埠各日報駐錫通信員達二年以上者。經會員二人之介紹。監察委員會審查合格。會員大會通過。均得入會。其各報社長主幹或經理。熱心贊助該會者。亦得參加為名譽會員。故是會實為純粹新聞記者組成之團體。

▲工作　新聞記者聯合會成立以來。歷時雖僅三年。而當民國十六七年間。時值黨國初定。政治才上軌道。反動派尚多潛伏蠢動。以是新聞記者。時有受意外摧殘欺凌之事。新聞記者聯合會以保障

同業義難坐視。迭經竭力奮鬥。如朱案邵案等。結果幸均勝利。十七年七月。並會同報界協會邀集蘇省各縣報界代表在錫舉行全省報界代表會議。為蘇省內地報界從來未有之盛舉。本年訓政開始。政治既已全上軌道。新聞記者亦得於黨治之下。受充分之保障。該會遂汲汲謀內部之建設。當經春季會員大會之決議。籌募基金。建築會所。嗣於七月中開始籌備。組織籌募基金委員會以總其成。並於本地組織募捐隊十二隊。分任本地籌募事務。另於京省滬三埠。分推吳稚暉、俞仲還、蔡子平、繆丕成、榮宗敬、陶仞千、馮雲初等諸先生為總隊長。以資提倡。迨八月十日。先開始舉行第一期本埠募捐。至十一月十日截止。預定籌募基金萬元。結果已募得五千六百餘元。現擬於來年定期舉行第二期外埠募捐及書畫徵求等各事。預料總成績必不難募足或超過預定數額。同時對于會所基地。亦已勘定西門內某姓空地基糧五分有奇。預定於來年一月內購買。並擬定建築計劃。至遲於來年二三月間。建築會所工程。即須實行開始。

▲現況　新聞記者聯合會初成立。得僅有會員十九人。迨本年報館逐漸增加。會員人數亦已增至二十九人。至會中經濟。平時收入祇有會員繳納之季捐。每人每季納大洋壹元。為數既尠。故支出時感不敷。遇有事故。唯賴會員之特別捐以為挹注。本年籌募基金。計募得五千六百餘元。惟指定作為建築會所專款。另組保管委員會保管。存莊生息。非經全體執監委員簽字。不能動支。故經常費仍感拮据。現正在妥議相當辦法中。茲將該會本年度最近之會員名錄。及本年十月間新當選之第三屆執監委員名單。列表附記如左。

附表一

無錫新聞記者聯合會十八年度之會員統計

姓名	服務報館	入會年月
張逐初	新無錫日報	十六年十月
周合茹	仝上	仝上
周靜嘯	仝上	仝上
蔣耀鏞	仝上	仝上
孫伯亮	仝上	仝上
蔡德先	錫報	仝上
宋叔琴	仝上	仝上
馮天農	仝上	仝上
蘇醒吾	仝上	仝上
徐叔豪	仝上	仝上

曹君稼	仝上	仝上
蔣仲良	仝上	仝上
王倬章	仝上	十八年七月
楊素吾	橄欖報	十七年三月
邵丹	民報	十七年五月
諸大覺	仝上	十八年七月
秦松石	民報	十八年七月
單吟叟	仝上	仝上
錢振亞	仝上	仝上
徐赤子	國民導報	十七年三月
石清麟	仝上	十八年七月
王韻輝	仝上	仝上
趙鵬霄	仝上	仝上
李景周	商報	十六年十月
諸蔭南	仝上	仝上
朱冰蝶	仝上	仝上
李柏森	上海申報駐錫訪員	十六年十月
孫春圃		十八年七月
徐惜陰		十八年七月

附表二

無錫新聞記者聯合會現任職委員之統計

（一）執行委員

姓名	職務
孫德先	執行委員會主席
周含茹	常務委員
馮天農	常務委員
石清麟	總務股主任
蘇醒吾	總務股副主任
孫春圃	文書股主任
曹君稼	宣傳股主任
邵丹	候補執行委員
孫伯亮	候補執行委員

（二）監察委員

姓名	職務
張逸初	監察委員會主席
蔣仲良	監察委員
宋叔琴	監察委員

教會教育

（一）外人在錫設立學校及教職員學生人數調查表十八年份

(1) 校別 校名	(1) 校別 附屬校名	(2) 教育程度	(3) 設立人 國籍	(3) 設立人 姓名或團體名	(4) 所在地	(5) 教職員人數 華人 男	(5) 教職員人數 華人 女	(5) 教職員人數 外國人 男	(5) 教職員人數 外國人 女	(6) 學生人數 華人 男	(6) 學生人數 華人 女	(7) 本年畢業生人數 華人 男	(7) 本年畢業生人數 華人 女	(8) 創辦或擴充日期
德慧女學		完全小學	美國	監理會	南門虹橋		七		一	九			六	宣統一年
明德小學		完全小學	美國	監理會	南門棉花巷	八		一		二二四		四七		民國二年
類思小學		男子部完全小學	法・國	天主教	小三里橋	四				五〇		六		民國二年
雅納小學		女子部	法國	天主教	小三里橋		四				六〇		八	民國二年前
理門小學		初年小學		理門婦孺救濟會	南倉門	二				四七	二四			民國十五年
馬可小學		初級小學	美國	聖公會	稅務前	二				一二				十八年七月

（二）外人在錫設立學校資產及基地調查表十八年份

		德慧女學	明德小學	類思公學	雅納公學	理門小學	馬可小學
(1) 校別		德慧女學	明德小學	類思公學	雅納公學	理門小學	馬可小學
(2) 設立者	國籍	美國	美國	法國	法國		美國
	國體名	監理會	監理會	天主教	天主教	理門婦儒救濟會	聖公會
	私人名						
(3) 所在地		南門虹橋	南門棉花巷	小三里橋	小三里橋	南倉門	稅務前
(4) 資產數量	動產	校具圖書一一〇五元 津貼一八〇〇元 學費一〇〇〇元	校具圖書一〇〇〇元 津貼五〇〇元 學費一九〇〇元				
	不動產	三六〇〇元	七〇二〇元	與教堂合	與教堂合		與聖公會合
	總計	七五〇五元	一〇四二〇元				
基租	畝數	一畝强					
	每年每畝租價	每月三四元					
	規定始	十七年					
	期間滿	五年					
(9) 經費狀況		支二八一六元 收二八〇〇元	收二四五〇元 支二五〇〇元			補助一六八元 學費一二〇元	無預算
(10) 附註						現更名利民私立學校	民國六年開辦十五年停辦十八年繼續辦理

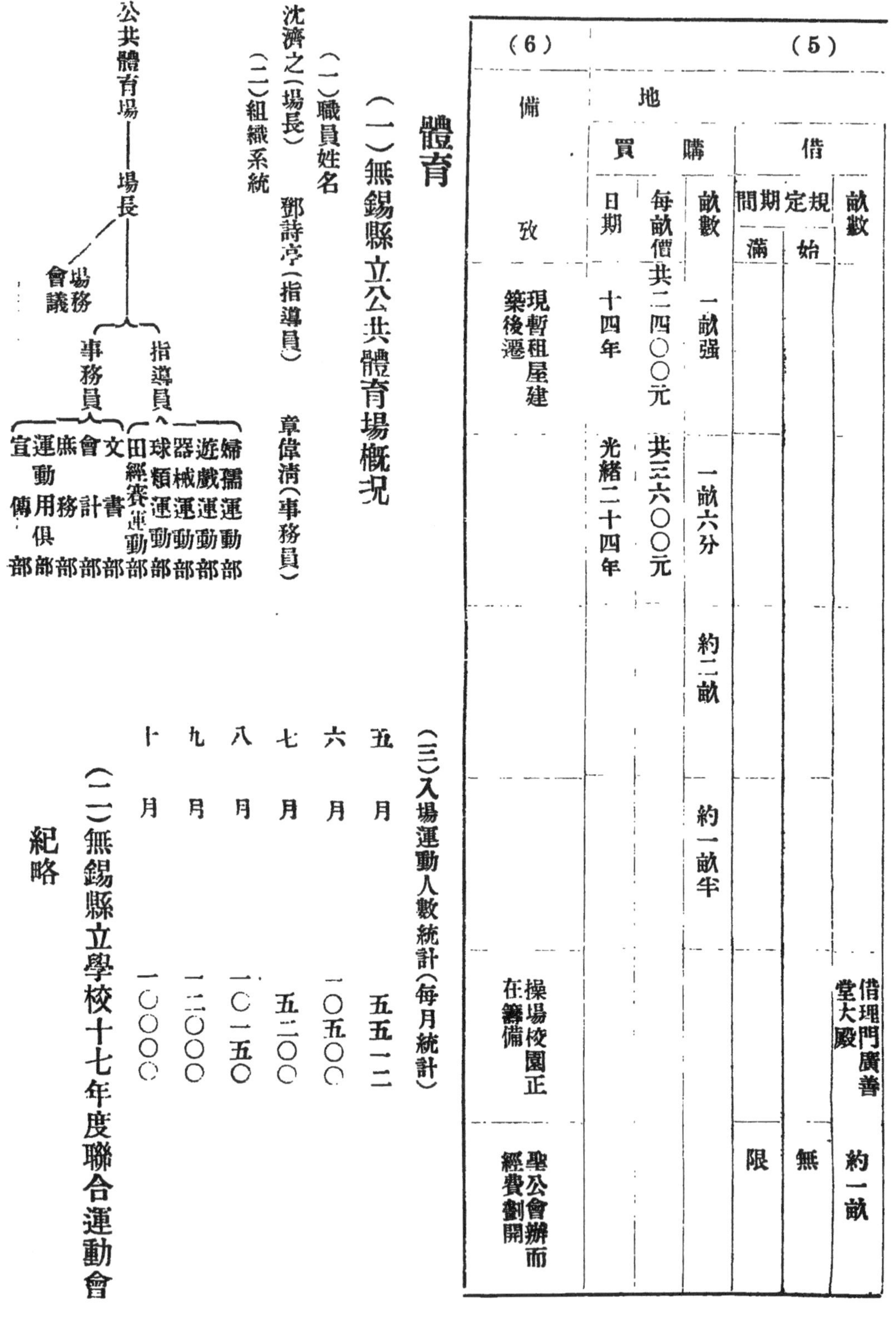

地						備考
買購			借			
日期	每畝價	畝數	規定期間 始	規定期間 滿	畝數	
十四年	共二四〇〇元	一畝强				現暫租屋建築後遷
光緒二十四年	共三六〇〇元	一畝六分				
		約二畝				
		約一畝半				
					借理門廣善堂大殿	操場校園正在籌備
			無	限	約一畝	聖公會辦而經費劃開

體育

(一)無錫縣立公共體育場概況

(一)職員姓名

沈濟之(場長)　鄧詩亭(指導員)　章偉淸(事務員)

(二)組織系統

公共體育場——場長——場務會議

場長——指導員——婦孺運動部、遊戲運動部、器械運動部、球類運動部、田經賽運動部

場長——事務員——文書部、會計部、庶務部、運用部、宣傳動俱部

(三)入場運動人數統計(每月統計)

月份	人數
五月	五五一二
六月	一〇五〇〇
七月	五二〇〇
八月	一〇一五〇
九月	一二〇〇〇
十月	一〇〇〇〇

(二)無錫縣立學校十七年度聯合運動會紀略

十七年度縣校聯合運動會　經長時期之籌備，於十七年五月七日開幕。其時省政府政務委員何玉書先生適在本縣視察，由薛滌靜局長敦請到場校閱訓話。備極莊嚴。八日舉行閉幕禮。同時行給獎式。茲將個人競技成績，團體競技成績，及各校團體操評語報告如下。

無錫縣立學校十七年度聯合運動會個人競技成績報告表

（僅本校比賽的一律不列入）

◀100米決賽▶

甲組(1)94	12"	陳民基(四)
(2)95		尤君瑞(四)
(3)116		丁慶安(五)
(4)87		華仲嘉(三)
乙組(1)103	13"1/5	陳國基(四)
(2)101		顧鳳翥(四)
(3)60		徐榮福(一)
(4)4		陶爾生(二)
丙組(1)1	12"2/5	秦祖錫(二)
(2)9		薛宗祜(二)
(3)3		穆純鎔(二)
(4)49		姚襄廷(一)

◀女生 50 米決賽▶

(1)高建華	(五)	8"1/2
(2) 徐愛弟	(五)	
(3) 陸泳柳	(五)	
(4) 王夢蘭	(五)	

◀跳　遠▶

甲組(1)93	4.81 M.	邵瑞棠(四)
(2)94		陳民基(四)
(3)30		陳雲范(中小)
(4)79		糜叔雄(三)
乙組(1)101	4.46 M.	顧鳳翥(四)
(1)102		周　濟(四)
(3)61		陳松良(一)
(4)5		蔦汝學(二)
丙組 (1)87	4.00 M.	華仲嘉(三)
(2)1		秦祖錫(二)
(2)55		周嶺海(一)

(3)123　　李　華(五)

◀跳　高▶

甲組(1)116　1.30 M.　丁慶安(五)

合{(2)30　陳雲范(中小)
　{(3)63　劉翼庭(中小)

(4)14　嚴壽齡(二)

乙組(1)72　1.30 M.　蔡元錄(六)

(2)60　徐榮福(一)

(3)102　周　濟(四)

(4)4、8、17、73、101 合　陶泉生(二)、吳皆燕(二)、龐月春(二)、孫義鈞(六)、顧鳳翥(四)

丙組(1)12　1.20 M.　唐榮春(二)

合{(2)37　楊申齡(中小)
　{(3)64　戴士祥(一)

(4)55、105 合　周崙梅(一)、陸家鳳(四)

◀推 鉛 球▶

甲組(1)94　11.33 M.　陳民基(四)

(2)14　嚴壽齡(二)

(3)70　孫晉憲(六)

(4)78　高乾雲(三)

乙組(1)72　9.9 M.　蔡文錄(二)

(2)103　陳國基(四)

(3)60　徐榮福(一)

(4)101　顧鳳翥(四)

丙組(1)87　8.72 M.　華仲嘉(三)

(2)77　周全康(六)

(3)11　惠雲祥(二)

(4)50　朱租蔭(·)

◀女生籃球擲遠▶

(1) 顧素華　(五) 9.54 M

(2) 張世英　(五)

(3) 陳清君　(五)

(4) 高建華　(五)

◀團體50米賽跑▶

(1) 初中小　8"7/10…… .4

(2) 二小　8"7.7/10 ….74

(3) 六小　8"7.9/10

(4) 三小　8"8.2/10…….18

◀團體原地跳遠▶

(1) 六小	1,876 M	
(2) 三小	1,860 M	
(3) 五小	1,818 M	
(4) 四小	1,720 M	

◀ 團體競技總分數 ▶

縣六	7 分	(第一)
縣初中	5 分	(第二)
三小	4 分	(第三)
二小	1 分	(第四)

◀ 個人競技總分數 ▶

陳民基(四小)	13分	(第一)
孫元鎵(六小)	10分	(第二)
華仲嘉(三小)	10分	(第二)
顧鳳翥(四小)	9.2分	(第四)

無錫縣立學校聯合運動會團體操評語

縣中全體農操　姿勢正確惟操至呼吸運動一節間有一二人不甚注意

縣女中附小彩圈舞　服裝清潔步伐整齊各種動作均活潑而有精神

縣一國術徒手　所操各節俱有精神步法轉法亦甚整齊可觀

縣六仿效操　姿勢正確分隊敏捷演至升旗一節非常活潑學生司令尤爲老練可嘉

縣中附小仿效操　姿勢甚佳惟動作略欠整齊

縣三思梅氏徒手　分隊歸隊均整齊可觀表演各節多活潑而見精神

縣四華羣合棍　動作頗有精神惟學生距離太近如能分隊略開更佳

縣五民衆操　伐步整齊動作變化不測處處均有精神頗合民衆大同之意良教材也

縣女中舞蹈　姿勢優美動作活潑誠優秀舞中不易之才也

縣二雄氏仿效操　姿勢靈敏四排交互動均活潑

競志孔雀舞　姿勢優美動作活潑訓練至此殊非易矣

廣勤旗操　姿勢甚佳惟似覺偏於上肢耳
縣女中附小舞蹈　服裝整潔魚貫入場先作快慢步之變陣步法整齊姿勢優美極得觀衆之快感未幾卽作各種舞式均活潑舒張
縣一設計操　教師循循善誘學生天眞爛縵表演各節頗能迎合兒童興味
縣中附小仿效操　步法整齊可觀操法亦佳摹倣擲鐵球尤覺精彩競爭遊戲（一致北伐）寓意甚善
縣三雙人徒手　轉法走步均佳動作亦純熟可嘉
縣四啞鈴徒手混合　動作活潑姿勢尙佳
縣五女生相對舞　白衣青褲鴻雁步出場舞姿活潑閃耀日光中有自然之妙
縣女中柔輭操　走步頗有變化且極整齊自然動作純熟而又採用反向動作更覺有興遊戲流彈球無瑕可擊
縣二龐氏徒手操　學生精神抖擻步法操法均佳
縣女中附小蜻蜓點水　學生穿白色制服胸懸紅色鮮花每生手背紮有紫白綢結形似蜻蜓出場以鴻雁步走成圓陣形往返穿走如水面飛舞之蜻蜓姿勢之優美動作之活潑尤爲難能可貴
縣一課外運動仿效操　步伐整齊變換隊形及轉法均純熟各種動作均活潑流利仿效擲籃球一節尤覺敏捷可觀
安中旗鏡操　學生左手執旗右手執鏡分四行縱隊表演各節尙純熟
縣六表情　化裝農工商學兵婦女等隨演隨唱童子革命歌描摹入神頗能感動全場觀衆極合黨化敎育運動
縣二龐氏柏掌操　學生有二百五十八人由單行縱隊跳步入場走成四行縱隊動作甚爲純熟而正確訓練至此殊非易易
縣六三人徒手　動作姿勢尙有可取處
中山柏掌操　出場由單行縱隊走成中山二字殊覺新穎表演各節均能正確而純熟
競志對舞　由單行縱隊出場漸走成圓形往返穿走手舞足蹈極優美而活潑至服裝之整潔步武之合拍猶其餘事
女職遊戲舞　表演動作姿勢尙屬優美
公益一啞鈴徒手混合　姿勢正確動作純熟

（三）無錫縣立學校十八年度聯合運動會紀略

十八年度縣校聯合運動會　於十八年四月二十六二十七日舉行，在籌備會中，議決以縣校爲原則。其他公私立高級小學以上之學校，得加入團體操一節。競技分兩種。

（1）個人競技　分五十米。（初級生及女生爲限）百米、跳高、跳遠、推鐵球。（六磅）（以上以高級生爲限）二百米。跳遠、推鐵球（以上中學男生爲限）女初中個人競技分二百米、籃球擲遠兩種。

（2）團體競技　每校出高級學生總數（女生在外）百分之二十五參加比賽。分五十米跪、原地跳遠兩種。

分組標準　甲、百磅以上者，乙、八十五磅以上者，丙、七十磅以上者，丁、不滿七十磅者。茲將運動成績列表如下。

無錫縣立學校十八年度聯合運動會競技運動成績報告表

（甲）個　人　競　技

◀1. 1000米賽跑▶

組別	名次	號數	姓名	成績	分數
甲組	1	57	林啓明	12 4/5秒	5
	2	58	陳雲範		3
	3	1	姚國樑		2
	4	17	王寶鑅		1
乙組	1	3	諸樹森	13	5
	2	4	趙伯年		3
	3	89	陸冠豪		2
	4	74	周鐘琴		1
丙組	1	64	兪蘭生	13 4/5秒	5
	2	78	楊濂		3
	3	5	穆純鎔		2
	4	105	周良		1
丁組	1	8	過雲飛	13 4/5秒	5
	2	70	周元禮		3
	3	82	陸映北		2
	4	67	高昌路		1

◀2. 跳高▶

組別	名次	號數	姓名	成績	分數
甲組	1	19	劉翼庭	1.42米	5
	2	1	姚國樑		3

組別	名次	號數	姓名	成績	分數
	3	58	陳雲範		3
	4	73	凌雲才		1
乙組	1	40	張鴻昌	1.32米	5
	2	9	吳增燾		3
	3	42	孫浩正		2
	4	74	周鐘琴		1
丙組	1	64	俞蘭生	1.23米	5
	2	6	馬世俊		2.5
	2	104	過則民		2.5
	4	29	吳載煦		.5
	4	106	蔣正寶		.5
丁組	1	82	陸映北		5
	2	10	施映泉		1
	2	11	楊振麟		1
	2	32	許景祥		1
	2	83	蔡祖元		1
	2	97	朱永錫		1
	2	98	秦洪興		1

◀3.跳遠▶

組別	名次	號數	姓名	成績	分數
甲組	1	58	陳雲範	4.81米	5
	2	1	王國樑		3
	3	17	王寶鏃		2
	4	57	林啓明		1
乙組	1	40	張鴻昌	4.40米	5
	2	12	陳企華		3
	3	74	周鐘琴		2
	4	100	顧祖武		1
丙組	1	64	俞蘭生	4.40米	5
	2	78	楊　濂		3
	3	5	穆純容		2
	4	66	杜汝良		5.
	4	105	周　良		5.
丁組	1	14	朱麟生	3.88米	5
	2	99	孫時章		3
	3	35	張　桐		3
	4	82	陸映北		1

◀4.推鉛球▶

組別	名次	號數	姓名	成績	分數
甲組	1	58	陳雲範	11.25米	5
	2	71	周敦	10.52米	3
	3	59	王元儒	10.20	2
	4	86	陳殿英	9.86	1
乙組	1	92	丁昌明	9.58	1
	2	40	張鴻昌	3.67	5
	3	89	陸冠豪	8.34	3
	4	4	趙伯年	8.29	2
丙組	1	64	俞蘭生	8.49	5
	2	50	華維新	7.70	3
	3	5	穆純容	7.68	2
	4	47	邵伯銘	7.17	1
丁組	1	85	陸善根	6.73	5
	2	7	馬樹郁	6.43	3
	3	83	蔡祖元	.533	2
	4	25	楊涵洲	5.29	1

◀5.個人競技各項分數總表▶

號數	姓名	100米	跳高	跳遠	推鉛球	得分共計	名次
64	俞蘭生	5	5	5	5	20	1
58	陳雲範	3	2	5	5	15	2
40	張鴻昌		5	5	3	13	3
1	姚國樑	2	3	3		8	4
82	陸映北	2	5	1		8	4

◀ 6.女生個人競技 ▶

組別	名次	號數	姓名	成績	分數
（五十米賽跑）					
第一組	1	79	徐愛弟	8 4/5秒	5
	2	47	龐瑜		3
	3.5	3	顧崇正		1.5
		6	馬惜陰		1.5
第二組	1	62	高建華	8 3/5秒	5
	2	12	鄭瑞會		3
	3.5	14	陳雲文		1.5
		63	陸詠柳		1.5
第三組	1	17	侯佩珍	9秒	5
	2	4	秦亞秀		3
	3.5	7	章周芬		1.5
		71	浦愛珠		1.5
第四組	1	72	程育德	9 1/5秒	5

	2	26	張嘉佩	3
	3.5	66 67	鄧鳳珍 嚴瑞蓮	1.5 1.5

◀藍球擲遠▶

第一組	1	58	王秀華	5
	2	45	宣月英	3
	3		陳清君	2
	4	56	馬惜英	1
第二組	1	57	鄒秀珍	5
	2	53	何蘭英	3
	3		陸毓芬	2
	4	62	高建華	1

◀7.縣女中個人競技成績▶

次數	名次	號數	姓名	成績
		◀百米賽跑▶		
第一次	1	2	丁　禮	16 3/5秒
	2	49	顧佩瓊	
第二次	1	73	許萃英	16 3/5秒
	2	77	林　慧	
第三次	1	56	楊志仁	15 1/5秒
	2	54	尤亞哲	
第四次	1	53	孫慧中	16 1/5秒
	2	51	俞錦城	
第五次	1	38	華詠仙	16 2/5秒
	2	48	王德坤 過學畬	
第六次	1	36	楊元瑜	16秒
	2	58	唐若良	
	3	64	孫樹華	

◀籃球擲遠▶

甲組	1	程學瑞	10.00米
	2	張韻花	9.15
	3	丁　禮	8.85
	4	何才英	8.30
乙組	1	許萃英	9.55
	2	孫振華	8.50
	3	薛志石	8.35
	4	方　瑤	7.80

（乙）團體競技

運動種類	名次	分數	成績	學校
原地跳遠	1	5	平均1.915米	縣六
	2	3	1.879米	縣五
	3	2	1.875米	縣四
	4	1	1.786米	縣附中小
	5		1.761米	縣三
	6		1.741米	縣二
	7		1.669米	縣一
五十米賽跑	1	5	平均8.85 5/8秒	縣五
	2	3	9.95	縣四
	3	2	9.06 2/3	縣六
	4	1	9.08 2/3	縣三
	5	1	9.20 2/7	縣二
	6		9.24 12/34	縣中附小
	7	7	9.37 51/1	縣一

◀團體競技各項分類總表▶

校別	50米	原地跳遠	計	名次
縣五	5	3	8	1
縣六	2	5	7	2
縣四	3	2	5	3
初中小	0	1	1	4
縣三	1	0	1	4
縣二		0	0	
縣一		5	0	

（四）無錫縣民衆運動會紀略

以前運動會。祇注意學生方面。對于民衆運動毫無提倡。十八年四月二十八日舉行無錫縣民衆運動會。實爲本邑空前之舉。茲將本項情形。分志於下。

（1）籌備情形　先由縣教育局通函各界。籌備與會者有救火聯合會。商團公會。民衆教育院。縣圖書館。縣教育會。通俗教育館。市行政局。縣黨部。公安局。工整會。體育場。縣政府。水警區。建設局。民衆教育委員會。民教促進會。新聞記者聯合會。等各團體。

（2）運動種類　分田徑賽。自由車比慢。石担。飛叉。國術等。

（3）比賽成績

無錫縣民衆運動會成績報告

（甲）田經賽

運動種類	名次	號數	姓名	成績	分數
400米	616	66	姜蓉	1'5" 1/5	5
	2	133	萬步高		4
	3	23	陸廣漢		3
	4	53	高文學		2
800米	1	66	姜蓉	2'38" 1/6	5
	2	133	鄧詩亭		4
	3	38	胡培德		3
100米	1	157	顧壽卿		5
	2	156	錢宗德		4
	3	41	范鼎仁		3
	4	4	朱祖良		2
跳遠	1	157	顧壽卿	18尺2 1/2寸	5
	2	23	陸廣漢		4
	3	50	沈耀明		3
	4	40	陳炬		2
	5	47	周宗海		1
200米	1	157	顧壽卿	28 4/5	5
	2	133	鄧詩亭		4
	3	128	陸阿南		3
	4	59	尤煥照		2
	5	47	周宗海		1
跳高	1	118	陳晉初	5尺3寸	5
	2	129	王玉藩		4
	3	137	胡祥雲		3
	4	38	胡培德		1.5
	4	53	高文學		1.5
推鉛球	1	129	王玉藩	30尺5寸	5
	2	135	萬步高		4
	3	46	石友吾		3
	4	130	倪厚齋		2

◀ 田徑賽成績總表 ▶

姓名	號數	100米	200米	400米	800米	跳高	跳遠	推鉛球	共計分	名次
顧壽卿	157	5	5				5		15	1
姜蓉	66			5	5				10	2
王玉藩	129					4		5	9	3

萬步皋	135		4	4		8	4
鄧詩亭	133	4	4			8	4
飛 叉——1				陸維和			

70米

自由車比慢	1	132	王根寶	時間3'31 1/2秒
	2	129	王玉蕃	
	3	28	王仲蔚	
	4	30	劉阿綸	

（丙）國 術

◀1.個 人▶

種 類	名次	號數	姓 名
	1	159	劉念祖
	2	81	楊汝賢
單 拳	3	100	陳介春
	4	101	陳介眉
	5	98	許其祥
對 拳	1	21 22	王定華 宋菊根
	2	106 107	王 寅 周瑞興
	3	82 83	楊汝麟 殷兆麟
	4	10 13	殷鑑成 楊培麟
	5	78 79	錢堅山 安宗祥

◀2.團 體▶

名次	團 體
1	陸區橋商團
2	彭丁橋精武國術團
3	蕩口商團第十一支隊

（五）中央大學第三分區民衆業餘運動會紀略

鑒於强國必先强種。中央大學行政院。爰發起全大學區民衆業餘運動會。將全省分爲十一區。無錫、武進、靖江、江陰、宜興五縣劃爲第三分區。推定本縣負責籌備。先期由本縣教育局通函其他各縣。開籌備會一次。即于四月三十日舉行。茲將運動成績。報告于下。

中央大學區第三分區

民衆業餘運動會成績報告表

種類	號數	姓名	名次	成績	分數	縣別
鄭鐵餅	407	馮潮生	1	23m34	5	宜興
	1	薛劍吾	2	22m	4	無錫
	302	鄭　濟	3	20m69	3	江陰
	203	羊宗禮	4	16m55	2	清江
	9	王世常	5	14m70	1	無錫
跳遠	401	潘　審	1	5m06	5	宜興
	207	張竹賢	2	4m93	4	清江
	409	顧聽寶	3	4m64	3	宜興
	302	鄭　濬	4	4m55	2	江陰
	307	鄔學義	5	4m54	1	江陰
100米	8	倪宗貽	1	11 2/5秒	5	無錫
	15	姜　蓉	2		4	無錫
	103	何希博	3		3	武進
	305	孫　斌	4		2	江陰
	310	姚楚寶	5		1	江陰
200米	15	姜　蓉	1	28 1/5秒	5	無錫
	401	潘　審	2		4	宜興
	405	史　恂	3		3	宜興
	303	印　鵬	4		2	江陰
	301	楊時勉	5		1	江陰
跳高	411	儲劍丹	1	1m60	2	宜興
	208	盛蔭北	2		3	靖江
	310	姚楚寶	3		4	江陰
	307	鄔學義	4		5	江陰
400米	15	姜　蓉	1	1.5 1/5	5	無錫
	310	姚楚寶	2		4	江陰
	404	張紀倫	3		3	宜興
	303	印　鵬	4		2	江陰
	207	張竹賢	5		1	靖江
800米	15	姜　蓉	1	2'40 3/4	5	無錫
	306	陳　桐	2		4	江陰
1500米	403	史龍雲		5'20 3/5	5	宜興
	202	羊榮順			4	靖江
撑高跳	411	儲劍丹	1	2m75	1	宜興
	407	馮潮生	2		2	宜興

項目	號數	姓名	名次	成績	分數	縣別
	301	楊時勉	3		3	江陰
	302	鄭　濟	3		3	江陰
三級跳遠	411	儲劍丹	1	11m20	5	宜興
	8	倪宗貽	2		4	無錫
低欄	1	薛劍吾	1	32 2/5	5	無錫
	405	史　恂	2		4	宜興
推鉛球	407	馮潮生	1		5	宜興
	302	鄭　濟	2		4	江陰
	2	張孟博	3		3	無錫
	1	薛劍吾	4		2	無錫
	402	張紀倫	5		1	宜興
高欄	1	薛劍吾	1	17秒	5	無錫
	203	羊宗禮	2		4	江靖
標槍	304	范覺亮	1	95尺7寸	5	江陰
	305	孫　斌	2		4	江陰
1,0000米	202	羊榮順	1		5	靖江
	205	錢振新	2		4	靖江

◀女運動員成績表▶

種類	名次	號數	姓名	成績	分數	縣別
50米	1	312	夏孫似			江陰
	2	311	樊清如			江陰
100米	1	311	樊清如			江陰
	2	312	夏孫似			江陰
200米	1	311	樊清如			江陰
	2	312	夏孫似			江陰
跳遠	1	311	樊清如			江陰

◀各項運動成績總表▶

號數	姓名	100米	200米	400米	800米	200米低欄	推鉛球	跳遠	擲鐵餅	跳高	撑高跳	100米高欄	三級跳遠	得分共計	名次
15	姜　容	4	5	5	5									20	1
1	薛劍吾					5	2		4			5		16	2
411	儲劍丹									5	5		5	15	3
407	馮潮生						5		5		4			14	4
302	鄭　濟						4	2	3		1.5			10.5	5

教育會

無錫縣教育會概況表 十八年十二月調查

屆次	第一屆	第二屆
常務委員	莫善榮（主席） 嚴文煒 華蕅 蘇渭賓 孫莘農	秦冕鈞（主席） 胡啓元 顧鴻志 許卓人 朱堯臣
執行委員	朱正心 朱毓奇 胡啓元 張伯藩 杜錫楨 蔡虎臣 葉志青 陳子愼	徐瀚清 陸士銘 楊性初 胡中權 丁怡安 周渭泉 張之毓 趙紹志
候補執行委員	華昌時 毛爾嘉 顧鴻志 朱彥順 許卓人	嚴頌勳 華昌時 李柏林 嚴毓蒼 過質彬
職員	華蕅（秘書） 華雋奎（事務員）	胡行愷（秘書兼事務員）
所屬分會數	十七	十七
會員數	一〇二四八	九五二八
備註		

衛生行政

（一）無錫市政籌備處辦理衛生行政之現狀

處理衛生違警事件之步驟

人類與環境接觸。卽有外界事物。影響到人類的生活機能。所以個人不得不講求防護。注意衛生。設法增進健康。以達壽終天年之目的。換言之。卽人類應當講求衛生。注意衛生。但講求衛生。自有一定方法。倘僅就個人着想。卽謂之個人衛生。兼顧到社會或公衆方面者。謂之社會衛生。或公共衛生。個人衛生以個人爲本位。當然由個人自己負責。公共衛生以團體或羣衆爲對象。祇能由國家代表負責。爲公衆謀健康。所以公共衛生能用强制性質干涉個人之自由。使不合衛生之事物。均依法定的標準。使適合於衛生。否則加以相當懲戒。此卽國家制定衛生法規的用意也。卽處理衛生違警事件之重要意義也。國家制定衛生法規。地方行政機關必須遵照執行。倘人民違犯禁例。自不得不干涉。不得不禁止。例如人民將垃圾傾入河內。事屬違犯衛生法規。卽應加以干涉。有傳染病者販賣飲食物。亦須加以禁止是也。市政籌備處成立以來。對於市民公共衛生一事。當然應負責辦理。設法改進。但人民知識淺薄。積習太深。事實上違犯者大都不知公共衛生爲何物。亦有積習相仍不以爲怪者。亦有爲外界環境關係。不知不覺而爲之者。因此上種種原因。本處處理人民衛生違警一事。頗感困難。而同時亦十分重視。深覺非有一定之秩序。一定之辦法。責成負責者。按步就班去做。必不能辦好。茲將本處規定之四個步驟分述如左。

第一步宣傳指導　衛生指導員依照衛生法規每日出外調查巡視。宣傳。指導。如發見街道河浜不清潔。即督促清河夫清道夫打撈清除。如發見居戶商店。不講衛生。即設法指導之。又如發見商店所售食物不合衛生。即禁止之。或令其設法改良。所以衛生指導員最重要的工作。即在勸告與指導。一方面將市民最易犯的弊病。印成傳單。做成標語牌。揭示於衆。使大家能痛除積習講求衛生。此係第一步的工作。

第二步報告通知　衛生指導員對於第一步宣傳指導工作。希望市民聽從改革。倘經過勸告指導而不能聽從。一經查實。即填寫違警報告單。報告市政籌備處社會科科長。由科長正式填發通知單。通知犯禁人。促其改革。下次不再犯禁。此爲第二步的工作。

第三步復查警告　正式通知後。究竟是否改革。必須再經復查一次。如復查結果。並未改革。或又有第二次之犯禁。則再由衛生指導員報告科長。由科長填發警告單。警告犯禁者從速改革。此爲第三步的工作。

第四步傳訊處罰　警告單發出後。衛生指導員再作一度之調查。倘使仍未照辦。則不特藐視法規。實屬有意違犯。本處對於此輩屢戒不悛者。不得不將事實及經過情形。公函公安局派警傳訊。按章處罰。此爲最後一步的工作。

無論任何微小違警事件。均依照此種步驟做去。表面上似覺得手續甚煩。足令辦事人灰心懈怠。但從實際方面說。有幾點值得注意的。(一)可以使辦事者審慎處理。不致操切從事。(二)可以使得犯禁者有改革之時期與機會。(三)可以使得犯禁者心誠悅服。罰而無怨。

此外本處更訂定衛生指導員服務細則。使他們的工作。有程序。有範圍。又訂定工作報告單。令其每日依照項目報告。而不能敷衍了事。茲將各項應用書單格式錄下。

無錫市政籌備處社會科第　區衛生指導員工作報告單

巡視路線地段		清道夫清河夫工作情形	
街道河流狀況		檢查及報告衛生違警事件	
溝渠清潔狀況		指導居戶商店市民改進及宣傳事項	
坑廁垃圾菜場清潔狀況		復查事項	
居戶商店及公衆場所清潔狀況		偶發事項	

中華民國　年　月　日　衛生指導員

違警報告單

為報告事茲查得下列各項事實應予懲戒處罰敬祈
審核辦理此上
無錫市政籌備處社會科科長

地點	姓名店號	事實	辦法

中華民國　年　月　日第　區衛生指導員第　號

存根

茲查得下列各項事實核與公衆衛生殊屬相違應予懲戒處罰除報告
社會科科長審核辦理外合具存根備查

地點	姓名店號	事實	辦法

中民華國　年　月　日第　區衛生指導員第　號

通知單

無錫市政籌備處　為
通知事茲查得　路
核與公衆衛生殊屬相違合亟通知仰即
毋稍違延切切
右給　准此
中華民國　年　月　日第　號

存根

無錫市政籌備處　為
通知事茲查得　路
核與公衆衛生法規殊屬相違除立即通知
外合具存根備查
右給　准此
中華民國　年　月　日第　號

警告單

無錫市政籌備處　　為
警告事茲查　　路
一案曾於　月　日送達通知單今派人
復查仍未遵辦對於公共衛生殊屬藐視已極合再
警告倘敢故延定行知照該管警區按章處罰不貸
右給　准此
中華民國　年　月　日第　號

存根

無錫市政籌備處　　為
警告事茲查　　路
一案曾於　月　日通知今往復查仍未遵辦
對於公衆衛生殊屬藐視已極爲再警告倘仍故違
定行知照該管警區按章處罰外合具存根備查
右給　准此
中華民國　年　月　日第　號

無錫市政籌備處公函　第　號
逕啓者茲由敝處衛生指導員查得　貴局轄境內
一案業已一再由敝處送達通知警告單飭令
外今派人復查仍未遵辦對於公共衛生殊屬藐視已極合行
函請貴局查核飭傳按章處罰實紉公誼此致
公安局
無錫市政籌備處主任
中華民國　年　月　日

(專爲通知衛生違警事件用)

圖表三三：此處原爲《（二）無錫市衛生區域圖》，見書後。

(三)無錫市區衛生行政系統圖

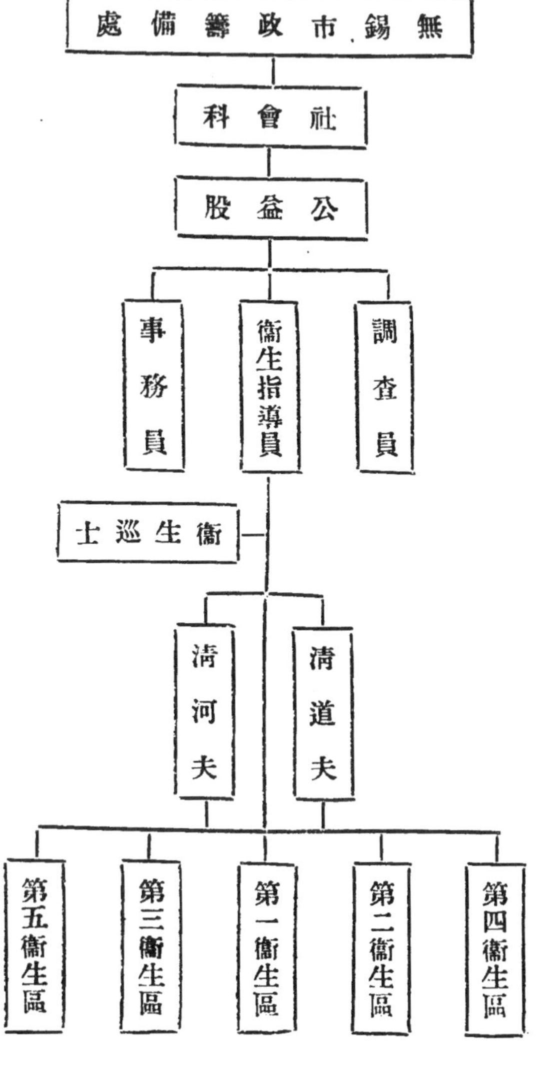

(四)無錫市政籌備處衛生指導員服務細則

十八年九月十八日公布

第一條　本處爲指導市區內公共衛生及督飭清道夫清河夫清除街道及河流起見。特設衛生指導員五人。

第二條　衛生指導員。由本處社會科分派於各衛生區。遵照本細則之規定服務。

第三條　衛生指導員承社會科科長之命。於各該區內指導檢查及處理一切衛生事務。

第四條　衛生指導員之職務規定如下。

(一)訓練本區清道夫清河夫清潔道路。橋樑。河流溝渠。

水井糞場廁所等。及指導其應守之規則。

(二)考核本區清道夫清河夫工作之勤惰。

(三)檢查本區清道夫清河夫所用之工具及制服。

(四)分配本區清道夫清河夫工作之路線。造冊呈送社會科備查。

(五)訓練督飭及考核衛生警士工作事項。

(六)指導及答復市民詢問關於公共衛生事項。

(七)督率衛生警士向商舖住戶及小販雜攤挑糞夫糞船等。隨時勸諭告誡。遵守本處暫行清潔道路規則。

(八)督率衛生警士取締有碍衛生之營業。

(九)調查及宣傳預防各種傳染病。

(十)急救行人之猝病。

(十一)督率衛生警士取締不潔或陳腐之飲食物。

(十二)調查本區市民之生死及死亡原因。

(十三)辦理其他有關公共衛生事項。

(十四)每日應將本區內衛生警士。清道夫清河夫等工作情形。區內清潔狀況及其他有關於衛生事項。呈報社會科科長審核。

第五條　衛生指導員於出勤時。遇有緊急事項。應隨時以電話報告社會科或公安局。

第六條　衛生指導員遇例假休息等日。亦須親到各該區段內視察。

第七條　衛生指導員。應一律寄宿在本處寄宿舍。

第八條　衛生指導員。如因疾病或重大事故欲請假時。須備具證明書呈請社會科科長核准後。方得離開職守。其職務由社會科派員代理。

第九條　衛生指導員須穿制服。

第十條　衛生指導員操守廉潔。訓練有方。遇事勤奮。著有成績者。得分別予以獎勵。由社會科科長開具事實。呈請主任核定之。

第十一條　衛生指導員如指導不力。品行不端。有受賄行爲。或徇情袒庇。或遇事懈怠。毫無成績者。得分別予以撤職記過二種懲罰。由社會科科長開具事實。呈請主任核定之。其有涉及刑事範圍者。除依照本條辦理外。另送法院究辦。

第十二條　衛生指導員。凡在職因公致傷殘廢或死亡。得酌量情形。由社會科科長呈請主任分別撫卹之。

第十三條　本細則自公布之日施行。

(五)無錫市政籌備處清道夫清河夫服務細則

十八年九月十九日公布

第一條　本處雇用之清道夫及清河夫，均應遵守本細則之規定服務。

第二條　分派各衛生區之清道夫清河夫，須受本處衛生指導員之訓練監督指揮。

第三條　清道夫清河夫之工作範圍如左。

(甲)清道夫

(一)本市區內道路。橋梁。溝渠及水井。茶場。廁所等處。均應按時掃除。沖洗。挑運。或疏通之。

(二)清道夫之分配。以十五人為一組。每組工作之路綫。由衛生指導員編派指定。不得推諉怠惰。

(三)清道夫每日應掃除街道兩次。

(四)掃積垃圾污物。應逐日挑運淨盡。

(五)當陰雨時。須掃除積水。疏通溝渠。冬日下雪時。須於上午八時前。掃除道路積雪。

(六)清道夫每日上下午應按時工作。不得遲到及早散。

(乙)清河夫

(一)清河夫以一船兩人為一組。每組工作之路線。由衛生指導員編派指定。不得推諉怠惰。

(二)清河夫應每日按時打撈河內浮菰茱菓瓜皮柴草及一切穢物。並裝運垃圾箱內及指定堆積之垃圾。

(三)清河夫每日應裝運垃圾兩次。

(四)清河夫對於河旁岸灘上堆積之垃圾。應掃除裝運淨盡。又必將地點轉告衛生警士或衛生指導員。隨時禁止或取締。

(五)清河夫應按時將船隻停歇在指定之處。不得擅自移作他用。

(六)清河夫每日上下午應按時工作。不得遲到及早散。

第四條　清道夫清河夫之工作時間規定如下、

(一)工作時間分上下午兩次。但於必要時得加班工作。

(二)工作時間自黎明起至十時止。下午自二時起至日落止。

(三)在工作時間內。不得擅離他去。

第五條　清道夫清河夫工作時。不得違犯左列各欵情事。

(一)不着制服。

(二)工作懈怠。

（三）與行人及行船爭道肆意詈罵。

（四）聚談或高歌。

（五）以污物水土濺潑道路行人或遺落河中。

第六條　清道夫清河夫如有要事或疾病者須向衛生指導員告假。准許後方得停止工作。

第七條　請假過二日以上者。應商准衛生指導員另覓替人代替工作。但不得過一月。逾期卽除名雇補。

第八條　清道夫清河夫應攝影存查。不得冒名頂替雇人倩代。

第九條　凡已准假之清道夫清河夫。應將領用之工具及制服。移交替人。不得隨便攜去。

第十條　清道夫清河夫所用各項工具及船隻制服等。須加意愛護。每日工作後。並應洗刷整潔。不得損壞或拋棄。

第十一條　清道夫清河夫如工作勤奮者。經衛生指導員查明後。得請社會科獎賞之。

第十二條　清道夫清河夫如有違犯本細則者。一經查明後。得由社會科分別處罰或開除之。

第十三條　清道夫清河夫如因公致傷或殘廢死亡者。得由本處酌量撫卹之。

第十四條　本細則自公布之日施行。

（六）無錫市區清道狀況表

清道夫人數	七十四人
每名工資	月給工資七元
清道時間	每日工作八小時
清道方法	清道夫每日上下午掃除街道二次 清河夫每日上下午打撈及裝運垃圾二次
處置垃圾辦法	堆積郊外空曠場所由農民運去作肥料
垃圾桶總數	二百二十隻——水泥179隻木質43隻
垃圾桶之配支	公安第一分局管轄境內六十隻第二分局二十九隻第三分局三十二隻第四分局三十一隻第五分局四十隻第六分局十九隻第一分駐所十一隻
垃圾桶式樣	水泥　長五尺六寸　寬二尺一寸半　前高三尺三寸半　後高四尺五寸 木質　長五尺　寬三尺　高四尺
垃圾桶材料	水泥　木製
垃圾桶價格	水泥每隻七元六角木製每隻四元

（七）無錫市區清道夫清河夫人數統計表

職別＼人數＼區別	第一衛生區	第二衛生區	第三衛生區	第四衛生區	第五衛生區	合計
清道夫	一六	一一	六	五	一四	五二
清河夫	一〇	四	二	二	四	二二
總計	二六	一五	八	七	一八	七四

（八）無錫市區垃圾船隻數統計表

名目＼隻數＼區別	第一衛生區	第二衛生區	第三衛生區	第四衛生區	第五衛生區	合計
垃圾船	五	二	一	一	二	一一
備註	每船有清河夫二人上下午挑運垃圾兩次至夏令時河面瓜皮穢物增多另添垃圾船打撈清除					

（九）無錫市區垃圾箱數統計表

質料＼隻數＼區別	公安第一分局	公安第二分局	公安第三分局	公安第四分局	公安第五分局	公安第六分局	公安第一分駐所	合計
水泥	六〇	二六	一七	一二	四〇	一三	一一	一七九
木質		三	一五	一九		六		四三
總計	六〇	二九	三二	三一	四〇	一九	一一	二二二

（十）無錫市政籌備處暫行清潔道路規則

十八年八月三十日公布

第一條　本處爲清潔道路保持公衆健康起見。特制定本規則。凡屬本市區內居民。均須一律遵守。

第二條　本規則內所稱之道路。係包括市區內公衆通行街道。橋梁。菜場。明暗溝渠及河道而言。

第三條　本處設有衛生指導員。負責督飭衛生警士清道夫及清河夫。每日分區掃除市內公共道路。出清道旁垃圾箱內垃圾。並打撈河面污物。

第四條　每日上午自黎明起至十時止。下午自二時起至日落止。爲清道夫及清河夫服務時間。

第五條　凡路旁空地及屋角牆隅等處堆積之污物。應由土地房屋之所有者使用者或占有者。負掃除污物保持清潔之義務。

第六條　凡沿街道之商店住戶。不得任意在窗口舖面晒臺等處。抛擲污物或傾倒水液。

第七條　經掃除後之垃圾。應棄置於公共垃圾箱內。非經本處所指定之地點。不得隨處傾棄。

第八條　不准在便所以外隨地便溺。

第九條　凡挑運糞便及一切污穢之物。必須在夜間十二時以後。早晨七時以前。(糞船於早晨七時以前須一律出城)並須加蓋。勿使穢氣洩漏。並不得沿途傾泄任意停留。

第十條　公衆通行道路。禁止左列各項。

(一)不准抛棄貓鼠及各種畜類屍體。

(二)不准抛棄菜菓瓜皮菓核。

(三)不准抛棄破布破衣塵芥及一切污物。

(四)不准抛棄禽畜羽毛皮骨水族鱗殼內臟。

(五)不准傾潑洗滌便溺器水及一切混濁有臭污水。

(六)不准傾倒藥渣及各種渣滓。

(七)不准堆積瓦礫柴炭。

(八)不准屠宰或放縱猪羊雞鵝等。

(九)不准曬晒衣物。

(十)不准羈絆馬驢。

第十一條　供人飲料用之湖河池井水。遵守左列各項。

(一)水中不得投棄芥塵瓦礫布片紙屑及一切污穢之物。

(二)水中不得投棄各種動物水族等皮毛骨內臟。及其他貓鼠雞犬等各項禽獸屍體。

(三)水中不得傾棄菓皮菜葉及一切廢棄或腐敗物。

(四)水中不得傾倒一切用過之水。

(五)水中不得洗刷便溺器具抹布痰盂等污穢之物。凡商舖住戶洗滌所用之水。須先由河中或井中取汲後。就他處洗滌。洗餘污水應傾入坑廁。

(六)水中不得吐痰揮涕或便溺。

(七)水中不得傾棄色水及漂洗物品。

(八)染色工場肥絲及滯頭廠等應開設郊外。其既已開設市內一時不及遷移者。應在工場或廠內自置水池漂洗物品。並應自備水船。將無用色水及漂餘污水等裝運郊外。

(九)水中不得傾棄毒質藥品及其他有礙衞生之物質。

(十)其他一切有害飲料水之清潔及阻礙河流之物品。均不得侵入水內。

第十二條 凡魚肉菓菜各舖及飯館茶坊酒肆等之廢棄物污水等類。均須另貯一器。納入垃圾箱內。或運送適當處所。不得任意傾入河流。散棄道旁。

第十三條 凡飲食物店舖。必須於相當地點。開濬溝渠。放洩污水。並須於污水溝渠內時時洒潑臭藥水。或撒布生石灰。免致發生臭氣。妨碍衞生。

第十四條 公衆通行道路。不准陳列魚肉菜菓各種小攤及柴担。並不准放置櫃橙臥具。妨礙交通。

第十五條 凡與市街或居民接近地方。不准停厝屍棺。

第十六條 當陰雨時。清道夫應查視所派定路綫內溝渠。如有堵塞。隨時疏通。

第十七條 凡市區內停泊船隻。須將灰糞垃圾菓皮及菜皮一切穢物傾倒岸上垃圾箱內或適當地點。不得任意而抛棄河中或堆積沿河。

第十八條 凡違反以上各條之一者。按照違警罰法處罰。

第十九條 以上各條。衞生指導員及警察須向商舖住戶及小販雜攤。隨時勸諭誥誡。

第二十條 本規則自公布日施行。

(十一)無錫市區私有坑廁統計表

名目 \ 區別 隻數	公安第一分局	公安第二分局	公安第三分局	公安第四分局	公安第五分局	公安第六分局	公安第一分駐所	總計

坑廁	二八五	五二	一七五	一五〇	五四	六三	一五	七九四
備註	露天糞缸尿桶及無業主者尚不在內							

(十二)無錫市政籌備處改進坑廁計劃

吾錫坑廁問題紛擾多年。迄未有相當之解决者。蓋有以下數因。

(一)尿糞爲市民收入之一種。居戶設置糞缸一只。月積可換錢數千。普通糞廁一所。租與農民。每月可收租銀六七元。出糞多者可收二十元以上。最高之廁所。可以贍養數家。是以邑人皆視坑廁爲美產。

(二)建築公廁之不易。本邑人民衆多。排洩物自然不少。取締私廁之後必須建築公廁。既須有鉅欵。又須有相當之基地。查本邑屋宇比密。地價飛漲。更値百端待舉之時。欲籌鉅款覓基地以建廁所。確是不易。

况市民之智識高者固多。而缺少衛生常識與公德心者亦屬不少。公廁建築之後。是否能保持清潔。猶爲疑問。邇者吾邑種種事業。進步甚速。衛生與市容。斷不可畏難而置諸不問。爰察奪現狀。酌量財力。擬建築公廁。改良及取締私廁。三者同時並舉。並擬劃全市爲若干區域。次第施行。期以二年。則坑廁問題。或可有相當之解决。茲分別說明如下。

(一)曰分區建築公廁。欲改良私廁。非有相當公廁以倡導之不爲功。况私廁之不合衛生有礙觀瞻者。必在取締之列。取締之後。又須有公廁替代。否則無以容市民之排洩物。但市款竭蹶。欲全市同時建築公廁。事實上有所未能。擬按照開闢菜市場辦法。先劃市內一部份地方。作爲實施改良坑則之區域。建築小便池若干處。大小便所若干處。遠水之處。更鑿水井若干只。設夫卒若干人。專負清除之責。務使市民無所指摘。而有贊美之心。所出糞便。招人承包。其收入除維持費外。專作改進全市坑廁之用。一區辦有成效。然後視本處財力之大小。及地方需要之緩急。再劃市內其他部份改良之。次第推行。用力較易。信用易孚。阻力自少矣。至於坑廁建築之式樣。貴在因地制宜。約須分下列數種。

一　小便所——分以下數種。

(甲)一面靠牆者

(乙)兩面靠牆者

(丙)四面凌空者分以下兩種。

(一)普通者——設於路旁及人民稀少之處。

(二)特別者——設於公園內或風景道旁。

二 大小便所——分以下數種。

(甲)一面靠牆者。

(乙)兩面靠牆者。

(丙)四面凌空者分下列二種。

(一)普通者——設於路旁及人民稀少之處。

(二)特別者——設於公園內或風景道旁。(設夫卒看守並清除之就廁者須繳銅圓一枚。

(丁)男女大小便所——設於公園內或風景道旁及因地基逼仄不能分設男女大小便所等處。(女廁與男廁隔開分門出入雇年老者看守並清除之內設洗手盆上懸水箱可以隨用隨閉就廁者應繳銅圓一枚)

(戊)女廁所——照上列甲乙丙三種設於相當處所。

市民就廁時有喜蹲而不喜坐者所以各種廁所內皆須設馬桶及蹲登之坑兩種否則難於保持清潔。

建築小便所每所約需銀五十元至百元大小便所每所約需銀百元至三百元男女大小便所每所約需銀三百元至四百元地價不在內。

一曰改良私廁。本處改良坑廁之目的不在糞便之收入而在增進市容與公衆之健康是以私有廁所苟不礙觀瞻與衛生者仍得存在。一則因公廁之設立既限於經費與基地而不能普遍正可藉私廁以補不足但爲整頓起見其建築之圖樣須經本處核定或逕由本廁發給卽已成之坑廁亦須改建合式其平日灑掃事務應責成各業廁主雇用夫卒遵照本市清除廁所規則專司其事一面由本處監督視察以期達清潔之目的。

一曰取締私廁。凡建築私廁未經本處核定或經本處責令改建而不遵行致礙觀瞻或衛生者本處須取締之至於露天糞缸及屎桶概不准設立。

以上所稱私廁指在戶外者而言其在戶內者業主亦須遵照本處清除廁所規則清除之不得沿牆挖洞招攬路人便溺如爲便利出糞起見亦應加蓋鐵門否則應勒令砌沒。

改進坑廁之計劃既如上述竊思改進本邑坑廁問題之重要不亞於拆除城垣其困難亦相若但一般人之心理往往重視城垣而藐視坑廁是在有識者予以相當之同情熱烈之贊助一方面盼望有坑廁者能爲公犧牲本處亦務必寬籌經費以利進行庶幾市容與衛生有整飭之望乎。

茲擬從光復門外第五衛生區範圍內着手先辦因其人口衆多旅館林立各處來錫參觀者咸寓於斯於衛生於觀瞻皆有先行舉辦

之必要也。

（十三）無錫市政籌備處取締私廁規則

十八年十一月一日公布

第一條　凡在本市區內之私廁均須遵守本規則之規定

第二條　凡在本市區內各私廁業主應將姓名籍貫住址及廁所建築式樣所佔面積呈報本處備查如新設者應呈請核准

第三條　各私廁所在地不得在交通大道及熱鬧街市之兩旁及轉角等處

第四條　各私廁均須切實遵守左列各事項

（一）坑廁地面須用水門汀或磚石砌造

（二）坑廁周圍須闢一公尺以上之空地或通路

（三）坑廁糞窖深度須在六英尺以上

（四）坑廁上面須蓋瓦屋或白鐵三面砌築牆壁楞角綫脚均須圓形并須開設窗戶換氣筒使光線充足能通風透氣

（五）廁內牆壁每經三個月須用石灰水粉刷一次

（六）廁所門口須安置二尺五寸高之彈弓門或於當門設置磚砌或木製之屏風並須用桶油塗抹前項彈弓門或屏風如有損壞或破爛不適用時均須隨時修理

第五條　各私廁於每日傍晚時須一律點燈

第六條　各私廁於每日早晨應將廁內洗掃一次其廁外附近地面亦應逐日掃除清潔

第七條　糞窖內糞便不得積儲過多

第八條　糞便挑運時間應在上午六時以前

第九條　坑廁內如並沒小便池尿缸尿桶者應逐日出清并隨時用水冲洗

第十條　坑廁內不得污損牆壁便溺地上及拋棄垃圾瓦礫污泥或死傷禽畜等情事

第十一條　本市區內居民舖戶應於屋內設置大小便所容納糞溺不得在屋外任意放置露天糞缸尿桶等物

第十二條　凡違犯本規則第三條及第十一條之規定者由本處通知各業主或居民舖戶限期遷移填塞凡違犯本規則第四條各款及其他各條者通知各業主限期改建或處以一元以上十元以下之罰金

第十三條　各業主及居民舖戶屢犯不悛或抗不遵行者得會同公安局勒令填塞遷移并科以三日以上十日以下之拘留

第十四條　本規則自公布之日施行

(十四)無錫市政籌備處管理牛乳營業暫行規則

十八年十月五日公布

第一條　凡在本市區內以牛乳營業者。均應向本處呈請登記。未登記者不得在本市區內營業。

第二條　呈請登記時將左列事項詳細呈報。

(一)業主或經理人姓名年齡籍貫住址。

(二)開設年月日。

(三)開設地址。

(四)僱工人數。

(五)黃母牛隻數。水母牛隻數。公牛隻數。小牛隻數。及每日產奶量數。

第三條　本處據業戶之呈報。派員前往檢查。核准後始得繳費登記。領照營業。

第四條　業戶每年應登記一次。奶牛一頭月納執照費壹角。出外送奶者。並應請領送遞證。每年更換一次。每證納費五角。統由本處財政科主管之。

第五條　凡牛舍周圍牆壁。須多開窗戶。流通空氣。並須開挖溝渠。容納糞水。流於舍外適宜地方。

第六條　牛舍糞渣應逐日清潔掃除。墊草亦應時常更換。

第七條　各業戶喂養牛犢。必須隨時刷洗皮毛。免粘污穢。

第八條　榨取牛乳之地。必須打掃清潔。榨取牛乳之人。應穿潔淨衣服。榨乳之前。須將兩手濯洗無垢。

第九條　榨乳及送乳人之身體衣服。以及使用之各種容量器具。均須洗滌潔淨。

第十條　裝載乳汁以磁器或玻璃器合格。

第十一條　營業者不得由左列之牛榨取牛乳。

(一)患有各種病症者。

(二)生犢後未滿一星期者。

(三)現服毒藥劇藥其藥性可傳入乳中者。

(四)受孕在四月以上者。

第十二條　左列牛乳不准售賣或製成他種食品。

一　包味腐敗者。

二　摻和水質或他物者。

三　用銅器鋅器含鉛瓷磁器及塗有害性釉藥之陶器裝貯者。

第十三條　凡患肺癆瘰癧梅毒傳染病之人。不可喂牛榨乳及出入牛舍。

第十四條　業戶對於罹傳染性病之牛。應嚴行隔離。

第十五條　業戶牛舍及牛乳本處衛生指導員得隨時檢查之。

第十六條　業戶如有變更歇業及牛隻增減病斃等事。應隨時呈報本處備查。

第十七條　凡在本市區內之送牛乳人。應佩帶本處發給之送遞證。以便稽查。

第十八條　業戶所領之執照及送遞證。應於每年九月中呈請換給新照新證。

第十九條　本規則自公布日施行。

(十五)無錫市政籌備處取締飲食物營業暫行規則

第一條　凡在本市區內以飲食物營業之店舖攤担及用其他方法販賣飲食物者。均適用本規則。

第二條　本規則所稱營業之店舖攤担。凡茶樓。酒肆。菜館。飯店。鮮肉莊。熟食店。魚行。山貨行。老虎灶。飲料水店。麵店。餅攤。水菓店。咖啡店。飲冰室。及販買飲食物之小販小攤等。皆屬之。

第三條　左列各項飲食物不准販賣。

1. 病死禽獸類。
2. 腐臭水族類。
3. 腐爛蔬菜類。
4. 汚穢不潔飲料。
5. 隔宿食物已經變色。或發生臭氣者。
6. 各項生熟食品。已爲蚊蠅鑽聚。或塵灰煙煤侵入者。
7. 着色顏料含有毒質者。
8. 攙和妨害衛生物質者。
9. 製造各種食物原料。已經腐敗變色。或汚穢不堪者。
10. 應製紗罩紗廚而不設備者。
11. 用鉛質製造之烹調或盛貯飲食物器具者。

第四條　凡飲食店舖中之桌椅。器具。鍋。爐。碗。碟。杯。筷。面布等。必須用沸水洗滌清潔。

第五條　凡以飲食物營業之小販攤担。須停在空曠場所。或設於指定地點。不得任意遷移。不得設在通行道路上。妨碍交通。並不得接近大小便汚穢處。

第六條　飲食物店供客飲料。須用礬澄清之水或沙濾水。並經煮沸者。

第七條　洗滌魚肉之汚水血液。及廢棄皮毛腸骨汚穢菜葉果皮等。均須另貯一器。傾諸汚水溝渠。或納於垃圾箱內。並須於放洩拗水溝渠內。時時曬潑臭藥水。或撒布生石灰。免致發生臭氣。

第八條　飲食店舖夥及小販等衣服。必須清潔。凡患肺癆癩瘋花柳及其他一切傳染病者。不准營業操作或販賣。

第九條　飲食物店之廚灶。不得接近廁所。如接近廁所。應限令即日遷移或改築。務使分別隔離。不漏洩臭氣為度。

第十條　露置飲食物。須用紗罩。並不准用無罩油燭。

第十一條　飲食物店舖或攤担。經接受衛生指導員衛生警士及崗警之檢查或詢問。不得隱諱或拒絕。

第十二條　違犯以上各條。或抗不遵行者。應按照違警罰法處罰。屢罰不悛者。得令其停業或歇業。

第十三條　本規則自公布之日施行。

醫藥

(一)無錫醫師協會概況

歷史

民國六年。無錫有醫學研究會之設。為無錫全體西醫所組織。會所假設大同醫院。即現市政籌備處原址。其時無錫西醫尚未發達。故會員人數。亦僅寥寥十餘人。嗣後會員逐年加增。當時名義。雖為研究會。然除每十餘日舉行例會。互相研究外。對於地方公衆事業。亦努力協助。如民國八年夏季。協助縣政府辦理縣立時疫治療所。全體會員。均任治療職務。齊盧之戰。全體參加紅十字會救護治療事宜等等。均其大者。迨十五年冬。改組為無錫醫師公會。改訂章程。呈縣備案。推舉王海濤朱緝卿為正副會長。斯時會員已增至三十餘人矣。民國十六年春。我國民政府北伐成功。定都南京。四月。初由全體會員動議。按照民衆團體之性質。改組為無錫醫師協會。重訂章程。變更組織。實行委員制。遂於四月十日開成立大會。奉前縣長包前公安局長以及黨政各機關代表。均到會監視。通過會章。選舉委員。計執行委員七人。內常務委員一人。監察委員五人。評議委員九人。並公推衛質文君為常務委員。當時曾呈請縣政府並轉呈省府備案。旋奉縣政府函復。准予備案。並奉省政府指令縣政府轉飭知照。應准備案各在案。至此醫師協會遂正式成立。自是以後。根據會章規定之宗旨。於學術道德。互相切磋策礪。並努力協助地方衛生事業。凡關於歷屆衛生運動。及地方衛生防疫事務。彌不參加。轉瞬迄今。已兩年餘矣。本屆秋季大會。復經全體會員之同意。修改會章。裁撤評議部。改執行委員為九人。內常務三人。監察委員五人。並改選委員。目前會員總數。已達四十人。環顧江蘇各縣之西醫團體。除上海而外。堪稱無錫為最發達。且全體會員。復能一心一德。紀律秩序。頗爲整肅而各會員治病之學識經驗。亦與日俱進。此則我會員等足以互相慶慰而亦可告無罪於地方者也。

（二）會章（十八年秋季改訂）

第一章　總綱

第一條　本會由無錫地方具有醫師資格者組織之定名爲無錫醫師協會。

第二條　本會之宗旨（甲）共策學之進步。（乙）勗勉醫師之道德。（丙）擁護國民政府協助地方行政機關辦理公衆衛生事宜。（丁）互助同道之職業。

第二章　會員資格

第三條　凡中華民國人民具有下列資格之一者。得爲本會會員。

（一）在國內官公私立醫科大學或醫學院及醫學專門學校畢業。領有文憑者。

（二）外國官私立醫科大學及醫學專門學校畢業。領有文憑者。

（三）曾在設備完善之官公私立醫院實習五年以上。取有該院實習證書。並行醫三年以上。有相當證明者。

第三章、入會

第四條　會員加入本會。應履行之手續。（一）凡有上列資格之一者。由本會會員二人以上介紹。經監察委員會審查合格。提交全體會員大會決定之。（二）塡具入會志願書履歷表。（三）繳納入會費及經常費。

第五條　凡入會者本會塡給證書。

第六條　會員有下列事項之一者。由監察委員會提出。經全體會員大會議決之後。得令其退會。（一）曾有反革命舉動。受法庭之判决懲戒者。（二）曾處三等以上有期徒刑者。（三）現行剝奪公權者。（四）有違反本會宗旨之行爲者。（五）不納經常費一年以上者。（六）開會時有連續三次缺席者。

第四章　經濟

第七條　會員入會須繳納入會費洋兩元

第八條　會員入會後。須每年納經常費洋六元。分兩期於春秋二季大會前先行繳納。

第九條　會員自願捐助金錢。書籍。器具。標本者。概歸特別捐項下登記。

第五章　權力機關

第十條　本會最高權力機關爲全體會員大會。全體會員大會閉幕期間。由執行委員會執行職務。執行委員閉幕期間。由常務委員執行日常事務。

第六章 執監委員會

第十一條 執行委員會由執行委員九人。候補執行委員三人組織之。執行委員中互推常務委員三人。文書委員二人。宣傳委員二人。交際委員一人。經濟委員一人。常務委員中。互推一人爲主席委員。

第十二條 監察委員會由監察委員五人。候補監察委員二人組織之。監察委員中互推一人爲常務委員。

第十三條 執監委員中如有缺席時。由候補委員遞補。

第十四條 執監委員均由會員中選出。

第十五條 執監委員之選舉於每年秋季全體會員大會時舉行之。用記名投票法。以得票最多數者爲當選。票數同者以抽籤法決定之。

第十六條 委員任期均爲一年。連舉者得連任。

第十七條 被選爲委員者不得無故辭職。

第七章 全體會員大會及執監委員會會議

第十八條 全體會員大會。每年春秋二次。由主席委員召集執監委員聯席會議。決定日期舉行之。其開會事項如下。(一)報告本會半年來經過情形。(二)選舉委員。(三)修改會章。(四)討論一切進行事宜。

第十九條 於必要時經全體會員三分之一之提議。得召集臨時大會。

第二十條 執監委員會議每月一次。但必要時得由常務委員臨時召集之。

第二十一條 全體會員大會及執監委員會。須如有過半數以上之出席。始得成立。其動議之議案。須有到會者過半數之贊成。始得決議。

第二十二條 凡委員於開會時有連續三次不到者。由執行委員會議決通知候補委員遞補。

第二十三條 本會遇有臨時發生或地方委託等事務。須研究或審查者。由主席委員提出委員幾人。經執監會通過。組織臨時委員會辦理之。

第二十四條 臨時委員會之各項職務。由臨時委員會自定之。

第八章 會所

第二十五條 本會所暫設城中公園路金子英醫師寓所。

第九章 附則

第二十六條 本會章如有未盡善處。得於全體會員大會時經三分之二之出席。四分之三之表決修改之。

(三)會員表

姓名	診所或住址	姓名	診所或住址
衛質文	百歲坊巷口	許松泉	大婁巷口
周綸	西溪下	王海濤	連元街
華景爽	至美浜	蔡禹門	上海白克路
周復培	中市橋下	華壽蓀	孤老院巷口
龔鴻圖	南門外棉花巷	張季勉	通匯橋下
錢保華	含秀橋下	錢保真	含秀橋下
秦秉衡	無錫療養院	徐士林	前太平巷
錢覺倫	東河頭巷	顧衛如	北岸上
陸陶庵	圖書館前	汪璞涵	圖書館前
諸超良	同仁醫院	曹國楨	同仁醫院
莊乃龢	同仁醫院	孫祖烈	吉祥橋下
許鳳華	東河頭巷	王志英	含秀橋下
金子英	公園前	許同英	圖書館前
施亦臨	普仁醫院	朱蘊山	兄弟醫院
朱品三	兄弟醫院	曾志珊	普仁醫院
單寶會	通運路中市	譚述謨	周師街口
顧魯瞻	市道院巷	王諸涵英	連元街
孫蟾卿	東河頭巷	周磬士	神仙橋下
孫寶鏞	石塘灣	劉士敏	萬全路
陸宗祥	大同醫院	王錫綬	南門王氏坊

(二)無錫西醫調查表 十八年十二月調製

(四)職員表

(甲)執行委員會

常務主席 衛質文

常務委員 王海濤 張季勉

文書委員 秦秉衡 顧衛如

經濟委員 金子英

交際委員 許松泉

宣傳委員 諸超良 錢保華

(乙)監察委員會

監察主席 周復培

監察委員 陸陶庵 孫祖烈 許鳳華 單寶會

姓名	年齡	性別	籍貫	出身	行醫地點	專科或不分科	行醫性質 自營	行醫性質 受聘
周復培	四〇	男	無錫	日本愛知藥科大學畢業	無錫市	眼科	自營	
王海濤	四六	男	又	北平協和高等醫學堂畢業	無錫連元街	不分科	又	
許松泉	四五	男	上海	聖約翰醫科大學畢業	無錫市	又	又	兼輔仁中學校醫
錢保華	四十	男	無錫	上海同濟醫科大學畢業	無錫福田巷口	又	又	
秦秉衡	三四	男	又	同德醫學專門學校畢業	無錫市	又	又	兼錫中校醫
張季勉	四四	男	又	江蘇公立醫學專門學校畢業	無錫北門通匯橋	又	自營	
徐士林	二九	男	蕪湖	山東濟南齊魯大學醫科畢業	無錫北門前太平巷	又	又	
華汝明	四一	男	無錫	江蘇公立醫學專門學校畢業	蕩口鎮	不分科	自營	
華霽蓀	三四	男	又	又	光復門內無錫療養院內	細菌學專科		受聘
孫岱峯	三十	男	又	江蘇公立醫科大學畢業	無錫石塘灣	不分科	自營	
顧衛如	三七	男	又	江蘇公立醫學專門學校畢業	駁岸上	又	又	
金子英	四九	男	又	上海丁氏醫院畢業	無錫公園路	又	又	
陸陶菴	三二	男	又	江蘇公立醫學專門學校畢業	無錫圖書館前	又	又	
謝邦英	二九	男	宜興	南通醫科大學畢業	無錫交際路	又	又	
周磐士	四十	男	無錫	北平協和	無錫城內神仙橋	又	又	
諸超良	二九	男	又	江蘇省立醫學專門學校	無錫光復門外同仁醫院	又		受聘鎮江醫官學校校醫

曹國楨	三二	男	無錫	無錫協濟醫院	無錫同仁醫院	不分科	自營	
譚述謨	三二	又	山東濰縣	山東濟南齊魯大學醫科	無錫江陰巷	又	又	
王志英	三十	女	無錫	上海同德醫學專門學校	無錫福田巷口	細菌學專科	又	
龔鴻圖	三六	男	又	江蘇醫科大學畢業	無錫市	不分科	又	
曾芝珊	五六	又	又	楊維翰醫師校	無錫普仁醫院	又		受聘
施亦臨	五二	又	吳縣	蘇州博習醫院醫學校畢業	又	又	又	
許同英	四四	女	無錫	蘇福音醫院眼科畢業	無錫市	眼科專科	自營	
周綸	三五	男	又	同濟醫大畢業德國醫學博士	又	內小兒科專科	又	
孫祖烈	三三	又	又	上海丁氏醫院畢業	無錫吉祥橋	不分科	又	
劉士敏	三七	男	無錫	北京醫科大學	無錫市	不分科	自營	
朱蘊山	三六	又	山東高密縣	山東濟南齊魯大學畢業	無錫兄弟醫院	又	又	
朱品山	三四	又	山東高密縣	又	又	又	又	
顧魯瞻	四五	又	無錫	北京協和醫院畢業	希道院巷	又	又	
陸宗祥	二六	又	又	大同醫院	觀前街	又		受聘
孫蟾卿	四三	又	又	漢口大同學院畢業	長安橋	又	又	
單寶曾	二九	又	又	江蘇省立醫學專門學校	無錫通運路中和藥房	又	又	
尤濟華	三七	又	又	北京醫專學校畢業	無錫勞工醫院	又	—	受聘

楊子華	四五	又	又	無錫縣立醫學講習所畢業	光復門外萬前路中市	又	又	
高直雲	三三	男	無錫	萬春醫院器械療法講習所	無錫城中化成巷	不分科	自營	
莊彭年	三一	又	上海	北京國立醫科大學畢業	無錫勞工醫院	又		受聘
陳彤輝	三〇	又	河北省天津縣	天津新醫學校畢業	又	又		又
黃棫	三一	又	武進	上海同德醫校畢業	無錫普仁醫院	又		又
宗溥仁	三〇	又	奉天省錦縣	約翰大學醫科實習一年	又	又		又
孔憲杰	二九	又	吳縣	仝上	又	又		又
莊鹿軒	二九	又	宜興	江蘇省立醫學專門學校	無錫同仁醫院	又	自營	
王仲若	二八	又	無錫	仝上	無錫楊名鄉南橋鎮	又	又	
鄭同慶	三二	又	又	南洋醫學校畢業	無錫前洲鎮	又	又	
馬國棨	三三	男	吳縣	上海南洋醫科大學畢業	長安橋南首九十四號	內外科	自營	
胡瑞星	二九	又	無錫	南洋醫科大學畢業	無錫交際路	不分科		受聘
金峙程	五十	又	又	上海博愛醫學畢業丁氏醫院實習	無錫圓通路	又	自營	
蔡瀛洲		男	又		露華弄口	不分科	自營	
華芍芬	二六	女	又	上海大華產科學校畢業	城中圖書館前	產婦科眼科	自營	
許鳳華	二九	男	又	上海同德醫專畢業	東河頭巷	不分科		民衆教務院
錢覺倫	二七	女	又	上海同德醫專畢業	又	產婦科小兒科	自營	

劉品珍	二一	女	松江	上海伯特利產科醫學畢業	社橋頭民衆教育院	產婦科		民衆教育院
諸福堂	三一	男	無錫	北平協和醫學畢業	普仁醫院	不分科小兒科		
王世偉	三〇	男	無錫	北平協和醫學畢業	城中連元街	不分科產婦科		無錫產婆訓練班主任
諸涵英	二六	女	無錫	北平國立醫科大學畢業北平協和醫院實習	又	產婦科		無錫產婆訓練班教師
錢保貞	三七	女	又	浙江廣濟產科學校畢業	城中含秀橋	產科	自營	
汪璞涵	二九	女	松江	江蘇公立醫院專門學校助產科畢業	城中圖書館前	產科	自營	
鄧毓貞	二二	女	無錫	上海伯特利醫院產科畢業	社橋頭民衆教育院	產科	受聘	

(三)無錫醫院調查表 十年十二月調製

院名	地點	性質	院主	院長	分科不分科	病床張數	職員數	開辦年月
普仁醫院	南市橋	美國聖公會慈善事業	聖公會	李克樂	分科	六十張	三十四人	光緒三十四年二月
勞工醫院	八兒巷	保障勞工健全而設	工整會	陳彤輝	分科	三十張	十七人	民國十六年六月
無錫療養院	光復門內	注重療養及紫光電療法	王海濤許松泉等七人	王海濤	不分科	二十張	十人	民國十七年
大同醫院	崇安寺山門口	私立合組	華景奭	華景奭	不分科	十張	五人	民國三年
中西醫院	熙春街	私立合組	汪伯容 毛南松	汪伯容	不分科	卅張	六人	民國十八年十一月
譚述謨醫院	北門外呀師衖中	私立	譚述謨	譚述謨	普通科	六張	三人	民國十四年八月
民衆醫院	社橋頭民衆教育院	民衆教育院設立	許鳳華主任	劉品珍 侯毓貞 助理	不分科	調養室一間	二人	民國十七年十月

士林醫院	一前太平巷	私立營業	徐士林	仝上	不分科	十二張	四人	十七年三月
同仁醫院	仝上	仝上	諸超良	仝上	分科	三十一張	三人	十五年九月
兄弟醫院	漢昌路	仝上	朱品三	朱蘊三	不分科	廿五張	二人	十五年六月
達仁醫院	仝上	仝上	顧憲章	仝上	分科	六張	三人	十七年四月

(四)無錫市政籌備處醫院註册規則

十八年十一月七日公布

第一條　凡在本市區內以治療爲目的設置病牀收容病人之醫院無論公立私立均應遵照本規則呈請本處註册非經核准領有執照者不得設立

第二條　醫院呈請註册須遵照衛生部頒布管理醫院規則各條之規定

第三條　醫院註册執照應繳納照費十元

第四條　醫院註册執照每年換領一次並照前條之規定繳納執照費其在期內因遷移換照者須補繳手續費一元

第五條　各醫院應將執照懸掛以便衆覽

第六條　執照如有遺失得呈請補發但應照繳各費并登報聲明作廢

第七條　本規則自公布之日施行

(五)無錫中醫協會概況

無錫中醫界素無團體。亦未建築會所。民國肇造。百度維新。各業均有團體之組織。當時中醫前輩龔君錫春等。集合同業王君子柳。趙君仲平。曹君仲容。丁君康平。陳君叔寅。吳君耀明。華君伯英。張君嘉賓。汪君伯容。發起召集無錫全體中醫。在三皇廟醫業議事廳開會。宣布建築明醫堂宗旨。爲中醫團體永久之基礎。當經全體贊成。概認捐款。建築明醫堂於城中三皇廟內西首隙地。復因經費不足。幸賴龔錫春先生竭力設法。懇請地方公正士紳惠助巨款。得以落成。龔先生之急公好義。洵堪追念。而團體名義。仍從舊稱爲中醫學會。並遵舊章爲會長制。歷年夏秋之間。舉辦施診給藥。以惠貧病。迨民國十四年春季。國民革命軍克復無錫。令飭民衆團體。均應改稱協會。並改委員制。且由地方行政機關派員指導。全國一致。氣象一新。中醫界熱心志士王君頌芳等。尊重黨化。首先提倡將舊有中醫學會。依法改組中醫協會。遵照委員制。俾符新政。開會宣布。全體通過。

推舉王君頌芳爲常務委員。詳敍改組情形。呈請無錫縣政府備案。蒙秦前縣長鑒鋆批示照准。頒發印批到會。以示維護。當經王常務召集全體會員。在明醫堂開成立大會。攝影以留鴻爪。繼續學會舊例。開辦夏季施診局。照常給藥。從事衛生運動。普及醫學智識。積極建設。次第進行。詎有少數守舊會員。反對改組協會。王常務任勞任怨。婉轉勸導。厥功甚偉。不意去秋王常務因公積勞。猝病逝世。王君平日盡力地方公益。社會咸致悼惜。而中醫界尤屬傷感。惟中醫協會會務不可中斷。遂開會改選高君時良。龔君士英。周君鏡壽。爲常務委員。共同負責。以策進行云。

（六）無錫中醫講習所誌略

無錫中醫講習所由曹仲容鄧季芳等十數人發起。組織董事會。創辦以精究中醫。統一學理爲宗旨。推曹鍾英主其事。聘沈葆三爲正所長。嚴康甫華實孚爲副所長。於民國十六年十一月。奉縣政府轉行省令准予試辦。十七年三月。假中市橋袁氏房屋爲所址。招收第一屆聽講員。學科以黨義內經學難經學藥物學爲主要。其餘分內科學（傷寒溫病時疫雜病附）婦科學（胎產附）兒科學（痧痘附）外科學針炙學眼科學喉科學新生理學新病理學新藥物學中國醫學史各科。聽講員資格以已懸壺及具有醫學知識考試合格者爲限。每日下午六時至九時講授。一年畢業。因畢業時期甚短。故所收聽講員。不得不限於已研究醫學者。學費及講義費每半年收銀十二元。十七年八月。奉縣教育局函。轉行中央大學院字第四三〇五號指令准予正式備案。十八年二月第一屆畢業凡三十五人。十八年十月。假三皇街崇文小學教室。續辦第二屆。現有聽講員二十二人。茲將各科講員姓名列左。

科目	講員	科目	講員
黨義	王靜安	內經學	沈葆三
難經學	嚴康甫　嚴仲辰	藥物學	張樸庵
傷寒學	張硯芬	金匱學	尤學周　趙仲平
兒科學	曹鍾英	新生理學	侯敬輿
新病理學	張伯倩	新中醫學	顧子靜
新藥物學	顧子靜	婦科學	張亮生
外科學	鄧季芳　馬際周	中國醫學史	侯敬輿
診斷學	嚴康甫	針炙學	周蘭亭　吳耀明　沈養卿　唐石琴

（七）無錫中醫調查表 十八年十二月調查

姓名	年齡	性別	籍貫	行醫地點	科別：內科	外科	眼科	鍼科
沈葆三	六二	男	無錫	三皇街				

張硯芬	五一	又	又	北栅口	內			
陳叔寅	五六	又	又	東大街	內	外		
趙仲平	六一	又	又	城內小婁巷	內			
顧子靜	五一	又	又	城中鳳光橋北	內	中	西	
龔士英	三三	又	又	北門江陰巷內	內			
高時良	五五	又	又	東門內駁岸上	內	外	中	西
范寶書	三一	又	又	懷下市興塘	內			
歸起翔	四六	又	又	北門小三里橋	內	外		
華伯英	五九	又	又	城中青菓巷				鍼灸
汪有翔	三五	又	又	城中迎迓亭	內			
汪伯容	五四	又	又	城中觀前街	內			
曹鍾英	三一	又	又	城中盛巷	內			
曹仲容	五九	又	又	城中盛巷	內			
季鳴九	二六	又	又	城中圓通路	內	外		
吳子和	六一	又	又	東門景雲市關橋鎮	內			
馬際周	四八	又	又	城中斜橋下	內	外		
許伯安	二三	又	又	西門西吊橋南	內			
過子怡	五八	又	又	西門棉花巷	內	婦	科	
高善道	二一	又	又	東門內駁岸上	內	外	中	西

王蔭棠	三一	又	又	城中觀前街				鍼灸
張雨梁	四三	又	又	西門棉花巷				又
喬伯平	三五	又	又	城中含秀橋				又
華燮臣	五七	又	又	北鄉堰橋	內			
丁士鏞	二七	又	又	北門貝巷	內	外		
胡懋林	五一	又	又	北門後祁街				鍼灸
陳效倫	三二	又	又	富安鄉陸區橋	內			
侯敬與	三九	又	又	城中四郎君橋	內			
沈養鄉	四六	又	又	城中青菓巷				鍼灸
蔣念椿	五三	又	又	城中鳳光巷	內	外	疔	
周景裕	三〇	又	又	城中觀前街	內			
王棟臣	三四	又	又	城中斜橋下			眼	
吳頌康	二六	又	又	東門景雲市洞橋鎮	內			
葉蔭庭	三二	又	又	西門棚下	內	外		
鄧守堅	三八	又	又	洛社鎮	內			
毛仲政	三八	又	又	南西漳鄉	內			
吳亦可	二五	又	又	城中迎迓亭	內	外		
張貴楚	二四	又	又	北門周師街	內			鍼灸
秦柳江	三八	又	又	洛社鎮	內	外		

第一區無錫年鑑

莊衍生	三一	又	又	城中眞應道院	內
謝幹生	五七	又	又	北門灣巷	內
馬效良	二八	又	又	南門棉花巷	鍼灸
胡敬奎	四〇	又	又	光復門外前太平巷	仝
龔士雄	二二	又	又	北門江陰巷	內
過濰新	三〇	又	又	北門寺頭鄉	外
張聯奎	三三	又	又	城中南市橋上塘	內
顧濟昌	四八	又	常州	城中新民路	傷科
歸仲欽	四〇	又	湖州	北門通運橋下	內
陸慕文	二九	又	無錫	城中太平橋下	內外中
楊叔籓	五六	又	又	北門蔡家街	內
顧子壽	五七	又	又	城中書院衖口	內
李子彥	二八	又	又	北鄉徒門橋	內
張少景	二七	又	又	北門三里橋	內
陳頌衡	二六	又	又	南門揚名鄉盧村橋	外
張吏文	六〇	又	又	北門三里橋	內
曹子良	二一	又	又	城中盛巷	內
張嘉炳	四九	又	又	城中圓通路	喉科
李鏡清	四四	又	又	北門三里橋	內

李益庭	六三	又	又	又	內			
王保民	五一	又	又	北門灣巷				鍼灸
吳耀明	四九	又	又	城中東大街				仝
周慕道	二一	又	又	東亭鎮	內			
士子柳	七二	又	又	北門布巷衖	內			
王慎三	四八	又	又	又	內			
王頌昇	四六	又	又	又	內			
王肯曾	二八	又	又	又	內			
沙筱春	四二	又	清江	惠山大德生藥局	內	外		
沈亦蘇	四三	又	無錫	城中寺後門	內			
袁耀青	五五	又	又	北門壋頭弄		外		
章逸才	五一	男	江陰	北門從竹場巷	內			
過繡章	五四	又	無錫	北門河聲里				鍼灸
過頌漁	三〇	又	又	仝上				仝
張竹明	二二	女	又	北門張成弄底			眼	
倪梅峯	二五	女	又	北塘祝機弄西	內			
趙再華	三六	男	又	南門黃泥埄	內	外		
王景昌	二〇	又	又	北門長安橋毛蓬沿河				鍼灸
蘇曜星	二四	又	又	城內駁岸上				又

黃科良	四二	又	又	北門柵口	喉科
陳子振	三二	又		中橋	內
朱春泉	五九	又	無錫	城中希道院巷口	內
張亮生	五二	又	又	北門通匯橋	內
鄒克如	三一	又	又	昇平巷	內
周養眞	三四	又	又	南門黃泥峰	鍼灸
華心葵	五七	又	又	南門下牌樓	內外
黃覺馨	二三	又	又	城中西河頭	喉科
劉振聲	三一	又	又	周山浜同慶裕藥號	內
劉濟川	四七	又	又	西門吊橋下	傷科
諸竹生	二五	又	又	南門黃泥峰	外
嚴康甫	七七	又	又	城中三下塘	內
嚴仲辰	三五	又	又	城中三下塘	內
鄭鶴臯	六五	又	又	東門亭子橋街	外
張伯倩	五四	又	又	北門交際路	內
張宗曜	五七	又	又	北門後祁街	內
張樸盦	四九	又	又	西鼓樓巷四號	內
張子敏	三五	又	又	城中大婁巷	內
華壽昌	二七	又	又	南門外下牌樓	內

唐堯卿	五一	又	又	北門江陰巷				鍼灸
蔣西潤	三四	又	武進	本城歸仲欽醫室	內			
章志芳	三三	又	無錫	南門南塘		外		
殷濟衆	三三	又	又	南門外伯瀆橋堍沙巷內		外		鍼灸
毛筱青	二六	又	鎭江	南門外	內	外		
彭敬安	三〇	又	吳縣	長安橋南尖九十四號			眼	
經鶴齡	三三	又	又	北門長安橋		外	眼	鍼灸
李厚常	四九	又	又	北城內道場巷外	內			
徐柏英	四三	又	又	北門外遊弄內	內			鍼灸
程梅初	五四	男	無錫	北塘秦棧弄			眼	鍼灸
徐志仁	四〇	又	永嘉	南門冉涇橋	內			鍼灸
華燮臣	五七	又	無錫	北鄉堰橋	內			鍼灸
錢耀芳	二八	又	又	交際路				又
何子芹	四六	又	江陰	仝上			眼	
陳治良	三六	又	無錫	羊腰灣裕生絲廠	內	外		
周鏡宇	三六	又	又	城中觀前街		外		
陸頌道	四四	又	又	南鄉東埄	內			
王冠西	二八	又	又	城中眞應道巷	內	外		
馮志顯	六一	又	又	後書院弄				鍼灸

王赫炎	五五	又	又	堰橋德成米店	內		
黃翼臣	二六	又	又	城中西河頭	內科	喉科	
陸伯和	三六	又	又	南黃泥降			鍼灸
陸仲威	五九	又	又	城中槐樹巷	內		
周鏡壽	三八	又	又	馬路上太平巷	內		
董紹永	四二	又	又	北門外黃泥橋東街			
胡梅初	五四	又	又	光復門外前太平巷五十號			鍼灸
顧憲章	三一	又	又	寓馬路上新旅社(住洛社鎮)	內	外	
韓念增	二七	男	無錫	西門直街		外	
洪熙春	三二	又	又	西門橋堍下			中・西
鄭友君	二九	又	又	北門柵口	內		
金子道	二六	又	又	南門清名橋下塘長樂樓下			鍼灸
陸翼民	三一	又	又	北鄉長安橋	內		
周振欽	四一	又	又	北門普濟橋			鍼灸
周蘭亭	六五	又	又	仝上			又
馬廣虞	六六	又	又	城中棋杆下	內	外	
程麗生	五一	又	又	北鄉堰橋鎮當弄內		外	
馮家俊	二七	又	又	南門清名橋下塘	內	外	
楊雲泉	五五	又	又	陸區橋	內		

蔡頌銘	五七	又	無錫	城中小婁巷口	內		
吳耀德	六一	又	又	東亭鎮倫和繭行		外	
陸聞曾	二三	又	又	鍠橋鎮	內		
周小農	五四	又	又	西棉花巷	內		
楊翼清	五〇	又	又	惠山	內		
高頌雍	四九	又	又	西門吊橋堍益生堂號	內		
陸懋如	三七	又	又	北塘源米莊	內		
許舜選	五五	男	無錫	北門外通滙橋下			眼　鍼灸
許中和	二五	又	又	仝上	內	外	
丁康平	六七	又	又	城中小婁巷口	內		
蔡廷華	五一	又	又	吉祥橋老戲館		外	
宓秉圭	四〇	又		城中公園路		外	
陳鳳泉	五八	又	無錫	西門外	瘋科		
曹尉祖	四〇	又	又	城內中市橋	內		
朱維清	三七	又	又	城內沙文端			鍼灸
沈文奎	四三	又	又	中市橋巷		外	針
呂叶三	三〇	又	又	天下市東北塘	內		
黃菊蓀	三九	又	又	中市橋			鍼灸
李子仝	五二	又	又	西門		外	

姓名	年齡	性別	籍貫	住址	科目
高鳳崗	四三	又	又	東大街	內
汪廷華	三八	又	又	東門	外
段席成	四五	又	淸江	無錫馬路上	花柳科
卜雅堂	六三	又	無錫	城中南市橋	外
謝覺軒	四九	又	又	南門	鍼灸
楊張耀仙	五九	女	又	留芳聲巷	眼
楊燕雲	四一	女	又	圓通路	眼
王燕庭	六三	男	又	前太平巷	內
王文燮	三九	又	又	仝上	內
陶茂萱	五一	又	又	北門江陰巷	鍼灸
張俊英	三九	又	又	仝上	又
呂渭庭	四三	又	蘇州	無錫推官牌樓下	眼 鍼灸
劉步發	四一	又	無錫	接官亭弄口	外
董雪帆	三一	又	吳興	東山	內
諸明卿	五三	又	無錫	西門	內
孫有成	三四	又	又	北塘	內
楊雲初	六二	又	又	北塘	鍼灸
許衛道	三四	又	又	洛猶	內
單鎭安	五八	又	江陰	無錫北塘	內

第一回無錫年鑑

姓名	年齡	性別	籍貫	住址	科別		
朱治歧	四九	又	無錫	北門柵口里	內	外	
朱雲亭	五七	又	又	景雲市	內		
張惠臣	三五	又	又	開原鄉榮巷	內		
黃紹宗	四〇	又	又	仝上			鍼灸
鄒有爲	二九	又	常州	光復門	花柳科		
朱旭初	六五	男	靖江	通運路	內		
徐伯文	六三	又	無錫	北塘	內	外	
劉逸千	三二	又	又	南門窰上	內	外	
錢炳文	五八	又	又	查家橋	內		
戴耀明	四二	又	又	東北塘			鍼灸
鄒希芝	三四	又	又	仝上			又
程仲甫	四〇	又	又	東大街			又
鄧季芳	五二	又	又	北門南尖	內	外	
徐漸吉	三五	又	又	北門	內		
沈倬雲	四九	又	又	城內稅務前		外	
陳叔雨	四三	又	又	東亭	內	外	
任兆熊	四一	又	又	西門外			鍼灸
蘇伯年	六二	又	又	城中斜橋下	內		
李靜軒	六二	又	又	毛竹橋		外	

姓名	年齡	性別	籍貫	住址	科別		
李應鏞	三七	又	又	又		外	眼
姚白良	三八	又	奉賢	西門			眼
張墉達	三四	又	無錫	又	內	外	
唐英侯	三六	又	又	竹場巷	內		
薛溪山	六二	男	無錫	洛社	內	外	
劉鎔甫	三四	又	又	又	內		
韓杏園	四二	又	又	又		外	
臧文輝	五〇	又	又	又	內	外	
鮑際賢	五四	又	又	張鎮橋鄉	內		
陸錫均	三五	又	又	高明橋鄉	內		
錢志宸	三四	又	又	楊墅園鄉	內		
田鏞和	三六	又	又	又	內		
周振培	二四	又	又	南西漳鄉	幼科		
袁聲溢	三一	又	又	洛社鎮	幼科		
薛志成	三〇	又	又	又	內		
袁集成	三三	又	又	又	內		
黃詠春	四〇	又	又	張鎮橋	內	外	
張莘初	四七	又	又	新開河	內		
曹顯臣	三三	又	又	高明墅	幼科		

姓名	年齡	性別	籍貫	住址	內	外	科	鍼灸
唐濟春	三二	又	又	楊橋園	內			
貝祺祥	三四	又	又	張舍	內			
沈曉屏	四五	又	又	洛社鎮		外		
杜少谷	三七	男	無錫	通運路長康里		外		
趙玉書	五四	又	又	三下塘冉涇橋	內			
錢子紹	五八	又	又	南山灣頭上	內			
金炳耀	二〇	又	又	觀前街				鍼灸
陳一清	二七	又	又	東門外華新里		外	眼	
許文仁	四三	又	又	城中推官牌樓		外	喉科	
黃滄洲	四一	又	江陰	又				鍼灸
馮最庭	五二	又	無錫	西鄉榮巷				又
馮少庭	二五	又	又	西鄉河埒口				又
蔣炯民	二三	又	又	南門外䆾上	內			
沈蓉溪	六〇	又	又	東門外北滄門				鍼灸
陳雲山	四一	又	又	北門外笆斗街				又
丁良祖	三八	又	又	北門寺安橋橫街		外		
魏燮收	三三	又	又	西門外迎龍橋	內	外		
殷耀章	三八	又	又	城中迎迓亭				針灸
毛南松	二五	又	又	東門外亭子橋街	內			

第一回無錫年鑑

陳伯雲	五〇	又	又	南門外跨塘橋上塘	內	外	
沈健如	二七	又	又	南門外方橋鎮	內	外	
尤裕祥	五二	男	無錫	通運橋仁壽里			鍼灸
朱莘農	三四	又	江陰	北門外黃泥橋	內		
鄭項平	四二	又	無錫	北門蔡家街			鍼灸
蔣士明	四八	又	又	北鄉堰橋	內		
王頌卿	三三	又	又	北門外笆斗街			鍼灸
周渠新	四六	又	又	城中東大街	內	外	
莫安之	三〇	又	又	南方泉鄉	幼科		
胡秀安	二六	女	又	北塘煤場街	瘋科		
春洪燦	五一	男	又	北鄉秦巷鎮	內		
孫伯容	四〇	又	又	萬安市潘葑	內		
王藹賓	五二	又	又	萬安市楊墅園	內		
蔡吉暉	五七	又	又	北塘前蔡家街		外	
鄧星伯	六九	又	又	南門棉花巷	內	外	
鄧錫耕	三七	又	又	又	內	外	
周耀廣	六一	又	又	南門外跨塘橋			鍼灸
顧仲興	四〇	又	又	青城市浮舟村	內		
宋念恒	四二	又	又	北鄉長安橋		外	

虞子英	六一	又	又	懷下市興塘	內
王叔平	四四	又	又	東亭鎮北席祁莊	針灸
許壽山	三四	又	又	周浜錦豐路	又
安樂道	三一	又	又	城中水獺橋	內
王有聲	三五	又	又	城中中市喬	內
欽希望	二四	又	又	城中小婁夜	內婦
陳韶九	三八	又	又	查家橋	內
闕子倫	六四	又	又	東亭闕家尖	內
過仲丹	三十	又	又	八士橋	內
嚴煒候	二九	又	又	張緞橋	內
虞仲和	三八	又	又	懷下市北虞	內
于鳳儀	二四	又	又	安鎮	內

（八）無錫中藥業調查表 十八年十二月調變

號名	號主經理姓名	職員人數	商品	地址
大吉春棧	王爾成	三十一	中藥	布行街
大吉春	朱佑之	三十八	中藥	北大街
同豐棧	周衡伯	二十一	中藥	北大街
同豐裕	謝春如	二十一	中藥	北大街
龐煥記	賀耀文	五	中藥	北塘
老大生春	賀耀文	十二	中藥	北大街
李同豐	李雲承	十四	中藥	書院街
義昌棧	俞時雍	十五	中藥	北塘
朱泰安	馮子浩	五	中藥	南長街
張大年	周文寶	六	中藥	壇頭街
李一豐	李雲泉	九	中藥	吉祥橋

大生春	賀耀文	十二	中藥	壇頭街
泰康成	史耀軒	九	中藥	清名橋
華元吉	華仲芬	六	中藥	灣巷
同吉春	錢竹軒	七	中藥	通運路中
同生堂	朱子文	七	中藥	又
同益	秦順泉	九	中藥	大市橋
仁壽康	史耀先	三	中藥	百瀆港
龐濟壽	龐魯芹	八	中藥	清明橋
楊子記	楊子山	二	中藥	灣頭上
同壽春	王錫寶	三	中藥	南黃坭橋
乾元堂	沈歧卿	四	中藥	又
秦梅記	秦梅山	二	中藥	南市橋
鼎益堂	王少萬	六	中藥	大市橋
隆元祥	賀雲卿	五	中藥	青菓巷
天允堂	賀康	三	中藥	寺巷
孫萬春	吳燮之	四	中藥	青菓巷
姚萬益	姚少笙	七	中藥	大市橋
泰山堂	彭國樑	五	中藥	大市橋
採芝堂	鄧樹滋	三	中藥	北柵口
春和堂	徐建伯	七	中藥	倉橋
王大生	王德源	五	中藥	西倉生
大吉春	王先誠	六	中藥	西門街
大生裕	虞炳陽	三	中藥	周山浜
朱天和堂	朱雲龍	四	中藥	西門街
道生堂	繆昆林	三	中藥	西吊橋
存德堂	葉蔭庭	三	中藥	西柵下
濟春堂	范仁卿	四	中藥	西門街
同德生	李勞榮	四	中藥	又
同松	史秉章	四	中藥	西柵下
仁仁堂	樂子華	四	中藥	北塘
王大生	王談懷	五	中藥	亭子橋

(九)無錫西藥房調查表 十九年十二月調製

名稱	號主經理姓名	職員人數	地點	資本元數	營業種類	有無藥劑士	上年買賣數	上年配方張數	開設年數

大陸藥房	李少棠	八人	北大街	一千五百元	歐美藥品及著名新藥本國藥品	無	六千餘元	無	十五年
興昌藥房	陸耀庭	七人	崇安寺	八百元	西藥品兼售洋廣貨	又	六千元	又	廿三年
中法藥房	賀雲甫	六人	崇安寺前	五百元	西藥兼售中藥	又	壹千餘元	又	十年
中南藥房	李浩深	五人	光復門外交際路	五百元	西藥兼售洋廣貨	又	一千數百元	又	三年
兄弟藥房	唐惠祥	五人	光復路三十六號	又	專售歐美良藥	又	不多	不多	一年
五洲藥房	張斗南	七人	北門越城口	九百元	仝上	一人	四千元	二百餘張	一年
中和藥房	單崇禮	五人	光復門外通運路	五百元	經售各國西藥兼配處方	一人	約三千元左右	不多	九年
仁濟藥房	楊子華	三人	光復門外萬前路中市	五百元	寄售德國各種良藥	有	一千五百餘元	二百餘張	十五年
中西大藥房	金仰之	三人	江陰巷口	六百八十元	專銷著名廠家出品及自製藥品及原料	無	三千八百元	數十張	三十餘年
中英大藥房	金仰之	四人	北大街	八百五十元	仝上	又	四千七百五十元	又	二十五年
中外大藥房	華樹棠	五人	北塘	五百元	經售各國西藥	無	一千數百元	數十張	一年
謙益公司	錢保華	五人	萬前路	八百元	仝上	又	二千餘元	二百餘張	一年

（十）無錫產科醫生暨助產士調查表 十八年十二月調製

姓名	年齡	籍貫	出身	執業地點	業務性質	既往接生大約次數
王世偉	三〇	無錫	北平協和醫科大學畢業美國紐約大學醫學博士協和醫院內科醫士產婦科住院副主任	無錫城中連元街	自營兼任無錫市政籌備處附設產婆訓練班主任	一千餘次
王諸涵英	二七	又	北平國立醫科大學畢業北平國立醫科大學附屬醫院內科醫士兼產婦科醫士	無錫城中連元街王海濤醫室	自營	二百餘次

許鏤覺倫	二七	又	上海同德醫學校畢業大厦醫院實習	無錫城中東河頭巷	自營	一百餘次
錢保貞	三七	又	浙江廣濟產科學校畢業廣濟醫院實習	無錫城中含秀橋	自營	一千餘次
汪璞涵	二九	松江	江蘇公立醫院專門學校助產科畢業	無錫城中圖書館前	自營	六百餘次
侯毓貞	二二	無錫	上海伯特利醫院產科畢業	無錫城中三下塘	自營	數十次
華芎芬	二六	無錫	上海人和產科醫學校畢業蘇州福音醫院實習	無錫城中圖書館前	自營	數十次

(十一)無錫接生婆調查表十八年十二月調製

姓名	年齡	籍貫	執業地點	既往收生大約次數	丈夫姓名年齡職業
鄒華氏	三九	無錫	西門城內匯龍橋堍下九號	執行業務十餘年	
鄒徐氏	四九	又	又	執行業務二十餘年	
萬張氏	四六	又	長康里後太平巷(商會背後)	執行業務十六年	
徐孫氏	五六	又	交際路九龍里十五號	執行業務十六年	
陸周氏	三一	又	城中觀前街	執行業務十年	
陸潘氏	五六	又	城中觀前街	執行業務十五年	
蕭朱氏	三三	又	城中七尺場	執行業務三年	
陳惠氏	五九	又	三皇街十九號	執行業務三十五年	
劉李氏	五六	又	大河池沿頭	執行業務二十五年	

楊姚氏	五八	又	泗堡橋	執行業務三十一年
吳華氏	五九	又	中市橋下	執行業務三十一年
楊范氏	五七	又	東大街	執行業務三十二年
高張氏	六〇	又	興應道巷	執行業務十七年
于楚氏	四七	又	小河上	執行業務十一年
俞王氏	五三	又	東大街	執行業務三十餘年
陸夏氏	五一	又	孟淵弄九號	執行業務二十七年
過青蓮	四一	常熟	中正路四十號	執行業務二十二年
周呂氏	五五	鎮江	周山浜翠安里	執行業務三十年
陳梁氏	五一	鹽城	顧橋下	執行業務二十年
陳候氏	四七	又	新馬路惠農橋	執行業務二十年
朱鄭氏	四四	又	惠農橋北	執行業務二十年
華彭氏	五〇	無錫	東門永盛里四十九號	執行業務十年
倪華氏	六二	又	東門外熙春街	執行業務六年
陸石氏	五九	又	新縣前	執行業務四十餘年
潘吳氏	四〇	又	唐棧弄	執行業務十餘年
諸奚氏	五七	無錫	橫浜裏	執行業務三十三年

備註　以上二十六人現入無錫市政籌備處社會科附設產婆訓練班訓練實習授以相當之手術及學識

(十二)無錫市政籌備處社會科附設接生婆訓練班概況表

名　　稱　定名爲無錫市政籌備處社會科附設接生婆訓練班

宗　　旨　爲愼重婦孺生育安全起見招收舊式接生婆授以產科醫學常識以期養成了解合法手術之助產人

所　　址　設於城中公園池上草堂

開辦年月　十八年十一月下旬開始籌備十二月二日正式開課

敎職員姓名　主任王世偉　助敎王諸涵英　事務員嵇惠芬

女學員數　二十七人(去年曾由公安局考驗一次得有證明書)

訓練時期　定八星期每日上課二小時以前四星期爲敎授理論期以後四星期爲實習期如遇城中有生產者招請學員接產即由敎員隨往指導

敎授學科　產科解剖學產科生理消毒滅菌法正常產手術產婦調養法嬰兒保養法產前產後病理學小產早產及不正常孕姙

經常費數　預算開辦費　　元經常費　　元

備　　註　除正科外尙有補充科五門　一我國本有產科學　二細菌學淺說　三產科應用品自製法　四必知條件　五敎導設置最低限度之接生婆應用箱等

(十三)無錫臨時時疫醫院辦理之經過

霍亂發源於印度甘及斯河流域附近。一八一七年始傳播於他國。一八二〇年遂傳入中國。迨一八三〇年後。蔓延歐美。患者之死亡率各流行期略有不同。平均佔百分之五六十以上。流行之速。殊堪驚懼。爲人類最可恐怖之一種傳染病。是以世界各國。羣起硏究其治療及防範之法。精益求精。近年來。歐西各國。對於預防法。特加嚴厲。設立防疫機關。是症之踵跡。始已絕滅。東西諸國。尙不時發生。而獨我中國。流行最盛。亦國之恥也。幸今歐化東漸。新醫日興。治療方法。日臻完善。當流行時期。有時疫醫院之設立。可謂地方最大之慈善事業。因患時疫者。大多皆勞工界。觀其生活。以逐日所得自給。尙恐不敷。又何敢從速就醫。是以一染是症。輒奄奄待斃。循至死亡者。不知其數。此種不幸之事。實爲仁者所不忍聞。吾邑當滬甯之衝。交通便利。工廠林立。人烟之稠密。及實業之發達。冠於他縣。工友及其他勞工界。不下數十萬人。羣處雜居。每逢夏秋之交。疫厲盛行。彼等缺乏衞生智識。不知防範。每至蔓延熾盛。如火燎。因之實業界亦同時間接受其損害。是以吾邑設立時疫醫院。尤爲必要。回溯民國八年及十五年。時疫盛行。地方人士。有鑒於時疫殺人之速。於是發起設立時疫醫院。慈善界慨助經費。固屬成績昭彰。造福無窮。然開幕每在盛行之後。死亡者已不可勝計。本年孫縣長有鑒於此。設立時疫醫院於疫病未發現之前。各慈善界同聲響和。實助巨資。辦事人員熱心從公。勉力從事。先行注射預防針。同時籌備醫院事務。不一星期宣告開診。而時疫亦適於是時發現。第一日來院求治者則有四十餘人之多。二三日後。每日輒有二百餘人。倘籌備稍晚。則爲患之烈。有不忍言者矣。先時所備藥品及病室應用物件。未及數日已不敷用。以致一再添置。供給常不敷應用。可見患者之多也。然死亡之數。寥寥無幾。此本院同人差堪告慰者也。茲將治療情形簡述於左。

(一)注重預防　注射霍亂預防苗。本院有專司一人。在院外各機關及地方團體免費注射。本院門診部亦爲設注射處。以便民衆。凡病者隨伴人員。由醫師或護士勸導注射。無智識者則强迫注射。以防傳染。

(二)病者之設備及處置　本院病房完全臨時性質。宗旨在乎易於清潔。故四壁多以石灰水粉刷。地上由勤務以臭藥水每日灑掃三四次。遇有病者之汚穢排泄物等。則先傾以石灰消毒。掃除清潔。病房中。每一病人備有木板病具一架。蓆一條。白布單被一條。枕頭一個。痰盂便桶各一具。內常置百分之二十石灰水以消毒。每人有白磁茶壺茶杯各一具。每當病人出院後。所用一切物件。均經消毒手續。方准與他病人繼用。病房備有洗手盆三具。內置百分之三來蘇兒。指導勤務探望病者之親友及一切病人接觸者洗手。以防細菌攜帶出外。各病房備有蠅拍十具。指使勤務及伴護病人者撲蠅。以免流傳。

(三)排泄物之處置　木凡病房中之痰盂及便桶。均置入百份之二〇石灰水。排泄物規定每天傾倒四次。如遇盤滿。即有勤務隨時隨倒。凡本院病房中所有一切排泄物。均傾於本院後門荒池泥坑內。事後以泥土埋沒。凡本院掃除之垃圾。亦疊於荒場上。每日用火焚之。本院所有一切穢件物件。均於院側池塘內洗滌。不致與外河流通。以防傳染。

(四)消毒規則

A醫藥用品之應消毒者。均依照醫藥規則施行。

B病人所用之物品。如茶杯茶壺等。均每天沸煮十分鐘。方准再與他病人使用。再其他如尿板蓆枕等。當病人出院時。亦均須以百份三來蘇兒洗滌。灑乾後再許應用。

C 院內地每天由勤務打掃二次。然後再遍地灑以百份之五臭藥水。

D 病房中除每天掃除一次外。遇有汚穢等物。則有勤務立刻掃除。如便溺等物傾於地上時。立刻以石灰粉消毒。然後掃除清潔。

E 本院備大煮鍋一只。專爲沸煮消毒之用。晝夜不停。

F 本院所用之被單衣布等物。經病人用過。或接觸者。入鍋沸煮後。然後洗滌晒乾待用。

G 病房及手術處診察處。均備有洗手盆數只。中儲百分之三來蘇兒溶液。以備洗手消毒。

(五)治療略述

診治手續。

A 凡新病人到院。必需由醫士診斷確定。確是眞性霍亂。然後搬入治療所注射鹽水。

B 既入治療處之後。家屬一律退出。至施行手術完畢後。再可探詢。

C 病人收容之前。將病者姓名住址。及關係人姓名住址。塡註明白。進院後。立卽懸於病人床架上。

D 每一病人具有簡單病歴。寫明發病日期。經過病狀及所受治療處方等。

E 醫生常巡視病房。見病者有危急現象。立卽復打鹽水。或施以相當治療。

F 醫生近病床時。及施行手術時。一律穿手術衣。

(六)關於霍亂症之藥物施行　本院對於治療方法。乃採取最新最有效最經濟者。鹽水成分用陸喬氏原方。故雖四肢冰彊體溫下降。一經注射。病者立刻轉暖。灌腸劑則用秦可氏原方。效能止瀉收斂。當病者服藥無效而施用此劑。則病者可安靜數小時。病亦因之減輕。至於危重病人。經過四五次鹽水注射。雖能轉危爲安。然病體已枯弱。營養十分缺乏。當此垂危之際。以百分之二十葡萄糖液五十或一百立方糎。由靜脈注射。病人得此葡萄糖液後。可數日不食。腸壁得以歇息。全身營養得以維持。心力亦因之增强。而病之恢復。藉此較速。本院對於注射鹽水手術。因病者之情形而不同。

(一)切開血管用玻璃管者。大多年齡在十歲以上。而病人病勢十分危險。全身靜脈大半已癟。用此則下水迅速。而無滯塞之虞。

(二)用鋼釘刺入靜脈。常用於病者病勢不十分危險。而尤必需注射鹽水者。用此法則免去病者之痛若。

(三)用皮下注射針施腹膜注射者。大多用於五六歲以下之小孩。因其血管小。不能用玻璃管及鋼釘注射也。

本院對於內服藥品。如霍亂症普通常用之白陶土。易使病者作嘔。不能多服。獸炭則可儘量納服。直至大便全黑。而病亦於是大減。其他如强心利尿等劑。用藥甚多。或注射。或內服。皆採用最有效之良方。

(七)治愈病人出院手續　凡住院病人。需吐瀉全除二日後。方許出院。出院時須得本院醫師許可。方准出院。出院時簡單告知回家後調養之法。

(八)死亡病人之善後處置。

A 病者於將死未死之時。必需通知其家屬。或關係人。告知醫藥之不治。加以可能之安慰。

B 病者死後。當即錄入本院死亡表。以備查考。

C 病者死後。以百分之三來蘇兒溶液揩拭全身。口腔肛門等腔皆塞以火酒棉花。

D 病人死後。即入本院善後所。

附表

每日病類計數總表

霍亂之危險。時疫醫院之需要。及本年時疫醫院治末之經過。已陳述如前矣。然已疫後治疫。不如未疫防疫。倘不創立時疫醫院。巨資之什一。於春末夏初。購防疫苗。按戶播種。其效或且較勝于時疫醫院之功。然錫邑交通便利。工商發達。自客地來者。日不勝計。以播種牛痘之法。而播種霍亂疫苗。仍不能免時疫之流行。非根本之法也。故治防霍亂之發生。根本之法。仍在清潔飲源。撲滅蠅種。故整頓汚濁河道。廢除舊式廁所。實爲當今第一要務。値今建設伊始。此種問題。將逐一着手進行。實錫邑之幸也。

本院門診總數六千一百六十四人。

霍亂病人總數六百〇三人。

注射預防苗漿總數三千六百八十三人。

住院病人總數八百七十九人。

注射鹽水共計量數三千五百九十一磅。

死亡人總數十九人。

死亡率百分之三〇八。

霍亂死亡率百分之三•一五〇八。

病類／數目／月日	霍亂	假性霍亂	痢疾	瘧疾	傷寒	胃炎	腸炎	其他	注射人數	鹽水（鹽水注）	入院	出院	留院	預防針	死亡	總計
八月十九日	二〇	三	三				十八		八	三六	十二		十二	六六	二	一〇九
八月二十日	二九	十	六	七	一	一	一	二	一一	五三	四	四	十二	一三六		一八三
九月廿一日	五	五	七	三	一	六	六	四	七	四〇	十	五	十七	一六四		二四一
八月廿二日	二八	一六	三〇	五	一	一	四	一	二八	一七〇	二七	二一	二三	一二七	一	二一四
八月廿三日	三五	三八	十四	五	一	二	三		四一	一五五	三四	二九	二八	一五五	三	二五三
八月廿四日	三五	三〇	二〇	五	一		六	生產一	四七	六二	三四	二九	三三	三三〇	一	三一八
八月廿五日	三〇	十九	二〇	八			二		二七	一七九	二七	二七	三三	一四二		一八〇
八月廿六日	五〇	十二	三〇	十	一		二	肺炎五	五〇	三二〇	三九	二二	五十	一六六	一	二七六
八月廿七日	二五	七	十三	八			十二		二八	一四三	二十	二二	四八	一四六	一	二一一
八月廿八日	二六	四	十	二			八		二四	一四四	二二	三三	三七	一八五	一	二三五
八月廿九日	十八	五	二五	十		二	六	五	十八	三六	十三	二四	二六	一二〇	一	一八一
八月三十日	二五	十	四一	十五		二	四	九	二三	一三六	十八	八	三六	一九三	一	二九九
八月卅一日	二〇	七	二八	十四	二	七	六		十九	一二四	十四	二四	二六	一三六	一	二二〇
九月一日	二八	十七	三〇	十九	一	一二	二三		二九	一七四	二八	十三	四一	一八六	一	三〇七
九月二日	十七	十一	十七	三	七		二	一	二三	一三八	十八	十九	四十	一八五		二四三
九月三日	十五	三	十六	三	八		五	一	二三	九七	十三	十	四三	四六		九七
九月四日	二〇	十二	三八	十一	三	五	九	三	二三	一四四	十六	十八	四一	七三	二	一七三

日期	1	2	3	4	5	6	7	8	9	10	11	12	13	14	15	合計
九月五日	二五	六	十	七	一		二	一	三十	一六六	十一	二七	二五	四八五		五三七
九月六日	十六	十一	二五	十八	十一		二	一	十八	一〇七	十一	十二	二四	三一	一	三一五
九月七日	二	十一	十七	九	一		一		二四	一四三	十七	十三	二八	二五		八六
九月八日	十八	三	十二	十八	一		一	二	二三	一四一	十八	十九	二七	三三		七八
九月九日	十二	三	十八	十一			三	三	十三	十一	十三	二四	十六	三		六三
九月十日	十一	二	三六	二二	一			一三	十二	五九	九	十一	十四			八五
九月十一日	十二	三	三五	十八	一			二	十四	六七	十二	五	二一			七一
九月十二日	六	四	二二	十五	二		一	二	六	三二	三	六	十八	三一九		三七一
九月十三日	五	三	三一	五	一		二	五	五	二七	三	十一	十			五二
九月十四日	六	二	三二	六	三		五	狂犬病一	五	二六	四	五	九	三〇二	一	二五六
九月十五日	四	二	十	五	二	八		五	四	二九	四	二	十三			三六
九月十六日	二	五	三二	八	一		二	一	三	三一	三	六	八	二		五三
九月十七日	五	二	二二	三	一		一	一	五	三二	六		十四	一		三六
九月十八日	二	三	二一	八	一	一	十五	五	五	三三	三	五	十二			五六
九月十九日	五	六	二〇	三				三	七	二四	六	三	十五			三九
九月二十日	五	三	三〇	八	一	一	二	三	六	三二	五	十五	五			五三
九月廿一日	六	一	六	七		五	七	四	四	十五	四	二	七			三六
九月廿二日	四	六	十二	六		三	四	九	六	二六	五	二	十			四四
九月廿三日	四	五	七	六		六	九	一	六	二五	九	四	十五			三八

九月廿四日		三	三	二		四	五	四	五	十五	二	三	十四			二一
九月廿五日	三	九	九	四		三	五		七	二	九	六	十七			三三
九月廿六日	四	十五	十一	四		十	十一	四	五	三十	四	八	十三			三九
九月廿七日		九	十六	十一		三	三	四	六	二三	五	十二	六			四六
九月廿八日												六				
九月廿九日																
九月三十日																
分類總數	六〇三	三五	七六	三四	五五	七三	一九八	一〇六	六七〇	三九	一五五	五二五	八七九	三六四	一九	六二四

附錄

一　公告通俗易爲免疫法

(一)居戶門前街道除闤市有溝道夫外皆宜自己掃除務使清潔不宜堆積瓜皮及不潔之物。以免蠅之滋生。

(二)糞廁無論大小。每日須撒播石灰少許。以滅蠅。

(三)城內河小水穢。居民飲料最好設法用井水或城外大河之水。幷須沸滾方可入口。洗濯碟箸亦宜一律用熟水。

(四)市上販賣食物宜一律用紗罩。

(五)菜蔬須熟爛而食。瓜果非鮮潔新剖者不食。

(六)凡鄉里有吐嘔腹痛者。立卽送時疫醫院(東門延延司殿)醫治。已殆者亦宜到院詢問滅菌法。以防傳染。

總之。霍亂一症。由口而入。不潔之水及蒼蠅。乃其媒介。倘能注意飲食。自能免疫疾之傳染。本院送種預防霍亂疫苗。不取分文。

解釋施打避疫預防針之原因

世上微生物。其數累千盈萬。日伺於吾人之側。然人類不因之皆病。此何故也。蓋人類皆有一種抗疫本能。卽所謂免疫力者是也。免疫力有『先天』『後天』之別。先天者於未出母胎前卽有之。如下等動物無疹子猩紅熱肺疾等病。及人類不患猪霍亂等禽獸症病者。皆因其具有各別之先天免疫素是也。後天免疫可分病後與人工兩種。如患天花之後。體中卽生對於天花之免疫素。不再傳染天花。此卽病後之免疫力是也。人工免疫法。卽取已死或甚衰弱之微生物。注入於動物體內。使其發生適應之免疫素。以與微生物相拒。因此種微生物已死或極衰弱者。不能大有作爲。不久卽被身內所發生之免疫素殺敗。但所生之免疫素。留存於體中。下次再有此等微生物侵入時。卽能仍有殺滅之力。使人遂能免是病。此卽人工免疫法也。故當傳染病流行時。例如天花流行時。應卽請醫種痘。使得人工免疫素。而免天花之傳染。當今種痘之習已深入吾人腦海。因知其確能免染天花也。霍亂一疾。甚於天花。一日之間能使病人形骸枯槁。奄然物化。每歲之間。死於是疫者以千百計。打防疫苗而預防者。一邑無幾人。實則預防針之效。與種痘相同。死于非命者。能不非乎。此時疫醫院之所以施打免費防疫針也。

（十四）無錫縣立牛痘局概況表

名稱	無錫縣立牛痘局
地址	城內小河上同仁堂 城內三下塘冉經橋
開辦年月	民國十八年三月
職員姓名人數	二人（徐志仁徐蘭芬）
每年種痘人數	約一千餘元
經常費數	七百元（每年由縣政府市政籌備處支付經常費洋陸拾元種痘費收入約六百餘元）
種痘費	來局種者收費小洋四角 出門種者收費大洋一元
備註	貧民種痘一概免費

衛生運動

（一）無錫第一次衛生運動大會紀

吾國對於公共及個人衛生素不重視。故中央規定衛生爲六大運動之一。並規定每年各地同時舉行衛生運動二次。以喚起民衆之注意。五月十五日爲舉行衛生運動之期。吾邑各機關各團體。均集合公園舉行大會。並分區舉行掃除。各團體到者達數千人。玆將詳情分誌如下。

（到會團體）到會各機關各團體代表。計有縣政府孫縣長及全體職員。縣公安局全體職員。縣黨部全體執行委員及監察委員。縣教育局。縣建設局。縣財務局全體職員。縣商會商民協會全體職員。工整會全體人員。救火聯合會全體人員。警察大隊黃貞白及隊士一排。公安第一分局高漴及警士一排。第二分局范標徐竹齋率警一排。六分局殷起山張仲安率警一排。四分局顧映平率警一排。商團公會全體。醫師協會。中師協會。女青年會。民衆敎育促進團。通俗敎育館。省立蠶絲試驗場。圖書館。黨義圖書館。救國會。瑞昌絲廠職工會等二十餘團體。凡數千人。

（開會情形）下午二時各團體集合後。卽排列多壽樓下草場。振鈴開會。由孫縣長主席。黃貞白司儀。 一向黨旗國旗及總理遺像行

三鞠躬。 二主席恭讀遺囑全體循聲朗誦。 三靜默三分鐘、
四主席報告。 五演說。 六分區出發。 七散會。

（主席報告）主席孫縣長報告略謂諸位同志今天是本邑各機關團體共同舉行衛生運動的一天。現在我們所最需要共同進行的工作是那幾種呢。 一識字運動。 二築路運動。 三造林運動。 四保甲運動。 五合作運動。 六衛生運動。這幾項中央已經規定。民衆亦應該積極做去。這次的衛生運動一方面雖是接受中央的訓令。一方面我們民衆也亟需進行。試看我們無錫小小一處地方。人口有十九萬二千之多。而大都不注意衛生。因此有舉行衛生運動之必要。但是舉行之後。不要把本意忘掉。要人人懂衛生。處處能改革。這纔不負今天開大會的意義。

（演說摘要）次由縣黨部史漢清同志演說。略謂今天是本邑各機關團體舉行衛生運動的一天。所有舉行意義。已由孫縣長詳細的報告過了。我知道中國的國民大都不十分注意衛生。因此疾病很多。而往往又不知醫治。只知求神問卜。信抑神權。以致誤却性命。而其根本終究是不衛生而起。現在中央對於衛生運動。已有規定。每年舉行兩次。上半年是五月十五日。下半年是十二月十五日。至於飲食的不潔。夏日的蚊蠅。公共廁所的不改良。及其他衣食住的不衛生。都能使疾病隨處侵入。有莫大的危險。要補救這病。非大家起來進行衛生運動不可。即使不具政府來命令。亦當由人民進行。尤其要希望政府能將種種不合衛生的加以改良。而個人方面亦宜早起。及改良飲料等。所以今天的大會。一面要請政府改良。同時民衆們亦須時加注意云云。

（分區遊行）開會畢。即由主席報告分區辦法。每區集合一隊。分發旗幟。掃帚。宣傳物品等物。每區各設一主任。計中區主任縣政府。東區主任財務局。南區主任公安第三分局。西區主任縣黨部。北區主任縣商會。廣勤區主任公安第六分局及女青年會。派定後。即由各隊主任。率領依照原決定路由分別出發遊行。實行掃除街道。以資提倡。沿途散發衛生運動大會宣傳綱要。並開導民衆注意衛生。遇有不潔之陰溝。立飭清除。並高呼口號。以引起民衆之注意。至下午五時散會。

（二）無錫第二次衛生運動大會紀

本屆十二月十五日第二次衛生運動大會。事前由市政籌備處社會科提出十八次處務會議。議決着手籌備。旋即會同縣政府。於十二月十日。召集各機關團體。討論進行工作。決議十二月十五日起全縣家庭大掃除三日。由縣政府令飭公安局及各區公所協助曉諭。民衆一體遵行。城區街道由本處各區衛生指導員督飭清道夫掃除清潔。宣傳方面由各機關團體組織衛生演講隊十五隊。推縣黨

部爲隊長。標語傳單。由本處擬定標語十一種。油印三千六百份。分發各衛生區張貼「衛生部宣傳綱要」傳單一種。油印五千份。分由各演講隊演講時沿途散發。十五日上午九時。各機關組織之十五演講隊。在公園多壽樓下集合。分道出發。遊行演講。各衛生區本處衛生指導員領率全體清道夫。清河夫分別清除街道及河流。下午列由指導員集合各公安分局衛生巡士及清道夫清河夫等身穿雨衣。肩挑畚筐鐵鋤。手持旗幟標語。大呼口號。一路冒雨遊行各街巷居戶人民。咸爲注意。至五時餘。全區遊行完竣。所散各種印刷品如下。

（一）衛生運動大會宣傳標語

一　市容的整潔與否可以看出市民程度的高低

二　家家要在十二月十五日舉行家庭大掃除

三　家家要洒掃清潔捕殺鼠類

四　家家要注意自己門前的垃圾

五　人人講求衛生國家必得强盛

六　戒絕烟酒嫖賭身便與康健

七　吃水要清潔不要在河中洗馬桶

八　按期種痘防免天花

九　垃圾要倒在垃圾箱裏

十　大小便要跑到坑廁裏面去

十一　糞缸尿桶不要放在露天

（二）衛生運動大會宣傳綱要

一　衛生運動大會之緣起。吾人以平日不講求衛生之故。容易沾染疾病。染病之後。又往往惑於迷信。不肯延醫治療。以致死亡接踵。病夫騰笑。人口統計。反日形減少。故不得不大聲疾呼。驚促國人之猛省。

二　衛生運動之意義。衛生運動唯一之意義，就是喚起民衆。注意清潔和其他一切公共衛生。

三　大會日期之規定。按汚物掃除條例規定每年五月十五日十二月十五日各舉行大掃除一次。衛生運動大會施行大綱。亦以勵行清潔爲實施衛生行政之唯一要件。因定此兩日爲舉行大會日期。

四　大會應促進之事項。大會應促進之事項。不一而足。茲卽其最緊要簡易者。略舉如左。

甲　改良廁所。廁所最易發臭氣。且爲蒼蠅生聚塲。故非有合宜之建築不可。應一面建設合於衛生之公共廁所。一面取締露天廁所。嚴禁隨地便溺。

乙　清潔飲水。河水井水。往往雜有病菌。爲各種腸胃病之來源。清潔之法。最好興辦自來水。其不能興辦自來水之縣市應多鑿深井並改良舊井。提倡沙濾水缸。一面嚴禁井旁及塘河中洗濯污物及馬桶。並禁傾倒或注入塵屑污泥穢水於塘河。飲料必用沸水。

丙 掃除污物。塵屑污泥穢等污物最易生聚蚊蠅。存留病菌。設不勤加掃除妥爲處置。即成爲傳染病的發源地。應依污物掃除條例及施行細則。備具適當之容器及溝渠。各省市衛生行政機關。應與人民各盡其掃除之義務。

丁 撲滅蚊蠅。蚊虫可以傳播瘧疾及大腳瘋黃熱病等。蒼蠅可以傳播傷寒赤痢霍亂痧病等。同爲人類大敵。春際又爲其繁殖將旺之時期。亟應查照本部印撲滅蚊蠅各辦法。將蠅蛆與孑孓的發源地一一剷除。並隨時隨地實行撲殺成蠅與成蚊。

戊 防除疫病。疫病如傷寒。赤痢。天花。鼠疫。霍亂。斑疹傷寒。白喉。猩紅熱及流行性腦脊髓膜炎（驚風之一種）等。皆急性傳染病。一遇發生。傳播立遍。防除之法。除按時種痘以免天花外。一要報告疫病。施要早期的處置。二要隔離病舍。限制與病人交往。並要實行消毒和預防注射。

己 取締不潔之飲食物。露售的熟食。切售的瓜菓。和不潔的冰水飲料。或有蒼蠅落過。或用生水製成。食之非常危險。須嚴重取締。凡屬飲食物料。均應責令用鐵紗罩緊密覆蓋。以隔絕蚊蠅與灰塵。並不得攙用生水。已經腐敗之肉類或菜食。並應禁止販賣。

庚 改良接生婆。舊式接生婆。既無科學智識。又不解消毒和合理的接生方法。以致產母嬰兒辜無的死亡。不知多少。取締之法。惟有提倡助產教育。先擇接生婆之較爲優秀者。授以消毒等簡易之手術。有不爲合理的接生者。立即停止其業務。一方提倡設立平民保產院。並培植新式助產士。以期根本改善。

辛 摒除嗜慾。雅片娼妓賭博飲酒等。皆所謂不正當之嗜好。最足戕賊身體。墮落人格。應爲吾人所深惡痛絕者。紙烟對於個人。雖爲害不若雅片。然絕大漏巵。貽禍於全國者甚烈。亦不可吸。在未成年者。尤須切禁。

壬 實行各種衛生十二要。衛生部爲普遍衛生的常識。改革民衆的心理。特爲編具各種衛生十二要。先從個人衛生講起。依次推及家庭和社會。再就社會中別爲學校工廠等十一種。選擇要語。印成單頁。分發各處。民衆方面務必逐次實行。衛生行政機關並應督促照辦。以期達講求公共衛生之目的。

五　大會後應有之希望

甲　行政方面希望各省市主管衛生行政機關的。

1.實行衛生建設的新計劃。2.厲行衛生的管理和取締各法規。3.添設衛生警察。4.登記醫生和助產士並改良接生婆。5.籌設平民醫院和平民保產院及公共浴堂。6.多請名人專家對於民衆演講衛生問題。7.展覽對於衛生模型圖表電影和書籍。8.獎勵體育團體添設公共運動場和兒童遊戲場。9.禁止茶館飯館戲園游藝場等使用公共手巾與理髮館浴堂挖耳打眼刮鼻刮脚。

乙　習慣方面希望各省市衛生行政及教育機關合作的。

1.不許隨地吐痰隨地便溺隨地棄置汚物和死畜。2.戒絕不良的嗜慾烟酒嫖賭等事。3.打倒巫卜仙方迎神扶亂以治病等迷信。4.禁止早婚和婦女纏足束胸。5.提倡衛生教育並注重學校學生的衛生。

丙　身心方面希望各界的。

1.勵行早起多作戶外生活及有規則之生活實行八小時工作八小時休息八小時睡眠。2.勤盥洗節飲食勤運動。3.思想清潔多聽有益的演講多看有益的書籍。4.提倡業餘運動和武術。5.宣傳衛生要義實行公共衛生規律以增加衛生行政之效率。

六　大會最終之目的在欲實現上述的事項和希望。惟欲實現此事項希望單靠官廳亦非單靠五分鐘熱烈舉行一次運動會即可成功的。而依賴各省市衛生行政機關與人民通力合作。自大會之日起。不間斷的努力實行。人人養成衛生之習慣。事事遵守衛生之規律。時時講求衛生之方法。方可以減少疾癘增進健康。一雪東亞病夫之奇恥。

公用

給水

無錫人民飲料。大都取給於河水。用私井之水爲飲料者甚少。大抵皆作洗滌用。至市區以內。共有自流井三處。其第三自流井。即係本年度新建者。以後尚擬絡續添建。各井之水。均經專家化驗。水質純潔。爲市民所信賴。市政籌備處尚有建設自來水計劃。今方在設計中。此外關於清潔河水辦法。市政籌備處訂有清潔道路暫行規則及清道夫清河夫服務細則等。均詳見衛生欄中。

一　無錫市已築自流井一覽表

名稱	地點	井深尺數	積水箱容量	每日出水數量	開鑿年月	所屬之衛生區
第一自流井	城中公園路	三十二丈三尺	一百八十担	三百餘担	民國十年	第一區
第二自流井	城中老縣前	四十丈五尺	三百餘担	百餘担	民國十八年	第一區
第三自流井	城中書院弄	三十丈八尺	四百餘担	四百餘担	民國十八年	第一區

二　無錫市政籌備處管理自流井規則

第一條　凡本市區內公用自流井。均依照本規則管理之。

第二條　公用自流井給水。得酌取水價。暫以担爲單位。每担取銅元二枚。以二桶爲一擔。每桶取銅元一枚。不足一桶。亦以一桶計算。

第三條　給水時間。每日自上午六時至下午十時止。不在規定時間。概不給水。

第四條　取水人須先到自流井售籌處購籌。挨次取水。不得爭先吵鬧。

第五條　放水龍頭。不准取水人自動開關。倘有違犯致損壞者。應由取水人負責賠償。

第六條　每井暫設管理夫一人專司自流井機器等之使用保管及修理事宜并每日辦理給水記賬及將收入款項報解財政科金庫核收。

第七條　本規則自公布之日施行。

電氣

無錫電氣事業以建設委員會戚墅堰電廠規模爲最巨此外各工廠亦多自裝發電機申新慶豐等廠電力最强無錫市區電鐙現歸戚墅堰電廠辦理各鄉區重要市鎮亦多有電燈廠之設此外電話公司屬於商辦已詳交通欄內茲不復贅。

一　無錫縣電燈廠一覽表

廠名	廠址	用電區域
建設委員會戚墅堰電廠	戚墅堰鎮	無錫市
競民電燈廠	禮社鎮	本鎮
開原電燈廠	榮巷鎮	開原鄉
大明電燈廠	前洲鎮	本鎮
爆爆電燈廠	蕩口鎮	本鎮
洛社電燈廠	洛社鎮	本鎮

二　無錫市電燈公司調查表

公司名稱　前名震華電廠現改爲戚墅堰電廠。

性質　建設委員會所辦屬國有。

資本總數　前震華電廠呈部立案時爲壹百伍十萬元。

開辦時間　震華電廠於民國十年一月開辦至十七年十月改歸建設委員會辦理。

發電機　三千二百啓羅華脫透平二座。

燈數　該廠電燈以電度計不以燈數計每月發電總數平均約一百五十萬度而無錫電燈每月計用十七萬度。

發電時間　日夜發電。

每盞裝費　歸承裝商店辦理該廠不管。

火表押租　3Amp.至5Amp電表$10, 10Amp$15, 15Amp$18, 20Amp.$22等。

接線費　收壹元。

每月每燈收價辦法　用電五百度以内$192.五百度以外$153, 一千度以外$144, 二千度以外$135。

營業狀況　每月電燈方面約收二萬八千元。

三　無錫市路燈概況表

全市路燈總數　全市燈路據十八年八月底調查共一千三百二十七盞。

電燈每盞燭光　自16至200枝燭光。

路燈離地尺數　約十五尺。

每燈距離　照各處普通距離約二百四五十尺。惟錫市路燈聽用戶自由報裝以致密者望衡對宇疏者全街數里之長竟無一燈。

燈　　費　電費每盞每月三角又電泡損失費每年四百元。

燈費來源　由用戶繳市政籌備處。再由籌備處撥付電廠。

四　無錫市整理路燈經過紀略

錫市路燈。沿用包裝辦法向無通盤計劃以致密者望衡對宇。疏者通街黑暗。公安路政兩感不便。自市政籌備處成立後。即思澈底改革。旋以經費無着。迄無結果。延至去年十二月。始決在房捐項下。加征路燈捐一成。以充改革後之路燈費。是月廿七日。由籌備處召集市政討論委員會共同磋商。當即決定整理原則數項如下。

一、全市添裝路燈約七百盞。

二、橋樑及街巷口即無電桿亦應裝燈。

三、取銷包裝制度。燈費一律免收。

四、在房捐項下加徵路燈捐一成充路燈費。不敷之數。由市政籌備處籌撥。

五、裝燈辦法由籌備處商請電燈廠負責裝置編號備查。

市政籌備處根據上項原則。迭次與戚墅堰電廠磋商先後開會四次之多。卒於十九年二月二十八日雙方簽訂整理合同。以資遵守。從此錫市路燈當可痛革積弊。一新耳目矣。茲將合同條文抄錄於后。

無錫市政籌備處、(以下簡稱市處)戚墅堰電廠、(以下簡稱戚廠)今因戚廠供給無錫市全市路燈用電雙方訂立協定條件如左。

一　「工料」凡在無錫市區內之路燈其普通裝置及修理需用各項工料均由戚廠擔任如有特別裝置（例如光復橋工運橋上路燈之類）其工料由市處擔任至私人里弄路燈所需各工料則由各業主自任

二　「距離」就戚廠桿綫所到處除私人里弄外每間桿木一根裝置路燈一盞但橋梁重要巷口四叉路口及緊要地點由雙方商同指定裝置之凡桿綫未到處須裝置路燈者新添桿木在三根以內照營業章程每根減半貼工費洋二元五角在三根以上者另議之

三　「光度」直街及巷口用二十五華脫重要橋梁用五十華脫四叉路口及緊要地點用一百華脫

四　「電費」戚廠以路燈關係地方公益每盞每月酌收大洋三角另加燈泡費每盞每月大洋一角以六折實收大洋六分合共每盞每月三角六分正甲月之費市處須於乙月付清市處以戚廠係國營事業不收捐稅至私人里弄路燈電費與公共路燈同

五 「整理」戚廠應將全市路燈第二項辦法切實整理添裝其工料照第一項辦理所有市民報裝之路燈一律取銷

六 「開關」由戚廠按段或按各公安分局區域裝置便利開關交由市處責成各公安分局負責管理其開關時間由雙方會同規定之

七 「修理」路燈損壞失明應須修理時由市處兩聯通知單隨時通知戚廠須於三日內修竣由就近崗警或委託住戶於通知單蓋章證明以一聯存留戚廠一聯交由市處存查

八 「編號」全市路燈由戚廠逐一編釘搪磁號牌並將編定號碼通知市處以備查考

九 「時效」本協定有效期間以公布施行之日起扣足五年爲限雙方均須遵守不得中途變更

十 「實行」本協定經雙方簽訂後須分別各自呈報主管機關核准再行公布施行

十一 「附則」本協定同式四份市處戚廠各執一份其餘以一份由市處轉呈民政廳一份由戚廠轉呈建設委員會

中華民國十九年二月　日

戚墅堰電廠代表

市政籌備處代表

菜場

錫市現有菜市場六處。茲將各菜場地點面積及成立年月等列表如左。

一 無錫市菜市場一覽表

名稱	地點	面積	營業種類	營業時間	成立年月	所屬之衛生區
第一菜市場	城中崇安寺	一五•八一六方尺	菜蔬魚肉鷄鴨魚蟹荳腐鹹貨及熟食類	日出至上午十二時	民國元年	第一區
第二菜市場	西門外倉浜裏	六•二五〇方尺	菜蔬魚肉鷄鴨魚蟹荳腐鹹貨類	仝	右 十六年五月	第四區
第三菜市場	光復門外吉祥橋堍	二•八〇〇方尺	仝右	仝	右 十六年五月	第五區
第四菜市場	北門外大河池	四五五六方尺	仝右	仝	右 十七年四月	第二區

第五菜市場	東門外熙春街	四五〇方尺	仝	右	仝	右	十七年四月	第五區
第六菜市場	南門外界涇橋	四•五五〇方尺	仝	右	仝	右	十八年九月	第三區

二　無錫市政籌備處管理菜市場暫行規則

十八年九月二十一日公布

第一條　凡在本市區內菜市場設攤營業之戶主。及其雇用之夥役。應一律遵守本規則。

第二條　凡在市區內。販賣魚肉蝦蟹雞鴨菜蔬等類食物之攤担。應一律移設本處規定之各業市場內營業。

第三條　凡攤戶担戶在菜市場營業者須呈經本處核發執照。方得擺設。

第四條　有左列各款之一者。不准入菜市場營業。

1. 無營業執照者。

2. 頂冒他人之營業執照者。

3. 身患皮膚病及其他傳染病者。

第五條　菜市場內設攤設担之位置。應依照本處規定類別號數擺設。不得混雜僭沾。

第六條　菜市場買賣時間。除熟食類地段外。無論冬夏陰晴。概以天明開市。上午十二時閉市。在此時間內。不得擺設其他雜貨攤担。

第七條　菜市場內出售之魚肉蝦蟹雞鴨菜蔬等類食品。如含有毒質或係隔宿霉爛腐臭者。不得入場售賣。

第八條　凡攤戶出售之鮮菜點心熟食等類物品。均應一律加蓋紗罩。

第九條　菜市場內各攤担用水。務宜清潔。油汚血腥不潔之水。均須傾入指定之水溝內。不得任意潑洒。妨害清潔。

第十條　菜市場內各攤担用秤。一律均用十六兩秤。公平交易。

第十一條　凡在菜市場營業者。對於本處規定各項清潔辦法。均應遵守。

第十二條　凡在菜市場營業者。不准有爭毆喧吵及强硬買賣等情事。

第十三條　凡在菜市場營業者。於其租定之地位。及其附近地面。應隨時洒掃潔淨。其陳設食品之檯面。每日應用清水洗刷。閉市後所有用具桌櫈。須各自整理保存。不得任意亂放。

第十四條　凡在菜市場設攤設担營業者。每日須受本處衛生指導員及衛生警士檢驗指揮。

第十五條　菜市場閉市後。由本處派清道夫掃除清潔。

第十六條　菜市場內各攤担戶主。不得住宿場內。

第十七條　菜場內各攤担戶主。如有違犯本規則者。得分別懲罰。或吊銷其營業執照。

第十八條　本規則自公布之日施行。

三　無錫市政籌備處建設菜市場計劃

本市雖有菜市場數處。然尚不敷用。每見菜擔肉攤充塞街巷。非特有損觀瞻。抑且碍及衛生。即原有各菜市場。亦因面積太小不敷分配。以致僭佔街道。妨碍交通者。比比皆是。亟應力謀改良。分畫全市區域。擇定適當地點。分期籌劃。改建大規模之菜市場。建築式樣為回字形。中間留為採光換氣與扶梯間。四圍分格。每格三丈見方或二十六七尺見方均可。為一勞永逸計。應用水泥鋼骨建造。高二層或三層。屋頂可作公衆娛樂場。下層作菜市場。茲擬建築預算辦法如下。

面積	層數（連屋頂）	建築費	鋪戶	每月收入	利息
八十一方	四層	四萬二千元	一百六十戶 屋頂	八十元 七百廿元	二分
八十一方	三層	三萬元	一百十戶 屋頂	八十元 四百九十五元	二分
六十五方	四層	三萬三千元	一百卅戶 屋頂	六十元 五百八十五元	二分
六十五方	三層	二萬四千元	九十戶 屋頂	六十元 四百元	二分

（註）鋪戶每日可分早晚二市。每戶占地寬約八尺。深九尺。故每戶又可分為二格或三格。租金早市每月每戶收洋三元。晚市每月每戶一元五角。

招商投資承造該項建築。並承辦該項事業。

菜市場之管理及收租。當守公衆之節制。

該項建築之詳細圖樣及管理方法。當另行規定之。

廣告

錫市工商繁盛。廣告發達。惟以前商家黏貼廣告。漫無限制。以致街巷牆壁。均斑駁陸離。市容為之大損。本年夏間。無錫市行政局奉令整頓市容。當卽分段將市區內各店舖位宅臨街牆壁上所貼廣告標語一律清除。並依照內政部頒布廣告布告標語等欄之形式。飭匠分段建製木欄。分別指定張貼處所。共一百十餘處。市政籌備處成立後。鑒於廣告木框尙不敷張貼。正擬陸續添設。此外幷擬於市區繁盛地點。設置美術廣告場。招商租用。以利商市。俱積極辦理中也。

無錫市規定張貼廣告標語欄一覽表

地點	第號			備註
	廣告欄	布告欄	標語欄	
(一)自車站至公園路				
工運橋北首鐵路貨棧朝西鉛皮牆上	1	×	1	
工運橋北堍朝西	2	1	2	豎立木牌
光復橋北首元昌煤號牆上	3	×	×	
又 舊電燈廠墻上	4	2	3	
光復門外西邊城牆上	5	3	4	
又 東邊城牆上	6	×	×	專貼戲館廣告
吉祥橋城墻上	7	4	5	
光復門內實業建築公司對過朝西牆上	8	×	6	
又 隔壁朝東牆上	9	×	×	油漆的
北盛巷北口朝東牆上	10	×	×	專貼戲館廣告

圓通路口張嘉炳醫隔壁	11	×	7	
圓通路勸工廠對過安仁巷口朝西牆上	12	×	8	
圓通路映山河街口朝西白圍牆上	13	5	9	
公園路麗華布廠對面朝北	14	×	10	
公園前自流井牆上朝東	15	×	×	專貼戲館廣告
(二)崇安寺大市橋一帶				
本局門前	×	6	×	豎立木牌
公安第一分局門前朝西牆上	16	7	11	
寺後門朝南牆上	17	×	12	油漆的
又	18	×	×	專貼戲館廣告
新市橋東	19	×	×	
新市橋西	×	×	13	
大市橋直街陸福春對面	20	×	14	
大市橋北	21	×	×	專貼戲館廣告
大市橋南	22	×	×	
大婁巷西口	23	×	×	
清甯巷口朝北牆上	24	×	×	

崇安寺山門口朝東	25	×	×	專貼戲館廣告
又　朝西	×	×	15	
又　朝南	26	8	×	
崇安寺內明星照相館對過朝西牆上	27	×	16	
(三)自新市橋至西門外吊橋				
沈果巷北口	28	×	×	
老縣前	29	9	×	
西橫街	30	×	×	
老西門城牆	31	×	17	
新西門城牆	32	10	×	
西門橋堍	33	×	18	
棉花巷	34	×	×	
(四)自大市橋經二下塘至南門				
鳳光橋堍朝西對三鳳橋	35	×	×	
鎮巷口朝南	36	×	19	
鳳光橋直街秦宅大園門前	37	×	×	
歡喜巷西口	38	×	×	

成賢橋下	39	×	20	
致和橋(卽小南海)	40	×	×	
(五)自寺後門至吳橋				
盛巷橋南堍朝北	41	×	21	專貼戲館廣告
倉橋堍朝南	42	×	×	
迎禪橋堍朝北	43	12	22	
書院衖口朝南	44	×	×	
打鐵橋朝南	45	×	×	
老北門城門洞	46	13	×	
西天寶對面	47	×	×	
北水關橋堍	48	×	×	
北吊橋堍	49	×	×	專貼戲館廣告
大橋堍	50	×	×	專貼戲館廣告
橋棧衖口	51	×	×	
煤場衖兩對面	52	14	×	
(六)自南巷至南門				
東河頭巷口	53	15	23	

地點				
（七）自大市橋經上塘至南門				
水獺橋下	54	×	×	
虹橋下	54	×	×	
南市橋下	55	×	×	
（八）自南吊橋至清名橋				
南門城牆	56	16	24	
灣頭上	57	×	×	
黃泥橋堍	58	×	×	
清名橋下塘當門前	59	×	×	
（九）自觀前街至東門				
八兒巷口	60	17	×	
圖書館前朝北白牆上	×	×	25	
含秀橋下	61	×	×	
華德橋堍	62	×	×	
東門城牆	×	18	26	
東門外對吊橋城牆	63	×	×	
東門外立興染坊對面	64	×	×	

亭子橋小學牆上	65	19	×
東門外朱聚興鐵店對面	66	×	×

二　無錫市政籌備處廣告管理規則

十九年一月一日公布

第一條　凡本市區範圍內關于廣告事項均須依照本規則管理之

第二條　凡越出自己地位就他人房屋內外上下之牆壁及道路或其他位置揭示關于營業性質之文字圖畫無論用紙用布或其他材料均作為廣告

第三條　除游行廣告外揭示廣告之場所如左

甲、本處建設公共之廣告場

乙、本處指定之臨時廣告場

丙、民衆建設之特許廣告場

第四條　凡黨政各機關佈告及標語均由本處遵照內政部所規定之式樣於公共地方特設佈告處及標語處或於公共廣告場內劃出一部份張貼之

第五條　凡以土地房屋舟車及其他材料供人張貼廣告者應向本處登記納捐

第六條　廣告文字以純正為主其有猥褻惡劣乖謬荒誕有傷風化與道德觀念者或竊用他人商標版權有欺騙朦混之意思者概行禁止張貼

第七條　凡廣告為紅底白字者專為表示危險或警告而設他項廣告不得襲用

第八條　廣告建築不得違及下列各項

甲、妨碍交通者

乙、妨碍地方觀瞻者

丙、妨碍街市光線者

丁、妨碍行旅視綫者

戊、妨碍消防工作者

已、易於堆積垃圾者

庚、易於發生危險者

第九條　凡欲張貼廣告者須先具式樣呈經本處核准同時向本處財政科繳清捐款後方得張貼

第十條　徵收廣告捐章程另訂之

第十一條 本規則自公布之日施行

車輛

一 無錫市車輛統計表

車輛種類	輛數	車捐
汽車	約二十輛	每月每輛三元五角
人力車	自用約三百十輛 營業一千七百五十九輛	每月每輛五角 每月每輛一元
脚踏車	約三百三十輛	每季一元
雜色車輛	十二輛	

（說明一）全市原有營業人力車一千三百三十輛。十月份起添放四百二十九輛。自用人力車約三百十輛。無定額。揚名鄉共有人力車二百二十五輛。准許在本市通行者計一百六十輛。開原鄉共有人力車二百輛。均准在本市通行。

（說明二）揚名鄉人力車在本市通行者。一月一次。征收每輛二角。開原鄉人力車在本市通行者。每輛每月一元。自由車按季徵收每輛一元。本年九月以前每月車捐約收一千八百餘元。十月份起因添放人力車。月約收二千一百餘元。內除開原鄉車捐二百元。仍撥歸開原鄉支配。

（說明三）所收車捐及車照費。悉充本市道路橋梁建設修理之用。

（說明四）凡屬在本市通行各項車輛。除營業人力車輛數特別規定。按月照章納捐外。餘如自用人力車及自由車。均無定額。須隨時稽查。如無車照者。即責令其照章納捐。汽車一項。原有二十輛左右。茲因無錫市道路窄狹。通行汽車道路未能普遍。照現在約計二十輛。恐不能完全開行。爲交通便利計。寬拓道路。實爲市政上刻不容緩。亟宜進行之要政也。

二 無錫市已設人力車停車場一覽表

號數	地點	輛數
1	通俗教育館前	三〇
2	公園大門口	二〇
3	公園盛巷口	一〇
4	崇安寺大雄寶殿口	一五
5	崇安寺口	一二
6	光復門城內新民橋堍	一五
7	圓通路鹽巷口	一〇
8	南巷門口	二〇
9	老戲觀（路中央一班）	二〇

10	吉祥橋堍	二〇
11	老北門口	六
12	長康里口	一〇
13	通運路啓泰棧門口	一五
14	工運橋西堍	三〇
15	火車站	八〇
16	廣勤路口	二〇
17	通惠路口(路中心)	
18	通惠路北柵口	三〇
19	吳橋堍	三〇
20	慧山通惠路口	五〇

三　無錫市政籌備處管理及取締人力車章程

十八年九月十六日公布

第一條　凡在本市區內營業或自用人力車。(以下稱包車)均須遵照本章程辦理。

第二條　無論營業人力車或包車。均應呈報工務科檢驗登記。發給磁牌及繳納捐費領取捐照。方准通行。

第三條　人力車之定期檢驗每年舉行一次。由工務科定期執行之。

第四條　自用車照。須釘於車身後顯明之處。以便崗警易於稽查。如已領照而不釘者。應處以一個月月捐之罰款。

第五條　營業車磁牌。須釘於車之右葉子板上。月捐照應黏於車身後。

第六條　包車除車主因事暫停須就近守候外。概不准任意停於街口街頭。

第七條　車體及附屬品之限制如左。

(一)車體須製造堅固。

(二)尺度式樣由本處印發照樣製造之。

(三)凡營業車。祗能施以油漆。不准繪畫。

(四)車中須備有白色布製坐褥並油布所製之車蓬及車簾。

(五)車之後身須有鐵撑。

(六)須備置前白後紅之玻璃燈一盞。

(七)車夫須隨帶嚮鈴。暑天亦須穿短衫。

第八條　凡營業車有左列情形之一者。即須修理完整。送由工務科檢驗後。釘牌編號。違者即停止其行駛。

(一)車輪胎有三處修補者。

(二)輪邊與鋼絲已經銹爛及損壞者。

(三)左右鋼板高底不平。或已經損銹者。

(四)車身及葉子板已經朽爛或損壞者。

(五)油蓬門帘破壞漏水。蓬撑破壞不完全者。

(六)車墊已經破壞。及車後無鐵撐者。

(七)車身車墊骯髒者。

(八)無車燈者。

(九)無車鈴者。

第九條　無論包車及營業車。犯左列各欵之一者。隨時停止其行駛由崗警帶處核辦。

(一)車夫年在五十歲以上。或未滿十六歲及體弱多病者。

(二)除攜帶未滿十二歲之孩童外。一車同座兩人者。

(三)車墊及靠背處汚穢不潔或裝氣載腥腐臭及油漬物品者。

(四)夜間駛行不點車燈者。

(五)不帶車鈴者。

(六)空車徘徊於路中。或隨處停留者。

(七)駛行車輛不依照指定左走路牌魚貫而行。或參差亂碰者。

(八)乘載癲狂及泥醉而無人扶持者。

(九)載運輸量物件者。

第十條　後車如欲超過前車時須先知照前車。然後從右邊疾駛而過。

第十一條　如遇救火車或病院車經過時。須讓其前行。

第十二條　凡遇轉角交叉口及繁盛區域。不准快行及並行。

第十三條　乘客如有遺留物件。應即送交崗警保存待領。不得私自藏沒。

第十四條　乘客如有形跡可疑。或攜帶違禁物品者。應隨時報告崗警。

第十五條　凡營業車及包車之徵捐及漏捐。應按照本處車輛牲力捐章程及漏捐處罰規則辦理。

第十六條　車行賃車於車夫不得故意抬高租價。違反者。除處罰外。並註銷其存案。

第十七條　乘車價值應由人力車行協議。分別造列以里計算。及以時計算之車價表。呈由本處核准公布之。

第十八條　車夫對於乘客。不得於定價外故意需索。

第十九條　本章程自公布之日施行。

四　無錫市政籌備處管理及取締汽車章程

十八年十一月八日公布

第一條　凡在本市區內營業或自用汽車均須遵照本章程辦理

第二條　無論營業汽車或自用汽車均應呈報本處工務科檢驗登記發給執照號牌及繳納捐費領取捐照方准行駛

第三條　登記事項開列如左

（一）車主或車行主之姓名籍貫職業住址及車行主之開張執照

（二）司機人之姓名年齡籍貫住址及經歷

（三）車輛之製造廠及其所在地

（四）車內發動機之號數及其所在地

（五）汽缸隻數

（六）車棚之種類及其顏色

（七）車輛座位之數目（車夫座位在內）

（八）車輛種類

（九）車身重量

（十）車身寬度

第四條　車輛由車主按照第三條之規定來本處工務科登記當即隨繳登記費一元

第五條　未經本處登記之車輛私自在外行駛者處以卅元以上五十元以下之罰金由公安局協助本處工務科執行之

第六條　所領之執照號牌只准在指定之本號車上使用不得頂替更換

第七條　領照之車如在有效期內變更其下列各部份時應於五日內報告本處工務科重受檢驗

（一）原動機（二）容納汽油或有爆發與可燃性然料之管或箱（三）車架（四）制動機變速機或換向機（五）電氣裝置（六）車身及車輪其油漆之顏色

第八條　領照之車如在有效期內廢止其使用時應于五日內呈繳本處工務科繳回執照號牌不得私自毀棄

第九條　車主住址有變更或該車轉他人時應於五日內呈報本處務科司機人有變更時亦同

第十條　車主如接本處工務科傳詢通知時應于三日內來科不得延遲

第十一條　凡過轉角交叉口及繁盛區域不准快行以免危險

第十二條　乘客如有遺留物件應即送交附近崗警保存待領不得私自收沒

第十三條　乘客如有形跡可疑或攜帶違禁物品者應隨時報告崗警

第十四條　如遇檢驗車輛人員或巡警索驗證照時須隨時呈驗

第十五條　凡違犯本章程第六條者處以五元以上十元以下之罰金由公安局協助本處工務科執行之

第十六條　本章程於公佈之日施行

五　無錫市政籌備處管理及取締脚踏車章程

十八年十一月八日公布

第一條　凡在本市行駛之脚踏車無論自用或營業均須遵照本章程辦理

第二條　凡置備脚踏車者均須先向本處財政科繳捐領照其以此項車輛設行出租者並應向財政科呈領開張執照

第三條　呈報時應將車主或行主姓名籍貫職業住址或車行之名稱地址詳細開列以備查考

第四條　車輛之機件務須完備方准行駛本處工務科得隨時隨地取締之

第五條　車上應安置規定警鈴

第六條　晚間行車必須燃燈

第七條　一車不准兩人共乘

第八條　轉灣及交叉路口以及繁盛街市均須緩行並鳴警鈴

第九條　途中有停車必要時應服從崗警指揮不得違抗

第十條　所領之號牌祗准在指定之本號車上使用不得頂替更換

第十一條　車輛全部更換時應於五日內報告本處工務科

第十二條　領照之車如在有效期內停止使用或在有效期滿後不復繼續使用時均應於五日內報告本處工務科

第十三條　車主住址如有變更或將該車讓與他人時均應於五日內報告本處工務科

第十四條　對於本處交通上一切章程應切實遵守並隨時受本處工務科檢驗不得違抗

第十五條　車主接得本處傳詢通知時應於三日內來處不得遲延

第十六條　如遇檢驗車輛人員或巡警索驗證照時須隨時呈驗

第十七條　凡違犯本章程第二、三、六、七、九、十各條者處以一元以上三元以下之罰金違犯第四、五、八各條者處以一元以上五元以下之罰金由公安局協助本處工務科執行之

第十八條　本章程自公佈之日施行

六　無錫市政籌備處管理及取締雜色車輛規則

十八年十二月二十七日公布

第一條　凡在本市行駛之雜色車輛除人力車脚踏車及汽車另訂規則外均須遵照本規則辦理

第二條　凡置備雜色車輛有關於呈報登記檢驗及繳捐領照一切手續均須依照本處暫行車輛牲力捐章程第一條及第三條辦理

第三條　呈報時應將車輛式樣名稱種類輛數用途載重斤數車主或行主姓名籍貫職業住址或車行之名稱地址詳細開列以備查照

第四條　車身務須堅固整潔其朽壞不能載重者本處工務科得隨時隨地取締之

第五條　所領之號牌祇准在指定之本號車上使用不得頂替更換

第六條　所載貨物必須收拾整齊不得拖出車外並不得載重逾量

第七條　裝卸貨物時務須收捷不得久停道旁致碍交通

第八條　晚間行車必須燃燈

第九條　所打車上之鋼印號碼如有殘缺或糢糊時應即報告本處工務科驗明重打

第十條　車主或行主住址如有變更或將該車或該行讓與他人時均應隨時報告本處工務科

第十一條　領照之車如在有效期內停止使用或在有效期滿後不復繼續使用時均應隨時報告本處工務科

第十二條　車主接得本處傳詢通知時應隨傳隨到不得無故推延

第十三條　對於本處之交通上一切章程均應切實遵守不得違抗

第十四條　本規則於公布之日施行並呈報主管官廳備案

九　竹木行登記規則

第一條　本處爲保障無錫市竹木行營業權利並考查其發展狀況特制定本規則

第二條　本市竹木行呈請登記時應呈繳左列各件

(一)聲請書（格式另附）

(二)登記表（格式另附）

(三)附屬文件（章程、合同、議據、股東名簿、股票式樣、及其他應行登記文件均應分別檢呈抄送）

第三條　自公布之日起凡在本市區內營業之竹木行須于兩星期內向本處社會科領取空白聲請書及登記表依照本

條例塡請登記

第四條　登記核准後由本處發給登記證

第五條　本市區內竹木行非經登記核准不得開張營業

第六條　業經登記各竹木行如有變更章程或遷移、改租、轉讓、承項者應隨時聲請重行登記

第七條　業經登記各竹木行如遇有停歇時應卽聲請註銷並將登記證繳銷

第八條　在本規則公布後新開之竹木行應于開業前依照本規則聲請登記

第九條　呈請登記時應繳手續費銀二元

第十條　本規則自公布之日施行

七　無錫市政籌備處檢驗車輛章程

十八年九月十六日公布

第一條　本區爲查驗市區域內之車輛爲澈底之整理起見、特制定本章程。

第二條　凡本市區域內之車輛。無論自用或營業者均須呈報本處。遵照本辦法所規定。經檢驗合格。換發新證後、方准於本市區域內行駛。

第三條　凡自用或營業車輛。均須車身堅固。車胎完好。檔輪板脚踏板整齊無損。車蓬檔布全備不漏。車燈明亮。車墊無缺。車衣潔白。並須有前市政局舊車證者。方有呈請檢驗之資格。

第四條　有呈請檢驗資格之各車輛車主。應將該車主住址。及所置有車輛數目。所領前市政局舊車證號數。開具詳細淸單。先行呈請登記。後再由本局指定查驗日期時間地點。通知車主隨時聽候檢驗。其領有舊車證者。須一併送驗。如舊車證遺失者。應將以前聲明核准證據。檢齊送驗。

第五條　本處所指定日期時間地點。一經通知車主。不得要求更改或延誤。

第六條　有呈請檢驗資格之車輛。經遵照本章程三四兩條查驗後。認爲合格者。由查驗員將車上舊車證挖下。換發新車證。釘上。其挖下之舊車證。繳呈主管人員查對登記簿冊銷毁之。其釘換之新車證。人力車應依照本處管理及取締人力車章程第四第五兩條辦理。同時汽車馬車證則釘於車之後身正中。照懸於車之後軸中央。

第七條　有檢驗資格之車輛。經遵照本章程三四兩條檢驗後。認爲不合格者。由查驗員將車上舊證挖下。繳呈主管人員暫代保留。一面簽注於登記簿冊。同時再將該車不合本

章程第三條內各點。詳細指明。責成車主將車拖回。限自拖回日起。五日內將指明各點遵照各章程修理完好。或另置新車。再請復驗。

第八條　復驗後認為合格者。准仍照本章程第六條同樣辦理之。

第九條　復驗後仍不合格及飭令復驗而不來。或逾期者。即將代為保留舊證銷毀。先期登記號碼撤銷。其應換發之新證充公。由本處另行處理之。

第十條　車主呈請登記時。汽車每輛繳納費洋五元。人力車每輛繳納費洋壹元。登記檢驗手續。及挖除舊證工力。換訂新證磁牌各費。一併在內。登記費以一次為限。如逾期呈請登記者。每輛應增繳洋五角。

第十一條　檢驗工作。指定查驗員工匠若干人。秉承主任及工務科長命令執行之

第十二條　查驗員須將每日檢驗車輛數目。銷毀及換發車證號數。查驗時情形。填具表式報告候核。其表式另定之。

第十三條　檢驗車輛。先營業人力車及自用人力車。次營業汽車及自用汽車。

第十四條　檢驗時間以三個月為限。

第十五條　檢驗終了後一星期內。將查驗員逐日報告。及檢驗期內情形。收支費用。彙核呈報主任。

第十六條　有呈請檢驗資格之車輛。於檢驗期內。自行放棄權利不來登記者。及登記通知後誤期不來檢驗者。於檢驗終了後。不得再請檢驗。其應換發之新車證。照本章程第九條復驗後仍不合格及飭令復驗而不來或逾期者同樣處理之。

第十七條　檢驗終了後。有未經繳呈銷換之舊車證。一律無用。

第十八條　檢驗終了後。若有發現私用未經繳呈銷換之舊車證行車者。除將其車輛沒收充公外。更須追緝其車主。移送法庭究辦。

第十九條　檢驗費用。即由登記費內酌提一成撥充之。

第二十條　本章程自公布之日施行。

車商須知

違犯左列各條款者。即以不合格論。查驗時應將舊有證照暫行存本處保管。飭令車主拉回遵照查驗章程第七條辦理。

一　車輪橡皮外胎已有三處修補者。

二　鋼絲已銹爛或損壞者。

三　左右彈簧高低不平或已腐銹者。

四　車身或檔輪板之木料已腐爛或損壞者。

五　油蓬門帘漏水者，蓬撐不完備者。

六　車墊破壞者。

七　車身污穢者。

八　車身無後撐者。

九　無車燈者。

十　無車鈴者。

十一　包車不備執照者。

以上各條。務須注意。其未備者趕備之。損壞者修理之。幸毋貽誤爲要。

無錫市政籌備處營業人力車登記表

車主	姓名（或公司名經理人）		備註
	籍・貫		
	住址		
	營業年月		
車輛	輛數		
	車證號數		
	領照年月		
	每輛每日租價		

中華民國　年　月　日車主　簽名蓋章

第一回無錫年鑑

無錫市政籌備處檢驗車輛表

十八年　月　日

車主	輛數	號數	項目	輛數	號數	原因	責成何日補驗	備註
			未到車輛					
			不及格車輛					

公用(一二)

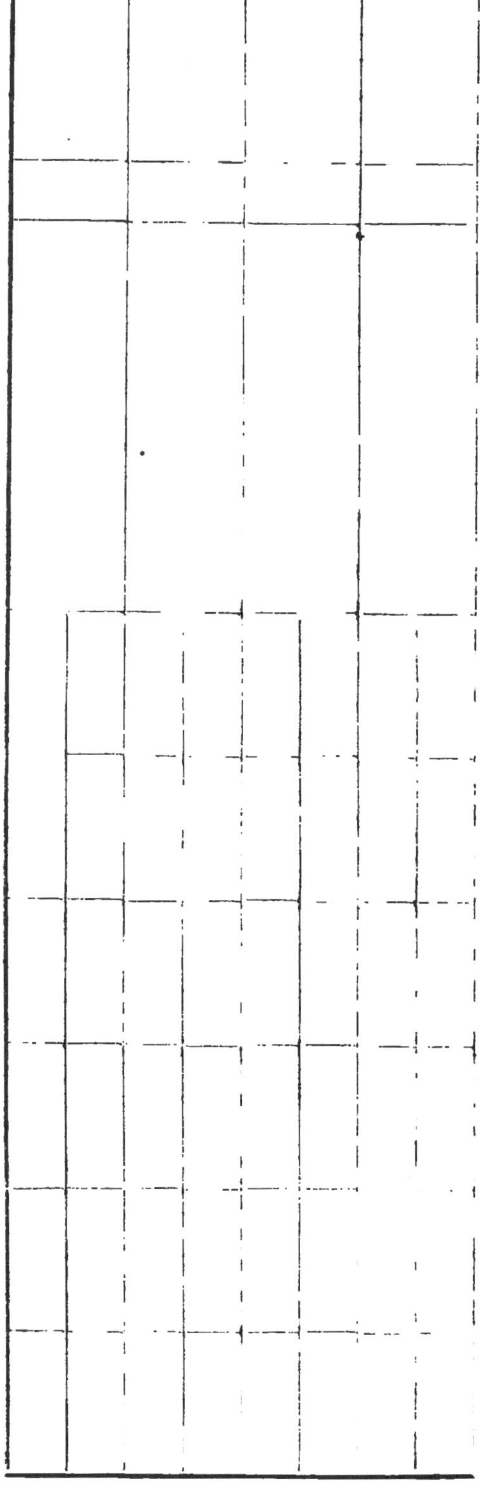

檢驗及取締人力車報告表

日期	
車輛數目	
車輛號數	
收歸車證數	
換歸車證數	
繳存不合格車輛證照數	
不合格車輛之車主姓名	
處分違章車輛情形	
其他	

查驗員　　　年　　　月　　　日

公園

無錫公園。向有城中白水蕩公園一處。經十餘年之經營。規模已粗具本年夏間。孫縣長鑒於市民缺乏業餘游息之所。特就惠麓李鶴章廢祠。改建爲惠山公園。鳩工數月。今已竣事。此外如梅園爲榮氏私園。園址廣大布置絕勝。黿頭渚由楊氏經營。四面環水。風景亦佳。四方人士。慕名而來。游觀之盛。實不亞於蘇杭等埠也。

一　城中公園之整理計劃

公園之設。肇自民元。其園址本爲道院荒蕪之地。嗣經俞仲還秦效魯諸先生收歸公有。闢爲斯園。推周君寄湄董其事。初則園之面積。僅念餘畝。迄今十有八年。次第經營。收買附近民地。現全園面積共有二萬六千四百方公尺。其建築物有殿一、廳一、樓房一、洋樓三、櫓軒榭五幢、自流井一、池塘三、石橋三座、長方圓亭七座、建築所占面積計二千八百六十五方公尺。惟創設以來、逐漸拓寬、未曾有通盤之計劃。乃者整理伊始、何者宜改造、何者宜添設、特爲評擬辦法、冀成爲本市較爲完美之公園焉。

一、公園之效用

公園者公共娛樂之所也。在城市貿易區域之人、湫隘囂塵、終日勞苦、精神極易倦憊、辦事減少能率。故歐美日本諸邦、舉辦市政、首重公園之多設、俾市民得有適當之消遣、每當工作之餘、散步園林、呼吸空氣、偶觀魚躍、時聽鳥音、百卉爭研、羣獸競舞、入其中者有心曠神怡之樂、無車殆馬煩之苦、塵襟盡滌、天機斯暢。市民平日對於職業上所感之倦怠、得此一時片刻之優遊、重新鼓舞其精神、淬勵其智慮、復各反於其本職。如是則人無廢事、無廢時、有益於身心之休養、而增加其辦事之效率。西哲有云「公園者都市之心臟也」其關係之重要、於此可以見矣。

二、整理之必要

夫城市之公園、猶人身之衣冠也。衣冠之修短合度與否、可以表人身之妍媸、公園之布置適當與否、可以覘一市之雅俗。關係市政至重且鉅。吾錫地當京滬中心、湖山幽美、值此工商業發達之會、四方游客、商旅之來集者、終年絡繹不絕。倘公園佈置得當、花草樹木修理整齊、園傍道路平坦清潔、則來遊者得良好之印象、聲名洋溢於遠近。錫市貿易、亦可因此而日臻發展。且值此改革市政之始、尤應除舊布新、一新都人士之耳目、則整理現有之公園、誠爲刻不容緩之舉矣。

三、改造之概要

公園之定義、有廣義狹義二種辦法。廣義之公園、舉凡公共娛樂、如戲館、遊戲場、音樂室、運動場、均包含在內。屬狹義者、如私人之花園然、利用天然植物之美、廣植花卉、兼備草地、藉便往來遊人之憩息。吾錫城中公園、原係古寺改建、並無公共娛樂之設備、自屬狹義範圍。今後之改進計劃、當斟酌地方財力、於廣義狹義二者之間、取一折衷辦法、就園內原有之建築、分別改爲博物館、美術館、閱覽室、小商店、遊藝場等。至其他之公共娛樂場所、在園外四周擇定地點、逐漸規劃、使市民自行集資闢設、民有民享、利益均沾、獎勵提倡、完成較易。如是則園外狹窄之街道、頃刻可以成爲康衢、園內之建築、亦可盡量利用矣。

四、整理之概算

試一披閱吾城中公園區域、全圖位置適當、闤市在其附近、地面或屬商店、或屬民居、土地價值、自必昂貴。當此市款竭蹶之秋、欲圖擴張實多困難。顧若整理得法。亦屬所費有限。現擬將公園區域內應當設備各種之公共娛樂事業。如戲院、遊藝場、茶寮、酒舍均於園外四周分別規劃。聽市民自動興辦。至公園行政。由市民公選與市政委員共同組織之委員會負責担任之。至公園之內部。計現有建築物已佔地四畝餘。設備雖云未周。規模實已粗具。擬將原有之廳榭如市政籌備處改爲博物館。大雄寶殿改爲美術館。第一茶場改建小公園。多壽樓改爲閱覽室。同庚廳改爲公共禮堂。音樂亭及其他方亭、六角亭、八角亭等。仍如舊觀。其餘牌樓、正門、便門、後門、噴水池、司令台、荷亭、雙峯石塔、小圃等建築物。另擬設備計劃說明書。逐項說明於后。綜計整理建築費約佔洋二萬五千元。收買民有土地約佔洋萬元。倘經此項整理之後。公園收入定可增加。蓋以附近之市面將因此而日趨繁榮。地價屋價均逐漸增高。是今日所費有限之市款。可以獲將來莫大之利益。洵屬一舉兩得之計。俾益市政前途。良匪淺鮮。

二　惠山公園改建經過記略

惠山之麓。寶善橋下。有李鶴章廢祠一所。俗名李公祠。李爲前清勘平洪楊有功之臣。故清廷勅令地方與建此祠。其中臺榭布置。頗稱精雅。惟以年久失修。漸就荒蕪。孫縣長祖基四月間就任。鑒於惠山本爲錫邑名勝。四方瞻慕。而環顧全鎮。尙乏一雅幽之園林。供都人士之欣賞。又以李鶴章僅爲一姓功臣。時移世異。專祠可廢。故創議改建公園。化私爲公。地方人士均韙其議。於是組織籌備委員會。聘江導山、華少純、蔣仲懷、孫祖基、沈星若、莫壽樂、龔政璇等爲委員。並推定華少純爲經濟委員。尤鳴梧爲管理員。於五月下旬起鳩工改建。葺舊補新。邑人士暨旅外士商。先後慨捐鉅款。幾達萬金。越四月全部工程告竣。堂皇富麗。煥然一新。於是都人士又得一業餘游憩之所矣。茲將尤鳴梧君所擬之佈置計劃照錄於后。

惠山公園改建計劃

有山水不可無園林。有園林不可無山水。山水藉園林而生色。園林藉山水著名。古來名山大川。莫不藉園林之點綴。以膾炙人口。惠山據全邑之勝。雖有秦胡之園。以補風景之不足。然皆爲一姓之私園、非一邑之公園也。邑宰孫公有鑒於此。見李公祠之荒蕪可惜。毅然呈准民廳改建公園。並組織籌備委員會共同籌備。以鳳廷主理其事。既主其事。對於一邱一壑一磚一木。不得不稍加規劃。特是此園之規劃。與他處園林不同。他處園林祇須規劃園中。此園則有風景變通之關係。又須規劃園林。園之前。原有小橋碑亭。而街場則僅餘一角。若一仍舊貫。非特停車無地。且無以資觀瞻焉。於是拆去小橋。以碑亭移入東園之池心。以碑嵌入牆間。以橋石及門前副沿改築碼頭一座。廢物利用。舟楫可停。門之左首。有小弄不能通車。爰商鄰貞節祠。折讓圍牆。以利交通。並給價圈用民地。直達寶善橋。惟此橋横亘其中。而車仍不能通行無阻。幸有熱心之士。擔任改建。得由通惠路銜接一氣。門之右沿河一帶。將駁岸從事整理。加以鐵欄。接至寶善橋。東堍周圍。成一圓形。此園外之規劃也。門造本有舊屋三間。似覺形式太低。擬改建門樓。上築平基湯春。則可觀山。盛夏則可納涼。中秋則可邀月。嚴冬則可賞雪。及時行樂。庶不負勝蹟名山也。三造二造一。爲大廳。一爲享堂。磚木尙屬堅固。惟地都陷下。須重行填舖。按當時其地均依田畝填建也。因園中不能無廳。不能無禮堂。故以大廳仍其舊。而享堂則改成禮堂。園之西部。有荷軒、有廳樓、有檯榭。且有奇樹異石。曲水廻廊。風景天然。無須改作。於是汚者葺之。缺者補之。惟前有演戲之臺。未免不合時宜。去之則工程可惜。留之則遊人貽轉。譏輾躊躇。不若改爲演講臺。化無用爲有用之爲愈。屋外桑園。似不雅觀。若建新式房屋。與舊式房屋毗連。似不相宜。若建舊式房屋。似無美術思想。惟有圈入園中。造一花房。爲一得兩便之計。此西半園之計劃也。園之東。有舊屋兩進。以第一進附設公安局派出所。華資維持。後有軒屋一所。靜中生趣。別有一天。餘外有荷池一方。四面建築駁岸。中置一亭。即以前之碑亭移入者。池上有假山。山有小口。有溪。爲徑。惜乎山上無亭。不足以飽看錫惠兩山。此乃山亭之所以添設也。池後尙有隙地。或置動物其間。或建樓房於此。擬賃之高明。此半東園之規劃者。園外有醇酒公司之廠地十畝。倘能商明購用。則廣植樹木。多種花草。絕妙空曠之場。可得新鮮空氣。則此園無缺憾矣。此未來之規劃也。鳳惠工程未學。建築無才。不敢謂因地制宜。不過因陋就簡云爾。

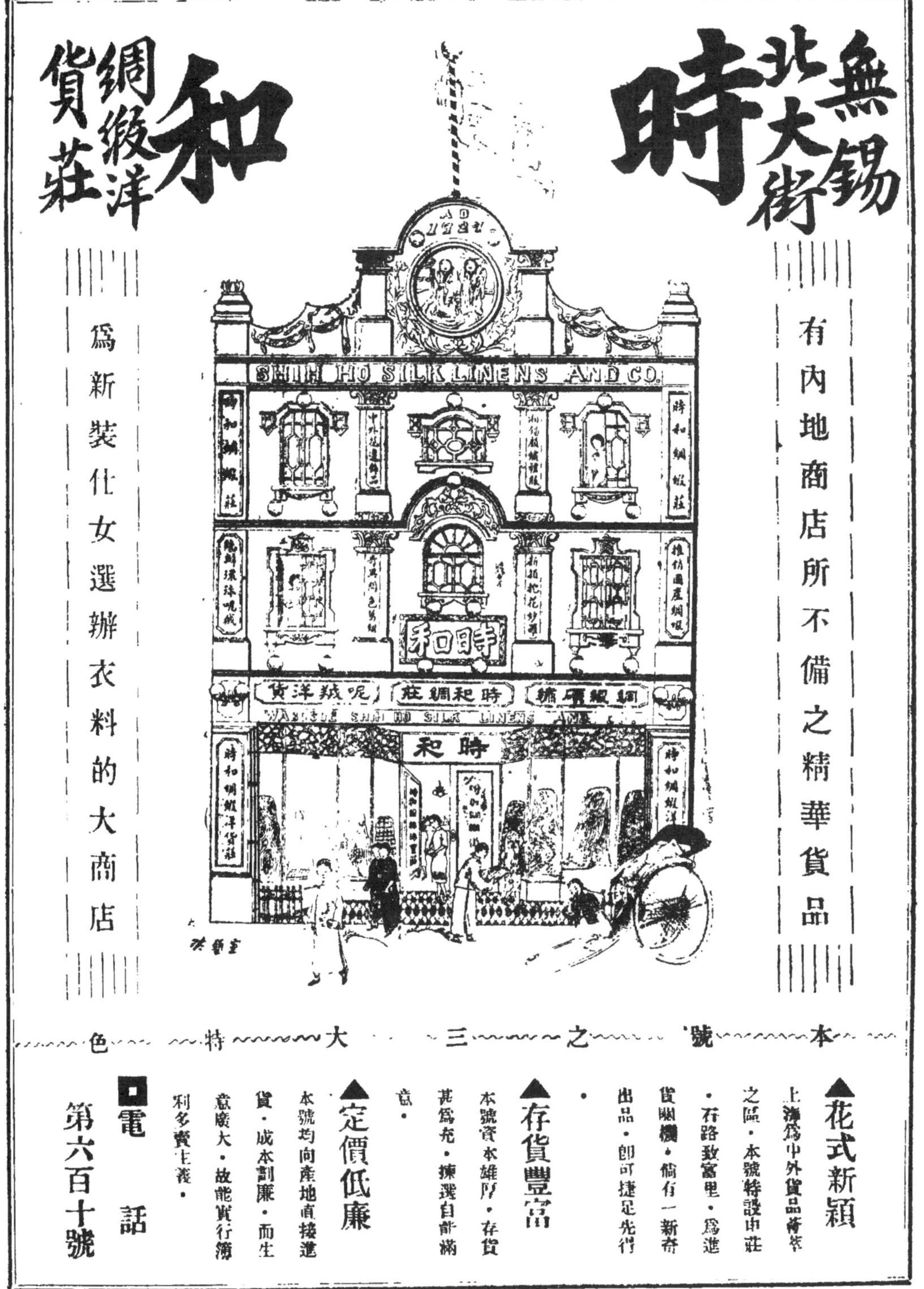
無錫北大街
時和
綢緞洋貨莊
有內地商店所不備之精華貨品
爲新裝仕女選辦衣料的大商店
SHIH HO SILK LINENS AND CO.
時和綢緞莊
時和
呢絨洋貨
時和綢莊
綢緞綳繡
本號之三大特色
▲花式新穎
上海爲中外貨品薈萃之區．本號特設申莊．在路致富里．爲進貨樞紐．倘有一新奇出品．即可捷足先得．
▲存貨豐富
本號資本雄厚．存貨甚爲充．揀選自能滿意．
▲定價低廉
本號均向產地直接進貨．成本剋廉．而生意廣大．故能實行薄利多賣主義．
電話
第六百十號

公益

救濟

(一)無錫社會救濟事業機關調查

救災恤隣。撫孤濟寡。千古以爲美德。我國舊社會對於社會救濟事業。向極重視。無錫物產豐腴。人文發達。社會救濟事業。歷經先賢提倡。尤較各地爲特盛。維往日情形。大多注重消極事業而忽略積極事業。然自創設以來。維持迄今。主持者或曾斥重金。或曾靡心血。要俱未可厚非。茲據調查所得。分項敍述。惟時間匆促。諮訪容有未周。識見淺薄。觀察或欠透徹。所望閱者隨時糾正。實深欣幸。

一、歷史　無錫之社會救濟事業機關。其規模較鉅而爲社會上所共聞共知者。計有育嬰堂。普濟堂。同仁堂。恆善堂。清節堂。孤兒院。溥仁慈善會。紅卍字會。勞工醫院。平民習藝所等十所。其間育嬰堂設立最早。尚在遜清康熙年間。爲知縣吳興祚與秦松期所倡設。疇廢棄。乾隆初。金匱知縣王永謙。募王邦采秦圭由等捐建。嗣咸豐十年。堂燬。同治六年復修建。次普濟堂設立於遜清乾隆年。由過祀等姓私人捐建。至光緒中葉。由楊蔡等姓私資重建。民國以來。復經現任董事捐資設女養老院。同仁堂設立於遜清嘉慶年間。由秦震鈞華祝程開泰三人撥私產建立。恆善堂設立於遜清道光年間。由許永昌創設。清節堂設立於遜清同治年間。初由秦鳳翔李金鏞董其事。漸由王鳳儀朱鎬寶士鏞秦煐王元鑄朱鳳銜孫守銘竇鎮竇汝傑等董理。孤兒院設立於民國八年。爲紀念卜舫濟夫人黃氏而創設。溥仁慈善會設立於民國十一年。爲孫鶴卿吳玉君繆建章等所創辦。紅卍字會爲民國十四年無錫各界人士遵紅卍字總會頒發各分會章程所組織。勞工醫院設立於民國十六年。免費診治。所以便利工人之患病者也。平民習藝所設立最後。爲本年一月所成立。係由救國會撥基金二萬餘元所創設。

二、事業　育嬰堂專事收養無人撫育之嬰孩。各給衣服。分令乳婦撫養。往時入堂嬰孩。十死六七。其原因在入堂嬰孩患病者多。（所死亡之嬰孩。十之五患梅毒。）現方力謀改良。一方增高乳婦待遇。一方延醫檢驗入堂嬰孩。現時由堂撫育嬰孩。據云共有二百八十七名。惟大都寄育外間。實際留堂者僅三數十名耳。同仁恆善二堂。其所辦之事業。俱爲施衣、施米、施藥、施棺、掩埋數種。清節堂專爲收容貞女節婦而設。立惟堂中婦女大概自備資斧。僅額定二十名。年發銀餅六元已耳。普濟堂專事收養年老而孤之男婦。現在留堂者計男八十五名。女二十二名。所有膳宿等項。俱由堂中供給。孤兒院內現有孤兒十二名。年俱十餘齡。由院教習工藝。年長遣嫁。留院女兒。俱伶俐活潑。惟無一男孩。且教育因聖瑪利校停辦數年。亦已停止數年。爲可惜耳。溥仁慈善會與紅卍字會。平時施米、施衣、施藥、給養殘廢鰥寡孤獨。遇各地有水旱刀兵等災。則舉辦賑急事業略同。惟紅卍字會隸屬於總會。溥仁慈善會常聯合紅卍字會以進行。民國十四年曾聯合常州紅卍字分會。集款五萬餘元。辦理海州急賑。民國十五年。革命軍北伐。曾聯合江南各紅卍字會。組織南聯救濟隊。出發戰區。十六年靖江孫軍騷擾兩機關。復聯合集款往賑。十七年陝豫甘魯兵旱爲災。復聯合南方慈善團體。分區往賑。現尚是聯合上海紅卍分會辦理豫賑也。勞工醫院專爲免費診治勞工之患病者而設。苟非工會會員。則仍須取費。平民習藝所先行開辦乞丐一部。共已收容百數十名。現婦稚部亦已收容有數十人。專事教習工藝。並算數國語常識等必要科目。工藝門類。現分裱糊、印刷、泥壁、薄草、織襪、縫紉、園藝七項。洵爲後起之秀。前途定當續有發展也。

三、經濟　育嬰堂共有田五百九十八畝一分。基金三千五百元。全年收入計有五千另六十四元。惟事務給養諸費。支出甚鉅。逐年虧耗。已負債四千六百九十四元。現概由同仁堂墊借。經濟既須仰賴於同仁堂之輔助。實際爲一同仁堂之附屬機關耳。同仁堂共有田八百四十畝。房屋百餘間。全年收入六千一百九十七元。每年補助育嬰堂約八百元。其餘留爲本堂費用。恆善堂共有田一百十二畝、房屋十六處。基金二千元。全年收入共有三千四百元。清節堂之田房收入。全年計有百八十元。普濟堂四鄉有田六百餘畝。全年收入共有八千七百六十二元。給養每年需費四千餘元。其餘用作棺葬建築修理諸費。孤兒院共祗有基金三千一百元。全年利息收入。祗有數十元。維持方法。尚須賴各界捐助。溥仁慈善會。紅卍字會。均毫無基金。經常臨時兩項支出。全恃會長以及各會員捐助。勞工醫院每月由總工會撥經常銀七百五十元。另由縣政府無錫市政局各撥補助銀一百元。以外並無收入。平民習藝所現存基金萬六千餘元。另組董事會保管支撥。每月由董事會撥銀千四百五十餘元爲經常費臨時費由董事會通過後撥給茲方籌擬逐步擴充也。

四、負責人員　同仁育嬰二堂現由董事秦振鎬秦銘克秦仁存佐治華日曾華輝廷負責董理另聘辦事員十餘人處理一切。恆善堂之董事現爲華文川蔣士松另有職員三人清節堂之董事現爲孫祖溪王淇卿楊懷谷竇儀竇蔭臣董事以外無司事普濟堂現任董事楊壽楣蔡文鑫榮宗敬高致清董事外有司事七人孤兒院正院長爲唐紀雲副院長爲李克樂此外另有書記司庫主任助理幹事委辦等共十人除管理員一人外均義務職亦不常駐院也勞工醫院附設於總工會負責人員隨總工會而轉移溥仁慈善會負責人爲衛彬張彥文此外復有司事五人紅卍字會正會長蔡文鑫副會長華文川胡世榮唐渠鎮此外復有各股幹事平民習藝所常務董事錢孫卿蔡緘三華鐸之主席錢孫卿此外復有董事十人基金保管委員三人內部司事正所長姚鴻治副所長吳邦周復有管理會計員等八人。

五、各機關之聯合整理改進會　現無錫之同仁育嬰恆善普濟各慈善機關正在組織慈善團體聯合整理改進會已推舉秦仁存爲主席呈縣聘任將來無錫之慈善事業一經整理改進行見蒸蒸日上也。

六、調查心得　社會救濟事業關係公衆利益辦理頗匪易易無錫各社會救濟事業機關雖或限於經濟或限於地位惟區區微意有當貢獻於聯合改進會諸君子及邑中各界人士者謹誌數端藉供採擇——

甲　整理時應注意之點

一、審查資產　此次進行調查時各機關對於資產數目多不詳悉以本機關之職員不悉本機關之資產數目寧非怪事竊意整理宜先從審查資產入手聘請專家嚴加考核庶幾收入不致減損事業易於舉辦

二、稽核經濟　經濟出納每招人疑在主持者自是我心無愧在指摘者卻屬何患無詞是以經濟出納應宜常加稽核並當按月或按年公布或呈報行政機關能遴用會計專門人才應用完善之會計制度自屬允妥

三、檢察辦事人員　人之好善誰不如我雖然利令智昏物誘在前每易受惑抑且人心不同如其面焉是非嚴加檢察難免或有不肖之徒錯雜其間尤宜嚴訂規章苟有弊竇發現務必拘送法院嚴厲懲辦庶乎惡根無由擣入而社會救濟事業機關終能救濟社會也

乙　關於改進之點

一、統一組織　現有各機關雖同爲辦理救濟事業然而各自爲政絕少聯絡此後自應由市政府遵照部省各令將全邑各機關歸爲

一有系統之組織，就地方之需要，分由各部辦理。業如某也辦理貸款，某也辦理育嬰，某也辦理養老，分頭進行，有條不紊。先就內政部所規定之六項，其複沓者分別歸併，缺乏者酌量添設，庶幾人才集中，經濟集中，事業益見發達。

二、參加教育習藝設施　現有各社會救濟事業機關，除平民習藝所之外，大都養而不教，竊意淸節育嬰普濟三堂，急宜參加教育習藝設施。蓋人口無歸束，自必如野馬無韁，無可羈勒，苟令有一歸束，庶乎放心可以收回，抑且人有一藝之長，即可圖謀自立，至於淸節堂所撫入之孤兒，育嬰堂已長成之嬰孩，尤應加以教育，責令習藝，俾長成後能自立。竊認此問題極重要，然耶否耶。

三、籌擬擴充　原有各社會救濟事業機關，經費或數千元，或萬餘元，範圍俱不可謂不廣，但社會上之貧苦無告者，實甚衆多，雖救濟爲消極事業，應使社會上之受救濟者，漸進而使至於無須受救濟，且社會愈進化，貧苦無告者當愈減少，但現各機關實尚有籌擬擴充或添設各市鄉分所之必要也。

四、附帶聲明　平民住屋，平民合作社，平民醫院，貧民貸款所，及殘廢院等救濟機關，無錫尚付缺如，再上所列，僅約略敘述，若各機關之各項詳細情形，另列調查表。

（二）無錫社會救濟事業一覽表

名稱	組織	代表者	資產	成立年月	地址	職員 人數	職員 薪金	經費（計費）年 來源	收入	支出	現況	備註
普濟善堂	董事會事務部訓育部	楊壽楣 榮宗敬 蔡文鑫 高致淸	土地六〇〇畝房屋五〇間	遜淸乾隆年間	北門外普濟橋	七人	月九八元	田租房租私人補助	八六六三元	七〇〇〇元	現在收容男八十五名內健康者二十名病弱者六十五名女卅二名內健是者八名病弱者十四名均爲無家室無子女者	俗稱養老院分設男女兩部
公立育嬰堂	董事會事務部保育部	華川曾 華佐治 華廷輝 秦振鎬	土地五九畝房屋二二間基金三五〇〇〇	遜淸康熙年間	新廟前	十三人	年一九一〇	田租息金捐募	一四〇六四元	一五八四八元	現在收棄兒男八名女二七九名共二八七名內一歲未滿者·四二名一歲以上二歲未滿	董事由同仁堂董事兼任經費收入中有同仁堂補

		秦仁存 秦銘光	元				元				者一四五名	助洋八〇〇〇元
同仁堂	董事會會計租務庶務	仝育嬰堂	土地八四〇畝房屋一〇〇間	遜清嘉慶二年	仝上	九人	年七一〇元	田租	六一九七元	五四五五元	現有倉廳三間廒屋二所備場臼場各一所職員辦事室五間客堂一所義塚四所事業專爲施米施棉施藥施棺掩埋等	每年另補助育嬰堂洋八〇〇元
清節堂	董事會	孫祖渶 竇嘉儀 王淇卿 竇蔭臣 楊懷谷	不詳	遜清同治三年十一月	城內學前			田租 房租	一八〇元	一八〇元	在堂婦女共計六十三人	堂婦女俱自備資斧各自炊爨所有房屋大半由婦女自行起造
恆善堂	董事會計部庶務部租務部發款部收捐部	華文川 蔣士松	土地二二畝房屋一六處基金二〇〇〇元	遜清道光年間	崇安寺東隔壁	三人	月三一元	田租 房租 息金 捐募	三四〇〇元	三八〇〇元	救濟年老貧婺額定四百名專爲施衣施米施錢施棺殮掩路斃等事務	恆產收入不敷專恃米厘捐彌補
公立無錫孤兒院	董事會院長各部	唐紀雲 楊四箴	土地二畝餘房屋四間基金三一〇元	八年九月	東門內青石橋	十二人	月一〇元	息金 捐募	三五〇元	二五〇元	現在收容孤兒六人貧兒三人棄兒四人計十三人均在院教讀及學習工藝	院爲慈善性質由李克樂等主持不敷款項均由捐募彌補薪金除管理員月支薪金十元外

溥仁慈善會	監察委員六人執行委員七人	衛彬 張彥文	地基三畝基金一一〇〇元	十一年	城中希道院巷	五人	酌貼	常委及會員認捐	一三〇〇元	一三〇〇元	平時給養殘廢鰥寡孤獨大小共六百餘名臨時施放急賑並施冬衣冬米等	餘均義務職常年經費調查未詳如有必要支出及發生臨時急賑等事由全體會員審量事宜然後臨時籌募
世界紅卍字會無錫分會	會長總務股會計股慈業股防災股救濟股交際股	蔡文鑫 華文川	無	十四年六月十五日	東門內田基浜	十一人	月二六元	會費捐募	六〇〇元	六〇〇元	辦理施衣施米施藥惜字等事或遇各省水旱兵燹等災則聯合各分會募集款項組織救濟隊出發救濟	經費不敷時均由募捐彌補
平民習藝所	董事會所長總務處管理處訓育處工藝處	姚鴻治 吳邦周	土地一七畝房屋五〇間基金一六〇〇〇元	十八年一月十五日	南門外塔橋下	九人	月一六五元	息金忙漕附稅	一四五五元	一四五五元	現在收平民一百五十六人除老弱殘廢者外視其性情所好授以裱糊印刷泥塑蒲草織襪縫紉園藝等藝	由前救國會徵得救國基金二萬餘元創辦
勞工醫院	院長醫務部事務部	總工會	院屋爲遷善局舊址畝分無攷	十六年六月二十日	城內八兒巷	二十三人	月三二九元	工會撥給縣政府市政局補助診費	七五〇元	七五〇元	辦法照普通醫院惟在總工會正式登記之會員得免費診治	無錫總工會附設之醫院

(三)無錫平民習藝所概況

1. 章程

第一章　總綱

第一條　本所以教授無業游民學習各項工藝技術使能自謀生活養成健全國民爲宗旨。

第二條　本所暫以南禪寺廢基爲所址。

第三條　本所分游民乞丐婦孺三部但設因別種問題三部不能同時成立得就地方急需經董事會議議決首先成立一部或二部。

第二章　經費

第四條　本所以反日會徵收指撥之愛國基金乾繭附征之積聚金爲基金。

第五條　本所經常費由下列各項撥充。

甲本所基金之息金。

乙乾繭附徵之本所經費。

丙出品盈餘金。

丁、其他募集之經費。

第六條　每年應用經費由所長先期造具預算經本所董事會議通過實行。

第七條　按月須將決算及付款憑證送交董事會逐項審查並于年終將全年決算經過復查後公佈之。

第八條　如遇建築及臨時特別支出須動用基金時經董事會議決施行之。

第三章　組織

第九條　董事會組織如左。

甲、董事會設董事十三人(義務職規程另訂之)審核全所一切事宜由地方各法定團體代表大會選舉之任期二年連舉得連任惟至長不得過三任。

乙、名譽董事凡捐助本所經費在五百元以上者由本所聘任爲名譽董事。

第十條　基金保管委員會設委員三人由各法定團體代表大會選舉之但不得兼任董事任期一年連舉得連任。

第十一條　本所職員如左。

甲、正副所長各一人由董事會選任之管理本所內外一切事務並任免所屬職員。

乙、管理員若干人專司管理及賞罰習藝人間一切事務。

丙、技師若干人專司教授各項技術事宜。

丁、醫師二人按時到所診治疾病及會同本所衛生處計劃衛生事宜。

戊、文書兼會計一人。掌理文牘卷宗及收付出納事宜。

己、庶務一人。掌理一切庶務。

庚、營業員若干人。專司採辦材料及收售物品事宜。

第四章　工藝

第十二條　本所工藝科目預定如左。

一、草織品、草繩、草鞋、草薦等屬之。二、棉織品、襪、毛巾、織布等屬之。三、絲織品、製綿、製絲等屬之。四、土木工。五、玩具工、各項手製玩具屬之。六、裱印工、裱紙、印刷等屬之。七、縫紝工。八、皮革工。九、其他工藝。

以上各科于開辦時設不能同時舉辦。得先擇簡單易學者試辦。然後逐漸推廣之。

第十三條　上項工藝如需資本時。得請董事會將基金撥借。

第五章　名額

第十四條　本所習藝人名額無限制。開辦之初。每部暫以一百名爲準。

第六章　業務

第十五條　本所每日訓練二小時。運動一小時。工作八小時。遇出品供求不能相應時。得隨時延長之。

第十六條　每日工作製成出品之盈餘。得酌提數成。分給本人。（得由本所介紹可靠之儲蓄機關代爲儲蓄）迨本人習藝期滿時。本利一併發還之。

第十七條　所內一切灑掃洗浣炊爨諸事。由藝徒輪值之。

第十八條　凡遇國慶及紀念節停工一天。每兩星期舉行大掃除一次。

第七章　期限

第十九條　習藝期限暫定三年。不滿三年。其技術已足在社會自立時。亦得由所長考驗確實。得予縮短習藝時期。或介紹相當職業。

第八章　待遇

第二十條　習藝人一切衣服飲食住宿。均由本所供應之。

第九章　範示

第二十一條　就本所假設模範市。管轄各項建設衛生自治自省等事宜。各規程另訂之。

第二十二條　經本所懲戒三次不知改過者。送本縣縣政府或公安局正式懲辦之。

第十章　附則

第二十三條　各項工作賞罰營業膳堂宿舍等規程細則另訂之。

第二十四條　本章程由代表大會議決施行。如有未盡事宜。得提出修改之。

入所規則

1. 凡係乞丐。不論性別老幼。經公安局及地方機關之解送。均可入所習藝。
2. 入所時須履行登記手續。凡姓名籍貫年歲等。均須詳細報告。
3. 入所時倘有疾病。先送入病室診治。如有野性難馴不受約束者。即施行懲戒法。
4. 乞丐入所時先令沐浴剃髮。（以後每月剃髮一次。洗浴次數。視天時寒暖而定）領取衣服更換。隨帶被褥至指定宿舍內之牀架上舖設。
5. 入所後須遵守本所一切規則。按時工讀。否則行懲戒法。

講堂及教室規則

1. 須遵守教學股各種規定。及講師之教導。學長之口令。
2. 出入教室。須排班。在教室中須坐一定之席次。聽講時須息心靜氣領會一切。
3. 已經指定應學之人。而違抗不到。早退遲到。及在教室中喧嘩睡覺。及其他不正當行為者。俱歸懲獎股按律處罰。
4. 書籍石板筆墨等用具。均須愛惜。污損遺失者。酌量處罰。
5. 如有疑難。可先舉手。得講師之允准。然後起立請問。其他習字作文。選講練算之時。應須舉手者。亦不得隨便。
6. 專家講演。尤以肅靜為主。娛樂之時。亦含莊重狀態為要。
7. 講師及專家講演員到教室演講及講畢離室時。由正學長司起立行禮等口令致敬。出入教室排班時同。
8. 閱講書籍課本。均須歸教室中指定之處。不得移帶出外。
9. 讀書習字作文練算有進步而性亦馴良者。每月均分別等級。酌給獎品。
10. 如有未盡事宜。得繼續修正。

操場規則

1. 要遵守教學股之規定。教師之指揮。隊長之口令。
2. 禁止談話及喧嘩。
3. 操演動作。須勉力練習。不得故意輕學。
4. 非指定之應用器械不得戲弄。
5. 不得惡作劇及不正當的行動。
6. 各種分組自由運動時。均守規定地點。不得踰越。
7. 違犯上列規條者。交懲獎股處罰。
8. 確守規則而成績優美者。請懲獎股獎勵。

工場規則

1. 一聞鐘聲卽各就指定位置工作不得遲到
2. 各項工作均聽技師支配不得隨心所作
3. 工作之時宜專心學習以免拋荒光陰靡費原料
4. 一切原料均應愛惜不可任意浪費留心工作以求出品精良
5. 工作時間不得擅自出外並不得高聲笑語妨碍工作
6. 在工場內應受管理員之約束技師之指導以期早日學成自謀生活
7. 工場內每日派定值日四人專司打掃及整理器具等事
8. 有特殊成績者可酌給奬金以資鼓勵
9. 倘有違背工場規則不願專心工作以致一無成績者得施行懲戒
10 放工後不准自由出入工場

膳堂規則

1. 膳食時間早餐定上午七時半午餐定十二時晚餐定下午六時每餐以鳴鐘爲號
2. 膳堂內各人席次由管理員指定不得調換
3. 每十人爲一組設組長一人管理給菜及一切膳食時之規則如有不遵約束者可隨時報告管理員
4. 每組每日派值日二人司分給飯食洗滌碗箸揩抹桌子等事
5. 一聞鐘各聲人卽入自己坐位聽候組長派菜值日人給飯每餐以適可而止不准貪食無度並不准爭奪
6. 如有違背上項規則者得施行減食或停食罰則

宿舍規則

1. 每日早晨五時起牀晚九時半就寢以鳴鐘爲號
2. 宿舍於每日鳴起身鐘後二十分鐘由舍長加鎖鑰匙交與管理員處
3. 每日一聞鐘聲卽趕速起身整理被褥至洗面處洗面不得故意遲延
4. 熄燈後不准再行談話喧笑倘有不守規則者得由舍長加以勸戒情節較重者得由舍長隨時報告管理員處理
5. 每宿舍內每日派值日二人料理窗戶之啓閉及灑掃房屋等事
6. 每二星期灑被褥一次由舍長督率各人灑晾各宿舍依次輪流以免擁擠
7. 各人衣服之更換洗滌視天時之寒暖而定由舍長隨時關照
8. 同舍中倘有患病之人可由舍長隨時報告送往病室診治

懲戒規律

第一條　凡犯本律各款在本律公布以後者均按本律處罰。

第二條　本律罰則分爲三種如左。

（一）懲戒（暗室自省）（二）苦工（三）扣工資

第三條　在懲戒期間除早晚給粥兩碗外午膳一概停給晚間不給被褥。

第四條　凡犯本律各條款情節較輕者得由各股直接判罰重者即刻知照懲獎股辦理。

第五條　犯本律條各款者同學間得指明證據立刻向懲獎股告發。

第六條　唆使人犯本律各款者以正犯論。

第七條　凡曾犯本律各款于罰辦完結後一月以內再犯者加倍處罰。

第八條　犯本律各款者若情有可原時得酌量減輕。

第九條　犯本律各款在未發覺以前向懲獎股自首者得減輕或申飭。如受申飭後于三個月內再犯者照原罰加倍。

第十條　有神經病犯本律各款者得由懲獎股詳察情形便宜處置。

第十一條　未滿十歲人犯本律各款者同（第十條）。

第十二條　凡爲人所脅迫無力抵抗致犯本律各條者經五人之證明不論。

第十三條　本律所稱以上以下或以內者俱連本數計算。

第十四條　情跡重大非本律所能解決者得由全體職員商議臨時決定之。

第十五條　凡犯左列各款者處一月以下二十日以上之懲戒及十日以下五日以上之苦工。

（一）逃出而重獲者。（二）奔逃時與追捕人抗拒者。（三）聚衆喧嘩不聽阻止跡近起哄者。

第十六條　凡犯左列各款者處一月以下十五日以上之懲戒及五日以下一日以上之苦工。

（一）械鬥兇毆之主使者（二）布散謠言者關大局者。（三）損壞牆壁窗戶意圖逃逸者。（四）幫同逃逸及竊盜行爲之重大者。

第十七條　凡犯左列各款者處二十日以下十日以上之懲戒及五日以下一日以上之苦工。

（一）意圖危害公衆及職員有確據者。（二）不根據正當理由任意誹謗或損害職員名譽者。（三）煽惑衆人怠工或于衣食方面妄肆胡鬧者。

第十八條　凡犯左列各款者處十日以下五日以上之懲戒及五日以下一日以上之苦工。

（一）恃蠻鬥毆對方已受傷者。（二）鬥毆謾罵不聽職員及警察制止者(三)奉命出外向戚友强索錢物及携帶違禁物品入所者。(四)偷竊工料或未經一定手續擅將出品動用者(五)磨滅本所衣服被褥上之記號及所佩符號者及不受工場長操場長舍長之正式指揮者。

第十九條　凡犯左列各款者處五日以下一日以上之懲戒及扣除二角以下一角以上之工資。

(一)竊去他人所有物者。(視數量之多少按級堆增)(二)任意毀壞公物者。(仝上)(三)任意拋棄工料者。(仝上)(四)擾害他人工作讀書及安寧者(五)誣告者。

第二十條　凡犯左列各款者處五日以下一日以上之苦工或扣除二角以下一角以上之工資。

(一)非宿舍用品而携入宿舍者。(二)爬牆落樹探卵捕鳥者。

(三)將書信祕密託人遞送者。(四)故意拆破衣褲被褥者。

(五)不守正當時間娛樂者(六)誨謠導邪輕言妄語者。

第二十一條　凡犯左列各款者處三日以下之懲戒。

(一)拋磚擲石擊傷他人者。(二)未聞停工下課之記號凡輟讀停工者。(三)在工作時故意借名東西亂闖者。(四)隨地大便者(五)應派定菜蔬粥飯之外竊食食品者。(六)貪食無厭者。

(七)聞上工上課記號者而佯若不聞者。(八)私授被受懲戒者以食品衣被及違禁物品者。

第二十二條　凡犯左列各款者處扣除一角以下。一分以上工資之罰則。

(一)隨處涕吐及小便者。(二)隨地拋棄穢物爲。(三)穢物塗抹墻壁器具者。(四)膳後將餘物潛藏者。(五)袒裼裸體者。(六)聞睡鐘後仍談笑者。

第十三條　如有未盡事宜得隨時由所長召集會議修改之。

奬勵標準

第一條　本標準規定奬勵如下

(一)介紹職業(二)奬金(三)奬用物品(四)名譽奬勵

第二條　凡有下列各種成績者不待三年期滿隨時即可介紹職業

(一)一年內品性優良始終不渝經所長之攷查得就其習性相近介紹相當職業(二)六個月內爲所內或同儕間務服有特殊功效而未嘗觸犯懲戒規律任何各款者經各股證明由所長致核得予介紹相當職業

第三條　凡有下列各種成績者得兩元以下一元以上之奬金

(一)見仝儕之逃逸而奮勇捕獲者(二)一月內工作有特殊成績當保其經考工股之證明者(三)舍長場長等于兩月內確

實盡職經舍務股考工股之證明者（四）担任教學衛生及各種雜務一個月內確實盡職者（五）三個月內不違犯訓練標準及懲戒規律所列各款者

第四條　凡有下列各種成績者得一元以下一角以上之奬金

（一）見仝儕逃逸立即報告警衛股因而追獲者（二）諫阻仝儕觸犯懲戒規律之第十四條第十五條兩條因而在兩月內不發生仝樣事件無形消滅經有關係各股之證明者（三）發表正當意見爲仝儕革除痛苦及解決所內施政之困難問題者

第五條　凡有下列各種成績者得奬汗衫或線襪或布鞋三種內之一件

（一）勸阻仝儕觸犯懲戒規律第十六十七十八條因而消滅在二月內保其不發生同樣情事經有關係各股之證明者（二）致學方面專心一志有特殊心得經教育股之證明者（三）告發同儕已犯懲戒規律之第十六十七八三條經本股調查確實者（四）體育科三個月不缺席有優良成績經訓練股之證明者

第六條　凡有下列各種成績者得奬以肥皂牙刷牙粉數種內之一件

（一）所上各課能專心學習一個月不缺席者（二）勸阻仝儕觸犯懲戒之規律之十九至二十二條担任其在一個月內不發生同樣事件經有關係各股之證明者（三）工作雖無特殊成績而能兢兢不懈一個月不缺席者

第七條　凡有下列各種成績者得予以名譽奬勵

（一）應得奬而不願得奬者（二）一個月內服裝整齊而保持其體格之健仝身心之快樂者

第八條　凡互相勾串而希得各種奬勵者經本股查出立即取消奬勵資格處以懲戒規律第十八條罰則

第九條　凡各條所云以上以下俱連本數在內

第十條　本標準得參照懲戒規律有關係條辦理

第十一條　本標準自公布日施行

第十二條　本規則如有未盡事宜得由所長隨時會議修改之如遇特殊成績非本規則所能包概者得臨時會議決定之

出所規則

（一）習藝期滿三年確能自立者

（二）未滿三年技藝學成已能自行謀生經本所介紹相當職業者

（三）死亡者

（四）患傳染病遣送出所者（如瘋癲病送杭州廣濟醫院）

（五）實因訪友不遇流落錫地而資遣回里者

(六)性質已改善經家屬認領或有舖保者

(七)習藝時間所得之獎勵金出所時如數發還（保出者不在此例）原有儲蓄金亦即退還

(八)出所時衣服須各人自備或由保人送來

(九)出所後須常受本所調查股之勸導或監視

(十)入所時自備膳費中途逃出者膳費物件概不退還

死亡規則

1. 本所習藝人患病無法醫治者通用死亡規則

2. 習藝人一經在所死亡本所即報請縣政府派員蒞驗以照鄭重

3. 習藝人在所死亡本所當請善堂給材棺殮

4. 在院死亡之棺柩本所標名姓名後隨即抬埋義塚

5. 習藝人死亡後生前如有獎勵金本所當悉數捐入善堂請發給較優棺木

6. 習藝人死亡後如有戚友收屍者須具結保領

2. 組織系統表（民國十八年六月製）

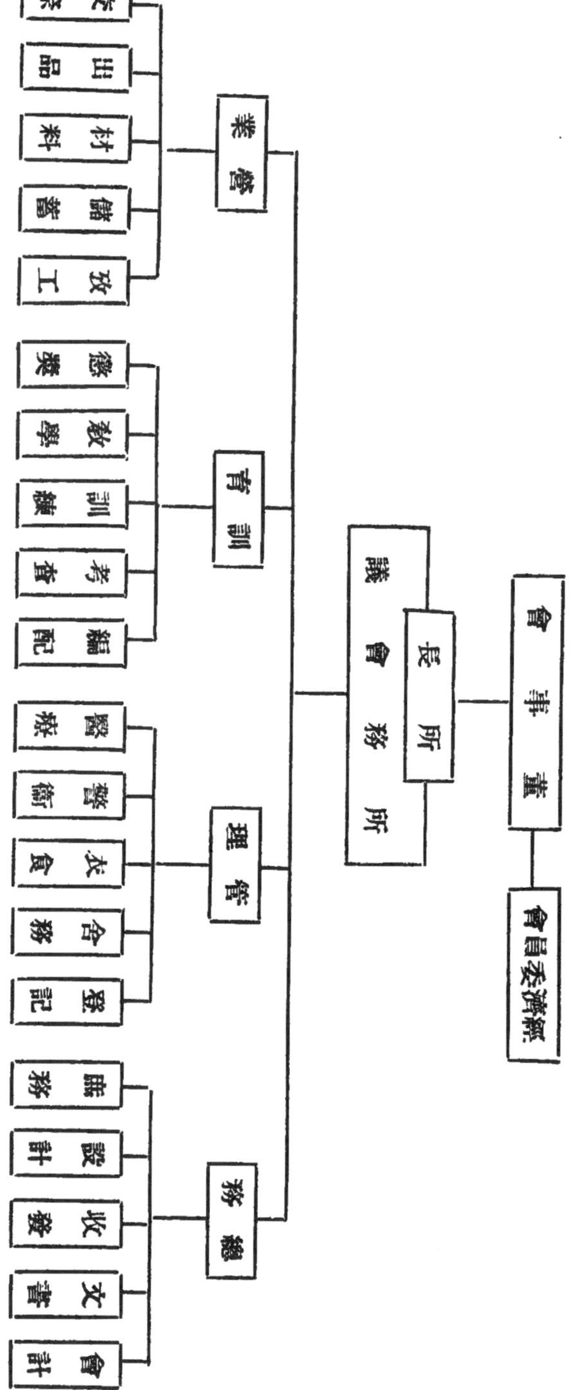

3. 三八制日程表

第三次改正（五月八日實行）

時間	科目
早五點至六點	起身、點名、早操、盥洗、早膳、自修、
六點至七點	上課（不上課者工場作工）
七點至十一點	各組正式工作
午十一點至十二點	午膳、洗衣、理髮、休息、自修。
十二點至一點	上課（不上課者工場作工）
一點至五點	各組正式工作
五點至六點	工場整理收拾和清潔
六點至七點	運動、洗浴。
七點至七點半	晚膳、休息。
七點半至八點半	訓話、常識、娛樂。
八點半至九點	點名、自修。
九點至明日五點	睡眠、

4. 董事及職員姓名表

姓名	字	就職年月	備註
錢基厚	孫卿	十八年一月份	常務
蔡文鑫	緘三	仝上	常務
華士巽	繹之	仝上	常務
楊壽楣	翰西	仝上	
馮家麟	雲初	仝上	
俞復	仲還	仝上	
姚鴻治		仝上	
華文川	藝珊	仝上	
吳千里	驥德	仝上	
程祖慶	敬堂	仝上	
蘇渭賓		仝上	
包明芳	鑑新	仝上	
沈濟之		仝上	
華昌壽	少純	仝上	候補
徐德音		仝上	仝上
楊玉音		仝上	仝上
榮宗敬		仝上	仝上
盛仲和		仝上	仝上

基金委員會委員姓名表

姓名	字	就職年月	備註
江耀文	煥卿	十八一月份	
陳作霖	湛如	仝上	
榮宗銓	德生	仝上	

駐所職員姓名表

姓名	字	年歲	籍貫	住址	現任職務 主要	現任職務 兼任	備註
姚鴻治		二十四	江蘇無錫	陳野	所長		民國十八年一月十五日就職
吳邦周		三十三	仝上	南方前	所長		仝上
王人傑	勤楚	三十八	仝上	西門棉花巷	工務	庶務	仝上
王霖	沛如	五十四	仝上	水獺橋新街巷口	服食貯藏	調查	仝上
周伯華			浙江杭縣	三鳳橋下	舍務	登記警衛	同上
徐振新	珠冰	四十	江蘇無錫	徐來橋小學	訓育	設計編配	仝上
華雋奎		二十一	仝上	北七房	會計	文書懲獎	仝上
王郁馨		二十七	仝上	南方前	工場助理	森務	民國十八年四月一日就職
鮑文葵	振卿	四十五	仝上	城內七尺場	收發	貯藏膳錄	民國十八年三月二十日就職
陸陶菴			仝上	圖書館前	所醫		民國十八年四月一日就職

5. 歷屆所務會議商定之重要辦法

(一)對於乞丐逃亡職員於夜間應輪流督察巡士切實履行其警衛職務宿舍應速選舍長以監察同舍之行動。

(二)乞丐逃逸巡士應負相當責任並將一切損失在值班警士餉銀項下扣算。

(三)通過職員暫定辦事規則。

(四)通過參觀暫行規約。

(五)規定起身膳食睡眠三項每項擊鐘五下緊急事故鳴號叫上工上課搖鈴臨時召集撞亂鐘。

(六)本所職員應用徽章工役應製符號。

(七)嚴密門崗不許與外界通任何消息並訂定家屬探訪規則。

(八)每月十五號及一號為定期檢查日期其餘得隨時施行秘密檢查。

(九)佈置工場由吳邦周先生設法規劃。

(十)關于警衛方面

1. 由各舍長推選純良者若干人規定崗位每日分班站崗。

2. 由各舍舍長秘密檢舉不良份子。

新入所者須延長候編時間以便考察其性情而施以最先之

訓練。

(十一)關于秩序方面。

由各舍舍長分別勸告保守飯廳秩序及整飭宿舍、

(十二)職員工作報告表二十五日起實行。

(十三)議决每日于早操時全體點名一次。

(十四)通過日課表規定工作休息地點。通過分配職務課目表。

(十五)訂定保證特別出所規約。

(十六)訂定習藝人死亡規則及警衛處懲奬規定。

(十七)習藝人分別拍照。

(十八)上工上課下工下課。派高小洪掌搖鈴。

(十九)勤惰表先發二十紙。明日開始考填。

(二十)廚房職務雖有特殊情形。但年幼者于午後暇時。亦須隨班上課。

(二十一)報告公安局嚴緝逃丐。

(二十二)受懲戒者。一律停食。使知所畏懼。

(二十三)各舍舍長如發現習藝人犯規行爲。應先報告管理員轉知懲奬處辦理。不得直接處罰。致生流弊。

(二十四)各舍舍長及各習藝人。不得在廚房自由進出。

(二十五)各舍舍長如違背本所規則。當加重處罰。決議面諭各舍舍長。轉知習藝人。一體遵照。

(二十六)分配工作所出銀辦法、

10 {
3 工作自得(習藝人改良待遇在此項提貼補)
3 贏餘
4 公積及特種奬金
}

滿習藝期三年而出所者所得工資全數發還。
二年以後取保出所者所得工資照九折發還。
一年以後取保出所者所得工資照七折發還。
半年以後取保出所者所得工資照對折發還。
半年以前取保出所者所得工資如數充公。

成衣組　剃頭組
織襪組　草繩組
印刷組　菜園組　}——照出品計算

木作組　按工計算(製所具及工作物品歸經常費及各組工作資本金提撥)

水作組　按工計算(如有工做按日提出。如無做工。編入菜園組)

廚房組　照經常費中廚役工資項下支配。

普通組　以月計之暫定甲二元乙一元五角丙一元丁五角四種。(在公積項下提出)

(二十七)捉虱擇天晴之午前午後抽出一小時。各自將被褥衣褲細細捕捉。隔日再由舍務股會同衛生股詳細復查。如仍有餘留。罰停午餐一頓。

(二十八)職員職務有連屬之處。須用便條通知。以便有所根據。而促對方執行。

(二十九)不願上課者須上工。不肯上工者卽行懲戒。

(三十)各種紀念會等。以後須切實執行。

(三十一)規定最近洗浴時間。每日下午五時起。

(三十二)本所人多。用水不便。應開井一隻。地址在天井中。卽日動工。

(三十三)不肖子弟工資分配。與乞丐部同一辦法。

(三十四)工作出銀重行分配如下。自六月一日起實行。

5各人實得 ⟨ 3 儲蓄；2 紙幣

5所方收入 ⟨ 3 不入工組而爲全所盡力服務者之獎金及殘廢者之消耗；2 公積

(三十五)由本所組織消費合作社。出售習藝人應用物品。

(三十六)工藝部添設工藝草繩機。由邦周接洽。毛巾由伯華接洽。煤團由季良接洽。泥工歸珠冰接洽。軍樂暫緩進行。機由郁香接洽改良。

(三十七)膳食變更時間。

早餐　習藝人五點半　職員六點半　警察六點

午餐　習藝人十一點正　職員十一點四十分　警察十一點半

晚餐　習藝人七點正　警察六點半　職員不論

(三十八)各項工藝應由勤楚先生全權負責。卽技師等亦在統轄之下。毋須徇情。以期統一。

(三十九)徐先生提議由所內直接聘請各部指導委員。候補行成立典禮時發表。

(四十)徐先生提議成立典禮前二天公開參觀。案成立典禮後公開參觀二天。

(四十一)于本年六月卅日以前入所之不肖子弟。于十七年度終了時。將所納各費造冊報告董事會備查。以後按月報告。

(四十二)本年度工藝方面之盈虧。于年度終結時列表報告。

6. 乞丐部暫行訓練標準

(一)對總理遺像黨國旗等要恭敬。讀遺囑時要靜默。

(二)身體臉面都要潔淨。服裝要整潔。牙齒要常刷。

(三)坐立的時候脊柱要正直。不得屈膝搖膝。彎背盤肘等。

(四)大便小便須在指定的坑廁。涕吐要入痰盂。

(五)說話要誠實。要大方。勿高聲。勿粗暴。

(六)訓話演講教師技師指導要靜聽要心領神會，要坐正或立正。

(七)無故不要停工缺課不要遲到不要早退不要託病。

(八)手指要乾淨指甲要常剪勿放入口中。

(九)走路常靠左邊要輕快勿到禁止地方去勿爭先恐後。

(十)起息、膳課、工樂、操均須遵照規定一聞信號卽須實行。

(十一)要聽職員警衛領袖的指導和命令。

(十二)隨時隨地都要安靜守秩序不得有高聲或惡劇等。

(十三)習藝人要互相親愛不得譏笑不得口角不得鬥毆。

(十四)膳、課、工、樂等用品及公共用具都要加意愛惜不得浪費。

(十五)課、工、做事都要守規定有始有終不得推諉不得搶奪。

(十六)病假所曠的學藝要趕快補足。

(十七)每天第一次看見職員要行敬禮「立正鞠躬」

(十八)咳嗽噴嚏要用手遮住大便要有一定時間的習慣。

(十九)對于新入所的習藝人不明訓練不明規律者當代爲說明或領導。

(二十)常存快樂心常要希望將來能做一有用的大人物。

(二十一)事做錯了能承認並能急速改正「受懲戒的更要自省」

(二十二)根據正當理由發表教學上工藝上的意見。

(二十三)勿希望不勞而獲爲利益。

7. 訓育處編配股各種統計表

（一月十五日起六月十六日止）

○入所人數

老弱50人
殘廢35人
婦女19人
青年86人
兒童32人
——共二百二十二人

○出所人數

有妥保保出者5人
品學兼優已介紹職業者3人
患瘋癲病送入杭州廣濟醫院者2人
私逃出外者52人
外籍人處境甚好一時無川資歸里而遣送者30人
死亡者5人
——共九十七人

○現在所習藝人數　一百二十五名

民國十八年六月十五日訓育處訓練股統計第　表總數

125人

○習藝人之年齡

十一歲到念歲35　念一到卅歲20　卅一歲到四十歲28

四十一歲到五十歲19　五十一歲到六十歲18　六十一歲

到七十歲5

○習藝人之籍貫

無錫75 常熟4 寶應2 常州4 通州4 江陰5
江都4 鎮江1 如皋1 宜興4 鹽城1 東台1
蘇州2 上海1 太興1 丹陽1 海州1 靖江1
泰州2 嘉定1 安徽2 湖南1 江西1 浙江3
山東2

○習藝人之通信址

有者69 無者56

○習藝人之出身

學校21 私塾10 未學94

○習藝人之原有職業

農19 教育3 軍2 行醫1 僧3 泥水匠2
炊事3 成衣7 小販13 銅匠1 爆竹1 茶店1
藥業2 綢緞5 洋貨1 織襪2 剃頭2 米業5
雜貨1 撑船5 印刷1 圓作1 鋸匠1 酒業2
山貨2 瓷器1 絲廠2 猪行1 油業2 機匠2
典當2 紗號2 皮匠1 裘業1 政界3 木行1
顏料1 衣莊1 籐匠1 唱春1 無業17

○習藝人之家屬情形

有父者23 有母者40 有兄弟者41 有子女者42 有室家者30

○習藝人之家中資產

尚有資產者31 無資產者94

○習藝人之曾遊歷他方者

共39人

8. 訓育處訓練股各種統計表 六月十五日

宿舍（每舍有正舍長一人副舍長二人）
- 第一舍19人
- 第二舍32人
- 第三舍21人
- 第四舍31人
- 殘廢舍11人
- 婦稚舍11人

工場（每組有場長正副各一人）
- 印刷29人
- 織襪17人
- 成衣14人
- 耍貨11人
- 蒲草15人
- 菜園7人
- 土木15人
- 整容2人
- 炊事4人

教室 初級30人 中級25人 高級15人 （每級有正副級長各一人）

操場 第一隊28人 第二隊25人 第三隊28人 第四隊19人 （每隊有正副隊長各一人）

凡舍長場長級長隊長一律受訓練股之指導並受各股主任之作業和命令（如舍長受舍務股場長受考工股之）類

9. 工藝分科表

科目	設立年月	現有人數	工作概況	備考
縫紉	十八年二月	十三人	所做衣服大抵係鄉近居戶及各衣莊送來	
織襪	仝上	十七人	代襪廠織搖每月可出襪九十餘打	
印裝	仝上	十一人	自備原料印銷或代各書局裝印書籍	
裱糊	十八年四月	七人	裱料大都由邑中印刷公司送來代製信封簿面	
理髮	十八年二月	一人	全體習藝人及職員警察等每月約二次輪流剪削	
蒲草	仝上	十五人	草繩機係由秦亮工先生處借來三架出品尚可	
園藝	仝上	七人	就所內隙地墾植菜蔬出品大都由所中食去	
土木	仝上	十二人	搬運泥土磚石作種種雜務	
烹飪	仝上	四人	烹飪全所膳食一方爲所內服務一方卽自己習練	
泥像				籌備中
煤團				仝上
毛巾				仝上

10 無錫平民習藝所創辦之動機及經過

吾邑年來以外表觀之。確乎教育發達。工廠林立。益以國民政府建都南京。重以地理及交通上關係。四方人士。慕其虛名前來觀光者。冠蓋如雲。可謂極一時之盛矣。其實徒有其表。毫無實際。人民習於奢侈。風俗日益澆漓。農產物如蠶絲稻麥等。因價目日賤。產量大減。農民經濟。枯窘達於極點。影響所至。四民蕭條。尋至盜賊蠭起。乞丐載道。此實無錫社會之隱憂。亦有心人所日夜引爲不安者也。欲求社會經濟問題之解決。治本之道。當然在國家政治之安定。謀生產之加增。取消不平等條約。求對外貿易之發展。然茲事體大。非短時期內所能解決。爲急於治標計。惟有先謀個人經濟之解決。求個人生活之安定。擴而充之。社會國家亦胥受其益。然而無業游民及江湖乞丐。不謀救濟。强者流爲盜匪。弱者轉乎溝壑。何以求個人生活之安定。於是創辦平民習藝所尚矣。

吾邑在民元時。本有平民習藝所之倡議。後以種種關係。經費爲各方挪用殆盡。幾致無成立希望。此次之動機。因濟案發生。各地組織反日運動會。以爲經濟絕交之初步。但愛國基金。無妥善安置辦法。動致糾紛。所以自好之士。不敢涉足。影響愛國運動。良非淺鮮。會上海特別市反日會派員追蹤至錫。扣留仇貨二列車。錫地反日會。雖一再派員赴滬。要求在錫會同解決。滬會置而不理。堅欲運回上海。單獨解決。當時邦周本承各團體代表大會。推選爲反日會總務主任。惟因不願捲入糾紛旋渦。故辭未就職。見上海反日會之蠻不講理。且不顧中央辦法大要之規定。中心殊覺憤憤。而張君鶴年。藍君伸。和因習聞邦周主張成立平民習藝所。足以解決社會種種困難。乃相率慫慂。即日就職。從事解決被扣仇貨。然後以所得愛國基金。即爲創辦平民習藝所之用。是此一舉。而備數善。既可維持錫人光榮。而商人亦得稍保血本。數年積愫之平民習藝所。亦得如願。何樂不爲云云。邦周即怦然心動。允爲考慮。復經商民協會主席錢孫卿先生。以及反日會執委楊玉英諸祖蔭蘇渭濱沈濟之等諸先生。共同督促。並担保所得愛國基金。創辦平民習藝所。且責以大義。故邦周即勉爲就職。即日由商民協會負責將提貨單交出。並擔保愛國基金之實行。一面由反日會召集緊急會議。決定呈請中央黨部准照屬地主義辦理。一面以民衆的力量。帶同提貨單向車站提貨。車站因上海反日會會加封條。不加允許。而駐站憲兵。亦起誤會。以致邦周楊君玉英諸君祖蔭。均被捕。幾經交涉。始得達到釋放及下貨之目的。後經姚君鴻治加入反日會。共同審查及估定價目。計共征得愛國基金洋二萬數千元。舉定保管委員。即日選定平民習藝所。委定委員及設計委員。推邦周主持其事。從事進行。相度地點。決以南禪寺爲所址。而房屋破舊。窗欞全無。從事修建。困難備嘗。苦心經營。始決于十八年一月十五日。開始收容。先行成立乞丐部。董事會及基金委員會同時成立。並向縣政府領得餘剩之乾繭附稅一萬餘元。自是基礎漸固。惟開辦之始。因事屬初創。經驗毫無。雖至寧鎮蘇滬各地參觀。以資借鏡。但毫無足以資我效法之處。所幸同事諸君。俱屬多年老友。志同道合。抱定爲社會造福之旨。用能以主義相勗勉。雖晨昏奔波。寢饋不安。仍能終始不懈。黽勉從公。此則大堪告慰者也。今者第一步計劃已告成功。新工場亦已落成。內部組織已粗具規模。各項章則如訓練標準懲獎規律以及膳宿舍膳堂教室各種規則。俱能依次實行。嗣後祇須依照軌道進行。不涉腐化。當能順利無阻。三五年後。不但在所者均可自立於社會。其尚有流落在外者。當能搜羅殆盡。模範縣之名。必有實現之日。最後尙有爲本所最欣幸而最得意之事實數端。不可不有報告於地方父老之前。

（一）收容之人十之九爲芙蓉城中人。而吸食紅丸尤爲多數。然而一入本所。不十日卽能解除。且至今未有因解烟而致死亡者。聞之他縣之公丐收容所。每因解烟而死亡纍纍。此可喜之事實一。(二)本所開始收容之時。有精神病者數人。入所後陸續來所者又數人。然至今均能神智淸爽。勇於任事。毫無缺陷。此可喜之事實二。據個中人云。因本所實行三八制工作。娛樂運動飲食均有定時。而淸晨行早操。尤能使身體强健。精神安定。所以絕少死亡。且能使精神病者恢復原狀云。然歟否歟。是在今後事實上之證明矣。

中華民國十八年六月吳邦周記於南禪舊址平民習藝所

娛樂

(一)無錫市公共娛樂場所調查表

營業牌號	營業種類	地址門牌	資本總額	經理姓名	職員人數	藝員人數	座位定額	備註
天聲戲院	京戲	南門外棉花巷口	五千元	華裕和	八人	四十人	三四百	
慶陞戲院	京戲	東新路	二千二百元	馮玉崑	十三人	六十五人	四百	
鐘聲影戲院	影戲	大河池沿頭	三千元	郭振漢	十六人	三十四人	千人	
聚樂第一臺	江北京戲	通滙路口	八百元	開鴻元	十三人	三十四人	三百人	
新中央	影戲	公園網球場	一千元	吳驥德	十餘人		六百人	
和平樓	說書	舟山浜	一百元	竇阿全		一人	百餘	
全羽春茶樓	說書	大河池沿頭	三百元	張旭祺	二人	一人	百餘	
長興茶樓	說書	北塘秦棧弄	二十五元	張甫生	一人	一人	五六十人	
榮華茶樓	說書	通滙橋	六七十元	陸榮觀	一人	一人	四十人	
象春茶樓	說書	東門外熙春街	一百二十元	錢紹麟	一人	一人	五六十人	
得意樓	說書	通惠路吳橋下	七十元	袁梅氏		一人	五十人	
近興	說書	城內寺巷	一百五十元	陸仲雅		一人	一百五十人	
近溪樓	說書	西門迎龍橋	一百元	顧文一		一人	一百人	

新萬興	說書	城內崇安寺	一百五十元	陳景雲	一人	一百五十人
集賢樓	說書	南門清明橋	一百元	曹文泰	一人	六七十人
迎園書社	說書	城內迎迓亭	三百五十元	毛子俊	一人	一二百人
悅心書社	說書	北門外壇頭街	二百元	陳六觀	二人	二百人
步玉	說書	西門橫街	一百五十元	陳仲良	一人	五六十人
雅叙	說書	城內寺巷	二百元	楊氏	一人	二百餘人
清園	說書	北門外壇頭街	一百五十元	孫榮壽	一人	二百人
迎興園書社	說書	城內寺巷	一百五十元	許桂泉	一人	七八十人
榮福園書社	說書	南門清明橋	一百五十元	馬雲軒	一人	一百人
鳳和園	說書	新縣前	一百五十元	丁金奎	一人	一百二十人
日照樓	說書	東門亭子橋	一百元	陸麗生	一人	六十人
昇泉園	說書	南門黃泥埄	一百元	吳仲和	一人	五十人
彤園	說書	南門灣頭上	一百元	葛黑觀	一人	八十人
昇平樓	說書	北門外周師街	一百元	顧錦山	一人	七八十人
新長樂	說書	北門外通運路	一百二十元	秦桂南	一人	八十人
鴻福樓	說書	城內東大街	一百元	方仁生	一人	五十人
東昇茶樓	說書	東新路	五百餘元	笥學文	一人	五十人
勝泉園書場	說書	北柵口	一百元	曹寶珠	一人	一百人
羣賢樓	說書	北門外三里橋	一百餘元	李小張	一人	百餘人
怡苑	說書	吉祥橋下	千餘元	李傑	一人	一百人
長興樓書場	說淮書	崇安寺山門口	七八十元	陳渭川	一人	六七十人
瑞春書場	說書	城內裏黃泥橋	六百元	葛柏春	一人	五六十人

(三)無錫市政籌備處管理公共娛樂場所規則 十八年十月十二日公布

第一條　凡本市區內新舊戲院影戲院流動戲班書場歌場各種雜戲以及各種娛樂事宜均適用本規則管理之。

圖表三四：此處原爲《（二）無錫市公衆娛樂場所統計表》，見書後。

第二條　經登記核准之公共娛樂場所每日應納之營業捐遵照本處徵收戲捐章程辦理。

第三條　公共娛樂場所之建築及設備應遵照本處取締建築章程辦理。

第四條　公共娛樂場所游藝種類及項目內容之審查事項由本處社會科主管之。

集五條　公共娛樂場所之取締執行事項由公安局主管之。

第六條　經本處登記審查核准之公共娛樂場所須將每日開演時間及坐位容量呈請公安局備案。

第七條　游藝種類及項目非經審查核准者不得表演。

第八條　每日表演之游藝項目須先一日開單聲請本處社會科檢查審核。

第九條　聲請審查之游藝項目除有特別規定外須備具左列各項。

(一)游藝劇本或其說明書及戲單。

(二)表演藝員。

(三)表演地點及時期。

第十條　本處認爲有實地審查之必要時得令聲請者先行試演。

第十一條　游藝種類有左列情形之一者不得表演。

(一)違背本黨主義者。

(二)宣傳反動思想者。

(三)有傷風化者。

(四)有危險性者。

(五)有悖人道者。

第十二條　娛樂場所對於左列各項應切實遵守。

(一)不得於原有額定坐位外臨時在梯旁或座椅四週甬道上添設坐椅。

(二)在未經公安局允准前不准私自或假與他人在場內集會或演講。

(三)不准在場內飲酒賭博或爲其他一切妨害公衆治安之行動。

(四)營業時間不過夜間十二時。

(五)觀客不得臨時點戲任意喧囂怪聲喝彩。

第十三條　流動露天游藝不得於交通要道表演。

第十四條　娛樂場所遇有左列事項須立即報告就近公安分支局。

(一)觀客有形跡可疑者。

(二)觀客不買票而强硬入內者。

（三）觀客所携違禁物品入場者。

（四）觀客或職工有互相口角或爭鬥者。

（五）場主違章限制觀客不服者。

第十五條　本處社會科得隨時派員至各公共娛樂場所檢查遇有取締之必要時會同公安局執行之。

第十六條　前條規定之檢查員須携帶檢查證實行檢查。

第十七條　凡違反本規則者依照違警罰法處罰並得勒令停止營業。

第十八條　本規則自公布之日施行。

（四）無錫市政籌備處公共娛樂場所營業登記條例 十八年十月十二日公布

第一條　凡本市區內公共娛樂場所無論舊有新設均應遵照本條例向本處社會科聲請登記。

第二條　本條例所稱公共娛樂場所爲戲院、影戲院、流動戲班、書場、歌場各種雜戲場及其他以供人娛樂爲營業之場所。

第三條　本市區內公共娛樂場所非經登記核准不得設立開演。

第四條　登記之手續如左。

（甲）由主管人向本處社會科領取登記聲請書逐項詳細填載。備文送請審核聲請書式樣另定之。

（乙）覓具商舖保結。

（丙）呈繳各項附屬文件。（如公司章程股東名簿董事及監察人名簿藝員名簿等。）

第五條　業已開設之公共娛樂場所應於本條例公布後兩星期內。一律聲請登記。其新設者應於開演前聲請登記。

第六條　登記處附設於本處社會科。

第七條　登記核准設立之場所由本處發給營業執照。

第八條　呈請登記者須繳納手續費一元流動露天游藝得不收費。

第九條　業經登記之場所。如有變更章程遷移地址時。應隨時呈報。

第十條　業經登記之場所。於停歇時。應將執照繳銷。

第十一條　本規則自公布之日施行。

（五）無錫縣教育局公安局檢查電影片簡則 第十二次縣政會議通過

一•本簡則根據國民政府教育部內政部頒布之檢查電影片規則參酌地方情形訂定之

二•本簡則凡在無錫縣境內映演之電影片均適用之

三•本簡則施行時由縣教育局公安局各派職員二人執行之於

必要時通知縣黨部派員參加

四●凡電影片非依本簡則經檢查核准後不得在無錫縣境內映演

五●凡電影院應於電影片映演前將該電影片詳細說明書分呈教育局公安局並於開場映演前請求派員檢查一次

六●凡電影片經檢查後發給該影片准演證明書一紙

七●電影片依左列標準檢查之

一不違反黨義及國體者

二不妨害風化及公安者

三不提倡迷信邪說及封建思想者

八●經檢查之電影片於映演時如發現有不合於上條之規定除即予禁止映演外並呈報縣政府撤銷其映演執照

九●教育局公安局得隨時派檢查員攜帶檢查證至電影院檢查

十●電影院不受檢查時教育局公安局得勒令停止其營業如於說明書內發現其虛僞之記載時得由公安局按照違警罰法處以三十元以下之罰鍰

十一●本規則自縣政會議通過後施行

公墓

無錫市第一公墓計劃書 市政籌備處工務科

本處奉　民政廳令轉　衛生部訓令限期籌備設立公墓。迭經社會工務兩科會同察勘相當地點。以期早日厥成。但遍覓空地。皆不合部頒公墓條例之規定。惟青山寺前燦山之麓。有山地七十畝。地勢尙稱平曠。地形亦頗方正。寬長均約七百呎。距離工廠學校等公共處所甚遠。除青山寺外。別無居戶。該處與飲水水道及與鐵路大道河塘溝渠均無妨碍。且土性高燥。地位幽靜。交通便利。地面空曠。最合於建築公墓之用。惟查該地爲私人所有。應照章出價收買。以便早日興工。

一●建設公墓之理由

人死而葬。所佔僅一席地。似爲一極輕微而極普通之事。然吾人試一檢視每年人口死亡率之統計。估計其用作墳墓所占之地位。殊足令人驚駭。即以本市論。假定人口爲二十萬。每年死亡率約占百分之三。每人所佔之地位約二百平方尺。合計則每年需地一百卄萬平方尺（合一百六十五畝）假定人口不再增加。一百年後。所佔之面積須一萬六千畝。且此項私墓。有散厝在田內。佔極大之面積。致妨碍農事收穫減少者。有散佈在山野。因建設道路河流等而發生糾葛。終致毀滅者。如此亂葬。不特侵蝕生人土地。抑且難安死者宅兆。殊非兩全之道。茲爲節省土地計。爲永久保存計。亟應設立公墓。以資補救。現擬先設第一公墓於青山與燦山之間。收用山地七十畝，可闢墓穴三千一百個。倘能暢行無阻。限期成立。斯爲無錫市公墓之嚆矢矣。

二●地位

查該處距惠山鎭約二里許。夾於兩山之間。貫以大道。樹木茂密。風景絕幽。一經點綴。便成佳蹟。有石片路。可通人力車。將來俟公墓完成後。再行拓寬道路。卽可行駛汽車。燦山之南。且有河可通船隻。距離公墓亦祇二里許。水陸交通。咸稱便利。喪葬時。搬運靈柩。決不至有何困難也。

三●結構

本公墓四周圍以石砌。堅固圍墻。開闢中國牌樓式正門側門便門數處。以便出入。各門內均建墓道。其主要者寬五公尺。其次寬三公尺。均舖以石片。以備喪葬時行列之往來。最小者寬一●五公尺。爲煤屑路。以保運送靈柩。(如附圖)

各墓穴之位置。編號註明圖中。以便選擇定購。每戶長十二呎寬六呎。如有欲於墓之四周建設垣圍及其他裝飾墓碑等者。得按照公墓條例多購半穴地。

墓地之中間設宮殿式公共禮堂一所。以備祭奠及春秋公祭之用。其左並附設公祠。以供該公墓中名人烈士之靈主。其右設廚房看管人宿舍及其他喪葬用具室等。一切設備。務求完備。

墓穴每戶爲七十二平方尺。除靈柩約佔二十八平方尺外。餘地專供栽植樹木花卉以及紀念碑等。亦足補助公墓之美觀也。

紀念碑之式樣。由本處計劃各種圖樣。規定價目。聽便購用。外如有自行製作者聽便。

墓垣之建造種類繁多。除由本處繪成一種以便參攷外。餘均聽候各人自出心裁。務以不碍公墓美觀爲主。

四●分區

爲謀編號及管理上便利計。將公墓所占全面積區分爲五區。在東部者。名仁字區。計有五四九墓穴。在東北部者。名義字區。計有五七〇墓穴。在西北部者。名禮字區。計有四五〇墓穴。在西南部者。名智字區。計有六九四墓穴。其在燦山之麓者。名信字區。計有八四三墓穴。總計全部共有三千一百零五墓穴。又本公墓之墓道。俟公墓成立時再行定名。

五●預算

本公墓之建設費。除由市政籌備處補助一部份外。餘均取償於購備墓穴各戶。計共工程費洋三萬一千元(如附表。)而本公墓穴共三千一百餘個。每個至多售洋十元。連同每戶葬費及建設等費。共計亦不過三四十元。較之往昔葬費既廉。而所得地位之佳。設備之全及公家保護之周到。其利益殆不可以道里計也。

無錫第一公墓建設費估價單

項目	數量	單價	合計	備考
墓地	山地七〇畝	三〇・〇〇元	二一〇〇・〇〇元	內三十畝係高姓公墓餘地亦多屬民產又每畝以六一・四四方公尺計算用本山黃石砌造
圍墻	二五〇丈	一二・〇〇元	三〇〇〇・〇〇元	以資節省高約五尺
正門	一處	二〇〇〇・〇〇元	二〇〇〇・〇〇元	中國牌樓式用石材或水泥鋼骨以資永久
側門	二處	五〇〇・〇〇元	一〇〇〇・〇〇元	用本山石爲柱另裝門戶以便啓閉
五公尺墓道	一四〇丈	四・〇〇元	五六〇・〇〇元	用本山石塊舖砌石片路以利車行
三公尺墓道	一二〇丈	二・五〇元	三〇〇・〇〇元	仝上
一・五公尺墓道	一五〇〇丈	〇・五〇元	七五〇・〇〇元	煤屑土路兩傍築路邊以利掃墓
樹木花草	五〇〇〇棵	〇・三〇元	一五〇〇・〇〇元	松柏石榴之類間以桃梅柳杏等花菓樹
禮堂	一所	一〇〇〇〇・〇〇元	一〇〇〇〇・〇〇元	中國宮殿式大廳二側造照茶廳各三間
公祠	一所	三〇〇〇・〇〇元	三〇〇〇・〇〇元	中國宮殿式三開間大廳一所
屋宇	八間	三〇〇・〇〇元	二四〇〇・〇〇元	各種需要屋宇
器什	全副	一〇〇〇・〇〇元	一〇〇〇・〇〇元	檯櫈器什裝修用具
預備費	約全額一成	三三九〇・〇〇元	三三九〇・〇〇元	以備各種費用之溢出預備而挹注之

總計工程費大洋三萬一千元

六·無錫第一公墓章程

人生百歲同歸於盡。蒼蒼者天不分貴賤。誰無父母。誰無子女。生養死葬、人之大事。私人墳墓任意掩埋。一至郊外。青塚纍纍。東西南北。觸目皆是。景象淒涼。令人惻惡。盛暑之際。穢氣四溢。旣礙觀瞻。復釀疫癘。更有羈人離鄉背井。足跡靡常。省墓無定。年代遠湮。漸歸蕪沒。尸骸供諸野獸。墳邱夷爲。念生人之可哀。輒愴然而涕下。且今工商發達。戶口繁增。昔日荒墳。今成鬧市。四郊幾無隙地。生人幾與鬼競寸土千金。佳城莫卜。此公墓之設。所以不可緩矣。明達之士。苟能破除舊見。羣策羣力。成此盛舉。以維久遠。不以一族之隆替。累及公衆之衛生。豈僅一市之經濟美觀受其利益已也。爰訂章程數則如下。

一、本公墓鑒於喪葬大事。遺憾滋多。且爲節用土地。便利祭葬起見。特在市外青山之麓。闢地七十二畝。建築公墓。不分等別。均得認購。名曰無錫第一公墓。

二、公墓內建有禮堂。劃區分穴。規定尺度。計長十尺。寬六尺爲一穴。繪有墓穴圖。挨次編號。

三、墓穴內分爲甲乙二區。分收費與免費兩種。免費者爲地盤圖中信字區。卽在燦山麓之一區也。

四、定穴人無論壽穴或卽時營葬。一經選定。不得退換。訂定之後。應將手續辦清。以持有本公墓之收據及定穴證爲憑。

五、定穴人認購墓穴。須填具定穴書。由本人署名蓋章。並記明左列各項。

甲、定穴人之姓名。籍貫。住址。職業。及生前年歲與事略。

乙、被葬者之姓名。籍貫。及生前年歲與事略。

丙、墓穴號數。

丁、被葬者家屬姓名籍貫職業及住址。

戊、定穴之年月日。

六、定穴證書因遺失而請求補給時。須由定穴人邀同證人填具保單。向本公墓聲明。並將遺失情事登報申明。如兩個月內無人聲述異議時。始許補發新證書。

七、本公墓備有公墓名簿。分年編號。並將第四條所載各節。分別詳細載明之。

八、本公墓地基自歸公墓保管會永遠担保。無論如何。不得處分。並呈請國省廳備案核准。依法登記。以垂永遠。

九、本公墓經常費。由委員會負責人員寄存銀行生息支付。

十、本公墓營葬限制如左。

甲、欲於墓之四周建設垣墻者。所佔之地位得超過第二條距離二分之一。

乙、葬戶須妥爲營葬。不得浮厝。

丙、爲觀瞻起見。不得沿用舊式土塚。其墩須用小泥或石料由葬戶自行選擇之。

十一、凡委託本公墓代辦葬事者。其費均須預繳。

十二、本公墓禮堂一所。凡遇葬者家屬欲舉行吊禮等事情得租用之。租費零定。

十三、本公墓附建公祠一所。名曰晏如堂。以備葬戶供奉靈主。

十四、葬戶家屬隨時均可祭掃。應需祭品委託本公墓代辦者須數日前預定。並繳清費用。

十五、葬戶家屬如欲焚化錠帛等。須在本公墓指定地點。不得隨地焚化。

十六、墓及墓碑及各地所植花木。不得踐踏折毀。公墓地內。不得狩獵及放牧牲畜。

十七、本公墓僱傭茶房園丁。另定工資。不得向葬戶有何種需索。

十八、本章程自公佈日施行。

宗教

無錫市區教堂及菴觀寺院廟調查

原夫神道設教。不外規人以善。山澤禰祀。悉勵業功報德。先民創宗教立祀。典意如是耳。歷年既久。誤會叢生。好事者借端倪以造謠。桀黠者藉神權而斂錢。於是始創之宗旨變更。而迷信以生。愚氓沉溺其中。而不克自拔。雖古訓昭垂曰「非其鬼而祭之諂也」又曰。「淫祀無福」但煢獨者頗多藉爲生活。邑志載「自井田法廢。任富任貧。其孤煢無倚者。逐氏得而收之。則浮老子之宮。亦養濟之外院歟」其由來蓋久矣。是以居現在而言宗教。除耶穌天主。尙不乏有少數明達之士。篤信教義。而外。餘或狃於祖習。或藉此謀生。雖現頗多研究佛學者。然皆家居研究。其剃度爲僧尼者。泰半非因好佛而剃度也。且道院內供佛像者有之。佛寺內供眞武像者亦有之。品類糅雜。涇渭難分。是以與其謂曰宗教調查。毋寧謂曰教堂及菴觀寺院調查。再所謂廟。原居守有廟祝。不能併入釋道。作無錫市區教堂及菴觀寺院廟調查報告書。菴觀寺院廟以現所住持者爲釋或道或廟祝而各以類相從。

甲、教堂

一、耶穌教　耶穌教堂之在無錫市區有四處。曰聖公會。曰浸禮會。曰監理會。曰安息會。內聖公會設南門內新開河。爲美國聖公會教友所組織美國國外佈道會所設立。成立於千九百零五年。有房屋九宅。基地約三十畝。教士華人男六女三。外人男二女四。教民華人男二百八人女百五十八人。外人男二女四。浸禮會設惠工橋堍。爲美圖南浸會大年會所設立。成立於二十年前。有房屋五宅。基地約二十畝。敎士華人男一女二。外人男二女二。敎民華人男一百四十餘人。女六十餘人。監理會有會所二。一在南門外跨塘橋。一在光復門外東新路。爲美國監理公會總會所設立。成立於遜淸光緒年間。有房屋三所。基地三畝六分。敎士華人男二女四。外人女二。敎民華人男一百四十八。女一百二十八。安息會設城中觀前街。爲美國安息會全球大總會所設立。成立於民國十二年。租用民房一所。敎士華人男一女一。敎民華人十三。女十七。附屬事業。聖公會附設有學校二。男校曰馬可。女校曰聖瑪利。監理會附設有學校三。男校曰明德。曰培工。女校曰德慧。浸禮會原附設有樹德中學。安息會原附設有三育小學。現均暫停。鄉間分會。聖公會有三處。安息會亦三處。浸禮會有四處。又城中寺後門街九號浸禮會附設有福音堂一處。

二、天主敎　天主敎堂在無錫市區僅一處。堂址小三里橋西首。成立年代已久。建築雄偉。佔地廣大。敎士華人男四女五。敎民約七千。附設有學校二。男校曰類思。女校曰稚納。鄉間分會十四處。

三、回敎　回堂在無錫市區亦一處。堂址光復門外東新路。房屋一所。規模粗具。回敎徒集會及死後行洗禮時俱在是焉。敎民數無統計。

乙、庵觀寺院廟

一、僧居　無錫市區內庵觀寺院廟之現爲僧居者共四十處。內崇安寺大雄寶殿。住持僧隆智。常駐殿者約十八。有房屋十餘間。基地約一畝。崇安寺中隱院。住持僧介量。常駐院者約十六七人。房屋幽雅。佔基地約三畝。新聞記者聯合會車夫協會籌備會儉德會俱附設焉。崇安寺火神殿。住持僧洪濟。常駐殿者四人。佔基地五分。第一學區中心小學一部份附設焉。崇安寺普賢北院。住持僧松筠。常駐院者二人。佔基地約八分。機器聯合會附設焉。崇安寺普賢南與住持僧菊高。常駐院者二人。佔基地約八分。崇安寺萬松院。住持僧月泉。常駐院者三人。佔基地約三畝。勞工第一學校附設焉。崇安寺三官殿。住持僧學道。常駐者二人。佔基地約四分。古觀音堂。堂址大婁巷。住持僧錫寶。常駐堂者四人。有房屋四間。上壽堂。址連元街。住持僧亦錫寶。常住堂者五人。有房屋九間。小南海寺。址便民橋。住持僧圓華。常住寺者五人。佔基地約五分。藥師菴。在進士坊巷。住持僧宏沛。常住菴者十六人。有房屋十五間。北禪寺。址北禪寺巷。住持僧許靜士。常常住寺者五人。有房屋十餘間。南禪寺。址南門外。住持僧隆智。有田產百餘畝。今寺屋已全爲平氏習藝所借用。寺僧俱已改居崇安寺大殿矣。吉祥菴。在東門外北倉門。住持僧靜立。常住院者一人。有房屋四間。小金山。址黃埠墩。四面環水。風景優勝。住持僧妙湛。常住寺者四人。有樓房二十四間。關帝殿。在小三里橋。住持僧曜明。常住堂者五人有房屋十餘間。萬壽菴址五里街。住持僧慧鑫。常住菴者三人有屋三間地產五畝。不二法門址惠山鎮。住持僧演成。常住寺者十餘人有樓房八間平屋六間。白衣殿址惠山鎮。住持僧根培。常住殿者八人有屋二十間田十四畝山地四十二畝。媧皇殿址惠山下白石塢。住持僧圓悟。常住殿者二人有平屋十間樓屋四間。于忠廟址錫山。住持僧廣成。常駐廟者三人有屋十二間山地十一畝。紫竹菴址錫山有房屋七間。調查時適老僧病亡。暫時主持無人。水月菴址黃埠墩。住持僧春浪。常住菴者四人有房屋六間。毘盧寺址西門外塌橋下。住持僧普慶。有樓屋三間。平屋五間。龍光寺。址錫山頂。住持僧亦普慶。常住寺者十人。有樓屋十間平屋十七間。山地山頂四週徑六十丈。財神堂址菁園浜。住持僧竹注。常住堂者三人有房屋十二間基地約一畝。石浪菴址錫山。住持僧慧山。常住菴者五人有樓屋六間平屋九間。忍草菴址惠山下蔣家塢。住持僧福辰。常住菴者四人有房屋二十間。牧雲菴址惠山鎮。住持僧志海。有房屋八間。慶雲菴址錫山麓。住持僧高朗。有田五六畝屋十三間。雙塔寺址錫山麓。住持僧聽松。常住寺者八人。有田五六畝屋十六間。西林菴址西門外五洞橋。住持僧參霞。常住菴者三人。有房屋八間。菴主為林敬叔。菴內附設西林蓮社及監獄感化所。每逢星期二下午一時。前往監獄講演一次。僧侶之能從事於宣教者。僅見此耳。

北茅峯。址二茅峯下。住持僧應如。有山地數十畝。屋二十間。鶴林菴。址塘南橋。住持僧明來。常住菴者五人有田十六畝。屋十餘間。梵音閣址通匯橋小橋頭。住持僧暢霞。常住閣者十人。有樓房三間。平屋五間。青蓮居址泗堡橋。住持僧學道。常住寺者六人。有屋九間。鎮塘菴址南上塘。住持僧洪太。常住菴者二人。佔基地約三畝。清名橋小學附設焉。保安寺址興隆橋。住持僧量如。寺中有天王大雄穢跡諸殿。又有田三十畝。關王廟又名覺華禪寺。址南門外窰上。住持僧仁建。常住廟者二人。有田產九畝。準提禪寺址南門外談大橋。住持僧烟法。常住寺者二人。佔基地約三分。

二、尼居　尼菴之在無錫市區者共十一處。內匯龍菴址矜龍橋。住持尼慈根。常住菴者三人。有樓屋三間基地一畝四分。眼光殿址置煤浜。住持尼志仁。常住殿者八人。私產房屋七間。修正菴址惠山鎮。住持尼龍泉。常住菴者六人。有灰肥田五畝。樓屋二間平屋四間。蓮花菴址荷花橋。住持尼蓮福。常住菴者一人。有屋十餘間。西方殿址西門外棉花巷後。住持尼慈智。有屋六間。天祿菴址梨花莊。住持尼理鎔。常住菴者六人。有屋八間。積慶菴址後宗橋。住持尼根培。常住菴者四人。有桑田半畝房屋六間。積善菴址後高場岸。住持尼阿大。常住菴者一人。有田八畝樓房三間平屋三間。紫竹菴址南市橋巷。住持尼金祥。常住菴者三間。有房屋三間。萬壽菴址南門外菴橋。

住持尼菊仙。常住菴者一人。有房屋九間。佔基地三分。三聞菴。古南門外淘沙巷。住持尼細官。常住菴者四人。佔基地五分。

三、佛頭及佛婆居　無錫市區菴堂之現爲佛頭或佛婆所居住者有二十處。內觀音堂。址熙春街。住持蔣願修。常住堂者三人。私產房屋九間。大悲菴。址運元街。住持嚴薛二老太。常住菴者十六人。有房屋七間。龍市菴。址便民橋。住持謝鳳記。常住菴者三人。私產房屋三間。小九華菴。址西門城內。住持周老太。常住菴者十人。佔基地約一畝。尤渡村廟萬壽菴。住持許氏。有桑田數分。屋四間。大五廟。址東門外南倉門。住持孫楊氏。常住廟者一人。有廟屋五間。廟場一方。綠羅菴。址東門外。住持過阿八徐老太。常住菴者一人。有屋四間。三官殿。址錫山。住持珍蓮。常住殿者三人。有屋五間。順清閣。址錫山。住持張大梅。常住閣者一人。有樓屋四間。平屋三間。魯班殿。址錫山。住持趙梅弟。常住殿者一人。有屋五間。三義菴。址大德橋。住持秦江氏。有屋三間。護聖菴。址梨花莊。住持蔣氏。常住菴者四人。有屋五間。救火會附設焉。甯福菴。址後余橋。住持秦趙氏。常住菴者一人。有屋五間。龍光菴。址談大橋。住持二小姐。常住菴者五人。佔基地約五分。觀音閣。址耕讀橋。住持毛小姐。常住閣者五人。佔基約三分。茶菴。址南下塘虹橋下。住持三小姐。常住菴者二人。佔基地約二分。張中丞廟。址南外橋振藝絲廠後。住持妙道。當住廟者一人。佔基約三分。宏壽菴。址同上。住持亦妙道。常住菴者二人。佔基約二分。雙觀音堂。址南門杜外巷上。住持冀卿。常住堂者五人。佔基地約五分。宋劲節寺。即古延壽菴。址交際路。菴主宋植吾宋森千。佔基地約一畝。有房屋六七間。菴主之先祖母守節靜修處也。

四、道士居　無錫市區道院共有二十三處。內大神殿道院。址崇安寺。住持華伯羊。常住院者七人。有房屋八間。雷尊殿道院。址崇安寺。住持阿炳。常住院者一人。有屋三間。靈官殿。址觀前街。住持唐二寶。營業與雷尊殿道院相合併。長生殿道院。址崇安寺。住持陳貫一。常住院者十人。有屋四間。斗姥閣。址進士巷。住持毛仰山顧淇柏。常住院者一人。佔基地約五分。爲遜清康熙間秦鏷所捨建。亦名報恩道院。齋僧閣。址中橋街。住持阿大。常住院者二人。佔基地約二分。增福道院。址西門城內。住持許順泰。常住院者十人。向龍宮租屋四間。酒仙殿。址東門外南倉門。住持道士項錫臣。常住院者六人。有房屋十餘間。爲酒業私產。烟酒牌照稅徵收所及一木器作附設焉。元升道院。址後祁裏。住持李念萱。常住院者三人。有屋三間。地三畝。鐵索觀道院。址後祁弄底。住持華渭甫。常住院者三十人。有屋十餘間。爲明御史盛顒別業。嘉靖間道士談碧辰所改建。璇璣壇道院。址柵口裏。住持大房馮松濤小房黃松棋。常住院者八人。有房屋二十間。關帝殿道院。址江陰巷口。住持毛仰山顧棋柏。常住院者二十人。有房屋三間。萬壽殿道院。址顧橋下。住持伍巧泉。常住院者三人。有屋五間。崇實小學校附設焉。頭茅峯。址龍頂。住持邵根祥。常住者一人。有房屋四五間，文昌宮。址惠山鎮二泉亭上。住持邵誠志。常住者一人。有樓屋三間。玉皇殿。址同上。住持亦邵誠志。常住者三人。有屋十餘間。水濂道院。址西門外棉花巷後，住持伍麟趾，常住院者二人。有屋六間。鎮溪道院。址西門棚下。住持馮理純。常住院者四五人。有屋七八間。為明正德中秦氏捨建。永寧善材局萬安救熄會附設焉。張元菴。址南門外菴橋。住持道士周安念。分西房前房。常住者三四十人。菴基約四畝。勞工第三小學校附設焉。勤溪道院。舊名興隆菴。址東門外興隆橋。住持鄧少甫。常住者一人。佔基地約二分。希夷道址便民橋。住持楊愛平。常住者二人。有屋十餘間。溥仁慈善會附設焉。邑廟錫福道院。址三皇街。住持胡阿福。常住者三人。廟佔基地二畝一分三。茅殿。址南門外下碼頭。住持吳仲山。有屋三間。

五、廟祝居　無錫市區菴廟之現為廟祝居住者。有二十處。內東平王廟。址三皇街。廟祝薛仁保。常住廟者三人。佔基地約一分半。三皇宮。址三皇街。廟祝吳巧泉。常住者二人。藥業私立崇文小學校附設焉。武聖廟。址三皇街。廟祝施洪大。常住廟者二人。佔基地約三畝。蓬萊閣。址後祁裏。廟祝朱阿菊。常住者七人。基地七畝半。有平屋四間。樓屋一間。增福菴。址後祁裏張巷上。廟祝高金大。菴屋大部已為崇正小學佔用。祇餘披屋一間。供佛像及居住廟祝巳耳。中不王廟，址惠山鎮。廟祝周士金。常住廟者三人。有樓屋十二間。平屋十八間。東嶽廟。址惠山鎮。廟祝固洪培。常住廟者一人。嶽殿外有瘟司總神等殿。忠安大王廟。址惠山鎮。廟祝陸聚茂。有酒花廳一。戲樓。餘屋焚毀矣。清泰菴。址龍船浜。廟址惠晉三。常住菴者三人。有屋四間，眞武殿，址西門外德新橋。常住殿薛二小姐。有房屋五間，西水仙廟。即劉侯廟，址西墩上。廟祝邵阿和。有頭門一座。戲樓一座，殿屋三間，現方由市政籌備處籌備改建西區公園。南水仙廟。亦名松滋五侯廟址南上塘。廟祝吳金山。常住廟者二十一人。佔基地約五畝。延聖殿，址梨花莊。廟祝陳阿三。常住廟者二人。有灰肥田五六畝。三殿二廳。廊樓十餘間。戲樓一座。梨花莊小學校附設焉。柴浦廟。址南門外旗站。廟祝長庚。常住廟者五人。佔基地約二畝。忠王廟。址跨塘橋。廟祝阿陸二。常住廟者二人。佔基地約六分。東平王廟楞伽菴。址南門外窰上。廟祝周聖泉。常住廟者三人。佔基地約一畝。大王廟。址談大橋。廟祝阿生。常住廟者三人。佔基地三分。府城隍廟。址黃埠墩。廟祝陶紀殿屋五間者三。造戲樓一。廊樓二十餘間。牛星殿。址黃埠墩。廟祝周文祥。常住殿者十餘人。有樓房及平屋共五六間。烟酒查驗所附設焉。社公大王廟。址後祁裏張巷上。廟祝趙王氏。常住廟者四人。有殿屋十七間。田六畝。

丙、附誌

一、理教會　理教會設總會於南京，呈淮南京特別市政府社會局立案。以勸戒煙酒，改良社會爲宗旨。惟各堂內俱供奉有羊祖道號萊如、尹祖道號萊鳳，暨護法壇五大仙師之神主，及觀音佛像。調查聚善堂時，承司事檢示請柬一紙，知曾於七月二十九日舉行盂蘭勝會。要不外乎神道設教者也。堂址無錫市區共十餘處，据言各堂脈絡相通，絕無鴻溝。會衆無確切統計，第某次錫善堂集會時，到者千人。積十餘處而言之，當不在少數也。各堂詳細情形：廣善堂址東門外北倉門，住持周祺祿，有房屋六間，附設一利民小學校及婦孺救濟會。錫善堂址錫山，住持吳慶祖，有樓屋三間，廳屋六間，平屋六間。聚善堂址倉浜水溝頭，住持江培林，有屋五間，基地約一畝。益善堂址南門外王莊橋，住持蔣洪大，佔基地約三分。普善堂址南門外虹橋下，住持馬同樓，租地建屋，佔基地約三分。志善堂址南門外黃泥埄，住持唐鳳鳴，佔基地約四分。玉善堂附設龍船浜清泰庵內，住持惠晉三。普緣堂址梨花莊，住持吳仁照，有樓德房三間。緣堂附附設宋帝殿內，址黃埠墩，住持劉德生，有屋六間。又惠山鎮及西門外申新三廠後各有一習道所。南門外賴園渚福成庵亦已改設理教機關焉。

二、佛學團體　無錫市民所組織之佛學團體有三種，曰佛學會，建會所於學宮前學佛路。自建會所樓房一幢，空氣流暢，佛像巍峨，蒲團齊整。有執行委員會，正主席爲華文祺，副主席爲華國均。平時集衆講學，亦闢迷信，講研佛學而外，且施診給藥，以利貧民。曰蓮社，爲市民結集誦佛養性之所。曰二蓮社，事業同蓮社，特爲婦女所結集耳。曰同願佛會，會衆俱無統計。同願佛會、蓮社、二蓮社俱有聯合會附佛學會內。

三、孔廟　孔子廟址城中學前街，由教育局委派專員保管。昔日黌宮俱已改爲校舍，所存者二殿一閣而已。

四、最近改設爲機關之寺廟　無錫市區各寺廟，在最近改設爲機關者：東門外延壽司殿改設爲啓明小學校，西門外墻橋下金龍廟改設爲米業較準斗斛之所，田基浜無錫道院改設爲無錫紅卍字會分會。此皆在最近一二年所改設。已往不復追溯。又橫浜口金龍四大王廟屋已焚燬，祇餘地基一方。

無錫市區地域至廣，右列各項容未周至。但檢遜清光緒年修邑志等觀，數目業已超出倍餘矣。鄙見所及，信教雖屬自由，然而年幼僧尼道侶，豈必盡爲信仰教義而來，蓋多數爲父母貧困，價賣而入寺觀者也。天生元元，各有其用，一入空門，便成廢物。再寺觀所在，頗多關係名勝古蹟，久宜設法整理。是以關於寺觀方面，有宜急速遣進行者：一、嚴禁寺觀收受年幼僧尼道侶，二、即實行登記是也。再耶穌天主。受制外人。急宜提倡由本國人收回宗教主權，藉避文化侵略。理應遵奉總理遺訓。實行勸戒烟酒，亦應由民衆及政府嚴厲監視，俾趨正軌。勿入歧途。鄙薄之見，不識有當於理否也。

無錫市宗教調查表

教別	寺院或教堂名稱	所在地址	住持或主教 姓名	國籍	人數 男	女	財產 不動產	動產	附屬事業 學校	慈善	備考
耶穌教	耶穌教聖公會	南門內新開河	楊四箴	本國	二一〇	二六一	房屋九宅基地約三十畝		馬可學校 聖馬利女校		
	耶穌教監理會	南門跨塘橋光復門東新路	方淵甫	仝上	一四二	一二六	基地三方連房屋值銀三萬六千元		明德培工學校 德懿女校		
	耶穌教浸禮會	惠工橋堍	高石麟	仝上	一四三	六四	房屋五宅地廿畝值銀三萬六千元				原設樹德中學已停辦城中寺後門九號有福音堂一所
	耶穌教安息會	城中觀前街	葉同欣	仝上	一三	一七		三百元			原設三育小學校頃已停辦
天主教	天主堂	小三里橋府殿內	陸志山	仝上	三〇四	三〇五	教堂房屋全部		附設類思小學校雅納女校		總堂設上海分堂設堰橋漳楊巷上寺庄蠡瀾望斗鴻山玉祁新塘里石新橋山斗陳墅錫溪橋高長岸
回教	回教堂	光復門外東新路	馬少停	仝上	六〇五	五九一	仝上				
佛	大雄寶殿	崇安寺	僧隆智	仝上	一〇		房屋十一間基地一畝				
	中隱院	崇安寺	僧介良	仝上	一六	一〇	基地三畝				新聞記者聯合會附設在內
	火神殿	崇安寺	僧洪濟	仝上	四		基地五分				第一學區中心小學一部份附設在內
	普賢北院	崇安寺	僧松鶴	仝上	二		基地八分				機器聯合會附設在內
	普賢南院	崇安寺	僧菊高	仝上	二		仝上				

萬松院	崇安寺	僧月泉	仝上	三		基地三分	勞工第一學校附設在內
三官殿	崇安寺	僧道學	仝上	二		基地四分	
古觀音殿	大婁巷	僧錫寶	仝上	四		房屋四間	
上壽堂	連元街	仝上	仝上	五		房屋九間	
小南海寺	便民橋	僧圓華	仝上	五		基地五分	
藥師菴	進士坊巷	僧安沛	仝上	一六		房屋十五間	
北禪寺	北禪寺巷	僧許靜士	本國	五		房屋十餘間	
南禪寺	南門外塔橋下	僧隆智	仝上	五		連房基約百餘畝	房屋全爲平民習藝所佔用寺僧改居崇安寺大雄寶殿
吉祥菴	北倉門	僧靜立	仝上	一		牆門一座房屋四間	
小金山	黃埠墩	僧妙湛	仝上	四		樓房二十四間	附設蓮社
關帝殿	小三里橋	僧曜明	仝上	五		房屋十餘間	
萬壽菴	五里街	僧慧鑫	仝上	二	一	牆門一座房屋三間荒基五畝	
不二法門	惠山鎭	僧演成	仝上	九	二	樓八間房屋五六間	
白衣殿	惠山鎭	僧根培	本國	七	一	屋廿一間（基地二畝六分一厘）田十八畝山地四十二畝八分田四界築馬路、	
媧皇殿	白石塢	僧圓悟	仝上	一	一	屋十間樓四間	
于忠廟	錫山	僧廣成	仝上	二	一	屋十二間山地十一畝	

紫竹菴	仝上			二	一	房屋七間	老僧病亡暫時主持無人
水月菴	黃埠墩	僧春浪	仝上	三	一	房屋六間	
毘盧菴	西門外壩橋下	僧普慶	仝上	一		樓三間屋五間	
龍光菴	錫山頂	仝上	仝上	十		樓十間屋七間地山頂四週徑六十	
財神堂	醬園浜	僧竹注	仝上	三		房屋十二間（基地約一畝）	
石浪菴	錫山	僧瑟山	仝上	五		平屋六間房屋九間	
忍草菴	鎮家塢	僧福辰	仝上	四		屋廿餘間基地四五畝	
牧雲菴	惠山鎮	僧志海	仝上	一		房屋八間	
慶雲菴	錫山脚	僧高朗	仝上	一		田五六畝屋十三間	
雙塔菴	仝上	僧聽松	仝上	八		田五六畝屋十六間	
西林菴	五洞橋	僧參霞	仝上	三		房屋八間	菴主林敬叔西林連社及監獄感化所每逢星期二下午一時前往監獄演講一次
北茅菴	二茅峰下	僧應如	仝上	三		山地數十畝屋廿間	
福林菴	塘南橋	僧如來	仝上	四	一	田十六生屋十餘間	
梵音閣	通匯橋小橋頭	僧暢霞	仝上	一〇		房樓三間平屋五間	
青蓮居	四堡橋	僧學道	仝上	六		屋九間	
鎮塘菴	南上塘	僧洪太	仝上	二		基地三畝	清明橋小學校附設在內
保安寺	興隆橋	僧量如	仝上	二		田三十畝	寺中有天王大雄雜跡諸殿

關王廟	鑾 上	僧仁建	仝上	二		田九畝	又名寬華禪寺
準提禪寺	談大橋	僧烟法	仝上	二		基地三分	
匯龍菴	介龍橋	尼慈根	仝上	三		樓屋三間基地一畝四分	
眼光殿	罝煤浜	尼志仁	仝上	八		私產七間	
修正菴	惠山鎮	尼龍泉	本國	一	五	灰肥田五畝樓二間屋四間	
蓮花菴	河花橋	尼連福	仝上	一		屋十餘間	
西方殿	棉花巷後	尼慈智	仝上		一	屋六間	
天綠閣	梨花莊	尼理筠	仝上	一	五	屋八間	附設二蓮社
積慶菴	後佘橋	尼根培	仝上		四	桑田半畝屋六間	
積善菴	後商場岸	尼阿大	仝上		一	田八畝樓三間屋三間	
紫竹菴	南市橋巷	尼金祥	仝上		三	屋三間	
萬壽菴	南門外菴橋	尼菊仙	仝上		一	屋九間基地三分	
三閣菴	南門外陶沙巷	尼細官	仝上		四	基地五分	
觀音堂	熙春街	佛頭蔣願修	仝上	一	二	私產九間	
大悲菴	連元街	佛婆薛老太嚴	仝上	一	一六	房屋七間	
龍市菴	便民橋	佛頭謝鳳記	仝上		三	私產三間	
小九華菴	西門城內	佛婆周老太	仝上	一	一〇	私產一畝	

教

尤渡村廟萬壽庵		佛婆 許氏	仝上		一	桑田數分房四間	
大王廟	南倉門	孫楊氏	仝上		一	廟屋五間廟場一方	
綠羅庵	東門外	過阿大 徐老太	仝上		一	屋四間	附設蓮社
三官殿	錫山	佛婆 珍蓮	仝上		三	屋五間	
清順閣	仝上	佛婆 張大梅	仝上		一	樓四間屋三間	
魯班殿	仝上	佛婆 趙梅弟	仝上		一	屋五間	
三義庵	大德橋	秦江氏	仝上		一	屋三間	
護聖庵	梨花莊	佛婆 蔣氏	仝上	二	二	屋五間	救熄會附設在內
甯福庵	後余橋	秦趙氏	仝上		一	屋五間	
龍光庵	談大橋	佛婆 二小姐	仝上		五	基地五分	
觀音殿	耕讀橋	佛婆 毛小姐	仝上		五	基地三分	
茶庵	下塘虹橋下	佛婆 三小姐	本國		二	基地二分	
張中丞廟	南門外振藝絲廠後	佛婆 妙道	本國		一	基地二分	
宏壽庵	仝上	仝上	仝上		二	基地二分	
雙觀音堂	南門外杜庵上	佛婆 眞卿	仝上		五	基地五分	
宗勤節寺（古延壽庵）	交際路	庵主 宋植吾	仝上		一	庵基約一畝房屋六七間	
佛學會	學宮前學佛路	正副主席 華文棋 華國均	仝上	二	二	會屋全部基地三分八厘五毫建築費銀四千二百元	發施贈券請由同仁醫院施醫平時會內施同樂願佛會蓮社女蓮社聯合會俱附設在內

道

火神殿道院	崇安寺	華伯年	仝上	五	二房屋六間	
雷尊殿道院	崇安寺	炳阿	仝上	一	屋三間	
靈官殿	觀前街	唐二寶	仝上			併入雷尊殿惟家庭居觀前街
長生殿道院	崇安寺	陳貫一	仝上	一〇	屋四間	
斗姥閣	進士坊巷	毛仰山顧琪柏	仝上	一	基地五分	遜清康熙間奉蘇捨建亦名報恩道院
齋僧閣	中市橋街	道士大阿	仝上	二	基地二分	
增福道院	西城門內	許順泰	仝上	一〇	向龍宮租屋四間	
酒仙殿	南倉門	道士項錫臣	仝上	五	一房屋十餘間	菸酒牌稅徵收所及一木作附設在內
元升道院	後祁裏	李念萱	仝上	一	二屋三間地三畝	
鐵索觀道院	後祁弄底	表渭甫	仝上	三〇	屋十餘間	明御史盛顒別業嘉靖間道士談碧辰改建
璇璣壇道院	柵口裏	馮松灣黃松棋	仝上	八	屋二十間	
關帝殿道院	江陰巷口	毛仰山顧琪柏	仝上	三〇	屋三間	
萬壽道院	顧橋下	伍巧泉	仝上	三	屋五間	崇實小學附設在內
頭茅峰	龍山頂	道士邵根祥	仝上	一	屋四五間	
文昌宮	二泉亮上	道士邵誠志	仝上	一	屋四間	
玉皇殿	仝上	仝上	仝上	三	屋十餘間	
水濂道院	棉花巷後	伍麟趾	仝上	二	屋六間	

教　其

鎭溪道院	西門棚下	馮理純	仝上	二	一	屋四間一披餘地 一方			菴主秦顏永寧善材局萬安救熄會附設在內(縣志載明正德中秦氏捨建)
張元菴	南門橋外	周安念	本國	四五〇		菴基四畝			菴內都院共有西房前房後房三處勞工三校附設在內
勤溪道院	東門外興隆橋	鄧少甫	仝上	一		基地二分			
希夷道院	便民橋	楊愛平	仝上	二		屋十餘間			溥仁慈善會附設在內
邑廟福道院	三皇街	胡阿福	仝上	三		基地二畝一分			
三茅峯	西門外下碼頭	吳仲山	仝上	三	二	屋三間			
理門廣善堂	北倉門	周祺祿	本國	六		房屋六間	附設利民小學校	附設婦孺救濟會	
理門聚善堂	倉濱水溝道	江培林	仝上	五		屋五間基地一畝			
理門習道所	惠山鎭	王法師	仝上	一		租屋一間			
理門習道所	西門外申新三廠後		仝上	一		租屋			
理門普緣堂	梨花莊	吳士照	仝上	二	二	房屋三間			
理門德緣堂附設宗帝殿	黃埠墩	劉德生	仝上	二		屋六間			宗帝殿不另列
理門益善堂	南門外王莊橋	蔣洪大	仝上	一		基地三分			
理門普善堂	南門外虹橋下	馮同樓	仝上	一		仝上			租地建屋
理門志善堂	南門外黃泥橋	唐鳳鳴	仝上	一		基地四分			
理門玉善堂	附設龍船濱清泰菴	惠普山	仝上	一	二	房屋四間			

他								
幅成菴	賴	圓諸	仝上	一		一		
理門錫善堂	錫	山	吳慶慶	仝上	一	一房屋三間廳屋六間平屋六間	一	一

無錫市卜筮星相調查表 十八年九月製

別類	姓名	年齡	籍貫	地址	營業狀況	家定狀況	備註
地理	朱祖熙	二十九歲	本地	惠山山門口	不佳	一母一妻及女、子	
地理	郁可法	四十四歲	本地	城內觀前街	尙佳	一妻及女子、	
地理	唐東齋	四十八歲	本地	西門橫街十五號	尙佳	家庭住鄉	
地理	濮文寬	五十歲	本地	北門江陰巷	尙佳	妻、子、女、	住家在梅涇上
地理	蕭錦良	六十五歲	本地	惠山	不佳	妻、子、	住家在城內駐總橋
地理	曹雲初	五十二歲	本地	北門外周泗街	尙佳	一妻二子、	
地理	錢學淵	五十二歲	本地	西門外棉花巷	尙佳	一子、一媳、	
地理	包明	四十五歲	本地	廣勤路北新橋堍水業協會內	不佳	不詳	並在堍水業協會辦事
選日地理	周仰之	七十餘歲	本地	盛巷橋街四十四號	尙佳	二女三孫四孫女	
選日地理	徐潤之	三十四歲	本地	盛巷橋街四十大號	大佳	一母、二子、一妻、一女、	
擇日地理	陳良之	三十餘歲	本地	寺後門街	尙佳	一妻、	
選日	龔少卿	五十餘歲	本地	城外外黃泥橋	不佳	一婦、	有時營業地點不定
選日	龔青照	三十七歲	本地	城內寺後門街三十五號	尙佳	一母一妻一女	

星卜地理	張攊環	五十一歲	本地	城外江陰巷中段	不佳	一子	
星卜地理	任仰甫	四十歲	本地	城外北柵口	不佳	妻、子、女、	家庭住鄉
卜命相	陸家岡	四十七歲	本地	城內公園對面	尚佳	一妻	
卜命相	吉明	六十歲	本地	城內北酒路	尚佳	一妻子、媳、孫、另住	
卜命相	周震揚	五十九歲	本地	城內迎迓亭	不佳	一子一媳一孫	
卜命相	朱少雲	五十四歲	本地	城內虹橋下	不佳	一母二子	
卜命相	馬國超	三十八歲	江陰	南門內南市橋	不佳	一母、一妻、一子、	
命課	吳正平	三十七歲	本地	城堍外長安橋	尚佳	一妻一子一女	
命課	顧卜吉	四十四歲	本地	西門老城門內	尚佳	無	
命課	陸秋泉	七十二歲	本地	南門外清明橋當內	尚佳	無	
命課	張時良	三十三歲	本地	南門城門內	不佳	妻、子、住附近	
命課	王寅伯	六十一歲	本地	北塘小泗房弄大街二百八十八號	大佳	一母	
命課	錢子博	六十四歲	本地	北塘張仁弄西首寶康當內	尚佳	一子、一孫一媳一孫女	住長安橋
命課	俞瓚良	五十五歲	本地	西大街五十號	不佳	無	
命課	倪得仙	四十歲	本地	西門外倉橋街十五號	尚佳	妻、女、另住	
命課	嚴祖齡	三十八歲	本地	南門外黃泥埄	尚佳	一妻一子二女	
命課	程月潭	五十二歲	安徽	盛巷橋街六十一號	尚佳	一妻	

命課	觀星臺	五十餘歲	不詳江湖	盛巷橋街六十號	不佳	不詳	
命課	安子才	四十歲	本地	城外高白田	不佳	一妻一子	
命課論字	伍耀甫	四十七歲	本地	北塘接官亭街西首	尚佳	住江陰巷一妻二女	設攤於營業地已五年餘
命課論字	黃耀文	五十四歲	本地	北塘接官亭街西首	尚佳	妻子女住後祁街	設攤於營業地已三年餘
命卜論字	秦鶴賓	二十二歲	本地	城內觀前街三十九號	不佳	一母	
命	鄒錫清	四十八歲	本地	南門外清明橋福字工房內	尚佳	一妻二子二女	
命相	鄭三近	五十二歲	常州	城內崇安寺南院	尚佳	家住扶橋下	在營業地已六年
命相	許讓之	四十歲	本地	南門外清明橋	尚佳	一妻二子	
命相	孔憲和	五十五歲	曲阜	通運路口新世界旅社內九十一號	尚佳	家眷未帶	
命相	人勝天	六十二歲	蘇州	通運路口無錫飯店內九號	尚佳	家眷未帶	
命相	宗振瀛	五四十歲	鎮江	通運路中段大東旅社內二號	大佳	家眷未帶	
命相論字	顧雲亭	六十五歲	本地	通運路中三十七號浴春池大門間	不佳	二子	住家在長安橋醬園濱
命相論字	小春風	六十一歲	南京	城外外黃泥橋街	大佳	二子孫媳	
命相論字	劉子揚	三十九歲	紹興	城內北盛巷口二十五號	尚佳	一母一子一妻一女	
命相論字	柳道人	五十四歲	本地	城內盛巷內三十一號半	不佳		
卜命相論字	彭成龍	五十六歲	嘉善	城外外黃泥橋街	尚佳	一妻一女	
論字	陳光照	五十八歲	江陰	城內映山河虹橋南首	尚佳	一妻	

圖表三五：此處原爲《二、無錫城區卜筮星相比較圖》，見書後。

圖表三六：此處原爲《（三）無錫市區教堂及寺廟觀院比較圖》，見書後。

論字	張鵬飛	四十四歲	江湖	上設攤崇安寺菜場	尙佳		在營業地已六年
論字	鈕洪元	五十一歲	常熟	西門外城脚下	不佳		
課卜	萬旭明	四十五歲	本地	城內青寧巷十三號	尙佳	一妻	
卜	李竹雲	五十三歲	本地	城外笆斗弄四十七號	不佳	一妻一女	
卜筮	徐勒先	五十三歲	本地	南門外黃泥峰	大佳	一妻	
卜筮	沈伯安	四十一歲	本地	城外江陰巷九號	大佳	妻子女	
卜筮	程志亮	四十七歲	本地	城內公園路十號	不佳	九人	
女筮	顧菊仙	四十餘歲	本地	城外笆斗弄中長城頭內十五號	尙佳	有子女	

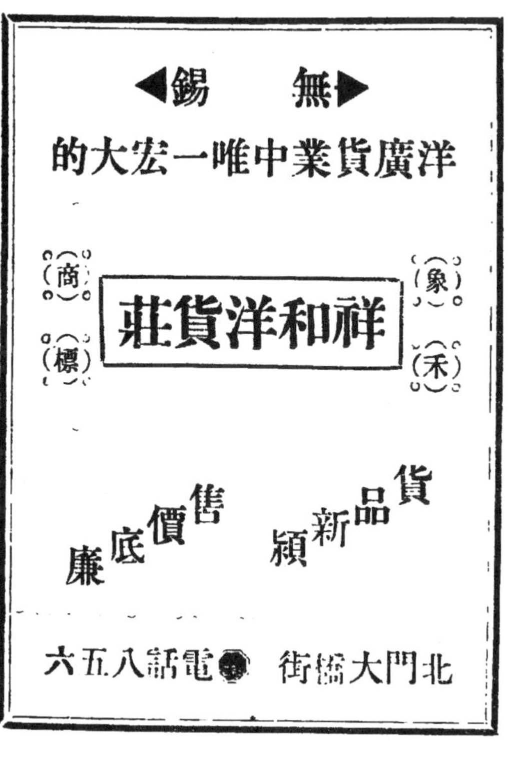

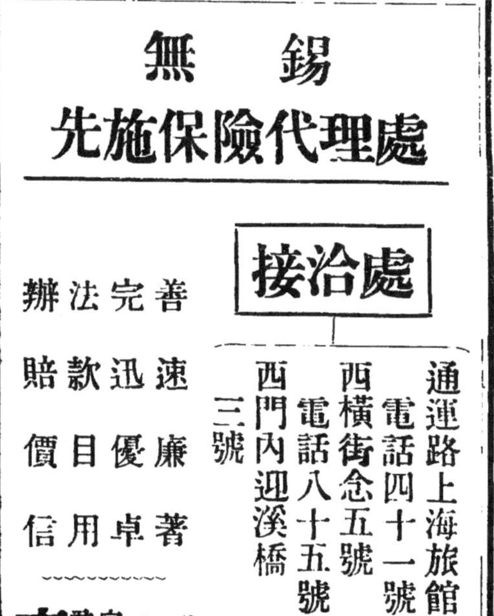

無錫老裕仁美術徽章

地址　北塘煤場弄口

電話　七七九號轉

本銀樓於遜清光緒癸巳年精製時新金銀首飾民國以來專辦黨軍政學工商農礦各機關各公法團證章商團救火會保衛團各種帽章肩章領號懸章

工商部中華國貨展覽會褒給優等與西湖博覽會無錫國貨展覽會特等獎無錫國貨競賽會當選頭獎近更採用科學方法電鍍金銀景泰琺藍光彩絢爛如蒙

賜顧無任歡迎

無錫實業建築公司

事務所　光復門內　電話三七六

承造　中西住宅　學校廠房　水泥橋樑

代客　計劃測量　估計採購　建築材料

營造廠　南門內　百歲坊巷底

土木建築工程師江應麟

圖表十三

五　無錫鮮繭產額最近三年之百分率比較圖(十八年十二月)

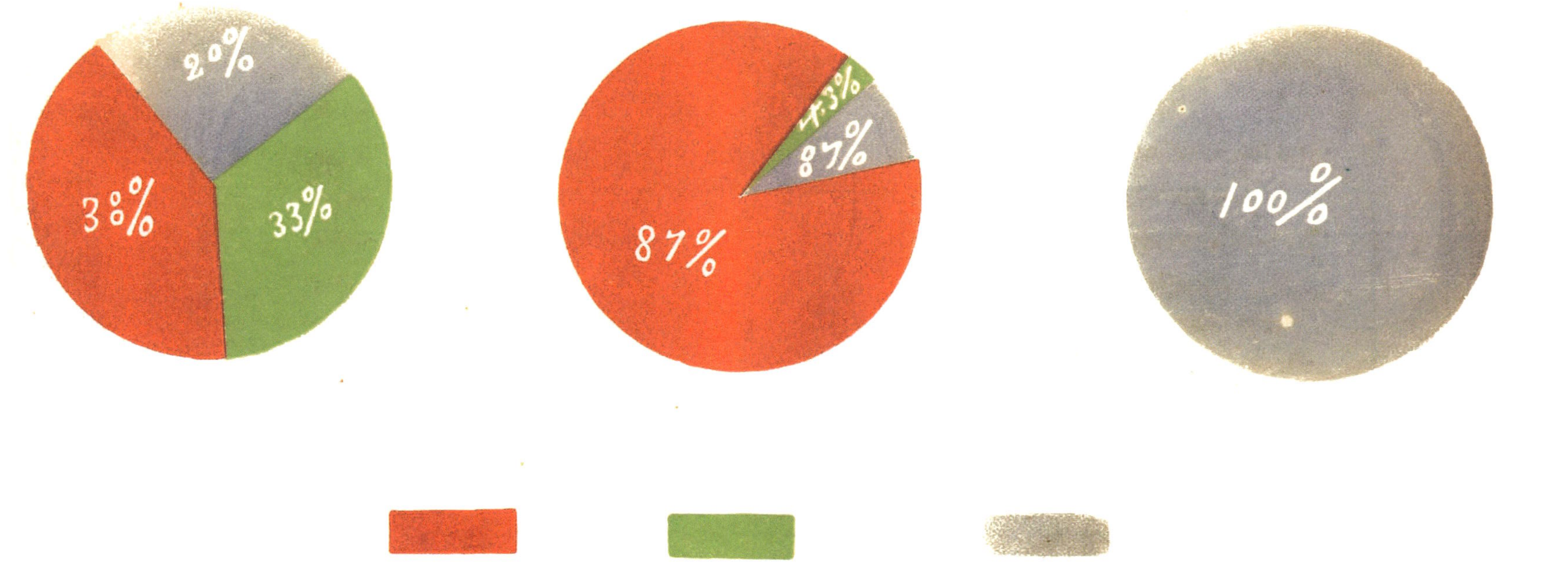

圖表十四

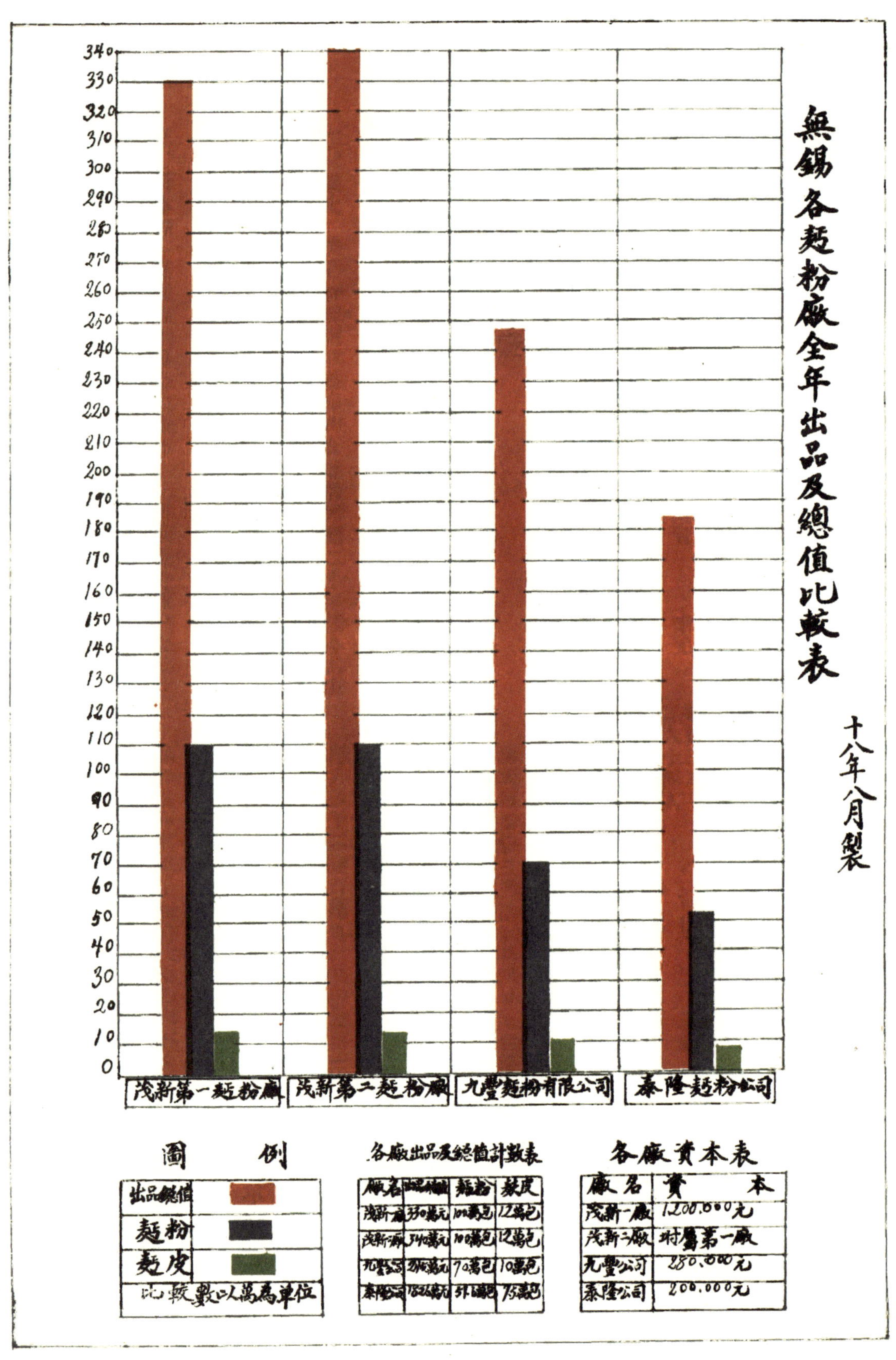

無錫各麩粉廠全年出品及總值比較表
十八年八月製
340
330
320
310
300
290
280
270
260
250
240
230
220
210
200
190
180
170
160
150
140
130
120
110
100
90
80
70
60
50
40
30
20
10
0
茂新第一麩粉廠
茂新第二麩粉廠
九豐麩粉有限公司
泰隆麩粉公司
圖例
出品總值
麩粉
麩皮
比較數以萬為單位
各廠出品及總值計數表
廠名 | 出品總值 | 麩粉 | 麩皮
茂新一廠 | 330萬元 | 100萬包 | 12萬包
茂新二廠 | 340萬元 | 100萬包 | 12萬包
九豐公司 | 萬元 | 70萬包 | 10萬包
泰隆公司 | 萬元 | 萬包 | 7.5萬包
各廠資本表
廠名 | 資本
茂新一廠 | 1200.000元
茂新二廠 | 附屬第一廠
九豐公司 | 280.000元
泰隆公司 | 200.000元

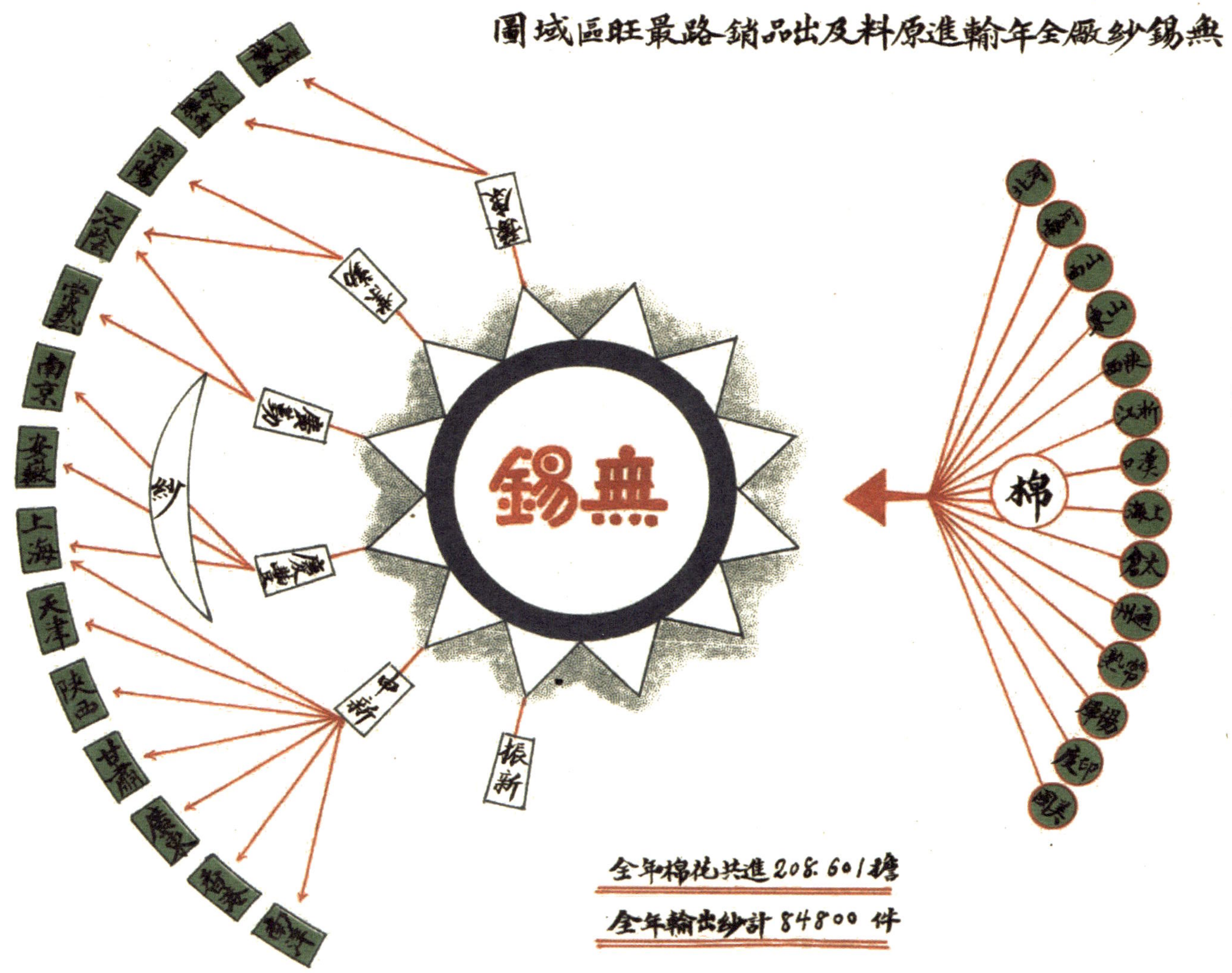

圖表十五

無錫紗廠全年輸進原料及出品銷路最旺區域圖
無錫
棉
紗
全年棉花共進208,601擔
全年輸出紗計84800件
上海
南京
天津

圖表十六

無錫各染織廠出品之數量價格比較表

出品種類

線呢	[illegible]地呢	花素富綢	麻紗布	自由布	毛呢布
直貢呢	錦花呢	光斜羽綢	夕法布	愛國布	紗布
嗶嘰呢	錦地葛	洋緞綢	斜紋布	十字布	藍布
華達呢	冲毛葛	洋紗布	紅標布	絲光布	錫地葛

圖例

出品價格　千元為單位

出品數量　萬疋為單位

廠名	出品數量	出品價格
麗新	120	103
勤工	24	20
麗華	20	20
新華	10	7
競華	8	16
恆豐	6.6	4
光華	6	5
華豐	5	4
大華	47	4
新藝	4	7
瑞生祥	4	7
南昌	21	3
九綸	2	5
蘊華	2	4
大生	13	3

無錫縣社會調查處製表

十八年八月

圖表十七

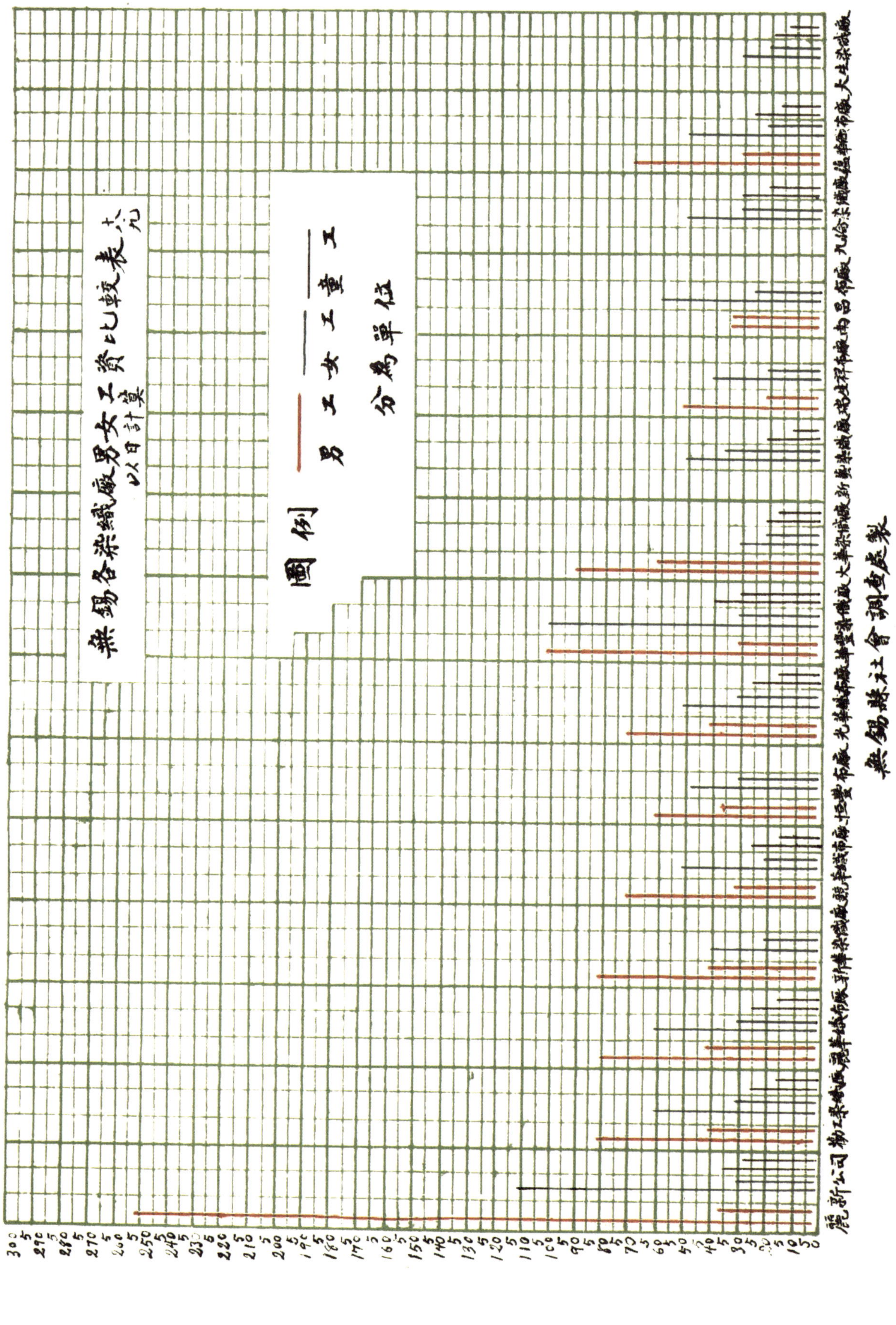
無錫各染織廠男女工資比較表
以日計算
圖例
男工
女工
童工
分為單位
無錫縣社會調查處製

圖表十八

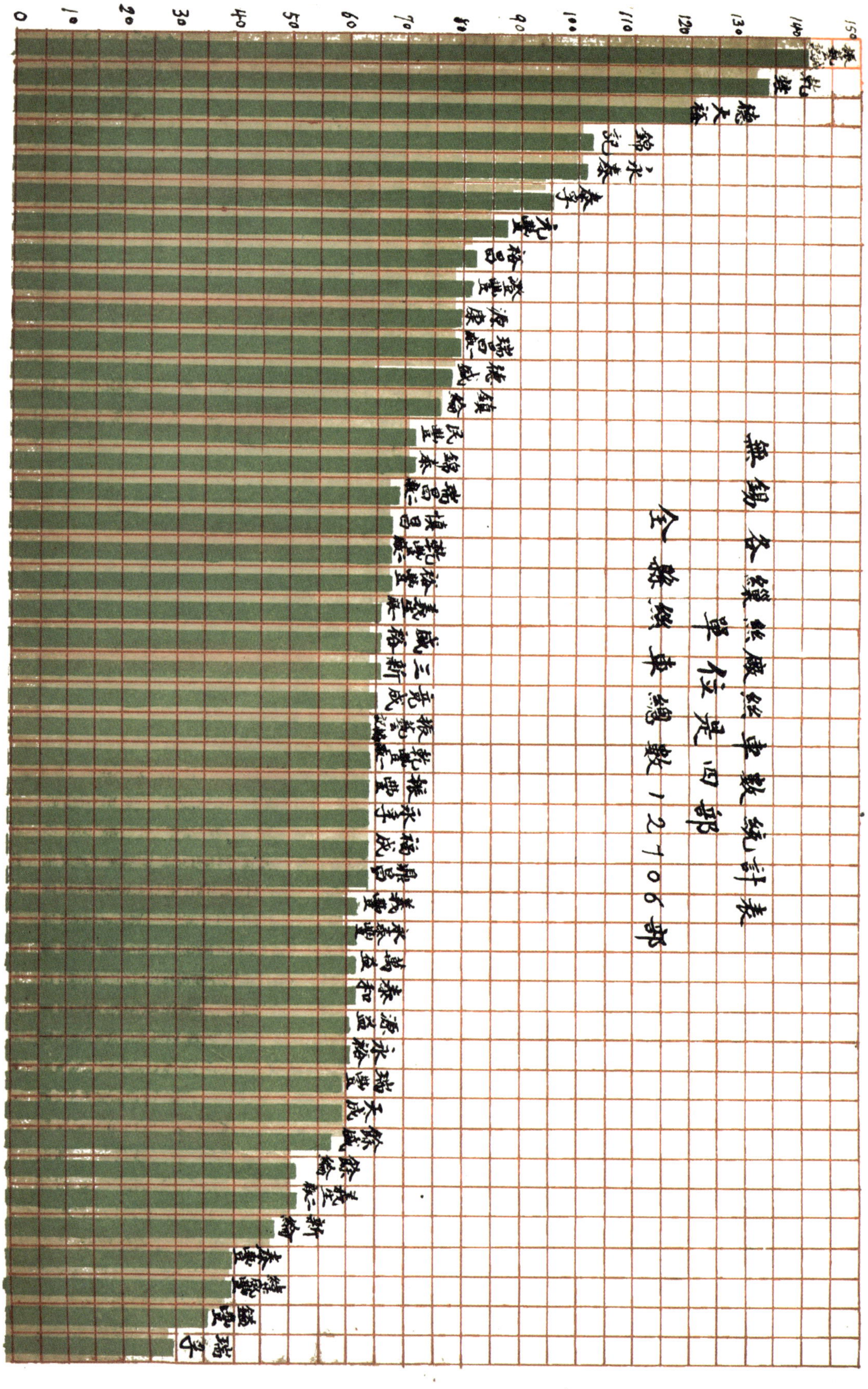
無錫各繅絲廠絲車數統計表
全縣絲車總數12706部
0
10
20
30
40
50
60
70
80
90
100
110
120
130
140
150

圖表十九

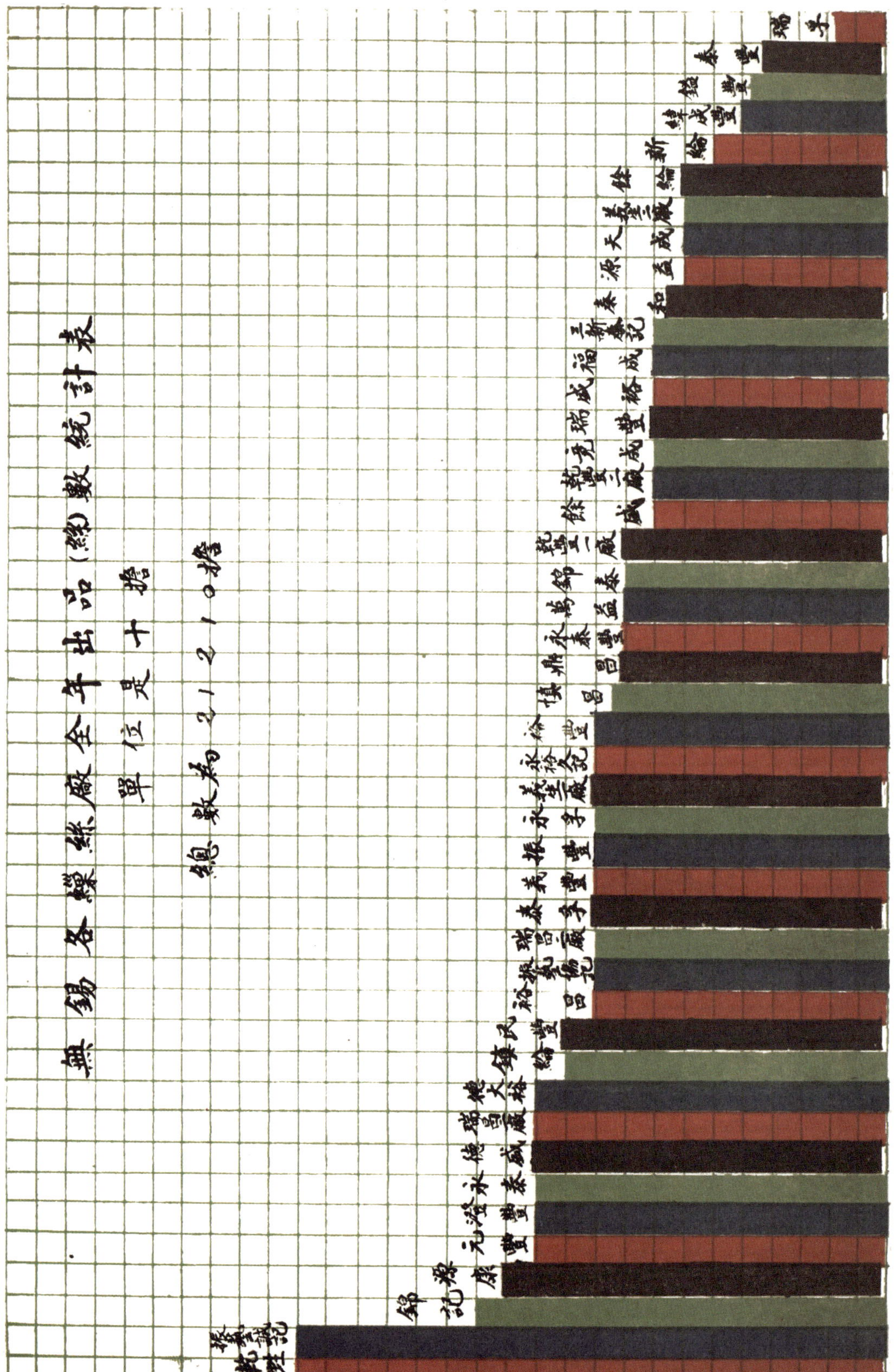
無錫各繰絲廠全年出品(總)數統計表
單位是十擔
總數為21210擔
0
10
20
30
40
50
60
70
80
90
100
110
120
130
140
150

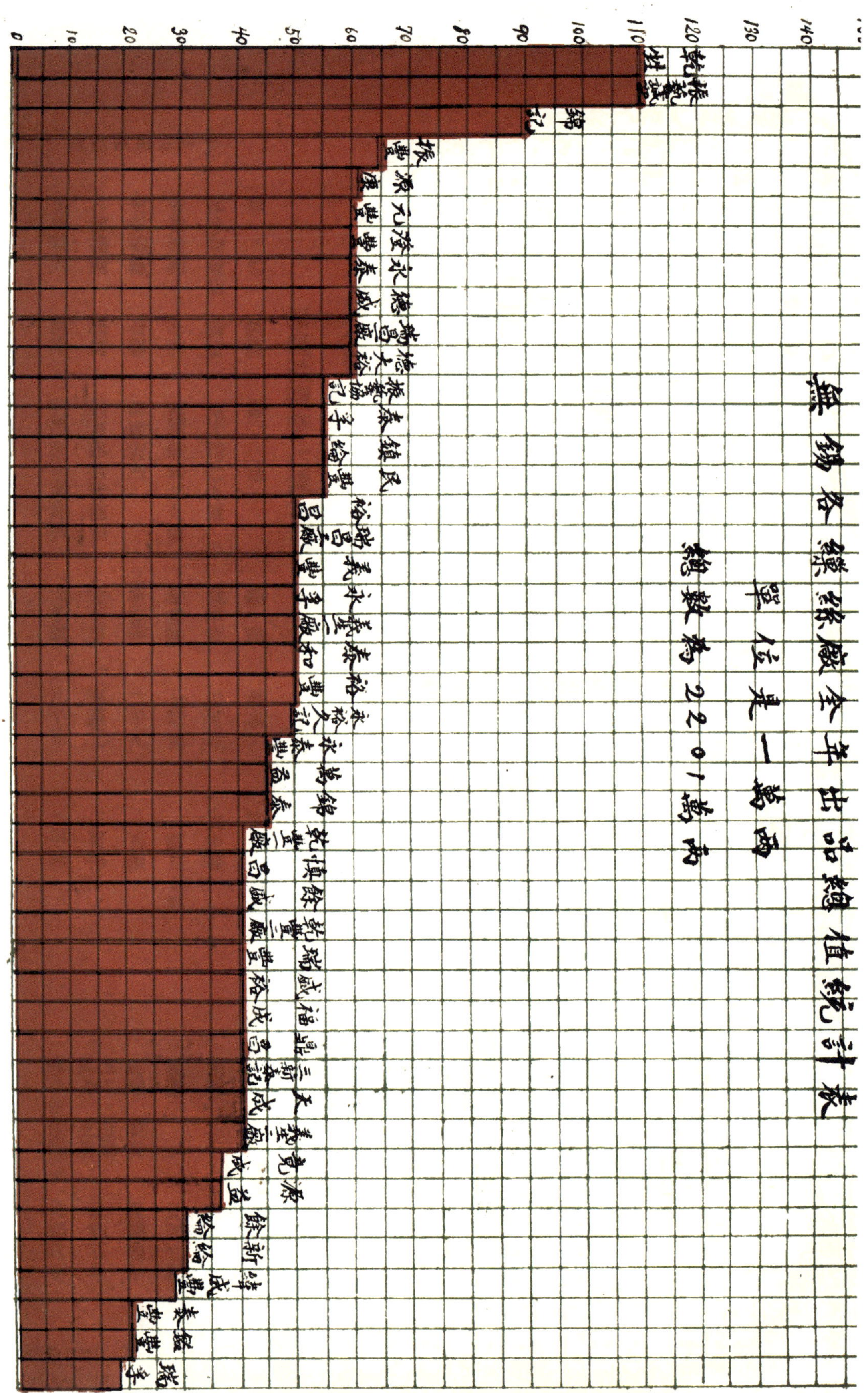

圖表二十

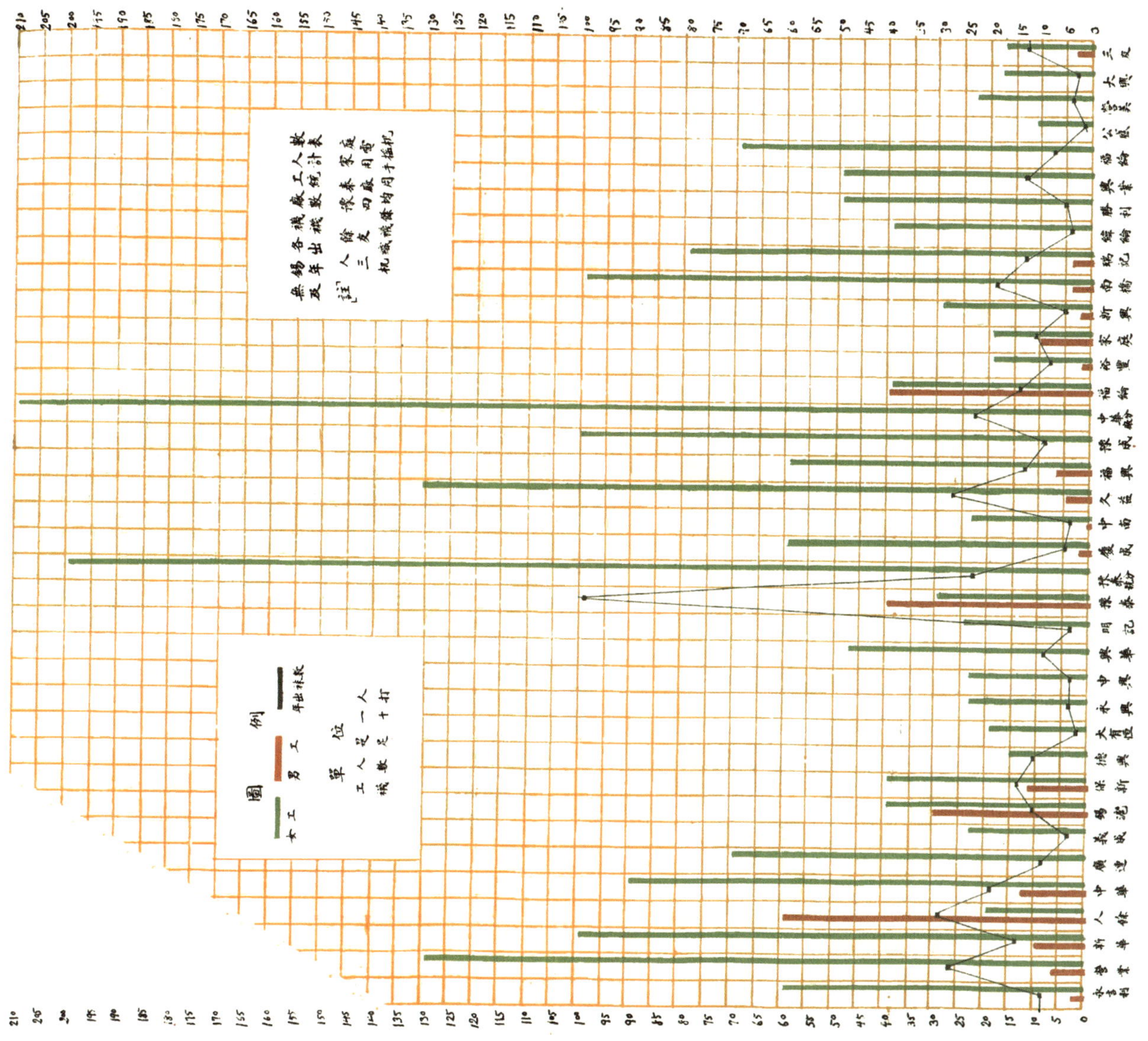

圖表二一

圖表二二

無錫繅絲工人男女童工人數比較圖

圖表二三

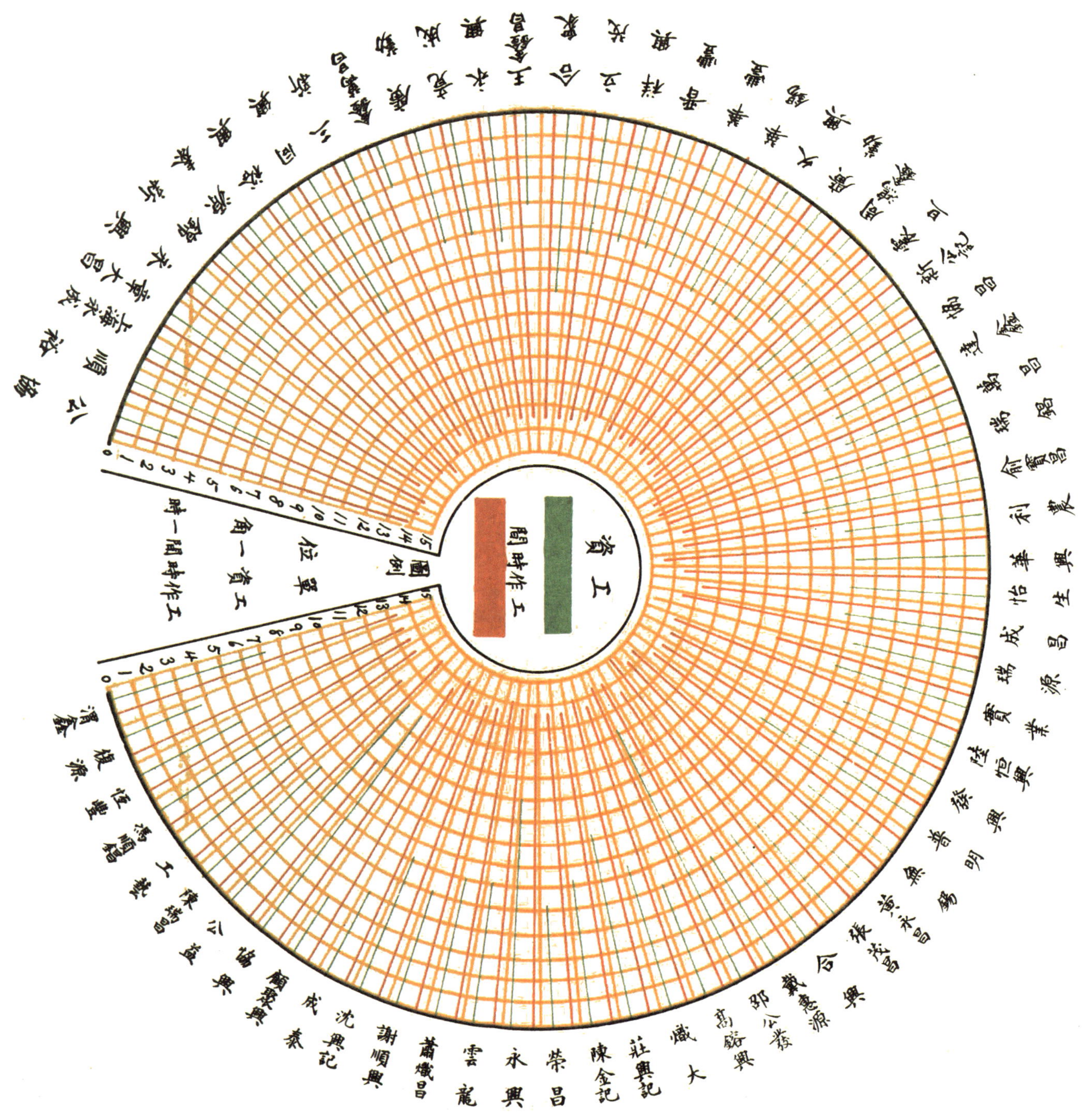

圖表二四

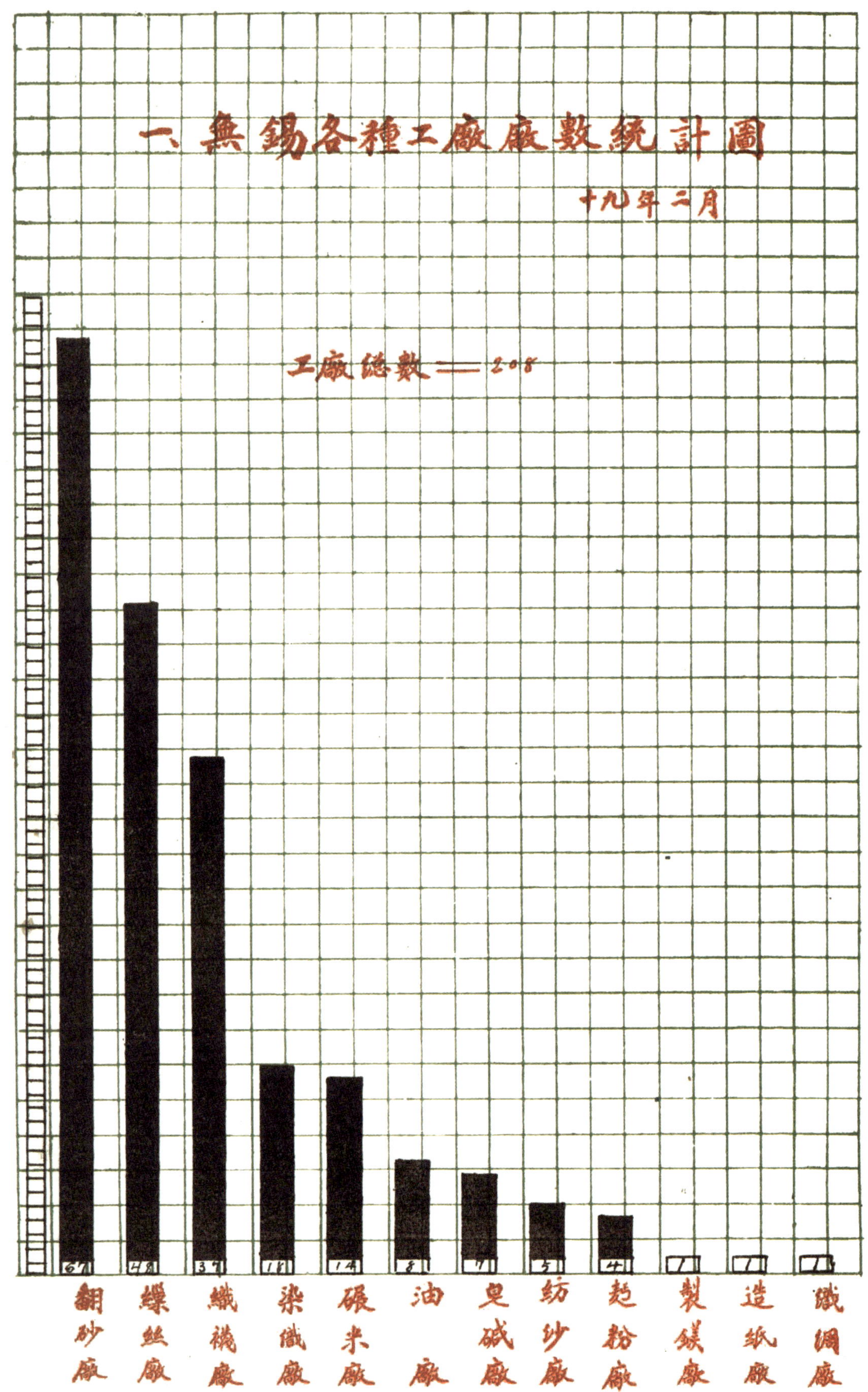
一、無錫各種工廠廠數統計圖
十九年二月
工廠總數——208
67
48
37
18
14
8
7
5
4
1
1
1
翻砂廠
繅絲廠
織襪廠
染織廠
碾米廠
油廠
皂碱廠
紡紗廠
麪粉廠
製鎂廠
造紙廠
織綢廠

圖表二五

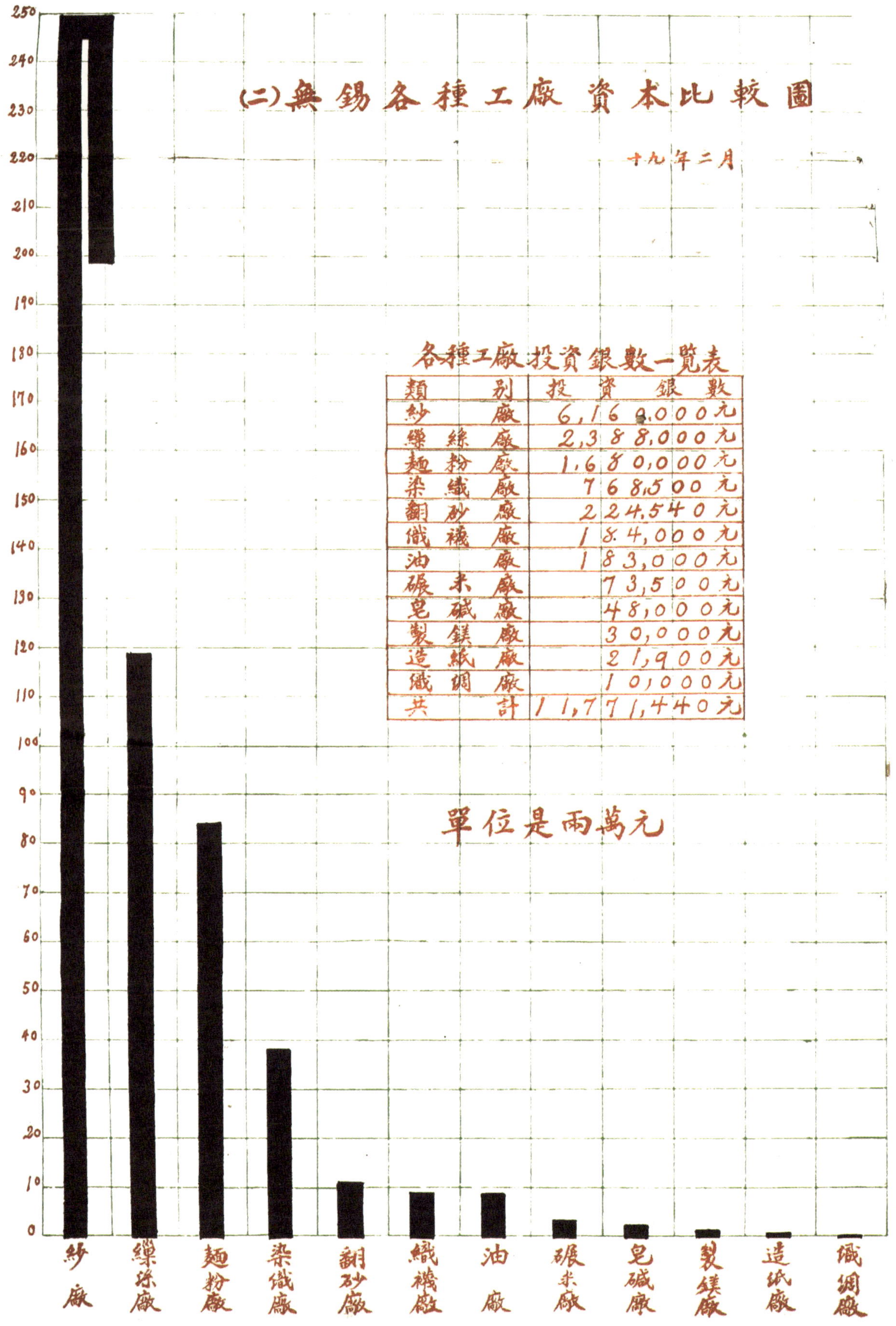

各種工廠投資銀數一覽表

類別	投資銀數
紗廠	6,160,000元
繅絲廠	2,388,000元
麵粉廠	1,680,000元
染織廠	768,500元
翻砂廠	224,540元
織襪廠	184,000元
油廠	183,000元
碾米廠	73,500元
皂碱廠	48,000元
製鎂廠	30,000元
造紙廠	21,900元
織綢廠	10,000元
共計	11,771,440元

圖表二六

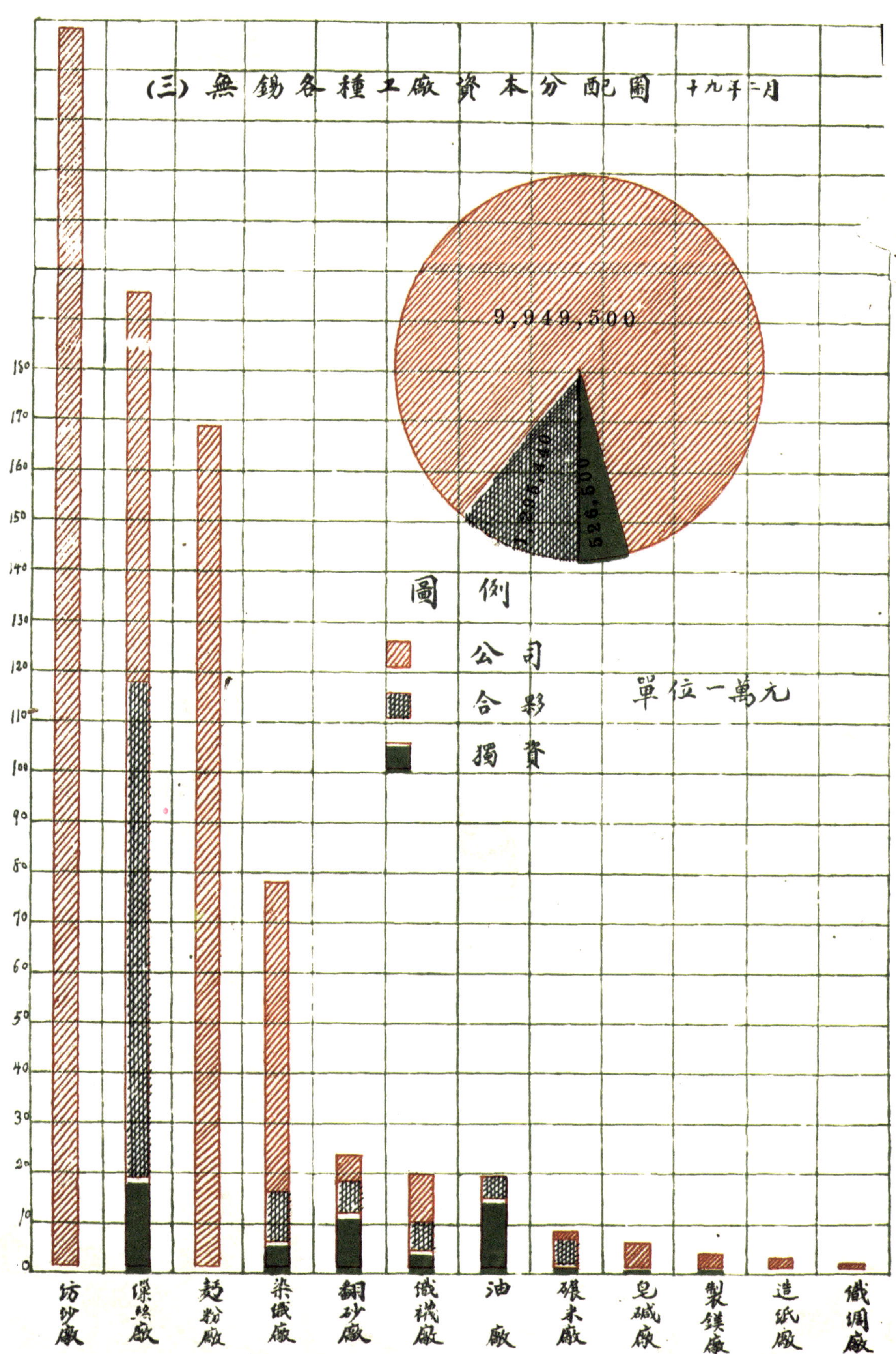

(三)無錫各種工廠資本分配圖 十九年二月
9,949,500
526,600
圖例
公司
合夥
獨資
單位一萬元
紡紗廠
繅絲廠
麵粉廠
染織廠
翻砂廠
織襪廠
油廠
碾米廠
皂鹼廠
造紙廠
織綢廠

圖表二七

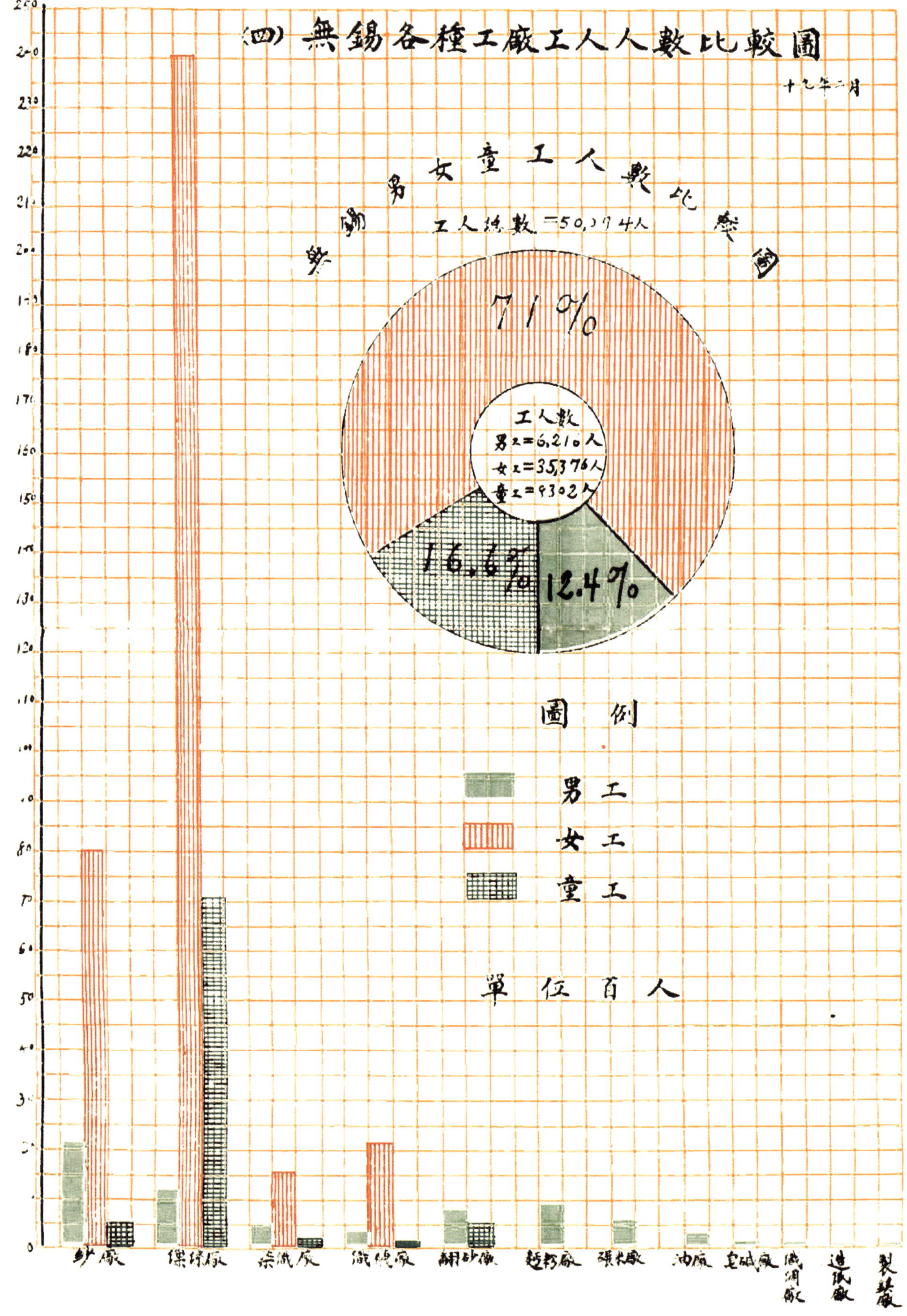
（四）無錫各種工廠工人人數比較圖
十九年二月
無錫男女童工人數比較圖
71%
工人數
男工=6,210人
女工=35,376人
童工=9302人
16.6%
12.4%
圖例
男工
女工
童工
單位百人
紗廠
繅絲廠
染織廠
織襪廠
麵粉廠
碾米廠
油廠
皂碱廠
造紙廠

圖表二八

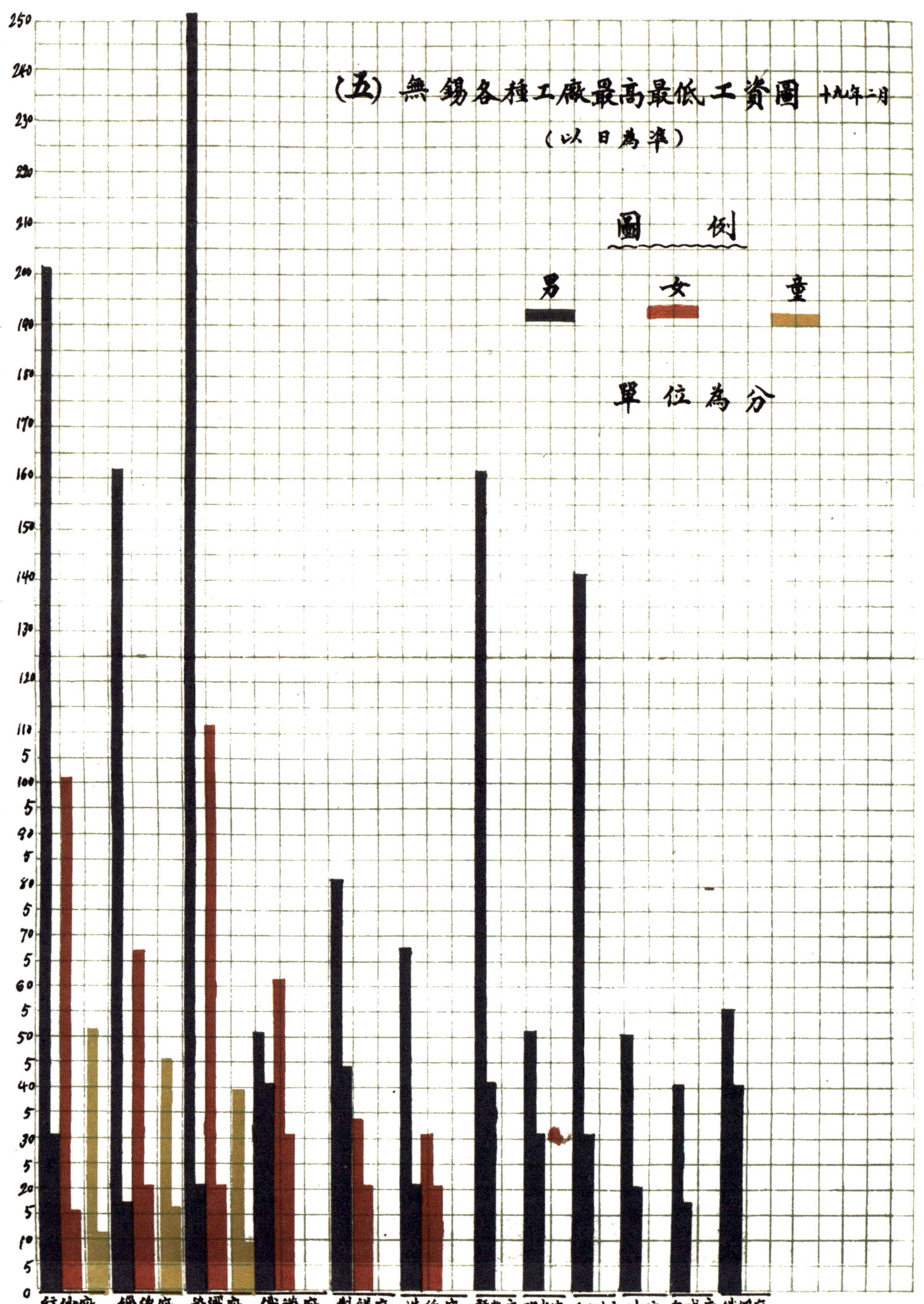

(五) 無錫各種工廠最高最低工資圖 十九年二月
(以日為準)
圖例
男
女
童
單位為分
0
5
10
5
20
5
30
5
40
5
50
5
60
5
70
5
80
5
90
5
100
5
110
120
130
140
150
160
170
180
190
200
210
220
230
240
250
紡紗廠
繅絲廠
染織廠
織襪廠
製鎂廠
造紙廠
麪粉廠
碾米廠
翻砂廠
油廠
皂碱廠
織綢廠

圖表二九

（六）無錫各種工廠十八年營業狀況比較圖

十九年二月

工廠	營業額
紡紗廠	18,313,000$
繅絲廠	54,084,000$
麵粉廠	10,776,500$
碾米廠	7,930,000$
榨油廠	3,370,000$
染織廠	2,203,000$
織襪廠	867,100$
絹紗廠	760,410$
皂鹼廠	239,500$
製鐵廠	30,000$
造紙廠	27,000$
織綢廠	26,500$

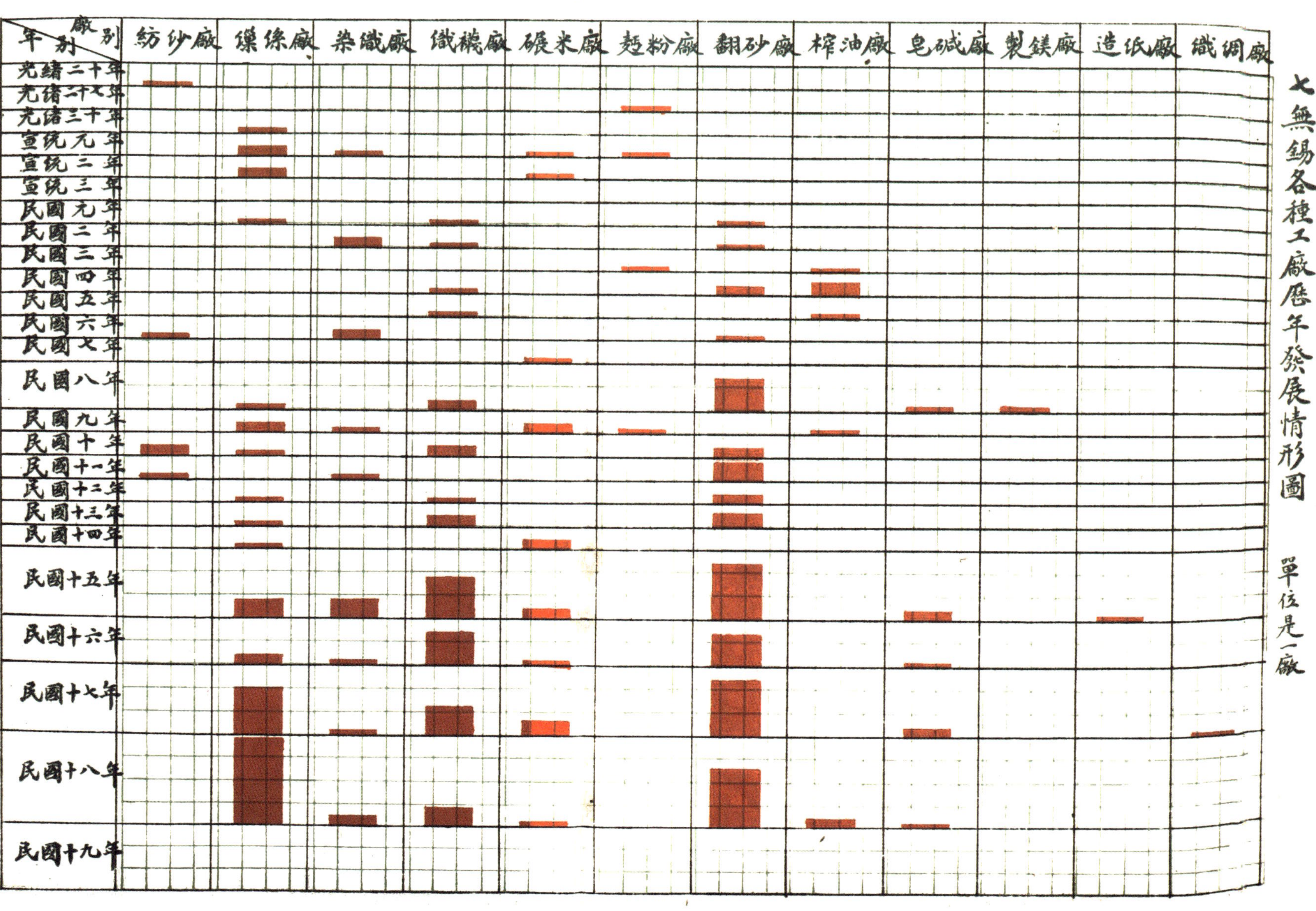

七、無錫各種工廠歷年發展情形圖
單位是一廠
廠別
年別
紡紗廠
繅絲廠
染織廠
織襪廠
碾米廠
麪粉廠
翻砂廠
榨油廠
皂碱廠
製鎂廠
造紙廠
織綢廠
光緒二十年
光緒二十七年
光緒三十年
宣統元年
宣統二年
宣統三年
民國元年
民國二年
民國三年
民國四年
民國五年
民國六年
民國七年
民國八年
民國九年
民國十年
民國十一年
民國十二年
民國十三年
民國十四年
民國十五年
民國十六年
民國十七年
民國十八年
民國十九年

圖表三十

圖表三一

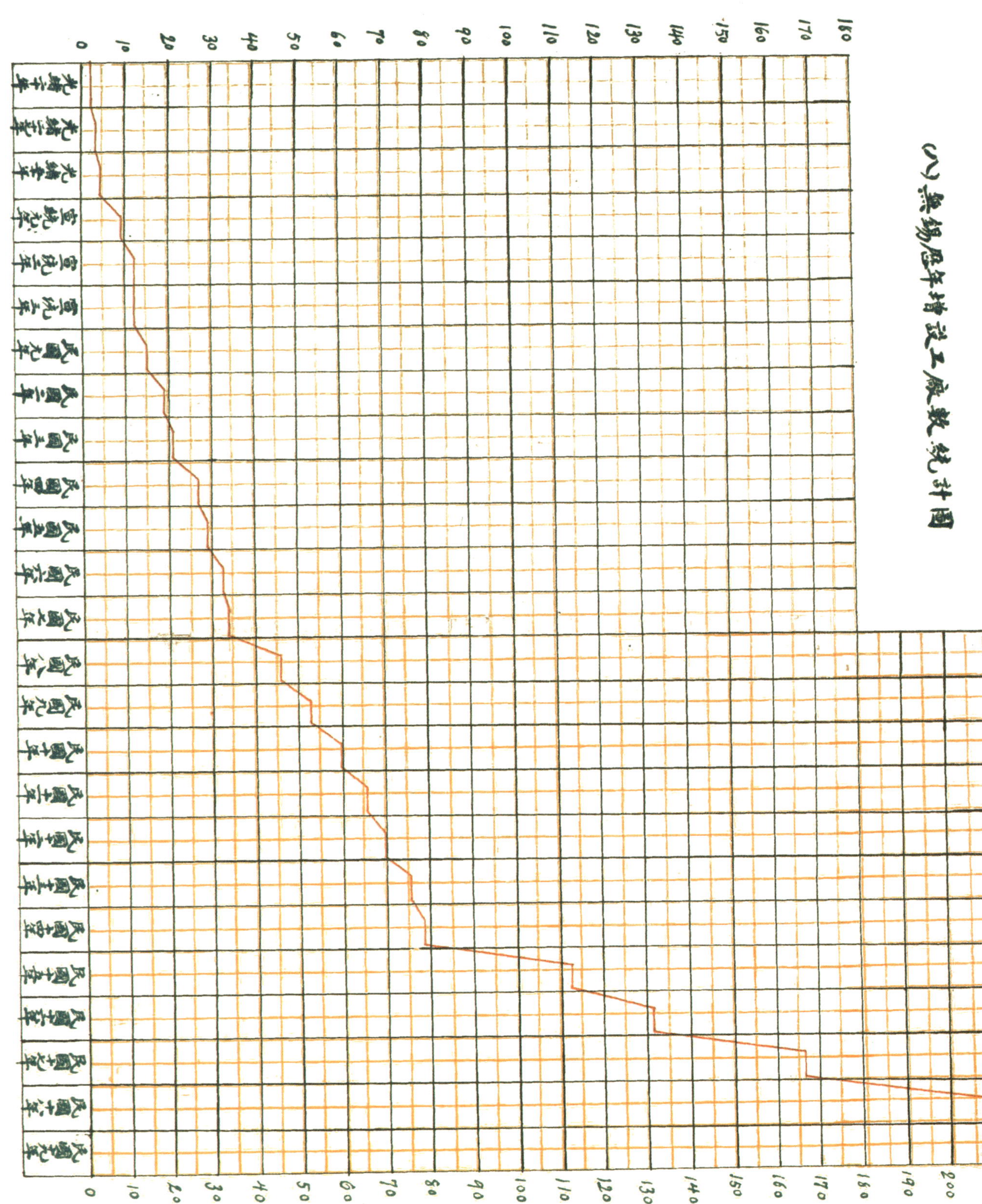

圖表三二

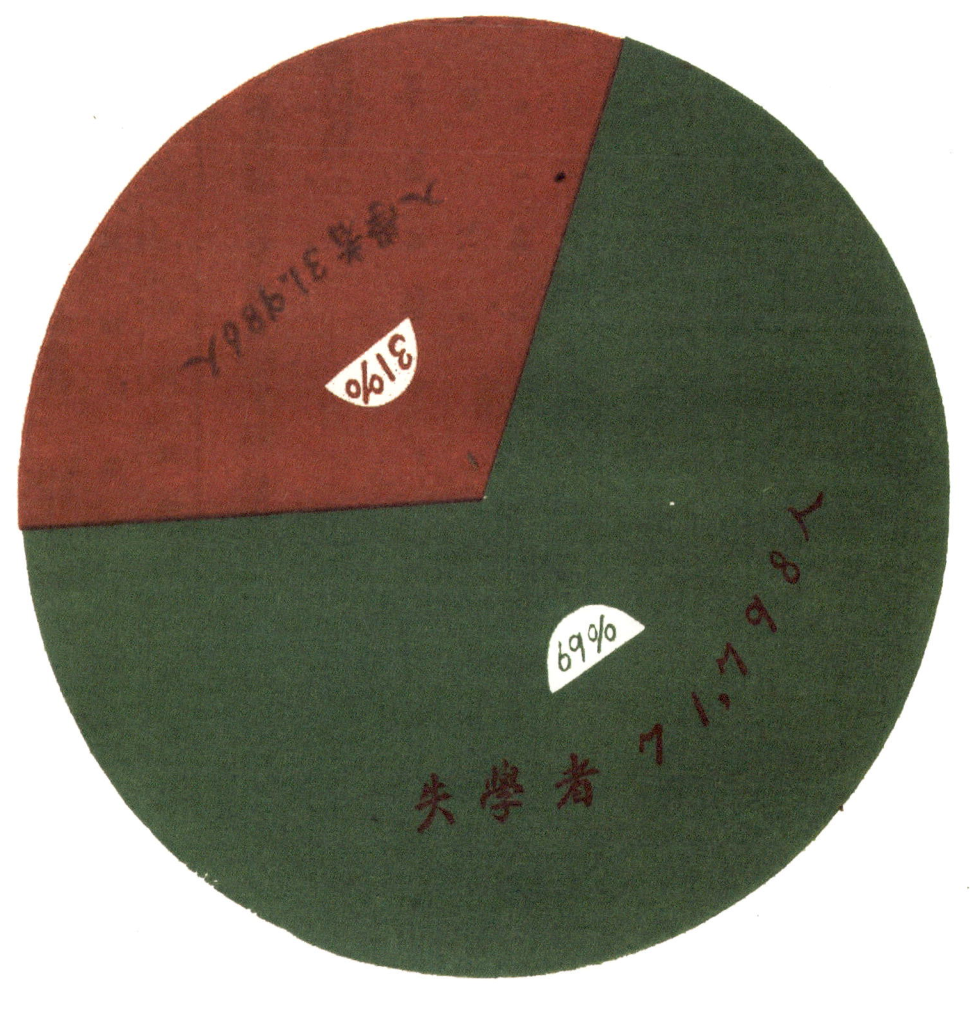

(十五)全縣學齡兒童入學與失學人數比較圖

圖表三三

圖表三四

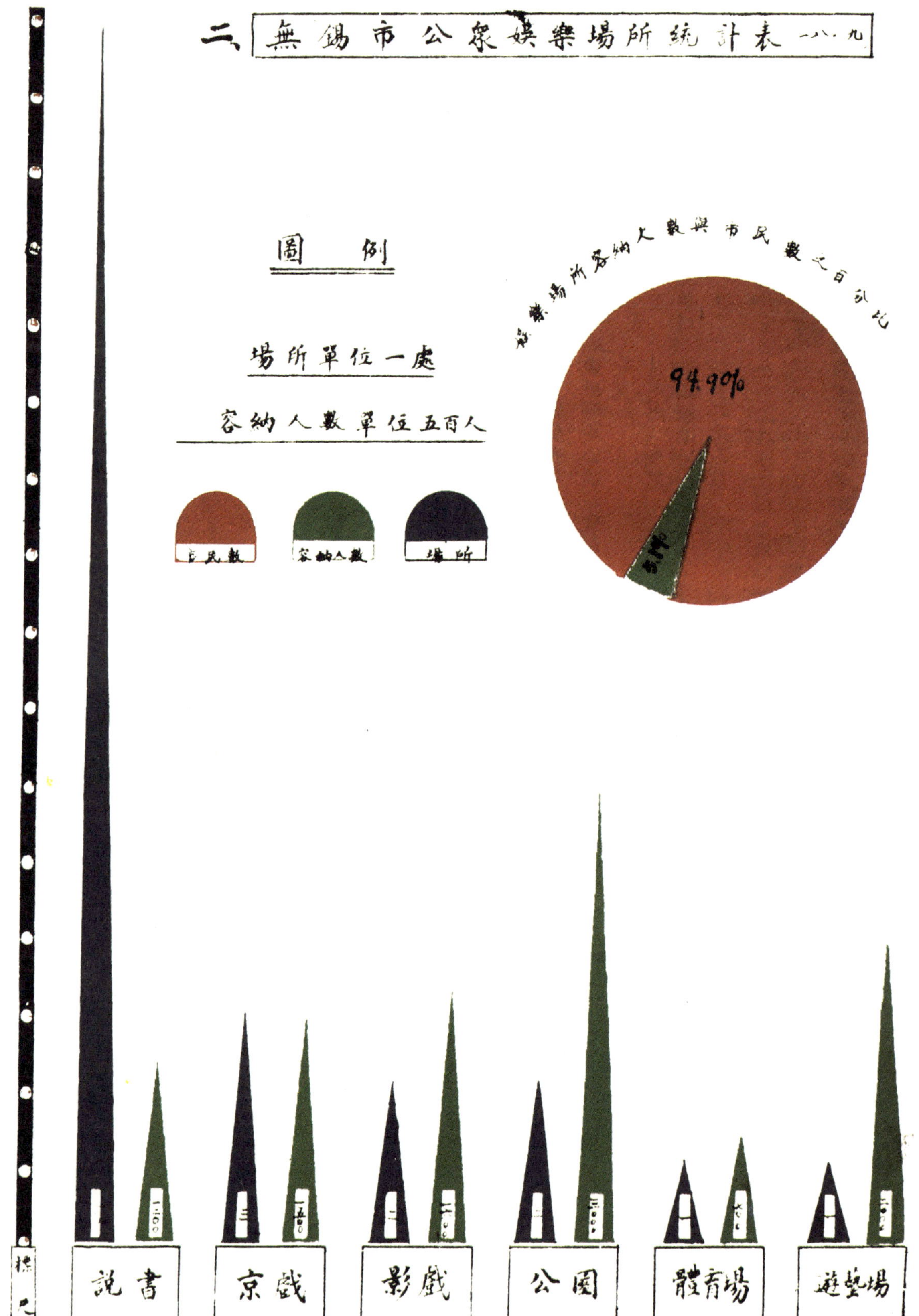

二、無錫市公眾娛樂場所統計表 一八、九
圖例
場所單位一處
容納人數單位五百人
市民數
容納人數
場所
娛樂場所容納人數與市民數之百分比
94.90%
標尺
說書
京戲
影戲
公園
體育場
遊藝場

二、無錫城區卜筮星相比較圖

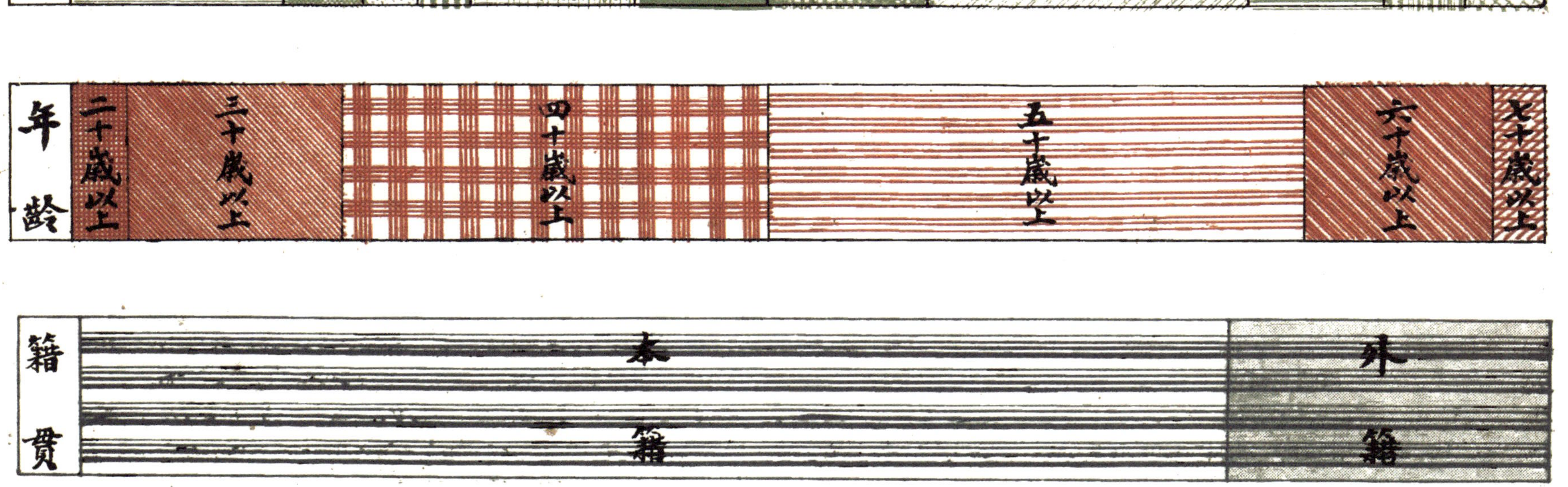
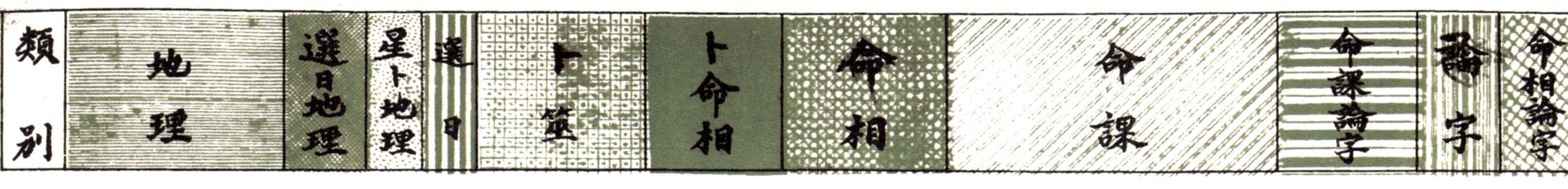

圖表三五

H.（三）無錫市區教堂及寺廟觀院比較圖

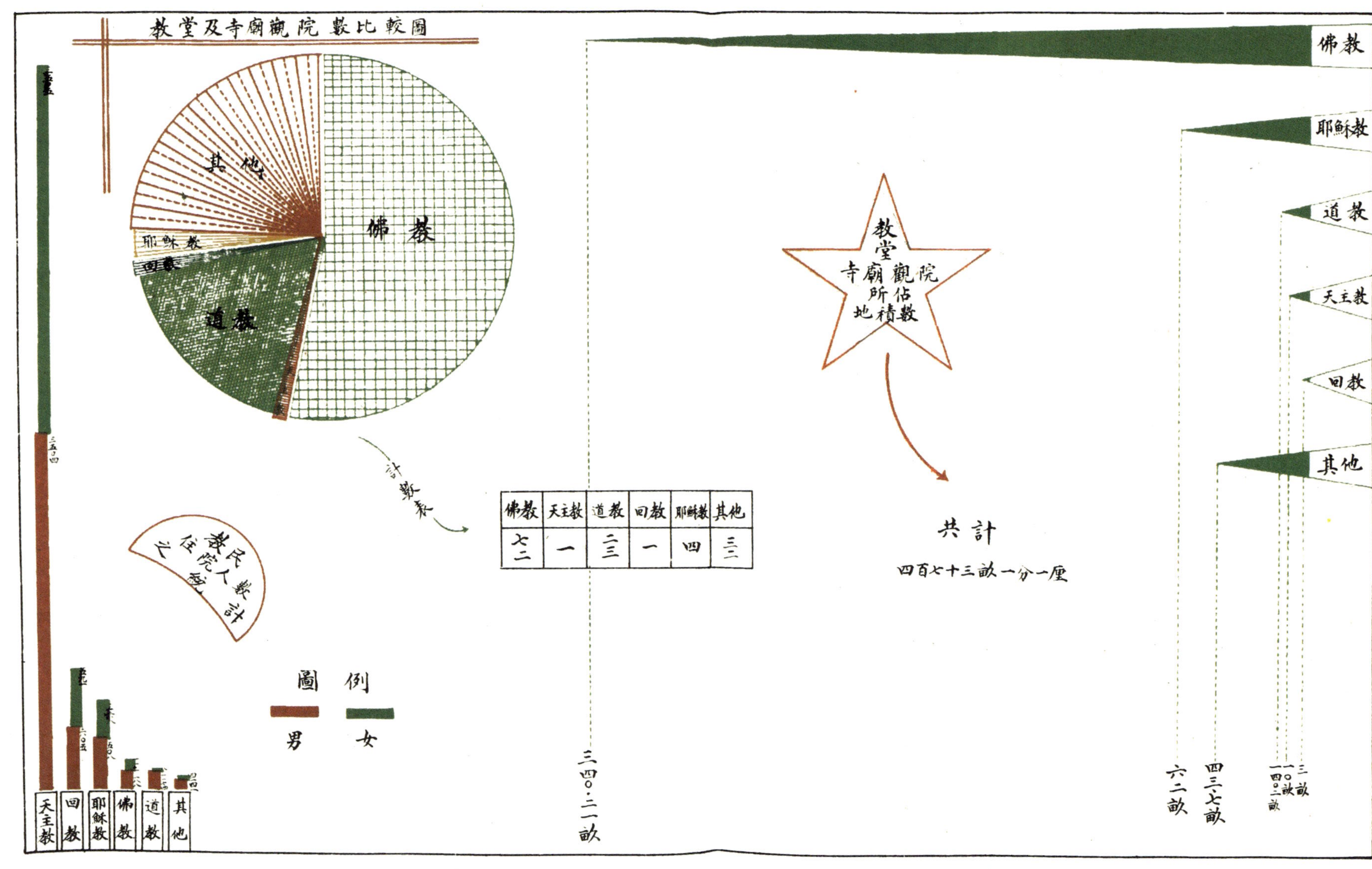

佛教	天主教	道教	回教	耶穌教	其他
七二	一	三	一	四	三

圖表三六

後記

無錫是中國吴文化的發祥地。七千多年悠久歷史與文明，造就了『梁溪明秀之區，衣冠禮樂甲於江左』的城市人文傳統和深厚的歷史文化底藴。數千年來，文脉綿延，永世流芳。邵寶在《錫山遺響》序中曾經這樣描述：『錫之爲邑，在三吴間。山水清麗豐曠，生其地者，多沉雅秀整，以文名家，代不乏人。』文化已經成爲這座城市最本色的氣質。爲傳承吴地文明，建設文化名城，進一步彰顯無錫城市内在精神特質，經過幾年的精心策劃，旨在全面整理地方文化典籍的《無錫文庫》編纂出版工作於二〇一〇年全面啓動，二〇一一年起陸續與讀者見面了。

無錫的城市文化曾經爲中華文化寶庫作出過巨大貢獻。顧愷之、倪瓚、王紱、鄒一桂、賀天健、徐悲鴻、錢松嵒、吴冠中，如松秀群嶺，在中國繪畫史上擁有很高的地位；華秋蘋、楊蔭瀏、劉天華、華彦鈞（阿炳），乃韵動天籟，對中國音樂發展發揮了重要作用；李紳、蔣防、尤袤、蔣捷、陳維崧、顧貞觀、嚴繩孫、周濟、劉半農，皆胸懷錦綉，在中國文學史上可謂各領風騷；計六奇、顧祖禹、顧棟高、秦蕙田、嵇璜、錢基博、錢穆、錢鍾書、錢海岳，可稱堂奥廣庭，學造淵源，在中國學術史上卓然大家；顧憲成、高攀龍之東林，唐文治之『國專』，徐霞客之游記，徐壽、華蘅芳之『格致之學』，陳翰笙、錢俊瑞、孫治方、薛暮橋之經濟學，都堪稱中華文化史上的一座座高峰，至今閃耀着炫目的光芒。

深厚的歷史文化底蕴激發了無錫城市的文化自覺。市委、市政府滿懷對鄉土誠摯之情、對文化敬畏之感，以義不容辭的責任擔當，致力於文化强市建設，以科學的理念和方式對歷史文化遺産作全方位的觀照、深層次的發掘、系統性的保護，匯四海之智，舉全市之力，共襄文化建設盛舉。二〇〇六年十二月，無錫市成功申報國家歷史文化名城，標志着新一輪文化意識的覺醒，并迅速轉化爲文化自覺的實踐。近年來，我市全面啓動惠山、清名橋、小婁巷、榮巷、蕩口等五個歷史文化街區和十個古村落保護修復工程，『護其貌，顯其顔，鑄其魂，揚其韵』；鴻山遺址成功保護的經驗被國家文物局譽爲大遺址保護『無錫模式』，并被授予首批國家考古大遺址公園，闔閭城遺址考古發現則確立了歷史上無錫曾作爲吴王闔閭都城的地位；建成開放六十餘座博物館、名人故居和紀念館；對無錫的非物質文化遺産予以重點保護；每年春天舉辦的中國（無錫）吴文化節、中國文化遺産保護論壇成爲文化亮點，享譽海内外。這些舉措遵循規律，探索文化建設體制和機制的創新，形成了寶貴的『無錫經驗』，得到海内外學者、專家的一致肯定。

在注重保護歷史文化遺存的過程中，發掘、整理無錫歷史文獻著作，展示和弘揚無錫城市的思想精神世界，自然而然成爲大家關注的重點。二〇〇六年，市委宣傳部組織無錫文史專家、學者編撰的十七册三百萬字的《無錫文化叢書》正式出版，引起强烈反響，出版後供不應求，在二〇〇八年再版加印。《無錫文化叢書》集中反映了無錫城市文化精華，展示了無錫城市文化特質，彰顯了無錫歷史文化的厚重，同時也告訴人們，文化精神的傳遞是文化繁榮發展的重要内涵，一旦擦去歲月蒙塵，優秀的歷史文化就會轉化成爲取之不盡的精神財富。

爲了進一步彰顯城市歷史文化底蘊，二〇〇七年，市委、市政府將全面系統整理無錫文化典籍擺上工作議事日程，明確提出編纂《無錫文庫》。由于無錫歷史文化底蘊深厚，卷帙浩繁，内容豐富，編纂工作千頭萬緒，要想整理出一部簡明扼要而又内容翔實、主旨鮮明而又文質彬彬的文獻集成，難度遠大於預想。爲此，我們先後成立了《無錫文庫》工作委員會和編輯委員會，加强對編纂出版工作的組織領導與統籌協調，在尊重歷史、尊重規律、尊重科學、尊重專家的基礎上，積極推進文庫編纂工作。編輯委員會經過反復論證，明確原則，綱舉目張，有條不紊地開展工作。充分憑借地方文史專家的優勢，充分發揮高校人文學院、研究機構的作用，充分依靠出版機構的專業經驗，并邀請國内外著名文史專家指導、把關，形成了文庫編纂的工作合力。

在編輯過程中，我們力求使《無錫文庫》成爲經得起歷史考驗的鄉邦文獻集成。

全面規劃又保持開放結構。面對豐富的歷史文化積澱，没有規劃就不可能形成清晰的編纂思路。在前期編纂工作中，編輯委員會經過二十餘次的論證會和專題研討會，形成并確定了《無錫文庫》總書目，明確了收録範圍和内容主體，立足無錫市區，兼顧江陰、宜興，主要體現無錫本土内容，突出人文科學，適當兼顧其他門類。據此，《無錫文庫》收録圖書五百五十餘種，分爲五輯：第一輯『官修舊志』，收編無錫地方志（含江陰、宜興）；第二輯『地方史料專著』，收編反映無錫地方史料的專著與筆記；第三輯『年譜家乘』，收編無錫（含江陰、宜興）地方名人年譜和望族的家譜；第四輯『無錫文存』，收編歷史上無錫作家詩文和專著的精華；第五輯『近現代名家名著存目』，編撰無錫近現代名家名著的書目提要。爲使文庫具有更大的開放度和包容量，《無錫文庫》注重整體設計，在框架分類上既注意整合，又突出重點，考慮到文庫的涵蓋面和系統性；在書目選擇上既注重經典性，又强調代表性，兼顧到圖書本身質量和作者特點；在出版方式上既總體規劃、循序推進，又采取較爲靈活的方式，成熟一批出版一批，不編序號，爲今後增補書目預留空間。

尊重歷史又反映時代特色。《無錫文庫》注重歷史性與時代性相結合，以嶄新的學術角度和現代學科理念對城市歷史文化進行整理和弘揚。編纂工作充分體現對歷史傳統的尊重，儘可能減少評述性成分，杜絶截割、改篡、增删圖書内容，對節選本衹采取作者的自選本。與此同時，以現代學術視野來看待傳統史料，增加收録有價值的歷史資料和文獻，如對民國時期的一些稿本、期刊、會刊、紀念册也予以應有的關注，收入了部分重要的民間史料。

保持原貌又便于讀者查閲。《無錫文庫》除第五輯外，全部采用原版影印方式，力争選擇最優版本作底本，保持文獻著作的歷史面目。爲了便於閲讀、查證、使用、研究，每一輯均撰寫編輯説明，每種書撰寫提要，并編撰《文庫》書目索引。通過這樣的方式，使《無錫文庫》兼具工具書檢索的作用，增强文化典籍整理的實用功能。

如期完成又精益求精。《無錫文庫》作爲一項重大文化工程，編纂工作面廣量大，必須集中力量，一鼓作氣。我們明確，從編纂工作全面啓動開始，花三年時間完成《無錫文庫》出版工作。《無錫文庫》總書目形成後，五輯的書目編纂工作同時開展、整體推進。我們要求，《無錫文庫》編纂出版工作要强化精品意識，力求思想精深、内容精彩、選編精當、學風精良、裝幀精美。文庫編纂出版的每個環節都反復論證推敲，確保經得起歷史檢驗。

《無錫文庫》的編纂出版工作，得到了鳳凰出版傳媒集團的大力支持，鳳凰出版社在版本選擇、編輯出版方面做了細緻的工作；由於《無錫文庫》收録的資料有三分之二散落在全國各圖書館中，中國國家圖書館、上海圖書館、南京圖書館等一批國内知名圖書館爲此提供了積極的幫助；應邀擔任《無錫文庫》學術顧問的專家，都是無錫籍的文化名人和國内一流的古籍研究專家，他們有的不顧年事已高，有的不顧自身工作繁忙，爲《無錫文庫》的編纂工作付出辛勤勞動；《無錫文庫》工作委員會和編輯委員會成員以及編務人員在文庫編纂出版過程中做了大量的工作。在此，謹向他們表示崇高的敬意和由衷的謝忱！

由於《無錫文庫》收録内容涉及範圍廣、時間跨度長，部分書目已經散佚，可利用資料受到限制，加之編輯委員會水平有限，《無錫文庫》的編纂工作難免會有一些疏漏和錯誤，不當之處敬請讀者指正。

王立人

二〇一一年一月